新禄村农田

Old Rice Paddies in New Lu Village

『云南三村』再调查

王献霞　崔江红　著

社会科学文献出版社
SOCIAL SCIENCES ACADEMIC PRESS (CHINA)

总序
"云南三村"的研究和再研究

我们对自己的国家有信心，对自己的事业有抱负。

——费孝通

《云南三村》是一项具有多重历史和现实意义的社会学研究成果，是以费孝通为代表的一批社会学家们在 20 世纪 30 年代对中国社会进行探索的一个重要贡献，已经成为研究中国社会特别是中国农村社会的经典。以该书为核心延伸出来的相关研究，如对《云南三村》文本的研究；对当年费孝通等学者们曾经调查过的三个村庄的再调查和再研究；对三个村庄的历史和现状及其变迁的研究；对《云南三村》前因后果的研究，比如之前的江村调查，此后的农村、小城镇和乡镇企业乃至城乡关系的研究；对农村社会形态的研究；对云南乃至中国农村的分类研究；对《云南三村》调查、研究过程中的各种历史事件的考证和研究；等等。总之，包括各类与《云南三村》相关事物的研究，一起构成了我们称之为"云南三村研究"的学术活动。这是一项有时代特征和现实意义的学术研究事业。

"云南三村研究中心"建立，其基本任务就是对"云南三村"开展长期、系统的研究。其研究范围如下：一是对"云南三村"中的三个村庄进行全面、系统的调查，陆续出版这三个村庄的调查报告；二是对"云南三村"中的三个村庄进行个别和整体的研究；三是对"云南三村"的若干主题进行实证性和理论性的专题研究；四是就"云南三村"和费孝通的社会研究思想、研究实践开展深入研究；五是对与"云南三村"相关的内容进行探索和研究；六是依照一定的分类标准，对云南农村发展类型进行长期跟踪研究。因此，我们将开展的与此有关的研究，统称为"云南三村"研究。

为什么要开展"云南三村"再研究？"云南三村"再研究本身有什

么价值和意义？"云南三村"与今天的农村社会学调查，乃至社会研究有什么关联？"云南三村"研究现状存在一些什么问题？就借"'云南三村'再调查"出版的机会，略做申说，以表明我们的意图、呈现我们的体会，并为之序，请学界专家批评指正。

一　"云南三村"研究的时代意义

（一）"云南三村"调查的缘起

为什么会有"云南三村"的调查呢？这首先是由客观因素触发的，即"七七"事变后，东北、华北大片国土被日军占领，中华大地上，云南这个南方边疆省份还相对安全和平静。费孝通先生从英国回来，只能来到"抗战后方"的云南，执教于云南大学。作为社会学研究者，费孝通先生还没有到达云南，就在思考回来做点什么，到哪里去调查。在做了充分的思考和准备之后，又得到熟人（亲戚和同学）的帮助，即选定现在的楚雄州禄丰县作为其在云南的第一个调查点。到昆明约十天时间，费孝通先生便直奔调查点。这项调查结束以后，费孝通先生写出了《禄村农田》。继禄村农田调查之后，费孝通先生决定再选调查点进行调查。先是带着张之毅选定易村作为农村手工业的典型，然后由张之毅完成调查。后来再落实玉村的调查，也由张之毅完成。在费孝通的安排、指导和帮助下，张之毅完成了后面两项调查，写出《易村手工业》和《玉村农业和商业》。加上《禄村农田》，共有三份调查研究报告，它们构成了《云南三村》一书。①

为什么费孝通先生回国只几天时间，就这么急急忙忙地跑到村子去做调查？一方面，这是因为先生在来到云南之前，就已经有了一个对于农村调查的大致想法和理论线索，在此基础上也就有了较为详细的考虑。这就是在选择"内地"不同类型的农村社区进行调查，分别做出归纳性

---

① 1943～1944 年费孝通先生访问美国时，曾以英文翻译过这三份报告，取名为 *Earth-bound China*，并于 1945 年由芝加哥大学出版社出版，后来收入英国书局的国际社会学丛书。后来，费孝通将三个报告的中文合编为《云南三村》，分别于 1990 年和 2006 年由天津人民出版社、社会科学文献出版社出版。

的理性分析。另一方面，与这种既定的考虑有关，就是继续《江村经济》的研究，延续江村调查的思考，回答江村调查期间所碰到但没有得到合理答案，以及学界所质疑①的若干问题。有关学术界对这些问题的质疑和讨论，以及利奇（Leach）的质疑和费孝通的回应，本文不予展开。

在《云南三村》的序中，费孝通先生提到"一条理论线索"，是供我们理解这本书的时代意义及其贯穿前后研究的关键。费孝通先生这样说：

> 从《江村经济》到《云南三村》，还可以说一直到八十年代城乡关系和边区开发的研究，中间贯串着一条理论的线索。《云南三村》处在这条线索的重要环节上，而且在应用类型比较的方法上也表现得最为清楚。因之，要理解魁阁所进行的这些个社会学研究，最好看一看这本《云南三村》。②

（二）具有历史穿透力的《云南三村》

结合认识这条"理论的线索"，我们可以从不同的侧面来理解"云南三村"研究的时代意义。

1. "云南三村"联系着两个时代

《云南三村》在研究中国农村的过程中，前承江村经济的研究，后继20世纪80年代之后以费孝通先生为代表的中国农村研究（这主要涉及小城镇、乡镇企业、城乡关系等问题）。费孝通先生所说的从《江村经济》到《云南三村》，还可以说一直到80年代城乡关系和边区开发的研究，"中间贯串着一条理论的线索"，这条"理论的线索"是什么？就是怎样让依托于土地上的农民，通过发展农村工业和副业来使他们的贫穷状况得到改变。由此不难看出，这条"理论的线索"，不仅连接着两

---

① 如当费孝通先生发表《江村经济》（1939年在英国出版时的书名为《中国农民生活》，英文名 *Peasant Life in China*）时，Leach就在《社会人类学》一书中提出质疑：解剖这么一个小小的农村，何以戴得上"中国农民生活"这顶大帽子？

② 费孝通、张之毅：《云南三村》，社会科学文献出版社，2006，第5页。

个时代的农村问题，也反映了两个时代社会学研究者的持续努力，更折射出先生的责任担当，这就是先生当年做"云南三村"调查的初衷："中国在抗战胜利之后还有一个更严重的问题要解决，那就是我们将建设成怎样一个国家。在抗日的战场上，我能出的力不多。但是为了解决那个更严重的问题，我有责任，用我学到的知识，多做一些准备工作。那就是科学地去认识中国社会。"①

2. 近代中国农民和农村

中国农村问题，可以说是中国最近一个世纪以来最突出的社会问题。这个问题，放到这个世纪之前，属于"古代"的农村问题，它不是今天意义上的"农村问题"，而现在所讨论的问题，是现代意义上的农村问题。这就具有了全新的意义。费孝通先生等一批受现代社会科学影响的社会学家，在看到中国传统农村面临现代社会的种种应对难题时，必然会做一番与过去时代不同的全新思考，并运用一套全新的方法和理念来对待这个传统的研究对象。在对江村做了一个系统调查之后，在对云南农村进行调查之时，费孝通先生有这样一些疑问：一是江村这样的受发达工业影响较深的村子，在西方工业冲击之下，如何重整旗鼓，摆脱自身发展工业的困境，再得到一个发展的机遇；二是受现代工商业影响较少的内地农村，在发展工业方面又会面临怎样的状况。在《禄村农田》的导言中，费孝通先生就明确提出了需要解答的几个问题：在一个受现代工商业影响较浅的农村，它的土地制度是什么样的；在大部分还是自给自足的农村，它是否也会以土地权来吸收大量的市镇资金；农村土地权会不会集中到市镇而造成离地的大地主。② 这是现代意义上的中国农村研究要强调的实质内容。这些问题，被费孝通先生敏锐地提了出来。这些问题，或在江村调查时被关注，或在云南三村调查中得到专门的研究。费孝通先生作为跨越两个时代的农村研究者，所研究的问题却有着高度的相关性，呈现一种历史的连贯。这些问题，可以归结为中国农村如此多的农民怎样能够富裕起来。这个问题，在过去是"一个问题"，现在仍然是"一个问题"，将来还会是"一个问题"。这个问题，至今仍

---

① 费孝通、张之毅：《云南三村》，社会科学文献出版社，2006，第3页。
② 费孝通、张之毅：《云南三村》，社会科学文献出版社，2006，第9页。

然是研究中国农村不可回避的重大理论与现实问题。这不仅是中国社会发展中的重大课题，具有历史性的全局意义，也是构成费孝通先生整体的社会研究中的突出内容，是先生在两个时代当中持续关注的重大课题。这其实也是理解费孝通先生思想的一个关键入口。

3. 最早对中国农村开展系统性分类调查

《云南三村》研究的特点之一，就是有目的地选取不同类型的农村社区进行调查，然后做出相应的分析，给出自己的见解，以便今后更加系统地研究中国农村。这种选定一个典型村子作为一种农村类型的研究方法，在云南三个村子的研究中表现得最为完整和透彻，而且云南的三个村子确实也提供了三种类型让大家来"解剖"。本来，费孝通先生在云南调查三个村子之后，还有其他村子类型要做调查，但在抗日战争胜利后，费孝通先生等一批南下的学者和他们所在的机构迁回北方，此后，形势有了一系列变化，他们也就没有能够再做这样的个案调查。又加上中国社会学恢复重建以后，费孝通先生年事已高，还肩负重建中国社会学的重任，没有精力来具体进行农村社区的个案调查了。从这个角度来说，如果说《云南三村》在费孝通先生的农村社区调查，即农村类型研究中，是一个历史性的绝唱的话，那么这三个村子的社会呈现已经代表了农村类型研究的主体思想，也代表了费孝通先生农村社区调查具体操作的完整原理。从这个意义上说，《云南三村》的价值，不仅体现于该文本产生的当年，其整体性的影响和原理性的作用影响至今，并将影响未来。因此，《云南三村》是一个贯通当年和今天的杰作，对云南三村的研究和再研究，是延续80余年的历史性课题。就中国农村研究而言，"云南三村"研究所秉持的研究理念的新鲜、研究方法的有效，再加上费孝通先生有意将"村庄类型"的做法嵌入这项研究，就使"云南三村"站在了一个更高的带有标志性的位置上。

4. 费孝通先生的个人因素也增加了《云南三村》的影响力

费孝通先生的个人影响，与《云南三村》的影响似乎是联系在一起的。尽管《云南三村》自有其本身的学术价值和历史意义，但费孝通先生以自身的生命周期，依托旺盛学术力，让我们将这二者现实地联系在一起。

《云南三村》的学术价值，依托其作者（作者还有张之毅，但费孝

通先生始终是总体的指导者，可以理解为《云南三村》广义的作者）延续前后两个时代的学术活动而发生着影响，也在实际上巩固了该书的持续影响力，显示出该书本身的穿透历史的价值。我们今天对《云南三村》所开展的各种"再研究"，正表明这种学术价值的历史性存在。《云南三村》的时代意义，就是通过历史而得到体现的。

《云南三村》的时代意义，无论是从研究方法的角度还是从调查方法的角度，无论是从学术研究与政府关系的角度还是从社会意义的角度，抑或是从实际操作的角度，都值得进行分析和研究，并且都可以设立相应的专题进行研究。这是我们今后要逐步展开研究的内容。

二　承上启下的《云南三村》

总之，《云南三村》的时代意义，既可以从当年的"时代"入手，深入历史进行研究，也可以从把握今天的"时代"作为切入点，对现状进行研究。对前一个"时代"的研究，主要通过研究《云南三村》文本来实现；对后一个"时代"的研究，则要通过进入这三个村庄进行实地调查才能实现。但需要强调的是，这两种实现方式并不是相互隔绝的，对实际的研究者来说，它们是结合在一起的。

这两个"时代"虽然在时间上分属两个不同的时代，因此自然有着各自不同的主题，但这两个时代又是联结在一起的，它们有着很多可以联系在一起进行研究的内容。通过费孝通先生的事业，通过"云南三村"这样的具体社会调查事件，两个时代就有了清晰的连接线索。或许，这只是我们作为社会学人开展这样的学科工作时的感受。但不论是谁，只要他/她深入"云南三村"细细考察，就一定会发现两个"时代"有着深刻的不可分割性。"云南三村"再调查这项工作本身，就是将两个"时代"贯通起来所做的一项既具有延伸性又具有开拓性的工作。

说到这里，我们还看到《云南三村》在更深层次上的一个价值，就是这本书不仅仅是一本研究云南农村的书，更给我们提供了远远超出这三篇研究报告本身范围的内容，给我们提供了丰富的想象空间和研究余地，来深入思考和研究中国农村的现在和未来。因此，《云南三村》的时代意义，一篇短文无法全面顾及，还有待学界同人一起努力对其进行

深入研究。

由此看来，《云南三村》具有承上启下的意义和作用。这是我们特别重视的一个思考维度。这不仅是因为我们作为《云南三村》的历史调查点所在地的本土学者，对此有着更多的学术责任和历史担当，还因为《云南三村》本身就具有这样的前后联接和上下贯通的作用。也正是这一点，才让我们更加深切地体会到费孝通先生所说的："从《江村经济》到《云南三村》，还可以说一直到八十年代城乡关系和边区开发的研究，中间贯串着一条理论的线索。"而"《云南三村》处在这条线索的重要环节上"。

说到这里，我们还需要从下列三个具体的视角来做进一步的讨论，以便更准确地说明这个具有实质性的问题。一是《云南三村》在学术上的问题阈，即承接着对《江村经济》的若干思考，又延续到 20 世纪 80 年代及之后费孝通先生农村研究的各种课题；二是《云南三村》在具体形成的过程中，处于先生整个社会学研究事业的中间阶段；三是从先生的学术研究生涯这样一个大的过程来看，《云南三村》也处于从早期的初步农村探索，经过海外留学，系统接受西方（英国功能学派）社会学、人类学理论和方法，再到将西方的理论和方法运用于内地农村社区研究的中间阶段。就此而言，《云南三村》处于费孝通中国农村研究思想与具体农村社区（一个个具体的村落社会）调查理念的有效结合、农村社会研究与农村类型调查完整思想的形成并产生结果的时期。因此，《云南三村》确确实实是一部承前启后的杰作。

从具体运用的角度来说，《云南三村》将国外引进来的社会学理论和方法，特别是功能学派的理论和方法，以及社区研究的新鲜做法，运用于中国农村的调查和研究之中，开展了云南三个不同类型村庄的调查。在那样一个年代，不要说云南的学者从来没有接触过这一套理论和方法，就是在全国范围内，这也是一个令人耳目一新的做法。《云南三村》能够持续产生影响直到今天，是因为这三个村庄的调查在历史上有着重要的承接和启示，以及其自身所具有的学术价值。当然，还由于有费孝通先生这样一位跨越两个时代并以其研究成就连接两个时代的社会学大家，他的影响力和长期的社会学活动，客观上巩固了《云南三村》的持续影响力。二者相辅相成，从历史走到了今天。当人们谈到《云南三村》时，必然想到费孝通先生；而研究费孝通先生的学术生涯，也一定绕不过《云南三村》这样的研究经典。

三　"云南三村"研究的若干思考

（一）必然和偶然

《云南三村》的产生，本身就有着偶然性，但这个偶然性中又体现出费孝通先生农村研究的必然性。因此可以说，《云南三村》是偶然性和必然性相结合而产生的。

最大的偶然性，是时代的偶然性。在中国大片国土被日军占领之后，北方的学校和研究机构只能南迁，一大批机构和学者来到了云南。其中，费孝通先生等一批社会学家在云南开展了农村社会调查，写出了《云南三村》。因此，没有这一历史事件，就没有云南三村的调查，就不会有我们今天所见到的《云南三村》。换句话说，这一历史事件对于《云南三村》来说是一个偶然性的因素。

还有一个偶然性是具体的偶然性，就是对三个村子的选点进行调查这件事情。为什么选择云南这三个村子作为调查点进行调查？禄村、易村和玉村三个村子，并不是费孝通先生既定的研究对象。它们是在若干偶然的情况下，在得到一系列相关信息之后，才成为调查者确定的调查对象。禄村是这样，易村和玉村也是这样。在对禄村的调查过程中，他们偶然获得了易村的有关信息，易村便成为调查对象；在对禄村和易村的调查过程中，他们又偶然获得了玉村的相关信息，玉村又被确定为调查对象。三个村子全是在一系列偶然情况下获得"有用"信息后，才被确定为调查对象的。由此，才有了"云南三村"。

熟悉"云南三村"研究的人，都很关心为什么费孝通先生从英国留学归国没有几天，就一头扎到农村去做田野调查。费孝通先生多次提到这一情节。在《云南三村》序言中，费孝通先生这样说："《禄村农田》的确就是这样开始的。我初次去禄村的日子离我从伦敦到达昆明时只相隔两个星期。"[①] 1990 年 5 月 26 日，费孝通再次来到云南做"重访云南

---

① 费孝通、张之毅：《云南三村》，社会科学文献出版社，2006，第 3 页。

三村"时，与禄村当年的老熟人相见时说："那时我才28岁，刚刚从英国回到昆明，一个多星期后就来到大北厂村调查了。"① 由于历史久远，他对具体时间的记忆有些出入。对于一个在海外求学两年多，刚刚回国就很快到农村去做田野调查的学子而言，不管是"两个星期"还是"一个多星期"，其实时间都是非常短的。放在今天我们可能都难以做到。从国外回来，工作的接洽、生活的安顿，这些都需要时间。人们谈到这一点的时候，往往关心较多的是精神和道德层面：一个留学回国的博士，不贪图安逸，不在生活条件更好的城市，而是选择到艰苦的农村开展学术调查工作。特别是费孝通先生自己这样说："现在很可能有人会不太明白，为什么一个所谓'学成归乡的留学生'会一头钻入农村里去做当时社会上没有人叫好的社会调查？"费孝通先生在这么短的时间便能成行，一定有着特别的机缘。事实也确实是这样的。禄村这个调查点的选定，得益于费孝通先生的同学王武科（王武科是当地人）的介绍和费孝通先生姨母杨季威女士的帮助②③，这才让他这样快就到了调查点。

不论是怎样去的禄村，我们都可以看到这是一种偶然性所促成的。而在调查点的既定想法上，即调查不同类型的村子的设想，却是费孝通先生在回国之前就已经有的。这就是"云南三村"调查的必然性。这个想法其实在费孝通先生开展江村调查之后，紧接着到英国读书期间，就已经逐步成熟。在伦敦学习时，先生就在考虑回国后在什么样的村子调查，想象着怎样在"内地农村"进行调查，来回答在江村经济中所发现的问题和延续的思考。这就需要通过调查一个一个不同类型的村子来实现。因此，当禄村调查完成后，费孝通先生又安排张之毅进行了易村和玉村的调查。对另外两个不同类型村庄的调查，也完全是偶然的。这样，三个村子调查的完成，就获得了三种村子的类型，就充实了中国农村的"类型库"，从理论上和逻辑上，就更加接近整体认识中国农村的总体目标。

这就是"云南三村"调查的偶然性和必然性。

需要说明的是，在禄村、易村和玉村调查结束时，费孝通先生的既

---

① 钱成润等：《费孝通禄村农田五十年》，云南人民出版社，1995，第266页。
② 戴维·阿古什：《费孝通传》，董天民译，时事出版社，1985，第63页。
③ 费孝通、张之毅：《云南三村》，社会科学文献出版社，2006，第11页。

定想法并不是"调查三个村子",从而写成三篇调查报告,编成《云南三村》一书。调查几个村子,写几篇调查报告,事先并没有预定的数。后来有了三篇报告,编成《云南三村》一书,是历史机缘造成的。如果费孝通先生和云南大学社会学研究室("魁阁")在云南再延续一段时间,也许我们看到的就会是"云南四村"或者"云南五村",会有更多"魁阁"成果的出现(《昆厂劳工》代表的就是"魁阁"的一个方向——从农村到城市,从农民到工人,也是这种探索的实例之一)。这一点,也是对"云南三村"调查之必然性和偶然性关系的一个理解。

(二)时间和空间

谈《云南三村》的时代意义,实际上是说历史。或者是在说"意义"的过程中,不断回顾那一段历史。这种叙说一定是通过非常具体的时间体现出来的,哪怕是隐含的历史。一系列不同单位的时间构成了我们所见的历史;而《云南三村》的产生地点——云南,它所标示出来的地域,既具有特定的空间观察价值,又明明白白地透出远远超出其地域的影响力,它是中国社会学甚至是世界社会学框架内的一个操作实例。因此,"云南三村"的调查,首先就有一个与中国社会学的关系问题。正因为如此,我们在这里谈的"云南三村"调查的空间问题,重点谈的就是其与中国社会学的关系问题。

从这个意义上讲,《云南三村》呈现时空分析的意义。《云南三村》产生于20世纪30年代末40年代初的云南。今天我们所处的时代,与那个时代相比,已是天翻地覆、物是人非。但有一样,就是广大农村的农民生活困难仍是一个值得关注的突出社会问题。从"三农"问题到农村"扶贫",从城乡关系到人口流动(主要是农村的流动人口,也是农村问题或城乡关系问题),今天的中国农村问题已经具有新的历史时代的特点,也需要用新的眼光来看待。它已经成为全社会(包括政府、社会、企业等联合力量)关注、研究和采取具体措施来解决问题的现实行动。这种行动是全方位的、多层面的,涉及法律、政策、经济、社会等各个方面。让广大农村的农民生活富裕起来,是最基本的一个目标。这在费孝通先生做"云南三村"调查的时代和今天的时代,从研究者的角度,是相同的任务。时间虽然跨越80余年,但社会学者们仍对农村研究矢志不移。而由《云南三村》所连接起来的农村研究，更加具有历史认识的广度和深度。

从空间视角来说，《云南三村》所研究的是云南的三个村子，但这早已经不局限于这三个具体的实体，而是在一个更加广阔的空间产生影响。首先，《云南三村》不是"云南"的三村，尽管它产生于云南这片土地上，但它代表了中国社会学在云南农村的实际调查及其成果，属于"中国社会学"。其次，三个村子在云南，是由特殊历史背景所造成的，是偶然性使然，但这种偶然性中有必然性，因为它们代表了中国农村的类型。再次，《云南三村》的价值和意义，不因为其内容是云南的而局限于云南，而是具有全局的意义和价值。它不仅在中国有影响力，而且在国际社会学和人类学界都有影响力。最后，名称上的"云南"二字，已经成为一个学术事件名称的特定标志，成为社会学历史上的重要事件。"云南"这一名称，以及在社会学上的作为，也因《云南三村》的成名而受中国社会学界瞩目，并为世界社会学界认识。

（三）宏观和微观

一个复杂的社会包含政治、经济、文化、生态各要素，范围广泛，结构复杂。要认识社会，就要通过对这个"社会"进行划分，按照不同的性质和行业，或者不同的范围和内容，从不同的视角对其进行观察和研究。这是现代社会科学在研究社会的方法上的一种进步。将研究对象限定在一个可以进行全面观察、范围不要太大并且有一定的空间范围，将这个范围作为"整体性社会"进行全面调查和研究，这又是现代社会科学的一种发明。这种发明是人类学和社会学对社会科学的重大贡献。其基本方法就是人们时常提起的功能主义研究方法。这个"范围不要太大而且有一定的边界"，并且是可以整体性地进行观察的社会，就是"社区"。这种研究对象还有一个特征，即它是特定的物质形态的存在体，并以空间的形式展现在我们面前。它不像"组织"、"思想"、"心理"和"规则"等这类东西那样没有空间存在形态，而是有着明显的空间范围，其中有各种各样的人和物。这就形成社区研究的一大特点，即社区研究者必须直接进入社区，与社区成员发生互动关系，对社区现状进行所谓的参与式观察和调查。这种现代社会科学的研究方法就是"社

区研究方法"。

人类学和社会学是最擅长开展社区调查和社区研究的学科。我国的农村——自然村（与行政村不同），正是可以开展"整体性社会"研究的极好的对象，也正是一种"在一个相对可以观察到的、范围不要太大并且有一定的边界"的研究对象。按照费孝通先生的理解，这种社区是"社会生活的较完整的切片"①。是人的切片吗？当然不是，而是社会的切片。因此，认识社区是认识社会的一个切实的途径。从这个意义上说，社区就是一个"小社会"。通过社区认识社会，是重要的而且是便捷的一条途径，当然不是唯一的途径。把江村作为一个社区来研究，也许还太大了一点。而云南的大多数村子（当然云南也有大型或超大型的自然村）正符合这样的要求。在这样的前置性要求之下，再结合对不同类型的村子进行逐一调查这样的理念，就有了在江村之后，又有了禄村的调查，接着又有了易村的调查和玉村的调查。将这种具有类型意义的村庄调查持续地做下去，就会有日益接近中国农村面貌的完整构图。这样的构图没有一个绝对的终点，但不断地做，就会逐渐完善这个构图，逐渐接近理想中的目标，最终形成人们对中国农村的不断趋于完整的认识。

这其实就是宏观和微观的关系。一个大社会，是由若干个具体的社区即"小社会"所构成的。大社会不等于所有小社会的简单相加，大社会和小社会还是有种种不同的；但是，通过小社会可以认识大社会，而且这是一种比较切实有效的认识大社会的方法。因为通过这种方法，我们可以为社会提供实在且鲜活的例子。比如，通过江村、禄村、易村和玉村等这样一些具体的农村社区，人们了解到在中国农村，既有发展起乡村工业合作组织的村庄，也有依托于农田开展各种农事活动的村庄，还有依托本地资源而产生手工作坊的村庄，以及依托地理和文化特长而形成的商业性与农业相结合的村庄……这一切，都可以帮助我们认识中国农村的整体。这也就是费孝通先生给我们留下的认识中国农村类型的具体实例和科学方法。在谈到江村经济时，费孝通先生说："这种小范围的深入实地的调查，对当前中国经济问题宏观的研究是一种必要的补充。

---

① 费孝通：《江村农民生活及其变迁》，敦煌文艺出版社，1997，第13页。

在分析这些问题时，它将说明地区因素的重要性并提供实事的例子"。①由这样一些微观的农村，达到认识宏观的中国农村，这始终是研究和认识中国农村的一个好方法。费孝通先生当年和一小批学者开展了这样的工作，从江苏持续到云南，进行了有限范围内的农村社区研究。今天，可以有更多的人来开展这样的工作，遍及各地农村研究，达到对中国农村的更加广阔和更加深入的认识的目标。

（四）历史和现实

1943 年，费孝通先生借访问美国的宝贵时间，在美国将三个村子的调查文本用英文编写成 *Earthbound China*（《土地束缚下的中国》）一书并在美国出版。这一时期，费孝通先生还将自己的学生史国衡的调查成果译成英文 *China Enters the Machine Age*（《昆厂劳工》）在美国出版。这两本书，让美国社会学界加深了对中国的认识，特别是使当时的美国社会学界得以了解中国社会学的研究成果。

费孝通先生和《云南三村》的历史影响在中国的"重新发现"，是 20 世纪 80 年代以后的事情。这时，离当年调查并写出云南三村调查报告已经过去了将近半个世纪。此后，中国社会学界研究《云南三村》的热潮持续升温。这一周折，从一个特别的角度反映了这段历史的重大影响。

《云南三村》产生于 20 世纪中前期。那时，国家山河破碎，时局不稳。学者们利用南下云南的特殊时机，抓紧一切可以利用的条件，做出了令人称道的成就。《云南三村》只是一个代表。在社会学界，除了费孝通先生主持的"魁阁"外，尚有国立清华国情普查所、南开人文研究室，其成员都在那个艰难的时代做出了令人感动的成就。这些成就，成为编写中国社会学史避不开、绕不过的内容。

当年的研究行为已经成为历史；当年的人们在那个"现实"面前，做出了无愧于历史的业绩。这才需要我们不断地回顾这段历史，常常怀念前辈们。当年的"现实"是国难当头、生计困难，但费孝通先生想的是未来"我们将建设成怎样一个国家"。学术研究为国家服务，是费孝

---

① 费孝通：《江村农民生活及其变迁》，敦煌文艺出版社，1997，第 9 页。

通先生那一代学者的追求，更应成为我们今天的追求。这也是我们所称的社会科学工作者的社会责任。

（五）农业与工业

"云南三村"的研究进程贯穿着工业发展的重要线索。这条线索与前述那条"线索"，即农民怎样富裕的问题，其实并不冲突。费孝通先生的一个基本出发点，就是通过在农村发展不同形式的工业，最终使广大农民富裕起来。工业这条线索有时是显形的，有时是隐形的。我们现在以工业这条线索来看这个发展的走向。江村调查中成为重要内容的乡村工业，在云南农村却不多见。费孝通先生在云南考察"内地农村"的工业，《云南三村》中的易村的手工业是一个重要的标志性成果。在三个调查报告中，这也是在主题中研究工业的独一个。当然，在另外两个村子的调查报告中，也都或多或少涉及工业。

如果我们将话题稍微延伸一些，将同样也是魁阁研究成果的《昆厂劳工》纳入我们的视野，那么我们就会看到，在费孝通农村研究中"工业"这条线索的基本走向。下面这个图示，显示了《云南三村》中农村工业的位置。

《禄村农田》—《易村手工业》—《玉村农业和商业》
初级的农业—乡村工业—综合性的农村发展

再将《昆厂劳工》纳入这个图示当中，我们就能看到一个层次更丰富、逻辑更完整的思想走向（或许这只是农村工业的另一种发展前景）。

《禄村农田》—《易村手工业》—《玉村农业和商业》—《昆厂劳工》
初级的农业—乡村工业—综合性的农村发展—农民进入工厂

这其中的线索源自"云南三村"，更远源自"江村经济"。这条线索的中心就是农村，其研究的后续逻辑就是有农民参与以大工业（或都市工业）为研究背景的《昆厂劳工》。这在费孝通先生的研究逻辑上是贯

通的。

《昆厂劳工》作为魁阁研究系列的成果之一，是费孝通先生思考中国农业发展、农民出路的一个选择。这是费孝通先生派史国衡去调查"昆厂"的主要考虑。《昆厂劳工》与其说是研究工业，不如说是通过研究工业来思考农业的后续问题，即农村富余人口的出路问题。这本书的开头便强调："这本调查报告，可以说是我们对于农村社区研究的一个引伸。"① 这说得很清楚了。由于战争，大批沿海工业开始向内地转移，尤其是在武汉、广州沦陷后，昆明成为后方最重要的城市，一大批国防工业企业转移到昆明。昆厂即在此背景下建立起来。史国衡在该书中所思考的一个重要问题就是：在缺少工业文化而有着浓厚的传统农业文化的云南，昆厂的"劳工"是哪些人？这种工业的发展存在怎样的问题？归根结底，该书要回答的是：传统的农业经济经过蜕变，如何转化或发展成为新兴的工业经济（特别是在云南这样的缺少现代工业基础的地方）；这种新兴的现代工业需要怎样的劳工；由具有农耕文明的云南农村转移出来的劳工能否适应工业经济发展的需要。

这个思路，与今天的农村剩余劳动力大量进入城市成为"农民工"，感觉是多么的相像。不同的时代有不同的问题及其产生的原因，也有不同的解决办法。但农业人口多了，他们涌入城市，却是一个不会改变的大趋势。所以，在回顾"云南三村"研究的同时，也阅读一下《昆厂劳工》，仍是很有意义的。

四 "云南三村"研究的历史延续

（一）"云南三村"已成为一个学术符号

如上文所说，《云南三村》中文合编本，是在写成半个世纪后即1990年才由天津人民出版社出版的。早在 20 世纪 40 年代初，重庆的商务印书馆出版过其中的《禄村农田》和《易村手工业》，《玉村农业和商业》当年没有出版。

---

① 史国衡：《昆厂劳工》，商务印书馆（重庆），1946，第 1 页。

这里应当明确一下，我们常常笼统地说"云南三村"研究，有不甚准确的地方。如果是有书名号的《云南三村》，就专指《云南三村》这本书。如果是有引号的"云南三村"，则包含着对《云南三村》这本书的研究，也包含着对"禄村"、"易村"和"玉村"这三个村子的研究。后者就是人们常说的云南三村"再研究"。因为前有费孝通先生和张之毅先生的研究，后人对他们研究过的对象进行研究，就是"再研究"。需要说明的是，我们常常用的是有引号的"云南三村"研究，这是在一个较为宽泛的含义下来说的。

事实上，我们在近些年来所开展的"云南三村"研究，就是这么做的。"云南三村"作为一个标志性、符号性的概念，其所包含的内容非常丰富。这些内容，是云南省社会科学院农村发展研究所"云南三村"研究中心持续开展的工作目标。在实际工作中，我们主要是对这三个村子进行调查和研究，但也包括阅读和研究《云南三村》这本书，甚至包括对《江村经济》和《昆厂劳工》等展开系统化的比较研究。就是说，对云南三个村子的实地调查和三本报告文本的研读，两个方面都不可偏废。事实上，我们就是将实体存在的三个村子与《云南三村》中的三篇报告结合在一起进行研究的。阅读和调查总是相互促进的，这很好理解。因为二者是根本分不开的。只有一种情况有所例外，即专门就文本进行分析研究，才可以考虑或者不去这三个村子开展实地考察。这属于文献研究，也就是"《云南三村》研究"（但即使是文献研究，最好也去实地看一看，这样才可以更好地理解文本作者的感悟及其创作文本的根据，体验这三个文本产生的环境）。

《云南三村》已经成为一个历史符号。云南这三个村子成为社会学调查点的事实，是我们今天去做"再研究"的根据。

"云南三村"再研究是一项非常有意义的工作。它不仅是学习经典的过程、是认识社会的途径，也是续写中国社会学历史的必要、是认识中国社会学发展演变中不可或缺的一环，更是解剖激荡变化的中国农村的一把金钥匙。过去是，现在是，将来还是。我们将在"云南三村"再研究过程中，与学界加强交流，提高认识，深化体验，做出成绩，在社会学调查和农村发展研究事业中不忘初心，继续前行。

（二）"云南三村"研究存在的不足和若干问题

就目前"云南三村"研究的状况来看，存在着三个重大不足。

一是总体上"三多""三少"。"三多"是指泛泛研究较多、意义分析较多、理论探讨较多。"三少"是指专题研究较少、实地调查较少、历史研究（指对"云南三村"历史上有关事实的考察和调查）较少。具体的表现是理论文章较多，实地调查很少。

二是三个村子的调查和研究不平衡。对"云南三村"的研究，本来最基本的一项工作就是对这三个村子进行认真调查。只有对当年的状况做充分调查和了解，对今天的现状进行必要的调查之后，才有发言的资格。非常遗憾的是，这种必要的调查经常被省略，根据实地调查资料写成的作品相当少。在仅有的对"云南三村"的实际调查中，又主要是对禄村的调查，对易村和玉村的调查基本见不到。这种不平衡本身是在总体缺少实际调查情况下的不平衡。因此，有必要对三个村子开展更加深入的调查，在此基础上再做到比较平衡地开展研究。

三是对于"云南三村"的研究，一般表现出来的不足是对历史调查点的实地调查不足。这实际上存在着一个潜在的问题，即社会学界对自己历史的关心不够，对社会学史的研究不重视。具体的表现是，对社会学自己曾经经历过的事件没有专心去考察，即对社会学历史的研究不够，以至于社会学人对自己的历史语焉不详，甚至出现诸多不应有的错误。即使是一些"再调查"的成果，也对当年的史迹和事实不予关注，对所研究问题的来龙去脉说不清楚。举例来说，1990年费孝通先生来到云南，想"再看一看"当年的"三村"调查点，居然没有人知道"玉村"何在，陪同人员将费先生带到大营街去，给费先生留下了终生遗憾。又比如，对于"易村"，社会学界知道其位置所在的人可以说是凤毛麟角，更不用说实地调查了。再比如，对于社会学数十年前的一些事件，包括日期、地址、人物、经过等，记载或有错误，或有缺失，或语焉不详。这些，都是社会学界对自己历史不重视的表现。

目前有关"云南三村"的材料，比如网络和报刊上的材料，存在一些问题。有的是道听途说，任意编写；有的是材料老旧，不合时宜；有的是人云亦云，不负责任；有的是任意剪裁，错乱百出；有的是张冠李

戴，贻笑大方；等等。我们希望通过我们的深入调查和认真研究，提供
翔实有用的材料，以弥补这种种不足。同时，我们也呼吁有关材料编写
者和发布者，克服局限，防止各种错漏出现，将客观、准确、新鲜、生
动的材料提供给社会。这也是作为社会科学工作者的最基本的底线。

（三）"云南三村"研究的近期展望

云南省社会科学院农村发展研究所"云南三村"研究中心在近年来
就"云南三村"开展了一系列相关的调查和研究。至于我们今后的工
作，可借此谈一谈有关的想法。

一是在三本综合性的著作完成之后，将继续对三个村子进行持续调
查，对前期发现的问题和线索进行深入研究，在此基础上，确定若干选
题，开展专题研究。

二是基于中国农村发展的基本类型的分析，在云南再选择 3~5 个村
庄进行深度研究，以拓展农村调查的基本类型，并初步构建农村发展类
型学。

三是重视对三个村子的持续调查研究。我们将在未来一段时间，制
订更加详细的研究计划，对三个村子开展更加深入的调查，开展一系列
专题研究。

四是在学术调查的同时，与当地紧密合作，帮助村子进行开发活动，
发展村庄经济。以及与有关部门联系和合作，在三个村子的适当位置设
立有关费孝通"云南三村"调查陈列室或纪念馆。

让我们以费孝通先生当年曾说过的一段话，作为本序的结尾："我衷
心希望，未来的一代会以理解和同情的态度称赞我们，正视我们时代的
问题。我们只有齐心协力，认清目标，展望未来，才不辜负于我们所承
受的一切牺牲和苦难。"①

"云南三村"再调查编委会

云南省社会科学院农村发展研究所

"云南三村"研究中心

---

① 费孝通：《江村农民生活及其变迁》，敦煌文艺出版社，1997，第 213 页。

目　录

绪　论

禄村是社会学领域的一个"学术名村"，因费孝通的《禄村农田》而得名。因此，一些研究者跟随费孝通的足迹，对禄村进行了多方面的研究。但最近10多年，基本没有对禄村的系统研究。2018年是费孝通禄村调查80周年，我们从追寻老一辈社会科学家调研足迹、弘扬其科学研究精神、深入农村调查研究的角度出发，2013年开始对禄村进行跟踪观察，以期通过禄村的发展变化，展现云南，窥视中国农村发展变化之一斑；并延续当年费孝通在禄村调查中发现问题和提出问题的方法，试图回答当年提出的问题。

一　研究缘起

1938年，刚从英国获得博士学位的费孝通带着导师马林诺斯基赠予的50英镑，乘坐海轮归国。因抗战爆发，取道越南进入抗战后方的云南。此时，费孝通的博士论文《江村经济》在英国虽然获得了较高的赞誉，但同时也受到一些同学及老师的质疑，费孝通正打算回国选择一个内地村庄进行验证式的研究。因此，初到云南的费孝通并未着急找工作，而是想寻找一个内地村庄与江村进行类型比较研究。正如费孝通所说，"这本《禄村农田》可以说是我那本《江村经济》的续编"。① 抵达昆明后两个星期，费孝通经其姨母杨季威女士和同学王武科先生的介绍，到离昆明一百公里的禄丰县的一个村子开展实地调查。这个村就是禄村。1939年，费孝通应吴文藻先生的邀请，任燕京大学和云南大学合作的社会学（系）研究室主任，开始中国现代社会学教学和研究工作。此后，担任社会学（系）研究室主任的费孝通以禄村为起点，组织研究团队在云南展开田野调查，推动了一系列的"类型比较"研究，并有了之后的

---

① 费孝通、张之毅：《云南三村》，社会科学文献出版社，2006，第8页。

《云南三村》。

　　《禄村农田》的写作基础是费孝通和张之毅对禄村进行的为期 3 个多月的持续调查。1943 年，费孝通将《禄村农田》与张之毅撰写的《易村手工业》和《玉村农业和商业》一起编译成英文版 *Earthbound China*（《土地束缚下的中国》）在伦敦出版。1990 年，费孝通又将三个村共同编成一本完整的关于 20 世纪 30 年代云南农村状况的书籍《云南三村》出版。《云南三村》是对 20 世纪中国农村状况的真实描述，是中国社会学农村研究中有代表性的著作，具有特别的历史价值。自《禄村农田》出版印刷以来，国内外社会学界、人类学专业均将其作为学生的必读书目。"禄村"也在其出版后至今的近 80 年间享誉国内外社会学界、人类学界。此后，钱成润、史岳灵、杜晋宏，加拿大人类学家 Bossen 教授，张宏明等多名学者对禄村进行了跟踪调查和深入研究，形成了《费孝通禄村农田五十年》《土地象征——禄村再研究》《中国妇女与农村发展——云南禄村六十年的变迁》等著作。研究者从不同的角度对禄村的社会形态及变迁进行研究。"禄村"也因此成为社会学研究的"地理品牌"。

　　在社会科学研究中，"再研究""跟踪研究"是一种常用的方法。对早期研究地点进行再次研究的方式，一般称为"再研究"或"跟踪研究"。社会科学由于受其研究成本和研究环境的限制，与自然科学相比较，存在着内生的缺陷——阶段性和切面性（仅在一个时间切面和时间点进行研究），从而缺乏连续性。然而，"再研究"或"跟踪研究"恰好弥补了这个缺陷。因为跟踪研究的目的就是：在一定时期内，社会现象被连续记录，社会形态被持续剖析，使得社会以一种连续性的、可追溯性的方式被表达出来。其特点是持续地对同一个研究对象进行跟踪、调查和观察。可以是一代人的持续研究，也可以在前人研究的基础上对同一个研究内容进行延续性的观察、深入的研究。在具体的研究方法利用上，可以延续使用同一方法，也可以针对不同的时期特征，在方法上创新。例如，研究禄村的三部代表性著作《费孝通禄村农田五十年》《土地象征——禄村再研究》《中国妇女与农村发展——云南禄村六十年的变迁》均在方法和内容上进行了创新和拓展，同时又保持了时代的延续性。

按照惯常，十年是社会发展的一个节点。然而，最近十余年，社会学界对"禄村"的系统研究出现了"空窗期"。而80年来，将不同发展类型的"云南三村"进行全面对比研究则完全是空白的，这使得费孝通当初极力倡导"类型比较研究"的初衷未能延续，不免有些遗憾。在距离"云南三村"研究近80年之际，云南省社会科学院"云南三村"研究中心，有责任、有义务，也有使命对早期为农村研究做出卓越成绩的"云南三村"——所涉及的3个村子——进行系统、深入的调查研究。其中禄村是"云南三村"研究中的第一个村子。对这个村子的调研，也是费孝通等人调查并由费孝通本人执笔写成的。因此，对禄村的调查研究更有纪念意义。

我们与禄村也早有渊源。2003年，课题组所在研究所（云南省社会科学院农村发展研究所）的前身社区发展研究中心在云南开展不同类型的农村社区调查研究，并进行长期的、系统的跟踪调研。禄丰县被列为云南中部区域的项目点所在地，并计划将禄村列入长期跟踪调查点。当时，我们有幸结识了曾参加过20世纪80年代《费孝通禄村农田五十年》调研和写作任务的禄丰县地方志办公室的史岳灵，听其讲述了当年费孝通亲自指导调研的经过，更坚定了对禄村农田进行再研究的信念。遗憾的是由于项目要求和研究内容的偏差，最后并没有选择禄村，而是选择了《禄村农田》中描述过的彝村——叽拉，并由郑宝华、史岳灵和楚雄彝族文化研究所的欧丽在调研的基础上写了《走内源发展之路的叽拉》一书。如今，史岳灵已追寻费孝通而去，禄村研究也直到2012年才再次被提起。

2012年，在研究所（云南省社会科学院农村发展研究所）年终总结会议上，与会者一致认为，不仅要顺应云南省社科院智库建设需求，更应加强基础理论研究，以理论研究为指导，提升智库研究的学理性。在这样的背景下，禄村研究被再次提起。经过多次讨论，我们将2013年研究所的重点学科建设项目确定为《"云南三村"再研究》。并从再研究的角度，对如何开展研究进行了多次讨论。最后选择了《禄村农田》原来的研究主题——农田，便有了《新禄村农田》的设计和思考。

二 禄村扫描

（一）费孝通笔下的禄村

"禄村"是费孝通给调查点取的学术名，代表了一种农村社区类型①——中国内陆传统农村社区。禄村的实际村名为"大北厂"，隶属云南省禄丰县金山镇的大北厂社区，②是大北厂社区最大的自然村。20世纪三四十年代的禄村"还处在开始受到现代工商业影响的初期"。③"在禄村，我们可以见到一个差不多完全以农业为主生产事业的内地农村结构。它的特色是众多人口挤在一狭小的地面上，用着简单的农业技术，靠土地的生产来维持很低的生计。"④禄村当时有122户农户（不含外来流动人口），经营土地面积2800工（约1077亩），⑤而自有土地约为1800工（约692亩），租营面积为1000工（约385亩）。⑥然而，"在禄村的土地关系中，有一个特色就是它的中心不在租佃之间，而在雇佣之间"。⑦"在这里土地分割得很细小，村中住着不是大量佃户而是大量的小土地所有者。他们因为有便宜的劳工可以雇佣，所以可以不必自己劳动"，⑧从而形成了以雇工自营为主的农田经营方式。费孝通认为这种经营方式的形成是因为农村劳动力供过于求，并认为这是"现代工商业发达前期农村的一般现象"。⑨禄村能够拥有便宜的劳动力除了由于现代工商业不发达，还由于禄村地势较低，气温转暖较早，农期较周边更早，

---

① 费孝通、张之毅：《云南三村》，社会科学文献出版社，2006，第10页。
② 大北厂村民委员会在2016年换届选举后改为大北厂社区。
③ 费孝通、张之毅：《云南三村》，社会科学文献出版社，2006，第12页。
④ 费孝通、张之毅：《云南三村》，社会科学文献出版社，2006，第12页。
⑤ 禄村人民一直以劳动力来做农田单位，"一工田，一个人工"。费孝通在《云南三村》第24~26页在"农田单位"考题中进行了详细阐述，并在最后做出估计："以每工田平均作250方公尺计算，一市亩合禄村2.6工。"在此，我们为了数据的准确性，描述当时的农田面积依然用"工"做单位，但在括号中折算成亩，折算率则用费孝通的估计数：1亩约合2.6工。
⑥ 费孝通、张之毅：《云南三村》，社会科学文献出版社，2006，第64页表10、第96页表15。
⑦ 费孝通、张之毅：《云南三村》，社会科学文献出版社，2006，第100页。
⑧ 费孝通、张之毅：《云南三村》，社会科学文献出版社，2006，第12页。
⑨ 费孝通、张之毅：《云南三村》，社会科学文献出版社，2006，第12页。

形成了与周边地区的农作参差期，① 这使得大量外来劳工进入禄村。外来劳工的季节性接济正好满足了禄村农田的季节性用工需求，成为禄村农田雇工自营的重要因素。② 且禄村的农期参差性劳动力供给是一种来而不往的流动，即禄村人民在农事结束后不会利用区域间的农作参差期外出卖工。③ 禄村人厌恶劳动，④ 他们认为"多花钱不见得比少花钱好，可是多费力却不如少费力"。⑤ 虽然在劳动力数量上，本村的劳动力完全可以满足农田劳作的需求，⑥ 但是他们宁愿用20%的家庭花费去雇工，也不愿意自己劳动。⑦ 全村有30%的男子完全脱离了农田劳动，部分脱离农田劳动的更多。⑧ 他们脱离农田劳动后仅有少部分从事其他行业，大部分过着闲暇的生活，被费孝通称为"消遣经济"。⑨ 在《禄村农田》中，费孝通分析了"消遣经济"形成的原因。从客观条件来看，自有农田在30工（约11.5亩）以上的家庭，约占全村人的15%。⑩ 从主观意愿来看，是禄村的传统经济态度——"宁愿少得不愿劳动的基本精神"。⑪ 从经济要素来看，是没有工商业就业竞争和外来的因农作参差期带来的便宜、充足的劳动力。从社会体制来看，是土地私有制遵循的"土地使用根据于土地所有，而不是土地所有根据于土地使用原则"决定的，⑫ 即"享受土地利益的是土地的所有者，不论他劳作不劳作，他所有的权利是不受影响的"。⑬ 因为土地占有形式和数量的不同，村民生计形式各异：有"农闲时不劳作"的，也有"农闲时依旧劳作"的，还有"农忙时也不劳作"的，以及出卖全部劳动力也很难养活自己的人。同时，农田还是社区身份的象征，没有土地，迁入村中时间再长依然是

---

① 费孝通、张之毅：《云南三村》，社会科学文献出版社，2006，第17页。
② 费孝通、张之毅：《云南三村》，社会科学文献出版社，2006，第74～75页。
③ 费孝通、张之毅：《云南三村》，社会科学文献出版社，2006，第76页。
④ 费孝通、张之毅：《云南三村》，社会科学文献出版社，2006，第113页。
⑤ 费孝通、张之毅：《云南三村》，社会科学文献出版社，2006，第111页。
⑥ 费孝通、张之毅：《云南三村》，社会科学文献出版社，2006，第40页。
⑦ 费孝通、张之毅：《云南三村》，社会科学文献出版社，2006，第127页。
⑧ 费孝通、张之毅：《云南三村》，社会科学文献出版社，2006，第93页。
⑨ 费孝通、张之毅：《云南三村》，社会科学文献出版社，2006，第110页。
⑩ 费孝通、张之毅：《云南三村》，社会科学文献出版社，2006，第64页表10。
⑪ 费孝通、张之毅：《云南三村》，社会科学文献出版社，2006，第108页。
⑫ 费孝通、张之毅：《云南三村》，社会科学文献出版社，2006，第44页。
⑬ 费孝通、张之毅：《云南三村》，社会科学文献出版社，2006，第44页。

新户，是外地人。但是，在禄村这个传统的农村社区，也面临一些时代变迁的挑战：工业的发展（新修和维护滇缅铁路①）吸引了大量村内、村外的劳动力，冲击着禄村雇工自营的农田经营方式；物价的上涨促进了禄村商业的发展，也使农田上的劳动力价格随之上涨；直系继承和分家使家庭的农田面积越来越小，家庭经营成为农业改良的障碍；②农民举债办喜事、丧事以及吸食鸦片使得禄村的农田不断低价外流。在《禄村农田》中，我们看到的禄村是一个"风雨欲来"前还在坚守传统农业和传统生活方式的内地农村社区。

（二）现实中的禄村

1. 城与村之间的一道"风景线"

禄村位于昆明以西100多公里的楚雄彝族自治州禄丰县，禄丰县因恐龙化石而闻名，最初的化石发掘地就在禄村附近的沙湾，只是后来因川街乡（现在的恐龙山镇）发掘了更多的化石而成为恐龙化石的开发地点。禄村在禄丰县城的西北，位于平坝向山丘延伸地带。在《禄村农田》中可以看到，禄村大部分处于平坝，水田较多。以前，禄村距离县城还有3公里的距离。2013年我们来到禄村时，禄丰县的环城西路从禄村的村边穿过，直达禄村北面的禄丰一中大门。而从禄丰县城去西部乡镇村乡的县道则从禄村的中央穿过，犹如村内巷道。站在村口县道与环城路的交会处向西望是禄村的房屋，右边是密密麻麻的村民房子，左边宽阔的农田上矗立着现代高层住宅楼，旁边还有上百亩被围墙围起来的农田，田里种着并不适合的农作物——苞谷。耸立的高楼是商业地产开发商建的住宅小区，标榜为河道景观房，标价3050元/平方米。房子已经盖好三年了，据说因为买房的人不多，仍有一半的房子还在待售中。空着的农田已经被征作"德钢"（德阳钢铁厂，原禄丰钢铁厂）搬迁的职工安置房建设用地。但是，"德钢"的搬迁因内部问题被搁置，导致职工安置房建设项目多年没有进展。农民看见大好的土地一直荒着，感觉太可惜，但因为征地时四周用砖石围断了原来的水渠，不能正常进水

---

① 费孝通、张之毅：《云南三村》，社会科学文献出版社，2006，第78页。
② 费孝通、张之毅：《云南三村》，社会科学文献出版社，2006，第161页。

和排水，所以只能种一些苞谷。2018 年，我们再次来到村子时，已经没有村民再去围起来的地块种苞谷了，该地块的房屋建设已被正式提上日程。

2018 年，我们看到的是城市边缘一个尚未被城市完全包裹的村庄。2013 年，我们称之为环城路的城市道路，有了自己的名字——金山南路。旁边东河正在改造，金山南路北延线已规划，不久的将来，金山南路北延线将从禄村与禄丰一中之间穿过。还有一条世纪大道北延线也已规划，两条道路的建设，将把禄村包裹在一个"七"字形的城市交通网之中。站在金山南路或世纪大道上，可以看到高低错落的房屋，被农田与果园包围着的禄村，成了一个既不像城市，又脱离了传统农村的"村庄"。

2. 拥挤的居住区

20 世纪 30 年代，禄村众多的人口挤在狭小的地面上。① 按照费孝通的统计，1938 年禄村有农户 122 户，② 1938 年春有 694 人，1939 年有611 人。③ 2013 年，禄村有农户 377 户、1265 人。75 年间户数增加了两倍多，人口增加了近 1 倍。但是，禄村的居住范围并没有太大的变化。主要增加了两个范围：一是县道外围 20 米左右的农田变成了房屋；二是观音寺靠路边的农田也建起了房屋。其他大多数住宅是在村中的老宅和空宅上建起来的。由于宅基地有限，加之农村建设用地管理较为严格，房屋大多是在拆除旧房的基础上新建的，新房与旧房连在一起，巷道十分狭窄，有的甚至是从这家人的房间穿过去到那家人家里。还有的直接在旧墙上面"打洞"，开出一条通道来。总体来看，除禄村主街道相对宽一些外，村内的其他道路宽度大多不足 2 米，老宅集中的地方，巷道宽度只有 1 米多，大部分机动车都无法进入，仅摩托车可以勉强通行。即使改革开放后建的新房，其巷道也不足 2 米宽，大一点的农用车或轿车都无法通过。近年一些新买的私家轿车没地方停，只好停在稍为宽一点的农户家大门前。

建设用地的紧张，使禄村人体会到了"寸土寸金"的含义。多年

① 费孝通、张之毅：《云南三村》，社会科学文献出版社，2006，第 12 页。
② 费孝通、张之毅：《云南三村》，社会科学文献出版社，2006，第 130 页。
③ 费孝通、张之毅：《云南三村》，社会科学文献出版社，2006，第 39 页表 4。

来，上演了无数置换宅基地的故事：有的"和为贵"，有的"兄弟反目成仇"，也有的"父子、父女离心"，更多的是邻里争斗。"土改"以后，禄村的居住方式便是"你中有我，我中有你"，当时封建地主大户人家的房子分给了若干户人家住，一家一间或两间，大家共用一个院子，你的厨房在我的房子下面，我的猪圈在你的猪圈旁边。而如今，能置换或购买的，就变成了一片自己的独立空间，不能购买或置换的还是保持着原有的居住方式。禄村新建的房屋大多窄而高，四十几平方米的土地上盖3层高的房子。原因是禄村人无法在地域上与邻居间隔，只好在空间上加以隔离，以寻找自己的独立隐私空间。

3. "簸箕大的菜地"

2013年，我们走进禄村，沿着中村公路往北走，看到路边各家房屋围墙外面用水泥砌成的狭长的花台，里面种着各种蔬菜，犹如城市街道旁的绿化带。禄村原本是有固定菜地的，包产到户的时候每家每户都分了菜地，但是现在有专门种菜土地的人家不多了。菜地去哪了呢？都盖房子了。包产到户的时候，为了解决新建房的问题，当时各生产队根据每家未成年男子的数量分配给1人1分的菜地作为准宅基地。当初的菜地就是计划用于盖房的。所以，30年以后，除少数人家的菜地保留以外，其他的土地几乎都建成了房子，也就没有专门种菜的土地了。有些农户将附近的农田开辟出一小块做菜地，农田不在附近的就只能在房屋前面砌花台种菜了。有些花台也砌不下的就在房子二楼的平台上用花盆种上几盆常用的菜（如葱、蒜、香菜等），以备不时之需。

2018年，我们走进禄村，沿着中村公路往北走，看到道路已经被整治过了。修了较好的排水沟，各家种植的小块菜地减少了，自家搭建的路边花台没有了，以前农户在住房周边种植的菜地也没有了。但在少数老房屋和小路边，在那些没有修整过的道路边，还保留着零星的菜地，被村民们称为"簸箕大的菜地"。车辆一过尘土就会落到菜叶上，但这些菜地仍被村民们珍视，种上了蔬菜。

4. 干净、整齐的生活环境

2013年，中村公路两边菜地多，很凌乱；路边沟渠未修缮，难免会让人产生脏、乱、差的感觉。在村内巷道中走动，或到农户家，房子下面是猪圈，粪水的气味刺鼻。2018年，我们再到禄村调研时，街心道路经过修整，干净整齐。尽管每天早上有卖蔬菜、豆腐、猪肉的商贩，但道路仍然干净整齐。据说谁摆摊，谁负责打扫。到农户家，或者走在村内的巷子里，养猪的人少了，粪水的气味淡了。与北门社区菜园子村交界的小河，正在整治，属于正在实施的棚户区改造项目，项目投资1300多万元。2013年7月我们调查时，洪水冲刷后垃圾堵满河道的景象随处可见，到2018年这种景象已不见了。村间道路两侧的墙壁全部是白色的，画满了宣传孝文化的图画，写满了宣传标语。社区居委会堆着一大堆新的垃圾桶，是即将分发和摆放到村子里的垃圾收集设施。村庄给人干净、整齐的感觉。

5. 兼具陌路与熟人社会

禄村居住比较集中，大部分居住在禄丰至中村的公路两边。有12户人家把房子建在禄丰一中旁学府路边的观音寺片区的田里，其中大多是禄村4组的村民，也有一户是北门村委会的。还有几户禄村6组的村民居住在去沙湾路边的小山包上。但从整体上看，居住片区都与主村相连，主村的居住条件非常拥挤。拥挤的居住特点反映了其邻里关系，好似非常熟悉，又似乎很陌生，你过你的日子，我过我的生活，互不相干。只有在村委会门口的中心街道上的公共空间里才会谈论家长里短。这与费孝通提出的"熟人社会"有相似之处，但也有很大的差别。由于禄村各小组之间几乎是混居的，家庭成员之间的房屋也大多相隔较远，因此，大多数村民依赖的还是邻里关系，尤其是单独居住在老房子里的老人，他们在日常生活乃至生病或发生意外时都会得到邻居的帮助。

三　禄村再研究

（一）禄村再研究概述

在费孝通的《禄村农田》之后有多名学者对禄村进行了再研究，他们身份各异，研究主题各不相同，主要有《费孝通禄村农田五十年》《中国妇女与农村发展——云南禄村六十年的变迁》《土地象征——禄村再研究》三部研究成果。最早进行系统研究的著作是云南地方志办副主任钱成润先生组织并亲自参加写作的《费孝通禄村农田五十年》。这部著作希望真实记录费孝通之后五十年中禄村农田制度以及农民生活的变化情况。《费孝通禄村农田五十年》用比较详尽的数据描述了禄村在新中国成立前农户土地占有的情况，并提到当时"土地外流已经非常严重，全村有264.2亩（约687工——笔者注）的土地所有者是外村地主"。①由于团体田和外来地主所拥有的农田不断增加，租佃情况也越来越普遍。该书提到，"与10年前相比，禄村租营的土地增加了188.5亩，而雇工自营在相对减少之中"。② 新中国成立后，禄村进行了颠覆式的土地改革，其核心思想是"耕者有其田"。主要做法是将全村1390亩土地按照阶级和家庭人数分配，但是并不完全遵循"平均主义"。分配之后，在此之前没有土地的雇农和贫农拥有了土地，而中农和富农成为土地的主要拥有者。此后的20年（1956~1976年），土地的所有权和使用权不断集中，导致农田的经营方式从单个家庭经营到几个家庭互助经营，再到几十个家庭组成的生产队共同经营，最后变成全村统一经营。家庭在农田生产中的作用越来越小，农田经营的规模越来越大，但农田的效益却从最初的逐渐提高到逐渐降低，农田收益的分配方式也从土地的多寡转变为"按劳分配"。但是，由于农业劳动并不能像工业一般评估衡量，只能按出工数量和劳动力的年龄、性别、阶级进行分配。《费孝通禄村农田五十年》用更多的篇幅分析了1982年"包产到户"以后禄村的农田经营方式和效益，以及乡镇企业发展的情况。并通过五户村民的家庭生计状况分析禄村不同农户的生活水平。这一时期，禄村的农业平稳发展，家庭温饱已经得到全面解决，其他行业如手工作坊及加工业蓬勃发展。当时，禄村工业化的苗头已经出现，但发展不顺利，受市场和当地建筑行业管理体制变化的影响，禄村的建筑队散伙了，民营企业也仅剩几家。

张宏明撰写的《土地象征——禄村再研究》主要关注的是土地在不同时期的象征意义。因此，作者阐述了明清时期、民国时期、1949年以后3个不同时期土地的不同象征意义。张宏明认为，禄村是一般性的中国农村社区。明清时期，土地是中央政府稳疆戍边的载体；民国时期，

---

① 钱成润、史岳灵、杜晋宏：《费孝通禄村农田五十年》，云南民族出版社，1995，第46页表7。

② 钱成润、史岳灵、杜晋宏：《费孝通禄村农田五十年》，云南民族出版社，1995，第47页。

土地是社区保持宗教信仰、开展公共仪式的保障；而 1949 年之后，土地更多强调的是国家在农村社区的意志和经济利益。张宏明的研究保持了国内跟踪研究重视资料连贯性的特点，从学理上阐明了研究框架之间的延续与变化的时代意义，研究的重点是土地制度和公共仪式。在禄村历史上，土地从屯田向军田、民田的转变，公共仪式中洞经活动与花灯活动的变迁，都透露出国家与地方社会关系的变化，为人们了解中国的土地制度提供了新的视角。①

对禄村进行研究的还有加拿大的宝森博士。她于 1989 年首次到达禄村，基于其此后十几年间多次来访的调研资料写成的研究成果《中国妇女与农村发展——云南禄村六十年的变迁》于 2002 年出版。她从国外盛行的社会性别角度来研究妇女与农村发展的关系，在一定程度上弥补了原禄村研究中缺少性别研究视角的缺憾。此书关注的不仅仅是一个村庄缠足、纺织、农地制度、农业与非农就业、贫困与富裕、婚姻家庭、人口变迁、政治文化的历史，而且以女性视角分析以上诸多领域存在的社会性别关系。值得注意的是，作者并未拘泥于费孝通以往的研究，而是用批判的态度重新审视了他的研究结论，强化了禄村研究中的经济主线，② 从而证实或更正了费孝通曾经为我们建构的种种社会性别印象。③

在 2005 年以后，学者们对禄村的研究和关注也没有停止过，但还没有系统性的研究成果。而 2006 年新农村建设启动后，禄村的村庄格局和村庄建设发生了明显变化，前人研究中期盼的一些结果已经实现，但禄村也没有完全按照研究者的设想前行。正是在这样的背景下，对禄村进行系统研究被提上日程。

（二）时代背景

自 21 世纪以来，中国经济发展突飞猛进，从一个初步开放的国家成长为世界第二大经济体。截至 2018 年"三农"问题被中央以"一号文

---

① 王铭铭：《继承与反思——记云南三个人类学田野工作地点的"再研究"》，《社会学研究》2005 年第 2 期。
② 张宏明：《土地象征——禄村再研究》，科学文献出版社，2005。
③ 李斌：《村庄历史与社会性别——试评〈中国妇女与农村发展：云南禄村六十年的变迁〉》，《山西师范大学学报》2008 年第 4 期。

件"的形式持续关注了 17 年。当年,费孝通笔下的"乡土社会"变成了"新乡土中国"。① 乡村社会的确发生了翻天覆地的变化,"禄村"也在快速发展和变迁之中。

20 世纪 30 年代的禄村是中国腹地农村的代表,现在亦能代表中国大多数腹地农村,禄村"人多地少",希冀依靠农业,但又无法满足于农业,自身又没有支撑其发展的第二产业,如工业或手工业等。于是,禄村只能寻求外部力量——向外输出劳动力。禄村的年轻人不能安享祖辈的"安逸",必须为满足物质需求而奔波。社会保障体系建设尚处于初期,人们不能丢弃家中的一切去追求城市生活。城镇化大刀阔斧,村民们为了保障其在城镇化中的利益,用尽小农的所有智慧。

如今,禄村更具代表意义的是城乡融合发展的大背景。继新农村建设开始,城乡统筹发展、城乡一体化、城乡融合发展的洪流将禄村裹挟到城镇化进程之中,禄村也发生了很大变化。2013 年,还没有太多出租车愿意到禄村,因为去时载客,回时会空载。公交车则仅有从县城到中村乡的过路车。2018 年,出租车到禄村已有固定的收费标准,只要说到禄村(大北厂),出租车司机便会一口告诉你:"10 元钱。"而往返的公交车也有了好几趟。2013 年,禄村农田边的龙湖新城尚未有人居住,2018 年已扩建到第二期、第三期。龙湖新城旁边用于新建县中医院的 40 多亩地已完成土地征收,即将开工建设。

伴随改革开放的推进,城镇的建设步伐加快、工业发展加速,禄村的土地不断被征用,农田在不断减少。同时,因城市和工业发展的拉力作用,更多的人选择进城,进工厂。由于家庭牵绊,成家的人只有少数举家外出,创业在外、生活在外;多数绕不开家的牵挂,往返于城镇与农村,在打工与农业之间徘徊。但这样的日子在不久的将来就会被淹没在历史的洪流之中。禄村已被划定在县城城市发展的范围之内。禄村的农业用地主要是一般农用地,没有基本农田,土地会随着城市的发展而逐渐被占用。届时,想在打工与农业之间徘徊将不再可能。

虽然今天的禄村,农户仍然可以根据家庭的特征和自身喜好做出不同的选择。然而,社会环境让人没法做出更多的选择。可以不种地,但

---

① 贺雪峰:《新乡土中国——转型期乡村社会调查笔记》,广西师范大学出版社,2003。

是担心粮食安全,为了吃得放心,只能选择自己亲自耕种,吃自己种出来的粮食。可以不务工,但是农田的收入无法满足家庭的开支,只能选择代际分工,即年轻人务工,老年人务农。可以不进城,但是城市化已侵占农田,也要在家旁边打工;虽然守住家,但却没法选择继续当农民。因此,我们可以在禄村看到各式各样的农民,包括专业农民(专门务农或是搞农业经营的农民)、兼业农民、企业家农民,还有从事农业的居民以及专业从事其他产业的农民。他们从事各种各样的工作和生计活动,但"农民"仍然是他们的统一称谓。今天,禄村已经不再是同质性强的社区了,其内部分化已经超乎想象。这种分化不是一蹴而就的,而是经历了 80 多年的变迁,尤其是最近 30 多年来的变迁形成的。

不过,无论经济社会如何发展,禄村农田这条线没有断。农田制度变化带来农田功能的变化,部分传统功能在萎缩,一些新的功能在拓展。农民对于农田的态度也在不断发生变化。从珍惜如命到弃之不理,从寸土必争到流失殆尽,禄村人开始怀念土地,怀念种田的日子,回忆有田有地耕种的时候。然而,社会变迁的脚步不会停止,禄村人必须面对这样的抉择:城市化过程中如何适应城市生活?如何在城乡兼并的过程中争取自己的利益,找到自己生存的方式?如何在传统的农村社会关系面临瓦解的过程中,形成自己独特的文化氛围?这些都不是一蹴而就的,而是潜移默化的变迁。本书写作的目的就是理性地记录这个时代的变化过程。

(三)研究意义

费孝通当年调查研究禄村的直接动机是"中国在抗战胜利之后应该建设成怎样的一个国家"。① 他觉得作为知识分子,"有责任,用所学到的知识科学的去认识中国社会",② 他认为"要解决具体问题必须从认清具体事实出发"。③ 而追寻费孝通的足迹,是我们研究禄村的直接动机。作为云南专门从事农村研究的团队,我们经常自认为很了解云南农村,因为我们"走遍了云南"。但是当有人问到"云南农村现在到底是怎样的一个现状?云南农村的问题在哪?云南农村发展的方向在哪?"等问题

---

① 费孝通、张之毅:《云南三村》,社会科学文献出版社,2006,序言第 3 页。
② 费孝通、张之毅:《云南三村》,社会科学文献出版社,2006,序言第 3 页。
③ 费孝通、张之毅:《云南三村》,社会科学文献出版社,2006,序言第 3 页。

的时候，我们却很难回答。原因之一就是我们很少像费孝通一辈那样扎根农村做深入系统的调查，更没有具备费孝通一辈将所学理论自如地应用到实际调研中的能力和水平。但庆幸的是，我们看到了自己的不足，也知道向谁学习。"费孝通的徒子徒孙"，这是在禄村做实际调查的过程中，村民对我们的称谓。这样的称谓激励我们，要像费孝通一样深入细致，要像费孝通一样科学严谨，要像费孝通一样有社会责任和担当，要像费孝通一样理论联系实际。我们研究的一个重要意义，就是践行调查研究的扎实学风，通过对禄村的深入调查，系统展示以禄村为代表的一种类型的云南村庄发展面临的困难问题，并回答其未来发展的方向。

费孝通当时研究禄村还有另外一个背景：其博士论文《江村经济》提出一些中国农村的发展趋势和问题，但是有人提出"一个江村并不能代表中国"，[①] 而且江村位于中国东南沿海，受现代工商业影响比较大，但是在中国的大部分地区，尤其是内陆地区还有许许多多受现代工商业影响较小乃至没有受到现代工商业影响的村庄。为了能更加全面地认识中国农村，费孝通认为有必要选择一些不同类型的村庄进行研究。这就是"类型比较研究方法"。[②] 禄村就是"一个受现代工商业影响较浅的内陆农村"，[③] 是一个"大部分还是自给自足的农村"。[④] 费孝通提出在这样的村庄"它的土地制度是什么样的？它是否会以土地权来吸引大量的市镇资金？农村土地权会不会集中到市镇而造成离地的大地主？"[⑤] 费孝通带着这些问题"有的放矢的去找研究对象，进行观察、分析、比较，用来解决一些已提出的问题，又发现一些新的问题"。[⑥] 这就是他认为的"理论和实际相结合的研究方法"。[⑦] 如今，"类型比较研究方法"和"理论联系实际的方法"都有待于我们继承和发扬。

现阶段中国农村的类型更为多样。这种多样性首先表现为村庄所拥有的资源以及所处区域的经济发展水平不同。"云南三村"代表着三种

---

① 费孝通、张之毅：《云南三村》，社会科学文献出版社，2006，序言第6页。
② 费孝通、张之毅：《云南三村》，社会科学文献出版社，2006，序言第7页。
③ 费孝通、张之毅：《云南三村》，社会科学文献出版社，2006，序言第6页。
④ 费孝通、张之毅：《云南三村》，社会科学文献出版社，2006，序言第6页。
⑤ 费孝通、张之毅：《云南三村》，社会科学文献出版社，2006，序言第6页。
⑥ 费孝通、张之毅：《云南三村》，社会科学文献出版社，2006，序言第6页。
⑦ 费孝通、张之毅：《云南三村》，社会科学文献出版社，2006，序言第6页。

不同的农村类型。禄村位于县城周边，人多地少。村庄资源有限，区域内第二、三产业不发达，丰富的劳动力无法在内部消化，只能寻求外向流动。由于受地理因素和社会条件的制约，当地劳动力无法自主地输出，只能活动于周边小范围。禄村代表了云南农村的一种类型，也代表了农村发展的一个特殊阶段。因此，我们的研究意义，除了厘清禄村当年所调查的这一类农村类型的种种特征，还要在历史过程中进一步阐明其发展阶段上所呈现的特征，同时，还在于通过禄村和其他村庄的研究，进一步探索农村村庄类型研究的新途径和新方法。

　　农村类型的多样性还表现在农民内部分化的多样性。80 年前，禄村的农民围绕土地产生了分化：土地多的租营或雇工，土地少的兼营或自营，没有土地的则卖工。而如今的农村，土地多寡在家庭分化过程中发挥的作用已非常微弱，主要是其他资源在发挥作用。如社会网络、人际关系、智慧头脑和非农技术，以及年龄、性别等。只要在某一方面的资源或能力超乎常人，就能获得更多的发展机会和不一样的生计条件。禄村的村民走向"原子化"，① 即农民的自生素质决定家庭的生活水平和社会阶层。这种变化不是跳跃的，是我国的土地制度和社会体制不断改革转变的结果。而这些变化是否良性？它们会给整个社会带来什么样的影响？它的基本趋势和走向如何？一系列的问题是我们当前研究"禄村"的根本目的和最终落脚点。

---

　　① 原子化："原子"（atom）是源于古希腊朴素唯物主义哲学的一个概念，指构成物质的最小单元，它可以独立存在且相互之间联系微弱。基于原子的这一特性，一些学者和思想家，借用"原子化"（atom-ized）这个概念来比喻社会生活中人与人之间围绕某个核心抱团，团内结构严密，团与团之间关系松散，团外人与人之间孤独冷漠的变动趋势或状态。最先提出"原子化"这一概念的是德国社会学家齐美尔（Georg Simmel），他在《大都会与精神生活》一书中提出："城市居民的生活长期处于紧张刺激和持续不断的变化之中，这导致居民逐渐缺乏激情、过分理智、高度专业化以及人与人之间原子化。"我国学者将这一概念用于农村社会研究，提出"乡村原子化"和"农民原子化"。如：贺雪峰在《乡村治理的社会基础——转型期乡村社会性质研究》（中国社会科学出版社，2003）里提到"原子化的村民"；在《乡村研究的国情意识》（湖北人民出版社，2004）里提到了"原子化的村庄"。吴毅在《村治变迁中的权威与秩序——20世纪川东双村的表达》（中国社会科学出版社，2002）里论述了"村民的原子化：村庄社会关联的重构"。旷新年在《三农何以危机?》（《三农研究》2005 年第 2 期）里分析小岗村没有率先富裕的原因是"他们的选择使他们进一步原子化和短视化，丧失共同体的观念和长远的眼光"。

四　研究思路

（一）以农田为核心

选择以农田为核心对禄村进行再研究，不仅是因为费孝通的《禄村农田》一书的书名和主题所示，也是因为农田在禄村这 80 年历史的变迁中扮演着重要的角色：既是农业发展的基本要素，又是村庄空间拓展的基础，也是禄村整个社会生活的背景。特别是在土地资产化的今天，农田还是获得资产性收益的重要来源。可以说，在今天所能够看到的禄村的各种变化，以及与禄村相关的各种事件，都无法和农田这个主要角色分离开来。2013 年，我们来到禄村时，禄村没有荒芜的土地（含种树的土地），即使是被征用为建设用地的农田，农民们依然在工程还未开工建设前抓紧在农时种上农作物。从这个角度来看，禄村依然还是一个农业社区，几乎 90% 的家庭还在经营着农业，许多在外工作的禄村人在村内还有农田，每年插秧和收割的季节还会有许多外出的劳动力回家劳作。

以农田为核心进行研究，不是局限在农田的经营上，而是围绕农田新拓展出的种种功能，分析和阐述现实社会中禄村作为一个城市近郊农村社区，其发展路径和社会变迁的轨迹。过去，禄村农民算计的是农田上粮食的产出量，以及粮食价格和劳动力价格变化带来的经营方式的变化。但如今，种田不仅不能增加家庭收入，反而还需要用家庭积蓄来贴补农田。那为什么禄村的农民还要种田呢？因为粮食安全问题，因为社会保障问题，因为土地情怀，还因为农田未来的潜在价值。我们以农田为核心展开研究，就是希望围绕禄村农田的不同表现形式和经营方式，分析其不同的社会、经济乃至政治功能。

（二）重点凸显"新"

"新"与"旧"相对应，没有旧就没有新。在《禄村农田》以及众多的研究成果中，学者们对农田的旧形态和旧制度进行了深入的分析。但没有细致、深入地对国家农业、农村发展战略与农田经营之间的关系展开分析。80 年以后的今天，我们研究禄村的目的就是从国家发展战略与农民自发探索相结合的角度，探讨未来中国农村发展的新形态、新状况和新趋势。

80 年前，费孝通在《禄村农田》中提到禄村的几个变化趋势。一是禄村正在经受工业化的影响，突出表现为劳动力被工业吸引。同时，费孝通提出在禄村这种人多地少的社区，没有现代工业吸收其劳动力并提升劳动力价值，很难有较大发展。二是禄村的土地在不断细碎化。这样的变化不仅不利于农业效益的提高，而且减缓了家庭财产的积累速度，进一步将劳动力束缚在土地上，加深农民对土地的依赖程度。三是农民的非理性消费增加，尤其是鸦片的消费不仅损耗了家庭财产，而且降低了劳动力素质。这几种趋势在 20 世纪 40 年代的禄村渐渐成为严重的问题。然而，国家体制的幡然变革让这些变化突然停止。新中国的土地制度几经变革：从私有制到高度集中的集体所有制再到集体基础上的家庭承包经营。伴随着家庭承包经营的推行与周边城市化的快速推进，以及工业化的迅猛发展，禄村人在这种趋势下不断地寻找适合自己的发展之路。我们的研究，将在遵循费孝通研究思路的基础上，探索禄村新的发展道路，并分析其变化趋势。为此，我们将在新的社会背景下，分析禄村的农田栽种着什么作物，效益是否有增加，禄村的农田是否还能够养活禄村人，禄村人是否还依旧如过去那样对劳动没有兴趣，是否还可以用便宜的劳动力使自己脱离劳动，他们是否还认同消遣经济，农田的多寡是否影响禄村家庭的生计水平，在农田上劳动的是些什么人，农田对他们来说意味着什么，农田还承担着些什么功能；分析农田制度对禄村人生活的影响以及禄村人应对农田制度变革乃至社会经济变化的策略和哲学。这些都是《新禄村农田》要研究的问题，也是我们在研究结论中希望得到的答案。

具体来说，本书首先分析自 20 世纪 30 年代以来农田制度的变化脉络，描述禄村当前农田占有和分配情况，从农田经营、农田经营效益分析农田收益。在此基础上，分析家庭劳动力分配背后的原因及农田经营的趋势。接下来，从家庭生计的角度，进一步分析农田的经营对家庭生计的贡献。然后从国家发展战略的高度，回顾和分析农田征用与农田功能变迁。最后一章是本书的结论章，我们将在谈论研究发现的基础上，对禄村及类似村庄发展态势做出判断。

五　研究方法、研究内容和调研过程

（一）研究方法

费孝通在《禄村农田》的导言中说道："如果说本书还有什么贡献的话，我认为是在方法上。因为禄村的研究是沿着一个理论核心展开的。"我们可以看出，禄村的调研方法应用不是凭空的。无论是农田经营效益还是农田分配情况，都是为了论证禄村的农田经营方式是以"雇工自营"为主。为了分析形成这一经营方式的缘由和影响，费孝通亲自到田里数劳动力、绘制农田地图、询问不同家庭的收入开支等情况。并且，费孝通还在第七章用一节的篇幅评价当时国家行政院农村复兴委员会所做的《云南农村调查》，通过对比其调查结果和自己调查的结论来说明方法的运用及其重要性。看似科学的方法不一定能获得真实的数据，从而导致结论与客观事实的差距，甚至背道而驰。之后，费孝通再次用一节内容重申，在调查中要慎用问卷调查方法，尤其是非亲自参与的问卷数据更不能随意使用，并得出所谓专家的结论。①

在调查中，我们严格遵循费孝通的嘱咐，带着理论亲自来到禄村，使用笨拙的方法观察禄村、倾听禄村、感受禄村、思考禄村。在具体调查中，我们主要采用访谈法。我们通过大量的访谈，来获取基本资料。访谈对象包括普通村民、村干部、企业家、驻村工作队，同时还访谈了乡镇管理人员以及县级相关部门工作人员等。此外，还收集了大量二手资料，包括在禄丰档案馆查阅的档案资料，在乡镇和县农经站查阅的历年《农村统计报表》和《农村收益统计报表》，在村中各个曾经的和现任的村干部家中收集的各种珍贵的时代印记资料等。二手资料不仅可以印证访谈中不同人群提到的事实，更能在整理之后形成连续性的历史数据，用于定量分析。在研究成果的行文中，我们希望能充分体现研究方法的特征，即生动的阐述和理性的分析相结合，理论的逻辑贯穿全文。

---

① 费孝通、张之毅：《云南三村》，社会科学文献出版社，2006，第100～106页。

（二）研究内容

《新禄村农田》与《禄村农田》一样将围绕农田展开研究，不同的是《新禄村农田》将侧重在"新"上。经过时代变迁，禄村所处的社会、经济、政治环境的不同，禄村农田的经营方式、劳动力的就业方式以及家庭生计条件都发生了重大变化。而这些变化的核心一方面是农田功能的拓展和变革；另一方面是外部发展的拉力作用。禄村即将或已然受到工业化、城市化、农田"非农化"的强大冲击，尤其是受城市化的影响最大。因此，在文中我们不仅将使用大量的篇幅阐述城市化中农田的变化、村庄的变化，而且更侧重农民心理的变化。但在禄村，传统农业烙印依然很深，仍然有村民以农田为生。同时，也有外地人在禄村以农地为生。在这样的背景下，我们研究的重点是：阐述国家制度建构下禄村的农田与禄村人的关系，农田的功能变迁，传统的功能是哪些，新产生的功能又是如何形成的，这种变迁的特定历史条件和社会基础是怎样的。

（三）调研过程

我们对禄村的调查主要有两次集中的调查和若干次小型分散性的调查。第一次较大的调查是 2013 年禄村调查组的 3 位同事在禄村开展了近 20 天的持续性调研。随后，在不同范围内进行了讨论，并开始撰写初稿。在初稿写作过程中，课题组还多次赴禄村做补充调查，先后于收获时节、栽种时节和田间管理时期对禄村的劳动力利用情况进行补充调查，并到相关部门查阅资料。先后到禄丰县档案馆、禄丰县史志办和金山镇政府查阅资料，对收集的资料进行进一步整理分析。第二次大规模调查是 2018 年再次来到禄村进行的为期 10 天的回访调查和补充调查。在这期间，主要执笔人数次来到禄村，进行资料的再收集、再访谈，通过各种渠道进行数据的补充和验证。

禄村的调查以深入访谈为主。一是对村庄居住的主要群体进行群体性小组访谈，如老人群体、妇女群体和村干部群体。主要了解村庄发展历程、村内事务管理情况以及村庄特殊群体的诉求和愿景。二是针对不同家庭结构（主干家庭、核心家庭、残缺家庭等）、不同家庭经营方式

（农业、商业、工业、加工业、运输业等）、不同社会阶层（贫穷、富裕、干部、退休等）、不同年龄阶段（老中青）的家庭和个人进行入户访谈。主要了解不同社会阶层的村民和家庭在农田经营中的差异，以及对农田制度和经营方式的看法。三是随机性访谈。禄村调查组的3名成员每天在村中的巷道中"晃荡"，见到人就闲聊，由于禄村自费孝通进村调查之后，有众多的后继者在村庄进行过调查，村民对"社会调查"并不陌生，对"吹散牛者"并不排斥。因此，只要不是很敏感的问题，村民都能侃侃而谈。但是也正因为村民的"侃侃而谈"让我们时常对调查所获得的内容持怀疑态度，并在不同的场合和对象那里进行不断的验证，以确保调查内容的真实性。

在深入调查中，我们主要遵循两条主线。

一是现状性调查。主要集中于以下内容，土地制度变迁情况（重点调查1994年以后的土地制度变迁情况。如"统"与"分"的差异，"大稳定、小调整"，土地继承、分家、入赘、嫁女、集体土地分配等，全面展现各种主体在土地集体所有背景下的变化情况）；土地的分配和占有情况；土地的经营方式（如流转情况、家庭自主经营情况、雇工情况、换工情况以及规模经营案例调查）；农作物和农业生产技术现状（农作物、季节、种子来源以及生产工作和生产方式）；农业产出效益（不同品种亩均投入劳动力情况、生产成本情况，产出情况、收益情况等）；生计类型和农田地位（粮食自给率、日常生活支出等方面所占比重、农田收入在家庭收入中的比重）；农田经营主体（年龄、性别、经营类型）；农业设施（水利、交通等情况）；国家支撑体系在农村的作用（补贴情况、补贴在家庭收入中的比重、补贴对农业的影响等）；非农与农业的比较（不同类型的比较效益、农民的生计选择和限制因素等）。

二是对照性调查。主要针对费孝通曾经的研究内容进行对照性调查，对比其变化情况，研究其变迁历程。例如，农业经营方式与农业发展。费孝通认为继袭制度使得农田细碎化，而农田经营的细碎化导致中国农业的小农化，也使农业得不到发展。现实中，以集体所有为基础的家庭经营土地制度是否更加强化了这种小农化。在禄村，有哪些农田经营方式，不同的经营方式产生的背景是什么，又会有什么样的结果。因此，有必要对不同经营方式的农田效益进行比较性研究。又如劳动力的变化。

在费孝通研究的时期，一方面，外部环境对劳动力的需求（如修铁路会招用一部分劳动力），导致了禄村自身的劳动力短缺，从而提高了农业的生产成本，并对原有的因丰富而低廉的劳动力带来的农业效益提出挑战。另一方面，又因劳动力劳作选择的有限性，使得本身/本村的劳动力价值不高。在费孝通看来，这也是限制村庄发展的原因之一。我们现在对劳动力的分析则从两个方面进行比较。一是重点对投入在农业上的劳动力与其他行业进行横向比较，包括劳动力的特征（年龄、性别、受教育程度、家庭生活水平等），以及劳动力的比较收益。二是纵向比较，比较历史性的农业劳动力效益，不仅是劳动力的价格，而且折算成生活必需品，如粮食。此外，为了确保调查资料翔实，我们还采用了参与式方法（PRA），编制村庄大事记、绘制社区资源图，并对土地的功能进行比较排序和打分。在方法上确保调查内容的真实性和可理解性。

第一章　农田制度变迁

禄村农田制度变迁是在国家制度引导下实现的，不是禄村人从制度利益平衡角度做出的自我选择。所以，禄村农田制度变迁带有明显的国家印记，与国家农田制度改革的历程基本一致。从新中国成立到现在，经历了土地私有、人民公社与集体化、集体所有下的家庭承包经营几个阶段。但是，在不同时期，禄村在国家土地制度框架下开展了一些自身适应性的农田制度实践。

一　土地私有制

禄村的土地私有制包括两个阶段：第一阶段是 1951 年 12 月禄村实施土地改革之前；第二阶段是土地改革之后到 1956 年 11 月成立高级社之前。两个阶段实行的都是土地私有制，但是由于社会性质不同，土地分配的特征、经营形式和土地权益截然不同。

（一）耕者无其田

土改之前，每宗土地都有一个地契，地契上标明了土地的面积、四至界限以及土地的所有者姓名。土地可以自由购买，有产者可以在任何地方购买土地。因此，农田只有权属的界线，没有地域的界线。土地的所有者可以是个体，也可以是团体，且土地可以继承。费孝通在《禄村农田》中提到"一个村有一个耕地册，一家可以在甲村有田，也可以在乙村有田，他的名字就分见在甲乙两个村的两本簿子里。同时，在一本簿子里，不完全是一个村的，因为有别处的人也有田在这里"，[①] "不仅有私家的田，还有团体的田"。[②] 禄村当时各家私家的田有 1800 工，约

---

① 费孝通、张之毅：《云南三村》，社会科学文献出版社，2006，第 61 页。
② 费孝通、张之毅：《云南三村》，社会科学文献出版社，2006，第 61 页。

690 亩,而团体的田有 260.514 亩,其中有 23.204 亩是别处团体在禄村的田,[①] 而"禄村人所有农田有三分之一在村界之外"。[②] 并且"最大的团体地主拥有 50 亩合 135 工农田,超过任何私家所有田的面积",[③] 土地的私家所有者完全享有土地的收益权和处置权。

土地私有制最大的缺陷是因土地兼并,而导致"耕者不一定有其田"。20 世纪 30 年代的禄村,35.0% 的土地集中在 15.0% 的农户手中,有 31.0% 的农户没有自己的农田,完全依靠出卖劳动力生活。这种现象不是一个节点的问题,而是土地私有制的整体趋势导致的。这个结论从新中国成立初期土地调查数据中可以得到印证。调查数据显示,1949年,禄村 51.0% 的农田掌控在 11.4% 的人手中。若将 1949 年中富农所拥有的土地结合起来看,其比例则更大。相反,人口比例分别为 38.2%和 40.0% 的贫农和中农所拥有的土地分别仅为 1.8% 和 13.2%,即人口占比 78.2% 的贫农和中农仅拥有 15.0% 的土地。而在此 10 年前的 1939年,这个阶层的人口比重为 54.0%,所拥有的农田比例达 65.0%。这样的结果并不是贫农和中农人口数量变大,而是贫农和中农的财产剧减(见表 1-1)。

表 1-1　不同时期各阶层土地占有和人口比重情况

单位:%

阶层		指标	20 世纪30 年代末	新中国成立前	土改后
地主	25 亩以上	人口比重	15.0	11.4	20.5
		土地比重	35.0	51.0	15.6
富农	12 ~ 25 亩土地	人口比重	—	5.5	4.2
		土地比重	—	7.1	4.8
中农	6 ~ 11 亩土地	人口比重	19.0	40.0	46.4
		土地比重	40.0	13.2	49.6

[①]　费孝通、张之毅:《云南三村》,社会科学文献出版社,2006,第 64~65 页。
[②]　费孝通、张之毅:《云南三村》,社会科学文献出版社,2006,第 65 页。
[③]　费孝通、张之毅:《云南三村》,社会科学文献出版社,2006,第 65 页

阶层		指标	20 世纪 30 年代末	新中国成立前	土改后
贫农	1~5 亩土地	人口比重	35.0	38.2	25.3
		土地比重	25.0	1.8	26.8
雇农	0 亩土地	人口比重	31.0	5.0	3.6
		土地比重	0	0.0	3.2

注：① 20 世纪 30 年代末的数据来源：按照新中国成立初期禄村阶级划分时的标准将《禄村农田》第 64 页表 10 中私家占有农田的数据归纳为相应的类别进行比较。例如：富农的户均土地面积为 15.7 亩，故《禄村农田》中拥有 12~25 亩土地的农户相当于之后地主与富农两个阶层。

②由于 20 世纪 30 年代末各阶层只有户数，没有人数，表中使用的是《云南三村》中的户数比例。由此也带来一定差异，如新中国成立前，雇农的人口占比为 5.0%，但是 20 世纪 30 年代末的户数比例为 12.3%。其主要原因是雇农的家庭规模较小而富农和地主家庭规模较大。

③此处包含外籍地主人口及其所占有的土地 264.2 亩。

资料来源：根据《费孝通禄村农田五十年》第 46 页表 7、第 48 页表 8 和第 53 页表 11 的数据整理而成。

　　表 1 - 1 呈现的是 20 世纪 30 年代末、新中国成立前以及 50 年代初土地改革时期禄村不同阶层人口和土地数量的对比情况。从表中我们可以发现，10 年间雇农（无土地者）的比重从 31.0% 下降为 5.0%。主要有两方面的原因：一方面由于 20 世纪 30 年代末的比例数为户数比例，而 1949 年则为人口比例，而雇农家庭规模小，很多为独人户或者是双人户，因此人口比例较小；另一方面，从费孝通先生的描述中我们可以看到，由于禄村的劳动力价格偏低，1939 年很多雇农以及外地出卖劳动的人不得不离开禄村外出谋生，导致人口减少。不排除一些人依靠劳动赚取的收入购买土地变为有产者，但是从历次调查情况来看，雇农购买土地属于极个别的现象。

　　那土地流向哪了呢？从表 1 - 1 中我们可直观地看到，土地流向了大土地所有者——地主，即土地向大地主集中，掌控土地越多的人，越有可能拥有更多的土地。但禄村的土地流向不仅向大地主集中，还向外籍私人和团体集中，即土地外流。在这 10 年间，外村私人和团体在禄村的土地占有面积从 73 亩增加到了 264.2 亩，① 增加了近 3 倍。《费孝通禄村

① 　钱成润、史岳灵、杜晋宏：《费孝通禄村农田五十年》，云南民族出版社，1995，第 47 页。

农田五十年》详细解释了土地外流的三个原因：一是阶级剥削，二是吸食鸦片，三是沉重的赋税。在这三个方面的压力下，风险抗争能力较弱的小土地所有者只能出卖自己的土地，从而导致土地不断集中和外流。此外，从外籍地主的背景可以看出，① 禄村农田的外流还与工业资本投向农业有关，是外地工业资本对禄村农业经营者的一种掠夺。

在第一阶段的土地私有制中，土地的所有权和经营权既有重合又有分离，总体趋势是：土地所有权不断与经营权分离。20 世纪 30 年代末禄村地主所有的农田经营方式有自营、租营和雇工经营等多种形式，以雇工自营为主。虽然在禄村没有像费孝通描述的江村那样土地所有者和土地经营者完全分离的情况，但是禄村也存在一些不参加农业劳动而过着闲暇生活的土地所有者。江村的地主以地租为生，而禄村的地主则雇工自营获取农业经营性收入。费孝通提到"禄村地主的农田不多，最多的一家仅有 65 工约 25 亩，而地租较低"。② 农田租金并不能保障地主优越的生活。但是，由于禄村劳动力价格低廉，禄村的土地所有者可以雇用低廉的劳动力经营农田。形成了土地私有制的另一个现象"有田者脱离劳动，而无田者出卖劳力"。1949 年新中国成立前，禄村租佃经营的农田增加，雇工自营的农田减少。主要原因是土地集中和外流，外籍地主、本地大地主，以及本地团体土地均不可能自营，只能租佃。如 1949 年的经营情况调查结果显示，在禄村中农经营的农田中 72% 是租佃经营；而租佃经营占贫农农田经营面积的 87.4%。在租佃对象上，《费孝通禄村农田五十年》中提到："禄村中农租入田为 446.9 亩，贫农租入田 174.6 亩，总计为 621.5 亩。田数恰与团体地主和外籍地主所有的土地之和 621.43 亩相等。说明中贫农租种的土地大体上是外籍田主和团体田主的土地，而本籍地主的土地 406.4 亩，其经营的方式仍然是雇工自营。"③ 费孝通也提到："团体土地所有者虽然土地属于团体，但是并非团体内所有人都有权力获得土地的收益，取决于团体的大小和性质。"④ 但是"团

① 钱成润、史岳灵、杜晋宏：《费孝通禄村农田五十年》，云南民族出版社，1995，第 51 页。
② 费孝通、张之毅：《云南三村》，社会科学文献出版社，2006，第 61 页。
③ 钱成润、史岳灵、杜晋宏：《费孝通禄村农田五十年》，云南民族出版社，1995，第 47 页。
④ 费孝通、张之毅：《云南三村》，社会科学文献出版社，2006，第 76 页。

体所有田都是分散租给私家经营，是所有权的集合，而非经营上集合"。① 《费孝通禄村农田五十年》在比较了费孝通描述的 1939 年的情况后，得出"十年后禄村租营的土地增加了 188.5 亩，而雇工自营在相对减少之中"的结论。② 透过这个变化，我们可以看出，1939～1949 年的 10 年间，禄村农田所有权逐渐脱离农业的经营者，从而加深了土地所有权和经营权的分化。

（二）耕者有其田

　　土地改革后的土地私有制仅实施了很短的时间，但是在制度变革上可谓是"翻天覆地"。1951 年 12 月 20 日至 1952 年 3 月 2 日，禄村进行了土地改革，成为全县土地改革试点。土地改革的基本原则是"平等"。1950 年颁布的《中华人民共和国土地改革法》规定："没收地主的土地，征收祠堂、庙宇、寺院、教堂、学校和团体等在农村的土地。富农所有自耕和雇人耕种的土地不得侵犯，其出租的少量土地一般也予以保留。土改中团结中农，保护农民的土地及其他财产不受侵犯。所有没收和征收得来的土地和其他生产材料，除依法收归国家所有的外，应统一地、公平合理地分配给无地少地的贫苦农民所有。对地主同样分给一份土地，使其自食其力，在劳动中改造成为新人。"禄村的主要做法是在清匪反霸、减租退押的基础上进行土地分配，其目的是让"耕者有其田"，创造一个公平、平等的社会。禄村的农田被全部收回重新分配。当时，全村用于分配的农田为 1390.17 亩，包含了禄村地界的 1321.2 亩农田和本村地主在外村的 68.97 亩农田。这 1390.17 亩的农田被分配给全村各阶级农户个体和外地入村游民、教师、工人等，并预留了 24 亩机动田用作人口增加后的不时之需。土地改革中严格按照家庭所属阶层分配土地：土地首先分配给雇农、贫农，然后才是中农、富农，最后是地主。虽然土地的质量有所差别，但是数量上与各阶级人口数基本一致（见表 1-1）。

　　此时的土地私有制属于农户个体私有制，颁发土地所有权证。但是所有权证并非按照土地的地块颁发，而是按照拥有土地的家庭颁发。

---

① 费孝通、张之毅：《云南三村》，社会科学文献出版社，2006，第 66 页。
② 钱成润、史岳灵、杜晋宏：《费孝通禄村农田五十年》，云南民族出版社，1995，第 47 页。

一个家庭，不管有几宗农田，均统一颁发一本所有权证。在所有权证里清楚地记录着地块的位置、面积。并且明确规定，不准进行土地买卖。

土地改革的特点是土地数量与人口数达到了基本平衡，即"耕者由（有）其田"。但在具体分配中，并不实行平均主义，不同的阶层分配的土地略有差别。贫农、中农和富农一直是土地耕种的主体，他们过去或耕种自己的土地，或租种别人的土地。从表1-1土地改革前后的土地与人口比重对比中可以看出：作为土地的原所有者，地主是土地的主要贡献者，其土地比重减少了35.4个百分点，这部分土地被拿出来分配给中农和贫农。而贫农和中农是土地改革的最大受益者，中农的土地比重增加了36.4个百分点，贫农的土地比重增加了25.8个百分点。

土地改革后，耕地面积和人口数量趋于平衡，从根本上消除了土地食利阶层。禄村村民尤其是曾经没有土地的贫农和雇农，生活有了翻天覆地的变化。"老书记"HZR及其家庭的经历可谓是这一历史时期的缩影。

HZR 1935年出生，在家中排行老六，兄妹共11个。由于怕被拉去当兵，几个哥哥都是十七八岁就外出打工，到昆明或者其他地方，大一个就走一个。父亲到科甲北厂大沟管水，挣生活费。大哥、二哥背盐解决兄弟姐妹的生活问题。家里没有田地，曾租ZXT家20工（约7.7亩）田种，一般都是请工来种，当时，1亩田就收400～500斤谷子。但1946年和1947年因欠租，地主就把地收回租给别人家种了。

HZR十一二岁就开始背柴回家用，一次背10多公斤。1947～1948年两年帮人放牛羊，有2头牛、30多只羊，赶到山坡上去放。人家每年给1斗米（60斤）；一套河西布（粗布）衣服，半截裤子，管饭吃。1950年，清匪反霸后开始减租退押，HZR家就去地主家退租，退不够就搬东西。新中国成立前，因为他家里只有3间茅草房，在现在的村委会对面，所以被划为贫农。土改时，家里共有8人在家，分了20多工（约7.8亩）田。

1956年HZR结婚，到媳妇家去上门。媳妇是岳母带着回外婆家的，没有田地。土改时地主家一套三间两层的瓦房无偿分给贫农。
HZR 的媳妇与岳母分了东边一间两层的瓦房。结婚时，岳母住楼
上，HZR 和妻子住楼下。1961 年，分自留地，HZR 家分了半工（约
0.2 亩）田，当作菜地和饲料地，种蔬菜、白薯。

　　1966 年 HZR 任大北厂（禄村办事处）书记，一直到 20 世纪 90
年代末。其间，再次历经土地制度的大变革，农地经营从集体化到
包产到户，生活也越来越好。1986 年，HZR 家盖新房，告别了居住
在地主家瓦房的历史，成为村里第一家盖砖房的人。

二　人民公社与土地集体化

　　禄村集体化与全国社会主义改造、人民公社运动的历史背景一致。
禄村是禄丰县最早出现集体合作组织的村庄之一，1952 年 3 月就产生了
禄丰县第一个农户互助组——李翠芳互助组。这时候的互助组是自发性
的，政府虽然鼓励，但是并不强制。互助组在自愿、互助的基础上开展
农业生产，很快就提高了农业的经济效益。1953 年，禄村的粮食总产量
创下历史新高，达到 64.4 万公斤，后来直到 1984 年也未超过这个产
量。[①] 互助合作的成功促进了禄村的发展，村庄的合作化进程加快。1954
年，禄村成立了自然村范围的合作社——胜利合作社，将全村的土地、
工具、耕牛等生产资料全部入股，统一使用、统一安排。1955 年，推进
小社合并为大型高级合作社，1956 年成立全村公所范围的高级社。
1957 年，整个乡镇合并为一个大型的高级合作社，集体经济统一化程度
达到空前规模（见表 1 - 2）。

表 1 - 2　禄村合作化进程

时间	名称	分配方式	个体经营部分
1952 年 3 月	李翠芳互助组	户主便工、盈亏找补	分户经营

---

① 钱成润、史岳灵、杜晋宏：《费孝通禄村农田五十年》，云南民族出版社，1995，第 62
　页表 15。

续表

时间	名称	分配方式	个体经营部分
1954 年 9 月	成立胜利合作社	土地、工具、耕牛等生产资料入股分红，评工记分	划定自留地，允许私养家禽家畜
1955 年 9 月	几个小合作社合并为大合作社	土地分红，评工记分	保留自留地，允许私养家禽家畜
1956 年 11 月	成立高级社	取消土地分红，按工分分配	保留自留地，允许私养家禽家畜
1957 年 6 月	合并为大型高级合作社，划分管理区	三级所有	
1958 年 9 月	人民公社	实行大队核算分配	收回自留地，不准许私养家禽家畜，办食堂，过集体生活

资料来源：钱成润、史岳灵、杜晋宏《费孝通禄村农田五十年》，云南民族出版社，1995，第 57 页表 14。

1958 年以后，禄村的所有农田实行高度集中的集体土地所有制，这种高度集中的集体土地所有制有以下几个特点。

一是所有土地归集体，家庭不得保留任何土地。

二是实行统一的出工、收工制度，个人不得随意安排工作。当时全国提倡"以粮为纲"，所有的劳动者只能按照集体分配的工作劳动，没有集体的应允和安排，不得从事其他非农劳动。

三是实行绝对平均分配制度。获得的报酬不是按照劳动者提供劳动的数量和质量进行分配，而是将参加劳动的人的年龄、性别等客观差异作为分配的依据。成年男子的劳动报酬想当然地被定为最高，妇女、儿童无论提供多少劳动量，都只能获得固定工分作为报酬。

四是高度统一的产业制度。土地统一归集体，因此，作物种类、种植方式和农事安排全部由集体统一规定。种植业被限制在粮食种植上，不得发展与粮食无关的产业，产业高度统一。

在禄村，快速的合作化进程并没有推动农业生产效率的快速提高，统一的土地归属、统一的产业安排、统一的分配制度和统一的生产活动严重束缚了劳动力的自主性，使得全村唯一的产业——粮食生产——效率逐年下跌。1958 年，禄村的粮食总产量跌至 41.5 万公斤，而 1959 年更是低于新中国成立前的水平，仅有 29.6 万公斤。[①] 表 1-3 是禄村土地集体经营时期与费孝通调查期间及新中国成立初期主要年份粮食产量的变化情况。

表 1-3　土地集体经营时期禄村粮食产量变化情况

单位：公斤，公斤/人

年　份	亩均粮食			人均粮食		
	产量	比 1938 年 ±	比 1952 年 ±	产量	比 1938 年 ±	比 1952 年 ±
1938	458.9	——		841.0	——	
1949	368.0	-19.8	——	387.0	-52.8	——
1952	402.8	-12.2	——	782.5	-14.3	——
1958	380.0	-17.2	-5.7	652.0	-22.5	-16.7
1966	384.0	-16.3	-4.7	561.0	-33.3	-28.3
1972	442.0	-3.7	9.7	550.0	-34.6	-29.7
1978	431.1	-6.1	7.0	477.0	-43.3	-39.0

资料来源：除 1966 年以外，其他年份数据摘自《费孝通禄村农田五十年》第 62 页表 15；1966 年数据来源于《1966 年禄丰县东风公社东风大队农业生产统计年报》[②] 和《1966 年禄丰县东风公社东风大队分配年报》。

表 1-3 显示，随着集体经营土地比例的不同，粮食产量随之波动。1938 年无论是亩均产量还是人均粮食都是最高的。一方面是因为当时的耕种在自然状态下自主追求产量的最大化；另一方面是因为禄村在外村还有大量的农田，在计算人均粮食时很难将位于外村的田地产量区分，因此，人均粮食拥有量较高。此后，由于土地兼并，大地主所有的土地不断增加，加之常年战乱，截至 1949 年，粮食生产跌至历史最低。在这之前，虽然禄村的土地有些是团体所有，但是经营方式以家庭经营为主，土地的所有者将土地以自营或租赁的形式交给农户经营。1952 年以后，禄村开始实行互助形式的集体经营，最初的互助和合作使农民在劳动力和生产资料上得到了有效整合和利用，使粮食产量得到了突破性的增长。

---

① 钱成润、史岳灵、杜晋宏：《费孝通禄村农田五十年》，云南民族出版社，1995，第 62 页表 15。

② 禄丰县档案馆，存档号：145-2-43。

然而，1956 年社会主义改造后，土地实行高度集中经营，粮食的产量却降至 380 公斤/亩，且持续多年在这个产量上徘徊。原因是集体统一的劳动形式严重束缚了农民的主观能动性，既没有从事农业的积极性，又无法从事其他产业。随后，自留地的面积得到拓展，农地经营的集体化有所松动，管护主体和核算单元由人民公社降为生产大队，再降到生产小队。因此，1972 年和 1978 年粮食的亩均产量有了提高，但是人均产量却下降了。主要原因是粮食产量的增长速度远远低于人口的增长速度，而劳动力被困囿在农田上，农业生产效率进一步被拉低。

禄村自留地实际是土地整治后多出来的土地。访谈中我们得知，大条田是 20 世纪 50 年代初改出来的。当时是把小丘的田改成大田，将中间的田埂改掉，因此农田就多了起来。后来划分自留地，增加的面积就被统筹起来划到村庄周边作自留地，目的是让农户在集体经营的基础上有一定的家庭经营，农户大多用自留地种菜。当时 1 队每人分了 30 平方米，2 队每人分了 25 平方米，其他生产队每人大概分了 30 平方米。最后，这些自留地几乎都变成了宅基地。村民 DYK 的经历正反映了这个时期禄村土地经营的情况。DYK 1937 年出生，是禄村 3 组的村民，下文是对他的访谈内容。

据 DYK 回忆，新中国成立前，禄村比一般山区村的日子要好过些。当时，有 30 多户从富民、武定来村里（给地主）帮工的。新中国成立后，这些人都不愿意回原籍，就落户到村子里。

新中国成立前，DYK 家里有奶奶、父母、一个姐姐（嫁到上营，现在城里居住）、两个兄弟、一个妹妹（嫁到曲靖的沾宜县）8 口人，但是仅有两工半田。他的父亲会做菜，去帮人做菜，主要是在学校煮饭。DYK 八九岁时开始去帮富裕的人家放牛。富裕的人家都有牛。放牛的收入为 1 个月 5 升米（3 公斤 1 升）。DYK 的母亲在家领着兄妹盘田（经营农田）。

DYK 家有两间半房子：草房一间半（其中半间用作厨房），瓦房一间。那时（新中国成立前）秧栽完就吃稀饭，收谷子后才吃干饭。当时种的是老品种，只能收几百斤谷子。不打农药，就是压点猪粪。养个把猪，杀不起，要卖了买米吃。秧种上后，去薅薅草，产多少算多少。收种都不请人，家里人栽，犁田要请人，自己没有牛。犁一工田还要两个人工，帮人家栽秧打谷，我们小的就帮忙去抱抨（抱一捆一捆的谷子）。种出的粮食都不够半年吃的，只能找有余粮的富裕人家借，借一斗还一斗二。当时，村里是一个保，也有点公谷，最后一个保长是WSX，实在过不下去，还可以借点公谷。公谷是在集体挖沟打坝时，私人交点进去，堆在庙里的仓房里。当时，我们（8~10岁）还不穿裤子呢。

新中国成立后，DYK家被划为贫农。土改时，他家没有分到房子，能分到房子的都是来禄村帮工后留在村里的外来户。DYK家每个人分得3工田，总共分得20多工田（约7.7亩），3家人分一头牛。DYK的父亲就回来了，盘田种地，DYK也去干活了。当时，下沟（西河）田压粪，施水肥；新沟田（东河）有11.5工田，在城里买百把斤别人从富民拉来城里卖的石硝，2角钱一斤（市斤），敲碎后撒撒。

1961年，秧栽了一半，村里划队，划成3个队，DYK家被划到1队。1962年，DYK做1队的会计，一直做到1965年，当时整个队有40多户。1965~1968年，DYK当队长。1961年，生产队开始用马车去拉石硝（私人的马、牛已收归集体），因为供销社调来的石硝不够，整个生产队才300多斤。当时，还有点碳酸氢铵、尿素，供销社按面积分，分一回才一两百斤，不超过500斤。当时没有农药，男男女女都去薅秧，草太多了，大家都觉得薅够了。小春不好，麦子拔田（指麦子过于吸收养分，对农田不好），只稍微种点，种在水尾处，种点豆子、菜籽。一个队20多头牛，打出的豆糠社员分少部分，剩的给牛吃（打田时候）。DYK家分五六十市斤，麦子分一二十市斤，油1人分3两。1961~1963年，一年里有半年要靠国家供应。TRP来了以后才开始大面积种小麦。

后来，化肥多起来就不用石硝了。但是一个生产队才有五六百斤化肥。1队有400工田，还没有现在山上一家人的化肥用得多。蔬菜化肥也用少点才好，苞谷、谷子要掺水才会吸收。DYK家田多，刚包产到户时，一年买五六百公斤化肥。把小春收的麦子、豆子卖掉就可以买化肥了。同时也开始用农药。

以前，种子主要是自己留，生产队也是自己留原来的老品种。例如，谷子，有白谷和红谷两种，白谷多，红谷少。第一个大春的籽种是：台北8号，比老品种产量高。台北8号是在1961年前后开始引进的，但栽种的人少。到后来，有了"珍珠矮"（硬，用来做米线，老品种会倒，这个品种不会倒）、滇优等品种。

1964年以前粮食都不够吃，到1964年才开始够吃，主要是因为现在可用小春抵大春的公余粮，以前不可以。当时一个生产队就4万多点（市斤）公余粮。粮食年年增产，但是口粮不够，基本上都交了公（余）粮。当时大人的口粮定额才够小娃娃吃。后来，慢慢地开始有人养猪，杀了之后交一半，吃一半。

三　家庭承包经营

禄村在国家还未正式实行家庭联产承包责任制之前，农民就有了土地承包到户的实践。20世纪60年代，禄村人围绕土地制度进行了激烈的讨论，有些生产队在内部进行了部分经营权下放的实践。下面的材料就是当年禄村3队私下实行"承包到户"实践的例证。

金山镇北厂3队是怎样解决农业生产管理上实行
"连续承包到户"的两条道路斗争问题的？[①]

在大反资本主义、大反"和平世变"，树立社员群众坚决走社会主义道路的社教活动中，根据积极分子、骨干和贫下中农所揭发出来的大量事实，进一步说明北厂3队在集体经济内社会主义和资本主义两条道路斗争问题是突出的。该队共有24户（贫农6户、下中农9户、上中农5户、地主4户），全部实行多种农活按每户劳动力固定土地（每劳动力7工），连续承包到户，几年不变，除大小春播种收获是集体劳动外，包工到户的项目有栽秧、薅秧、挖田等全部农田活计。

---

① 禄丰县档案馆存档资料。

一　连续承包到户的根子在哪里？

1961 年贯彻"十二条"，调整社、队规模以来，在资本主义势力的猖狂进攻下，基层干部和社员不顾集体生产，热衷挖点自留地、打点草垫、翻牛倒马等资本主义活动。该队地主何某，富裕农民武某，则借着社员各弄（各自谋划）前程的机会，钻了集体经营管理不善的空子，暗中唆使队长代某（贫农）出面，主张连续承包到户。他们（地主、富农）还在群众中散布连续承包到户的优越性，一是功效高；二是质量好；三是干部不操心；四是不要人工计分，不吵架，可以调动男女老少的积极性；五是出工自由，喜欢干啥就干啥。迷惑了大部分社员的思态，大家也跟着这样做了。但有少数人，如雇某、代某反对这种做法，认为这是方向性的问题，不主张干。五年来，主张"连续承包到户"与不主张"连续承包到户"，一直在斗争着。但按新旧力量的对比，邪气压倒正气，致使"连续承包到户"延续到去年（1965 年）。

二　究竟"连续承包到户"好不好？是什么性质的问题？

自群众性社会主义教育阶段以来，工作组同志，反复放手发动群众，启发群众大揭两条道路斗争和生产落后的盖子，边揭边议，找"危害"、划界限，提高认识，绝大部分社员群众逐步地认识到"连续承包到户"的危害性。

（一）包工到户以后，劳动力已不属于集体，而由私人支配，集体统一调动不起来。自由出工被合法化，给资本主义自发活动开了方便之门，严重地损害了集体生产。由于田亩固定到户，农活由各人去干，社员就有更多的时间干自己的私活，很多人早晚干自己的活，中间干集体的活，也有的用打草垫的大量时间去挖自留地，除了正式划分的自留地以外，部分社员还在田埂上开挖自留地，种上豆麦等作物，对集体生产则是马马虎虎不讲质量，只顾抢工分，挖田是"小鬼点香炉"，薅秧是"缎子镶边"，如地主何某、富裕农民武某，集体派工不出来，逮着薅秧的大好机会出来捞一把，富裕农民武某一天薅秧三工，而队长老婆半天就薅了三工。集体背粪时磨洋工，背定额时，勒断了绳索。随着几年来连续承包的结果，田埂上的自留地面积逐年扩大，集体的田地慢慢被占了，致使几年来农业生产无所起色，停滞在八九万斤的水平上。

（二）由于"连续承包到户"严重地瓦解了集体经济，导致多种经营搞不起来。自1961年以来，基本上没有搞什么多种经营，竟连公社下放的一片果园也荒废了，而以武某为首的富裕农民则钻了集体经济管理不善的空子，贪污、盗窃马车饲料，用去催自己的肥猪。为了多捞油水，不惜一切手段，把小队两匹拉马拖死，而他都买了三百五十元的大瓦房住了起来。另外小队上的三头毛驴也因管理不善，房子倒下压死了，正如贫下中农所说的，几年来的连续承包"瘦了鸭子，肥了鹅"，他们都气愤地说："连续承包害人不浅，包来包去连马脚杆也包不在了。"集体家业瓦解了，个人家业逐步扩大了。

（三）由于"连续承包到户"导致在分配上不执行党的政策，有的年份按工分分配，有的年份按四六成分配，造成富裕农民卖粮食，而大多数贫下中农则要靠国家供应才能生活。例如，1965年大春分配后有五户卖粮，有22户靠国家供应。再是，不按规定提留公积金、公益金。1961～1963年都是"分光吃光"，正如有的社员反映说，"薅点吃点，不够向国家要点"，"分光吃光，进集体农庄"。

（四）严重的是"连续承包到户"把人心引向单干，大部分社员对集体丧失了信心，普遍存在着"盘田吃饭，干活拿工分"的思想，考虑的是如何多拿工分，至于生产干得怎样都不放心上。小郭过去是干活最老实的人，现在学得了一套钻工分的鬼把戏。富裕农民武某说："3队搞垮了，老子到8队去。"再是固定土地"连续承包到户"以后，在群众中已经形成了哪块土地是哪家的观念了。富裕农民武某的儿子小六四说："要是土地分给我们就好了，我保险把它盘好。"

通过大反资本主义、大反"和平世变"，贫下中农从思想上认识了"连续承包到户"的危害性，都反映说"连续承包到户"实际是走资本主义的老路了，哪还谈得上什么走共同富裕的社会主义道路呢？

三　解决办法是抓住社会主义和资本主义两条道路这个纲，具体问题具体分析，不做笼统反对的决定。

首先，在充分发动贫下中农认识"连续承包到户"危害性的基础上，对武某暗中唆使群众开展"连续承包到户"的事实进行揭露批判。队长代某在贫下中农会上做了检查，他说："这几年来我没有听好党的话，听贫下中农的话，而是听了富裕农民武某等人的话，把大家的路带错了，现在我只有哪里跌倒在哪里爬起来，哪里打失在哪里拾起来。"会后，他就把1961年下放给他的30元的马，交回了小队上，并向公社借了400元的预购定金，200元用于购置肥料，另外200元用于集体买煤解决社员烧料问题。

　　其次，对于社员反映的一些认识问题，我们结合"三史"教育，启发阶级觉悟。过去一向跟着队长跑，积极要求承包，自私心很重的高某说："过去我们只顾抢工分，不注意盘好田，田里不出庄稼，工分再高也没粮食吃；还是组织起来，认真搞好评工记分，合手出点力气把生产搞好。"通过教育，一些中间后进的社员要求取消"连续承包到户"。

　　最后，在思想觉悟提高的基础上具体工作也要跟上去。在生产管理上改变过去那种各干各的情况，组织了三个优秀小组，每天都搞评工评分，以任务到组评工记分到人，通过这样做，大家积极性也被调动起来了。

北厂工作组　1966 年 3 月 26 日

　　禄村到 1982 年才正式实施"包产到户"，具体措施由各小组集体决定，不同小组略有不同。总体来说，一般先确定每一片土地的产量，然后承包给农民自己耕种，即农民获得经营权。到年底的时候，农民按照约定的产量和比例上交给国家、基层政府、村公所和生产队，剩余部分归农户自己所有。家庭根据承包经营权获得产出扣税后的剩余部分。还有些小组在"包产到户"的时候根据"劳动力的质量"分田，即成年劳动力多分田，老人和小孩少分田。这既是一项土地经营制度，也是一项粮食分配制度，其核心是农民对土地经营有了相对自主和收益的权利。

　　土地"包产到户"极大地激发了农民劳动的积极性，使禄村的粮食产量大幅增长。土地下放以后粮食就够吃了，比生产队的时候多了一半。例如，HZX 家在生产队的时候一年最多才能分到 500 多公斤的粮食，但是土地下放到户后，分了 10 工田，收着 1 吨多粮食，交掉 200 多公斤

（4包）公（余）粮之后，还剩下 700 多公斤。"土地下放"后农民投入的主动性增强。正如村民所说："生产队的时候不投入，一个生产队 200 多亩的田，只投入 800 元钱，化肥用得也少，干活的人也不好好干，去薅秧，趟一下水就算了，草都没有抓掉。自己种的就不一样了，舍得放化肥，有多少就放多少，管理也认真，所以产量肯定就上去了。"

家庭联产承包责任制对粮食生产的积极效益在《费孝通禄村农田五十年》中也有详细描述。[①]

> "1982 年初禄村 7 个队全部实现了家庭联产承包责任制，当年落实，当年在生产上大见成效。1982 年粮食总产达到了 123 万斤（市斤），跃上了新台阶，比 1978 年增产了 16 万斤（市斤）。在 60 年代至 70 年代的 20 年中，禄村粮食（产量）长期在 103 万斤（市斤）至 108 万斤（市斤）之间徘徊。承包后的 1982 年至 1985 年，每年增产约 16 万斤（市斤），增加了相当于一个队的粮食。"

然而，对于处在城乡接合部的禄村，其意义不仅体现在粮食的增产上，还使农民在农业生产上有了自主性，可以根据自己的家庭情况安排作物品种和生产方式。如 7 组村民 WJX，1945 年生，兄弟共 6 人，2 个去做了上门女婿，4 个留在家里，WJX 是家里的老大。包产到户的时候，他不仅按照人口分到了土地，还承包了村里的果园，同时购买了当时集体处理的仓库。WJX 的生产变化是禄村包产到户的一个缩影。

> 包产到户时，WJX 兄弟几个还没有分家，集体分给他们 37.5 工田。包产到户的头一年，WJX 种了 15 工田的菜籽，没有化肥、农药，产量低。但是在全县已经是先进典型了。县里让他去开会，奖了个水壶，吃了几顿饭，看了场电影。生产队时，割油菜都是齐根割，他发现费工，就只割油菜的上半截，这种做法减少了很多工作量。
>
> 包产到户开始，WJX 用几根桩子和铁丝圈起来养猪。"当时我

---

① 钱成润、史岳灵、杜晋宏：《费孝通禄村农田五十年》，云南民族出版社，1995，第 66 页。

养猪养得多时，借 5 家人的圈来关。我养了两头母牛，卖了 14 头牛，每天放牛，不打牌、不抽烟，包包里放两本书，学习养牛技术，还订过杂志。我养得好，没有损失过一头牛，所以才富起来的。"

"包产到户的时候，一些荒山没有人去挖，我去挖，草烧烧，第二年苞谷好得很。娃娃不愿意去，我买两包糖，他们就尾着去。"

"1986 年的一天，我去邻村玩，他们队长（科甲云水村 3 队）说有山要卖，且已经过队委会讨论了，问我要不要。我说回去考虑考虑，回来后第二天就去了，带了 3600 元钱，把地买下来，70 年的产权，连办证 4000 元。这片山有 20 多亩，山证上有 18 亩，当时家家去开石厂，荒山投入高，所以没有人要。同时，当时人心惶惶，政策一下又收，一下又卖，（我）媳妇都觉得不好。但三年后不准开石厂了，大家没事做了，又觉得可惜。"

山地买过来后，WJX 自己规划，他觉得不管干什么都必须专，要成规模。因规定三年内必须绿化，所以 WJX 从朋友那你家挖几棵、我家挖几棵水果树来种，一年就绿化完了。后来逐渐栽上了李子、石榴、花红、橘子、枣子、梨、柿子等果树。从农历五月端午开始，一直到年底，都在卖水果。WJX 认为，如果没有包产到户，根本想不到之后会有这样的好日子。

在禄村，土地家庭联产承包责任制更重要的意义是将大部分劳动力从土地的束缚中解脱出来。由于农业经营的自主性，劳动力的自由度更高，在保障了农业生产以后，禄村大量的剩余劳动力从事非农劳动，极大地增加了家庭收入，改善了收入结构。《费孝通禄村农田五十年》中禄村的工副业正是"包产到户"后重新兴盛起来的。

"到解放前夕，马店、杂货店、豆腐店、木匠、铁匠、泥匠、酒户、女巫、算命等职业已经所剩无几……新中国成立后，每逢羊牛日的小街停赶，小本生意又被视为资本主义，不允许社员经营家庭副业，有的农户半夜悄悄打草席，常害怕被戴上'自发'的帽子。个体工副业大多只剩下饲养猪鸡而已。70 年代以后，相继组成了建筑队，烧起砖瓦窑，从事养猪、榨油、编篾帽、赶马车、碾米等工副业，但浮动很大。联产承包以后，从农田中解放了大量劳动力……1983年，全村有130人参加五个自愿组合的建筑队，有私人开业的冷饮店、饭店、小百货店、豆腐、米线、卷粉店，以及修理、马车运输、打铁编制等16个行业51人。这一年，禄村从事工副业的人数共有171人，占劳动力总数的35.8%。

　　1985年，工副业收入的比重在经济总收入的比重为44.3%。发展到1990年，上升到58%。工副业收入超过了农田收入，使长期以来禄村经济以'农田为中心'的结构发生了历史性的改变，农田收入退居第二位。"①

家庭联产承包责任制的推行，不仅增加了农田经营的自由度，而且解放了劳动力，使禄村劳动力可以在农业和工副业之间自由流动、自主选择，也使禄村长期以来"人多地少"劳动力剩余的问题得到了有效解决。在非农经济发展之后，禄村的经济社会有了巨大变化。

四　土地承包权调整与长期不变

禄村"统分结合"的家庭承包经营体制一直在国家的法律框架内实行。从国家层面看，自1983年中央一号文件下达以后，家庭联产承包责任制在全国得到普及。然而，当是并没有规定全国统一的承包年限，由各地根据自己的情况而定。有些地方三年一签、有些地方五年一签。禄村各生产队与村民最初签订的土地承包经营合同期限为3年。为促进农民对耕地长期投资，1984年中央一号文件《中共中央关于一九八四年农村工作的通知》将土地承包期进行了延长，并规定"土地承包期一般应在十五年以上"。同时，还规定"在延长承包期以前，群众有调整土地要求的，可本着'大稳定、小调整'的原则，经过充分商量，由集体统一调整"。禄村村民也收到了禄丰县政府发放的土地承包经营权证书，期限为15年。1998年《中华人民共和国土地管理法》进行修订，在第十

---

　①　钱成润、史岳灵、杜晋宏：《费孝通禄村农田五十年》，云南民族出版社，1995，第98页。

四条将土地承包经营期限规定为三十年。并规定"在土地承包经营期限内，对个别承包经营者之间承包的土地进行适当调整的，必须经村民会议三分之二以上成员或者三分之二以上村民代表的同意，并报乡（镇）人民政府和县级人民政府农业行政主管部门批准。"1999年，由云南省第九届人民代表大会常务委员会第十一次会议审议通过《云南省农村土地承包条例》第十七条明文规定"土地承包坚持'大稳定、小调整'的原则。土地承包期限内，必须保持土地承包关系的稳定，对个别承包者承包的土地需要进行适当调整的，必须经村民会议三分之二以上成员或者三分之二以上村民代表同意，并报乡（镇）人民政府和县级人民政府农业行政主管部门批准"。2002年颁布的《中华人民共和国农村土地承包法》第二十七条虽然规定"承包期内，发包方不得调整承包地"，但是也没有完全禁止调整，"因自然灾害严重毁损承包地等特殊情形对个别农户之间承包的耕地和草地需要适当调整的"，依然可以调整。

基于国家的相关土地规定和村民的现实需求，禄村自1982年"土地下放"以来，各小组均在内部进行了多次调整。7组村民WXL说："1982年时，我们队人均1亩，有进有退，5年一调。1998年1月1日后，30年不动。"禄村各小组在原则上遵循"五年一调整"的规定，但是对于死亡、嫁娶迁移和上学、就业迁移等"退田"的情况，则土地会被收回集体，或在当年调整给增加的人口。如3组包产到户时，一人分1亩田。DYK家有6口人，分了6亩田。"当时3年动一回田，不动不行，人家人多了，没得田无法过日子。我家大姑娘1990年左右出嫁，退出2工（约0.77亩）田；三儿子1992年考上中专，退出2工田；四姑娘出嫁又退出2工田，现在家里只剩着3亩田。"有些小组实行"优先家庭内部调整"，即家庭内部人口"一增一减"，则农田"不增不减"，家庭内部人口"只增"或"只减"，则农田"或进""或退"，但是家庭"进田"和"退田"面积不直接联系。"退田"的时候是将原本分的面积完全退还给村民小组，然后由村民小组汇总之后根据需要"进田"的人数平均分配给"进田"的家庭。6组的彭某1985年从祥云老家嫁到禄村，虽然人口增加，但是丈夫家的田并没有因此增加。小组的理由是彭某的小姑子之前分到了田，现在要嫁出去了就做了"增""减"抵消，所以她丈夫家田地的面积没有变化。后来，她的女儿和儿子出生，小组分别在 1995 年和 2000 年进行过土地微调，家里的农田面积也随之增加了一些，但并不是增加了"两个人的田"，后面增加的面积远远小于初次分配时每个人的承包田面积。由于大多数情况都是"退田"人数比"进田"人数少得多，因此单个农户的"进田"面积远小于"退田"面积。所以，同一家庭的家庭成员在不同时期"进田"的承包田面积是不同的。村民认为这种先来后到的差异非常公平。在政策上我们称之为"大稳定、小调整"，即基于最初的土地分配的基础上进行局部的调整。有些家庭如果一直没有人员的变动，则他们的农田面积和位置都不会有变动，而有增有减的家庭不仅面积有变化，地块也会更为零散和分散，土地质量也会下降。"退田"的家庭一般会将距离较远、质量较差、水利条件不好的地块退出来，退出地块将由几个家庭来分割，如此循环，地块越来越细碎化。随着人口的增加，每个家庭的土地面积越来越少。但是，每个家庭的土地面积都比较均衡，土地收益差异不大。如表 1 - 4 中 WYQ 家有 5 口人，从年龄上就可以判断，该家庭原来的承包户主是 WYQ 的父亲 WJX。1982 年包产到户的时候，分得了承包地的成员是 WJX 夫妇和 WYQ 3 人，面积大约为 2.8 亩。WYQ 的妻子 LCM 嫁入这个家庭并生子后，集体调整了三块小田合计 1.12 亩作为 LCM 和其儿子 WXH 的承包地，后面调整的承包地的面积就比包产到户时原始分配的要小一些。

表 1 - 4　WYQ 家家庭土地承包经营情况登记

土地承包经营权证发放日期		2007 年 8 月 25 日
发包方全称		禄丰县金山镇大北厂村 7 组
承包方代表姓名		WYQ
土地承包合同编号		45
承包期限		1998 年 1 月 1 日至 2027 年 12 月 31 日
承包方式		家庭
承包土地用途		农用
承包方土地承包经营权共有人情况		
WQY	男	36 岁
LCM	女	33 岁
WJX	男	61 岁

续表

TYL	女	57 岁
WXH	男	11 岁
承包地总面积	3.92 亩	地块总数（块）5 块
学后：1.8 亩	东：WZZ 田埂；南：小北厂放水沟埂；西：YXL 田埂；北：LCF 田埂脚	
西河：1 亩	东：WZZ 田埂脚；南：LH 田埂；西：WSF 田埂；北：下西河滇化沟通埂	
学大田：0.24 亩	东：学大田放水小沟埂；南：ZYH 田埂；西：WZZ 田埂；北：MDX 田埂脚	
门前：0.28 亩	东：地埂；南：WZH 田埂；西：WZZ 田埂脚；北：WZA 田埂	
公礶：0.6 亩	东：WZZ 田埂脚；南：地埂；西：地埂；北：WZH 田埂	

资料来源：WYQ 提供的承包经营权登记证。

除了局部调整外，也有小组进行过"打散分田"的大调整。他们将全小组的所有土地收回后进行重新测量、重新按照人口平均分配土地。经手土地调整的小组长解释道："我们小组土地大部分在河沟边，在河道改造的时候面积增加，本来希望将增加的农田拿来做机动田，但是小组里面其他人说还是分了好，大家都有份。为了公平，就将所有的土地收回来重新分了一次。"谈到调整分田，他说："太难了，要考虑的因素多，主要还是公平问题。大家都想要好田，所以我们还是采取抓阄的方式。看个人运气，运气好的就抓好田，运气不好的也自认倒霉，不会有什么怨言。"但是，土地的调整依然会带来许多矛盾，张宏明博士就在其著作中描述了多起因土地调整而引发的社会矛盾。[1]

土地调整主要解决的是公平问题。但是，这样的制度设计受到了一定的挑战。一方面，人口是动态的，增减每时每刻都在发生，土地如按照人口的变化不断调整的话，家庭经营的土地就会不稳定，这个三五年是你耕种的土地，下一个三五年就不一定是你耕种了。这样就导致家庭不愿对农田进行长期投入。另一方面，人口增加幅度一般都大于人口减少幅度。调整的土地主要来源是集体的机动地和家庭退出的土地，当人口越来越多的时候，能用于调整的土地面积就越来越少，为了公平，集

---

① 张宏明：《土地象征——禄村再研究》，社会科学文献出版社，2005，第 222～224 页。

体不得不将可调整的农田划分为更为细小的土地分配给新增加的人口，导致地块越来越细碎。

为提高农民的积极性，2008 年我国将土地承包政策修改为"长期不变"，禄村再也没有进行过土地承包权的调整。但自家庭承包经营以来，通过继承和分家获得的土地承包经营权一直延续下来。在土地承包经营权可调整的时期，土地随着家庭人口的变动而变动，家庭的集体成员死亡、出嫁或是户口迁移时，其承包地的承包经营权需要退还给集体，即家庭其他成员没有该农田的继承权。分家的时候，新家庭得到的也是家庭成员原有的属于自己的承包地。但是，如果原有农田的家庭成员数量没有减少，只改变户主时，原有的土地承包经营权延续不变。这一时期，新出生的人口无论男女都可以获得一块承包地，娶进门的媳妇与新出生的孩子获得一样的土地。上门的姑爷则比较复杂：如果姑爷是非农业户口，则不分配土地；如果姑爷是农村户口，则需要缴纳 2000～5000 元不等的"获得土地费"，然后再分配土地。在一个家庭中，如果两个孩子都是女儿，则其中一个姑爷可以免费获得土地。然而，无论一家有几个儿子，其娶进门的媳妇都可以免费获得土地。

2008 年土地不能调整后，家庭的土地面积就不再随家庭人口的变化而变化。当集体成员的成员权丧失时（死亡、出嫁、迁户等），土地不会随之减少；当集体成员增加而产生成员权时，集体也没有土地来体现其成员权益。土地被固化在家庭中，家庭成为土地调整的单元。这时土地承包经营权就只能在家庭内部进行调整。分家时，为了新家庭的生存和发展，原生家庭必然会分配部分土地给新家庭。而分配的数量由家庭内部决定，不再局限于成员的承包地。当原家庭成员减少时，该成员的土地并不会被归还给集体，就由新家庭成员，或者是通过分家时的分配由新家庭继承。

在土地制度改革中，国家进一步增强了家庭承包的稳定性，并保障了家庭的权益。2016 年 10 月 30 日，中共中央办公厅、国务院办公厅印发了《关于完善农村土地所有权承包权经营权分置办法的意见》（简称《三权分置意见》）。"三权分置"就是将农村土地家庭联产承包责任制中承包经营权细分为承包权和经营权，与所有权并称为"三权"。《三权分置意见》明确规定，"三权分置"的核心内容是"落实集体所有权，稳定农户承包权，放活土地经营权"。目的是"明晰土地产权关系，更好地维护农民集体、承包农户、经营主体的权益；促进土地资源合理利用，构建新型农业经营体系，发展多种形式适度规模经营，提高土地产出率、劳动生产率和资源利用率，推动现代农业发展"。原则和底线是"坚持农村土地集体所有，坚持家庭经营基础性地位，坚持稳定土地承包关系，不能把农村土地集体所有制改垮了，不能把耕地改少了，不能把粮食生产能力改弱了，不能把农民利益损害了"。2017 年 10 月，党的十九大明确提出，巩固和完善农村基本经营制度，深化农村土地制度改革，完善承包地"三权分置"制度。保持土地承包关系稳定并长久不变，第二轮土地承包到期后再延长 30 年。

可以说以土地集体所有为基础的家庭承包经营土地制度的前提是保障公平，因此，最早实行的是"统分结合"的家庭联产承包责任经营体制。家庭只是农田的经营单元，目的是解放生产力，给劳动力以更多的选择权和灵活度。但是核算单元还是"生产队"，是"统"的最基层。通过"统"来达到一定的分配公平目的，即在满足社会公平的基础上，鼓励以家庭形式提高劳动生产率。起初，家庭的承包经营权只有 5 年，后来发展到 10 年、15 年和 30 年。这样的期限变化是对效率和公平有机结合的探索，正是有了前面的公平保障，才能延伸到后面的发展效率。但由于土地承包经营关系长期不变，"人增加的有户口没土地，人减少的有土地没户口"的"人户分离"成为禄村的普遍现象。土地承包经营权及附着在其上的价值成为一种事实上可继承的资产，一直到耕地承包经营期满为止。并导致土地占有"生不如死"现象开始出现。2013 年上半年，大北厂村 7 组 6 个有耕地承包经营权的老人去世，如果耕地承包经营关系长期不变，去世 6 人的子女将长期占有去世老人的耕地承包经营权。

农村土地的占有形式使禄村土地及附加收益占有不均。一是租金占有不均。人少地多农户可将土地流转出去，获得租金收益。这样对于人多地少的农户来说，就显得不公平了。二是征地补偿占有不均。在禄村，城镇占地补偿的 70% 作为安置费发到农户，30% 作为集体土地征地补偿留在村民小组。30% 的集体征地补偿用来支付村民小组的公益事业，例如，为村民购买新农合、新农保，补贴村民进行数字电视、通信网络改造等。没有耕地承包经营权的村民，只能享受集体提留的征地补偿，无法获得征地安置费，如果耕地承包经营关系不调整，新迁入或新出生的农业人口将无法与拥有耕地承包经营权的农业人口分享安置费。三是农业补贴占有不均。目前，粮种补贴和农业综合补贴通过一折通直接发到耕地承包经营权证拥有者手中，而承租者及没有耕地承包经营权的村民无法获得农业综合补贴。经营豆腐作坊的 DSG 家只有他和妻子两个劳动力，家里的 4.12 亩耕地种不过来，就给他妹妹种 1.12 亩，每年收 100 公斤大米作为租金；给同村村民种 1 亩，收 100 公斤大米作为租金；0.7 亩以每年 700 元的价格租给呈贡的菜农；自己仅种 1.3 亩。但粮种补贴和农业综合补贴全部给 DSG 家，2013 年有 800 元，亩均收益 194 元，其中儿子、女儿、已故母亲三人耕地承包经营权附带的补贴近 480 元是多得的。

第二章　农田占有

农田制度不仅规定了土地的所有者权益,还规范了农田的事实归属。不同的农田制度,农田的事实归属不同,而这种不同直接影响农田的占有形式和经营方式。自 20 世纪 80 年代以来,以土地集体所有为基础的家庭承包经营土地制度,建立的是集体内部均分制的土地资源配置机制。但在承包关系长期不变的背景下,随着家庭人口的变化,相同集体内部不同家庭之间农田占有数量及关系发生了变化。加之城镇建设征用土地,农田水利、农业基础设施建设占地,农田经营权流转,禄村不同家庭农田占有情况发生了较大的变化。

一　如何占有

占有是法学上的重要概念,法学认为占有具有事实和规范的二重属性。事实性是指将事实层面的控制力作为认定占有的定力和存续的必要条件。规范性则包含两层含义:一是指以社会一般观念为内容的规范性视角,判断事实层面控制力有无;二是以法律、道德或社会习俗为内容的规范次序作为确认占有归属时评判控制力重要性的基准。① 一般来说,无论以何标准认定控制力的有无,占有指的就是某一主体对物体拥有的支配、收益和处置的权利。农田占有则指的是不同主体对农田拥有的支配、收益和处置的权利。由于农田的特殊性,农田占有在事实层面和规范性层面都具有丰富的内容。

不同的农田所有制有不同的农田占有形态。在费孝通撰写《禄村农田》时,中国的农田是私有制,土地的所有权归"私人"。这个"私人"可以是单个的农户,也可以是社会团体。而农田的所有权和经营权可以

---

① 车浩:《占有概念的二重性:事实与规范》,《中外法学》2014 年第 5 期,第 1180 ~ 1228 页。

一致也可分离。一致时，代表的是农田自营形式；分离时，代表的是农田租营形式。当时的农田是可以自由买卖的，农田的所有权者和经营者都可以在空间上跨越地域范围。正因如此，禄村农田产生了"村民经营的农田"和"村民所有的农田"之分。村民经营的农田是从经营主体看农田的归属，即禄村人经营的农田。农田的拥有者有本村农户、社会团体（含家族）、外地农户和外地团体，谁拥有土地的地契，谁就是土地的拥有者，即土地的所有者。而经营土地的人不一定是土地的所有者。有些农民没有土地的所有权，只能租营土地，有些人甚至连租营土地的资格和条件都不具备，只能出卖劳动力。如雇工，虽然常年在农田上劳动，但是他们既没有土地的所有权，也没有土地的经营权，自然不能享受土地的效益，只能凭借劳力，获得一餐一食，或是几个铜板。享受土地效益的是谁呢？一是国家，国家通过制度性安排根据土地的面积收取维持管理体系运转的土地税金。二是土地的所有者，他们可以凭借国家体制所认同的所有权享有不直接经营农田也可以获得的租金收入。三是土地的经营者，凭借经营权获得扣除租金和税金之后的经营收入。后两个主体在一定情况下可能重合。因此，在农田私有制背景下，实际占有农田的是农田的所有者。农田的经营者尤其是短期租佃者仅有农田所有者临时赋予的使用权和部分收益权，其对农田的占有是不完整的。当然，对于部分团体农田尤其是本地公共团体所有的农田的租赁则不同，由于其公共属性，佃户不仅长期拥有农田的使用权，还拥有较完整的收益权，是农田的事实占有者。

新中国成立初期的土地改革实行"耕者有其田"的私有制，将土地无偿分配给每一个农民，使得农民成为土地的所有者和经营者。虽然农田制度是私有制，但是农田的占有形式却不相同。在这种农田私有制中，农民是农村土地的唯一占有主体。

20世纪50～70年代，国家以合作化形式将土地从农民私有制逐渐改造为集体所有制，形成小范围集体成员共同共有的公有制土地所有形式。集体成为土地所有权的主体，农民成为共同的土地经营者，而部分农户组成的集体管理者则变成了土地经营的决策者。集体内的所有成员平等享有扣除国家税金之后的所有经营收入。在集体所有制高度集中的时期，集体不仅是土地的所有者，还是土地的经营者，农民作为集体的成员成为集体的劳动者，既不直接占有土地，也很难行使土地的所有权和经营权。

20 世纪 80 年代确立的"统分结合的家庭承包经营体制"下，虽然土地的所有权还是集体，但是大部分土地的经营权被分配给单家独户。土地占有主体由此分离，变为集体和农户家庭：集体拥有土地的所有权，农户拥有承包经营权。农户对土地拥有经营农作物品种的自由，但是没有弃耕或是转包的自由。后来，随着承包经营权的长期化，承包经营权变成一种事实的占有权。而在国家农村承包地"三权分置"制度改革推动下，土地承包经营权分割成承包权和经营权，集体拥有所有权、农民家庭拥有承包权、经营主体拥有经营权。同时，由于经营权的流转，土地占有权在经营和承包主体间流动。而土地的征用，直接从土地的所有权层面变更了土地的占有主体。

二　农田数量和分布

从土地数据的完整性和可比较性来看，我们选择 2013 年的土地数据。2013 年，禄村的耕地总面积为 1092.82 亩，比 1938 年增加了 940 亩，但比 1952 年土地改革后减少了 288 亩。农田增减的原因有三个。第一，村庄耕地界限的变化。1938 年统计的禄村耕地面积指的是禄村（现在的七个小组）范围内的耕地面积。这个范围在 20 世纪 50 年代土地改革的时候有所扩展。土地改革时，由于禄村（大北厂大村）的人口较多，当时的土地改革委员会将庄科（同一行政村的另一自然村）周边原属庄科地界的部分耕地划归禄村所有，禄村耕地的范围得以扩大。第二，土地计算单位和测量标准的变化。1938 年，禄村的耕地数量是按照当地的习惯面积统计而来，统计的单位为"工"，然后按照每"工"的大概面积折算成亩。正如费孝通在《禄村农田》中所描述的，"工口的大小不等，有按照劳动力时间计量的工口数，也有按照农田的产量计算的工口数"。[1] 但是为了避税，按工口折算的面积数大多比实际测量数小得多。因此，即使是原禄村范围内的耕地面积，2013 年按照实际测量面积

---

[1]　费孝通、张之毅：《云南三村》，社会科学文献出版社，2006，第 25～26 页。

也比 1938 年的数值大。第三，增加了新开垦的耕地。1938 年乃至 1952
年土地改革时期，流经禄村的两条河流——东河和西河，其两岸的河滩
土地由于长期的洪水泛滥无法使用，且周边的部分正常耕地经常被河水
淹没，不能常年使用。后来，随着河道的治理，河滩上很多以前常年被
淹没的田地被开垦出来，增加了上百亩的耕地。但是，由于禄丰县城市
的扩张和城镇化发展，禄村的土地逐年被征用，耕地面积逐年减少。

　　从分布情况来看，禄村的农田围绕着村庄四周分布于东河以西、以
南，西河以北的区域，这同时也是禄村的地界范围。这是大的地界范围，
在这个大的地界范围内，由于水利灌溉设施的修建，水沟也成为区分禄
村农田分布的重要标志。在《土地象征——禄村再研究》中，张宏明将
禄村农田的分布描述为"沿着三条大沟分布"。"第一条为北沟，沿着村
庄北面从村东路过，农田大多分布在沟的西面，部分在沟的东面。第二
条是下沟，禄村农田的主要分布区域。下沟从村庄西北面穿过村庄从南
面出来与北沟汇合。因此，村西北面的农田一直延伸到科甲村界，有近
300 亩。第三条是西河，西河从禄丰西部山区乡镇中村由西向东流出，
流经禄村的西南面，从面向村庄的西南边缘一直扩展到西河沿岸，都是
禄村的农田。这三条大沟不仅为禄村的农田提供了灌溉用水，也为禄村
农田界限的天然屏障。"[①] 十几年后的禄村，农田的大致分布范围没有变
化。但是，由于城市的扩张和村庄的发展，局部区域的耕地有了较大变
化。为了准确描述禄村当前的农田分布和村庄发展的变化，我们邀请村
民绘制了一张社区资源图（见图 2－1），并对社区资源图进行了实地踏
查。在社区资源图中，禄村的居住区放置于图的中心，周边的农田并没
有按照相应比例进行绘制，而是标注了分布区域的地名。主要原因有两
个。一是禄村的农田高低不平，很难在平面图上按照视觉感官将农田的
比例绘制出来。禄村虽然是坝区，但属于坝区的边缘，接近山区，其地
形呈北高南低走势。二是农户对不同平面或地域的农田取了不同的地名，
这些地名是当地村民区分和识别各自农田分布的重要信息。以名称标识
来勾画不同的农田分布，既是农户的习惯，也是在禄村熟悉农田的最好
方式。从农田的地名信息我们可以得知，禄村的农田分布于禄村周边的

---

　　① 　张宏明：《土地象征——禄村再研究》，社会科学文献出版社，2005，第 113 页图 5－1。

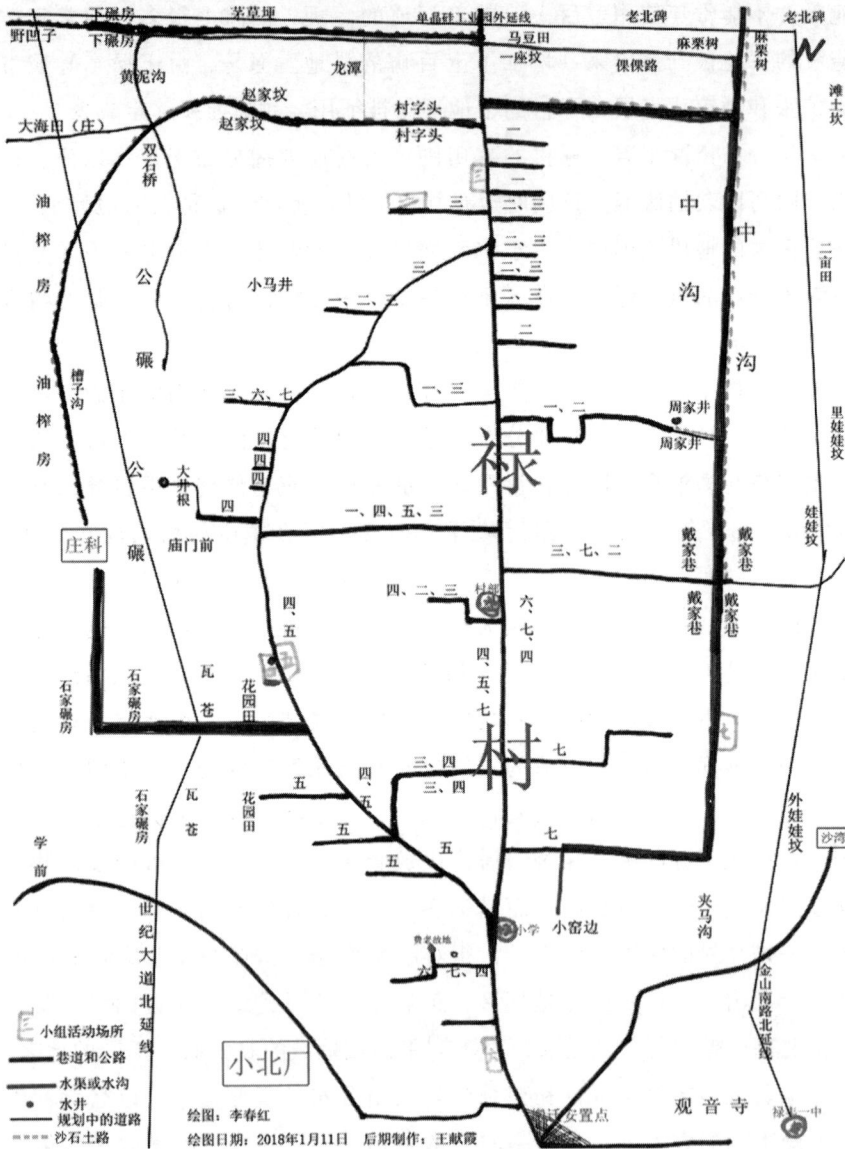

图 2-1　禄村社区资源

33 个片区，每个片区的农田都有不同的特点，且名称就是区分这些特征的最准确的标准。如以共同使用一条灌溉沟渠命名的"中沟"片区，其最大的特点是沟大、路宽，农田平整，是真正的中沟大田。虽然有时共用一条沟渠，但是有更突出的特点，则用其他名字区分开来。如"周家井"，由于在中沟建成之前用的是井水灌溉，而这眼井曾经的主人姓周，所以之后即使不用井水了，还是依然叫"周家井"。同样，同属中沟灌区的"戴家巷"是因为旁边的巷子曾住着大户人家戴家而得名。有些则根据农田的特点来取名，如"槽子沟"和"大海田"。"槽子沟"位于西河边，旁边的农田灌溉需要从这里架设水槽才能灌溉，这片区域的农田就是水槽经过之处，被称为"槽子沟"。而"大海田"位于所有农田最低洼处，雨季时比西河还低。上游农田的水都往这里排放，常年浸泡在水里，被称为"大海田"。每个片区的农地面积不等，其中"中沟"、"公碾"和"石家碾房"三个片区的面积较大，而水利条件最好的是"中沟"片区。但是，"中沟"片区的泥土是红泥，没有西河片区的肥沃。

"大分散、小集中"是禄村农田分布的主要特点。各个小组在不同灌溉区都有农田，但同一灌溉区、同一小组的农田相对集中分布在一个片区。主要有两个原因：一是禄村农田质量差异较大，为了公平起见，在分配给生产队的时候，对不同灌区、不同土地质量的农田进行了搭配处理；二是现在的 7 个小组由原来的"老三队"分解而来，其间又进行了数次调整，导致各小组的土地没有太明显的小组界线，只有通过农户家庭所在的小组来区分是那些小组的农田。这样的农田分布方式决定了小组作为集体单元，在农田水利或基础设施建设上难有作为。

三　历史占有情况

禄村人经营的农田大多在村界之内，也有部分在村界之外。但是，不论在村内还是在村外，禄村人经营的农田不一定都归禄村村民所有。"禄村所有的农田"是从农田的所有权来看农田归属的。禄村人所有的农田可在村界之内，也可在村界之外。同理，并非所有的禄村村界之内的农田都归禄村人所有。据费孝通调查，1938 年禄村村界之内的农田约有 600 亩，而村民各家所有的农田为 1800 工（约 692.3 亩），还有本村团体所有的农田 240 亩左右，外村团体所有的农田 23 亩，以及外村地主所有的农田 100 工（约 38.5 亩）。因此，费孝通推断：禄村各家尚有 1/3 的农田在村界之外。① 从农田的经营来看，禄村村民经营的农田有 2800 工（约 1076.9 亩），其中农户自家所有的农田是 1800 工（约 692.3 亩），其他 1000 工（约 384.6 亩）为租营。租营农田中有 624 工（约 240 亩）是本村团体所有农田，60 工（约 23.1 亩）为外村团体所有，100 工（约 38.5 亩）为别村个人所有农田，200 工（约 76.9 亩）为别村、别界的农田。② 因此，我们可以看到，在土地私有制的情况下，农田缔结的是所有权和经营权的关系，而农田所有权与经营权的拥有者可以是本村的个体和团体，也可以是外村的个体和团体。禄村村民所有的农田可以跨越村界，经营的农田也可以跨越村界。所以，在计算禄村农田面积的时候不能局限于村界内。

20 世纪 50 年代开展的土地改革，废除了传统的土地私有制，将一定地域范围内的土地所有者和经营者统一起来，使得"耕者有其田"，即"耕者即为其田主人"。因此，土地改革之后禄村全村 187 户 769 人占有并经营的农田面积为 1390.17 亩。土地改革不仅收回了外籍地主在禄村所有的 264.2 亩农田，还将附近外村地界的 70 亩农田划给了禄村。③④之后不久以合作化形式对农田进行了社会主义改造，将小土地私有制逐步改造为一定地域范围的公有制，即集体土地所有制。并将土地的经营权也逐步集中，成为集体所有、集体经营的大集体土地制度，使得禄村土地的所有权和经营权实现了高度统一。土地的占有主体不是单家独户的个人，而是各个集体单元，但是各单元之间并不完全割裂，在公有制思想影响下，不同集体之间的交换或赠送还时有发生。社会主义改造虽然在土地的数量上没有带来变化，但是，农地的占有形式已截然不同。

20 世纪 80 年代初，土地制度的再次变革和之后土地制度的数次改

---

① 费孝通、张之毅：《云南三村》，社会科学文献出版社，2006，第 65 页。
② 费孝通、张之毅：《云南三村》，社会科学文献出版社，2006，第 95 页。
③ 钱成润、史岳灵、杜晋宏：《费孝通禄村农田五十年》，云南人民出版社，1995，第 54 页。
④ 注：由于《费孝通禄村农田五十年》第 54 页的禄村经营农田面积与第 53 页表 11 中的数据不符，且表 11 中的合计数据为各阶层加总之和，故以第 53 页表 11 中的合计数为准。

革，没有改变土地的所有权而是改变了土地的经营权。即在坚持土地集体所有的基础上，将土地的经营权分离出来以承包的形式分配给农民，这种分配方式兼顾公平与效率。在禄村，按人口分配到户的土地被称为"面份田"，以竞争形式获得的土地称为"承包地"，部分地方称为"标田"。土地改革之初，土地的经营者只能是本级集体的成员。外来人口需要通过婚姻、购买等方式获得。随着改革发展，经营权从集体内部成员逐渐扩展至外部，这种形式被称为"土地流转"。"流转"的土地类型从最初的荒山、荒地逐渐扩展到农田和农宅，而所有权始终归集体。这种经营权和所有权的分离又以所有者和使用者之间的承包关系保持着所有权和经营权的联系。因此，正如80年前费孝通他们费尽精力查询禄村的农田经营面积一样，80年后的禄村农田也被不同的经营主体占有，是不能直接从农户经营面积数据中获得的。禄村的农户会去其他村庄承包荒山荒地，也有其他村庄的人来禄村流转经营农田。而村小组之间互换或是代耕的现象更为普遍。但是与80年前不同的是，土地的所有权是不变的，因此，只能从所有权中统计禄村的农田数量。

四 现实占有情况

现实的农田占有形式，形成于20世纪80年代，但是在近40年的农村土地改革中被不断完善和调整。形成了以家庭占有为主体，集体占有为补充，新型经营主体占有为拓展，所有权、承包权和经营权"三权分置"的占有形态。由于过去40多年禄村土地制度的地域性调整，现实中禄村的土地占有方式更加灵活多样，而不同的占有形式下不同主体拥有的土地权利与义务各不相同。这些不同的占有方式体现了土地制度设计在公平与效益上的双重追求。

（一）集体占有

村民小组源于20世纪50年代末至80年代的互助组和生产队，最初为了便于劳动互助和生产成本收益的核算而组成。一个互助组或者生产队的所有村民共同拥有该生产队的所有生产资料和资源，包括农田、林地、建设用地、公共建筑（如晒场、加工坊、仓库等）、生产工具（如耕牛、机械等）、劳动力，以及本生产队劳动力生产或获得的所有农产品和非农产品。一个生产队就是一个扩大的家庭，而这个大家庭的所有产出由家庭成员按照劳动量和人口进行平均分配。禄村从 1958 年人民公社时期开始划分生产队，最初有 3 个生产队，1961 年划分为 8 个，1966 年并为 5 个，1973 年分为 6 个，最后在 1980 年确定为 7 个。①

　　1983 年，禄村土地"下放"到家庭，实行家庭联产承包责任制，由农户"单干"。生产队的土地、生产资料分配给本生产队的成员，但是同一生产队的成员之间还存在着"剪不断"的联系。那些无法分配到户的生产资料和固定资产，依旧由本生产队的成员进行收益分配，机动田就是其中之一。在 1987 年农村政治体制安排下，生产队改称合作社。2000 年，禄丰县实施农村政治体制改革（简称村改），在村改中，村的规模不变，将原办事处或村公所变为村委会，原生产队、合作社及自然村变为村民小组，将原来"政社合一"的管理体制改为村民自治。村民小组成为一个独立的集体经济组织，由小组成员选举小组长代表村民管理该集体经济组织的一切事务，村民在国家法律框架下有权决定本小组的一切事务。

　　村民小组成为集体经济组织，禄村有 7 个村民小组，村民被编入一个个独立的社会经济生产单元——村民小组。禄村所有的农田都被分配到了各个小组，村委会一级没有土地的所有权。2013 年，7 个小组中最少的仅有 39 户，最多的有 76 户；所拥有的资源也不等，如表 2 - 1 所示。每个集体（村民小组）拥有土地的所有权，也就是每个村民小组的成员共同拥有土地的所有权。

表 2 - 1　禄村各个小组的土地占有情况（2013）

小组	户数（户）	家庭实有人口（人）	人均耕地面积（亩）	耕地合计（亩）	集体资产
1	56	191	0.96	183.36	晒场
2	56	170	0.85	144.50	蓄电池厂土地
3	49	196	0.93	182.28	渣砖厂、果园、鱼塘

① 张宏明：《土地象征——禄村再研究》，社会科学文献出版社，2005，第 216 页。

续表

小组	户数 （户）	家庭实有人口 （人）	人均耕地面积 （亩）	耕地合计 （亩）	集体资产
4	54	207	0.57	117.99	晒场
5	48	169	0.90	152.10	果园
6	39	164	0.82	134.48	果园
7	76	324	0.55	178.20	晒场征地补偿
合计	378	1421	0.77	1092.82	

资料来源：根据《大北厂社会经济统计报表》及村委会干部访谈资料整理。

土地分到户的同时，小组还留有机动田。包产到户初期，禄村各个小组都预留了机动田。最初，机动田是有意留存待小组人口增加后再进行分配的。这部分土地不进行长期的承包，只进行为期1年或2~3年的承包经营。在未取消农业税之前，机动田不仅要上缴各种税费，还要给集体上缴承包费。机动田或收取较高的租金（好的），或直接交付给村民免费耕种（差的）。机动田并不是由集体耕种，也是承包给农户经营。但是与家庭承包经营农田相比，机动田可以由户主代表会决定甚至是小组长决定由那个农户耕种。机动田的处置有两种方式。

一是在全村民小组进行竞标，谁出的价格高，就归谁经营，年底的时候中标者给小组交承包费。这种价格随行就市，不一定一年比一年高，也可能逐年降低。例如，3组有一个果园，刚包产到户时，以800元每年租给私人20年，到期时，人家栽了树，还赔了8000元才把果园拿回来。又以16500元包给私人，后来又减了2000元，降到14500元。

二是根据机动田的位置直接交由农户耕种。这种农田一般不是整块的边角田。在进行家庭承包农田分配的时候，根据家庭相应的"面份田"面积分配后，原本大块的农田被分剩下了极小的部分，单独分给哪户也不愿意要，只能交给邻近的农户代为耕种，代耕农户上交适当的承包费。这种机动田并非农户自愿经营，因此，承包费通常会优惠一些。例如，7组LCL家就耕种着2工机动田，这2工田是他们原本要退出来交给集体的，但是因为农田的位置和质量都不是很好，没有农户愿意要，集体就让她家继续耕种，但是每年要交给集体200元的承包费。这2工田每年也就收400~500斤谷子，干旱的年份还种不了。问她为何要代为经营，她说："退不掉了，也没办法。反正之前也是我家在种。"

由此可见，机动田不仅是先前留下来的，还有之后因退田增加的。集体调整土地的时候，都是先就着退出来的农田进行抓阄，不足部分才用机动田补充。像 LCL 这种退出来的田没有人要的情况并不普遍，足见这丘田有多差。集体在机动田征地中占优势。因为与家庭承包田相比，集体对机动田有更多的处置权利，经营农田的家庭只是替集体代耕或租营，只能获得青苗补偿费，而不能提出其他的要求。

此外，禄村机动田还包括另外一些不在册的耕地。这些耕地原来是大沟的冲积带——滩涂。后来，大沟得到了治理，洪水不再泛滥，农田在大沟附近的小组（主要是大北厂村 7 组）就利用集体资金将这些滩涂开垦出来，承包给农户经营。这些农田不在统计范围，因此，不需要向国家上缴农业税，也得不到政策性补助，但需要向集体交承包费。在权属上，这些农田并不属于某个集体，也不在该集体的地界上。据说，大沟边的滩涂距离庄科最近，算是在庄科的地界上。当初庄科为了修进村路要占北大厂村 7 组部分土地，大北厂村 7 组不同意，提出除补助被占地的农户以外，还要将大沟边上的滩涂划给他们。庄科为修路与大北厂村 7 组达成协议。从此，大沟边的滩涂就变成了大北厂村 7 组的集体资产，开垦后的农田面积有 200~300 亩。大北厂村 7 组将这些农田以一丘一个价的形式承包给本集体的农户，每年有近 3 万元的集体收入。其他小组自然没有这么好的机会和资源。

（二）家庭占有

在禄村，土地集体所有，承包到户。在承包到户时，按照集体成员数平均分配，所以，集体经济组织的每一个成员都拥有一份自己的"面份田"。"因为你是集体的一员，所以有一份属于你的土地。"这也是土地集体所有制中家庭最初获得的原始土地。"面份田"是基于土地公有制建立的。不同村民小组分配的面积不等，人均 2 工半左右。禄村所有的农民都清楚"面份田"的边界在哪里。在一个村民小组，小组成员能清楚地知道哪些农田是作为"面份田"分给家庭，哪些农田是集体的机动田承包给家庭；在一个家庭里，每一个家庭成员分到了多少的"面份田"，甚至哪块农田是谁的"面份田"也都清楚。如果家庭成员的数量不变，家庭的"面份田"就不改变，这说明"面份田"是家庭成员数量的标志。原则上，"面份田"是一个家庭在集体经济组织中成员人数的体现，随着家庭成员数量变化而发生变化。如果出现死亡、出嫁、转户等家庭成员数量减少的情况，家庭就得根据减少的人数将相应"面份田"退还给集体。当有人口出生、娶进等家庭人口增加的情况出现时，集体就得根据家庭人口增加的数量调整家庭的"面份田"面积。禄村也曾根据集体成员数量的变化进行土地的调整。"面份田"具有"永久性"。

在集体土地所有制度下，土地是村民小组所有成员的，土地的获得是基于成员资格而非支付的费用和代价。只要出生在村民小组或是通过户籍迁移的方式成为村民小组的一员，就有资格参与组织内的利益分配。因此，惠及所有的成员才是最公平的方式。但是成员资格除了具有先天性以外，还具有"永久性"，只要成员不死亡或是主动将户口迁出，都可以永久的保留其成员资格，任何人不能强制性地取消成员资格。由于村民小组不同，村民之间土地占有情况也存在差异。如大北厂村 1 组的 DSG，1956 年 6 月生，家里有 5 口人，4.12 亩田，人均约 0.82 亩，但实际家庭劳动力仅有 2 人。2 组 LYL 夫妻二人，有 3.5 工田、合 1.35 亩，人均 0.67 亩。3 组 LGL 家里有 4 口人，3.44 亩田，人均 0.86 亩。2 组 LBF 家里共有 5 口人，仅有 1 人有土地，共有 3 工田、合 1.15 亩，人均 0.23 亩。2 组 YG 家 3 口人，共有 3.34 亩田，人均 1.11 亩。2 组 WMY 家里共 7 口人，家里有 5 人有田，共 3 亩，有田的家庭成员人均 0.60 亩，家庭人均面积约 0.43 亩。3 组 YJL 家 3 口人，共有 5 工田，包括半工田的菜地，共约 2 亩，人均 0.67 亩。3 组 WYF 家里有 4 口人，共有 10.5 工田、约 4.2 亩，人均 1.05 亩。4 组村民 GGY（女主人）家一家 8 口人，没有分家，大儿子结婚后在城里买了 100 多平方米的楼房；小儿子才结婚，媳妇老家是大姚的，在楚雄买了房，是家里的独生女；现在有 2.8 亩田，1984 年后就没有调整过了。4 组 CGY 只有老两口，共有 4 工田、约 1.6 亩，人均 0.8 亩。5 组 KJH 家里有 6 口人，家里共有 12 工田，约 4.8 亩，人均 0.8 亩。5 组 TXQ 家有 5 个人的田，共有 8 工田、约 3.2 亩田，人均 0.64 亩。6 组村民 GXD 家有 3 个人的田，2.1 亩，人均 0.7 亩。7 组村民 WXL，1956 年生，家里有 5 口人，只有 4 个人的田，共 8 工田、约 3.2 亩，人均 0.64 亩。7 组村民 WYQ 家包括夫妻二人、父母和儿子共 5 口人，有 3.92 亩承包田，承包期限为 1998 年 1 月 1 日至 2027 年 12 月 31 日，人均承包面积 0.78 亩。

五　占有关系变化

农田占有关系并非一成不变，在国家鼓励农田经营权流转及金山镇快速发展的背景下，集体和家庭占有的土地随着农地经营权的流转和土地征用而发生变化。在禄村，土地征用是导致农田占有面积差异大的主要原因。

（一）土地征用

包产到户之时，禄村 7 个村民小组人均承包土地面积 2.5 工、约 1 亩，后来有的小组进行过土地承包关系调整，有的没有进行土地承包关系调整，如 2 组只是在包产到户时进行了两次分配，第一次按照 2.5 工分配，后来按照 2 工分配。在土地调整过程中，人口不断增加，原有的承包土地面积则不断减少。多数小组从最初的 2.5 工减少到 2 工。4 组包产到户时按照大人 2.5 工，娃娃 1.5 工发包土地。禄丰一中校舍征地，占了 4 组的土地，4 组进行了一次土地承包关系调整，大人减半工，娃娃增半工，大人和孩子都是 2 工。在土地承包关系调整中，家庭承包面积因人口的增减而变化，人均承包面积减少，家庭人口增加土地承包面积增加，而家庭人口减少土地承包面积则减少。在这个过程中，各小组土地总面积没有变化，变化的是家庭承包面积。

但在土地征用中，小组和家庭的土地承包面积都减少了。如 YBR 家分地时，两个大人的田为 2 工 1 厘 5，大儿子的田为 1 工 8 厘，小儿子的田为 1 工 7 厘。禄丰一中征地时占了两个大人和大儿子的，只剩下小儿子的 1 工 7 厘田。在这样的情况下，YBR 家承包面积减少 6.1 工、约 2.35 亩，所在小组土地面积也随之减少相同的面积。在这样的背景下，由于土地征用区域涉及的小组不同，不同小组之间土地占有差异逐渐扩大，如表 2-1 所示。

从表 2-1 可以看出，禄村 7 个小组实有人口人均占有土地存在较大的差异，1 组达到 0.96 亩，3 组达到 0.93 亩，而 7 组仅 0.55 亩，4 组 0.57 亩。1983 年土地承包到户时，各小组人均占有土地差异不大。但后来水利基础设施、道路等建设用地被征用后，各小组人均土地占有量才逐渐扩大。从中也可以看出，7 组、4 组是土地征用最多的两个组，而 1 组、3 组土地征用较少。表 2 – 2 是 2016 年底禄村各小组土地承包人口的土地占有情况。

表 2 – 2　2016 年禄村各小组土地承包人口的土地占有情况

小组	户数（户）	承包人口（人）	承包面积（亩）	人均耕地（亩/人）
1	48	159	148.65	0.93
2	50	153	146.71	0.96
3	50	159	148.3	0.93
5	47	159	124.79	0.78
6	38	133	89.3	0.67
7	78	275	204.77	0.74
全村	366	1218	974.7	0.80

资料来源：依据金山镇政府提供资料整理。

从表 2 – 2 中，可以进一步看出，4 组、6 组、7 组土地被征用的面积大于其他几个小组。尤其在 2018 年金山南路北延线、世纪大街北延线、亚行项目两条道路、中医院占地后，各小组土地占有情况差异就更大了。

（二）土地流转

禄村的土地流转即农地经营权流转发生得比较早，主要发生在农户之间。有三种形式。

第一，农田互换。王家的小田在李家的旁边，李家的小田挨着王家大田，为了方便管理，两家私下协商，更换地块耕种。有人认为互换在严格意义上来说不属于土地流转，认为其发生在同一集体组织内部，大多数是农户私下的口头协议，且只是地块的变动，而没有进行承包经营权的让渡。但是，互换改变了承包经营权证书上的两个主要要素：土地的地理位置（四至界限随之变动）和土地的面积（很少有完全相等的两块地进行交换）。虽然，私下交换的行为很少进行认证，但是也有部分农户会拿着承包经营权证书去小组长那修改信息。尤其是在更换土地承包经营权证书的时候，负责登记的小组长会自行更改。互换讲究的是互惠互利、条件均等，如农田面积相近、肥力相似、水利条件相当。但是也有些差异较大，这种互换一般是提出交换的一方有特别的需求，如盖房子、做坟地等。由于情况特殊，需求一方不得不拿出最大诚意来进行交换，如增加面积、邀请中间人、答应一些特殊要求等。即使是这样还得看需求人与交换人的关系，如果关系较好，或是亲戚朋友等，成功率则较高。当然，选择交换的需求人会在事先做好一切准备工作，例如，选择交换地块和交换对象，衡量自己地块的价值，寻找中间人等。虽然这样的交换发生在村内，但是被交换的农户也会利用此次机会让自己的利益最大化。正如前文所叙，禄村的宅基地非常紧张，因此为了获得合法的宅基地建房而交换土地的情况比较普遍。

4 组 WSR 家老房子在村子正中央的老宅里，由于地基狭小，周围已经无地可扩，自己又没能分到外围的菜地做宅基地，只能想办法和别人交换土地。WSR 家首先看中了禄村北边紧挨着路边的一块地。但是因主人家有其他的打算而没有谈成。后来看中禄村东边观音寺片区外围路边的一块地，是同一小组 WKH 家的地，面积仅有 1.5 工（约 0.6 亩）。WKH 家愿意交换，但是提出了条件：一是要求按照 2∶1 的配比进行交换，地块由自己选择；二是交换后的土地如果能办下宅基地的手续，WSR 家需要留出一间屋子（约 20 平方米）的面积给 WKH 家。为了建房，WSR 答应了 WKH 的所有条件。WKH 看中了 WSR 家位于花园田片区的一丘 6.8 工（约 2.7 亩）的大田，这块田不仅面积大，还紧接着花园田主水渠，这样水口边的区域成了 WSR 的秧田。但是，WKH 选择了从水口往里量，面积是 3 工（约 1.2 亩）。使得 WSR 家剩下的 3.8 工（约 1.5 亩）田在灌溉的时候需要从 WKH 家的田边经过。WSR 只能跟 WKH 商量留一工靠水边的田给自己撒秧。最后，WKH 家也觉得有些过意不去，就依照 WSR 的要求往里缩了一工田的面积，还给了 WSR 家 0.8 工（约 0.3 亩）山地作为补偿。由此可见，交换土地也是一件复杂的事情。

第二，代耕，给少量代耕费。代耕一般发生在亲朋好友之间，农户之间不约定耕种期限，不付租金，只给一定数量的粮食。粮食只是象征性的，并不收太多。这种情况一般发生在没有时间管理农田的家庭，或者是因为农田距离村庄较远，且地块不大，耕作条件不好，而代耕农户恰好农田数量较少，或非农渠道、非农能力不足，还有的家庭以农田经营为主，代管、代耕亲戚、朋友的田地。代耕者是农田经营方，可以共享经营效益。代耕不一定只发生在同一个集体经济组织内部，也可能跨小组，甚至是跨村委会。如居住在周家老宅的骆某夫妇，自己只有 6 工（约 2.4 亩）田，却种着 21 工（约 8.4 亩）田，其中 8 工（约 3.2 亩）是 3 组一个朋友的。朋友外出打工，就将自己的 8 工（约 3.2 亩）田交给他们代耕，每年给 1000 元的费用。随着机械化和服务社会化，有些农户也将农田直接交给合作社或者是种田大户代耕。代耕有别于租赁，代耕的农田种植种类有时由原土地的主人决定，如有些老人，自己耕种不了，但是又不愿意在外购买粮食，就请种田大户顺带耕种，每年交服务费和管理费，农田上的收获归自己。

第三，有期限的租赁。禄村很少有人租田种，这种情况一般只发生在需要一定规模的产业化发展时。有几年，禄丰县农业局来村里发展蔬菜产业，动员几个村干部带头在村里面租田种莲花白，租了 20～30 亩田，租金为 300 元/亩·年，莲花白只种植小春一季，大春让农户自己种水稻。后来，因为莲花白价格低，卖不出去，仅种了一年就不再种了。2009 年，外嫁到呈贡的禄村姑娘李某，带着一家人回到娘家租地种菜，开始租了 18 亩，800 元/亩·年，后来又租了 10 多亩，规模最大时也没有超过 30 亩。呈贡出台了鼓励政策：不论你在哪里租地，每家给 10 亩的租地补贴指标，每亩补贴租金 500 元。李某利用租金补贴和蔬菜销售渠道，在禄村经营着 30 亩蔬菜田，租金也从 2009 年的 800 元/亩·年上涨到 2013 年的 1400 元/亩·年。租赁期限不一，有些是 10 年，有些是 5 年，但都签订了租赁合同，并对合同进行了公证。据李某估计，每年她能从蔬菜种植中赚二三十万元。比起种植粮食，收入增加了近十倍。2018 年，李某依然租赁着 20 多亩土地。

禄村出现了农地经营权互换、代管、出租的现象。截至 2018 年，真正意义上流转的土地面积不到 70 亩。土地流转导致家庭实际经营土地面积发生了变化。

第三章　农田经营（上）

20 世纪 30 年代，费孝通笔下的禄村农田以雇工自营为主。80 多年后，由于土地制度和社会经济条件的不同，经营方式自然不一样。在本章中，我们从经营作物、经营基础和经营方式来分析禄村今天的农地经营状况。

一　经营作物

　　"夏天时节，在禄村的背后山上一望，遍地差不多全是青青的水稻，一直青到四周的山脚。秋收之后，不久就换上了绿油油的一片蚕豆。当然，仔细一看，禄村的农作物并不只是这两种。西河边的沙地上就有好些玉蜀黍。每家的后院里也缺不了一些蔬菜。稻田的小道上也常夹着一丛丛的毛豆，碍人行走。豆田里也常夹着一方方的麦地。"①

水稻、蚕豆是禄村主要的传统农作物，此外还有少量苞谷（即费孝通在《禄村农田》中提到的玉蜀黍）、蔬菜、毛豆、小麦等。水稻、苞谷和毛豆是大春作物，蚕豆和小麦是小春作物。一如 20 世纪 30 年代那样，大春时节，禄村村民在田上种植水稻，在田埂上种植毛豆，俗称"埂豆"。小春时节，村民种植蚕豆、小麦。不同的是，虽然水稻和蚕豆仍是主要农作物，但却看不到"遍地差不多全是青青的水稻"的情景了。农户依据自己的家庭情况、农田位置、时令节气和各种利益考量在农地上种植着不同的农作物。根据村干部（2017 年改社区）提供的农作物种植面积数据，我们可以看出 80 多年后禄村农地上种植的农作物情况（见表 3-1）。

---

① 费孝通、张之毅：《云南三村》，社会科学文献出版社，2006，第 16 页

表 3 - 1 禄村农作物种植面积情况

单位：亩

年份	水稻	小麦	蚕豆	油菜	苞谷	蔬菜	种树
2013	780	100	200	200	30	30	不足 50 亩
2017	350	200	50	50	30	60	300 亩以上

资料来源：以上数据由禄村干部提供。水稻种植面积为推广机插秧时的统计面积，比较准确，其他农作物种植面积为估计数。由于毛豆种在田埂上，村干部/社区干部认为无法估算面积。

（一）萎缩的水稻种植面积

禄村水稻的种植面积在短期内发生了很大的变化。2004 年，笔者第一次经过禄村去中村的时候，农田上成片种植的几乎都是水稻。当时还觉得，过了 60 多年，禄村也没有太大的变化，和费孝通描述的禄村基本相似。因禄村距离县城较近，农田平整，且灌溉方便，禄村的农田一直是农业科技部门偏爱的农作物种植试验示范区。此前，县级农业科技推广部门在禄村推广试种小麦。从 2009 年开始，农业局在花园田划出了 100 亩核心高产农田示范区，对楚雄州农科院研究出来的新型水稻品种进行种植实验示范。由农业局发放化肥，优先放水灌溉，统一防治病虫害。农业局专门派了一名技术员驻村指导插秧时间、化肥使用量，以及农药的施用量，最后统一收割。农户可以将收获的谷子晒干后直接卖给农业局，农业局以高出市场的价格收购。

2013 年，禄村农田里的水稻被其他农作物间隔开来，变成了一片一片的。当时，县农业局在禄村开展机械化实验示范，推广小型插秧机和收割机。实验的核心区就在高产农田示范区。在示范区内，农户只需支付买秧钱，农业局用插秧机帮他们插秧，用收割机收谷子。再加上中耕管理的统防统治，示范区的水稻种植基本由农业局代劳，被禄村人称为"专家田"。但从村庄外围看，农田里还是以水稻为主。而在之后数次的补充调查中，水稻的种植面积越来越小。

2018 年 1 月，我们在 2017 年机插秧面积统计数据中发现，当年的水稻面积才 323 亩，加上未使用机插秧的 20 多亩，总面积约 350 亩，还不到 2013 年水稻种植面积的一半。同时，我们对 2013 年的部分受访户进行了回访，发现次年水稻的种植意愿更低。回访的 14 户农户仅有 5 户还打算种水稻，其中有 1 户的水稻不是种在禄村的农田里，而是种在邻村亲戚家的农田。究其原因是 2017 年有三条规划中的道路经过禄村：第一条是昆楚高速辅道在禄丰县的出口道路；第二条是禄丰县拆除老城重建"金山古镇"后的金山南路延长线连接高速路出口道路；第三条是世纪大道北沿线。道路征地已经启动，禄村的农田有些已经被征占了，有些刚刚被征地部门画上线（正在征地）。而没有画线的也已经栽种了树或者准备种树。根据村民的经验，道路两边的土地也会在不久的将来被征占，用于盖房子或发展其他事项。"专家田"也没能幸免。2016 年，就有农户在示范区的农田上种植了密密麻麻的核桃树，高产农田示范区项目被迫停止。在 2018 年的机插秧面积预报名中，我们可以实实在在感受到禄村水稻种植面积急速缩小的现状。报名表显示，2018 年禄村计划种植水稻的农户有 80 多户，总面积为 120 亩，仅相当于 2017 年耕种面积的 1/3。

（二）用作休闲的豆类

禄村的蚕豆种植面积也在不断缩小。成片绿油油的蚕豆景象已经很难见到，农田上的蚕豆大多是东一块、西一丘，面积大多在半工左右（0.2～0.3 亩）。近些年，冬季时常出现极端气候：霜雪天气增加，气温也时常极低，有时，春暖花开了还来个倒春寒。蚕豆经常在开花时被冻伤，半截伏倒，基本上就是白种了。2017 年冬天，有一次大霜，很多人家的蚕豆都冻死了，只好挖了重新种其他的农作物。原本禄村是早熟蚕豆的最佳种植区域，但是由于受极端气候的影响，种植面积越来越小，大多数家庭都是种上一点拿来做豆瓣酱。

毛豆是附属作物，一般种植在水稻田的埂上。人们之所以将其称为"毛豆"，是因为在豆子已经饱满但还未完全成熟的时候摘下来剥豆米吃或卖。剥豆米是个很费时间的活计，一般都是老年人做这种工作，因为他们时间多、有耐心。记得 2013 年在禄村调查，当时正值 8 月中旬，种在稻田田埂上的毛豆到了可采摘的时候，村庄的道路两边坐满了剥豆米的男女，以中老年人为主，他们款着白话（拉家常），传播着村庄里发生的大小事情。据说，摘蚕豆的时候也是这样：家家户户将采摘来的豆角或者是拔来的豆苗拉到社区办公室外面的道路两边，那里聚集着村里的老人，夏天纳凉，冬天晒太阳，手里剥着豆荚，嘴上款着白话。看得出，禄村的豆类更像一种休闲农作物。这样的"休闲"还体现在豆类的经济价值上。毛豆的种植面积小，一般就是满足自己家庭的餐食需要，很少用于销售，因为"卖的那点钱还不够拿来给小孩子买零食"。随着水稻种植面积的减少以及耕地被征占，豆类的种植面积越来越少。

（三）"由田转地"的苞谷

"田和地的分别，据当地的区别，前者是可以灌溉成稻田的耕地，后者是不能用沟渠灌溉的耕地。"[1] 苞谷是旱地作物，主要种在旱地上，一般用作牲畜饲料。禄村的旱地较少，以往分布在西河的沙地上，西河治理后，周边的沙地也改成了田。现在主要分布在村东头山坡上，那里有少量浇不着水的地方。并不是每家每户都有土地在那里，大多数农户自己种的苞谷还不够养两头猪，还有部分农户没有土地种苞谷，"连自己吃的（苞谷）都要买"。近些年，由于征地，禄村部分农田的水利设施被破坏。宽大的水沟里没有水，水田也就变成了旱地。因此，也有将玉米种在田里面的。像观音寺的田，自从禄丰一中在那里建校，征地就没有间断过。例如，建校舍、打围墙、修操场。观音寺片区的农田面积从20世纪80年代初的50多亩减少到20多亩。由于学校建在高处，观音寺农田的水沟被切断，剩余的农田也就没了灌溉的水源，农户只能种些不需要流水灌溉的苞谷，现在干脆都种了树。有些是农田整体被征以后，土地长期不建房子，农户就在自己原来的那块田上种了苞谷。比如与禄村紧紧挨着的小北厂村，一大片土地被德阳钢铁厂征用，建员工安置房，2010年征的地，到2017年都没有建房。但是，整个地块被围墙围了起来，无法正常种植水稻，农户看着空闲的土地觉得很可惜，就纷纷在这块地上种苞谷。俗话说，"宁要田三分，不要地一亩"，如果不是征地，禄村人怎舍得把田拿来种苞谷。

---

[1]　费孝通、张之毅：《云南三村》，社会科学文献出版社，2006，第19页

（四）发展中的果蔬

在禄村农作物的种类上，还增加了油菜、梨树、桃树、韭菜等果蔬。油菜主要是结籽榨油供家庭食用。它是小春作物，虽然比蚕豆更加耐寒一些，但需要的水更多。一般种在灌溉较为方便的中沟或者是西沟上部。菜籽的管理稍微麻烦一些：一是种植之前需要犁田，种的时候需要理墒；二是在生长期要除草，使用的肥料也更多。因此，种植面积并不大，多的一家种 2 亩左右，少的只有 0.4 亩。以往，禄村的果树都是种在山地上。禄村北部高处有一部分山林，人民公社时期，集体在山上种植了板栗、梨等果树，称为果园。"分田单干"的时候，集体将果园承包给了个人，每年上交承包费。石家碾房片区的农田由于地处西河大沟的尾端，又不靠河边，每次需要水的时候没有水，不要水的时候却流满了水。因此，水稻种植很不方便，经常因为灌溉不及时而错过农时。2000 年前后，有农户将石家碾房片区的农田挖了深沟，改成旱地，种上了果树，最后发展为在当地颇具名气的火把梨。

除了家家户户种了自食的蔬菜外，禄村还有 4～5 户专业种植蔬菜并出售的农户。其中有 2 户来自外地：1 户来自呈贡、1 户来自禄劝，被称为种菜的"呈贡人"和"禄劝人"。2009 年以来，呈贡人租了 16 亩田种各种蔬菜，禄劝人租了 22 亩田种韭菜，本章经营方式部分将详细阐述。

（五）密植的树

禄村肥沃的农田里，种上了密密麻麻的梨树、桃树、核桃树。有自己播种育苗的，有种植小树苗的，也有种植大树的。如 4 组的 LX 家就是自己播种育苗。2017 年 1 月，LX 的老公分两次购买了 400 公斤核桃种，在亲朋好友的帮助下，用了一周时间种在了自己家的 3 亩农田上，"真的是一个挨着一个地排"（LX 原话）。LX 的核桃种子品质较好，管理得当，一个多月 400 公斤核桃种基本上都发出苗了。由于太过密集，他们就将一部分苗卖给本村的村民。到 2018 年 1 月我们去做补充调查的时候，LX 家的核桃树大多已长到 1 米左右高了，直径也有 3 厘米左右。我们粗略数了一下，1 平方米左右的土地里有近 100 棵树苗。

与之前种植果树的管理方法不同，农户不会修剪这些树的枝条，更不会在意树木是否开花结果，而是想尽办法让树苗长得高，长得粗壮。村民得到消息，这些土地已经被规划在城市扩建范围内，在未来的几年可能被国家征作建设用地。已经被征占的土地上，有些农户利用前期种的树获得了非常丰厚的补偿。所谓"犁田看牛背"，农户就一家看一家地都种上了树。反应快的，早两年已经种了树；反应慢的也正在种树或育苗的过程中；有些反应迟钝的农户，农地被画上线了地里还种着麦子，其他村民取笑他们，并称他们为"憨包"。而这些树就是禄村人依靠农田发家致富的潜在资本。

二　经营基础

（一）经营时节

1. 不变的大田时节

费孝通在《禄村农田》中详细地阐述了禄村水稻和蚕豆轮作的节令运用和时节变化。农民充分利用农作物时令产生的"参差期"合理地安排劳动力。书中还特别提到，由于禄村比周边乡镇和县区的海拔低一些，气温整体上比周边乡镇和县区高了几摄氏度，禄村的"参差期"不仅产生于区域内，还可以辐射周边村庄，使得禄村在农忙时节的劳动力供给更为充沛，劳动力成本更低。农作物的耕作时节是农民长期经验的积累，只要农作物的品种变化不大，一般不会有太大变化。禄村农田上一直种植的传统农作物有水稻与蚕豆，也有部分是水稻与油菜轮作。虽然全球气候整体变暖，但是，与20世纪30年代相比，禄村的大气候变化不大。水稻和蚕豆的轮作时节与原来并无差异。但是在集体经营农地时期，为了突显集体优势，政府会以文件形式对农作物的具体经营方式进行规定。例如，1961年，《中共禄丰县委县人民政府关于抓紧农业生产的意见》就提出，要求"把好节令关，把好密植关。把好节令关就是要早栽、大栽、早关秧门。把好密植关就是要坚持推广标兵秧，保证每亩不少于4~6万丛，坚决消灭'满天星'"。同时提出，"革命加拼命，大战红五月，立夏关秧门"。并且为了便于这些技术的推广，还将技术要点编成了民歌：

禄丰县新民歌

大田栽秧四四方，清早栽秧点星星；

栽秧要栽标兵秧，争分夺秒抢节令；

密植通风透风好，增产粮食为打仗；

科学种田产量高，志愿时节干革命。

其实同样的农作物，不同的品种受时令的影响不会很大。以前，禄村的种子主要是自己留，生产队也是自己留原来的老品种，农作物品种的更新较慢。20 世纪 60 年代初，水稻品种开始引进台北 8 号，虽然比老品种高产，但栽的人少。到后来，有了"珍珠矮"、滇优等品种。如今，禄村主要种植楚雄农科院研究出来的楚粳系列品种，从 20 世纪 80 年代的楚粳 4 号、5 号，一直到现在的楚粳 27 号、28 号、40 号。这些品种比较适合在禄村种植。无论品种如何变化，农户仍然根据长期形成的时令经验播种、栽秧。但是随着农业机械的使用，尤其是插秧机使用后，秧苗由农机合作社统一培育，农户家庭育秧的越来越少。很多年轻人已经不知道这些传统的时令了，只能是跟着别人做。当然，在家务农的年轻人也非常少，这在本书后面章节详细阐述。

2. 人造时节

除了传统大田种植之外，禄村还有少部分大棚种植的蔬菜。大棚的运用就是要消除气候的影响，在人营造的相对稳定的环境中培育农作物。大棚种植的目的就是常年有菜卖，充分利用土地，不让地闲着。禄村的大棚不多，管理也没有那么精细。管理较好的是 4 组的王大姐。四十来岁的王大姐从小就跟着母亲种蔬菜，自己成年之后对种菜、卖菜特别喜欢，还喜欢钻研。有一年她到昆明玩，看到昆明周边的大棚种菜，一年四季都可以卖菜，觉得非常好。回家就四处打听寻找会盖大棚的师傅。当年她就在自己家附近建了两个大棚，一个拿来种菜，一个拿来养人工菌。后来扩展到 6 个大棚，其中，一个大棚常年种植枸杞苗，一个大棚种着葡萄，一个大棚种着薄荷，还有三个大棚根据时节和市场行情种些不同品种的蔬菜。前三个大棚是固定的，只要管理得当，每天都可以割枸杞尖和薄荷卖，可以常年供应。后三个大棚主要种豆类、叶菜类、花菜类、根茎类蔬菜，种什么品种、什么时候种全凭经验。反正不管种什么，时节的影响都不会太大。天气冷了就将大棚捂严，减少通风时间；天气热了就掀开大棚，降低温度；天干的时候，打开水闸，喷灌农作物，增加湿度；雨水多的时候，水顺着排水沟流走，根本不影响大棚内的农作物。但是，由于大棚内长期湿润高温，病虫害也相对较多，土壤也因长期的耕种而退化，很多土地种上几年就不行了。但是，王大姐有自己的独门秘籍，她的大棚将近二十年了，依然出菜不断。

3. 反时节经营

在适宜的时节种植适宜的作物，以及开展相应的生产活动，这些都是为了让农作物在适宜的气候条件下达到最大的产出量。然而，在现代市场的影响下，种植农作物不单是为了追求高产量，更是追求效益的最大化，效益由农产产量、农产品质和农产价格三方面决定，而价格通常起决定性作用。在农业的专业性经营中更是如此。来禄村专业种植蔬菜的"呈贡人"就是这样的，他们根据市场经验，避免种植正当时令的蔬菜，选择提前或是推后种植。而在蔬菜普遍较多的季节，则选择少种，或种植经济价值较高、种植难度较大的蔬菜，以此来保障全年的稳定收入。反时节经营不是每一个人都可以做好的，因为需要精细的管理、丰富的市场经验和畅通的市场信息。

（二）机械化

经营农田最需要劳动力的环节是：犁田、插秧、收割。20 世纪 30 年代，禄村犁田主要是靠牛，没有牛或者是面积较小的农田需要人工挖田。20 世纪 80 年代中后期，开始使用旋耕机犁田，到 90 年代末旋耕的使用已经普及，21 世纪以后就已经很少能看见赶着牛犁田的了。一开始，主要是小型旋耕机犁田、打田。很多农户的旋耕机不仅给自己使用，还出租，收取一定的费用。最多的时候，全村有 20 多辆小型旋耕机。后来，禄丰县的一些农业合作社购置了大型拖拉机，春耕的时候犁田，秋收的时候收谷子。他们的服务范围覆盖整个县。由于大型拖拉机速度快，农田作业质量高，小型旋耕机的耕田市场很快就被大型拖拉机抢占了。那时的禄村是没有大型拖拉机的。2017 年，全村自有小型拖拉机仅剩 7 台。禄村的农田除个别机器进不去的地方外，几乎都是用旋耕机犁田，耕田真正实现了机械化。正如《禄村农田》中所描述的，插秧是女人的农活，男人最多参与拔秧。因此，插秧的机械化比犁田更晚一些。直到 2013 年在禄丰县农业局的支持下，全村才开始试行机插秧，到 2017 年已经五年了。

水稻插秧机械化需要改变两种农业劳作方式：一是育秧苗，二是插秧。育秧苗不能在大田上，也不能育水秧。而是要建盖临时的育秧大棚，将育秧盘装满营养土一盘一盘地摆放在大棚里，将谷种按一定数量撒在秧盘里面，再覆盖一层薄薄的营养土，像管理传统秧苗一样洒水、通风，将大棚内的温度和湿度保持在合适的范围内，并静待种子发芽、生长。标准机插秧技术，一亩农田需要 22 盘秧苗，而一盘秧苗需要 0.12 公斤种子。禄村 2 组的 HM 从一开始就被农业局选为育秧实验户。自 2013 年以来，他总结出了一套本土经验。一是育秧撒种时节不能只依据传统的时令，每年的清明节前一定要播种，还得到东西河水库管理处问问当年开闸放水的时间。二是育秧盘数和单盘的种子数量一定要高于标准量。他说："禄村人喜欢栽密一些，我们的一亩要 25～26 盘秧，一盘秧要 0.14 公斤种子。"三是秧苗月龄一般不能超过 45 天，超过了就是老秧，很难发苑（分蘖）。插秧方式最大的变化是用机插秧代替了人工插秧，也使得插秧不再是女人专属的农活。但禄村没有自己的插秧机，都由邻村的科甲农机合作社带着插秧机来插。农户付给 HM 和科甲农机合作社各 100 元的秧苗费和插秧费，农户则从政府获得一包 80 元的尿素。全村 90% 以上的稻田实现了机械化插秧。

然而，插秧机推广之初很多农户都不接受。2013 年，禄丰县农业局来禄村推广机插秧，让村民报名。在每亩补助一包水稻复合肥的吸引下，村民报名 734 亩。但推广机插秧过程中由于当年放水时间太晚，导致秧苗长得太高。插秧农时被挤压得太紧，插秧机又不够，很多村民担心没有收获，就自行找秧苗手插秧。当年种植水稻的面积约 780.12 亩，其中真正用插秧机插秧的面积为 393.95 亩，人工插秧面积达 239.67 亩。由于没有秧苗，农户只好去外村买，或者直接买盘装秧苗。还有一些农户从一开始就做了两手准备，他们担心机插秧不一定能成功，自己也种了传统水秧手插，全村选择自己育种的传统水秧苗的插秧面积约 146.5 亩。如 6 组的杨某有 3 工（约 1.2 亩）田，当年全部种水稻。报名时报了 2 亩（实际不足 2 亩），补了 2 包水稻复合肥，每包 50 元。为了以防万一，杨某事先自己撒了 8 公斤种子育秧。后来不够，又买了 10 盘秧苗，自己回来手工栽种。当年的机插费和秧苗费平均 150 元/亩，而单独买秧苗是 2 元/盘。我们在禄村调查期间，秧苗处在分蘖期，机插和手工插的秧比较起来没有什么差别。但是，村民都担心产量会降低。然而，最后收割的时候，产量居然比手插秧还高，这使得那些选择手插秧的农户后悔不已。通过 2013 年的实验，机插秧逐渐推广开了。到 2017 年，全村种植水稻的总面积为 350 亩左右，而机插秧面积达 323 亩，除部分种植面积极少或是插秧机不方便进入的农田外，基本实现了插秧的机械化。

表 3 - 2　2017 年禄村水稻的机插秧情况

单位：户，亩

小组	2017 年				2013 年	
	户数	机插秧面积	单地块最大面积	单地块最小面积	机插秧面积	水稻总面积
1 组	14	23.00	3.00	1.00	51.00	108.50
2 组	30	111.50	38.00	1.00	84.25	106.69
3 组	12	29.00	4.00	1.50	43.60	105.60
4 组	15	32.00	5.00	0.50	69.30	79.00
5 组	15	38.00	5.00	1.00	46.90	145.93
6 组	15	29.50	4.00	1.00	27.80	72.20
7 组	30	59.50	3.50	0.80	71.10	162.20
合计	101	323.00	38.00	0.50	393.95	780.12

资料来源：表内信息由北厂社区委员会（原北厂村民委员会）提供。

收割的机械化推广比较波折，一开始随着犁田的机械化，很多农户希望收割也采用机械化的方式，于是有些农户购买了小型的收割机。但是，由于禄村种植的水稻为楚粳系列，其最大的特点就是掉谷，这一特点原本可以使掼谷的人节省力气，现在却变成了劣势。大多数农户心疼谷子，都不愿意用机械收割。后来，掼谷劳动力价格上涨，这使得更多农户接受了机械收割的方式。但随着家庭种植水稻面积减少，1 亩左右的水稻收割工作量，对于很多家庭来说并不是负担，反而是家庭共享的劳动聚会，大家在休闲娱乐中将谷子收获回家，也就不需要机械来收割了。像经营豆腐作坊的 ZTX 家，虽然天天都忙于豆腐的制作，但是还种着 1.5 工田的谷子。当问到种谷子原因时，ZTX 大爷说："娃娃们喜欢，又不费事。栽秧、收谷子大家回来住一天，一家人好玩。"农业劳动的娱乐性和体验性教育功能在城市化和非农化发展中越来越突显。

（三）水利情况

"禄村所在的盆地面积约有五十平方公里左右，并不宽敞。地面的倾斜比较高，盆地的形状像一个凹字形，周围都是高山，禄村是在盆地突入的那个腰节上。西北一代山上的水，向盆地低处流，汇集成四条河流，到盆地中心的县城附近汇合，更向西流入易门县境。"[①] "禄村位于东西两河之间。"[②] "禄村既在盆地中心部分，除了东部有一些没有开垦的荒山之外，其余靠了这两条东西河全能得到灌溉之利。"[③]

由此可见，禄村农田灌溉一直不是个大问题，再加上多年来水利设施的增加，尤其是"三面光"沟渠的建设，使得禄村农田几乎处处都有水沟。但是，禄村的灌溉成本一直较高，且不是很便利。东西河虽流经禄村，但是禄村农田地势整体高于河流，如需用河水灌溉，就必须在河流的上游修筑拦水坝，用沟渠将水引到大田中。虽然，西河的河沟不高，曾经有农户在河沟边上架起河槽（木头或石头）引水灌溉，但覆盖农田的范围很小，只有少数农户受益。多数农户还是需要从长长的人工沟渠引来上游河水灌溉农田。因此，当地很早就形成了有效的轮水制度。[④]

20 世纪 60 年代，禄丰县政府在东河上游建了一座中型水库，在西河上游建了提水基站，灌溉区域覆盖附近的三个村，由禄丰县水利局成立的灌区管委会统一管理开阀放水时间和灌溉片区。如今，禄村农田分由两个灌溉区管理——西河灌区和东河灌区。西河灌区覆盖整个社区（原村委会）的 11 个村民小组、439 亩农田，收费标准为 31.5 元/亩。禄村的 7 个村民小组主要在西河灌区范围内，总共有 228 亩农田。东河

---

①　费孝通、张之毅：《云南三村》，社会科学文献出版社，2006，第 18 页。
②　费孝通、张之毅：《云南三村》，社会科学文献出版社，2006，第 18 页。
③　费孝通、张之毅：《云南三村》，社会科学文献出版社，2006，第 19 页。
④　张宏明：《土地象征——禄村再研究》，社会科学文献出版社，2005，第 115 页。

灌区覆盖 13 个村民小组、783 户、1487 亩农田。其中，自流灌溉面积为 669.76 亩，收费标准为 36 元/亩；提灌面积为 792.48 亩，收费标准为 31.5 元/亩；还有 25.24 亩的旱地，按照 20 元/亩收取灌溉费。禄村 7 个村民小组的农田在东河灌区也有分布，总面积是 635.7 亩，其中，自流灌溉面积为 16.2 亩，提灌面积为 594.5 亩，旱地为 25 亩。依照东区灌溉的收费标准，禄村的东区水亩费是 19815.08 元，平均每年每亩的水费约 31.2 元。禄村 7 个小组所有 863.7 亩可灌溉耕地的灌溉水费总额为 26997.08 元。也就是说，禄村每年农田的灌溉成本大约为 31 元/亩。表 3-3 和 2013 年水亩费通知单就是证明。

表 3-3　2013 年禄村各小组农田灌溉情况

单位：元，亩

小组	西河灌区水费	西河灌区面积	东河灌区水费	东河灌区面积
1 组	1467.90	46.60	2902.41	92.10
2 组	718.20	22.80	3051.72	96.90
3 组	803.25	25.50	3342.15	106.00
4 组	800.10	25.40	2079.80	75.00
5 组	548.10	17.40	2644.25	82.40
6 组	1260.00	40.00	1637.69	52.10
7 组	1584.45	50.30	4157.06	131.00
合计	7182.00	228.00	19815.08	635.70

资料来源：根据东河和西河灌区管委会提供资料整理成表。

2013 年水亩费通知单

北厂村委会：

2013 年度的灌溉管理工作已结束，结合本灌区实际，现工作转入水亩费收缴阶段，只有圆满完成灌区内的水亩费收缴任务，才能确保灌区二〇一四年度各项工作顺利开展。希望你村委会给予大力支持和帮助，你村委会要积极组织辖区内的水亩费收缴工作。圆满完成本年度的水亩费收缴任务。

按照楚发改价格［2006］1 号文件的相关规定和县委、（县）政府水价逐步调整的要求，今年灌区内的水亩费不做任何调整，仍然按去年的标准执行，执行水价标准为：0.08 元/ m³（不含水资源费、利润和税金），其中提水灌溉的在执行价格基础上降低 0.01 元/ m³，为 0.07 元/ m³（不含水资源费、利润和税金），核定标准为：每年每亩用水量为 450 m³，自流灌溉水田每年每亩收取水亩费 36.00 元，提水灌溉水田每年每亩收取水亩费 31.5 元。

为更好地开展和准备二〇一三年度的灌溉管理工作，结合本灌区实际，现将你村委会二〇一三年度水亩费数下达给你们，二〇一三年度你村委会应收水亩费：20935.5 元（其中：二〇一三年度水亩费 13847.4 元，旧欠水亩费 7088 元），请你村委会积极组织收取，并于二〇一三年十月三十日前与西河管理所结清你村委会的应收水亩费款。

特此通知。

禄丰县中型灌区管理委员会

二〇一三年八月五日

禄村农田地处东西两河灌区的沟尾，只能等到上游村庄放完水之后，才能轮到禄村，所以灌溉质量不高。

第一，放水时间晚，农活必须在短时间内完成，否则就赶不上节气，耕种成本会增加。传统农作物的耕种时间是有限的，大多数农事需要在有限的时间内完成。如果有充足的水和较长的灌溉时间，村民就可以根据自己的时间开展劳作，自己独自完成不了，也可以在亲朋好友之间进行互助换工。但是，较短的放水期使得农民的劳作时间被压缩，短期内大家都很忙，无人换工，也无法还工，内部换工无法实现，只能请外来工。短期用工的增加使得工价上涨，无形之中增加了耕种成本。例如，平时 60 元/天的女工，在栽秧的时候要 100 元/天，有时甚至更高。

第二，排灌不易，局部农田形成涝灾。"要水的时候没有水，不要水的时候排不出去"，这是禄村公碾片区和石家碾房片区农田的真实写照。这两个片区处于灌溉沟渠的最尾端，另一边紧靠西河，地势趋于平缓，与西河的落差非常小。雨季的时候，西河水会漫灌到农田里。然而，西河涨水的时候，上游沟渠的农田也需要排水。公碾片区和石家碾房片区的农田就变成了承接这两处排水的大塘子，非常不利于农作物的生长。

这两片有田的农户在深受洪涝之苦后，将稻田改种果树，还在农田里挖了深深的排泄沟，以防果树也被涝死。即便这样，还是有年年种、年年死的情况出现。这些年，由于征地，上游沟渠被挖断，变成了断头渠，像上文提到的观音寺的田，就处于有渠无水境地。随着征地范围不断扩大，这样的情况会越来越普遍。也许几年之后，禄村的部分农田就没有水可灌溉了。

（四）农药化肥的使用

最初，禄村的农田主要依靠农家肥。在《禄村农田》中记录了一些老人和孩子在街道上捡牛粪的事情。而养马和收留马帮的人家，就可以积攒较多的牲畜粪便，以满足给农田施肥的需求。新中国成立后，人们开始学会用石硝。集体化生产时期，由供销社统一调来石硝，生产队用马车去拉，但是整个生产队才300多斤，根本就不够，主要还是依靠农家肥。每个生产队都有专门的积肥小组，他们主要的工作有两项：一是将生产队的牲畜粪便进行堆捂；二是去捡粪，还有些队去城里面拉粪。去城里面拉粪还需要有关系，有些单位的粪坑被有关系的村子承包了。后来，供销社拉来碳酸氢铵、尿素，按面积分给各生产队。最初一个生产队才一两百斤，最多不超过500斤，只够使用半年多时间。当时没有农药，男男女女都去薅秧，"草太多了，薅够了"。后来，化肥多起来就不用石硝了。但一个生产队400工田只有五六百斤化肥，包产到户后，一户农户一年就买五六百斤化肥，"那时（生产队时期）还没有现在一家人用的化肥多呢"。但农户反映，虽然化肥的使用量增加了，但谷子的产量也不见增长多少。后来，楚雄农科所的技术人员研究了楚粳27号和28号，这两个品种不仅产量高，对化肥的需求量也小。所以，现在一亩农田所需要的化肥最多为200公斤，如果用的化肥质量好，如复合肥等，只需要100公斤左右。农户也慢慢觉得化肥多了不是好事，2011年有农户化肥用多了，农作物得了稻瘟病，3工田才收了300多斤谷子，"爱死人呢苗棵，气死人的谷子"。"肥料越撒越多，产量却基本已经定了。主要原因是土地板结了，农家肥放少了。但是现在又不养牛、马，去哪里找农家肥？"农户在种植自己吃的蔬菜时，一般不用化肥。但是，在禄村人眼中农田已经离不开化肥，"不用化肥怎么可能有得吃？"记得2010年笔者在禄村做沼肥实验，由于担心减产，在通过多次的说服工作及承诺赔偿损失之后，才有农户愿意做实验户。他们认定化肥的功效，同时，其他农家肥的获取途径有限，使用成本较高，所以，只有使用化肥才能实现"懒庄稼"。因此，禄村大多数农户种田不论是自己食，还是出售，基本上都使用化肥。从调查农户的用肥情况来看，以前使用普钙、碳酸氢铵、尿素居多，现在使用尿素和复合肥的居多。农户在种植水稻时，一般一亩农田使用一包尿素（50公斤）、一包复合肥（50公斤）。种植油菜的时候一亩使用10公斤左右尿素或复合肥，有些有经验的农户还会使用少量的钾肥。小春小麦的种植也基本使用尿素，"不多，撒二三十斤"。

农药的使用也比较普遍。大春水稻一般要打三次药，主要作用是预防杂草、预防稻瘟病、预防卷心虫等。如果农作物出现了病变，那么还要打一些治疗的农药。以往都是农户各自购买农药自己打药，从2013年起，禄丰县农业局在试验田实行统防统治，效果不错，逐步实行全区范围统防统治。金山镇农技站将具体防治任务交给了农机服务合作社，农户根据当年的水稻面积缴纳统防费用，一般是10元/亩·次，一年30元/亩左右。小春作物则由农户自己防治病虫害。以前油菜用"乐果"杀蚜虫，后来用氧化乐果，更厉害，毒性大，现在已经禁止使用了。

三　经营方式

（一）家庭经营

禄村的农田95%以上由农户家庭经营。2013年，在我们重点调查的45户农户中，仅有3户没有经营农田，2户是老人户，无力再耕种农田，1户是家庭主要劳动力（男主人）突然病重瘫痪，女主人兼职了几份非农工作供家庭开支，老人年纪较大，孩子还在上学，因此将土地出租给别人。不是迫不得已大家都会自己耕种农田。即使是电瓶厂的王老板也还一直种田。当然不是他自己亲自种植，而是雇工经营，一般在大田作业的时候请人，平时的管理则由他老婆负责。随着农业服务的社会化，家庭经营农田变得越来越简便。虽然大家都种地，但是经营面积、参与程度和经营目的都不尽相同。从经营面积来看，水稻面积种植最多的有

20 亩，最少的只有 0.4 亩。从参与程度来看，有些农户除了"看看水""装装谷子"几乎不去地里，其他农活都雇工或者由合作社代为完成；有些农户则买种、育秧、翻田、插秧、施肥、打药、割草、收割、掼谷子、插豆、摘豆全程自理。从经营目的来看，有些农户仅仅是为了"好玩"，有些农户家庭一半以上的收入要依靠它，甚至有些家庭"不种田就不得吃"。例如，开小卖部的彭姐一家，种田是为了生活有保障。

> 在小街上开小卖部的彭姐一家有 6 口人，2013 年共种着 3.96 亩田，全部都被纳入了样板田，主要种水稻、小麦和蚕豆。其中，大春种水稻，楚粳 27 号和楚粳 28 号，共产稻谷 1.5 吨，每亩约产 400 公斤。小春种小麦和蚕豆，小麦产 1.2 吨左右。稻谷和小麦的播种和收获需要雇工，雇工的成本为"80 元/天 + 三顿饭 + 一包烟"。灌溉一次 100 多元，2013 年小麦浇水 4 次，灌溉费 400 元。以前家里养 2 头猪和 1 头牛，平时猪用来产肥，年底卖一头，杀一头，猪肉自食；牛用来卖。家里的粮食基本上都被牲口消耗了。2013 年，彭姐家没有再养牲畜，稻谷和小麦全是用来卖的。当年稻谷共卖了4000 多元，小麦共卖了 2000 多元。虽然，家庭收入并不依靠农业，但是彭姐认为种田是为了生活有保障，自己有了粮食，即使其他收入不稳定也不用担心了。

2013 年，禄村几乎所有经营非农产业的农户都兼营农业。这些农户家庭收入已经不依靠农业了，但他们认为农田提供的粮食和蔬菜保障了家庭日常生活的安全性。也有些农户认为农田承载了农民的身份，"农民不种农田还叫农民吗？"在这种观念影响下，务农成为家庭聚会和传承家庭文化的一种方式，ZTX 家就是这类家庭的代表。

> "豆腐世家" ZTX 有 3 个儿子，留在村里和他一起生活的是三儿子，家里共有 5 口人：他、儿子、儿媳和两个孙子。一家人全年有 360 天在做豆腐，他和儿子从早到晚做豆腐，儿媳一整天都在县城菜市场的固定摊位上卖豆腐。即使这样，他也没有完全放弃种田。家里有 4.2 亩田。2017 年，0.6 亩田拿来种粮食，2.4 亩租给呈贡人

种菜，租金1000元/亩，签了5年的合同。还有1.2亩田，往年都是送给亲戚种，亲戚一年给60公斤大米。2017年年底，全都种了核桃树。种粮食的0.6亩田是一丘田，就在家背后。大春种水稻，小春一年种蚕豆一年种油菜。ZTX家的田都是自己种，不用机插秧，也不拿机器收。平时，ZTX忙完了豆腐坊的事就去田里面望望，打2次药、撒15斤尿素就可以了。也不自己育秧，到插秧的时候拿机插秧的秧盘秧，8元一盘，15盘就够了。栽秧、收谷子的时候，大儿子、二儿子全家都回来。大大小小十几个人，"你一下、我一下，就整完了"。当问到为什么要自己种田时，ZTX说："小娃娃们没有干过活计，种着点谷子让他们认得什么是农活。大家也在一处玩玩。栽一天、收一天，也不费事。"2016年，ZTX的0.6亩田收着6小包干谷子，45公斤一包，260多斤，"一家拿一点去尝尝新谷就拿完了，平时吃的粮食都是买的"。

也有些农户虽然有了非农经营，但依然希望在农业经营中有所发展，进而变成家庭的主营业务。但由于农业收益较低，在探索之后又转向了专营非农产业。

3组的LGL家经营着一个榨油坊，"我们家的应该是全村最大的油坊了"。家里4口人，有3.44亩田，分3块，其中，2.6亩田用来种核桃树和桃树等（2012年冬天开始种植）；0.4亩出租，租金为每年30公斤大米；0.4亩田种菜和谷子，自吃。2013年LGL家还经营着从小组集体租来的30亩果园，每年租金4000元，租期为10年，主要产品有板栗、梨等。2012年，这些产品才卖了1000多元。果园是从老人（LGL的公公张大爷）手里承接下来的。1981年，农田包产到户的时候，集体的果园实行承包租赁制。张大爷以每年8000元的租金承包了小组集体所有的果园，约110亩，租期为10年，租金一年一付。当时的果园果树不多，大多是荒山。张大爷新种了很多果树，并在果树下面套种苞谷，每年的收入颇丰。承包到期后，张大爷续租了一次。1995年，张大爷将果园一分为三，分给了三个儿子经营，一家30多亩。LGL的丈夫是老二，也是管理果树最上心的一个。LGL 夫妇更新了果树，扩建了果园。2005 年，他们出钱通了电。2012 年，修通了路，还挖了 3 个大水池。本想结合果园搞农家乐或者是小农庄。但在计划盖房子的时候发现租期太短，小组也不愿意延长租期。LGL 夫妇担心承包到期的时候别人抬高租金，自己多年的投入毁于一旦。于是，停止了对果园的投入。由于树种老化，产量跟不上，水果价格也一年比一年低，经营果树的收入越来越少。2015 年，他们将果园和之前的投入一并转给了兄弟经营。2018 年，我们再次到访时，LGL 家已经不再经营果树、不再种谷子、不再养猪，而是专营榨油坊。

禄村专门经营农田的家庭较少，"手拇指都数得过来"，尤其是以农业和农田为生的更少，除上文提到的种蔬菜的王姐外，6 组的 LCL 夫妇也很典型。

1973 年出生的 LCL 夫妇是"同命人"（同一年出生的），家里有一儿一女和老母亲。两人种着 8.4 亩田，其中 2.4 亩是自己的"面份田"，0.8 亩是当初母亲转户口（农转城）的时候被队里收回去了，但是不好处理继续让他们种着，每年交 440 元的承包费给集体；有 3.2 亩是 3 队的小伴（朋友）家的"面份田"。小伴一家都去外面打工了，没法管理，就交给他们种，每年给小伴 1000 元钱；有 2 亩是荒田，在清凉山，是官凹村的田，由朋友介绍租的，租金为 200 元/年，主要是拿来种苞谷养猪。虽然集体的那 0.8 亩田的租金贵一些，但是"别人家家都种着，我们不可能自己的不种"。2012 年，6.4 亩水田大概产了 4 吨谷子，以 2.85 元/公斤的价格卖了 3.8 吨，一共收入 10830元。2 亩荒田产了 1.5 吨苞谷，全部都拿来养猪。2012 年，养了两水（两轮）猪，每水 4 头猪，一共 8 头猪，卖掉 7 头，卖了不到 8000 元。LCL 夫妇是一门心思自己种田的人，他们自己育秧、栽秧、犁田，自己收谷子。只要能自己干的都自己干，干不了的就和别人换工。"家里那么多田，都要我们两个做，还养着猪、养着鸡，也不可能像别人一样丢开家里面的事情专心去外面做（工作）。"

　　在禄村，还有一些家庭种田纯粹是为了口粮保障。主要是劳动力较弱、非农技能差以及老年人家庭。

　　1966 年出生的 WYS 一家有 8 口人，儿子、女儿和大女婿外出打工，夫妻俩带领小孙子和 80 多岁的父母亲在家。子女们虽然在外打工，但是从来没有寄钱回来过。WYS 年轻时就是种田能手，"喜欢盘田"。除妻子时不时去种菜户打工以外，家里基本没有其他非农收入。2013 年，WYS 经营着 10.4 亩田，自家有 4.8 亩，租了 5.6 亩，均不在样板田中。4.8 亩田用来种谷子，1.2 亩田种藕，0.6 亩田种菜，主要是种蒜，用于出售，还在农田上种了 3.4 亩果树，其中有"云南红"梨树、毛桃树、石榴树。小春的时候种了 3.4 亩小麦、1.4 亩油菜。一年中大部分时间都在农田里忙忙碌碌。一年下来家庭的净收入约 6000 元。至于经营农田的目的，WYS 表示，"老农民盘田为吃，没田吃什么？一把年纪，只会盘田了"。2018 年，再次来到的 WYS 家的时候，50 多岁的他对于农田口粮保障更有感触："莫看这点口粮，天天要买还是贵的。"王家在家吃饭的总共 5 口人（4 大 1 小），每天要 2 碗米（约 1 公斤），一年口粮就需要 300~400 公斤，加上过年过节外出的孩子回来，以及招待亲朋好友，一年至少需要 500 公斤大米。如果全部在市场上购买，即使按照当地价格 4.8 元/公斤，仅粮食开支就需要 2400 多元。"家里的收入本就不多，如果还要拿钱买米就恼火（困难）了。"

　　2018 年，WYS 家的 4.8 亩田被征了 0.8 亩，剩余的 4 亩田全部种了树，没有种水稻，也没有再种藕。之前的果树虽然已经挂果，但是价格不好，收入不高。妻子打工的收入也越来越少，"年纪大了也找不到活计做"。为了保障口粮，WYS 租种了北门社区妹妹家的 2.4 亩田和她婆婆家的 0.4 亩田。妹妹的 2.4 亩田每年给 4 包米，50 公斤一包，共 200 公斤大米。妹妹的婆婆家这 0.4 亩田每年给 200 块钱。2017 年，7 工田产干谷子 16 包，每包 40 公斤左右，共 640 公斤谷子。按照 8 成的出米率，WYS 家自己种植的谷子产米约 500 公斤。但是，谷子收来，WYS 就得给妹妹 200 公斤的大米作为 2.4 亩田的租金，因此"没得卖，还不够吃，每年还得买 4 包近 200 公斤米"。

（二）租营

禄村农地租营的不多，约 50 亩，其中约 20 亩为本地人租种，30 亩左右流转给了外地人。本地人租地有的种水稻，有的建大棚种菜，还有的挖池塘养鱼，也有用来育核桃苗的。如 1 组的 HM 种了 18 亩水稻，其中的 15 亩田是租来的。4 组的 WFP 经营着 8 个大棚，占地 4 亩左右，其中有 3 工田（约 1.2 亩）是租来的。他们的租金大多在 1000 元/亩以内，有些每亩仅要几百元。租地给他们经营的农户都是邻居、好友或亲戚，彼此间都有些许情谊，一般都不签订租赁协议。此外，还有一部分亲朋好友的出租与租营，租金就是米。外地人租营则不同，不仅缔结协议，还要进行协议公证。协议中清楚地写着租金金额、租期，以及违约金金额等相关事宜。他们租赁土地，种植不同的农作物，管理和经营方式也截然不同。在禄村租地的外地人有两家：一家是呈贡的，一家是禄劝的。

1. 呈贡种菜人

李某是从禄村嫁到呈贡的外嫁女，在村里有 4 个弟兄。2009 年，李某回到禄村租了约 16 亩田种菜，后来发展到 26 亩。2016 年，退掉了 8 亩。2018 年初，剩余 18 亩。

> 2013 年我们调查时，李某说："我家在呈贡就是种菜的。由于城市发展征地，我们家 4 个人的田被占掉 3 个人的，还有 1 亩，由姑娘种着大棚菜，价格为 5 元/公斤。我 2009 年开始回来租田 16 亩，租金（为）800 元/亩，半年后就（涨到）1000 元/亩，最高达 1400 元/亩。租金一年一付，年初就要先给。签了 10 年的合同，公证过的。如果我违约或他们违约，每户要赔 5 万元。呈贡像我们这样田被占掉的人，由村集体从征地补偿中拿出钱来补助我们到外面去租田种，按照 500 元/亩、10 亩/户的指标给予补贴，并且要求签合同、做公证。我们大哥的指标也给了我们，所以我家有两个户头，有 20 亩的指标。刚来的时候，土地租金是 800 元/亩，我们只需支付 300 元/亩。我们村很多人去澄江租地，但是澄江现在的租金要 3000 元/亩，这里每亩才 1000 元左右，租金不高，只是离呈贡远，要 3 个小时才到得了冷库，去晚了，冷库装满了，每公斤菜的价格

就要比他们低 0.1~0.2 元。我们种的菜苗从呈贡拉来，130 棵/盘，一盘 8~9 元。5~10 月，主要种生菜和黄白；10 月到次年 3 月，主要种青花和生菜。

我们家有一辆小货车，儿子开车跑，几乎每天拉菜去呈贡卖。车跑一转（一个来回）要 400 多元的油钱。拉菜时，我们办了绿色通行证，不出过路费，回来空车要交 50 元的过路费。我每天请十一二个工，工价为 40 元/天（不包吃），砍菜时会买点米线给他们吃，一直到车装满才让他们回去吃饭。虽然工价低，但他们有点不会做，做不出多少活。菜地浇的水是从大沟上放的水，储存在自家建的水池里面再接管子喷灌。

2012 年装好的喷灌，16 亩田共花费 2 万元。原来用人拉着管子去浇，小工栽好，回去吃饭，自己拉着去浇，人家饭吃完（自己这）还没有浇完，就不能去吃饭。现在，栽完穿雨衣去放水，两埫一起浇，快。"

2018 年，我们回访的时候，李某还在禄村租地种菜。

"我前后共租地 26 亩，已退还 8 亩。因为有一家的土地有纠纷，钱拿给母亲了，而儿子和媳妇离婚了，地给了媳妇，媳妇来要钱。同时，我一个表哥的田夹在这片田的中间，已每亩加 300 元，他也不出租，就鼓着（想）要自己种。他的地在中间，我的拖拉机进不去。所以，我就没有再租那片地了。现在还有两片，一片 16 亩，一片 2 亩，每年经营成本在 9 万元左右。化肥、农药都是从呈贡拉来的。租金 900 元/亩·年，化肥农药成本高。前两年，一年赚 10 多万元还是可能的，但这两年亏本的时候也有。现在租期还剩两年，到期就不打算种了，打算去罗川、彩云附近租地种。"

2. 禄劝种菜人

CJX 和 YKD 是表兄弟，都是禄劝马鹿塘人，老家也是农村的。2015 年，俩人来禄村租了 22 亩农田种韭黄，租期 8 年，租金为 1300 元/亩·年，五年后按照每年每亩 100 元递增，也就是说第八年的租金为 1600 元/亩。两人以前包过工程，也做过其他生意，从没有接触过农业。我们调查的时候YKD在禄丰县城管理自己的摩托店，CJX守着韭黄基地。两人分工合作：YKD负责购买农资，销售韭黄以及联系小工捡韭黄；CJX负责管理基地的劳作事务。当我们问到农资和销售方面的事情时，CJX赶紧打电话将YKD叫来。

　　YKD介绍说："2014年去弥勒玩的时候，在弥勒种韭黄的老乡告诉我们，种韭黄一亩可以赚1万元，当时就心动了。生意也不好做，我们就想，那么赚钱还不如就来种韭黄。"YKD从20多岁的时候就来禄丰闯荡，已经20多年了，当时在禄丰卖摩托车，两个人就商量来禄丰种韭黄。"我们看了一些地方，最后发现禄村现在租地的这个地方比较适合，距离水源近、平整。开始的时候（我们）找农户谈，后来就和小组长谈，发现1组的组长是老熟人，很快就将土地租了下来。22亩田涉及14户农户，其中，1组11户、2组3户。最多的一家4.7亩，最少的0.6亩，租金年付。在老乡（在弥勒种韭黄的老乡）的帮助下，花了41万元将韭黄基地建起来了。主要花费在打深井、架电、架水、建水池、建简易工作间、浇水设施和韭菜种苗上。一年能捂韭黄3次，每亩每次可以得900公斤左右的韭黄。在天气不好但是韭菜价格较好的时候，就直接卖韭菜。这几年的净收入都在25万元左右，2018年雨水太多，收入有些下滑，20万元左右。除了前期投入以外，平时的开支主要是人工和化肥。一年的工钱大概5万元，化肥3万左右。每天固定有5个人在地上（里）干活，这些人的工钱是每人每天50元。捡韭黄和韭菜的时候就更多，一般是按照斤数给工钱，捡一斤韭黄1.5元，多的时候要60~70个劳动力，禄村没有那么多，我们就（将韭黄）拉去官凹找人捡。韭菜在禄丰批发市场卖，韭黄拉去呈贡卖。这段时间的韭菜价格比较好，能卖到5.5元/公斤，我们每天都割100公斤左右去卖。2018年已经捂了两次韭黄了，韭黄的价格也不稳定，高的时候1斤能卖到15元，低的时候每斤只能卖七八元。"

　　对于之后的打算，CJX说："接下来我们还想再拓展一点面积，禄村这里没有合适的土地了，我们主要是在里面的几个村子看。暂时还没有合适的地方。"但是另一个合伙人却没有这么乐观，他说："农业没有想象的赚钱，关键是市场不好算，还不能算。你算得好了，相反还降价。这点基地也就做来玩玩了，算不得赚钱。"

禄村家庭经营的农地主要是种植传统农作物，农民在经营方面的管理也比较粗放。而租营的农田主要种植经济价值比较高的农作物，且管理精细。依照租营农户每年每亩 5000 ~ 10000 元的收入计算，禄村农田是可以获得高产出的。但是，为何禄村没有形成普遍的农业经营，以及以农业收入为主的家庭，我们希望在农田经营效益中找到答案。

第四章　农田经营（下）

农田不仅是农业发展的主要生产资料，也是农村家庭生存和发展的基础。禄村90%的农田由家庭经营，90%的家庭经营农田。这与禄村的农田特征、农田负担有一定的关系。同时，也与农田经营的一些要求相联系。农田经营的农作物经济化、农业服务社会化、农地管理粗放化使得这样的经营格局得以维持。

一　农田特征

（一）家庭承包耕地面积较小

禄村各家庭承包耕地面积较小。禄丰县农业局统计数据显示：2016年，禄村家庭承包耕地面积最大的6.6亩，最小的仅0.46亩，大多数家庭的耕地面积为2.8亩。按照家庭人口数为4人核算，家庭的人均耕地面积为0.7亩。家庭耕地面积和人均耕地面积分别仅为云南省平均数的29.88%和28.11%，为全国平均数的26.17%和20.35%。[1]

图4-1是禄村2016年366个家庭的承包耕地面积情况，从图中我们可以看出，禄村家庭的承包耕地数量主要集中在2~4亩，5亩以上的家庭仅有8家，但是1亩以下的家庭占比不小。从表4-1中可以看出，承包耕地面积在2~3亩（含2亩，不含3亩）的户数最多，有108户，几乎占了禄村家庭户数的1/3；其次是承包耕地面积在3~4亩（含3亩，不含4亩）的家庭，有90户，占比为24.59%；第三是承包耕地面积在1~2亩（含1亩，不含2亩）的家庭，占比为21.58%；4亩及以上的家庭仅有55户，且基本上在5亩以下；有34户近10%的家庭承包经营

---

[1] 《2017年云南省统计年鉴》相关数据计算显示：2016年云南省人均耕地面积为2.49亩，户均耕地面积为9.37亩。《2017年中国统计年鉴》相关数据计算显示：2016年全国人均耕地面积为3.44亩，户均耕地面积为10.70亩。

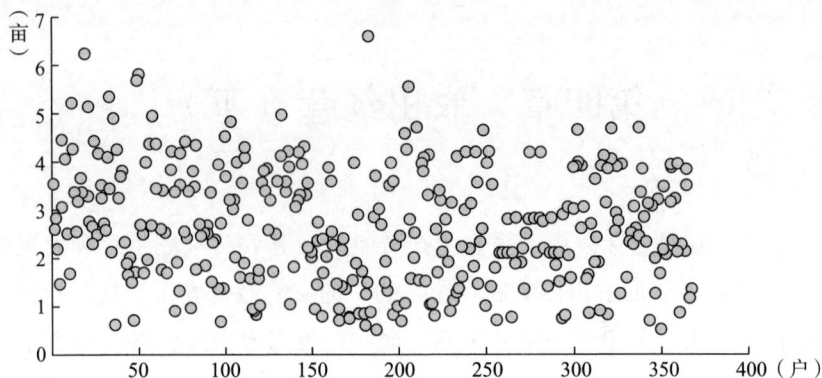

图 4 – 1　2016 年禄村家庭的承包耕地面积情况

耕地面积不足 1 亩。

　　2016 年之前，除禄丰一中征地外，禄村的农田被征占的面积都不大。所以，这些承包耕地面积 1 亩以下的家庭大多从一开始就仅有一个人的"面份田"。家庭承包耕地面积的狭小直接决定了农业在家庭经营中的地位。从劳动力的使用来看，如果按照 20 世纪 30 年代费孝通计算的每人能耕种的面积最低为 7 工（约 2.8 亩）田，大多数家庭仅需要一个人常年务农便可应付。然而，自 20 世纪 80 年代以来，农业技术已发生了翻天覆地的变化，尤其农机设备的普遍应用，使得农业劳动效率大幅提升。按照当前的技术水平，禄村的农田需要的劳动力更少，剩余劳动力增多。2017～2018 年的新一轮征地之后，农户的耕地面积会更少，农田的经营收益进一步减少，农业对家庭收入的贡献越来越小，农田需要的劳动力也越来越少。

表 4 – 1　2016 年禄村家庭承包耕地总面积分布区间情况

单位：户，%

家庭承包耕地总面积区间	户数	占比
1 亩以下	34	9.29
1～2 亩（含 1 亩，不含 2 亩）	79	21.58
2～3 亩（含 2 亩，不含 3 亩）	108	29.51
3～4 亩（含 3 亩，不含 4 亩）	90	24.59
4 亩及以上	55	15.03

续表

家庭承包耕地总面积区间	户数	占比
合计	366	100.00

资料来源：根据农业局提供的家庭承包经营土地信息表整理而成。

（二）家庭农田细碎分散

禄村的农田虽然分布在村庄的周边，但是从家庭的农田分布来看却极为细碎和分散。全村 974.7 亩[1]农田被分为二十几个片区 1355 个地块，且几乎每个片区都有 3 个以上小组的农田。尤其是 6 组，89.3 亩农田有 157 块，每块地的平均面积仅约 0.57 亩。从单个家庭的农田情况来看，地块最多的有 8 块地，如 4 组的 WKS 家，4 个人的承包地仅有 2.28 亩却分布在 8 个地块，每块地的平均面积仅有 0.285 亩。造成禄村农田细碎的主要原因是禄村农田的分配方式，根本原因是禄村不同地理位置的农田条件不同。禄村的农田有些肥沃、有些贫瘠；有些在水口便于灌溉，有些在沟尾要水的时候没有水，不要水的时候排不了水；有些是沙石地，有些是潮泥地。为了便于管理，禄村各个时期都在解决这一客观条件带来的问题。1956 年，成立高级社时，为了便于管理，禄村被分为 3 个生产大队，这 3 个生产队是之后村民小组的基础。为了公平，在相对集中的基础上将禄村不同条件的农田根据好中差分成了若干区域，各生产队在不同区域都有不同条件的农田。此后，3 个生产队历经 4 次分开、合拢、再分开，最后变成"包产到户"前的 7 个生产小队。[2] 多次调整使得部分生产队的土地更为分散。土地"包产到户"的时候，还是为了公平，各个生产队采用抓阄的方式将不同区域不同片区的农田进行分配。这使得每家每户几乎在每个区域都有农田。最后是在农田调整过程中，为了使调进农户都有农田，将一些退出来的大田划分成小地块进行分配，一家一小块。另外，退出的地块由退出家庭自愿选择，有些家庭将原来的边角地块退出，使得后调入的农户家庭地块更加细碎。虽然有些家庭通过私下的互换进行了调整，但是，禄村农田总体上细碎和分散的特征并没有改变。

---

[1]　金山镇农经站提供的家庭承包经营面积。

[2]　张宏明：《土地象征——禄村再研究》，社会科学文献出版社，2005，第216～219页

　　农田的细碎和分散对农业的经营发展影响很大。首先，农业劳动力的效率低。WJF家用4个男性劳动力加2个女性劳动力收2亩水稻，都用了整整2天的时间，就是因为家里的农田过于分散，2亩多农田有7块地分布在5个片区。其次，农业机械化受阻。由于地块过于细碎，WJF家的水稻不得不用人工来收割。如果是大田，用收割机只需要花300元就可以了，可节约请工费700多元。再次，农作物规模化发展的不便。2003年，禄村当时的村干部到外地考察学习，看见别的地方规模化发展蔬菜种植，想回来推广。原本已经申请了农业局200亩连片种植蔬菜的项目，最后因为只有30多亩田的农户愿意种植而放弃。直到现在，除了水稻以外，禄村没有规模种植的农作物。最后，农田流转成本增加。"自己不愿种，也不愿意租给别人种"。由于土地细碎，涉及的农户多，且每户面积较小，一个地块别人租不租、租金的高低对家庭收入的影响不是很大，所以农户的流转意愿不强。而租赁户需要和不同家庭协调，一旦某一户反悔就得放弃整个片区，导致规模流转的协调成本增加。例如，禄劝种菜人租赁的22亩土地涉及14户人家，他们需要征得这14户农户的同意，并与这14户农户签合同才能租下来。开始的时候"禄劝人"费了不少工夫，最后因为和小组长有私交，由小组长去做工作才把地租下来，但是相比本地人和小范围租赁的农户，他们付出了较高的租金。且这片土地在禄村还算比较集中的。又例如，上文提到的"呈贡种菜人"在2016年不得不退还的8亩地，就是因为有一家的土地租金有纠纷，还有一户不愿出租夹在中间的田，虽然地租增加了300元/亩，但是他依然不愿意出租，"就鼓着要自己种"。

　　正因为农田面积的狭小，农田产出少，使得禄村的农户无法将农业作为家庭收入和家庭劳动力的主要承载方式。但这也为劳动力退出农业提出了必然要求，为家庭脱离农业提供了助力。然而，土地细碎和分散使农田资源的整合成本提高，限制了农田的规模化经营，导致农户消极地选择家庭自营和传统农作物经营的粗放经营方式。可以说，农田特征是决定禄村农田经营方式的直接因素。

二　农田负担

（一）税费负担

20 世纪 30 年代，费孝通在"公款的负担"[①] 中详细计算了禄村农地承担的款项。当时"所（征）收的款项可分为三大类：一是门户捐，一是特别捐，一是积谷"。[②] "门户捐系维持乡公所和保公所的经费"，[③] 相当于现在社区管理委员会（之前的村委会）和乡政府的管理费。门户捐按户的等级缴纳，"甲等户每月交二角一分，乙等户一角八分，丙等户一角五分"。[④] 特别捐是县级政府因各种事务向民众征收的款项。特别捐主要涉及教育开支、军队开支、道路和水利维修经费等，由保公所统一缴纳，保公所按各村（自然村）户数分派。1937 年 9 月至 1939 年 11 月，禄村所在的保公所支出的款项为 922.25 元，[⑤] 禄村承担其中的 6% ~ 7%。积谷是农民合作调剂粮食的办法，在收获时大家捐出一些谷子，到青黄不接之际，农民中有需要粮食的可以向公米借贷。[⑥] 即使当年的积谷没有借完，也不返还给农民，因此也是捐。[⑦] 1937 年之前，积谷按所有田面积分配，1935 年每工田抽三升，1936 年减少至半升。1937 年按户缴纳，分为四个等级，最多的三斗，最少的五升。除此三类之外，当时的人们还要承受公役，有时一年每户的公役上百个。

因为禄村有公田，禄村的大部分特别捐和门户捐由公田承担，使得禄村个人家庭承担的捐税（含积谷）占比不足家庭消费的 10%。从禄村整体来看，无论是公田承担还是私家承担，最终都要落脚到农田上，因此我们可以从捐税总额来计算禄村农田的负担。1938 年禄村承担的乡保公所经费和特别款为 1200 元，[⑧] 按当年的市价计算，折谷子 150 石；

---

① 费孝通、张之毅：《云南三村》，社会科学文献出版社，2006，第 130 ~ 135 页。
② 费孝通、张之毅：《云南三村》，社会科学文献出版社，2006，第 131 页。
③ 费孝通、张之毅：《云南三村》，社会科学文献出版社，2006，第 131 页。
④ 费孝通、张之毅：《云南三村》，社会科学文献出版社，2006，第 131 页。
⑤ 费孝通、张之毅：《云南三村》，社会科学文献出版社，2006，第 133 页。
⑥ 费孝通、张之毅：《云南三村》，社会科学文献出版社，2006，第 132 页。
⑦ 费孝通、张之毅：《云南三村》，社会科学文献出版社，2006，第 132 页。
⑧ 费孝通、张之毅：《云南三村》，社会科学文献出版社，2006，第 135 页。

"1938 年实收积谷十九石七斗"，① 这三项捐税总计为 169 石 7 斗。按照当时禄村农田的亩产计算，2400 亩农田一年产谷子约为 2200 石。② 因此，禄村农田的捐税负担为农村单季产出的 7.71%。但由于当时的税费并不是按照农田的面积计算，而是按照门户来收取，因此，对于农田较少，甚至没有农田的家庭，捐税就成了一项沉重的负担。

　　1950 年，土地制度发生颠覆性变革，但是农业税费却被延续，一直到 2006 年才全部取消。图 4 - 2 是禄村这一时期的税费负担变化情况。新中国成立后的最初十年，税收波动较大，一度突破 30%。之后的十年所缴税费在 10% 上下波动。1969 年以后，禄村农业税费负担低于 10%，并逐渐减少，到 2001 年降至 5% 以下，直到 2006 年取消，标志着延续了几千年的农业税费制度正式终结。

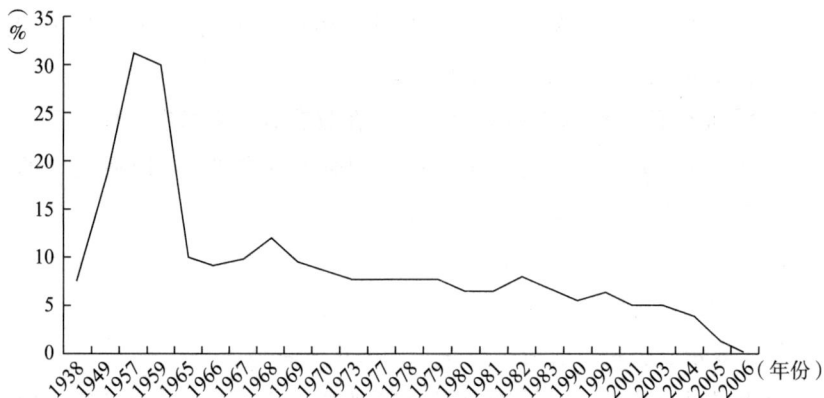

图 4 - 2　禄村税费负担

资料来源：根据历年《大北厂村委会社会经济统计报表》和《大北厂村委会农业收益报表》相关数据整理而来。

　　在负担变化的同时，农业税费缴纳形式也几度变化。新中国成立后的最初几年，主要以土地面积和政治阶层（家庭成分）相结合的方式进行征税，土地面积越大、家庭成分越高的所缴纳的税费越高。后来，随着土地所有权的集体化，尤其是经营权的高度集体化之后，农业税征收单位与经营单位结合，征收税额根据经营面积进行核算。集体化经营时

---

① 费孝通、张之毅：《云南三村》，社会科学文献出版社，2006，第 132 页。
② 费孝通、张之毅：《云南三村》，社会科学文献出版社，2006，第 58 页。

期，禄村的粮食被分为四个部分：公粮、口粮、余粮和工分粮。农业税被称为公粮，农民认为这是自己应尽的义务。还有各种摊派，被称为"提留"，如"三提五统"，①这些费用主要用于支持乡级和村级的行政管理和公共事务的运作。余粮是1955年实行粮食统购统销后，国家从农村合法调集粮食的方式，与公粮不同，余粮不是一种义务，而是一种单向选择的粮食销售手段。农民上交余粮，国家按照一定的价格给予补偿。直到1999年，禄村才真正结束了上交余粮的历史。口粮是集体按照年龄、性别等不同标准核定给社员的保障基本生存的粮食，无论是否劳动，只要是集体的一员，都可以获得。工分粮是集体按照社员的劳动强度和劳动天数累积的工分分配粮食，有绩效的成分。

　　1982年，禄村实行"包产到户"以后，取消了口粮和工分粮，公粮和余粮则按照经营面积核算到每一户，由每一个家庭承担，而剩余的粮食也归各个家庭，即"交够国家的，留足集体的，剩下都是自己的"。表4-2是禄村5组ZTZ家从1991年到2006年的公余粮或税费负担情况，所有信息都是从ZTZ家各年的"公粮本"上摘抄下来的。从表4-2中我们可以看出，1991～1996年，ZTZ家向国家缴纳的有公粮和余粮，余粮大约为公粮的2.53倍。公粮基本上是固定的，按照面积，确定计税总产，然后按照一定比例缴纳，当时的公粮比例为6.5%。余粮则有些许波动。总体来说，公余粮总额占粮食总产量的比重约为24%左右。1999年，不再缴纳余粮，公粮也以现金的形式缴纳。193.93元的农业税折粮146.9公斤，比1996年的213公斤减少了66.1公斤。之后，随着农业税费改革的试行，农业税费一年比一年少，直到2006年全面取消农业税，ZTZ家的"公粮本"的使命正式完成。虽然农业税取消了，但是并不表示农田的负担没有了，如农村的养老、村庄的管理和村庄人口的出路等负担并不会随之消失。如果将农业税的取消看作一个时代的转型，那么转型前禄村农田的负担主要是因国家和地方的治理运转产生的，转型后的负担则因农田的所有者和使用者本身产生。

---

① "三提五统"：指的是在农业税正税以外，由乡村两级提留统筹的费用。村级主要有公积金、公益金和管理费。乡级主要有乡村合作办学费、优抚费、计划生育费、民兵训练费、修建乡村道路费、乡村医生补贴、农业承办合作管理费等。

表 4-2　ZTZ 家庭的公余粮或税费负担情况

年份	家庭人数	计税面积	承担税费总计	备注
1991	6 人	5.9 亩	764 公斤（含余粮）	其中：公粮 212 公斤，占总产的 6.5%。计税总产为 3257 公斤
1996	6 人	5.9 亩	735 公斤（含余粮）	其中：公粮 213 公斤，占总产的 6.5%。计税总产为 3257 公斤
1999	6 人	5.9 亩	193.93 元折粮①146.9 公斤	其中：乡民办学 5.9 元，代耕 5.9 元，五保 8.85 元，民兵 3.54 元，教育附加费 60 元，合作社 23.6 元，烤烟费 62.54 元，办事处 23.6 元
2003	5 人	4.38 亩	184 元	正税：153.33 元；附加：30.67 元
2004	5 人	4.38 亩	156 元	正税：130 元；附加：26 元
2005	6 人	4.38 亩	56 元折粮②37.3 公斤	正税：47 元；附加 9 元
2006	6 人	4.12 亩	0	取消农业税

注：①1999 年的税费以现金形式缴纳，为便于比较，笔者将现金折成粮食。由于没有找到 1999 年当地的粮食价格，此处根据 1999 年国务院公布的国家粮食购销价格核算。当年的国家粮食购销价格是 0.66 元/市斤，原则上，各省（直辖市）的价格可以在此基础上波动 10%。（资料来源：《国家调整粮食购销价格》，《新农业》1996 年第 09 期，第 32 页）

②2005 年使用现金缴纳税费，为便于比较，笔者将现金折算成粮食。但是，由于没有查询到 2005 年禄村当地的粮食价格，笔者参照国家发展改革委、财政部、农业部、国家粮食局、中国农业发展银行和中国储备粮食管理总局联合下发的《关于印发 2005 年中晚稻最低收购价执行预案的通知》（发改经贸〔2005〕1652 号文）中确定的"中晚粳稻最低收购价每市斤 0.75 元"的标准进行折算。

资料来源：摘抄自 ZTZ 家历年的公粮本。

（二）基层公共事务开支

基层公共事务指的是社区管理及社区生活或发展中公共性的事务开支，如村干部的工资、村级教育开支、村庄基础设施建设及维护费、村庄治安维护开支等。基层的层级在不同阶段有不同的理解。20 世纪 30 年代，管理者有乡公所、保公所，以及甲长。各层级管理费用以及公共事务的花费由其辖区的农户依照农田数量或根据家庭人口数共同承担。2006 年取消农业税费之前，尤其是集体化时期，基层的公共事务几乎全部由农户承担，村庄就像个独立的社会单元。村庄自修道路、自架电线、自建水库、自寻水源和自行解决人畜饮水问题，自办学校、自聘医生、自行成立安保队保障村庄的安全与发展。小到村干部、组干部的工资和补助，大到村内学校的建设等，都需要农民负担。这些开支一般以"三提五统"的方式统一缴纳，当需要进行大的建设，如修水渠、水库或修路、建学校的时候，则以集资的方式进行筹集。这些开支与农业税不同，农业税一般是相对固定的，但是"三提五统"却不固定，不同年份、不同村庄、因乡村事务不同收取的金额不等。例如，2000年禄村所在村委会当年的"三提五统"费总额为54662元，村提留20160元，其中，公积金提留5040元、公益金提留5040元、管理费提留10080元。管理费中，专业会计费为1200元、村干部补贴5760元、办公费3120元。乡统筹费用为34502元，其中，乡村合作办学29700元、优抚费2520元、民兵训练费1512元、农业承包合同管理费770元。此外，还有10000个义务工。当年全村的人均纯收入为2808元，人均"三提五统"费为23元。按照当年全村2508.7亩承包田经营面积计算，每亩农田为公共事务负担约21.79元。但是到2002年，收取的这一费用达到了74400元。

禄村没有计划生育费，没有乡村道路修建费，没有乡村医生补贴，学校是和金山镇共建的。因此，禄村的公共事务负担比其他村庄小很多。全面取消农业税费之后，公共事务的筹资方式由过去的基层供养变成了上级拨款，禄村公共事务负担锐减，政府财政支农支出急剧增加。乡村干部（含小组干部）的工资全部由县级及以上财政承担；乡村学校收归县级教育部门直接管理，学校日常开支和教师工资由县级财政统一拨款；公共基础设施建设施行"一事一议"，以上级专项拨款支持为主、农户"以工代赈"为辅。全面建设以国家补助为主、农户自筹为辅的农村社会保障体系，农民在医疗、养老等方面得到了保障。

农田负担对农地经营的影响是潜移默化的。在农田负担沉重的时候，会出现两种截然相反的经营方式，一是"弃耕"，二是"精耕"。由于负担过重，部分农户直接放弃土地的承包经营权。虽然禄村出现了"弃耕"行为，但是没有人放弃土地承包经营权，而是将土地交给亲朋好友代耕，代耕人仅需要缴纳农田上的税费和其他费用。更多的禄村人则在农田负担较重的时候加强对农田的投入，实行"精耕"。他们改良品种，积极参与农业科技实验，增加化肥和农药的使用量，积极寻求农作物的多样种植，千方百计增加农田的产出。然而，取消农业税以后，农田的经营逐渐粗放化，更多的家庭将劳动力投入非农产业。虽然不是受农田负担减轻的直接影响，但农田负担的减轻，至少起到一定的推动作用。

（三）国家补助

从 2008 年起，国家实行耕地补偿，禄村与全国一样获得了中央及省级的补助资金。表 4 - 3 是禄丰县农业局提供的全县 2008～2017 年获得的中央及省级农业补贴情况。最初，国家补助的是粮食种植，以"农作良种补贴""粮食直补""农业综合补贴"三种形式下拨资金，并规定了补贴标准。国家补助范围是种植粮食的耕地，虽然要求每个地区每年上报种植面积，但是核算的时候一般以前三年的平均播种面积为标准。实际发放到农户头上时，很难操作。因为农户的农作物耕种面积每年都在变化，而且变化幅度比较大，要核算准确的播种面积工作量和工作难度都比较大。所以，基本就以该农户的承包地面积为基数，根据上级拨付资金进行补助标准的调整。正因为这样，从 2016 年起，云南省根据中央的文件精神，在全省范围开展农业补贴制度改革：将农作物良种补贴、粮食直补和农资综合直补（称"三项补贴"）合并为"农业支持保护补贴"，补贴标准自定。

表 4 - 3　禄丰县 2008～2017 年中央及省级农业补贴情况

拨款时间	下拨资金（万元）	补贴面积（万亩）	补贴标准（元/亩）	备注
2008 年	2579.55	49.731	51.87	三年粮食平均播种面积
2011 年	2908.06	54.174	53.68	
2012 年	4819.95	53.555	90.00	
2013 年	927.30	水稻：40.00 玉米：16.53 小麦：8.10 油菜：8.10	水稻：15.00 玉米：10.00 小麦：10.00 油菜：10.00	合计：72.73 万亩
2013 年	681.20	水稻：21.40 玉米：17.50 小麦：10.29 油菜：8.23	水稻：15.00 玉米：10.00 小麦：10.00 油菜：10.00	合计：57.42 万亩
2014 年	4531.00	53.5579	84.60	三年粮食平均播种面积

续表

拨款时间	下拨资金（万元）	补贴面积（万亩）	补贴标准（元/亩）	备注
2015 年	710.05	水稻：21.43 玉米：18.02 小麦：11.45 油菜：9.39	水稻 15.00 玉米 10.00 小麦 10.00 油菜 10.00	合计：60.29 万亩
2015 年	3046.50	60.93	50.00	
2016 年	86.87	56.78	1.53	三年粮食平均播种面积
2016 年	3871.83	56.78	68.19	
2017 年	3834.46	61.00	中央标准：61.48 省级标准：1.38	

注：2013 年、2015 年和 2016 年的补贴资金均分 2 批拨付。

资料来源：根据禄丰县农业局提供的资料整理而成。

　　从表 4 - 3 可以看出，国家补贴资金一开始逐年增加，从 2008 年的每亩 50 多元增加到 2012 年的每亩 90 元。但在 2013 年之后，国家补贴资金金额呈现波动趋势。国家补贴资金在禄村实际发放时又略有不同。表 4 - 4 是 2012 ~ 2017 年禄村获得的"种粮补助"情况。6 年里，禄村总共获得国家级省级各类农地补助资金 564461.25 元。补助标准最高的年份是 2014 年，最低的是 2015 年，分别是 84.6 元和 18.18 元。在全县获得上级农地补助最多的 2014 年，其补助标准仅为 84.6 元/亩。2013 年虽然农业部门的文件明确了不同农作物的补助标准，但是几次补助金额平均后，发放给农户补助的标准仅为 24.37 元/亩。从核算单位来看，2013 年禄村在上级要求下，上报了各家的农作物播种面积，并按照播种面积核算到户补助资金。其他年份都是按照农户承包经营农田的面积来计算各家应获得的补助的，与经营方式和农作物品种无关。不论你的农地是种水稻，还是种树；不论你实际耕种面积有多大，是自己耕种还是租给别人，是否租了别人的土地，都只能按照农业部门核算给禄村的资金总额依照家庭承包经营耕地面积获得相应标准的补助。而且非家庭承包地（如集体的机动田、河沟边的季节田等）不能享受国家补助，外地租地经营户更不可能获得补助。

表 4 - 4　2012～2017 年禄村获得的"种粮补助"情况

年份	户数（户）	金额（元）	补助面积（亩）	标准（元/亩）
2012	362	66815.70	1909.02	35.00
2013	362	65285.20	水稻：1170.64 小麦：663.10 玉米：514.50 油菜：330.70 合计：2678.94	水稻：15.00 小麦：10.00 玉米：10.00 油菜：10.00 综合约：24.37
2014	362	142064.00	1676.00	84.60
2015	362	30730.25	1690.00	18.18
2016	362	125286.10	1690.00	74.13
2017	357	134280.00	1678.50	80.00
合计	—	564461.25		

数据来源：根据禄丰县金山镇提供资料整理。

三　经营趋势

（一）经营农作物去粮化

禄村所在的坝子曾是禄丰县主要的粮食生产区，这里地势平坦、土壤肥沃、灌溉便利。但是，随着时代的变迁，粮食的种植面积却逐年减少。尤其是近几年，水稻种植面积从 2013 年的 780 亩减少到 2017 年的 350 亩，去粮化趋势非常明显。禄村水稻的种植面积在短期内有了很大的变化。2004 年，笔者到禄村还能看到成片的水稻。2013 年成片的水稻不见了，农田被分割成东一片、西一块。之后数次的补充调查中，水稻的种植面积越来越小。2018 年，越来越多的农田种上了树，可用来种粮的农田就更少了。当年，禄村水稻的种植面积为 120 亩，仅占全村总耕地面积的 5%。经营农作物去粮化的直接原因是正在进行的征地以及潜在征地，背后原因比较复杂。从种粮意愿来看，有些农户是主动不种，有些农户则是被动放弃的。"种田不划算""种田收入低"是农户主动放弃粮食种植的主要原因。而部分农户认为"种田多多少少一年能找五六千块钱"，但是"别人不种，我们的水放不进去，机子抬不进去"，也就只能不种了。如果让被动放弃种田的农户选择，他们还是愿意种田，因为"种田，生活就有了保障""小老倌不种田也干不了别的"。主动放弃种植粮食的人是因为种植粮食的收益比较低，农户认为不划算，不值得。而被动放弃种粮或者是坚持还在种粮的人，将自产粮食当作生活的一种保障，将农业当作就业的主要渠道，将经营农田当作实现自身价值的途径。从粮食种植的必要性来看，有些农户认为"买粮食也方便，还可以选择不同的口味"，有些农户认为"每天都要吃，买起来花费还是大的"，"自己种的谷子，吃起来放心"。当市场上有越来越多的安全可口的粮食流通时，禄村粮食的种植面积也必将越来越小。

（二）农业服务社会化

20 世纪 30 年代，禄村农田的经营以雇工自营为主，有农田的人不亲自劳作也能经营农田，他们依靠当时充足且低廉的劳动力可以获得农田上的最大产出，没有农田的人则只能依靠出卖劳动力获得微薄的报酬。今天，禄村农田绝大多数依然是农户自己经营，但经营中自己亲自参与的农业劳作越来越少，这些劳作基本都被外包出去了。农田看似自己经营，但是农户参与农业劳作的时间越来越短、参与程度也越来越浅，这些劳作由一些专业的合作社或者是临时组织的农业服务队承担，被称为"农业服务社会化"。禄村农业服务的社会化主要在犁田、育秧、插秧（播种）、病虫害防治、收割等环节。

为禄村提供农业服务的合作社是科甲的一个农业专业合作社。合作社的创始人郑会长以承包建筑工程起家，后来在一次建筑事故中一条腿受伤，不能再从事劳动强度大的建筑工作，转而买了两台大型拖拉机，并在农业局的补助下，购买了十几台插秧机，联合附近几个村的种田大户成立了农业专业合作社。合作社的主要业务是为周边几个村的农户提供犁田、育秧、插秧、收割和病虫害防治等服务。每年临近过年，各村的种田大户或者农技联络员将本村第二年的种植面积统计好，将数据报给郑会长准备籽种统一育秧或者种田大户自己育秧。在这期间，合作社根据放水时间将农户预先说好的田块进行深耕整理，每亩的犁田整理费为 150 元。农户也可自己将农田提前整理好。之后，再由合作社根据水库放水覆盖区域进行统一插秧，农田育秧和插秧的费用为每亩 200 元。插秧完成后，合作社根据片区内禾苗的整体长势进行病虫害防治。一般一年喷洒两次农药，农药的选择及配比均在县农机推广人员的指导下进行。每次病虫害防治之后以服务面积收取费用，一般为 30 元/（亩·次）。到农作物收割的时候，合作社会提供收割服务，农户只需要在收割后将谷子装包拉回家里晾晒。机器收割的费用为 200 元/亩。至此，合作社提供的农业服务就结束了。如果整个过程的农业服务都由合作社提供，则农户需要为此支付 610 元/亩的费用。以禄村当前亩产 600 公斤，每公斤粮食的价格约为 3.2 元计算，社会化农业服务的成本占农田收入的 31.77%。但是，如果农户自己亲自参与劳动，这些服务可折算成劳动力数量为 8 个女工和 19 个男工（人工挖田），以及籽种和农药花费至少 150 元。2018 年劳动力最低报酬为男工 80 元/（人·天）、女工 60 元/（人·天），按照这个标准雇用这些工人一天的报酬就要 2000 元。这样比较来看，农业服务的社会化成本显然比较低，也难怪农户会说"憨包都看得出来哪个划算"。在这样的背景下，禄村农田的社会化服务程度越来越高。以 2017 年为例，禄村 93.14% 的农田由农业专业合作社统一犁田、育秧、插秧，80% 以上的水稻由专业合作社统一进行病虫害防治，50% 以上的稻谷和 90% 以上的小麦由专业合作社收割。农户对于农田的经营则仅局限于决定农作物的种植面积、种植地块和农田的水利管理。"要水的时候堵堵水，不要水的时候扒扒水，剩下的就是有时间的时候去田里面望望。"农业劳动的强度大大降低，使得农田对家庭劳动力的包容性越来越强。这些农业服务专业合作社一方面通过为农民提供农业服务获得报酬，另一方面从政府获得专项补贴。他们大多是种植大户，自己也从事农业生产经营。

（三）经营主体老龄化

禄村种田的基本上是老人，很少有年轻人。村里流行的说法是"70 后不能干农活，80 后不愿干农活，90 后不会干农活，剩下 50、60 的只能选择干农活"，即 1970 年代出生的人家庭负担重，虽然会干农活，但是农业的产出低，养不活家人，必须从事非农劳动。1980 年代出生的人正值青壮年，但是父辈的务农艰辛让他们不愿意务农。1990 年代出生的人基本没有接触过农活，根本不会做。而 1950 年代和 1960 年代出生的人如今年龄都在 50 岁以上，超过了非农劳动的最佳年龄，很难找到合适的非农工作，只能选择务农。在我们调查的农户中，家庭的农田几乎都交给了老人。WJF 家有 8 口人，60 多岁的她和 70 多岁的老伴是农田的主要管理者。儿子女儿都已经长大成年，儿女们常年在昆明、丽江从事非农工作，而家里的 4 个老人则是管理农田的主体，且家庭的日常开支都依赖农田。65 岁的 WFZ 和她 68 岁的丈夫虽然已经将农业户口转为城镇户口，但是家里的农田还是由夫妻二人照看。已经接近 70 岁的 ZTX 老人，虽然年轻时候是做豆腐的主力军，但是随着年龄的增长，他将这项非农经营的决策权和经营权交给了儿子，自己除协助做豆腐外，还要经营家里的农田。在所有的调查户中，劳动力在 50 岁以下，并以农业为主营业务的家庭仅有 3 户，老年人已然成为农业的主要劳动者。农业经营主体的老龄化是家庭劳动力利用的最优选择，最大限度地发挥了劳动力的效益。但是，粗放型的经营模式，使得农田仅获得了基本收益，农业发展处于停滞状态。

农田经营主体的老龄化是各方因素作用的结果，禄村农业的比较效益低，无法吸引家庭的强壮劳动力。我们在经营效益一章将详细比较不同经营方式的产出效益以及农业的比较效益。同时，禄村农业服务社会化使得农田对劳动力的包容性更强。劳动强度的降低，使得农田的一般经营可以不依赖强壮劳动力也能获得平均收益。此外，禄村虽是城郊社区，但是所在区域的非农产业不发达，本地非农就业岗位有限，劳动力一旦到了一定年龄就很难找到合适的非农工作，老年劳动力只能务农。虽然非农收入是禄村家庭收入的主要部分，但对于许多家庭来说非农收入不能完全支撑家庭的消费和发展，还需要农业作为补充。

（四）农地管理粗放化

"厌恶劳动"是 20 世纪 30 年代禄村人的普遍特征，但是没有办法脱离劳动的人依然精心地照料着土地上的农作物。从挖田、插秧、薅秧、拔草到收割都尽可能地侍候着农田，希望获得好的收成。但是，现在禄村人对农田的管理越来越粗放。田埂草没有人去割了，秧里的草也不需要薅，只需要打点灭草灵。农作物种下去有时间了才去看看，没时间就等着收割。曾经肥沃的农田上，种上了密密麻麻的梨树、桃树、核桃树。管理更加粗放，正如村里的老人说："一年到头也不会去田里转一下，到了征地的时候，则在田里细细地一根一根地数。"

至此，我们找到了为什么禄村的农业收入对家庭的贡献非常小，依然有90%的农业由家庭从事，并且大部分家庭还经营农业的答案。首先，禄村还有较大比例的劳动力无非农就业能力和机会，只能选择经营农田，最显著的群体是老年劳动力和受教育程度较低、无非农技术和非农就业途径的劳动力，这个群体成了农业的守望者。其次，部分家庭的非农收入较低，农业是家庭收入的有力补充，尤其是极度贫困家庭和主要劳动力丧失非农就业能力的家庭，这些家庭成了农业的捍卫者。再次，禄村分散而细碎的农田阻碍了农业的规模经营和产业化经营，家庭经营成为现实中的最优选择。最后，快速推进的农业服务社会化简化了家庭经营的参与环节，提高了家庭经营效率，降低了农业劳动强度，解放了农村优质劳动力，使家庭仅用最弱的劳动力也能换取农业平均效益。正因如此，禄村依然有大量的家庭从事农业、经营农田。

第五章 农田效益

20 世纪 30 年代，费孝通将农田上的产出及收入称为农田孳息，[1] 指的是农产品扣除成本以后的收入，即农田效益。农田效益的多寡不仅决定了农民对农田的投入水平、管理热情，还决定了当地劳动力的使用方式。我们在禄村调查的过程中发现，几乎所有的农户都在说"种田不划算""只有憨人才去种田"。当然他们嘴里的"种田"指的是狭隘的传统农作物种植。这也说明了当前农田的经营收益确实较低。本章将详细算算禄村农户在农田中的付出与收获。

一 农田经营成本

经营农田是要付出代价的，这里我们将经营时直接付出的物资、劳动力等称为经营性成本；将因为劳动力的时间精力花费在农田经营上而无法开展非农经营或做非农工作造成的损失称为机会成本。在选择自由的情况下，机会成本的多寡也会影响农田的经营方式和劳动力的去向。

(一) 经营性成本

禄村农田面积为 1854 亩（2013 年第二次全国土地调查面积），2016年，家庭承包地面积为 974.7 亩，[2] 基本为可耕种农田。我们先来算算禄村经营传统农作物的成本。

农田经营中最难计算的就是劳动力成本。传统农作物按照农作日历经营，[3] 从春节过后，人们开始整理农田，种蚕豆的地要收豆子，种麦子的地要收麦子。20 世纪 30 年代 1 工田的蚕豆连打豆带收苗棵 1 个女工

---

[1] 费孝通、张之毅：《云南三村》，社会科学文献出版社，2006，第 48 页。

[2] 禄丰县农业局提供的数据。

[3] 费孝通、张之毅：《云南三村》，社会科学文献出版社，2006，第 15 页。

要 3 天才能完成。① 现在的蚕豆基本上都是剥新鲜豆米卖,家里人谁有时间就谁去摘,利用的都是碎片或闲暇时间。所以,已经没有打豆子的时间消耗了,只剩下收豆苗需要花时间,1 工田的豆苗棵子 1 个女工 1 天就可完成。小麦的收割可人工收,也可机器收。人工割麦和打麦子 1 工田至少需要 2 个劳动力,而机器收仅需要 10 分钟。20 世纪 30 年代都是人工挖田或者犁田,1 工田需要 6.5 个劳动力;② 用牛犁 1 工田需要用 1/4 天,③ 劳动力包括牛和人;用小型拖拉机需要 30 分钟左右,用大型拖拉机仅需要 10 分钟就可以完成。由于种植的农作物不同,劳动力需求及其他投入也不相同。

1. 水稻用工及投入情况

水稻从育秧开始投入,育秧的时间要根据放水时间来定。禄村位于沟尾,按照一般惯例,禄村的放水时间一般在立夏前后。但是,有些年份会有变化,如 2013 年东河灌区管理委员会推迟放水,小满才开始抽水,部分农户的秧到芒种前后几天才插下去,"插下去没几天就抽穗"。即使季节赶得上,秧苗一般在 45 天以内也必须插,因为秧苗不能太老,老了就不发蔸了。按照"插秧最迟不过芒种"④ 的原则,育秧时间就不能早于春分。农户自己按照传统方式育秧,每工田需要谷种 3 公斤左右,8 元/公斤,整理秧墒、施肥、撒秧需要男女工各 1 人用 1 天的时间来完成。秧苗生长期需要撒化肥,大约需要 5 公斤的尿素,当时尿素价格为 2 元/公斤。平时还得去看秧水,几乎每天都要去转一转。农户自己育秧的现金支出为 34 元,但是其生产成本还包括播种需要的 2 个劳动力、十多天的抽空查看以及薄膜材料费等。禄村 2013 年开始推广机插秧,一直延续至今。机插秧统一育秧,按照一般标准一亩田仅需要 22 盘秧,在禄村则需要 25~26 盘秧。主要原因有两个:一是农户习惯密植;二是禄村农田的"习惯性面积"⑤ 大于实际面积。按照一般标准一盘秧需要 0.12 公斤谷种,在禄村一般撒 0.14 公斤谷种,主要是为了满足农户密植的需

---

① 费孝通、张之毅:《云南三村》,社会科学文献出版社,2006,第 35 页。
② 费孝通、张之毅:《云南三村》,社会科学文献出版社,2006,第 36 页。
③ 费孝通、张之毅:《云南三村》,社会科学文献出版社,2006,第 91 页。
④ 费孝通、张之毅:《云南三村》,社会科学文献出版社,2006,第 35 页。
⑤ 注:指村民观念中认为某一块地的面积,是传统上以工作时间或产量来估计的面积。

要。2013 年也有农户购买盘秧自己插秧，6 元一盘，1 工田需要 13 盘，合计金额 78 元。以往在禄村，插秧都是女人的工作，但男人得负责拔秧、送秧苗。人工插秧 1 工田需要男女工各 1 个。2013 年，一个女工插秧的工价为 100 元/天。如果是包干给别人插，2013 年的价格是 375 元/亩。2013 年机插秧的价格是 150 元/亩（含秧苗）；到 2017 年的价格是 200 元/亩（含秧苗）。

插完秧以后，就进入了田间管理期。20 世纪 30 年代没有化肥、没有农药，没有除草剂，农民们需要耘田 3 次，剪稗一次，1 工田需要 4.5 个人工。[①] 现在田间管理显得格外简单。插秧后 15 天左右打一次除草剂、撒一次壮苗肥。然后在秧苗分蘖前、抽穗前、打浆前喷洒三次农药，基本就等到收割了。当然，这期间还要根据稻苗发育情况进行扒水、放水。除打农药外，田间管理每次的劳作不会超过半天。农田上打药时间是相对固定的，除了特殊病虫害高发年份。以往，农民自己打药，只有农业局的高产农田试验区的"专家田"由植保站统一进行病虫害防治。但是，从 2013 年实行机插秧之后，全村都进行统防统治。1 亩田 1 次 30 多元，一年 3 次约 100 元，待水稻收割后由社区农技推广员统一来收。也有些农户见自己家的谷子着病了，就再自行打一次药。化肥的使用各家各户有所差别，常见的是使用尿素和复合肥，一般 1 工田用半包尿素和半包复合肥作底肥，再用半包尿素或者是半包复合肥做追肥。但是，因为田地耕种条件的差异及用肥习惯不同也有些农户"2.2 亩田用了 6 包复合肥，仅剩着 10 来公斤"。按照一般标准，1 工田一年的化肥成本在 200～300 元。

栽秧时，禄村人喜欢在田埂上栽些黄豆，叫埂豆，都是顺手就干的事情。埂豆不需要特别的管理，吸收的都是大田上的养分，同时，也可以阻止牲畜和人到田埂上走动，破坏稻田。谷子还没有割，埂豆就可以摘着吃了。豆种是自己留的，不管是种埂豆还是收埂豆，利用的都是碎片时间，所以农户都不把人工费用计算在成本里。

立秋以后，水稻就开始慢慢成熟了，一个多月的时间，谷子一天比一天黄。20 世纪 30 年代，禄村的女人割谷子，男人掼谷子、背谷子。1

---

① 费孝通、张之毅：《云南三村》，社会科学文献出版社，2006，第 33 页。

工农田需要 1.5 个男工、1 个女工，当时雇工收割 1 工田合 7 角钱，每亩约 1.82 元。现在，如果用人工收割，一个男工需要 130~150 元/天，一个女工需 100 元/天。人工收割谷子需花费 2 个男工 2 个女工，折合工钱为 460~500 元/亩。如果是用机器收割，每亩仅需要 200 元，主人家只需要跟在机器后面背谷子。

　　表 5-1 是 2017 年机器和人工种植水稻的成本对比，可以看出，机器的使用不仅节约了大量的劳动力，而且使劳动效率提高了，成本也大幅下降了。

表 5-1　2017 年机器和人工种植水稻成本对比

农事活动	机器	人工
农田整理	大拖拉机：150 元/亩，20 分钟做完，且深翻、平整； 小旋耕机：120 元/亩，1 小时左右，比较浅，不平	人工挖田：15 个男工/亩，挖田时属农闲时期，即使算男工最低工资 80 元/天，也要 1200 元； 牛犁田：150 元/亩
插秧	插秧机：200 元/亩，30~40 分钟/亩，不用自己育秧，得一包 80 元的尿素	人工插秧：至少需要 4 个女工，每人 100 元，共 400 元； 自己育秧：80 元外加 2 个男工，合计 240 元； 购买秧：150 元
收割	收割机：200 元/亩，20 分钟收完。自己花一个男工去田里面背谷子，工价约 130 元/亩。但是有些田块进不去，合金额 330 元/亩	人工掼谷子：男工 130 元，女工 100 元； 一亩田至少要 2 个男工、2 个女工，合金额 460 元
中耕管理	统防统治：30 多元一次，3 次约 100 元。自家不用出人	自己防治：3~4 次，一次要半天，每次购买农药 20 元至 50 元不等，约 150 元和 2 个人工的费用，合计 300 元左右
施肥	200~300 元/工，500~750 元/亩	
水费	平均 31 元/亩	
合计	1281~1561 元/亩	1991~2331 元/亩（犁田为牛工，未计算人工挖田情况）

资料来源：按照调研情况综合整理而成。

2. 蚕豆、小麦用工及投入情况

　　收完谷子以后，就要种蚕豆、油菜、小麦等小春作物。种蚕豆没法用机械，基本上是纯人工种植。按照费孝通计算的，"点豆 1 工田需要 1

个女工和 0.5 个男工"。① 按现在的栽种方式，1 个女工 1 天就可完成 1
工田。如果是种油菜，1 工田则需要 1 个男工、1 个女工。平时采摘蚕豆
都是利用早上或者下午的空闲时间，村民认为这不算人工成本。油菜则
需要收割和打籽，油菜割了以后需要在地里面晾 1~2 天（天气好），然
后农户才拿着工具来田里打籽，有些农户也会将割下来的油菜直接拉回
家晾晒打籽。无论是哪种情况，1 工田油菜至少都需要 1 个男工、2 个女
工。小麦也是小春作物，种植时间和油菜差不多。禄村的小麦基本上都
是撒播，麦子种都是自己留的，即使自己没有，也可以向本村的村民购
买，一般 2.8 元/公斤，种一亩需要 10 公斤种子，需要花费 28 元左右。
撒播之前要打一次田，不需要太深，所以一般用小型旋耕机打一道，比
种谷子的田打得简单一些，一般 100 元/亩。收麦子也基本用机器，费用
为 150 元/亩，只要半个女工就可以了。小春作物的管理比较简单，人工
成本几乎可以忽略。但是农药化肥钱还是要算的，一般要用 10 多斤的尿
素或者复合肥，花费在 20~30 元。油菜的腻虫比较难控制，所以 1 工田
的农药钱约 30 元。

3. 苞谷用工及投入情况

苞谷是大春作物，种在旱地上靠天浇水，因此，在节气上不与农田
抢劳动力。一般 1 工田要半袋苞谷种子，种苞谷要 1 个女工 1 个男工，
收苞谷要 1 个女工 1 个男工，平时薅草要 1 个女工，即 1 工田的苞谷从
种到收需要 3 个女工 2 个男工。苞谷种植过程中需要半包尿素或者复合
肥，约 50 元。苞谷好管理，在农药上的花费相对少些，10 来块基本就
够了。禄村苞谷的种植面积比较小，不能用机器。做这些农活也不需要
赶节气，所以工价一般都不高，可按平时女工最低 50 元、男工最低 70
元计算工钱。这样计算下来，种植 1 工田苞谷的直接生产成本约为
350 元。

以上是农田上的一般性开支，但是具体到各家各户又有些不同。如
上述说到的用肥习惯，农田的贫瘠和肥沃的差异，家庭劳动力的使用效
率等。从下面几户的实际情况我们可以看到农田经营的复杂性和多样性。

---

① 费孝通、张之毅：《云南三村》，社会科学文献出版社，2006，第 36 页。

　　38 岁的 GXD 家有 3 个人的田，共 2.1 亩，自己、媳妇、女儿。2013 年，种了 5 分田的苞谷、1.6 亩谷子。本来准备用机器插秧，但最后等不了了，自己请了 7 个人手工插，每人 70 元/天，供两顿饭（午饭和晚饭），买小菜和肉最少 100 元，自己的米和菜还不算。买了 80 多盘秧，共 500 元左右。也就是说，GXD 家的 1.6 亩水稻光插秧就花费了近 1100 元。"2012 年自己育秧，10 公斤种子才 80 元，撒 10 多公斤化肥（40 元左右）就可以栽了。自己去田里整整么不算工钱，自己育秧么哪个时候栽都好办。2013 年报名时说好每亩 150 元，包括秧苗和机插费，后又说 2 元每盘，但最后是 6 元每盘。"

　　4 组的 GGY 有 1.1 亩田是机插秧，另外 1.1 亩是自己育的秧苗。机插秧用了 60 盘秧苗，6 元每盘，花费 360 元。机插秧费化肥，农业局补助了 1 包复合肥，自己又买了 5 包，施完肥还剩 10 公斤左右，化肥钱总共 480 元。农药自己打了四次。今年（2013 年）左团右转都是苞谷，虫最多，所以多打了一次，往年打三次就可以了。每次打农药，2.2 亩田要用 5 桶水，花费为 50 元，打 4 次农药花费共 200 元。"打田时我请着村里的拖拉机来打，本来是每工 70 元，因我的田零碎，靠里面，人家不愿意去，加了点钱，共花费 380 元。"

　　虽然已经实行统防统治，但是农田上经验丰富的 DYK 从来都是自己打药。"药我自己打，连前天这道，共 4 道，还有一道防稻飞虱，防腻虫的。为了降低成本，我主要用的是：三黄唑，5 元/包，1 包兑两桶水，可打两工田；富士一号，9 元/瓶，兑两桶水，可打两工田。还有菊马乳油，12 元/瓶，可以打 3 亩田。三种药兑在一起打，打一次两包三黄唑、两瓶富士一号、一瓶驹马乳油。打稻飞虱的可以用毒死蜱或蜱虫灵，10 元左右一瓶。2.2 亩田大约 130 元的农药钱。用电动喷雾器，每台 380 元，3.2 亩田两个小时可打完。用手压机器打药，上午 11 点去，差不多要打到下午 5 点钟。"

主要从事农田经营的 LCL 一家，农田里的开支是她家的最大开支，2013 年，她的 21 工农田主要支出如下：

化肥：大春 4000 元左右，小春 1500 元左右，一共花费 5500 元左右。

农药：至少 1000 元。

栽秧：经常是和人家换工，一般不买工，但是今年的秧是买来的，买了 1000 多元的（6 元/盘，30 盘/亩，总共种 6.4 亩田，共花费 1152 元）。

打谷子要请人打，自己人少打不了，请了 11 个人，打了 2 天，每人每天 80 元，开支为：1760 元。

田地租赁费：小伴的 8 工田租赁费 1000 元/年；租外村种苞谷的荒田 5 工，租金为 200 元/年；转户后应还未还的 2 工田每年交给集体 440 元承包费。因此，田地租赁费合计 1640 元。

水费：31 元/亩，共 6.4 亩田（除荒田以外的 16 工田），总共花费 198.4 元。

苞谷籽：20 元/包，需要 2 包，共花费 40 元。

如不含自己的劳动力，LCL 家 21 工农田（合 8.08 亩）2013 年的经营支出合计约 11290.4 元；亩均支出约 1344.1 元。

2017 年，工价上涨厉害，栽收两季买工费成了 5 组 WJF 家的最大开支。2017 年的栽秧工 100 元/天，收谷子的男工 150 元/天，女工 120 元/天。WJF 家种着 9 工田谷子，栽秧时嫌贵没有买工，婆媳俩栽了 4 天。收谷子要的男工多，老伴生病，只有儿子一个男劳动力，只能请工。请了 4 个男工干了 2 天，花费 1200 元。而 9 工田总共才产了 1750 公斤谷子，折合现金 5600 元。也就是说，收割时候的买工费就占了 21.43%。"盘田找不着钱，光落着点粮食吃吃，没有别的。"

（二）机会成本

经营农田只是禄村农户的选择之一，他们面临众多的选择。一个家庭选择经营农田就必然会占用非农工作的时间或牺牲非农工作机会，因此付出的代价称为机会成本。例如，LYL 在彻底放弃果树经营的当年，夫妻俩辛辛苦苦在果园里忙活了大半年，最后毛收入不到 2 万元，"还不如打工的"。而这里打工的工资就是她认为的果园经营的机会成本。她认为，如果自己不经营果园，最起码可以去打工，不管是本地还是外地，打工的工资最低每个月都有 1000 元，俩人一年"最撇"（最差）都有 3 万元的收入。所以她认为经营果园"最不划算"。即使第二年的果园收入有 3 万多元，但是当年的打工工资同时上涨，总收入还是会超过果园收入。所以，增收的果园同样是"不划算"的。机会成本与家庭劳动力获得非农劳动工作的能力和报酬有直接的关系，因此不同的家庭机会成本不同。正如同样的价格有些人觉得贵，有些人觉得便宜；同样的收益有些人觉得划算，有些人觉得不值。在有选择的情况下，禄村人一般会选择收益高的工作，这样他们的整体效益才会最优。否则，就会被人称为"老憨人"。

在禄村，除个别家庭外，大多数家庭都有劳动力从事非农劳动。如上文提到的 GXD 主要是跟着本村的老板干小工（装修工），1 天 100 元，不供吃，1 个月 2000 元左右。他媳妇在城里开服装店，面积有 10 多平方米，卖大人的衣服。每个月也有 2000 元左右的收入。所以，家里 1.6 亩田插秧的时候媳妇不下田，雇了 7 个人。因为，请工增加的成本没有他自己耗费在农田上的时间成本高。再如 5 组的 WJF 家，往年都是自己育秧，自己犁田，自己栽秧，打谷子能换工就绝不买工。就是因为自己和老伴年纪都大了，找不到非农工作，所以"只能是盘田"。种田一年能挣 5000～6000 元钱，WJF 觉得收入"还可以"。2017 年，WJF 家栽了 9 工田的水稻。但是，因为老伴生病了，需要请别人犁田、买秧苗，收谷子还要买工，觉得很不划算，下一年就不想种了。而且，栽秧、收谷子的时候都尽量用自家的劳动力，原因就是她儿子和儿媳虽然有非农工作，但是每个月才 1000 元，和一天 100 元、120 元、150 元的买工费比起来，还是自己做划算一些。从这个角度来讲，我们便可以理解为什么禄村大多数家庭经营农田的都是老人或者妇女，而年轻人经营农田的很少。

有时不能单纯用收入的多寡来决定家庭的经营方式，还得考虑家庭情况和个人喜好。虽然有时付出的机会成本较高，但是别无选择。例如，上文提到的 LCL，主要精力都用于农业经营，仅在农闲的时候做小工或者是拉蜂窝煤卖。笔者根据他们的描述，计算出他们家不含自己吃的粮食、不含过年杀的猪和鸡，单从现金收支来看，家庭收入仅为 6320 元。为了获得这些收入，他们夫妻俩得耗费一半以上的精力，约 300 个工。

如果夫妻俩用半年的时间做小工，根据他们做小工的报酬，则可收入19500元（做小工两人每天至少能收入130元）；如果拉蜂窝煤，则可收入约7500元。但是，小工的工作不可能天天有，也不可能天天拉蜂窝煤。他们的两个孩子都在上学，每周都需要生活费和零用钱，所以他们只能做零工（每天做完工就结算当天工钱），没法去做每月一结的稳定性工作。夫妻俩干什么活都在一起，虽然在有些方面起到了相互协助的作用，但是在某些情况下，尤其是在农闲时的大田管理方面，耗费了较多的劳动力。"一个人做不完，两个人不够做，单个的工作效率就降低了。"但对于上有老，下有小，老人孩子都帮不上忙的一家来说，仅依靠夫妻俩的劳动力来维持一个家庭是很艰难的，尤其是没有特殊工作技能，主要依靠务农和非技能性劳动力的家庭，只能将自己的劳动力在每一个时期都发挥出最大效能，才能使家庭收入最大化。

（三）其他成本

上述的成本都是家庭经营农田所付出的成本，除此以外，还有些单个家庭无法负担的成本，如农田水利、机耕道路等基础设施建设开支等。这些支出或由政府财政承担，或由集体筹集。禄村灌溉的沟渠、水库、机耕道路建设成本已经无从查起。国家发展和改革委员会价格司编的《全国农产品成本收益资料汇编》中的统计数据显示，2013年全国种植水稻的间接成本为18.84元/亩，其中固定资产折旧为7.30元/亩。从国家每年农田的亩均基础设施投资额可窥见一斑。2013年，我国花费在农林牧副渔业上的固定资产投资金额为624.45元/亩，2016年这项开支的数额为1125.47元/亩。[①]

村民小组每年也需要拿出一定的经费维护或修建农田设施。例如，2010年禄村7组的集体公益事业开支有29项，其中有19项直接与农田的基础设施维护有关，合计金额为44153元，占该集体公益事业支出总额的56.29%。主要事务有：处理沙地分界线工时费以及社交费、改河道的工时费及购买相关材料、修抽水机、加固河堤购买相关材料和工时

---

① 数据来源：根据《2017年中国农业统计年鉴》和《2014年中国农业统计年鉴》中相关数据计算而来。

费、抽水房以及场坝管理费、土地复垦费、中沟管理费等。这些费用的开支对于改善禄村农田基础设施有较大帮助，但是随着农田经营的萎缩，集体对此的关注越来越少，投入也越来越少。

二　农田经营效益

（一）实物收获

在禄村，盘田就是"填肚子，喂鸡猪"，多数农产品是用于家庭直接消费的。在农田上的收益主要是实物，实物的收益差异较大。首先，是农作物种类的差异，禄村农田产出的农产品主要有：稻谷、蚕豆米、毛豆米、油菜籽、小麦、苞谷、各种蔬菜和水果。不同的农作物无法做比较，有些农作物一次性收割，容易计算产量，像水稻、油菜、小麦、苞谷等。有些农作物是陆陆续续收割的，"今天一把、明天一包"，不仅农户无法计算产量，就是我们细细算也很难算出来，像蚕豆、毛豆、蔬菜等，只能请农户大概估计。其次，是农田的肥沃程度。虽然经过多年的改造，禄村的农田生产力差异不是很大，但家庭肥料的投入差异却很大，因此，农产品产量的差异较大。再次，农户对农田的精力投入也不同，有些管理得好，有些管理得差。最后，气候变化对农作物产量影响更大。虽然局部气候不会发生较大变化，但农户种植农作物的时间有些差异，有些农作物，如蚕豆正开花的时候赶上恶劣天气，最后什么都落不着。在这里，我们选择调查中所获得的最高产量和销售时的最好价格来计算禄村农田的最高收益（见表5-2）。

禄村水稻的产量一般在亩均500公斤左右，管理得好的有600公斤左右。以2017年禄村种植350亩水稻计算，2017年禄村最多收获谷子210吨。如按照20世纪30年代前每人每天最多5.6公两、最少5.0公两的需米量计算，[1] 1367人最多需要279.4吨大米、最少需要251.1吨大米，按照现在最好的碾米机80%的出米率折算成谷子，禄村至少需要313.9吨谷子才能完全满足自身消费。从家庭层面来看，以一个4口之家

---

[1]　费孝通、张之毅：《云南三村》，社会科学文献出版社，2006，第58页。

的口粮需求计算，每人每天最少要 0.5 公斤米，一家一天要 2 公斤米，一年要 730 公斤米，折算成谷子 912.5 公斤。如管理得好，按 600 公斤/亩·年的产量计算，要种植 1.5 亩水稻才能满足家庭的口粮需求。我们再来看一组更为准确的数据。2017 年，禄村机插秧面积为 323.5 亩，基本涵盖了水稻田的 90%，种植水稻的农户共有 131 户。其中单户面积最大的是 38 亩，最小的仅 0.5 亩。种植 2 亩水稻的农户最多，有 41 户；其次是种植 3 亩的，有 28 户；第三多的是种植 1 亩的，有 23 户。而 1～2 亩的有 14 户，1 亩以下的有 3 户。也就是说，水稻种植面积 2 亩以下的农户有 81 户，占水稻种植户的 61.8%。这些农户基本上都是自种自食，甚至还不够自己消费。2018 年，禄村仅有 120 亩农田种植水稻，粮食保障已无从谈起。

蚕豆基本上采摘新鲜豆荚，然后直接卖豆荚或者剥了壳卖豆米，种得少的家庭基本上是自己吃或用来做豆瓣酱。豆荚亩产量约 500 公斤，如果全部卖豆荚，新上市的时候可卖到 5～6 元/公斤，到大量采摘的时候最多 3 元/公斤，甚至更低。这里采用 3 元/公斤作为计算产值的价格。禄村的毛豆也是鲜食，不同的是，因为毛豆一次性长出豆荚，且成熟时间基本同步，所以一般不摘豆荚，而是直接拔苗或者砍苗棵回来剥豆米。颗粒饱满的毛豆一亩可剥出豆米 200 公斤，按照豆米 10 元/公斤的价格计算，一亩的产值可达 2000 元。不过剥豆米比较费工费时，为了充分利用家里甚至村庄的劳动力，有豆米要剥的农户都会拿到村庄小街上让闲聊的老人一起帮忙。

油菜的产量差异很大，管理得好的每亩能得 200 多公斤的菜籽，而管理不好的可能颗粒无收。按照当地菜籽 2017 年的收购价 5.5 元/公斤计算，油菜的亩产值可达 1100 元。禄村的油菜基本都是拿来榨油自食的。据村里榨油坊老板说，本村 90% 的菜籽都是自己榨油吃，即使不种菜籽的农户也去油坊买菜籽或者直接买现榨的油。

禄村的苞谷几乎都拿来喂猪、喂鸡。苞谷产量较高，每亩产量可达 800 公斤，但是价格不高，2013 年的价格为 2.2 元/公斤，2017 年约 2 元/公斤。苞谷种得多农户必会养几头猪，但是养了猪的不一定有自己种的苞谷，所以禄村的苞谷都是买入的多，卖出的少。禄村的小麦品种比较好，被县农业局列为优质小麦籽种基地，产出的麦子以 5 元/公斤的价格直接卖给县农业局。但是农户种植面积不大，收获不多，很多农户就直接拿来喂鸡了。

综合上文描述，我们将禄村主要农作物的最高产量、价格以及最低生产成本进行了归纳汇总，如表5-2所示。我们做一个假设，如果禄村某农户有1亩农田，土壤肥力好，灌溉方便，农户勤劳且精明，选择收益最高的传统农作物精心耕作。农作物的最优搭配方案为：大春种毛豆，小春种小麦，则亩均毛收入最高为4000元，其直接成本为350元。扣除其成本后，禄村经营传统农作物的最高收益仅为3650元。但是，毛豆的价格不会一直维持在10元/公斤，小麦也很难卖到5元/公斤，且这两种农产品都不是禄村家庭的必需品，需要经过市场销售才能变现。而水稻作为禄村家家户户必须消耗的实物性粮食，不用变现就具有其他农产品无法比拟的家庭保障属性。因此，禄村传统农作物的最佳搭档依然是：大春种水稻，小春种蚕豆或者油菜。

表5-2 禄村主要农作物产量及产值

作物	产量（公斤/亩）	单价（元/公斤）	亩均收益（元/亩）	直接成本（元/亩）	用途
水稻	600（谷子）	3.2	1920	1281（最低）	80%自食
蚕豆	500	3.0	1500	约180	50%自家鲜食
毛豆	200（豆米）	10.0	2000	约150	40%自家鲜食
油菜	200	5.5	1100	约380	90%榨油自食
小麦	400	5.0	2000	约300	90%喂猪、喂鸡
苞谷	800	2.2	1760	约445	90%喂猪、喂鸡

资料来源：根据访谈资料整理而成。

但在实际经营中，农户的实际情况千差万别，即使是同一地块不同年份的收获都不一样。例如，GGY家的2.2亩水稻，2011年打了28包（干谷子），一包50公斤左右。2012年打了27包，2013年用机插秧，栽得比较稀，农户担心要减产3~4包。所以，禄村农地的实物收获也是不稳定的。

（二）变现收益

1. 农产品变现

禄村的农产品拿来卖的很少，有粮食卖的人家更少。2017 年，WJF 家种谷子3.9 亩，收了1750 公斤谷子，自己留了15 袋干谷子，约750 公斤，剩下的全卖了，价格是3.2 元/公斤（直接卖谷子）。4 组的WQ 家是少数几家把粮食卖出高价钱的人家。WQ 家自有2.3 亩田，租来亲戚家6 亩田，大春全部用来种水稻。因自家的2.3 亩在高产农田示范区，产出的谷子以卖籽种为主，2013 年卖了2 万多元。小春种小麦7 亩，亩产400 多公斤，以选种卖为主，2013 年卖得7400 多元。2013 年农产品变现合计27400 元。虽然农产品变现收入在禄村属于较高的，但是由于 WQ 家有4 个主要劳动力有稳定的非农工作，家庭非农收入达8.8 万元，因此，农产品变现收入仅占家庭总收入的20%。大多数人家的农业收入占比不会超过10%。不过，自从高产农田示范区项目撤掉以后，WQ 家的粮食变现就没有那么方便和有效了。

两豆——蚕豆和毛豆——反倒成了农产品变现的主力。在禄村，蚕豆和毛豆都是拿来做菜的。家庭对于蔬菜的消耗毕竟有限，所以几乎每个种蚕豆和毛豆的家庭都会将其拿来卖。一般是家里的老人或妇女利用空闲时间去地里采摘，然后剥了皮卖给村里集中收豆的人。每次三五公斤，多的也不会超过十公斤。卖得的钱或给孩子买零食，或作为家庭的生活开销。"今天几十块、明天十几块，都算不得钱。"毛豆种得多的人家，每天去地里砍来豆苗，拉到禄村小街上剥豆米，来小街上闲聊纳凉的老人们坐在一起，一边闲聊一边帮忙剥豆。第二天早上，豆主人就拿着这些剥好的豆米去禄丰的菜市场卖，新鲜的豆米是当地人喜欢的时令菜。2013 年我们在禄村调查的时候，有1 个农户早上9 点吃了早饭就去砍豆苗，11 点左右拉到小街上，自己家里两个人在那里剥豆，后来陆陆续续来了三四个老人。他们从中午开始剥豆，到下午5 点多还没有结束。据说他家的黄豆种在树下，1 工田不到，能剥50 多公斤，1 亩可以剥接近200 公斤，价格是10 元/公斤。2012 年价格还高些，这1 工不到的田产的豆子卖了700 元，大家都说这点豆子种得还是很划算的。

2. 畜禽变现

20 世纪 30 年代，养猪是禄村最普通的副业。"除了个别家庭，可以说每家都养两头猪。"[1] "猪的性质是在利用农田上的副产"，[2] 因猪吃的是人不能吃的谷屑、豆糠等，猪将这些食物一天一天地转换成猪肉，最后变成家庭财物。所以费孝通先生形象地说："养猪就好比'上赊'，零存整取的储存办法。"[3] 很长时间里，养猪都是禄村最普遍的副业，一方面是由于当时禄村的其他副业较少；另一方面养猪是成本最低、家庭劳动力利用最充分的产业。如今，随着禄村非农劳动机会的增加，尤其是规模养殖成本的降低，家庭养猪越来越不划算，养猪不仅无法储存家庭财富，还成了"负资产"。但是，养猪一方面消耗了农田上的收获，如苞谷、小麦，还有蚕豆苗收割后打的豆苗，另一方面也为农田积攒了农家肥。因此，多数禄村家庭农地收入没有直接变现，而是通过养猪、卖猪实现间接变现。例如，LCL 家每年分两水养了 8 头肥猪，卖了 7 头，留 1 头做年猪。除了日常的谷屑，主要喂苞谷和饲料。2013 年 LCL 在租来的荒田上种了 5 工苞谷，收得苞谷籽 1.5 吨。当年全部的苞谷都喂了猪，还买了 5 包饲料，每包 250 元，花费 1250 元。1.5 吨苞谷按照当年的市场价 2.2 元/公斤，可卖 3300 元。自己没有母猪，买小猪约 500 元/头，花费 4000 元左右，猪生病及预防疾病打针花费 200 元左右，5 工荒田的租金为 200 元。LCL 家 8 头肥猪的直接成本为 8950 元。当年她家的 7 头肥猪卖了 8000 元不到，平均一头猪合到 1142 元。也就是说，如果全部变现，8 头肥猪的收入约为 9140 元。正好与养猪的直接成本相当。但是，还有很大的一块成本没有计算，那就是劳动力成本。种苞谷需要劳动力，养猪需要更多的劳动力：每天喂猪、清洗圈舍。养了猪，就意味着家里每天都得有人在家，这也让 LCL 夫妇没法像没有养猪的村民那样自由的选择非农就业。如果将劳动力成本以及以此付出的机会成本计算在内，传统的养猪方式不是在积累家庭财富，而是在消耗家庭财富。因此，当我们 2018 年再次来到禄村时，村里养猪的家庭更少了。"有年猪杀的怕不会超过 10 家人，有猪卖的家庭就更少"，因为这项传统的储

①　费孝通、张之毅：《云南三村》，社会科学文献出版社，2006，第 56 页。

②　费孝通、张之毅：《云南三村》，社会科学文献出版社，2006，第 56 页。

③　费孝通、张之毅：《云南三村》，社会科学文献出版社，2006，第 56 页。

钱副业已经越来越不被重视。所以，更多的家庭选择农田的收获直接变现，而不再通过养猪、卖猪间接变现。

（三）比较效益

影响农地效益的因素很多，在经营方式无法选择的情况下，农作物的种类在农地经营效益中起决定性作用。换句话说，就是"种什么划算"。20世纪30年代，由于国家体制和市场不完善，主粮的价格在不同的时期会发生很大的变化。因此，农田首先满足的是主粮需求，主粮产量的多寡决定了农地效益的高低，同时也是家庭财富的"稳定器"，"手中有粮，心里不慌"。所以，当时禄村农户首选的农作物是水稻，不能种植水稻的季节和地块才选择种植其他农作物。如今，粮食已经成为国家保障性物资，主要通过市场和政策手段来保障粮食的供给和价格稳定。小范围的粮食种植面积下降或是歉收并不会直接影响粮食的供给和价格。所以，禄村村民可以不用考虑主粮的保障功能，而是选择种植收益更高的农作物。

从表5-3可以看出，在不同的农作物中，净收益最高的是蔬菜，亩均净收益最高可达1万元。本地人如果蔬菜经营得好，收益也很可观，基本可接近1万元/亩。但是，经营蔬菜不仅需要过硬的种植技术，更需要对市场的准确把握，要能够准确知晓"什么季节种什么菜好卖，卖得上高价"。由于禄村蔬菜种植没有形成区域性的专业市场及其他专业服务体系，普通农户很难有这方面的能力。虽然苞谷的收益每亩有1315元，但是禄村的苞谷地少，农户种植的苞谷都是自己消费，看不见直接收益。果树经营是近十年的新兴产业，但是禄村的水果仅在本地市场流通，且随时会受到外地水果产品的冲击。随着种植面积的增加，水果的价格越来越低。曾经1亩果树的净收益在5000元以上；而2017年很多农户的收益都未超过2000元。但已经结果几年的果树在征地中比较有优势，计算征地青苗补偿费的时候标准比较高。所以，在农田经营中，我们不能单纯用产值来评价"种什么赚钱"或者说"种田是否划算"。

表 5 - 3　禄村主要农作物收益比较

单位：元/亩

作物	经营方式	毛收入	净收益	备注
水稻	自营	1920	639	已扣减劳动力成本
苞谷	自营	1760	1315	
蔬菜1	自营	10000	9000	未扣除经营者自身的劳动力
蔬菜2	租营	13000	10000	
果树	自营	3000	2000	

资料来源：根据访谈资料整理而成。

三　农田资产效益

对禄村人来说，农田既是农业的主要生产资料，也是家庭的固定资产，可以产生资产效益，主要表现为经营性资产效益和财产性资产效益。

（一）经营性资产效益

在禄村，农田的经营性资产效益指的是因农田的经营或经营权利而带来的资产效益，这种经营既是自己也可以是他人。经营性资产效益通过土地流转收益和承包经营权抵押收益来实现。但从调查来看，更多的是土地流转收益。禄村的农田流转收益差别较大，主要和流转对象有直接的关系。如前文所述，土地流转发生在本地农户之间的，流转收益低；流转给外地经营者的收益会高一些。像流转农田较多的 HM，他租来的 35 亩农田，基本上都是本村农户外出务工管不了、老人年纪大了管不好或者是忙于非农经营不愿管家庭土地的情况。有些农户只需要给 200 斤粮食，或者是几百块钱，或让其代为管理农田不要荒着就行，出租农田的农户也不计较租金的多少。这种流转期限一般为 1 年，口头上说"今年你帮种一下"，明年自己有其他打算就直接收回来。但是，外地经营者的租赁是长期的，甚至有可能改变农田的格局。既然是长期租赁就必须谨慎。农户一般都会衡量一下土地的价值和当地流转土地的租金情况，觉得合适才会同意租赁。租种农户也会考虑农户反悔风险。所以，他们会签正式的土地租赁合同，并进行公证。2018 年，禄村最高的租金是

1400 元/亩，在未来几年每亩租金可能上涨至 1800 元左右。由于禄村的土地过于分散，加之随时有被征占的可能，所以长期租赁会减少，相应租金的增长也不会太快。也就是说，禄村的经营性资产收益不会增长，相反会萎缩。

（二）财产性资产效益

禄村农田的财产性资产效益指的是土地作为财产性质所获得的收益。土地的所有者是集体，村民只有承包经营权，但村民作为集体的成员，因其集体成员资格将获得征地补偿的大部分收益。而农田上的农作物会被看作终止经营带来的收益，其实质也可以看作财产性资产效益。在征地中转化为土地安置费和青苗费。按照最新的政策和标准，[①] 禄村属于禄丰县的一类区，综合年产值为 2285.64 元，补偿倍数为 23 倍，补偿标准为 52570 元左右。其中，水田年产值为 2868 元/亩，补偿标准为 65964 元/亩；旱地的年产值为 1722 元/亩，补偿标准为 39606 元；菜地的年产值为 2869 元，补偿标准为 65987 元/亩。地面附着物的补偿差异较大，分为十一个大项、若干个小项。与禄村农户紧密相关的有：菜地青苗补偿 2000 元/亩；水田青苗补偿大春 1200 元/亩，小春 600 元/亩；旱地青苗补偿大春 800 元/亩，小春 400 元/亩。果树补偿要复杂一些，未挂果的果树最低标准为 8 元/棵，最高可补偿 30 元/棵。已经挂果的最高可补偿 240 元/棵。普通的树苗以林木补偿标准计算，根据不同胸径设定补偿标准，最低标准 4 元/棵，最高标准 50 元/棵。如今，禄村人种树，并不能直接带来经营性收益，目的只有一个，就是在征地的时候能获得更多的补偿。他们有些在土地上"排"上密密麻麻的核桃树，为的是在数量上争取占优势；有些买来粗壮的木桩，光溜溜地矗立在农田里，为的是在"径宽"上取胜。有些人将年前种的小麦用除草剂杀死，种上核桃树，为的是在农作物品种上争取更多收益。在已经获得征地补偿款的村民中，据说（当事人不会说，其他农户一般不知道具体数目）获得补偿最多的一家一亩田仅树木就有 10 万多元的补偿款，就是因为他家地里的

---

① 文中所引用的补偿标准数据均来自禄丰县国土资源局提供的《禄丰县征地统一年产值标准和征收土地地上附着物补偿标准（禄政通〔2009〕105 号）》文件。

树多、树壮。大家都看在眼里，记在心里，落实到种树的行动上。

四　农田社会效益

农田还有一定的社会效益，农田是农村社会化再生产的物质基础，承载着农户生计的社会责任。因此，禄村农田社会效益的内涵十分丰富。

（一）养老

养老是农田恒久的功能。20 世纪 30 年代，农田通过继承和明确"养老田"实现了其养老功能。如今依托农田养老的表现形式发生了改变。在禄村主要有两种形式。

第一，通过转移农田的经营权实现养老。老人的"面份田"就是他们的养老资本，虽然农田不能买卖，但是谁经营"面份田"谁就负责为老人养老，这是禄村约定俗成的"规矩"。有子女的老人，将"面份田"给某一个子女经营，这个子女就要尽主要的赡养义务。例如，4 组的王大爹有 3 个儿子，虽然他将三个儿子抚养成人，帮儿子盖好房子或送儿子读大学，但是，现在三个儿子都不愿意照顾他。本来希望将土地分得均衡一些，考虑小儿子一家只有一个人的"面份田"，打算将自己的"面份田"留给小儿子。但是其他两个儿子不同意，都想独自占有农田。因此，王大爹担心自己不在以后，三个儿子会因此闹翻。最后，只好留一份田拿来养老，如果死了以后，哪个儿子照顾后事，就将土地留给哪个儿子。对于王大爹的儿子来说，要获得这份田产，就必须尽赡养父亲的义务。没有子女的，由集体养老，老人无法经营土地的时候，可以将土地的承包经营权交还给集体。集体将收回来的土地承包给其他村民，村民给集体交承包费，集体负责老人的固定生活开支（一般是将没有劳动能力甚至是丧失生活自理能力的老人送到县养老院，由集体支付在养老院的生活费），并负责老人死后的丧葬事宜。例如，7 组的 FSF 虽然有一儿一女，但是女儿嫁到外村，儿子有精神病，无法给 FSF 养老。60 多岁的 FSF 暂时还可以劳动，但是对于以后，FSF 说："以后么就去养老院了。如果集体允许，我就将'面份田'留给女儿，让女儿送我去养老院。如果集体不允许，我就将'面份田'退还给集体，让集体送我去。"

禄村已经有几个"五保"老人在县养老院养老，费用由集体承担。

第二，通过放弃农田经营权实现养老。在土地征用时，农田除了青苗补偿费以外，还有一部分安置费。这些安置费是对征地农户的失地补偿。征地后，失地农民一般会被要求将农村户口转为城镇户口。因此，安置费实际上是买断了村民的"农民身份"。禄村就是利用安置费解决老年农民养老问题的。他们将安置费按照"面份田"的标准分为若干个转户指标，优先将老人的户口转为城镇户口。转户后的老人会获得相应的安置费，安置费成为老人自主支配的养老金。一般来说，当家庭的农田被征占的时候，都会优先征老人的；家庭没有被征地的，可以和亲朋好友调剂指标。例如，3 组 WYS 的母亲当初转户的时候，就是用了他嬢嬢家的指标。他嬢嬢家的土地被征占，但是土地的安置费给了他母亲，青苗补偿费给了他嬢嬢。在名义上，WYS 还欠着他嬢嬢 2 工田，待到再次征地的时候，他可以选择将转户指标和安置费给他嬢嬢。对于无法在亲朋好友间调剂的村民，小组会视情况将转户指标优先给急需的老人，也有些小组将安置费和转户指标进行统一安排，依据家庭的需求进行安排。例如，6 组的李奶奶，当年转户的时候家里和亲戚都没有土地被征，但是小组有土地被征占。小组根据李奶奶的年龄和家庭状况，将李奶奶的户口转为城镇户口，并将 2 万元的安置费给了她。李奶奶说："有了这 2 万元的安置费，我的基本生活就有保障了，不在乎哪个儿子来养我。"作为条件，李奶奶的 2 工"面份田"由小组收回去重新分给其他人。但是，李奶奶的"面份田"位置不好、质量太差，没人愿意要。后来，作为小组的机动田，暂时由李奶奶的小儿子耕种，但每年需要向小组缴纳440 元的承包费。对于李奶奶的这 2 工田，小组可以随时收回其经营权。当这 2 工田被国家征用时，李家只能获得青苗补偿，就不能再获得安置费了。

通过户口置换，老人们除获得安置费以外，还可以获得城镇社会最低保障。2013 年，当年农村最低社会保障的补助金额是 50 元，而城镇居民最低生活保障为 180 元。转户的村民既得到了安置费，又获得了城镇最低生活保障，这可以说是一种双重保障方式。

（二）身份象征

长久以来，中国农民不是以职业划分，而是以身份性质划分的。出生在农村，可以直接获得农村集体经济组织的成员资格，其身份就是"粮农"。后天要改变身份必须经过一番努力：考学、参军、招工、购房等才能"跳出农门"，转为"城镇"户口。在禄村如果你"跳出了农门"，所在集体经济组织就会将曾经属于你的"面份田"收回，由此可见，户口与农田直接挂钩。个人的"面份田"退出以后，户口性质就要从"粮农"转为"城镇"；家庭的农田被征占完以后，所有家庭成员的户口都要转为城镇户口；一个村庄大部分的土地被国家征占以后，村庄的性质要从"村委会"变为"社区"。看似土地的位置和面积都没有变化，但是土地的性质和用途变化以后，依附在土地上的社会身份就随之发生了变化，这是土地在当前社会制度下的重要社会功能。

一些老年农民心理上已将身份与农田挂钩，一旦失去土地他们就会觉得自己失去了自主权。这样的心理不仅是户口性质的变化带来的，也受到生计模式改变的影响。五六十岁的老年人，一直以农田为生，没有土地，很难找到工作。尤其在禄村，虽然位置在县城周边，但是适合老年人的非农工作少之又少。没有土地也没有工作，老人的社会价值无从体现，虽然老人的生活不成问题，但是自我认同的精神层面就会出现危机。因此，农田的社会效益值得关注。

（三）食品安全保障

农户经营农田不单考虑收益的多寡，还涉及方方面面。例如，"地沟油"曝光，大家都担心买的食用油不安全，有条件的家庭都种上1工田的油菜，为的是"吃得放心"。明明嘴上说"养猪不划算"，即使"自己的苞谷、麦子全部拿来喂猪都不够"，但有的农户依然"养两头猪，卖一个，自己杀一个吃"。因为，"自己养的猪饲料喂得少点，只喂两包，买的猪肉不好吃，激素多。有的人在外边不吃猪肉，回家才吃"。这些都集中显示一个问题——食品安全。2013年调查时，正值食品安全问题高发期，村民对日常的饮食尤其是大米和食用油特别紧张，导致当年90%的家庭种植了粮食和油菜。随着国家对食品安全的管控力度不断加大，大家的担心逐渐缓解。但是从长远看，食品安全是农田经营的重大社会效益。

第六章　劳动力利用

20 世纪 30 年代，禄村只有 32 户从事农业以外的活动，且完全脱离农业劳动的只有 4 户。兼卖鸦片的杂货店、豆腐店、占卦归魂的"女巫"和到处算命的"瞎子"从事农业以外的活动。杂货店、豆腐店和"女巫"这三家人经营农田可保障家庭较好的生活，"瞎子"是因为没有农田，且只有一人，所以才不经营。虽然村庄内还有剃头师傅、赶马人、铁匠、医生、木匠、凉粉摊等，但这些家庭都同时经营农田。可以说，20 世纪 30 年代的禄村，从职业分类来看，既有农民、小手工业者，也有个体工商户，劳动力的利用已出现非农化。如今，禄村人的职业呈现更加多元化的趋势，既有农民、企业家、工人，也有第三产业的服务人员，如保洁员、保姆等，劳动力更多从事农业以外的活动，农业对劳动力的需求越来越少；劳动力的利用进一步非农化，不久的将来，劳动力利用上可能不再有经营农业之说。

一　劳动力概况

2012 年，禄村为了完成数字乡村网相关信息的报送，各小组对本村农户及劳动力进行了一次全面调查。调查得出，截至 2011 年底，禄村全村 362 户，1399 人，其中农业人口 1398 人，仅有一人是非农业人口。全村共有劳动力 931 人，占总人口的 66.55%。从劳动力总数来看，1 组、2 组、3 组、4 组、5 组、6 组、7 组劳动力分别有：130 人、121 人、137 人、135 人、131 人、115 人、162 人，7 组最多。从各组劳动力占各组总人口的比例来看，1 组、2 组、3 组、4 组、5 组、6 组、7 组分别为：66.71%、69.14%、72.87%、68.18%、77.51%、72.78%、50.78%，5 组最高，7 组最低。从中可以看出，7 组老人和儿童比例最高，5 组老人和儿童比例最低，如表 6 - 1 所示。

表 6 - 1　　2011 年底禄村各小组劳动力情况

小组	农户数 （户）	总人口 （人）	农业人口 （人）	劳动力 （人）	占总人口的比例 （%）
1 组	49	192	191	130	67.71
2 组	50	175	175	121	69.14
3 组	50	188	188	137	72.87
4 组	50	198	198	135	68.18
5 组	47	169	169	131	77.51
6 组	38	158	158	115	72.78
7 组	78	319	319	162	50.78
合计	362	1399	1398	931	66.55

资料来源：根据云南数字乡村网资料整理而成。

　　由于年轻人老去、小孩长大及婚姻，劳动力会迁入迁出，禄村劳动力总数并不是恒定不变的。2013 年，我们调查时，因为老人去世和分户，禄村有 378 户、1367 人，其中，18 岁到 60 岁的劳动力 866 人，多数 60 岁以上老年人仍然从事农业，有 161 人，两个年龄段合计 1027 人。从受教育水平来看，因为禄村处于县城周边，所以其受教育程度较高。从表 6 - 2 可以看出，80% 以上的村民受教育程度为初中及以上，且大专及以上的有 20 人。

表 6 - 2　　禄村人口受教育程度情况

单位：人，%

受教育程度	人数	比例
6 岁以上文化程度	1233	100.00
不识字或少识字	84	6.81
小学	244	19.79
初中	772	62.61
高中或中专	113	9.16
大专及以上	20	1.62

资料来源：根据社区干部提供的第六次全国人口普查资料整理而成。

　　从年龄看，0~6 岁 104 人，占总人数的 7.61%；1~18 岁 236 人，占总人数的 17.26%；19~60 岁 866 人，占总人数的 63.35%；60 岁以

上 161 人，占总人数的 11.78%。60 岁以上的老人，95% 以上还在务农，而青壮年劳动力从事农业的不足 50%，且是兼营农业。从性别来看，禄村 1367 人中，男性有 679 人，女性有 688 人，男女比例为 101∶100（男性 100 人）。2013～2017 年，由于间隔时间短，禄村劳动力总体情况变化不大。

二　职业分布

从职业看，禄村人的职业体现出多元化的特点，已不再局限于当农民。同时，禄村人从事的职业并非恒定不变，有的开始劳动时干的是农民的活，后来变成了建筑工人；有的原来干的是农民的活，后来成了老板。禄村人从事的职业也并非仅有一项，有的既是农民又是建筑工人；有的在工作日是工厂职工，到周末就是农民；有的既是农民，也是钢材经纪人，还可能是倒卖野生菌的商贩。如今的禄村人，从事的职业多元化，兼业特征明显，其中几个主要职业如下。

1. 企业家

在禄村，企业家被称作老板，被禄村人称作老板的有两家，一家是开沙灰厂的，一家是开电瓶厂的。沙灰厂依靠禄丰县的支柱企业——德阳钢铁厂——而存在，主要是处理钢铁厂的炉渣，做成沙灰和免烧砖。电瓶厂成立于 20 世纪 80 年代，最初并不做电瓶，主要做昆明机械厂部分产品的来料加工。厂长 WJG 是个吃苦耐劳、头脑灵活的人，20 世纪 80 年代中期，国家允许在农村搞非农产业，他便四处探寻。最初发展农业机械，后来又做冰棍，再后来由一个在昆明机械厂的亲戚介绍，做了机械产品的来料加工。后来因为设备更新太快，成本太高，就改做了电池的废料处理，再发展到现在为有品牌的公司做电瓶。现在电瓶厂产值数千万，最多的时候可雇佣 200～300 人，平时常年雇佣的合同工有 100 多人，除了部分技术员是外来人员，大多数是禄村的村民。相比而言，沙灰厂的经营就简单多了，主要是利用炉渣加工建筑材料。

2. 手工业者

在禄村，手工业者以家庭作坊的形式出现，一个共同特点是凭借自己的手艺，做人们生活所需的产品。手工业者一般建立在家庭经营的基础之上，往往还世代相传。作为一种职业，一部分是手艺人，如做豆腐。榨油的传统手工艺被机器代替，但仍然需要一定的知识和技术，并非所有人都能干好。因为涉及选材料，控制机器等。一般手艺人就是家庭作坊主。

全村手工业者有13户，10户是豆腐加工，3户是榨油加工。13户人家的主要劳动力是自家会手艺的人。手工业者的手艺作为一门家传技艺，都是在家庭的耳濡目染下学会的，因为手工业在发展和经营过程中，经常是一家老小齐上阵，小孩子从小就学会了。最典型的是豆腐坊的ZXL，他做了大半辈子的豆腐，做豆腐的方法是从他母亲那里学来的。1964年，读高小的时候，正逢"四清"运动，学生们搞串联，学校没法上课，就回家了，再没有去上学，回到家以后ZXL帮母亲挣工分。当时母亲还不敢明着做豆腐，同时也没有多少豆子可以用来做豆腐。一家人种点埂豆，就是过年的时候做一些豆腐。虽然全村都会做豆腐，但是ZXL的母亲做得最好。20世纪70年代，ZXL家会在过年过节的时候多做一些豆腐去卖。1981年，土地下放的时候，因为田地多，大家都忙田里的活计，只有闲着的时候才会做豆腐。当初也就是讨生活，才挑着豆腐去村子里卖。一般都是ZXL在家里做好了，由他媳妇挑着去各村卖，卖完就回家。有些时候要转四五个村子才能将两箱豆腐卖完。直到1997年，他们才开始在禄丰菜市场卖豆腐，那时候一般都是摆地摊卖，还没有固定的摊位。2011年，菜市场的摊位出售，他买了两个。现在，ZXL和他儿子在家做豆腐，儿媳妇在禄丰城里面卖豆腐。ZXL 13岁的大孙子在假期的时候就成了做豆腐的主要劳动力，不仅帮助父亲磨豆腐，还学会了全套做豆腐的技巧。每天下午，在ZXL家的厨房里都可以看到祖孙三代人忙碌的身影，日复一日，只有在每年过年的时候，才会歇五六天。ZXL家做的豆腐主要有三种：白豆腐、霉豆腐和碗豆腐（豌豆粉）。白豆腐一般一天要做2~4箱；霉豆腐是用陈旧的豆腐水点卤豆腐，然后摆放4~7天直到长出白霉。霉豆腐的工序比较复杂，每天早上都需要翻晒一次。夏天的时候一般一天做一板霉豆腐，冬天则一天做3板霉豆腐。ZXL家的豆腐用传统工序做成（用大锅煮浆，用石头和铁块压豆腐），这样做出来的豆腐口感更好，每公斤卖的价格也比用蒸汽吹的豆腐贵5角钱左右。

3. 私营业主

改革开放后，随着市场经济的发展，禄村开始出现私营业主。目前，禄村私营业主有三类。

第一类在村内开小商店，卖些村民所需的日常用品。因为村内有一所小学，所以也卖学习用品。小商店主要集中在村委会门口（社区居委会门口）。PXL 是其中一家小卖店的老板，家里共有 6 口人，公公（80岁）、婆婆（77 岁）、丈夫（46 岁）、PXL（49 岁）、女儿（21 岁）、儿子（17 岁）。丈夫外出做工，开农用车，从事建筑材料的运输工作；她自己从 1996 年底开始经营北厂小卖店，同时还经营着农田。2018 年，笔者再次调研时，PXL 也外出打工了，小卖店处于长期关闭状态。在她的对门，邻居又开了一家小卖店，卖的是学生用品和日常生活用品，但商品较少。而在村委会大门旁，也开着一家小卖店，这里卖纸张、帮助打豆参、打辣椒面。在中村公路边，还有一家移动公司的分店。整个禄村在村子里开店面的人家仅有 4 户。小卖店是个体经营户，他们需要办理工商营业执照，尤其是移动公司的分店。从职业来看，小卖店主人是个体工商户，虽然称为户，但实际上只是家庭中的一个成员在经营，以某个家庭成员为主，其他成员偶尔参与。且经营小卖店的家庭成员，同时还要参与其他劳动。

第二类是在村内开茶室的。茶室经营户并非以经营茶水为主，因为茶室的功能不再是喝水解渴的地方，而是打扑克和打麻将的场所。所以，虽然是茶室经营户，但也可以说是开麻将馆的。禄村开茶室的有三家：一家是村书记家开的，有 5 张自动麻将桌；一家是 HZX 家开的，有 4 张手动麻将桌，一张自动麻将桌；一家是 CGY 家开的，有两张麻将桌。麻将桌的多少，显示着茶室面积的大小和客人的多少。在客人打麻将时，总得提供点免费的茶水。茶水费，一并计入麻将桌的使用费里，在书记家打麻将的以年轻人为主，基本每天爆满，主人以打牌的牌价收钱，一人交一次，5 元、10 元甚至是 50 元、100 元。HZX 家和 CGY 家以老年人为主，HZX 家一人收 2 元钱，一个月有 200 元左右的收入；CGY 家没有看见收钱，一般都是老人娱乐。茶室经营户实际上是提供娱乐服务的个体工商户，以家庭经营为主。但我们调查时，没有发现哪家办理过经营许可证。只要有闲置的房屋，位置在村民经常活动的区域附近，都能开起来。经营茶室的条件也很简单，只要投资 2000 多元，买两张自动麻将桌，再买点茶叶，就可以做起来。在以家庭经营为主的背景下，往往全家齐上阵，哪个有时间，哪个就提供服务。

第三类在外面开修理店、餐馆、家具店等。7 组有三家，一家在禄丰城里、一家在昆明、一家在安宁，都是开修理厂的。有两户是家里的老人在种田，有一户是租给别人种。只要田地不荒着就行了。有一部分田冬季荒着，主要是因为冬季放不到水。HGQ 是 1971 年生人，2010 年当了小组长，1990 年到禄丰农机修造厂（现在只做垃圾筒、风柜、打谷机之类，学校门口的垃圾筒就是他们造的），学习了三年，1995 年自己开了一家修理厂，在老煤电公司附近。2007 年，因家里老人生病就不干了。

4. 经纪人

随着市场经济的发展，禄村开始出现经纪人，经纪人在禄村被称作生意人，他们以头脑灵活著称。有些时候贩卖粮食，有些时候贩卖钢材，有些时候倒卖野生菌。20 世纪初，野生菌市场刚兴起，禄村头脑灵活的人看到商机就从中村的农民那里低价买来，到禄丰县城或是昆明高价卖出。那时候，通信还不是很发达，往往由前一天的卖价来收购今天的菌子，但是菌子的价格是每天变动的，常常导致一些人亏本。还有些人干脆在菌子多的时候大量收购进来然后在家里加工烤干，再卖干菌子。据村民回忆，当年有一些做菌子生意的家庭最后都亏本了。后来做菌子生意的人就越来越少，仅剩下一些信息灵通、头脑更为灵活、运气好的人继续做菌子生意。现在全村还有三个人在出菌子的时节倒卖菌子。

经纪人尤其注意对自己信息的保密。一方面怕露富，如果别人知道了自己赚钱，可能就会像当年的野生菌生意一样所有人一哄而上，扰乱了市场。另一方面怕破坏了自己的运气。因此，自己赚了多少钱并不是所有家庭成员都清楚。据大家私下估计：一个老板一年不赚 20 万元都不好意思说自己是做生意的。5 组王大姐的两个女婿都是招进来的上门女婿，而且两个都很有本事。一个在政府部门上班，一个是做生意的。王大姐自己也不知道女婿一年能赚多少钱，但是女婿出手很大方，在县城买了个 120 多平方米的楼房，房款约 40 万元，加上装修和家具约 60 万元，房款是一次交清的。但平时做生意的女婿还是住在家里，每年都会交给王大姐 1 万元左右的伙食费。另外，孩子在县城读幼儿园，除学费外每月交 500 多元的兴趣班费。他们还打算去昆明给孩子报钢琴班和英语培训班。据她估计，女婿一年能赚三五十万元。"做生意有亏有赚，也说不准"王大姐无不自豪地说。

禄村还有部分人是做钢材生意的，由于禄村地处德钢附近，当地人又有一定的人脉，在钢材市场好的时候，禄村做钢材生意的人着实赚了一把。只是，现在的钢材市场不是很稳定，当有稳定的销售渠道时这些人才会干上一笔。除以前做菌子生意是全家总动员以外，现在很多的生意都是一个人做。一个家庭，男人做生意，女人在家照顾孩子，老人则管理农田。因此，做生意的家庭也并不会放弃农田。只有农田经营着，全家人的心才能安定，做生意的人才能安心，才能大胆地去做。

生意人实际上是从事经纪服务的人，他们通过低价购买生产生活用品，高价出售以此赚取利润，这是市场经济发展的必然。在禄村，生意人并不多，按照村民的计算，临时性和长期的加起来也不超过 10 人。且经纪人并不是以家庭为单位出现的，家庭的其他成员的职业可能与经纪人毫不相干。

5. 农民

农民曾经是禄村最普遍的职业，那个时候，大家都种田、养猪、养鸡。村民们的工作，就是盘田、干农活；搞家庭副业，发展养殖业。如今，虽然从户籍上看，禄村人多数还是农业户口，简单如 2012 年各小组统计后得出，全村仅有一人是非农业户口，但多数人从事的工作与农业无关。仅有少数村民还在做农民。如今的禄村农民，主要有两类：一类是老年农民；另一类是职业农民。老年农民多数是被迫的农民和休闲农民。被迫的农民是因为年老了，外出打工没有合适的工作岗位，或是身体不适，外出打工不方便。休闲农民是部分工厂职工退休后没事做，正好家里其他成员还有土地，所以就种田、养猪。有些人虽然年纪大了，但看着自家的农田荒着心疼，不干活心里发痒，把干活当作一种休闲。在禄村，老年农民不好统计，从调查的情况来看，只要有田，还能劳动，都会或多或少种上那么一两分田，甚至一两亩。

职业农民的一个特征，是年纪大多在 30 ~ 50 岁。要么以种植业为主，要么以养殖业为主。这两类农民加在一起，全村不到 20 户，包括 10 户养猪农户、1 户养鱼农户、1 户养鹌鹑的农户。2013 年，还有 1 户养兔的老年夫妻，以种菜卖为主的有 3 户农户。也就是说，禄村职业农民只有 30 人左右，2018 年我们再回访时，养兔的老人已经去世了。

　　6. 其他职业

　　除了以上几种职业外，禄村人从事的其他职业分为两大类。

　　一是第二产业的工人，包括电瓶厂工人、德钢工人、建筑工人。德钢的工人也有正式工和临时工之分。2013 年，禄村在德钢工作的有 60 人左右，正式工的工资在 2000 元以上，临时工在 1800 元左右。CM 的二哥在蓄电池厂上班，每月工资为 2200 元，如果在厂里吃饭，早餐 3 元，午餐 3.5 元。没有周末，两个人轮流守锅炉，一个星期轮一次班，白班和晚班。其他人员 1500 元的保底月工资，如果这个月没有完成规定的件数，就只有保底工资，如果超额完成，就可以按件数计工资。生意不好时会放假，放假期间，就只需晚上去守锅炉。但有一点，无论是正式职工还是临时工，上班时间比较规律。禄村还有一些建筑包工头和建筑工人，建筑包工头也参与劳动，他们往往是有技术的建筑工人。2013 年，7 组有 5 个包工头，他们在村子里承包农户房子建设的工程。建筑行业工作岗位是多样化的，既有需求高技术的岗位，也有仅需要体力的岗位，工作时间相对灵活，因此从事建筑工作的人较多。

　　二是第三产业的服务员、保洁员、保姆等。禄村在外出打工的群体中，从事第三产业的人较多。2012 年，县外打工 78 人，有 61 人从事第三产业。而在就近打工的人中，由于地处金山镇城郊，禄村人具有从事第三产业的天然优势。就近打工群体中的多数人成了超市服务员、保洁员、保姆等。

　　虽然在统计分类中，绝大多数禄村人被冠以农业人口之名，但实际上禄村人从事的职业早已多元化，且从事农业的人较少。从分类来看，在第一、第二、第三产业中，农业从业人员正在减少，第二、第三产业的从业人员正在迅速增加，职业的流动性、变动性加快。同时，兼业现象普遍，村民主要从事第二、第三产业，并兼营农业。

三　劳动力利用

　　禄村距离城镇较近，附近乡镇企业发达，村民从事的职业相对多元化，职业多元化的背后，是劳动力利用的多元化。农业效益的相对低与非农就业收益，形成了鲜明对比，更多的劳动力脱离农业，转向其他行业，从农民变成工人、企业家、个体工商户，劳动力的利用表现出了新的特点。

1. 更多的劳动力脱离农业

从统计数字来看，禄村外出打工的人数并不多。2012 年，在各村组给数字乡村网提供的材料中，都强调本小组村民以种植和养殖业为主要收入来源。在 2013 年的禄村统计报表中，统计了 2012 年 1~6 月全村劳动力外出打工情况，当时，全村劳动力 879 人，仅有 78 人外出打工，占劳动力总数的 8.87%。1 组、2 组、3 组、4 组、5 组、6 组、7 组外出打工劳动力占总劳动力的比例分别为：8.93%、8.06%、7.84%、8.26%、11.76%、9.28%、8.60%。3 组外出打工比例最低，5 组外出打工比例最高。据村干部介绍，不同村组外出打工情况与土地征用有关，3 组是全村最后启动土地征用的小组，土地征用面积较少。所以，远距离打工的人较少，更多的人在打工的同时，还要照管自己的土地和庄稼。从外出打工地点来看，省外打工人数仅 3 人，仅占外出打工总人数的 3.85%；省内州外 63 人，占外出打工劳动力的 80.77%；州内县外 12 人，占外出打工劳动力的 15.38%。省内州外打工人数和比例是最高的。从外出打工人员从事的工作所属产业来看，第二产业 17 人，占外出打工总数的 21.79%；第三产业 61 人，占外出打工人数的 78.29%，从事第三产业的人数最多，如表 6-3 所示。

表 6-3 2012 年 1~6 月禄村劳动力外出务工情况

单位：人，%

村组	劳动力资源数	外出务工人数	占总劳动力的比例	外出务工地			从事产业		
				国内省外	省内州外	州内县外	第一产业	第二产业	第三产业
1	112	10	8.93		9	1		6	4
2	124	10	8.06		8	2		3	7
3	102	8	7.84		7	1		3	5
4	121	10	8.26		8	2		2	8
5	102	12	11.76	1	10	1		3	9
6	97	9	9.28		6	3			9

村组	劳动力资源数	外出务工人数	占总劳动力的比例	外出务工地			从事产业		
				国内省外	省内州外	州内县外	第一产业	第二产业	第三产业
7	221	19	8.60	2	15	2			19
合计	879	78	8.87	3	63	12		17	61

资料来源：本表由 2012 年大北厂村委会农村经济统计报表整理而成。

　　统计数据仅统计了县外打工的人数情况，县外打工人数并不多。2013 年我们调研时，村干部介绍说全村 866 个劳动力，135 人外出打工。实际上，更多的禄村人是兼业的农民，他们就近打工。2013 年，我们调查时，小组长介绍说，6 组有 38 户，至少有 35 户在打工，其中有六七户到县外打工，多数在本地打工。打工的优势在于可以按时拿工资，而庄稼要经过两三个月才收，收成还是未知数。村民一般都是顺带管着庄稼，收种时才回来。专门靠盘田过日子的只有 1 户，户主年纪大了，干不了别的只能种田。家里的姑娘招了姑爷，姑娘、姑爷都在打工。现在这个时代，靠盘田就只能填饱肚子了，现金收入还是靠打工。

　　7 组多数农户都在打工，有 80 ~ 100 人，老人、娃娃留在家里，有两家的娃娃跟父母走了，在城里读书。年轻人走得远点，40 岁左右的在附近的建筑工地打工，栽收时节就回来忙农活儿。7 组有 5 个包工头，承包农村盖房子的工程。户主 50 多岁的两家，专门盘田，有时也在村里打点短工（别人请的话）。专门闲着，不干活的农户基本没有了。7 组固定在外做生意的村民年龄在 30 ~ 40 岁，共有三家，分别在县城、昆明和安宁，都是开修理厂的。这三家的田有两户是老人种，有一户是租给别人种。"田地在那，不荒着就行了。"

　　2013 ~ 2018 年，禄村更多的土地种上了核桃树、桃树、梨树，农田经营对劳动力的需求进一步下降，更多的劳动力被释放出来，加入打工的大军。加之金山镇道路建设，河道改造导致部分农田无法灌水，一部分土地已荒了几年，种田无望，部分劳动力不得不外出打工。而土地的征用，导致部分家庭彻底失去了依靠农业就业的希望，不得不走上打工的道路。目前，禄村 80% 的劳动力在打工，其中，70% 在本地，20% ~ 30% 在外地。自己经营规模以上非农产业的有 10 户。随着农田被征用，以及核桃树、梨树、桃树种植面积的扩大，越来越多的禄村人开始脱离农业，转向农业之外的行业。当老板和自主经营的人较少，打工的多。既有工厂正式职工，也有今天有活干，明天又要自己找活的临时工。但从总的趋势来看，更多的劳动力脱离农业是一个必然的趋势。

2. 农业劳动力老龄化、女性化

随着农业机械化的发展，禄村男性在农业中的体力优势进一步被弱化。在农业劳动中，女性劳动力更多。家庭更愿意让女性管理农田，男性则从事非农劳动。一方面是由于农业劳动力越来越专业化，很多的农业劳动被机械替代，使农业劳动变得更为轻松和常规化。另一方面是女性还肩负着家庭再生产的主要责任，她们为照顾老人和孩子，不得不留在家中，在家中的时间越长，越有开展农业劳动的优势。禄村大多是兼业农民，平时进城到超市打工、工地背水泥、做家政、进工厂、帮助别人种菜。常年务农的劳动力不到 200 人，大多是季节性的，本地打工的人会在农忙季节回村从事农业劳动。

由于体力差异及照顾家庭的需要，禄村从事农业的主要是老人和妇女，农业劳动力老龄化、女性化特点突出。WYS 家共有 6 口人，WYS（1966 年出生）、妻子（1968 年出生）、父亲（74 岁）、母亲（72 岁）、大女儿（27 岁）、小儿子（21 岁）。WYS 的父母均以盘田为生；儿女均不会盘田，基本上都出去打工了；妻子外出帮人种田、种菜。WYF 家里有 4 口人，WYF 1970 年出生，初中毕业；她的丈夫 1969 年出生，接受过建筑培训；大女儿 1992 年出生；小儿子 1997 年出生。WYF 负责家里大部分农活，并且从 2013 年起，还在禄丰一中做环卫工人；她的丈夫在县城打工，做土建方面的技术工，农忙时回家帮忙。2013 年，我们调研时，她的女儿在曲靖读书，学费 5800 元/年，儿子读高一，女儿和儿子不会做农活。ZGM 家共有 4 口人，ZGM（43 岁）、妻子（42 岁）、女儿（1993 年出生）、儿子（1997 年出生）。农闲时，ZGM 常年在外打工，做与建筑相关的工作，农忙时在家忙农活；妻子常年在家务农；女儿在镇卫生院工作，是合同工；儿子还在学汽修。女儿和儿子均不会干农活，也不愿意干农活，因为干农活又苦又累还挣不着钱。WFZ 家有 10 口人，虽然已经分户，但是还在一起住。2013 年，WFZ 60 岁，她丈夫 63 岁，主要在家盘田，两个儿子户口在家，但常年在安宁做汽车修理工作。

　　从以上几户人家来看，子女都不会干农活，也不再关心农业生产，老年人成为主要的农业劳动者，他们在家管着农田，经营农田。

　　KJH 家里有 6 口人，其父 1947 年出生，其母 1953 年出生，KJH 1977 年出生，家里还有妻子和两个儿子，一个儿子 13 岁，另一个 9 岁。2013 年，我们调研时，KJH 的父母在家盘田，他们将盘田当成一种运动和消遣；KJH 在县交通局公路段当司机，是合同工；妻子在县城开茶叶店（一楼卖茶，二楼喝茶，三楼打麻将）。WJF 家里共有 8 口人，WJF（60 岁）、丈夫（69 岁）、大儿子（39 岁，小学毕业）、大儿媳、二姑娘（38 岁）、小儿子（34 岁，初中毕业）、大孙女（9 岁）、小孙女（2.5 岁）。WJF 和丈夫主要盘田；大儿子做建筑杂工；儿媳在超市打工；小儿子农忙在家帮忙，农闲外出打工，以打零工为主。这两家人的劳动力情况是禄村劳动力的典型。一般情况下，老人在家盘田，年轻人外出打工。多数年轻人会在农忙时节抽空回家帮老人干农活。目前，从事农业的劳动力有的已经 70 多岁了。

　　LRH 和 LCL 家有 5 口人，虽然夫妻二人以种田为主，但还要做小工，冬天拉蜂窝煤卖。YG 家有 3 口人，YG 1964 年出生，家里还有妻子、小女儿。YG 出过车祸，不能干重活，在家种田、养猪，偶尔出去帮别人家砌墙。妻子在昆明做家政，小女儿在禄丰城里打工。YJL 家里共有 3 口人，YJL 1945 年出生，妻子 1952 年出生，还有他 80 多岁的母亲，YJL 65 岁前在县里做建筑工，由于年纪大了，担心安全，65 岁后回家务农，妻子在家盘田。从上述情况可以看出，即使农业是主要的职业，他们有时间的时候也要打零工，赚农业之外的钱。年轻劳动力主要从事非农工作，只有年老、体弱的人才回家经营农田。

　　GYP 有两个儿子，大儿子 1984 年生，在昆明打工；小儿子 25 岁，在电信公司打工。2005 年，GYP 开始在禄丰城里当环卫工，在去环卫站前，GYP 只管种田。她的丈夫搞建筑，认识几个外省老板，多数工程都是给外省老板做的，比跟本村人做要累，但划算。TXQ 1966 年出生，在家种地、照顾家里；她的丈夫 1962 年出生，开三轮摩托拉客人，还收废铁、纸板，早上起来出去，晚上回来。儿子初中毕业后一直在昆明打工。这两户人家的一个共同特点是，妇女最后才离开农业，最初男性劳动力外出务工时，妇女仍然在家种田。

YBR 1960 年 1 月出生，一家 6 口人，5 口人都在外打工。2013 年，我们调研时，YBR 的小儿子在 WJG 的电瓶厂工作。YBR 在酒店当过两年厨师，2013 年 5 月开始到酒店当保安。他的大儿子在外当司机（在牛奶批发部开车），大儿媳妇在松园中学煮饭，他自己的媳妇在家盘田。

禄村青壮年劳动力已开始向农业之外的产业转移，仅有极少数青壮年劳动力还在从事农业劳动，老年人则多在家从事农业劳动。年青一代或是其下一代基本不会干农活，当前和今后，也都不会投身农业。从性别上看，男性劳动力主要投身农业之外的产业，仅有少数因病，或者年龄不适合从事农业之外劳动的人才会投身农业。妇女最初坚守家庭，并经营农田，但现在也逐渐开始脱离农田和农业，转向农业之外的产业。禄村人在劳动力利用方面，越来越多的转向农业之外的产业。在这个过程中，40 岁以上的劳动力，多数是从农田中走出来的，他们逐渐脱离农田和农业；而 30 岁以下的劳动力，他们中的绝大多数与农田没有任何关系，他们也没有干过农活，他们是从学校毕业后直接到非农产业工作的一代人。

日子好过的农户主要是因为有固定职业、有手艺或包工程等。而日子不好过的主要是从事传统农业的农户。尤其是种果树，一点出路都没有。在气候条件对农业生产不利的年份，连过日子都有些难。正因为农业收入低，越来越多的劳动力脱离农业，转向其他行业。

3. 多数劳动力没有完全脱离农业

农业老龄化、女性化已成为禄村劳动力利用的主要特点。多数家庭都说年轻人不会种田，且初中、高中、大学一毕业就外出打工，因此，禄村年轻人不会再经营农田。可以说，大多数禄村家庭的劳动力都转向了非农产业。但他们中的大多数人也没有完全脱离农业。LBF 家里共有 5 口人，LBF（1939 出生）、他的妻子 GYC（1948 年出生）、大儿子（42 岁，初中毕业）、儿媳（36 岁）、孙女（16 岁）。LBF 已退休，原为德钢车队队长。大儿子是德钢的驾驶员（正式工）；儿媳在德钢开航吊（正式工）。2013 年，我们调研时，LBF 74 岁，在家务农，种家里其他人的承包地。一个没有承包地的工厂职工，"退而不休"，从工厂退休，又到农田劳作。LBF 小的时候在家干过农活，成年后到工厂上班，退休后又回到农田干活。

对于大多数的禄村人来说，开始投身农田和农业，后又逐渐脱离农田和农业，转向其他产业。而当年老、体弱不适合从事其他产业后，又回归农业，继续发挥余温，为家庭提供粮食、蔬菜等基本农产品。虽然脱离农田和农业是一个大的趋势，但对大多数外出务工的禄村人来说，仍然没有完全脱离农田和农业，多数青壮年在农忙时还是会回家干农活。即使目前一些年轻人没有从事农业，但当他们老了，也极有可能拿起自己从未碰过的锄头、镰刀，从零开始，经营农业，但前提是家里还有农田。

四　农田与劳动力利用

农田曾经是禄村劳动力利用的主要场地，全村劳动力都被称作农业劳动力，这在人民公社前期是全村劳动力利用的典型写照。但在人民公社后期，随着烧瓦的开始，以及建筑队的建立，部分劳动力开始离开农田。家庭承包经营后家庭作坊获得重生，手艺人也获得了新生。部分劳动力在务农的同时，开始回归手艺人行列，这使他们能够凭借特殊的手艺讨生活。而城镇的快速发展，土地的征用，让更多的劳动力转移进城，从事工业、服务业等行业。总体来讲，农田在禄村劳动力就业中的贡献正在削弱，且有进一步削弱甚至消失的可能。农田与劳动力利用之间的关系有以下几点。

1. 农田制度变革使劳动力与农田关系不再紧密

在人民公社时期，禄村农田由集体统一经营。表面上看，劳动力与农田关系没有那么紧密，是因为劳动力的使用由集体统一安排，家庭每个成员不知道自己会在哪一块土地上劳动。但农田集体经营与劳动力使用的集体安排制度，以及打击"投机的市场行为"，使得绝大多数劳动力不能脱离农田。即使开始出现烧瓦、建筑队，那也只是少数禄村人从农田中脱离出来，由于农田的集体经营和劳动力的集体安排的生产方式使绝大多数禄村人被束缚在了农田里。

家庭承包经营的确立，建立了家庭安排劳动力与农田的家庭经营制度。从表面上看，家庭劳动力与农田之间的关系更加紧密。实际上，在家庭自主使用劳动力和自主农田经营的背景下，劳动力向非农行业转移的自由度有所增加。而劳动力向非农行业的转移与专业化分工的发展，推动了部分农田经营权的流转。虽然禄村农田经营权规模化、规范化流转的面积仅有 40 多亩，但农户间私下流转的情况较普遍，其原因是部分家庭劳动力向非农行业转移，从事农业的劳动力越来越少。承包地"三权分置"制度的确立，建立了更加自由的家庭劳动力利用制度。禄村家庭，完全可以通过农田经营权流转，使劳动力完全脱离农业。所以说，农田制度变革使劳动力与农田之间的关系不再紧密。

2. 农田的低收益迫使禄村人离开农田

家庭拥有自主安排劳动力的权利，拥有自主安排农业生产的权利和自由选择从事工作的机会，这些因素奠定了禄村劳动力转向非农行业的基础。但真正让禄村劳动力从农田转向其他行业的原因是，农田数量有限和低收益的推动，以及其他行业高收益的吸引。包产到户时，禄村每人分得的农田，最多不超过 2.5 工（约合 1 亩），一家人经营着几亩薄田，刚开始，种点粮食能够勉强度日。但随着劳动力成本、农资成本的大幅上涨，种粮食仅够自己吃，有时甚至还要亏本，种蔬菜还可能有点收入，但蔬菜得每天去卖。这样的收益状况，迫使禄村人不得不离开农田，到其他行业去挣钱、讨生活。与此同时，城镇和二三产业的快速发展，对劳动力的需求增加，加之高于种田的现金收入，导致越来越多的禄村劳动力从农业转向其他行业。

3. 农田征用迫使劳动力与农田分离

伴随着改革开放和金山镇城镇化的推进，大量的农田被征用。尤其是 2013 年以来，金山镇在推进河道治理、市镇交通基础设施、市镇公共服务基础设施建设时大量征地，致使部分禄村家庭彻底失去了农田。失去农田的家庭，其劳动力不得不转向其他行业，否则就意味着失业，成为失地、失业农民。2016～2017 年，禄村享受农业综合补贴的农户数从 362 户减少到 357 户，有 5 户村民在土地征用中失去了土地。

当前和今后一段时期，禄村还会有更多的土地被征用，这将导致大量失地农民的出现，将会有越来越多的劳动力转向农业之外的行业，这可能是接下来一段时期禄村职业分工与劳动力利用的特点。但这一趋势也有一个终点，其与禄村劳动力转移的最大限度有机契合在一起。这个最大限度，是职业农民的数量与劳动力转移的底线。现在就可以看出来，10 多户禄村人靠种田和养殖为生，他们已逐渐走向专业化，即使农田被征用完，他们也会因为热爱或者擅长农业而寻找出路。他们可能不会因为农田被征用而放弃农业。

4. 不会干农活迫使新一代禄村人告别农田

在禄村调查中，20世纪六七十年代出生的禄村人普遍反映，娃娃们基本不会干农活。因为他们基本在初中、职中或中专毕业后就外出打工了。而1980年代出生的禄村人的子女，更不会干农活。他们将来毕业后，也不可能再去学干农活。总之，新一代禄村人，尤其是1990年以后出生的禄村人，基本不会干农活。由于不会干农活，他们不得不离开农田，从事与农田无关的产业。

可以说农田制度变革，建立了以家庭为单位的劳动力分配与使用机制，劳动力自由流动的自主权增加。同时，按劳分配制度，鼓励更多禄村人通过辛勤劳动走上致富路，这使在农业上就业不充分的勤快人转向其他行业，以实现充分就业。更重要的是，以市场为基础的劳动力配置机制的逐渐建立，对农村劳动力转移的需求极大。在这样的背景下，面对农田就业的不充分、低收益，越来越多的禄村劳动力转向农田之外的高收入行业。而农村土地征用，也推动着部分家庭劳动力向其他行业转移，尤其是完全失去土地的家庭不得不转向非农行业。近年来，新一代禄村人不会干农活，即使有田也不会经营，又迫使他们到农业之外的其他行业就业。

简单讲，禄村劳动力从农田转移出来有主动和被动之分，主动转移是因为农业效益低，其他行业收益高。被动转移，一方面是因为农田被征用，劳动力无用武之田地，另一方面是因为无刨地之本事。在这个背后，往往还与传统的职业偏见相关。新一代禄村人为什么不会干农活，并不是他们没有机会学习，而是农民这个职业被人看不起。吃公家饭，当工人看起来要光鲜一点。所以，禄村人希望自己的下一代努力读书，不再当农民。而老一辈禄村人可以不再当农民，是因为社会提供了更多的就业机会，且进入这些职业的门槛并不是那么高。从这个角度来讲，国家制度建设为劳动力的利用方式和方向奠定了基础；经济社会的发展提供了更多的就业岗位，为劳动力的流动创造了条件；农田占有的多寡和劳动力在农田上的使用，以及非农行业的较高收益，加快了劳动力向非农行业转移的步伐。

第七章　家庭生计

禄村的不同家庭，其生计途径和方式也都不一样。但有一点是一致的，就是不管家庭生计途径和方式有何不同，都在为维持不断提高的家庭支出水平，以及适应随时能够拿出现金的支出方式努力劳作着。这既与禄村经济社会发展水平、禄村所在的金山镇的经济社会发展水平相适应，又与禄村不同家庭消费方式的改变相适应。在不断提高的支出水平和随时需要的现金消费面前，农田季节性收入、实物收入，以及低收入的特点，导致其在禄村多数家庭生计中的贡献在下降，在不久的将来，农田在多数禄村家庭生计中的贡献将彻底消失。

一　生计途径与方式

（一）经营农业

经营农业是禄村传统的、也是最重要的生计途径之一。经营农业有专营和兼营两种情况。

第一，专门以农业为生，这样的生计模式在禄村越来越少。4 组村民 WFP 一个人经营着 3 亩农田，主要种植韭菜、薄荷、枸杞等，她在禄丰城里有自己的摊位，种植的农产品基本上都用于出售。一般头天（前一天）下午将菜采摘好，第二天早上拉到城里卖，中午卖完才回家。一个人种植蔬菜，就不再从事其他的工作了，完全依靠农田经营为生。

7 组村民 WXL 1956 年出生，一家 5 口人，人均 2 工田，2013 年有 4 个人的田，共 8 工田。WXL 因血压高、手臂疼，无法再打工，而两个儿子在外打工，夫妻俩就以种田为生，大春种 6 工田苞谷，2 工田水稻。粮食够他们自己吃，不用买；苞谷还可用来喂猪。闲田用来种菜，每个星期有 2～3 天，用三轮车拉一车菜 20～30 公斤去卖。2013 年 7 月，一个星期卖一个早上。夏季主要是瓜尖，冬季主要是芥蓝。一年卖菜收入有 5000 多元，平均一个月 400 多元。除了种田外，WXL 家里还养着 5 头猪。前几天才卖了两头，180 公斤、110 公斤各 1 头，约 13 元/公斤。他家还养了 200 多只鸡，小鸡养在房顶，大鸡养在小院子里（房后有一个小院子）。

除了本地人，还有一个呈贡的老板、一个禄劝的老板在禄村"种田"。他们以经营农业为主要生计途径。呈贡人共租地 26 亩，2009 年到禄村租田经营，每天请十一二个工。菜苗是从呈贡拉来的，菜收获后，再拉到呈贡去卖。效益好的时候，一年赚 10 多万元；效益差的时候，也可能亏本。禄劝种菜的两人是表兄弟，合伙种韭黄，2014 年才到禄村来租地经营，租了 28 亩地，赶上这几年价格好，40 多万元的投资已基本回本。

从事养殖业，也是一部分禄村人生计来源的重要途径。全村规模养猪的有 10 户左右，对于这几户人家来说，养猪是他们的主要生计来源。其他还有养鱼、养兔子的农户。2013 年，我们调研时，DYK 夫妻二人从事养兔子工作有四五十年了，1 年能有 5000~6000 元的收入。在 DYK 的眼里，"当干部不如养小兔，当支书不如养母猪"，养兔子一直是他们的主要生计途径。4 组 WFM 的父亲 1998 年左右开始养猪，2005 年 WFM 帮助父亲在自家田里盖了大棚猪圈，顶是塑料的，地面是砖砌的，共花费 3 万多元。2013 年，WFM 正式从父亲手里接过养猪的生意。一年养两拨，饲料、药主要通过网上购买，用量少的时候才到市场上购买。2018 年 1 月，存栏 26 头猪，15 元左右每公斤，预计他的收入在 6 万元。2017 年，WFM 已卖过 13 头小猪，每头小猪重 20 公斤，每公斤的价格为 40 元，收入 10400 元。遇到猪价高的时候，一年能赚五六万元，但 2017 年的收入估计只有三四万元。WFM 原来也在昆明打工，但现在他认为养猪比打工好，虽然收入差不多，但外出打工不行，"田上边的挖，田下边的挖，田就没有了"（意思是打工收入扣除开支以后所剩无几）。2018 年，我们补充调查时，WFM 已经拆除了一个猪圈，只剩下一个大棚猪圈。因为社区管委会规定不准再扩建猪圈，WFM 只能考虑将养殖场往山上搬，这样租金就会高一些，否则他只能放弃养猪。2018 年，WFM 已经 42 岁了，像他这样的禄村人，如果农田不被占用，会一直以养猪为生。

3 组的 YDK 家里共有 7 口人，2013 年，YDK 已 70 多岁，妻子也已

60 多岁，儿女都在外打工，家里只有老两口，他家有 1.2 亩农田，收入及生计来源主要依靠租地养鱼。YDK 已有 30 多年的养鱼经验，租本村 3.6 亩水田养鱼，每年能有 1 万多元的收入。老两口不能外出打工，种地又没精力，所以，养鱼就是他们的生计来源。

简单来说，以经营农业为生，起码得具备一个条件，农业可以满足自己的吃穿住行。例如，WFP 通过经营农业能够获得日常花销所需的现金，并购买自己吃的粮食；WFM 养猪能够获得可观的收入；而 WXL 夫妻，自己种粮食自己吃，种菜是为了赚取日常花销所需的现金。

第二，兼营农业，将农业作为一种辅助生计方式。这种情况在禄村最普遍，大多数家庭，只要有农田，农田能够被灌溉，都会根据自己的实际情况，经营一部分农田。种树当年基本没有收益，即使核桃和水果都已挂果。按照 WJX 的说法，这几年，山区退耕还林面积大，多数土地种上了果树，梨 1 元 1 公斤都卖不掉，送人也送不掉，家家都有。所以，兼营农业成为生计途径或方式，更多不是为了现金收入，而是收成，收了粮食、蔬菜，就不用到市场上去买了，这是一种自己生产生活必需品、消费品的生计方式。

在劳动力利用部分也提到，绝大多数家庭的劳动力都从事非农工作，家庭的收入也以非农收入为主。但他们仍然没有舍弃农田。关键在于农田为每个家庭提供了一些生活必需的食品（包括粮食和蔬菜），以及养猪、鸡的饲料，这有效减少了家庭现金的支出。所以，兼营农业成为多数禄村家庭的生计途径之一。

（二）打工

在劳动力利用部分笔者就曾提到，目前，禄村 55 岁以下劳动力，除在社区居委会坐班的社区干部外，多数都在打工，有去远地方的，也有在城里打工的。同时，也有在村里跟着建筑老板干活的，还有帮别人种菜、收菜的。打工已成为禄村最主要的生计途径和方式。例如，4 组的 WQ 一家，共有 6 口人，其中 4 口人打工，WQ 的父亲在电瓶厂看厂房，一月大约有 1500 元收入；她的丈夫是钢材厂的正式工，一月收入 3000 元左右；她自己在钢铁厂做合同工，工资是一月 1800 元；还有她的母亲，平时爱在村庄附近找活干，一个月也有 1200 元的收入。全家打工的收入占了家庭总收入的 80% 以上。ZBF 认为，一亩田若地好、管理好，大春最高能有 3500～4000 元的毛收入。但若是外出打工，建筑工一个人一天就可获得 180～200 元，而到工厂、饭店、超市等地方打工每人每月也能有 1200～1500 元的收入。因此，越来越多的村民愿意从事这些比起种田来要轻松、干净且收入相对高的工作。

从调查情况来看，35 岁以下的村民主要从事运输业、服务业，而 35～55 岁的男性主要从事建筑业。外出打工主要到昆明、广东、浙江等地，也有少部分人出国，到缅甸等地。从外出的类型看，有年轻人外出、家庭主要劳动力单人外出以及举家外出。村民外出的目的也不尽相同，有些为了见世面，有些为了赚钱，有些为了孩子和家庭有更好的发展。在外出群体中年轻人居多，但是也不乏一些中老年人，尤其是从事家政服务行业的人员，有些甚至已经 60 岁了。外出人员分散在家政服务、建筑、销售等行业。禄村的年轻人在外面很难有完全站得住脚的，他们一般在结婚年龄就回家。之后，有些选择就地打工，有些则继续外出，成为家庭的单人外出者，或者携带家人一起外出，成为举家外迁者。

WJX 的小儿子在外打了 10 年工，曾经到过缅甸等地帮老板做木材生意，也学会了很多技术，不仅会用切割机，还可以熟练的分解木材。当时 WJX 的儿子还没有结婚，他对儿子说："你现在一味在外面瞎忙是不行了，人的青春就只有 20 多年，要回来了。"当时虽然老板挽留他，但 WJX 的儿子还是回来了。WJX 跟儿子说："你是无路可走了，你土地也没有，3000 元也白搭了（当时花了 3000 元钱购买城镇户口，并将'面份田'退还给了集体），现在学得了木活技术，可以自己干了。"WJX 建议儿子搞家具加工厂，但加工厂的证件办了三年也没有办下来。后来，恰好川街一个木材老板要转卖加工厂。于是，WJX 的儿子买了他的证件，接手了他的加工厂。当时接手工厂的钱，都是借的。

外出打工不一定比在家收入多。从工资水平上看，似乎更多，但是外出的生活成本更高，自己获得的纯收入更少。就近打工可以兼营农业，生活成本低，加上打工收入，实际收入可能比外出打工要高。但是为什么还会有那么多人往外跑呢？主要是社会性收益高。对于年轻人来说，见世面、多交朋友比赚钱更重要。他们通过外出，拓展此后生活的收入渠道和社会关系。且在外出的过程中，完成自己的婚姻大事。近年来，禄村的外来媳妇和远嫁的人越来越多。要在本村、本地找到媳妇是一件困难的事，除非家庭条件很好。

（三）经营家庭作坊

在禄村，经营家庭作坊是少数家庭的生计来源和生计方式。笔者在劳动力利用部分曾提到，全村有 3 家榨油坊，豆腐加工户 10 户。他们是小手工业者，凭借自己的手艺，经营着手工作坊。1 组的 DSG，他的儿子、女儿已成家，都在外工作。自己靠请工种了 1 亩田，其他的分给了姐姐、妹妹家种。DSG 以魔芋豆腐加工为生。魔芋豆腐加工技术是 1983 年前后他到楚雄学的。2013 年，我们调研时，DSG 夫妻两人均已 58 岁，每年收魔芋 7 吨左右，禄丰一中和附近的小学都订 DSG 家的魔芋豆腐，一天平均 30 公斤。最多的时候，DSG 家供 3 个学校食堂，每天 60 公斤，已给学校供货有 10 年了，都是 DSG 用车免费送。此外，他还每天在市场上卖 40 公斤左右，这样算下来，DSG 家每天至少卖魔芋豆腐 80 公斤。同时，他还打豆参，每年有青黄豆的时候就开始打。2018 年，我们再次调研时，夫妻两个都已 63 岁，土地仍然自己种 1 亩，其他的给妹妹家种一部分，出租给别人种一部分。前几年每年能卖 3 ~ 4 吨魔芋，2017 年只卖了 1 吨魔芋，价格为 5 元/公斤。多数被人收购卖给楚雄魔芋厂，价格为 7 元/公斤。工厂将收来的魔芋打成粉出口到国外。学校已经三四年不订货了，现在每天煮一桶，差不多 24 公斤，能卖 120 元。从 2016 年开始，他们收花豆、白豆，将其煮熟了去卖。夫妻两人都表示，做魔芋豆腐每天 3 点就起床，再干两三年可能就干不动了。听 DSG 讲，自己干不动后，如果侄儿们想学，会教给他们。如果不想学，就没办法了。从中可以听出，他支持以摩芋豆腐加工为主的生计方式。

3 组的 LGL 47 岁（2013 年的时候），家里共有 4 口人，他家主要以榨油为生。每年 4 月中旬至 7 月中旬榨油，年均可以榨 60 ~ 70 吨菜籽油，加工费为 0.5 元/公斤；他们自己会买入 30 多吨菜籽，榨油卖，菜籽油卖价 19 元/公斤，菜籽价 7 元/公斤，加上房租 3000 元/年，榨油带来的年均纯收入约 5 万元。

经营家庭作坊有一个好处，往往都是自有房屋和场地，买进农产品，加工后销售，这使经营家庭作坊的村民能够照顾到家。所以，多数经营家庭作坊的禄村家庭，还经营少数的农田，为自己提供必要的农产品。同时，对于豆腐加工户来说，还可以用加工废料搞养殖。

（四）经商

在禄村，经商也是重要的生计方式，尤其是对于经纪人家庭来说，他们主要靠倒卖农产品和钢材生活。在禄村，以经商为主要生计方式的家庭也很少，不是禄村人不够聪明，而是禄村农田经营不成规模，也没有特色农产品品牌。以农业经营为主要生计途径的家庭，农产品的销售以自找门路为主，本地种蔬菜的家庭在金山镇农贸市场租一个摊位，自己去零售；或是自己拉到金山镇的哪条小巷子口，将蔬菜卖给路过的人。外地人种蔬菜都有自己的销售门路，呈贡种菜人直接将蔬菜拉回呈贡批发给客户。在没有农产品可以倒卖的情况下，禄丰县每年雨季山林里都会出的野生菌就成了少数家庭倒卖的商品，邻近的德阳钢铁厂的钢材也是他们主要倒卖的商品。但总体来说，这只是极少数家庭讨生活的方式，更多的禄村人没有选择这个行当，因为这一行需要有丰富的市场知识和经验。

（五）开小卖店、茶室

开小卖店是禄村私营业主家庭生计的重要来源，在外开店的家庭我们没有做过专访，具体经营状况不清楚。在村内开小卖店的4户人家中，移动公司的服务门店是靠服务量来赚取报酬的。另外3家，店里面的商品数量不多，品种也不多，以学生用品、玩具、小食品和日常生活用品为主。光顾的人也不多，一天多时几十个人，营业额几百元；少时几个人，营业额几十元。开小卖店还能经营农业，一举两得。如果仅靠开小卖店，难以负担家庭生活开支。这并不是因为禄村人不多，也不是因为禄村人不买东西。而是禄村离集镇太近，且多数禄村人就在镇上打工，有的就在大超市打工，集镇上的商品价格低，还经常搞优惠活动，大家回家时就把需要的东西买回来了。所以，在禄村开小卖店，生意并不好，只有学生放学时，生意才会好一点。

禄村开茶室的家庭有3户，说是茶室，实际上就是麻将室、扑克室，收入的高低与麻将桌数量、收费标准、到茶室打麻将和扑克的人数有关。

春节前后人数多，收入高；农忙时人数少，收入低。这 3 户家庭收入从每月 200 元到 1000 元不等，仅够贴补日常生活。

（六）其他生计途径

除了靠劳动获得收入外，禄村人还有一些其他的生计途径，例如，土地征用时的补偿和安置费，这虽然是很大的一笔收入，但这并不是源源不断的，而是一次性或偶然性的，当土地被征用后，就没有了。这项收入的多少与被征用土地的多少、国家补偿政策及村民自己在土地上的经营有着直接关系。所以，禄村人也想尽办法来经营自己的土地，以期在征地时获得最高的补偿。

农地经营权流转也是禄村人的生计途径之一。农地经营权流转获得的收益每亩每年最高可达 1300 元。例如，出租给禄劝老板的土地。而其他在本村内流转的土地，每亩每年只有 1 包（50 公斤）大米作为流转费。少数亲戚间的托管甚至是没有收益的。

此外，种粮补贴、农业综合补贴、低保也是禄村人的生计途径。与农业相关的补贴受限于承包地的多少及国家补贴标准。2014 年，禄村户均获得农业综合补贴 387.1 元，各小组土地面积及水稻种植补贴情况，如表 7-1 所示。

表 7-1　2014 年禄村各小组水稻面积及种植补贴情况

小组	水稻面积（亩）	补贴金额（元）	农户数（户）
1 组	254.90	21580.60	49
2 组	226.06	19124.68	49
3 组	263.98	22331.86	52
4 组	188.59	15954.68	57
5 组	223.11	18874.70	46
6 组	158.88	13441.48	38
7 组	363.54	30756.06	76
合计	1679.06	142064.06	367

资料来源：根据大北厂社区管委会（当时的村委会）提供资料整理而成。

表 7-2 展示了 2016 年、2017 年禄村农业综合补贴情况。2016 年，

禄村 362 户村民，户均获得农业综合补贴 345.47 元。2017 年，禄村 357
户，户均获得农业综合补贴 244.26 元。虽然算不上多，但始终是禄村多
数家庭都有的一点收入。从表 7 - 2 也可以看出，2017 年享受农业综合补
贴的户数与 2016 年相比，减少了 5 户；与 2014 年相比，减少了 10 户，
那是因为禄村农田被征用后，部分家庭已完全失去农田，他们也就失去
了农业综合补贴这项收入。随着农地征用规模的扩大，在不久的将来，
多数禄村家庭将彻底失去农业综合补贴这项收入。

表 7 - 2　2016 年、2017 年禄村农业综合补贴情况

单位：元，户

小组	2016 年		2017 年	
	补贴金额	农户数	补贴金额	农户数
1 组	19006.81	49	20720.94	48
2 组	16879.13	49	18057.29	47
3 组	19557.82	50	21075.22	50
4 组	14429.94	58	15456.88	56
5 组	16474.97	45	17264.48	45
6 组	11774.76	38	12684.33	38
7 组	26937.45	73	29021.34	73
合计	125060.88	362	87201.85	357

资料来源：根据大北厂 2016 年、2017 年农业综合补贴统计表整理而成，缺土地面积。2016
年户数与 2014 年相比有所变化。2017 年享受农业综合补贴的户数与 2014 年、2015 年、2016 年
相比出现了减少的变化。

禄村仅有少数人有低保。2013 年，我们调研时，6 组有 11 人享受低
保，其中城市低保 4 人、农村低保 7 人。农村低保分为三档，最高为 110
元/月，而城市低保已经达到 200 元/月。2013 年，我们调研时，禄村有
67 人享受低保。2018 年，我们调研时，禄村有 112 人享受低保，其中，
城市低保 63 户、78 人，补助标准每月从 140 元到 350 元不等；农村低保
16 户、34 人，补助标准分为三类：A 类每月补助 220 元，B 类每月补助
160 元，C 类每月补助 110 元。禄村贫困户较少，仅有 6 户、20 人，所
以有低保的人数也相应少一点。

除了低保以外，年满 60 岁的老年人，2018 年的基础养老金已达到

75元/（月·人），一年900元/人。WJX老两口每人每月可领75元的基础养老金。

二 收入情况

（一）收入水平与结构

据统计，2017年禄村所在的北厂村民委员会（虽已改称社区，但统计报表上仍然使用村委会）经济总收入26397.33万元，其中出售产品收入16138.41万元；从经营形式上看，26397.33万元全部属于家庭经营收入。从行业来看，农业收入1410.37万元，其中种植业收入1410.37万元；林业收入191.78万元，其中出售林业产品收入168.72万元；牧业收入1909.38万元，其中出售牧业产品1342.59万元；渔业收入12.65万元；工业收入13942.35万元；建筑业收入444.16万元；运输业收入6183.72万元；商饮业收入1632.46万元；服务业收入605.57万元；其他收入64.89万元。总费用21028.7万元，其中生产费20603.14万元，管理费425.56万元。净收入5368.63万元，其中农民外出务工收入827.77万元。全村可支配净收入总额6196.4万元，外来人员务工收入43.26万元，农民经营所得6153.14万元。农民从集体再分配收入99.26万元。农民所得总额6252.4万元，农民人均所得17864元。在集体外获得转移性收入87.99万元。据村党委书记介绍，禄村在北厂村委会是经济发展水平较高的，务工收入所占比重也较高。所以，禄村人均收入水平要高于整个村委会的平均水平。

但在禄村内部，收入差异较大。据村民估计，家庭资产超百万元的农户不到10户，其中资产超千万元的有2户，是经营电瓶厂和经营沙灰厂的老板。其他资产在百万元左右的家庭是经营家具厂、摩托车修理厂的农户。这不到10户的家庭收入约占禄村总体收入的10%。而禄村年收入最低的家庭不足5000元。

按照收入水平来看，禄村家庭可分为五类。第一类是自己经营一定规模的非农产业的农户，有10户左右。第二类是进行普通专业经营的家庭，包括家庭榨油作坊、豆腐作坊、养鹌鹑、规模养猪、建筑包工头等，这些家庭收入不是很稳定，好的时候能够到10万元以上，经营不好的时候也就几万元。第三类是家庭有1~2个青壮年劳动力有固定的非农工作，老人务农，孩子上学。这类家庭在禄村占的比重较大，他们有些在禄村的电瓶厂有固定工作，有的是禄丰德钢厂的正式职工，有的在禄丰县政府事业单位有"铁饭碗"，这些非农固定工作的年工资一般在5万以上，因此，加上家庭的农业收入，家庭年收入接近10万元，他们通过代际或性别的分工，保持着农业和非农的稳定收入，维持着家庭的小康生活。第四类是平时务农、闲时务工的家庭，这样家庭的劳动力一般没有什么专业技能，也没有稳定、高收入的非农工作，只能就地做临时工。他们有些在工地做临时工，有些在县城的小酒店做服务员，有些在餐馆帮工等，他们的收入与每年从事的非农天数有关，干一天活拿一天工资，但是家庭的主要收入来源于农业。农业不仅提供粮食，还为猪、鸡提供饲料，家庭的多种经营维持的是相对"廉价"的生活。这些家庭的年收入一般在5万元左右，如果家庭劳动力多点，每年可以挣到8万~10万元。这些家庭处于低水平稳定状态，一旦家庭的成员生病或是有其他变故，家庭都会遭受致命打击。第五类是孤寡残疾家庭，这些家庭或只有1~2个老人，或只有一个老人带着一个残疾儿女，这样的家庭全村不下10户。这类家庭最大的特点是没有健全的劳动力，只能依靠农田上微薄的收入维持温饱。这样的家庭年收入最高不会超过1万元，一般只有3000~5000元。据村民估计，从事一些非农产业的家庭收入较高，如表7-3所示。

表7-3　禄村部分非农从业家庭收入情况

经营项目	户数	用工情况	产值
建筑公司（具有2级资质）	1户	（已出售）	每年收入资质费10万元
建筑包工头	6户	10多个	年产值百万元左右
沙灰厂（处理德钢沙灰）	1户	50人	上千万元
电瓶厂	1户	上百人	数千万元
商店、服装店	10户	家庭自营　约10人	10万元左右
摩托修理厂	2户	家庭自营　约10人	10万~20万元
油坊	3户	家庭自营　约7人	5万~15万元

续表

经营项目	户数	用工情况	产值
豆腐坊	2 户	家庭自营　约8人	5 万～15 万元

资料来源：根据访谈资料和统计资料整理而成。

而一般打工收入比自主经营非农行业的收入要低，具体情况见表 7-4。

表 7-4　禄村就地务工人员及收入情况

单位：元/月，人

工作情况	性别	工资情况	人数
在超市、服装店等做销售人员	女性	1000	30
在家政、宾馆、医院、学校等做服务人员	女性	900～1200	50
在村内帮人家种菜	女性（中年以上妇女）	800	20
本地建筑小工（无技术的）	女性	1000～2000	100
本地建筑泥水工（有技术的）	男性	2000～3000	30
德钢合同工	男性	2000～3000	30
德钢临时工	男性	1800	20
电瓶厂工人	男性、女性	1800	80

资料来源：根据访谈资料和统计资料整理而成。

（二）农田收入在家庭收入中所占的比重

农田收入在禄村不同家庭收入中所占的比重不同，单纯以经营农业为生的禄村人，农田收入所占比重较高，如 4 组的 WFP，只种蔬菜，用于出售，农田收入所占比重高，个人除农田收入外，仅有农业相关的补贴。在禄村，像 WFP 这样的情况越来越少。当然，在禄村租地经营的呈贡人，其家庭收入主要靠种田。禄劝人是表兄弟合伙，其中一人还在禄丰县城里卖电动车。

多数禄村家庭既种田，也有其他的收入来源。一些既种田，又打工的家庭，农田收入在家庭收入中所占的比重在不断下降。HRM 一家认为，一直在田里面苦的人，苦一辈子也不会有太好的生活，还是要从事非农劳动，才能过上好日子，像做生意、包工程，再不行有门手艺也可以。LRH 和 LCL 夫妻俩家里总共有 5 口人，他俩加上一儿一女和母亲。

家庭收入主要来源是卖粮食、养殖和做小工。2012 年，16 工水田收了 4 吨多谷子，以 2.85 元/公斤的价格卖了 3.8 吨，一共收入 10830 元。5 工荒田收了 1.5 吨的苞谷，全部都拿来养猪。2012 年养了两水（两拨）猪，每水 4 头猪，一共 8 头猪，卖掉 7 头，收入 8000 元左右。做小工两个人一天 130 元，一年做 100 天左右，一年收入 13000 左右。冬天的时候拉蜂窝煤，每次拉 500 块，1 天拉两次，收入 100 元。一年拉蜂窝煤 30~40 天，共收入 3000 元左右。2012 年，家庭收入 34830 元左右，农田直接收入占 31.1%。还没有考虑到农田经营的成本，如果算上成本，农田收入所占比重更小。

在禄村，像 LRH 家这样的情况越来越少了，大多数家庭的农田收入所占比重较小。2013 年，我们调研时，HZX 老两口自己种着 0.4 亩田（以前的秧田），以及 2 分田的菜，还养着两头猪、十几只鸡。老两口的收入中：门面租金 370 元/月，每年收入 4440 元；麻将室收入 200 元/月，一年有 2400 元；楼上房屋出租 100 元/月，每年收入 1200 元；城市低保 200 元/月·人，两人一年能拿到 4800 元；基础养老金 50 元/月，两人每年有 1200 元。0.4 亩田的粮食收入基本够吃，不用买粮；菜地里的菜主要是自己吃。全年收入 14040 元，农田收入所占比重较小。

农田收入所占比重小这一现象在 2018 年的禄村更加明显。DSG 家 4.23 亩地，自己种 1 亩。大春种水稻，小春一半种蚕豆、一半种小麦，蚕豆已被霜冻掉了，几乎无收入。大春收获 10 包谷子，700 公斤，碾了约 490 公斤大米。姑娘、儿子回来拿点，剩下的只够自己吃，没有多余的大米用于出售。他出租了 0.7 亩田，承租人用来种韭黄，租金为 1300 元/（亩·年）。DSG 的妹妹种了 1.18 亩，每年给他 100 公斤大米作为租金；他姐姐的儿子种了 1.2 亩，用来育核桃苗卖，每年给他 300 元。在老两口一年接近 30000 元的现金收入中，农田仅贡献了 1200 元。

1 组 WMY 家有 3.28 亩田，2017 年修路定桩，被征用 1.77 亩田，自己还有 1.51 亩。WMY 栽了 1.37 亩核桃树；剩下的田种点蚕豆，但因病害多、雨水多，死掉了很多。蚕豆收获后，剥豆米卖。他还种了 8 分地的油菜，其中有 4 分是种的他姐姐的地，收了油菜籽以后自己榨油。WMY 平时也搞建筑，做工的工钱为 150 元/天，如果是自己包来工程，每天 180 元也是有可能的。2017 年，WMY 家经营农田的现金收入主要就是卖冬蚕豆，据说不到 1000 元，仅相当于其打工五六天的收入，在家庭收入中所占的比重非常小。

YBR 家以打工为主，农田现金收入所占比重更小。大儿子是德钢的正式职工，保底工资为 2600 元/月。小儿子 26 岁，和其妻子一起在妻妹家做工，小儿子的工资为 3000 元/月、他妻子的工资也有 1000 多元/月。YBR 在德钢当临时工，工资为 2000 元/月。他的大儿媳妇是黑井的，在昆明西餐厅打工。禄丰一中占地后，他家只剩下小儿子 1 工 7 厘的田，夏季种苞谷（因为改河道，抽不成水，只能种苞谷），小季荒着。此外，YBR 家还种着 WXZ 家 2 亩左右的田，每年给 WXZ 家 100 公斤大米。2017 年，YBR 家种了苞谷，没有种谷子，还得买米交给 WXZ 家。YBR 家种苞谷是为了养家里的两头母猪。2017 年，YBR 家将养的两头母猪以 14.5 元/公斤的价格卖掉了，共收入 4650 元。全家一年打工收入至少 9 万元，农田上的现金收入几乎没有，所占比重非常小。

在禄村，除完全以农田为生的极少数家庭外，农田现金收入在家庭收入中所占的比重随着家庭收入的增加而下降。家庭收入越高，农田现金收入所占比重越小。一方面，农田数量有限，农业效益不高，农田没有太多现金收入。另一方面，大多数禄村家庭种植粮食不是为了卖，而是为了自己吃。所以，谈不上现金收入，有的甚至是亏本的。2016 年，大面积种植核桃树后，可用来种植粮食和蔬菜的土地面积进一步减少，农田现金收入在家庭收入中所占的比重进一步下降。

三　家庭支出

（一）日常生活

日常生活支出最多的是买蔬菜。自 2013 年以来，禄村人生活方式发生了一些变化，日常生活支出逐年提高。2013 年，LRH 家一家老小 5 口人，两个孩子平时在学校吃饭，周末放假回家吃饭，夫妻二人平时打工，在家吃饭的时间也很少，日常现金开支每年约 3000 元，人均仅 600 元。WXL 家 4 口人常年在家吃饭，蔬菜、大米自己供应，每年日常支出 5000 多元。HZX 老两口平时吃的蔬菜自己种，生活费每月 300 元左右，一年约3600元,人均150元/月。2018年,WJX家常年在家吃饭的是老两口与小孙女,他们种着0.1亩的菜地,基本不用买菜。

最近几年,多数家庭开始购买蔬菜,日常生活支出增加。很多家庭因为粮食和蔬菜都是自己家生产的,在计算家庭开支的时候经常不将这部分支出计算在内。但实际上,这些是家庭的重要开支,在部分以农业为主要生计来源的家庭,这部分甚至是核心开支。WMY说,自己家最近两三年开始买菜吃,4个人在家吃饭,小菜一天10~20元,一年下来就是五六千元。过完年到清明节这段时间,小菜贵,青菜也卖到5元/公斤。YBR说,因为只有自己一个人在家吃饭,隔一两天买一次菜,一次11~12元,一个星期30多元,一个月下来就是100多元。SSY家自己种不到1分地的菜,不用天天买,一个星期最多买两三次,一次10多元。一个星期下来30~40元,一年下来也要2000元。DSG老两口在家,天天买小菜,一天7~10元,这其中不包括买肉的花费。有时知道村里人杀自己养的猪、牛,一次就买几百元的。一年仅买菜就要3000元左右,年人均蔬菜支出1500元左右。

按照这样计算,禄村人目前在日常生活中的支出主要是购买蔬菜,年人均1000元左右。家庭购买蔬菜的支出与在家吃饭的人数有关,人数越多,购买蔬菜的花费就越多。

除了蔬菜,禄村人在猪肉上的支出也大。对DYK夫妻二人来说,谷子是从自己儿子的田里收,老两口一年买70~80斤(35~40公斤)肉用来做腌肉,人均17.5~20公斤。老两口有时会在子女家吃饭,肉的消耗量要少一点。正常来看,禄村年人均消耗猪肉30~50公斤,这主要看从事的劳动强度及年龄。在肉类上的支出,与家庭是否养猪有关,养了猪就只买点鲜猪肉,一般这部分支出就少;如果没有养猪,在肉类上的支出就多些。同时,也与家庭劳动力从事的工作及是否在家吃饭相关,从事建筑、体力活的消耗量大,孩子在快速成长期,又在家吃饭,消耗量也大。所以,这部分支出就要多些。肉类上的支出与猪肉的价格波动也有关,这几年,猪肉价格波动较大,价格高的时候每公斤要30多元,价低时每公斤13元左右,家庭在猪肉上的支出变化也较大。HHZ家一年买菜、买肉最低6000元,平均每月500元。亲戚朋友来,买的会更多,开销大的时候要8000~10000元。WJF家8口人,其实是三家人,大儿子家、小儿子家和老两口，大儿子盖房子的地方以前是猪圈，往年都养 4～5 头猪，现在没有地方养了。就种点菜，小菜不用买，买点肉、买点油盐，一天需要 20～30 元。这样的生活开支使老两口"耐不住"。因为年轻人不交伙食费，只是时不时买点菜回来。以前老倌不生病的时候，WJF 还去呈贡人租地种菜处帮工，一天可以挣 60 元。现在老倌病了，娃娃上学需要接送，她哪里都去不了，什么都干不了，所以生活压力很大。

ZTX 家里有 5 口人，自己、儿子、儿媳、大孙子、小孙子，两个孙子上学，周末才回家吃饭，平时吃饭还有请来做豆腐的侄女，共 4 个人。家里不养猪、不养鸡、不种菜，所有吃的东西都靠买，一天差不多要 50 元，人均每天 10 元左右，一年一个人的日常生活支出要 4000 元左右。除猪肉外，没有种植菜籽的家庭还要购买香油，DYK 夫妻因为是老年人，生活清淡，一年买香油 20～30 斤，人均 10～15 斤，香油价格为每斤 10 元。一般家庭，人均 15～20 斤，人均支出 150～200 元。如果家里有人吸烟，这也是一笔不小的开支。YBR 吸烟，而且烟瘾较大，1 个月 4 条烟，每条 70 元（红塔山），一个月就要 280 元，一年下来要 3000 多元。

此外，日常生活中水电费也是一笔支出，HZX 老两口开着自己的茶室，每月电费 150 元，一年 1800 元；每月水费 26 元，一年 312 元，一年的水电费要 2100 多元。一般的家庭，每年的水电费 300 多元。除此之外，汽车、摩托车要加油，打电话的要交话费，家庭日常生活支出的项目越来越多，支出没有时间间隔，随时都可能有支出。而这些支出也越来越成为刚性支出，禄村人已经很难像 20 世纪 30 年代那样以"减少支出换取更少的劳累"。[①]

（二）生产成本

在禄村，不同的家庭，因为从事的行业不同，生产成本也不同。以农业为例，农业生产成本与家庭经营农田的面积和农作物相关。目前来看，在禄村本村人经营的土地上，核桃种植成本最高，但核桃树种植后，

---

① 费孝通、张之毅：《云南三村》，社会科学文献出版社，2006，第 110 页。

就不用每年都投入了。在一般的农作物中，水稻经营成本最高，每亩要420元左右，小麦和蚕豆成本差不多，主要是种子、农药和化肥钱，不计算平时自己的工钱，仅计算种和收时请工的钱，每亩300多元。油菜的成本更低一点，仅农药、化肥的支出，每亩要200多元。随着核桃种植面积的增加，农田征用面积的扩大，家庭年度农业生产成本支出越来越少。

2012年，以种植为主要生计来源的LRH家，农业种植支出11052元，养猪支出1450元。农业生产有一个特点，种植业的成本并非每天都投入，需要根据节令来安排生产，生产投入具有间断性的特点。与此相对应，收入上也体现出自身的特点，除种蔬菜可以每天采卖外，水稻、蚕豆、小麦，其收获具有时间性，并非天天都能出售。

而从事加工坊的家庭，如豆腐坊、榨油坊，都有成本。ZTX家豆腐坊每天的生产成本情况，如表7-5所示。

表7-5　ZTX家豆腐坊每天的生产成本情况

品种	用料（公斤）	价格（元/公斤）	成本（元）
新鲜豆腐	45	6	270
霉豆腐	27	6	162
豌豆粉	10	4.5	45
米粉	8	6	48
合计	—	—	525

资料来源：根据ZTX访谈信息整理而成。

表7-5仅计算了豆子的成本，每天支出525元，还没算侄女帮忙做豆腐的工钱、自己和儿子的劳动付出，以及每年的摊位费1.6万元、每天45元（按照每年360天算）；每月200元、每天约6.5元的电费；每天15元的木材费；每天12元的煤钱；每天8.4元的水费。这样计算下来，按照ZTX所说，每年做豆腐360天，每天的成本要600多元，每年的成本要20多万元。

做魔芋豆腐的DSG家，前几年每年能收购三四吨魔芋，2017年只买了1吨魔芋，每公斤5元，成本5000元。实际上，DSG家每天煮12公斤魔芋，成本为60元；煮4公斤白豆，每公斤9~10元，要36~40元；

煮 4 公斤花豆，每公斤 9 元，要 36 元。一天的生产成本大约为 130 元左右，这不不算水电费和劳动力付出。

2016 年，ZTX 花 6800 元买了 2 台新式榨油机（一台 3800 元，另一台 3000 元），他专心经营榨油坊。新买的榨油机有自动升降装置，可自行投料，也不用人工拿油枯，且出油率高，可达 36%。每年扣除机器的损耗，净收入有 8 万 ~ 9 万元（含夫妻俩的工钱），由于菜籽价格是变化的，每年加工量和收购量不同，投入的生产成本也不同。ZTW 家近五年榨油成本投入情况，如表 7 - 6 所示。

表 7 - 6　ZTW 家近五年榨油成本投入情况

年份	菜籽价格（元/公斤）	油价（元/公斤）	年加工菜籽（吨）	自行购买菜籽量（吨）	年购买菜籽成本（万元）
2017	5.5	17	100	12	6.60
2016	5.0	16	100	12	6.00
2015	4.8	15	100	12	5.76
2014	4.8	16	130	10	4.80
2013	5.6	18	100	10	5.60

资料来源：由 ZTW 的访谈信息整理而成。

表 7 - 6 中，2016 年的成本还没有计算购买新机器花费的 6800 元。此外，ZTW 夫妇还做汤圆面、碾米等。汤圆面主要是赶集时去卖，一年可以卖出 4 ~ 5 吨汤圆面，价格是 10 元/公斤，一年的毛收入 4 万 ~ 5 万元，但是成本要 3 万元左右。米生意主要是在本地谷子成熟的时候低价收进一些谷子，然后拿到市场上去卖，每年批发卖出 110 吨左右，零售卖出 20 多吨，每年收购 130 吨左右，按照 3.2 元/公斤计算，仅收购谷子成本就要 40 万元左右。批发有 1 角的差价，零售有 2 角的差价。他们在菜市场租了一个摊位，一年 1200 元，仅在赶集这一天使用。

从上述中可以看出，家庭作坊的生产成本也是不同的，与加工的规模有关。家庭作坊的规模越大，成本越高。且只要开工，每天都会产生成本。虽然家庭作坊的经营成本高，但利润也高，并且有一个特点：只要开工每天都有收入。

(三) 建房

建房是禄村每个家庭一项最重要的支出，建房的支出并非年年有，但建房会导致家庭在较长一段时间内的积累被用光。有的村民建房是因为没有住房，有的是因为原来住房条件差，后来收入增加了，要改善居住条件。根据2012年禄村各小组为数字乡村网提供的数据，2011年底，禄村全村367户人家，砖混结构住房234户，占63.76%；土木结构133户，占36.24%。3组、7组土木结构住房比例都超过了50%（见表7-7）。单从数据上来看，禄村有建房需求的家庭为土木结构住房的133户，但实际上有建房需求的家庭数量远超这个数字。有的家庭是因为孩子长大，结婚需要；有的家庭是因为原来砖混结构住房老旧、低矮，与周边越来越高的邻居住房相比，显得破败。所以，有的是新盖，有的是加盖。

表7-7　2011年度禄村家庭住房结构情况

单位：户，%

小组	总户数	砖混结构		土木结构	
		户数	占比	户数	占比
1组	49	40	81.63	9	18.37
2组	50	41	82.00	9	18.00
3组	50	21	42.00	29	58.00
4组	55	40	72.73	15	27.27
5组	47	27	57.45	20	42.55
6组	38	34	89.47	4	10.53
7组	78	31	39.74	47	60.26
合计	367	234	63.76	133	36.24

资料来源：本表根据2012年各小组为数字乡村网提供的数据整理而成。

根据《大北厂2013年农村基本情况统计表》相关统计数据，2013年底，禄村共有414处住房，其中无人居住的住房20处，有2处以上宅基地的农户27户。全村楼房占比60%，短期内没有建房意愿的农户145户，有230户农户打算在近期建房。正在筹建和建设的农户达到150户，打算异地建房或购房的农户有20户。全村有62%的农户打算建房，有40%的农户在建房或正在筹建住户。仅有39.5%的农户短期内没有建房需求。而在禄村，一栋三层共 90 平方米的房子至少需要 15 万元才能建好。2013 年，全村还有危房户 36 户，即土房，这些家庭对建房的需求更紧迫。

1998 年，WMY 盖房时，50 平方米的两层楼房，才 3 万～4 万元。2014 年，WSR 家建的房子总共 140 平方米，是钢混结构，花费了约 20 万元。2017 年，禄村村委会给 WMY 大女儿批了一块地，共 96 平方米，实有 86 平方米，给邻居让了 10 平方米，盖了一栋三层半的房子，共 260 多平方米，估计花费 30 万元左右。WJX 大儿子盖了一栋三层的房子，300 平方米左右，建房投入共 32 万元。2018 年 1 月，我们调研时，WYS 夫妻正在盖房子。新房子是在老房子的基础上盖的，拆了之前的老房子，仅留下厨房所在的两间做临时的住所。老房子是 1986 年盖的，已经漏水了。新房已经盖好了两层的框架，打算盖三层，预计还要 1 个月的时间完工。WYS 家的老房子位于小巷道里面，只有三轮摩托车能通过，拉材料的大车根本就进不去。这一次，路边六队的公房拆了重建，材料从拆房后的空地上直接可以拉进来。WYS 乘着这个机会，才将自己的新房建起来。房子已经花了十多万元，据 WYS 夫妇估计，普通装修之后也至少需要 30 万元。

禄村目前建房以钢混为主，成本为每平方米 1000～1200 元，建得最好的有五层高，而且安装了电梯，投入大约在 70 万～80 万元。建房支出不是年年有，但因为支出额巨大，对每个禄村家庭的影响都是长期性的，这部分资金往往需要积攒多年。来禄村建房家庭越来越多，主要是因为拿到征地补偿款，家里突然有一笔不小的收入。WJX 儿子建房就是用的征地款，WYS 家也是一样。有些家庭征地款不够，再从亲戚朋友处借一点，将建房这件大事一次办妥。

（四）办客与人情支出

禄村每一个家庭，都会因为子女结婚、孩子出生、迁新居、老人去世而请客吃饭，禄村人将其称为办客。办客不是每年都有，孩子出生、子女结婚、盖房，一般家庭都有计划，会自己养头猪，提前种点菜籽，榨点油。而老人去世是不可预知的，所以家里有老人年纪大的，也会养两头猪，以备不时之需。

　　4 组 WSR 家 10 多年来办了五次客，搬家办了一次、两个儿子娶媳妇共办了两次、满月酒办了一次、老人去世办了一次。不同时期办客情况不一样，收礼情况也不一样。2003 年，WSR 搬家时，村里送礼都是每户二三十元，最高有 50 元的。WSR 妻子的大姐花了 480 元买了 1 个条柜，现在还在使用，这是当时收的最贵重的礼物了。WSR 家在房后自己办的松毛席（松针席），10～20 桌，共收了 3000 元左右的礼金。

　　2007 年 5 月，家里有老人去世，办客 40 多桌，收礼 4000 多元，其中 WSR 在昆明工作的哥哥给了 2000 元，其他村民、亲戚给了 2000 多元。村民送的米除办客用外，还剩下 6 袋。禄村红事不送米，丧事送米，最初用升子量，送一升米，五六刀纸。禄村人现在都不种水稻了，所以一般都是舀点米，用塑料袋装起来送人。在礼金方面，关系好的送 100 元，亲戚一般送 200～300 元，关系一般的送 20～50 元。因为要送米、纸，所以丧事礼金要少得多。

　　2010 年 1 月，WSR 大儿子结婚，彩礼 8660 元，请了 120 户村民，办了 40 桌酒席，3 家一桌。村子里的邻居、朋友送礼金最高的是 100 元，一般的都是 30 元或 50 元。办客花费一万多元，酒席的标准为 300 元/桌。办客地点在 4 组晒场，共收礼金 16000 元左右。

　　2015 年 12 月，WSR 小儿子结婚，彩礼 8660 元，请了 180 户村民，预计办 60 桌酒席，实际办了 56 桌，不算彩礼共支出 2 万多元。因为有大儿子做参考，出于公平，所以没有提高彩礼的金额，现在当地的彩礼标准已经比这高出很多了。有 5 户亲戚各送了 2600 元，侄儿男女送 300 元。村里好友每户送 100～150 元，共收礼金 6 万元左右。

　　2017 年，WSR 家给大孙子办满月酒，请了 20 多桌客人，酒席也是自己操办，在 4 组公房的晒场上。酒席用的羊肉来自自己养的羊，有 60 多公斤，市场价值为 2000 多元；猪肉是买的，买了 20 多公斤，花了 700 多元；其他蔬菜、鱼肉、饮料、烟酒等都是买的。办酒席的总花费为 5000～6000 元，约 300 元一桌。来参加酒席的亲朋好友只是给孩子带吃的、用的或是衣服，没有礼金。

　　WSR 两个儿子结婚时，为了公平，彩礼都没有超过一万元。实际上，彩礼越来越高，最高的有 8 万多元。如果彩礼低一点，办客可以做到收支两抵，有时收的礼金还会有富余。在禄村，家庭办客支出最高的就是娶媳妇，原因就是这些年的彩礼越来越高。如果是嫁女儿，没有彩礼之说，办客支出不多。在所有的办客中，办丧事支出会多一点，因为丧事礼金少。禄村现在办客规模越来越大，但因禄丰县有规定，村干部办客不能超过 30 桌，所以村干部办客支出一般都不大。

因为有亲戚朋友、邻里办客，所以做客时送礼就成了禄村每个家庭每年都会有的支出，根据别人送的标准，一般会将礼金适当提高一点回送。每过两三年，礼金就会增加 30～50 元。WMY 家原来一年做客支出600～700 元；现在，每年要 1000 元以上，一般单次的礼金为 100 元。DSG 家一年做客支出 1000～2000 元。HHZ 家做客每家送 200 元，一年5000 元左右，亲家（儿媳妇娘家）2018 年 1 月 18 日办客，姑娘结婚时送了 600 元，最多也就送 800 元。WFP 一个人生活，做客一次 100 元，每年 500～600 元。SSY 家做客一次 100 元以上，一般 120 元或 150 元。YBR 家 5 口人，做客一年 3000 多元，每次 100 元；大儿子 2017 年结婚时，亲戚送礼金最多的送了 1600 元，送 1000 元的有 3 个，送 500 元的也有。

在禄村，办客总体上是有预期和计划的，并非每年都办。所以对家庭支出的影响不大。但做客支出越来越高，且每年都要支出，礼金越来越高，给一般家庭带来了不小的压力。不过禄村不同家庭在做客上的支出是不一样的，主要取决于家庭对外交往的情况，以及当年办客的亲戚朋友与其关系的亲疏，如果至亲办客，支出就会多。

（五）教育

教育支出是部分禄村家庭的重要支出。2013 年，LRH 家要负担两个孩子的学杂费每年 2400 元，孩子在校生活费每周每人 50 元，两个孩子一年 3600 元。2018 年，ZTX 家大孙子上高中，小孙子初中。高中每周170 元的生活费，初中每周 150 元的生活费，大孙子经常要买复习资料。两个娃娃的教育费一年估计就要 15000 元。2017 年，HHZ 家儿子在西安上大学，学费每年 1 万元，生活费每月 1300 元。飞机票由 HHZ 的女儿出，每年的教育支出就要 26000 元左右。

教育支出因家庭而异，有孩子上学的家庭，才有教育支出。这些年，有孩子读书家庭的教育支出越来越高。2013～2018 年，初中、高中学生的生活费几乎上涨了一倍。大学仅学费就是一笔不小的支出。所以，有两个孩子同时上学的家庭，教育支出压力非常大。

（六）其他支出

除了以上几项大的支出外，医疗上的支出基本每个家庭每年都有。HZX 老两口身体都很好，医药费一年支出 500 ~ 600 元。DSG 患有高血压，每天都要吃药，40 元的药可以用 13 天，平均每天约 3 元，新农合报销额度不够，一年要自费买两个月，这笔支出差不多要 180 元。HHZ 家 3 个人看病，一年的医药费要 3000 ~ 4000 元，HHZ 的丈夫患有痛风和肾结石，所以家庭医疗开支较大。ZTX 家 5 口人，医药开支不多，大家的身体都还好，一年也要支出 1000 元左右。而 WJF 的老伴 2017 年生病一下就用了 3000 ~ 4000 元。

此外，娱乐上的支出也在逐年提高。走进禄村，尤其是在社区居委会旁边的"街心"，就会看到有老年人在打扑克，固定打扑克的地方是一户村民家，他家在中村公路与"街心"交叉往"街心"走 10 多米的位置。一间 10 平方米左右的房子，放了 3 张小方桌。在这里打扑克的没有什么消费，主要是老年人在一起娱乐。对面的小卖部，也时常看到有不少人围上一桌打扑克。打扑克是不需要付钱的，但打麻将要付钱。

打麻将是禄村主要的娱乐方式，除了三个茶室中的 12 张麻将桌，至少还有 100 张麻将桌分散在全村各家各户。打麻将作为一种娱乐方式，是有支出的。

除打扑克和麻将外，钓鱼也是少数禄村人的娱乐方式。GXD 闲着的时候会去钓点野鱼（不喂饲料的鱼），一般 1 个月去 3 次。5 组村民 YBR 爱好钓鱼，每个星期有一两天去钓鱼。钓鱼方式不同，支出不等。赌钓四五十元每天，钓着鱼归自己，钓不着鱼钱也拿不回来。野钓则有些需要给钱，有些不需要给钱。

四 农田与生计的关系

（一）村民的看法

在禄村人眼中，农田对家庭生计的贡献越来越小。

首先，禄村人觉得种田不划算。WJX认为，现在农村靠种田生活根本不行。前几年是水利问题，这几年种什么都卖不出较高的价格。例如，水果，各种各样的都多，种多了卖不掉，种少了不够卖。黄金梨、杨梅等，刚出来的时候卖得掉，两三年后就卖不出去了。加之禄村山地多，很多土地退耕还林后都种了果树。ZTX认为，种田不划算，像以前那种种法，种点粮食，种点豆子，是贴（亏本的意思）着劳动力去做的。

其次，禄村人觉得种田只能收点粮食，解决温饱问题，想要富，还要从种田之外的营生着手。LGY认为，家庭生计以外出务工为主，盘田为保证口粮。WYS认为，盘田种粮食就是"填肚子，喂鸡猪"，种粮食只能挣着点儿小钱，种菜才能真正挣着钱。YCL认为，现在这个时代，靠盘田就只能填饱肚子，要吃好只能靠打工。ZGM认为，种田收入虽少，但够吃。"有钱不是种田种富的。"WJF认为，盘田只能管温饱，解决基本生活问题，钱还要靠外出打工来挣。"盘田找不着钱，光落着点粮食吃吃，没有别的。"

最后，虽然多数禄村人觉得种田收益低，但大多数人仍然觉得种田是必须的。LBF认为，不种田恼火，收入供不上买粮食吃。俗话讲，"人闲，嘴快活，牙齿就奔波"。PXL认为，种田是为了生活有保障。WJF说："其实别人早就不种水稻了，我们没得法，不种田吃哪样去？"ZXL认为，"种田是第一产业，做豆腐是第二产业，相比起来，肯定第二产业划算一些。但是，搞了第二产业也不能丢第一产业，毕竟我们是农民"。LCL认为，"别人家家都种着，我们不可能自己的不种，既然种了，就一定要把它种好，不然就对不起那丘田"。禄村人之所以觉得种田是必需的，并不是因为种田能带来多高的收入，更多反映了一种农民的情结——田不能荒着。

（二）农田贡献正在减弱

在禄村，农田对家庭生计的贡献已越来越小。不是因为种田的收入减少了，而是因为家庭收入和支出越来越多，农田收入却没有变化。禄村一般家庭的收入越来越高，农田上微薄的收入就显得更低了。

从支出上看，农田的收成转化成现金的家庭较少，多数家庭是自用，所以，在生计上的贡献自然就小。此外，农田上的收入是季节性的，或是分时段的，而禄村一般家庭的支出越来越多样化，时间要求上更加灵活，甚至是每天都有支出，如买菜、孩子上学的花费。农田上季节性的收入与随时随地都要支出的家庭生计产生了矛盾。也正因如此，禄村多数家庭不得不在农业之外找出路，寻找随时随地能够满足家庭支出需求的职业。

　　综上所述，由于农田数量有限，农田收益的季节性和低水平，农田对大多数禄村家庭生计的贡献会越来越小。仅有那些以农田为主要生计途径的家庭，农田在生计中的贡献才相对高些。在这样的背景下，农田在禄村家庭生计贡献中呈现两种趋势，一种是越来越低，另一种是维持高贡献率不变。如果禄村农田没有完全被征用，那么，这两种趋势是并行的。除非禄村人全部脱离农田，这种现象才会消失。但从禄村人对农田的看法可以知道，这种现象可能不会发生。

第八章　农田征用

改革开放后，伴随着农业基础设施建设、城镇建设、公共服务基础设施建设的用地需要，地处金山镇北郊的禄村，其农田被大量征用。禄村不同家庭农田占有情况也随着农田的征用而发生变化，有的家庭农田被征用完，逐渐断绝了与农田的关系。伴随着征地补偿政策的变化，禄村人对农田征用的看法也在发生变化，农田在禄村人心中的地位也发生着微妙的变化。不久的将来，更多的禄村家庭农田将被征用，但农田和农业仍然是老人们心中抹不去的记忆。农田承载的生活方式，也会被他们持久回忆。

一　农田征用情况

（一）征地历程及趋势

禄村农地被政府或开发商征用始于 20 世纪 80 年代。1986 年，因西河改造，禄村土地被征用 8 亩多。2007 年，因禄丰一中建设，禄村 5 组、6 组、7 组 3 个村民小组的 100 多亩土地被征用。2011 年，因新建世纪大街，禄丰县政府征用了禄村 7 组的部分水田。2012 年，金山镇新城开发时，禄村水田被征用了 200 多亩。2013～2016 年，禄村农田被征用的速度稍有减缓。2012 年和 2013 年只有少数几户农户涉及征地，但从 2017 年开始，对禄村农田的大规模征用重新开始。

2017～2018 年，各类项目征用禄村农田 330 多亩，其中：中医院建设征用 6 组、7 组水田 30 多亩，西河河道改造及绿化用地占用禄村 7 组 2.3005 公顷（约合 34.51 亩）水田。北门菜园子安置点征用 4 组 2 亩多农地；亚行 1 号路、2 号路①共占禄村土地 63.31 亩。亚行 1 号路占禄村

---

① 因为项目建设资金从亚行贷款，所以称亚行 1 号路、2 号路。

农用地 2.081 公顷（约合 31.22 亩），各小组征用面积及地类存在差异，详细情况如下所述。

1 组被占用土地 0.2459 公顷（约合 3.69 亩），其中，耕地 0.2266 公顷（约合 3.40 亩），全部是水田；农村道路 0.0145 公顷（约合 0.22 亩）；沟渠 0.0018 公顷（约合 0.03 亩）。

2 组被占用土地 0.2707 公顷（约合 4.06 亩），其中，耕地 0.2677 公顷（约合 4.02 亩），全部是水田；沟渠 0.0030 公顷（约合 0.05 亩）。

3 组被占用土地 0.8621 公顷（约合 12.93 亩），其中，耕地 0.8545 公顷（约合 12.82 亩），全部是水田；住宅用地 0.0014 公顷（约合 0.02 亩），全部是农村宅基地；沟渠 0.0062 公顷（约合 0.09 亩）。

5 组被占用土地 0.7023 公顷（约合 10.53 亩），全部是水田。

亚行 2 号路占用禄村农地 32.09 亩，详细情况如下所述。

1 组被占用土地 0.0430 公顷（约合 0.65 亩），全部是水田。

2 组被占用土地 1.3298 公顷（约合 19.95 亩），其中，耕地 1.2916 公顷（约合 19.37 亩），全部是水田；农村道路 0.0258 公顷（约合 0.39 亩）；农村宅基地 0.0124 公顷（约合 0.19 亩）。

3 组被占用土地 0.4167 公顷（约合 6.25 亩），其中，耕地 0.3935 公顷（约合 5.90 亩），全部是水田；农村道路 0.0232 公顷（约合 0.35 亩）。

6 组被占用土地 0.3276 公顷（约合 4.91 亩），其中，耕地 0.3136 公顷（约合 4.70 亩），全部是水田；农村道路 0.0140 公顷（约合 0.21 亩）。

7 组被占用土地 0.0220 公顷（约合 0.33 亩），其中，耕地 0.0209 公顷（约合 0.31 亩），全部是水田；农村道路 0.0011 公顷（约合 0.02 亩）。

亚行金山南路北延长线占用禄村农地 4.4509 公顷（约合 66.76 亩），详细情况如下所述。

1 组被占用土地 0.2241 公顷（约合 3.36 亩），其中，耕地 0.2218 公顷（约合 3.33 亩），全部是水田；农村道路 0.0023 公顷（约合 0.03 亩）。

3 组被占用土地 1.8442 公顷（约合 27.66 亩），其中，耕地 1.7125 公顷（约合 25.69 亩），全部是水田；农村道路 0.0383 公顷（约合 0.57 亩）；坑塘 0.0880 公顷（约合 1.32 亩）；沟渠 0.0054 公顷（约合 0.08 亩）。

4 组被占用土地 0.4202 公顷（约合 6.30 亩），其中，耕地 0.4156 公顷（约合 6.23 亩），全部是旱地；农村道路 0.0046 公顷（约合 0.07 亩）。

6 组被占用土地 0.5832 公顷（约合 8.75 亩），其中，耕地 0.4937 公顷（约合 7.41 亩），全部是水田；园地 0.0551 公顷（约合 0.83 亩）；农村道路 0.0175 公顷（约合 0.26 亩）；农村宅基地 0.0169 公顷（约合 0.25 亩）。

7 组被占用土地 1.0820 公顷（约合 16.23 亩），其中，耕地 1.0566 公顷（约合 15.85 亩），全部是水田；农村道路 0.0254 公顷（约合 0.38 亩）。

此外，西河河道改造及绿化占用禄村 7 组 2.3005 公顷（约合 34.51 亩）农田，全部是水田。世纪大街北延线占用禄村 140 多亩水田。侏罗纪大街延长线占用禄村 2 组坑塘 0.0079 公顷（约合 0.12 亩）。自有记录以来，禄村土地征用面积达到 760 多亩。几次大的征地情况见表 8-1。

表 8-1 禄村征地历程及概况

时间	征地缘由	征地面积（亩）	占地范围
1983~1986 年	落锁桥河道改建、改道	20	6 组、7 组
2005 年	禄丰一中扩建	150	4 组、5 组
2007 年	修学府路（金山南路段）	150	4 组、7 组
2008 年	修学府路	5	4 组
2009 年	禄丰一中修建绿化带	50	4 组、5 组
2010 年	龙湖新城征地	200	6 组、7 组
2017 年	中医院建设	30 多	6 组、7 组
2017 年	西河沿河两岸绿化	34.5	7 组
2017 年	菜园子安置点	2	4 组
2018 年	亚行 1、2 号路	63.3	1 组、2 组、3 组、5 组、6 组、7 组
2018 年	金山南路北延线	66.76	1 组、3 组、4 组、6 组、7 组
2018 年	世纪大街北延线	140	1 组、2 组、3 组、4 组、5 组、6 组、7 组
2018 年	侏罗纪大街延长线	0.1	4 组

资料来源：数据主要来自禄丰县金山镇土地管理所，并结合村民访谈整理而成，数字只是大概数字，因为征地不仅涉及禄村，还涉及其他村组，有些数字通过扣除其他村组数字后得出。同时，2012 年和 2013 年房地产开发、电瓶厂扩建也占过少量土地，因没有准确的统计数据，故没有放在表内。

从征地的范围来看，征地最早发生在 6 组、7 组，接下来是 5 组，然后是 4 组观音寺及花园田的土地。目前，因为东河、西河整治，世纪大街北沿线、亚行1、2号路即村民说的单晶硅厂道路的修建，禄村征地范围涉及所有村组。从农田征用后的用途来看，最初的征地主要用于社会公益事业，如修桥、治水，新建学校、道路等，而现在的征地有的是用于房地产开发。从家庭土地被征用情况来看，禄村多数家庭都有农田被征用过，但也有一部分家庭没有涉及征地，4组约有10户村民的农田未被征用。村民WJF家的田从来没有被占用，按WJF的话说，"田也占不着，没有这个福气，占着了就好了，人老了，苦不动了，盘不了田，安置费就可以拿来做生活费"。WJF家里的田是最差的了，不挨路又不挨水，送给别人都没人要。从2018年开始她家就不种那么多田了，打算拿出2亩来种树。"其实别人早就不种水稻了，我们没得法，不种田吃哪样去？"从村民朴实的话语中可以看出，对于年纪大、无力耕种的老年人来说，土地被征用是一件好事。而一些家庭已经没有土地。2013~2017年，禄村享受农业补贴的家庭减少了10户，这10户人家承包的土地面积已被完全征用。

根据《金山镇土地利用总体规划（2015~2030）（2020年修编）》的相关资料，禄村所在的北厂村村民委员会辖区面积607.75公顷（9116.25亩），基本农田保护区44.82公顷（672.3亩），约占土地总面积的7.37%；一般农用地区26.48（397.2亩）公顷，约占土地总面积的4.36%；城镇建设用地区388.10公顷（5821.5亩），约占土地总面积的63.86%；村镇建设用地区3.41公顷（51.15亩），约占土地总面积的0.56%；林业用地98.87（1483.05亩）公顷，约占土地总面积的16.27%；其他用地46.08（691.2亩）公顷，约占土地总面积的7.58%。北厂村村委会基本农田保护区偏向禄村之外的小组，禄村多数土地属于城镇建设用地和一般农用地。从总的趋势来看，村民认为世纪大街北沿线、金山南路北沿线建好后，肯定会开发住宅小区，因为现在世纪大街两边的房价已经每平方米3000多元了。在加快建设金山镇彝族文化小镇的背景下，两条道路沿线农地被征用是不可逆的趋势。目前，禄村所在的禄丰县已实现住建、环保、林业三规合一，在金山镇城市发展边界划定中，禄村已被划定在城市发展边界范围内。按照土地利用规划，禄村大部分农田是一般农用地，东边有一部分是基本农田。一般农用地被征用的可能性最大，而基本农田，也可通过占补平衡机制达到征地的目的。禄丰县内不能满足占补平衡的指标，可在州内调整，通过购买指标来完成，采取先补后占的方式。

（二）征地补偿与农民安置

在禄村，征地补偿和农民安置有一个演变的过程，大体可以分为三个阶段。

第一，承包关系可调整与城乡户籍分割阶段。20 世纪 80 年代，由于农田的家庭承包关系和面积还可以调整，同时，集体有机动田补给农户，所以，征地补偿主要归集体，农民安置主要是转户。1986 年，西河改造的补偿标准为 5000 元/亩，所得收入 30% 留在办事处即后来的村委会，70% 归村民小组所有。同时，20 世纪 80 年代，城乡户口分离，城镇户口享有的公共服务优于农村户口的背景下，征地中还设有根据征地面积及人均占有面积情况，给予城镇户口指标的优惠政策。7 组村民 WJX 回忆说，7 组在改河时占着土地，占掉 4 个人的土地，有 4 个名额可以转为城镇户口，本队谁要名额，抽签来决定，还要出 3000 元钱。

第二，承包关系长期不变与城乡户籍分割阶段。进入 21 世纪以后，承包关系长期不变，人地矛盾更加突出，集体已没有机动田来安置被征地的农民，所以，征地补偿更加市场化，主要采用货币补偿的形式。同时，转户口可以获得城市低保也成为农民安置的一大优惠政策。2005 年禄丰一中扩建征地补偿标准为 50070 元/亩。由于承包关系长期不变，补偿款按照承包农户 60%、集体 40% 的比例进行分配。3 组 WYF 在禄丰一中扩建时被征用土地 0.88 亩，并转为城镇户口。当时，如果 WYF 不愿意转户口，别人愿意转户口，那么，他可以和别人换地。5 组 YBR 在禄丰一中扩建时被占土地 2 亩，当时按照 50070 元/亩的标准给了他征地补偿，除此之外，还有安置费每人 20350 元，共 40700 元。YBR 家的土地被征占 2 亩，可获得 2 个城镇安置名额和 140840 元的补偿款。田地被占用时，YBR 夫妻的户口转成城镇居民户口。2012 年，YBR 的媳妇开始领低保，原来说转户后就给低保，人都等老了，才享受到低保，每月 178 元，过年过节会增加一点。2008 年，修路占掉了 7 组村民 WXL 家 1 个人的田，他媳妇的户口被转成了城镇户口，另外还得到安置费 22000 元/人。在修学府路的时候，WYS 为了将他父亲的户口转为城镇户口，用了

WYS 嬢嬢家 2 工地的征地指标，即征的是他嬢嬢家的地，转的是他父亲的户口；安置费给 WYS 的父亲，而青苗补偿则归 WYS 的嬢嬢。"当时主要是老人年纪大了，转了户以后就能享受城市低保。当时的农村低保只有 50 元/月，城市低保有 130 元/月，拿了好几年，但是听说到 2018 年就没有了，不知道怎么回事。"

2010 年以后，禄村征地补偿分配进一步调整，总体上按照集体30% 、个人70% 来分配，这一方式一直延续到现在。

以 6 组为例，2005 年禄丰一中扩建时占了 6 组的 6 亩土地，征地费为每亩 50070 元。2007 年，学府路（金山南路）建设征占 6 组土地 4 亩多（整个村 11 亩），补偿给被征地农户每亩 19000 元。2010 年，"龙湖新城"征地每亩土地的补偿标准为 86400 元，农户获得补偿的标准为每亩 52000 元，剩余的每亩 34400 元补偿款归集体统一支配，集体占比约40% 。6 组有 7 户涉及征地。

第三，承包关系长期不变与城乡户籍一体化阶段。2013 年以后，禄丰县的城镇化和农转城快速推进，禄村所在村委会也改成了社区居委会。在这样的背景下，禄村农田被征用时，转户的吸引力有所下降。家庭获得的收益主要由两部分组成：一部分是农地经营权补偿；另一部分是地面附着物补偿。2013 年，3 组村民 QJS 的 2 工田在 WJG 的电瓶厂扩建时被占了，他转了户口，并获得了 26000 元的安置费。2 组 LYL 丈夫的田被 WJG 的电瓶厂占了，全家转了户口，每人获得补助 26000 元。2017 年，沿河绿化建设占了 WYS 家 2 工田，转了他母亲的户口，给了他家3.6 万元的安置费。2013 年后，虽然也有转户口的政策，但实际上户口转变与否已没有实际意义。我们在调研中也发现，禄村人口统计时，户口仍然按照原来的统计，并没有因为征地转户后将其统计为城镇户口。

目前，禄村农田被征用主要按照《禄丰县征地统一年产值标准和征收土地地上附着物补偿标准（试行）》的通知（禄政通〔2009〕105 号）标准执行。禄村在补偿标准上属于一类区，水田、望天田、水浇地、旱地、菜地、园地、养殖水面分别按照年产值每亩 2868 元、1260 元、1512元、1722 元、2869 元、1764 元、2221 元给予补偿，补偿年限为 23 年，可获得的补偿总额分别是 65964 元/亩、28980 元/亩、34776 元/亩、39606 元/亩、65987 元/亩、40572 元/亩、51083 元/亩。其中，菜地最高，水田次之，养殖水面排第三。

而地上附着物补偿在禄村主要有两种情况。一是青苗补偿。菜地的补偿标准为 2000 元/亩，水田的补偿标准为大春 1200 元/亩、小春 600元/亩，旱地的补偿标准为大春 800 元/亩、小春 400 元/亩。二是果树补偿。按照是否挂果来分类补偿，未挂果无收益的果树，根据树龄的差别，每株树补偿 8～30 元，其中，主干直径 3 厘米以下的每株补偿 10～15元、3～5 厘米的每株补偿 15～20 元、5 厘米以上的每株补偿 20～30 元，当年新种成活的每株补偿 8～10 元；有收益的果树按被征地前三年平均产值的 4 倍补偿。挂果果树每株年产值 20～60 元，按 4 倍补偿标准计算，每株为 80～240 元，主干直径 5 厘米以下的每株补偿 80 元，主干直径5～10 厘米的每株补偿 180 元，主干直径 10 厘米以上的每株补偿 240 元。简单对比就可发现，果树的补偿标准远远高于青苗的补偿标准。

WYS 家 2017 年被占掉 2 工（0.8 亩）田，周边有一点树，所以补助不多，共 15 万元左右。另外，世纪大街延长线占地 2 分多，170 平方米的土地上有 1010 棵树，虽然还未拿到补偿款，但应该有十几万元。2017年初，WJX 家被占用了 1 亩田，因为树是从山上果园移栽下来的，仅果树就补偿了 9 万多元。

目前，商业用地与基础设施建设用地征地补助标准不统一。商业用地的补助标准为水田每亩 86040 元，而基础设施建设用地的补助标准为水田每亩 58000 元、旱地每亩 44000 元。禄村征地历程和补偿变化的背后，是国家农田制度、户籍制度，以及公共服务及社会保障制度的变化。20 世纪 80 年代至 20 世纪 90 年代末，国家允许集体有机动田，并支持集体根据人地矛盾情况对农田承包关系进行调整。在这样的背景下，农户的农田被征用后，集体可以通过机动田来补偿农户。所以，农田征用补偿中集体所占比例高，这时，农田集体所有的性质比较突出。同时，因为城乡户籍制度分割、公共服务分割，且城市远远优于农村，所以，转变为城市户口具有较大的吸引力。

而在 1998 年以后，土地承包关系不再进行调整，集体机动田大部分发包到农户。当有征地情况发生时，集体没有多余的土地来补给被征地的农户，因此，集体在征地收益分配中所占的比重逐渐下降。此时，由于城乡户籍对应的社会保障待遇差别，转变为城镇户口仍然具有一定吸引力。2013 年我们调研时，有转户情况的 20 个家庭，转户 23 人，仅有 4 人在 60 岁以下，且其中 2 人是 20 世纪 90 年代早期父母主动为孩子办理城镇户口的，另外两人是在校学生，家人认为成绩较好，将来一定不会再从事农业。有 19 人是 60 岁以上的老人，他们转户是为了获得征地安置费，优先得到城镇低保。当城乡一体化发展步伐加快，建立在城乡户籍制度基础之上的社会保障待遇差别逐渐消除时，转户的吸引力不断下降。

　　与承包关系相伴的还有征地收益补偿的变化，从最初集体在收益分配中所占比例较高，到集体占比逐渐降低。这个过程从一定程度上反映了集体在农田上的利益不断减少，以及农户农田承包经营权资产化及农田利益准私有化的过程。2017 年底，党的十九大提出农村承包地二轮承包到期后再延长 30 年的农田制度改革方向。在这样的制度基础上，禄村家庭承包关系将被固化，准私有化趋势更加明显，集体的利益将更难得到保障。

（三）集体征地收入管理与使用

　　从上面也可看出，禄村土地被征用时，除了耕地，还有坑塘、沟渠、道路等，这些不属于农户，是集体的公共用地。同时，在征地分配中，集体仍然占有一定的比例。所以，每次征地时，涉及的小组都能从公共用地中获得一定的收益。禄村各小组从征地中获得的收益有两部分：一是集体机动田，公共用地征收归集体；二是征地占着农户的，国家的补偿标准为 129 元/平方米（86000 元/亩），其中，农户的收益为 86 元/平方米（57333.62 元/亩）、集体的收益为 43 元/平方米（28666.81 元/亩）。集体收益用于公益事业，不分红，但集体收益的利息可以用来分红。

　　1 组有 10 亩机动田，建设龙湖新城时被征用 5 亩，按每亩 86400 元给予了补偿，共收入 432000 元。小组有 190 多人，按照 1500 元/人的标准发放了安置费，共计发放 29 万元，剩余的 10 多万元留在了小组集体账户上，用于集体事务的开支。

　　7 组农田总面积 198 亩，田有承包合同，地（自留地）没有承包合同。现在只有宅基地没有山地，2005 年禄丰一中扩建时，把山地全部占了。龙湖新城征地时按照每亩 86400 元的标准进行补助，农户每户每亩补助 46880 元，剩下的留给集体，每亩有 39520 元。集体的收入用于支付每年的水亩费、新农合、修沟、修路的误工费。小组长说，这个年头，没有误工费没有人干。2012 年，数字电视改装，经组员会议同意，愿意安装数字电视的每户补助 200 元，2012 年后安装的，就不补助了。7 组农田被征用后的使用情况，如表 8 - 2 所示。

表 8 - 2　2010 年 7 组集体公益事业支出情况

单位：元

时间	项目	支出
5 月 5 日	挖沟支出工时费	825
5 月 6 日	挖沟清垃圾支出	550
5 月 6 日	压坝抽水 2 次工时费	650
5 月 23 日	守水 2 次支出	750
6 月 1 日	挖树塘工时费	8385
6 月 1 日	学校儿童节吃饭	200
6 月 2 日	处理沙地分界线改河道工时费	2375
6 月 8 日	修抽水机，买水泥桩、水泥、水泥管，铁丝网挂锁	791
6 月 17 日	买口袋	175
7 月 27 日	买垃圾桶 4 只	1840
7 月 31 日	王树芳管理费（西河树苗）	2000
8 月 4 日	买办公用品杯子账本等	179
8 月 12 日	修垃圾桶	80
8 月 12 日	清理场坝瓦片木头砖头	200
8 月 12 日	树苗除草工时费	285
8 月 13 日	买树苗支出（开发票日期）	2382
8 月 13 日	买桩加固河堤（开发票日期）	2250
8 月 14 日	YWC 看抽水房、HXM 场坝管理费	1000
8 月 18 日	请挖机改河打桩	9600
8 月 18 日	请装载机平沙地改河打桩	3400
10 月 12 日	集体划新农合费用 274 人，每人 30 元；大病保险 32 人，每人 20 元	8860
12 月 15 日	东西河水亩费划款	5910.36

续表

时间	项目	支出
12 月 21 日	购买桌子、凳子	16750
12 月 21 日	购买餐具	8549
12 月 21 日	小组复印期复合肥	104
12 月 21 日	支付 YZK 复垦费	7150
12 月 21 日	支付上营沟中沟管理费	250

资料来源：摘自 7 组小组长记录的小组开支信息表。

从表 8－2 可以看出，7 组每年公益事业支出接近 10 万元。再多的征地补偿也用不了多少年。在这样的背景下，如果征地补偿使用情况不公开透明，难免引起被征用土地家庭的不满。

二　村民的看法

（一）征地意愿

大多数禄村人虽然不再以农田作为主要生计来源，但禄村人对农田始终有着浓厚的感情。曾经担任过村党支部书记的 ZBF 认为，没有土地了，儿孙吃什么？虽然现在科技发达，粮食都能买到，但土地是有限的，剩下的土地越来越少，人口却越来越多，以后去哪买粮食呢。虽然现在的政策很好，被占掉了土地的农户都能享受低保，但是大家都伸手向国家要，国家哪给得了那么多呀。农民只要还有土地，即使是自己动不了了，也可以租给别人种，吃的还是可以保障的。所以说，农民离不开土地，土地是农民的命根子。"把土地征了，就像把禄村人卖掉了。"即使是有低保，以后每个月给你 200 元，但如果没有土地，那么，你只能看着别人的生活水平越来越高，自己的生活却维持在满足温饱的水平上。

WSL 认为，"农民没有土地怕是不行，虽然征地，但是也不会全部都拿走，还是会让农民有地种的。农民不种地，人们吃什么？"ZTX 认为，"国家建设愿不愿意都要支持，但是国家的补偿给得太低。从自身来说，不希望被征地。祖祖辈辈种的地，如果在我们手上被征掉了，子孙以后就没有土地了。我们拿着钱了当然好，但是子孙以后的生活怎么办？人家发达地区是只要土地被征了就每月发着点钱（低保＋分红），但是我们没有。我们卖土地的钱这下用掉了，他们（子孙们）就没有了。但是不征地，土地永远放在那里。实在找不着营生，还可以回来盘地"。HRM 一家认为，如果把所有的土地都征掉，农民就没有活干了。村庄虽然靠近县城，但毕竟能干的活不多，即使现在干着活的村民回到家还是要找农活干，这些都可以补贴家用。没有地了，回到家就没有地方种菜，更不可能养猪、养鸡了。如果子女读书比较好的话，未来不会再回来盘田，还是土地被征占划算，将户口转为城市户口，可以领到转户口的安置费。

总体来讲，禄村不同的村民对征地持不同的观点。从年龄来看，已经丧失劳动能力的老年人，更愿意土地被征。其原因是老年人可以从土地上获得一笔较为可观（与种地相比）的收益；此处，低保会优先给"失地农民"，这样老年人可优先获得低保，还有可能获得城镇低保。相比老年人，中青年人不希望土地被征用，主要原因有三个。一是与其他地区相比，他们认为当前的征地补偿标准太低，没有达到自己的预期。二是中青年人以非农收入为主，农业是他们休闲时做的工作，不会占用太多的时间，农田收入的多寡也不会对他们的生活产生太大影响。因此，他们宁愿土地就这样放着，也不愿在低价的时候被征占。三是中青年人认为当前每月 200 元的低保标准无法保障他们未来的生活质量，所以他们认为一旦失去土地，到年老的时候就没有生活来源了。ZTX 认为，虽然现在年轻人不愿意盘田，但老了会愿意，不是所有人都能够找到好工作，找不着的还不是要回来盘田。如果家里没有田可盘了，就回不来了。即使回来了也没有事情做。

从家庭结构来看，人口多、土地多的家庭希望部分土地被征用，而人口较少的家庭则希望保留土地，尤其是子女非农就业能力弱的家庭，更希望保留土地以保障其基本生活。主要原因是人口多、土地多的家庭，部分土地被征用并不会给家庭带来太大的影响，且年轻一代已经基本脱离农业，转向非农行业。土地被征占后的安置费相反可以给家庭减轻一些短暂性的负担。而人口较少的家庭则因为土地少，如若征用，对家庭的影响较大。

从收入渠道来看，以农业为主要收入来源的家庭不希望被征用，而以非农为主要收入来源的家庭则"无所谓"，主要是因为不同收入渠道的家庭对土地的依赖程度不同。

从收入水平来看，低收入家庭更希望保留土地，高收入家庭、非农收入较多的家庭对于征地持"顺其自然"态度。主要原因是土地的功能已经不再是增加收入，而是生存保障（维持温饱的基本保障）。低收入家庭土地上的收入在家庭收入中占的比重高，如果土地被征占，家庭收入受到的影响较大。

（二）对征地补偿标准及分配的看法

禄村人对征地补偿标准的看法是矛盾的，他们一方面认为自己种田，收益远没有一次性征地的收益高，但另一方面他们又觉得补偿标准低，难以支撑自己长期的生活。2018 年 1 月 10 日，我们在社区居委会门口与 6 位老年人就征地看法进行了交流，一个农户家有 9 口人，其中 4 口人有田。2018 年修路占掉 2 个人的田。女主人 60 岁，她的 2 个儿子已结婚，大儿子有一儿一女，小儿子有一个女儿。她认为："我们 50 年代生的，打工打不成，没有收入来源，即使一个人的田补 5 万元，两个 10 万元，如果活到 70 岁，一年 5000 元，按现在标准，基本能活下去。但年龄再大一点就不够用了。万一生病花掉几万元，就更不够用了。主要是留在集体的补偿款，也不知道用在什么地方，换两回队长就没有了。"其他几位老人也附和着说这方面的问题。谈到子女养老问题，年轻人有自己的压力，要管下一代，也没办法养老人。25 岁以下的年轻人，攒不到钱。打工挣的钱，还不够自己用。但大家也认为，"话也不能这么说，你两个人的田，苦一辈子也苦不着 10 万元。补 10 万元，又觉得低，自相矛盾。"

禄村人对征地补偿的看法，归结到一点是土地与收入源头的问题，并非农田收益与补偿标准的问题。从收入来看，大家都知道种田没效益，种田收益低，与征地补偿和安置费相比，低得多。但土地被征用后，就断绝了家庭从农田上获得收入的机会。更重要的是，在征地补偿与安置中，一直以来被认为具有吸引力的转户，其吸引力在不断降低，城镇低保不可预期性大，在这样的背景下，禄村人面对着征地后不确定的未来生活，心理上存在担忧。

禄村人对征地补偿的看法，也透露了他们对收入分配的观点。总的来说，他们对收益的 30% 留在村集体的分配方案没有意见，有意见的是费用的使用去向不明确。2007 年以前，担任过 4 组 29 年组长的 WSL 认为，"国家要征（地）我们也没有办法，土地都是国家的，国家给的补偿不能侵占，我们当了一辈子的队长，也没有人在背后说一句话，有些人才当了一届，就被人说三道四"。从中可以看出，禄村人对征地补偿有意见，主要是因为对留在集体补偿款的使用去向不明确。

（三）对转户的看法

自 20 世纪 80 年代以来，农业户口转为城镇户口一直是征地安置的一项重要内容，不同的时期，村民对转户的看法不一。WJX 认为，1986 年征地时，把孩子的户口转为城镇户口，孩子毕业后政府帮助就业。因此，即使要交 3000 元的额外费用，想转户的人也愿意。但孩子毕业后已经没有扶持大学生就业的政策了。政策变化导致 20 世纪 80 年代转户的人现在没有着落，像漂在水上的叶子，WJX 的小儿子就是其中之一。

一些村民不愿意转户口，担心农业户口转为城镇户口后，原有的集体权益丧失。3 组 LGY 不愿意转户，担心转户后没有了田，也拿不到集体分红等收益。2 组德钢退休工人 LBF 说，家里只有他 1 个人是农业户口，其他均为城镇户口。为了农田也要保留农业户口。如果在保留农田的基础上，转户口还可以考虑。6 组 WYS 的父母因土地被征完而转户。但对于 WYS 来说，"田在就不转户，田不在了才转户。转户后没法生活，老农民靠盘田吃饭，没田吃什么。一把年纪，只会盘田了"。6 组村民 GXD 母亲的田在修大街时被占用，转了户口。2012 年，村小组长、村委会的来动员 GXD 转户口，他觉得转的户口是"空户口"，没有实际意义就没转。2013 年我们调研时，3 组村民 DYK 说，如果要转户口就转，听说转了户口低保每月就能拿 133 元，原来自己每月拿的是 113 元。

从上述内容可以看出，20 世纪 80 年代城乡户籍分割，在基于户籍社会保障差别较大的背景下，城镇户口的吸引力较强。而到 2012 年前后，城镇户口与农村户口的社会保障差别在消除，因此，大多数村民不愿意转户口。即使在城镇户口社会保障优于农村户口的时代，多数禄村人只有在没有了土地的情况下才转户口。

三　村民的应对措施

（一）与用地主体博弈

农田被征用，家庭用于农业经营的土地面积就会减少。因此，农地征用对禄村家庭的影响较大。禄村人认为征地搞建设，导致可用于农业生产的土地减少，此外，道路、住宅小区建设后，对原有的农业基础设施造成了破坏，不利于农业生产。4组SSY全家共有3亩田，有2亩田在龙湖新城附近，修路时被占了0.6亩。龙湖新城开建第一年，因为灰太大，导致庄稼长势不好。第二年，田边原有的一条大沟，被改成了三面光的小沟，下雨土被冲下来堵住小沟，田里经常被水淹，一下雨就要去田里捞垃圾。请镇政府的工作人员协调也没有解决。没有办法，只能改为种树。由于农田征用与住房、基础设施建设会对农业生产造成影响，农户会想办法将这种影响降到最低。

一种办法是将受到影响的土地租给影响土地经营的用地主体。HRM共有4亩田，2005年，禄丰一中扩建征地的时候占了两个人的1.8亩田，因此，家里两个人的户口转为城镇户口。在禄丰一中大门旁边没有被征用的土地还有2工，但禄丰一中的建设将原有的水利设施完全破坏，导致附近的田地无法耕种，村民去禄丰一中协调，要求他们租用或征用这些田地。最后禄丰一中以1000元/亩的租金将这片不足5亩的田地租下来，但一直荒着。

另一种办法是让征地方扩大征地面积，将自己的土地一并征用。县中医院本来只打算征用39亩土地，但农户认为中医院建设会对自己的生产造成影响，要求中医院多征地近6亩，类似的情况也经常发生。

（二）种树

禄村村民应对征地的普遍做法是种树。一方面，种树可以获得较高的补偿。另一方面，河道治理后抽水困难，附近的土地就无法浇灌了，加上道路修建时路面被抬高，导致路两边的田地地势变低，而且村民认为，这些地很快就会被征用，因此，他们开始在路边的农田里种树。路边的农田种树后，靠里边离路远的农田无法灌水，而且栽树的农田需要的水分少，里边栽水稻的农田需要的水分多，会将树苗淹死。所以，农田征用与基础设施建设后，多数农田不得不种上树。

3 组 HHZ 家共有 10.5 工田，其中有 6 工田在禄丰一中后面，是旱地，由 5 组 HYL 家种着。4.5 工田准备种核桃树，自己育苗大概要 300公斤的种，种子的价格为每公斤 2.5 元。2017 年就没有种庄稼了，因为旁边都种了树不好放水。4 组 WSR 家里栽了 3 亩核桃树。

在 2016 年底至 2017 年初和 2017 年底至 2018 年初这两个时间段，禄村村民种树积极性最高。在冬末春初时种树，当年雨水好的话，苗就能长高一截。2 组 WMY 说："2016 年底，到处在说要占地的事，大家都栽核桃树，我也栽。1.37 亩栽核桃，核桃苗每棵 1 元，买了 2500 棵。栽树苗时是请工来栽的，都是请的朋友，每天的费用为 100 元/人，共花费 600 元。即使工钱涨到每天 120 元/人，还请不到人来帮忙，因为大家都在栽树苗。2017 年 12 月栽树的人少，请工只要每天 80 元/人。"2017 年底修路时，WMY 的土地被占了 1.77 亩，还剩 1.4 亩田。谈到为什么要栽树，WMY 说："政府没有明确规定不准栽树，有树就补，种其他的补助少。"据社区干部所说，截至 2018 年 1 月，世纪大街北延线附近种树面积已超过 300 亩，不包括已征用的土地。金山南路北延线附近，种树面积也已超过 100 亩。全村种树的面积和规模还在不断扩大，2018 年 1月我们调研期间，几次看到有人来卖核桃种。铁核桃的价格为 2 元/公斤，经常能看到村民买核桃种。我们的调查人员在向导的带领下，绕着村庄的农田走了一遍，看到的也多数是核桃树、梨树、桃树。种树的土地面积比 2013 年 8 月时增加了很多。

面对征地补偿政策的硬性规定，村民则从自身利益最大化的角度出发，各出奇招。集体为了农田征用时动员方便，对集体机动田的承包者也做了一些规定。7 组村民 WJX 从集体承包了 3 亩田，价格为 600 元/亩·年，以前合同期为 5 年，现在是 1 年。2013 年我们调查时，WJX 种玉米。占地对树的补偿标准是 10 元/棵，村民小组担心 WJX 为了获得高额补偿而栽树，所以租地时就规定不能栽树。WJX 自己在河西的田就栽了 1000 多棵树。WJX 认为，那样也只是为了占点临时的利益，"余老倌心不厚，整着一口算一口"（这里指的是村民种树的行为只是为了保障自己的基本利益，并不是要占大便宜）。看长远的利益，就是"永远莫占着，长期都种着"。2018 年我们调查时，WJX 告诉调查人员，"2017年修河道占了他 1 亩田，自己把山上的树移下来栽上，补偿会高点，仅树就补（偿）了 9 万多元，小麦、油菜补助标准仅每平方米 1～2 元，一亩田也就能拿到 1000 多元的补偿"。

面对村民大规模的栽树，土地管理部门也没有办法。土地管理部门在征地中，依法、按程序推进工作。在征地过程中，抢种、抢建、抢栽现象都会有，但抢建没有形成规模。抢栽，栽树无法控制。农业上对土地用途有细致的管理，但发展产业过程中，又强调调整产业结构，所以种树很难控制。从土地管理的角度来看，村集体与村民签订合同，村小组对村民土地使用进行监管，乡镇和农业部门备案，但小组监管无力。同时，因发展特色产业，实施产业结构调整，村民小组也无法按合同收回栽树的土地。根据国家相关规定基本农田内不能挖池塘养鱼、植树造林。但站在产业结构调整的角度，又要支持发展经济，这使得相关部门无法实施有效监管。

在这种情况下，禄村人认真计算各种树的优势与不足。核桃树成本高，长得慢；梨树、桃树成本低，长得快。2017 年雨水太多，加之河道改造，道路修建后水排不出去，导致很多树都被涝死了。死掉的树不给补偿，为了避免树死后植株减少对自己不利，自己育苗的家庭种植密度就比较大。目前，一亩田埋种在 130 公斤左右，差不多有 3000 多棵。买苗栽种的家庭，一亩田栽 2000 棵左右。村民认真管护自己的树苗，树苗死后就赶快补种。禄村人一亩田栽的核桃树数量与核桃主产区 100 亩地栽的数量相当，目的就是希望征地时能多拿一些补偿款。2017 年，有一户村民被占用了 0.5 亩土地，地里核桃树已经 6 年了，土地补偿金还没有核桃树补偿金多。面对这样的现实，禄村人更加精心呵护着农田里的各种树。

2017 年，有一户农户的田在金山南路北沿线附近，邻近田地都栽上了核桃树，只有他的地没有栽。当金山南路北沿线占地确定时，他才想到栽树，但现栽的不在补偿范围内。这户农户被村民认为是"憨包"。

而从目前国家征地补偿标准来看，果树补偿按照是否挂果来分类，未挂果无收益的果树最高每株 30 元，按照目前每亩 1000～2000 棵的种植密度，农户一亩田最高可获得 30000～60000 元的补偿。而如果有收益，即果树开花结果，主干直径在 10 厘米以上的每株补偿 240 元，每亩 500 株（一株约占地 1 平方米），一亩的补偿将达到 120000 元，远比目前土地征用补偿和安置标准高。这只是笔者按照一般的种植密度来计算的，如果按照一些村民较高的种植密度计算，果树的补偿金额会更高。2017 年，WYS 家被占用了 0.8 亩田，其母亲转了户，并拿到了安置费 3.6 万元，按 WYS 的说法，"仅田四周有一点树，所以补得不多，共 15 万元多点"。另外，世纪大街北延线占了 WYS 家 0.2 亩地，土地里有 1010 棵树。钱还没有补，但 WYS 说："所有的补偿加起来应该可以补得着十几万元，盖房子就得用这些钱。"按照 WYS 家的种植密度，一亩田有 5000 多棵树，仅果树的补偿就有几十万元。WYS 家里有 6 个人的田，每人 2 工，共 12 工，现在还剩余 10 工，六七年前就已经全部栽了树。

面对征地的大趋势，以及种果树带来的潜在收益，预计过不了几年，禄村将有更多的土地种植果树。一方面是因为果树在征地中补偿标准高；另一方面是因为周边种上果树后，水稻、蔬菜等灌水困难。在两个原因叠加的情况下，不久的将来，禄村可能成为远近闻名的"果园村"。

第九章 发现与展望

与 20 世纪 30 年代相比，禄村发生了翻天覆地的变化。既是禄村人结合自身实际和外部发展环境主动调整发展观念，自发、自觉追求美好生活的结果；也是新型城镇化、新农村建设、乡村振兴等国家发展战略落地生根，国家发展推动的结果。当前的禄村，是小县城城郊的一个村庄，正处在快速城镇化进程中，禄村农田经营状况、禄村人与农田的关系、禄村人对待农田的态度，以及禄村农田征用中的各种博弈，真实再现了千千万万个城郊村庄发展的一般规律。

一 禄村没有沿着 20 世纪 30 年代预计的道路前行

（一）国家制度建设让禄村人勤劳起来

禄村有打扑克、玩麻将的，也有 70 多岁还在经营农田，养猪、养鸡的村民。正常情况下，早上 8 点以后，一直到下午 5 点以前，村里很少见到年轻人。年轻人要么在城里上班，要么到省外打工去了。也有一部分在当地建筑工地上砌墙、搬砖。走在村里的道路上，看到的多数是六十岁以上的村民，他们季节性的生活演示着禄村农田经营情况。春节过后，老年人扎堆在街心路上剥蚕豆，一直剥到 4 月前后；五六月后，就开始剥毛豆，一直剥到 9 月前后。秋冬季节无事可做时，才扎堆打扑克、玩麻将。

如今的禄村人是勤劳的，他们不像 20 世纪 30 年代的人那样悠闲。初中毕业、职中毕业、高中毕业后，能打工挣钱的都打工去了，只有年老找不到工作，才回到家中，加入剥蚕豆、黄豆的大军。村民即使有病在身，也不会闲着，都做着力所能及的事。退休回家的人，就算领着退休工资，只要家庭其他成员有田，也会自己种点粮食和蔬菜。

是什么原因让 20 世纪 30 年代的现象消失了？是什么原因让禄村没

有沿着 20 世纪 30 年代的发展轨迹前行？是什么样的环境造就了今天的禄村？是社会主义改造和社会主义建设，是社会主义制度建设，是国家农村发展战略，是城市、工业、服务业的快速发展，造就了今天的禄村。

土地改革，缓解了土地占有不均造成的人地矛盾，消灭了地主阶级，破除了以土地占有为资本，在消遣中讨生活的基础。社会主义改造，人民公社的建立，彻底废除了土地私有制。而按劳分配制度的建立，确立了不劳动没饭吃、劳动光荣的理念，随着人民公社实践推动，以劳动获得收益，支撑家庭支出的观念深入人心。事实上，20 世纪 30 年代禄村的地主也并没有想象的富裕，有的也自己经营着一部分土地。正是在这样的基础和社会主义建设实践中，禄村人形成了积极劳动的观念。

改革开放后推行家庭承包经营，让勤劳的禄村人获得了自主安排劳动力的权利。在人地矛盾不断升级、城市建设用工需求扩大，以及工业、服务业发展用工增加的背景下，禄村人开始脱离农业，越来越多的禄村人开始走上打工之路。农田收入在家庭收入中所占的比重逐渐降低。到 2018 年，农田经营收入在禄村大多数家庭收入中所占的比重已非常小。但多数家庭在没有彻底失去土地前，仍然经营着农田。他们周一到周五在城里上班，周末在农田里劳作，农业成了一种附带的产业（周末农业）。原来农业是禄村人的主业，养殖业、家庭作坊被看作副业。现在打工成为多数禄村家庭的主业，农业变成了一种副业，但这种副业不是赚钱的行业，它耗时、累人，甚至会亏本。所以，为了在城市扩张征地中获得最大的收益，越来越多的禄村人开始在农田上种植果树，而不再种植传统农作物。越来越多的禄村人把农田当作一种资产，农田资产化现象越来越普遍。

归纳起来讲，禄村人不再像 20 世纪 30 年代那样"懒"，不是因为禄村人的性格突然转变了，而是国家制度建设和社会发展的漫长实践推动的结果。国家制度消除了"懒"的基础，即土地私有和土地相对多的制度安排。改革开放后，相关的制度建设为勤劳致富提供了保障。而国家城市发展加快，工业、服务业的发展壮大，为劳动力的转移提供了机会。如今的禄村人，勤俭、敬业，是社会主义制度和国家的富强造就了现在的禄村。同时，也是禄村人在国家制度和国家发展中自己找寻出路，自我发展的结果。

（二）国家制度建设让禄村人精明起来

与80年前相比，现在的禄村人是精明的。他们的精明体现在有农田就会种上点粮食；知道养猪是亏本的，但只要有农田种植了粮食，就会养上两头猪，因为能够吃上安全、放心的粮食和猪肉。他们的精明体现在有"簸箕大的一块地"，也要种上点蔬菜，既解决了放心菜的问题，也解决了现金短缺的问题。他们的精明体现在知道征地时种植粮食、蔬菜的补偿低于种植果树的补偿，所以，面对农田被征用不可逆转的发展趋势，他们放弃种植粮食、蔬菜，转而种上了各种果树。禄村人的精明还体现在对比农田种植收益与打工收入后，绝大多数村民放弃了农田，转而进城从事服务业，或是进工厂工作。

禄村人的精明不是自然形成的，是国家制度建设和国家的发展的体现。家庭承包经营的农田制度，让禄村人自由度更高；而国家工业、服务业的快速发展，让禄村人获得了从事更高收入职业的机会。在对农业、工业和服务业进行比较后精明的禄村人很快就开始脱离农业，转向非农行业。国家扶持乡镇企业发展的政策出台后，就有精明的禄村人开始领办乡镇企业。市场经济发展起来后，家庭作坊快速恢复和发展，专门从事市场服务的经纪人也开始出现。大规模的征地开始后，禄村人就开始种植核桃树，并且种植密度很高。可以说，禄村人是精明的，是国家制度和发展成就了禄村人的精明，其中，农田制度无疑是最关键的因素。而社会主义市场经济体系建设，无疑是让禄村人精明起来的"推进器"。

二　农田具有丰富的功能

在禄村，就业载体、生计来源和社会保障已不能完全囊括农田的功能，农田所拥有的传统功能在削弱，但一些新的功能开始显现。我们系统研究后发现，禄村农田在不同的历史时期所具有的功能不同，相同功能在不同时期的表现也不同。

（一）就业载体

在不同的国家制度建构与经济社会发展环境限制下，禄村农田承担的就业功能存在差异。在人民公社时期国家制度限制农业劳动力外流，工业、服务业对劳动力需求小，城市空间狭小、人口容纳能力弱的背景下，农田成为绝大多数禄村人就业的载体，生产队成为禄村劳动力分配的主体。村民在哪块农田劳动由生产队集体说了算，村民没有自主选择权。总体来讲，禄村劳动力与农田之间的关系是紧密型的，因为绝大多数劳动力都用在了农田上。人民公社后期，依托地处县城西北角的区位优势，部分禄村人转而从事烧瓦工作，同时，建筑队也组建起来，部分禄村人转向建筑业，他们不再以农田为就业载体。禄村人与农田的关系开始疏离。

家庭承包经营的推行，让家庭成为劳动力分配的主体。农业对劳动力需求的季节性以及农业收入的季节性，迫使更多的家庭将劳动力分配到非农产业。而县城及乡镇企业的发展，为家庭劳动力从农田上转移出来提供了机会。伴随着城市化的推进，以及工业和服务业对劳动力需求的增长，越来越多的禄村人从土地上转移出来，农田作为就业载体的功能逐渐弱化。在这样的背景下，禄村人与农田的关系进一步疏离。2013年我们调研时，多数家庭年轻劳动力、男性劳动力从事非农产业，仅有老年人、妇女和生病体弱的村民从事农业，这些人与农地的关系仍然紧密。

2013年以后，在农田被大规模征用的背景下，更多的农田种上了核桃树、桃树、梨树，农田对劳动力的需求变得更少，农民家庭劳动力与农田关系的疏离程度进一步加深。当家庭农田被征用完的时候，家庭劳动力就与农田彻底脱离了。仅有少部分在为种菜的呈贡人、禄劝人打工时，才又与农田有了亲密的接触。可以预见，当禄村农田在不久的将来全部被征占时，界时，绝大多数禄村人与农田的关系将彻底断绝，农田作为禄村人就业载体的功能也将进一步弱化。

伴随着禄村人与农田关系从紧密走向疏离，最终是国家农村制度安排从人民公社政社合一、高度集中向政社分离、集体所有和家庭承包经营的转变。承包地"三权分置"的制度安排的转变过程是国家工业从不发达到走向强盛、城市从小到大、服务业逐渐壮大的过程；是禄村人地矛盾升级、农田逐渐被征用的过程。在这个漫长的过程中，男性劳动力最先与农田疏离，无论是人民公社时期的烧瓦、建筑队，还是后来到德钢、电瓶厂工作，多数是男性劳动力。而当服务业兴盛起来后，女性劳动力也开始与农田疏离。在禄村发展中，老年人是最后与农田疏离的，哪怕他们已经70岁，只要还能动，只要还有一点田，他们都会种粮、种菜，直到农田被征用，使他们彻底与农田分离。

但对于少部分禄村人来说，在国家承包地"三权分置"改革背景下，他们可以向目前在禄村租地的呈贡人和禄劝人一样，租用邻近村庄的土地，依然以农田为就业载体。那样，他们就可以在失去农田后，再次获得以农田为就业载体的机会。事实上，国家在改革开放后的一系列措施，其目的就是让所有人在社会中找到适合自己的岗位，从事自己喜欢，并能够支撑家庭消费的职业。那些不仅经营自己土地，还租用别人土地经营的人，就是禄村的职业农民；那些农田全部被征占后还希望经营农田，到邻村去租地经营的人，就是坚守的职业农民。数年后，当禄村变成城中村，还去其他村庄租地经营的禄村人，就是所谓的"新农人"，即城市到农村租地经营者。他们将一直以农田为就业载体，农田作为就业载体的功能始终不会改变，改变的只是农田与禄村人的权属关系和农田与禄村人的结合方式。换句话说，在国家农村承包地"三权分置"的制度设计下，即使禄村农田全部被征占，农田作为部分禄村人就业载体的功能也可能会持续存在。

（二）生计来源

在不同的土地制度及国家制度建构下，农田在禄村人生计上的表现也不同。人民公社时期，在国家工农分工、城市农村分割的制度限制下，经营农田成了禄村人生计的主要来源。全村家庭生计比较单一，家庭的自由度有限，种植的品种和时间都由生产队进行管理和安排，家庭唯一能够决定的是人民公社后期分给家庭的自留地的使用安排，而在生产队的土地上，家庭劳动力只有劳动的权利，没有安排生产的权利。当然，在劳动的基础上，家庭根据劳动付出获得相应的收益（以粮食为主的收成和少量现金），用来负担家庭的生活开支。所以，在人民公社土地高度集中与国家限制人口流动的制度安排下，农田成为绝大多数禄村人生计的主要来源。在人民公社时期，也有村民提出家庭承包经营的想法，以争取自主安排农田生产的权利，但随后被当作"走资本主义道路"而叫停。仅有极少数村民因为城市和村庄建设发展需要，转而开始烧瓦、搞建筑，家庭生计开始与农田分离，但家庭多数劳动力仍然在农田上劳作，生计的主要来源仍然是农田。

家庭承包经营的推行，让家庭在农田生产上的自主性增强，家庭能够根据农业生产规律，灵活安排生产活动。然而，由于集体所有制土地的内在公平性，土地必须按照劳动力、人口平均发包，这样就导致农田细碎化，难以让劳动力在农田上充分就业，也难以负担不断提高的家庭生活支出。同时，工业、城市发展步伐加快，农闲时的家庭劳动力提供了临时性的就业机会。此时，国家为促进工业和城市的发展，放松了对农村人口流动的限制，在这样的背景下，农闲时外出打工，补贴家用成为改革开放初期禄村人的主要生计模式。禄村人在人民公社时积累了一定的建筑技术知识，加之城市建设需要，成立建筑队搞建筑成为其农田之外的主要生计来源。随后，乡镇企业大量兴起，很多禄村人到乡镇企业工作，这成为他们生计来源的重要途径。

随着农业基础设施建设和城市发展，禄村农田开始被征用，这导致农田数量逐渐减少，加之人口不断增长，人地矛盾变得更加突出。农田承担的生计功能弱化，迫使更多的禄村人走上打工的道路。随着打工收入的增加，以及农田经营收入的不稳定，经营农田不再是禄村人的主要生计来源。农田经营也不再是禄村人的主要经营活动，农田不再是禄村劳动力工作的主要场地。当然，由于个人兴趣及条件限制，仍然有极少数人专门以农田经营为生。在承包地"三权分置"背景的下，外地人在禄村租用50多亩地从事规模化的蔬菜种植，这从侧面印证了禄村家庭在承包经营的前提下，农地分散经营的生计功能弱化，只有走规模化发展道路，农业才有出路的事实。

可以说，禄村人生计来源的变化是与农田就业功能的变化，以及村民与农田关系的变化相对应的，在禄村人与农田关系紧密的人民公社时期，农田成为绝大多数禄村人就业的载体，自然地成为禄村人的主要生计来源。当禄村人与农田关系开始疏离时，少数人不再以农田为就业载体，农田也就不再是这部分禄村人的主要生计来源。当越来越多的禄村人转移到城市，到工厂、商店、宾馆打工时，农田生计来源的功能被进一步弱化。但只要有农田在那里，农地作为生计来源的功能就不会消失，至少肩负着部分家庭粮食供给的任务，直到农田被征用完，农田生计来源的功能才会彻底消失。但对于那些坚守的职业农民或是将来的"新农人"，他们的生计来源仍然是农田。

（三）安全农产品的来源

随着禄村人对农田的疏离，农田作为就业载体、生计来源的功能逐渐弱化。绝大部分禄村人已不再完全依赖农田。但无论是家庭作坊的豆腐世家、榨油坊主人，还是小卖店店主或工厂正式职工，只要有田，不管有无劳动能力，都经营着自己的农田。那么多禄村人经营自己的农田，目的只有一个：自己种的粮食，吃起来放心。此外，禄村人还有一个心结，即"从小长到这么大，吃的米没有买过"。

大多数禄村家庭，也都经营着自己的菜地（自家种菜农药打得少，肥用的是农家肥），这样做的目的有两个：一是能吃上放心菜；二是在现金收入不稳定时，每天都有新鲜蔬菜吃。所以，在禄村的路边"簸箕大"的菜地随处可见，那是村民追求安全食品的最后挣扎。多数家庭也会种点油菜，尤其是来年要办喜事的家庭，自己种的油菜榨的油吃起来放心，所以，禄村榨油坊的生意是很红火的，每年加工油菜籽上百吨。

大多数经营农用的家庭，大春种水稻和玉米，小春种小麦。玉米和小麦多数用来喂鸡、喂猪。除了专业养殖大户（猪的养殖周期一般为6个月），大多数禄村家庭的猪要养上一年到一年半。从经济的角度来讲，这样做是亏本的，但只要家里有粮，禄村人还是希望自己养两头猪，十多只鸡，"自己养的吃起来口感好，也放心"。2013～2018年，禄村杀年猪的人少了，只有那些还在经营农田，或是当年要办喜事、摆满月酒的家庭会养两头猪，依然杀年猪。现在，人们开始怀念多数家庭杀年猪的时代，怀念农田多的时代。

2013～2018年，禄村种树的多了，种粮食、蔬菜、油菜的土地面积少了，杀年猪、养鸡的少了，禄村人不得不接受与城市人一样的生活，到市场去买粮、买菜，但又担心吃的东西不安全。农田的减少和村民与政府在征地过程中的博弈，使得禄村人不得不放弃农田提供安全农产品的功能。这说明国家给予的补偿合理，农田功能的剥离充分，禄村人愿意转变生活方式，支持国家发展战略。反过来讲，禄村人是支持国家发展战略的，国家在发展过程中，是否也要照顾到禄村人的需求？近几年来，国家特别强调食品安全，特别强调绿色食品的发展，既是出于生态文明建设的考虑，也是让像禄村农户这样脱离农田的人吃上放心粮、放心菜的现实举措。

（四）内心深处最后的保障

农田拥有社会保障的功能，其社会保障的功能的强弱与经营农田的收入在禄村人家庭收入中所占比重的大小有关。比重越大，社会保障功能越强；反之，社会保障的功能就弱。同时，农田社会保障功能的强弱还与国家社会保障体系建设相关。国家社会保障体系尚未建立时，农田社会保障功能就强；当国家社会保障体系逐渐完善时，农田社会保障功能就会逐渐减弱。禄村农田社会保障功能在国家社会保障体系建设中的重要性在逐渐削弱，直到有一天彻底消失。

随着农田社会保障功能的变化，农田在禄村人心中的地位也发生着变化。当禄村人与农田的关系比较紧密时，农田确实拥有社会保障的功能，农田在禄村人心中的地位就高；当禄村人与农田的关系变得疏离，农田的社会保障功能减弱，农田在禄村人心中的地位就开始下降。当人地关系进一步疏离时，农田在禄村人心中的地位也进一步下降，但不会随意消失。即便农田在家庭收入中所占比重非常小、农村社会保障体系已十分完善，农田在禄村人心中仍然占有一席之地。

在征地过程中，禄村人不是按照计算经营与收入是否合算，以及农田保障功能是否得以有效转移的逻辑考虑问题，他们认为这是机会的失去。多数人都知道，每亩8万多元的水田补偿标准与经营农田的收入相比不低，因为大多数家庭在田里辛苦经营很多年，也赚不到这些钱。但禄村人仍然认为是少的。那是因为土地被征占后，他们就永远失去了依靠农田讨生活的机会。因此，禄村人想尽办法提高征地时的一次性收入。说到底，农田在禄村人的心中始终占据着重要的地位，是他们内心深处最后的保障。这种保障不是经济上的，更多是一种感受，失去了农田就失去了一种念想。这种念想不会随着农田就业载体、生计来源等功能的减弱和消失而消失，也不会随着社会保障体系的逐渐完善而消失；相反，可能会随着农田就业载体、生计来源、社会保障功能的减弱而增强，"因为失去，所以倍加珍惜"。

（五）一种生活方式的载体

禄村人难以舍弃农田的一个原因，是农田承载了一种生活方式。80年前，有田地的禄村人依靠田地过着一种休闲式的生活，农田制度承载了一种消遣经济。如今，农田制度和农地占有让工厂工人、小商贩、豆腐世家等，过上了不同的生活。对于仍然以农田为主要生计来源的禄村种菜人，农田离他们的家近，是他们早晚劳作的地方，地上长势喜人的蔬菜是他们的希望，他们把田里的蔬菜当作自己的"孩子"一样呵护。蔬菜一般都是晚间采收，早上才能拿到金山镇农贸市场出售。日复一日，年复一年，他们早已习惯了这样的生活方式。如果突然有一天他们失去了农田，就失去了过这样一种生活的机会。即使通过承包地"三权分置"获得了再次经营农田的机会，但那样的农田离他们的家远，难以像现在一样干活在家边，过着"田在房边，家在田旁"的田园式生活。

从事工厂职工和城市环卫工工作的村民工作日上班周末劳作，这让他们吃上了自己种的米、自己养的猪和鸡，还能在过年的时候杀年猪。对于年事已高、子女在外工作的老人来说，经营农田能让他们的子女返城时带上自己亲手种的谷子碾的米和亲手种的菜籽榨的油。农田为禄村人提供了别样的生活方式。

即使有可观的补偿，禄村人也舍不得农田，因为舍弃农田就舍弃了自己长期以来早已习惯的生活方式。禄村菜地的减少，让更多的禄村人加入了买菜大军。禄村的土地不断被征占，越来越多的村民开始买菜和米。不能种粮食，也就无法养猪。春节临近，禄村再也看不到几年前家家杀年猪，热热闹闹过大年的景象。这些都是城市人对农村生活的向往，不久的将来，这种生活方式都只能出现在禄村人的回忆中。

（六）沉睡的资产

改革开放后，农业基础设施建设、城市发展建设和工业发展对土地的需求不断扩大，使土地具有了资本的属性。面对征地赔偿，这种属性就尤为突出。为了确保农田保值增值，禄村人想尽办法经营农田。在农田上种植的果树越值钱，当农田被征用时，才能越保值增值，承包农户的利益才能得到保障。为此，当有一家人种核桃树实现农田增值后，其他的禄村人都开始种植核桃树。在这个过程中，更多的禄村人懂得了经营农田、实现农田增值的道理。

因此，城市道路延长线刚规划完，道路两边的农田就都种上了核桃树、桃树、梨树。原因是禄村人从金山镇的发展中看到，一条新的大道建成，大道两边很快就会建起住宅小区。如果不及时种上核桃树，那么征地时农田就无法实现增值。为了实现农田增值，禄村人想尽办法，有的从数量上取胜，一亩田种植上万棵核桃树；有的从质量上取胜，直接移栽已经进入盛果期的果树，可谓各显神通。地方政府面对这样的特色产业发展，也无法从土地管理层面进行制止。

随着城镇化的推进，禄村人还会想尽办法经营自己的农田，估计不用多长时间，禄村农田里将种植更多的核桃树、桃树、梨树。因为只有早做打算，农田增值的空间才越大。虽然种植粮食可以保证饮食安全，但保证不了收入，实现不了农田增值。可以预见，在禄村农田被全部征占之前，禄村人会把所有的农田都种上果树。因为在农田作为一种增值潜力巨大的资产的背景下，经营任何作物都没有经营好果树的增值空间大。

三 农村发展的一般规律

（一）农田制度改革要照顾到农田的多样性功能

面对农田功能的多样性，不能再简单地把农田作为一种生产资料来看待，农田制度建设不能仅看到农田作为生产资料的一面。农田制度建设应看到农田的多样性功能，从不同的功能导向角度来健全完善农地制度。从就业载体和生计来源角度出发，农田首先是一种生产资料，实现农田资源的有效配置，形成适度的规模化，是确保以农田为就业载体的职业农民获得支撑家庭消费收入的必要条件。在家庭承包经营体制下，承包地"三权分置"是一个好的选择。在承包关系长期不变的背景下，农田承包权成为一种准私有性质的资产，拥有承包权的家庭成为新时代的"地主"，只是占有的土地少一点而已。承包农户会想尽办法提高自己的资产性收益，这样对以农田为就业载体的职业农民和"新农人"是不利的——会增加他们的成本。所以，农田制度改革在兼顾多重功能的同时，需要考虑的其实是不同人群对农田的利益需求，关键是平衡好不同相关群体的利益。

从内心深处最后的保障角度出发，农田制度改革要破除农民对土地的依恋，改变基于家庭承包经营下准私有性质的制度安排形成的准私有财产观念，以及建立在长期经营及农田经营权获得困难基础上的情感。核心要义在于还农田作为生产资料的本真面目，让想要经营农田的人，随时可以获得农田经营权，且成本低廉。从供求关系来看，那就需要国家储备适当数量的农田，当需求大时增加供给；当需求小时，适当收紧供给。

确保农产品安全，农田制度本身决定不了。但它是相关的配套制度建设必须回应的问题，只有农产品安全问题解决了，才不会有千千万万个家庭为了吃得放心而经营小块、分散、低效的农业，农田作为生产资料才能实现高效配置，农业适度规模经营才能实现，农业比较效益才能提高，各种新型经营主体才愿意投身农业。

从沉睡的资产角度看，承包地"三权分置"本就已唤醒了农田资产性的一面，二轮承包到期后再延长30年，每个农户对现有的承包地经营权就变成了40年，有的能达到42年。如果农户长期流转，将获得长期、稳定的资产收益。禄村农田经营权流转价格在云南处于平均水平，目前已到每亩1300元，而且还在看涨，这就使得农田征用时变现获得的收益显得更低。这是完善农田征用制度必须考虑的，否则，政府与农户的博弈不会停止，像禄村人一样宁愿放弃安心农产品，高密度种植年度无收益的果树的现象不会消失。

从中也能看出，农田对于不同家庭的功能和效用是不同的，不同的家庭对农田的依赖程度也是不同的。在农田征用中，应看到不同的群体与农田之间的关系，从不同的效用、不同的依赖程度出发，形成差异性的安置制度。对于以农田为就业载体和主要生计来源的家庭，农田征用等于是断了其就业渠道和收入来源，所以，对这样的家庭，仅关注补偿标准是不够的。关键在于让其再次获得土地经营权，仍然能够经营农地，以农田为就业载体，并获得支撑家庭消费的收入。对于不再以农田为就业载体，农田收益在家庭生计来源中比重较小的家庭，农地征用补偿合理才是现实的选择。而始终把社会保障的跟进作为征地制度改革完善的重点，是消除一切顾虑的根本出路。

（二）内部推动与外部发展是城郊农村发展的两大推力

禄村是云南小城镇附近一个具有代表性的村庄，它正处在农村向城市快速转变的过程中。禄村发展是我国城郊农村快速城镇化的一个缩影。回顾禄村发展的历程，并将现在的禄村与80年前的禄村进行比较可以看到，一方面，城郊农村发展受制于自身土地资源状况及土地制度。禄村人地矛盾突出，在家庭承包经营土地平均分配的背景下，规模农业发展受限，农业始终没有成为支撑禄村发展的主导产业，关键原因是家庭承包后农田细碎化，经营分散且效益低。这是禄村没有形成以农田为基础的支柱产业的主要原因；同时，也是推动禄村人在农田之外寻找出路的根本原因。相反的例子出现在呈贡和禄劝的菜农身上，他们不远百公里来到禄村，通过流转土地，获得了20多亩的农田经营权，并在雇工经营下获得了适当的回报，他们的实践说明适度的规模经营能够使农业获得比较效益。但适度规模经营是有条件的，核心在于资本和技术，没有一定的资本和种植技术支撑，很难形成规模化经营。在承包地分散、经营不成规模的情况下，绝大多数禄村人没有从农田经营中获得比较收益，因此，越来越多的禄村人离开农田和农业，向外寻找出路。

另一方面，80年前禄村之所以过着一种消遣经济，并非完全因为懒惰，很多的禄村人十来岁即开始劳动，尤其是贫农、雇农，从这个角度看，大多数禄村人是勤劳的。他们更多是因为没有让自己忙起来的机会，家庭作坊全力开工，没有销路；背盐的也没有那么多活计，城市、工业对劳动力的需求非常小。大多数禄村人以农业为主要就业途径，农业劳作的季节性，让禄村人不得不悠闲，那是一种被迫的选择。如今仍然有一群人过着悠闲的生活，他们就是禄村的老人。因为他们无法去打工了。但他们也经营着农田，只是农田季节性用工以及机械化，使他们过得更加悠闲。相反，年轻人过得就比较充实，可以说生活比较忙，他们多数在公司上班或打工，有的跟着建筑老板砌砖、做泥水活。农田收种之时，还要回家干农活。那他们为什么能够忙起来呢？这是城市发展起来后，工业、服务业的快速发展对劳动力的需求大量增加的结果。城市快速扩张的同时，工业、服务业发展迅速，对劳动力的需求极大，并为其提供了足以负担家庭生活支出的报酬。80 年前没有更多的机会让禄村人忙起来，如今，有越来越多的机会供禄村人选择。所以，他们不再懒惰，在各行业快速发展的带动下，一些禄村人已经以工业和服务业为就业载体和主要的生计来源。

由于禄村内部人地矛盾突出，农业季节性用工导致劳动力"英雄无用武之地"，以及家庭支出的灵活性与相对固定的农业经营收入，使得禄村人不得不向农田之外寻找出路。这与各行业对劳动力需求的快速增长有机结合在一起，使禄村人能够获得农田之外的就业机会与收入，并且能够负担整个家庭的生活开支。这种区别于农业季节性收益的收入方式，也能够适应当下随时支出的消费方式。

（三）农田经营和农业是有希望的

"呈贡人""禄劝人"在禄村流转土地开展农业经营的实践说明了农业是有希望的。那为什么禄村没有出现"呈贡人""禄劝人"这样的经营者呢？事实上，禄村现在完全以种菜为主要就业途径和生计来源的村民，就是未来的"呈贡人"；而目前的一些建筑老板，就是未来的"禄劝人"。

已经成为昆明新城的呈贡，那里的人要到禄村来租地种菜，不仅是因为他们原来是种菜的，更关键的一点是他们从种菜中获得了与别人从事其他行业一样的收益，这份收入足以让他们过上和其他人一样的富裕生活。否则，他们不会在没有土地后还继续寻找机会经营土地，更不会跑到上百公里外的禄村来租地经营农田。而曾经从事建筑业的禄劝人跑到禄村，与表哥合伙租地种植蔬菜，则充分说明了农业是可以获得可观的利润的。

呈贡人、禄劝人的实践说明农业是可以获得比较收益的，但需要农田相对集中，形成一定的规模，这个规模关键是适度，既不要太小，也不能太大。太小难以获得比较利润，太大如果管理不善会导致成本增加、比较利润下降。因此，那些完全以蔬菜种植为生的禄村人，他们很有可能成为下一个"呈贡人"，因为禄村的土地很快就会被征用完，他们也只能到邻近的村庄去租地经营。当目前从事建筑业的禄村人发现农业的比较收益可观后，极有可能加入农业从业者大军。那时，他们都将成为"新农人"，成为新的职业农民。

但呈贡人、禄劝人的实践进一步说明，种粮效益低。在禄村土地细碎化的背景下，只有特色农业如蔬菜种植才有出路和希望。在禄村现有的条件下，没有哪个家庭承包经营的农田面积能够像平原农村一样达到几百亩甚至上千亩。合作社等新型经营主体每亩100元左右的种粮效益，让以家庭承包面积开展经营的家庭难以获得负担家庭消费的收入，只有种菜才有出路。也就是说，农业是有希望的，但像禄村一样的地方，要想获得可观的收益只能种植特色作物，起码不是粮食作物。国家要实现粮食安全，一方面要通过机械化，进一步提高生产效率、降低生产成本；另一方面要对种粮者给予补助，让他们获得可观的收益。

（四）国家制度与发展战略统领着农村发展

禄村的过去、现在和未来，实际上是在国家制度与发展战略绘制的蓝图下一步一步形成的，并非一朝一夕之功，也不是禄村人单方面努力的结果。80年前的禄村，地主所有的土地制度使本就人多地少的禄村，土地占有极不均衡，多数禄村人是雇农、佃农，只有极少数人拥有自己的土地，虽然没有"大地主"，但贫富分化现象还是很明显的。新中国成立后，土地改革使禄村人土地占有均衡化，而互助组、中级社、高级社、人民公社、家庭承包经营的国家制度变迁与农村发展战略安排，让禄村人经历了农地私有下的均衡、集体占有、集体所有下的相对均衡三个阶段，经历不断的制度变迁，国家制度、国家政策深入人心。可以说，在禄村人内心深处已打上了国家制度的烙印，他们在国家农田资源配置制度影响下经营农田，在不同的国家制度建构下，经历着不同的农地经营方式。

反过来，禄村的发展又不仅受到国家农村制度和农村发展战略的影响，而且受到国家不同方面的制度和发展战略的影响。20世纪80年代中期，在加快乡镇企业发展战略的推动下，禄村有村民成立了电瓶厂，吸纳了少数禄村人就业。以德钢为代表的乡镇企业的快速发展，为更多的禄村人提供了就业机会。在20世纪90年代国家加快农业富余劳动力转移就业的发展战略下，打工成了禄村人就业的主要途径，打工收入成为更多家庭收入的主要来源。近几年，在国家新型城镇化发展战略推动下，禄村所属的金山镇小城镇建设步伐加快，农田不断被征占，禄村的人地矛盾也进一步升级，到农田之外寻找出路成为绝大多数禄村人必须面对的现实。

四　展望

禄村是小城镇边上的一个村庄，在国家新型城镇化发展战略的推动下，从 2013 年到 2018 年短短五年，大量农田被征用，如今多数的农田已退出粮食、蔬菜种植，越来越多的农田种上了果树，因为禄村人认为这些是即将被征用的土地。可以预见，与禄村类似的村庄将发生一些新的变化。

（一）农田基本被征用完，多数人脱离农田、脱离农业

禄村所属的金山镇，作为禄丰县的中心，小城镇建设步伐越来越快，尤其是在将城中村改造成为彝族文化小镇的发展战略的推动下，城郊大片的住宅区被推平，有一批居民向更远的城郊迁移——禄村附近的两条城镇主干道两边。如今正在推进的两条延长线以及亚洲最大的单晶硅厂线路建设，将使禄村被包围在城市交通网之中，而中医院和禄丰一中，让禄村越来越接近县城公共服务的中心。在这样的背景下，禄村农田将有可能在较短时间内被全部征占。在国家加快推进新型城镇化，促进更多的农业转移人口城镇化的发展战略推动下，这一步伐可能会更快。

从目前来看，当前的禄村，单纯依靠农田经营为生的家庭已很少。当农田被全部征占，绝大多数禄村人将彻底告别土地，从事其他行业。只有少数目前以经营农田为生的禄村人，可能舍弃不了土地，他们仍然会在农村承包地"三权分置"的制度建构下，以农田经营为生。但禄村农田被征用完，多数人脱离农业和农田的局面不可逆转，这是国家发展战略和禄村人自身探寻发展出路的必然结果。

（二）禄村成为城镇的有机组成部分

禄村因其特殊的地理位置，已经被城镇交通网络包围，在金山镇的快速发展中，禄村为其提供了大量的土地，这为城镇发展中基础设施的建设提供了可能；同时也为提高城市容量，为更多的人进城提供了可能。目前，村委会改为社区居民委员会就是行政管理上的城镇化。下一步，随着两条延长线的修建，禄村附近势必建起一些新的居住小区，界时，禄村与城市住宅小区之间将共同形成一种新的城镇管理单位。在这个过程中，禄村总有一天会被城市包围，变成城中村，在经历城中村改造后，最终成为城市的有机组成部分。这是国家城镇发展战略与城市高质量发展的必然结果，否则禄村就会成为城镇空间和外形上不协调的一角，这是与整体规划不匹配的。

从公共服务层面来看，禄村早已被纳入金山镇公交车、出租车的服务范围。加之学校等城镇公共服务就在身边，禄村人享受的已是与城镇一样的公共服务。随着农田的征用和农业户口转为城镇户口，禄村人享受的合作医疗、养老保险、最低生活保障，将不再有城市与农村的差别，禄村人享受的公共服务将彻底城镇化，或者说城乡一体化。

从经济和文化层面来看，多数禄村人已从农业从业者转向工业、服务业从业者，就业与城镇居民无异。多数禄村人也已从自己种植粮食、蔬菜，自己养猪、养鸡，转向通过从事工业、服务业获得货币报酬，再从市场上购买这些物品。多数禄村人也正经历着杀年猪变成回忆的变化。这些经济上和文化上的变化，将使禄村从一个城郊村彻底转变为城镇的有机组成部分。

（三）禄村将进入短期的不适与矛盾多发期

禄村正进入快速城镇化时期，在当前和今后的一段时间里，失去农田后的生活方式转变会让部分村民感到不适应，尤其是农田思想根深蒂固的老年人。老年人从小到现在没有买过米的历史将彻底改变。因为没有农田来种粮食，热闹杀年猪的景象也将成为回忆。因为没有农田种蚕豆、黄豆，剥豆米的机会也将失去。剥豆米既是一种生活方式，更是一种交往、交流方式，老年人通过剥豆米来沟通交流，获取信息。失去农田他们就失去了这一切，这会让老年人不适应。

快速城镇化中征地引起的社会问题也将逐渐暴露出来，其中，老年人失去土地后失地农民补贴、城镇最低生活保障的需求将增加。这个问题一旦解决不好，老年人没事可做，那么政府门前老年人聚集的现象会大大增加。而这只是在农田征用环节发生的事。当宅基地被征用时，因住房补偿引发的矛盾会更多。目前金山南路北延线已占用几户人家的宅基地，在禄村和周边的村庄还有空地可供建房的情况下问题得以轻松解决。但是，当遇到大规模的宅基地被征用的情况时，可能就会涉及更多的住房标准、补偿面积，以及补偿标准等方面的问题。

总之，禄村在金山镇快速城镇化的进程中，正在经历从农村社区向城市社区的彻底转变，在这一过程中，因经济利益引起的矛盾，因社会环境和文化，尤其是生活文化的转变导致的不适应，将伴随禄村城镇化的整个过程。在这个过程中，必然引发一些矛盾，需要引起当地政府与社会的关注。而这些问题的解决，仅靠政府是无法实现的，必须充分发挥好基层群众自治的作用，通过基层有效治理来破解社会成员的不适应的难题，化解社会矛盾。

其中，发展壮大集体经济，并以此为基础，提供更多的自我服务，可能是一条现实的路径。目前，禄村及各小组基本没有发展集体经济。所谓的集体经济，多数是征地时获得的补偿。如果不改变这样的局面，那么随着禄村农田的减少，集体也就失去了存在的基础。伴随着集体的削弱、衰败，禄村人的不适应，禄村的社会问题会更多。

（四）禄村将进入城乡融合发展阶段

禄村所在的区域，城镇化的脚步越来越快，在片区规划中，禄村将成为由工业园区、住宅区、城镇公共服务设施、城镇基础设施包围的区域，虽然在接下来的一段时间内，区域内的城镇建设会成为主要的事务，农民也在城镇建设和工业建设中获得非农劳动就业机会和非农收入，但是，从长远来看，禄村也将成为工业区和城镇主体功能区的隔离和缓冲地带，这样的区域要求进行大量的绿化和景观建设。依据科学的建设方式，部分农田将被保留，并作为景观区域。村庄环境的治理也会使禄村人更愿意留居在村内，形成城乡融合发展的态势。这样的融合包含三个层次。

第一，地理环境上的融合，即农田、农舍和城市基础设施相融合。

第二，产业的融合，即工业、服务业和农业均得到较好发展，以及农业的休闲化、专业化和职业化相结合。

第三，人员的城乡融合。

2016 年，禄村村委会改社区，实现的是管理方式的城市化转变，但是在小组层面，还是遵循村民小组的管理方式。社区的更改，随之而来的是户籍的转变。可以预见，不久之后，禄村的村民全部会变成城市居民，或没有城乡区分的居民。然而身份的认同需要历经一个过程。在禄村的矛盾多发期过后，新生的禄村人不会再将自己当作传统的农民，而是禄村的居民。这是社会转型之后的必然结果。

参考文献

包智明：《比较社会学》，知识出版社，1995。

宝森：《中国妇女与农村发展——云南禄村六十年的变迁》，江苏人民出版社，2002。

车浩：《占有概念的二重性：事实与规范》，《中外法学》2014 年第 5 期。

陈璇、乐章：《浅论费孝通先生的城乡发展理论》，《社会科学家》2000 年第 1 期。

丁元竹：《社会科学实际上还是在探索阶段——读〈云南三村〉》，《云南社会科学》1992 年第 4 期。

费孝通：《江村经济——中国农民的生活》，商务印书馆，2006。

费孝通：《学术因缘五十年——编〈云南三村〉书后》，《读书》1988 年第 2 期。

费孝通、张之毅：《云南三村》，社会科学文献出版社，2006。

费孝通：《重访云南三村》，《中国社会科学》1991 年第 1 期。

风笑天、陈璇：《二十年来国内费孝通研究述评》，《江海学刊》1999 年第 5 期。

谷禾：《云南农村研究的回顾与反思》，载于《云南社会科学》2007 年第 1 期。

官欣荣：《从"云南三村"看费孝通社区研究与本土方法论的贡献》，《云南学术探索》1995 年第 1 期。

何斯明：《〈云南三村〉——费孝通先生学术生涯中的点睛之笔》，《学术探索》2006 年第 3 期。

贺雪峰：《新乡土中国——转型期乡村社会调查笔记》，广西师范大学出版社，2003。

乐章、陈璇、风笑天：《费孝通实地研究方法探析》，《江苏社会科学》2000 年第 1 期。

李斌：《村庄历史与社会性别——试评〈中国妇女与农村发展：云南禄

村六十年的变迁〉》，《山西师范大学学报》2008 年第 4 期。

李学桃：《20 世纪 30、40 年代费孝通地权思想浅析》，《中央民族大学学报》（哲学社会科学版）2012 年第 2 期。

刘长亮：《乡间小路与工业通衢——费孝通乡村工业思想评述》，《河北大学学报》（哲学社会科学版）2005 年第 1 期。

刘豪兴：《费孝通的学术价值观》，《江苏社会科学》2000 年第 1 期。

马小彦：《费孝通教授社会学研究的思路历程》，《史学月刊》1997 年第 5 期。

莫晓：《费孝通五十年学术生涯概述》，载于《社会》1988 年第 5 期。

潘乃谷、王铭铭：《重归魁阁》，社会科学文献出版社，2005。

钱成润、史岳灵、杜晋宏：《费孝通禄村农田五十年》，云南人民出版社，1995。

王铭铭：《从江村到禄村：青年费孝通的心史》，《书城》2007 年第 1 期。

王铭铭：《继承与反思——记云南三个人类学田野工作地点的"再研究"》，《社会学研究》，2005 年第 2 期。

许化宁：《费孝通社区研究方法考析》，《学理论》2010 年第 2 期。

于长江：《人看我看我们——读费孝通的 Earthbound China 和〈云南三村〉》，收录于《重归"魁阁"》，潘乃谷、王铭铭主编，社会科学文献出版社，2005。

张海超：《乡村调查与人类学的方向——七十年后重读〈禄村农田〉》，《读书》2009 年第 5 期。

张宏明：《土地象征——禄村再研究》，社会科学文献出版社，2005。

张亚鹃、王建军、郭绍亮：《人类学取向的研究范本——读费孝通、张之毅云南三村》，《百色学院学报》2009 年第 4 期。

赵金才：《费孝通与〈云南三村〉》，《社会工作》2012 年第 3 期。

周美林：《费孝通与魁阁研究室》，《江苏社会科学》1993 年第 2 期。

David Arkush：《从禄村到魁阁——1938 ～ 1946 年间的费孝通》，收录于《重归"魁阁"》，潘乃谷、王铭铭主编，社会科学文献出版社，2005。

后　记

从课题策划、实地调研、申请后期资助、修改完善、提交结项到如今付梓成书，《新禄村农田》经历了整整七年，其间种种只有参与的人能体会。

2013 年初，当云南省社科院农村发展研究所所长郑宝华研究员提出要做"云南三村"再研究的时候，大家都欢呼雀跃。

2013 年 4 月，当"村长"崔江红研究员带着禄村调研组一行，初步完成禄村调查，整理出近 8 万字的调查笔记时，我们觉得收获颇丰，更坚定了我们"遵循费孝通先生的脚步""做当代的费孝通"的想法。在 2013 年之后的三年时间里，写作提纲经过多次讨论、反复修改。在书稿的撰写过程中，调查组又数次前往禄村作补充调查，以解决数据不够充分和信息不够翔实的问题。每次调查，我们都结合已有资料，寻找依据，证实或纠正看法。本书撰写将告完成时，恰遇李立纲研究员申请获得 2017 年度国家社科基金的后期资助项目"'云南三村'再调查"，遂对全部研究（该后期资助项目，实际上由 3 本书稿构成，除本书外，另外两本是《手工业消失的易村》《玉村商业和农业》）所包含的 3 项调查做了较大的内容调整，3 个研究小组根据新的修改意见对书稿进行了全面的调整和修改。这样，书稿也根据新的时间要求，于 2018 年 8 月完成最新修订，书名定为《新禄村农田》。本书和另外两本书稿一起，正式提交上报。其间，又经过专家评审、补充数据、局部修改，最终定稿。如今付梓在望，不由感慨万千。

《新禄村农田》是费孝通《云南三村》一书中"禄村农田"的追踪研究。我们以费孝通《禄村农田》为研究依据，在通读并详细研究全书的基础上，将费孝通当年提出的问题、所研究的线索，作为我们今天"追踪调查"的基本依据。具体研究中，以"农田"为核心，紧紧围绕 20 世纪 30 年代以来禄村农田的变化和现状进行研究。

不同的是：《禄村农田》有十二章，费孝通从禄村农作物入手，分析禄村劳力的利用、农田的负担和农田的分配，阐述了禄村农田租营和自营两种方式形成的原因，描述了禄村的生计状况，介绍了禄村农田继袭方式、禄村的农村金融形式和农田买卖情况，最后提出了禄村农田的发展趋势。而《新禄村农田》仅有十章（含绪论），从土地的制度变迁入手，分析禄村当前的土地占有情况及其对农地经营的影响；阐述当前的农田经营方式，分析农田经营收益及其对家庭劳动力利用和家庭生计形式的影响，最后阐述禄村农地面临的性质改变——征地的状况及其对整个社区的影响，并对禄村未来的发展进行了深入思考和展望。由于制度原因，当前禄村已经不存在农田买卖，而农村金融也与农业、农田关系越来越小，所以书中没有这两方面的内容。

在行文风格上，我们有意向《禄村农田》的风格靠拢。这不单是因为对费孝通的禄村农田调查和写作多少有一些崇敬的心理，还因为费孝通朴实而又深刻的独特文风让我们久久回味，故有意模仿之。

《新禄村农田》由王献霞副研究员和崔江红研究员共同执笔完成。崔江红研究员作为禄村研究小组的"村长"，前往禄村深入调查，还执笔撰写若干章节，并负责对本书的质量把关。颜晓飞副研究员也参与了对若干重要内容的调查，对本书做出了重要贡献。所长郑宝华研究员，除多次组织对本书的提纲和初稿进行讨论外，还对书稿提出了诸多建议和意见，保证了书稿的质量。

我们在本书的调查和写作过程中得到了很多人的帮助，在此表示感谢。感谢禄村的李春红，她不仅向调查小组介绍情况，为考察提供了诸多便利，还为本书绘制了禄村社区资源图，并解答了诸多令调研组疑惑的问题；感谢禄村社区党总支书记李萍、主任饶定国以及各村组干部，他们不仅在百忙之中接受了访谈，还为我们在村中的调研提供了诸多方便；感谢禄丰县委宣传部的黄园园副部长为我们协调县级各部门关系；感谢禄丰县农业局、土地局、档案馆等部门和金山镇政府人员，他们无私地提供相关文献资料，为禄村研究的严谨性提供了保障；感谢所有接受调研访谈的农户。他们独特的经历和风趣的语言让本书不再枯燥和呆板，他们对时代的思考让本书的结论和展望更接地气。感谢所有在写作和调研过程中提供帮助的朋友。

人说"怀才就像怀孕，时间到了自然就生了"。然而，怀才不比怀孕，孕了自然生；才华需要不断积累更新，不断创新，不断更迭，否则，有一点点才也会自然流产。在整个写作的过程中，笔者刻骨铭心地感受到自己才思枯竭，言语无状，犹如一具空皮囊，空空如也。

七年磨一剑，此剑锋利否？交于读者评论！

笔者

2020 年 7 月于春城

图书在版编目（CIP）数据

"云南三村"再调查. 新禄村农田 / 王献霞，崔江

红著. -- 北京：社会科学文献出版社，2021.12

ISBN 978 - 7 - 5201 - 8893 - 7

Ⅰ.①云…　Ⅱ.①王…　②崔…　Ⅲ.①农村调查 - 调

查报告 - 云南　Ⅳ.①D668

中国版本图书馆 CIP 数据核字（2021）第 167473 号

"云南三村"再调查

新禄村农田

著　　者／王献霞　崔江红

出 版 人／王利民
责任编辑／孙海龙　胡庆英
责任印制／王京美

出　　版／社会科学文献出版社·群学出版分社（010）59366453
　　　　　地址：北京市北三环中路甲 29 号院华龙大厦　邮编：100029
　　　　　网址：www. ssap. com. cn
发　　行／市场营销中心（010）59367081　59367083
印　　装／三河市龙林印务有限公司

规　　格／开　　本：787mm × 1092mm　1/16
　　　　　本册印张：14　本册字数：222 千字
版　　次／2021 年 12 月第 1 版　2021 年 12 月第 1 次印刷
书　　号／ISBN 978 - 7 - 5201 - 8893 - 7
定　　价／298.00 元（全三册）

手工业消失的易村

Vanishing Cottage Industry in Yi Village

『云南三村』再调查

李立纲 等 著

社会科学文献出版社
SOCIAL SCIENCES ACADEMIC PRESS (CHINA)

"云南三村"再调查

编委会

主　任：郑宝华　李立纲

副主任：陈晓未　赵鸭桥　李永松　张体伟

成　员：（按姓氏笔画排序）

　　　　王献霞　宋　媛　张云熙　张源洁

　　　　陈亚山　罗明军　胡　晶　崔江红

　　　　谢晓洁　谭　政　颜晓飞

总序
"云南三村"的研究和再研究

我们对自己的国家有信心，对自己的事业有抱负。

——费孝通

《云南三村》是一项具有多重历史和现实意义的社会学研究成果，是以费孝通为代表的一批社会学家们在 20 世纪 30 年代对中国社会进行探索的一个重要贡献，已经成为研究中国社会特别是中国农村社会的经典。以该书为核心延伸出来的相关研究，如对《云南三村》文本的研究；对当年费孝通等学者们曾经调查过的三个村庄的再调查和再研究；对三个村庄的历史和现状及其变迁的研究；对《云南三村》前因后果的研究，比如之前的江村调查，此后的农村、小城镇和乡镇企业乃至城乡关系的研究；对农村社会形态的研究；对云南乃至中国农村的分类研究；对《云南三村》调查、研究过程中的各种历史事件的考证和研究；等等。总之，包括各类与《云南三村》相关事物的研究，一起构成了我们称之为"云南三村研究"的学术活动。这是一项有时代特征和现实意义的学术研究事业。

"云南三村研究中心"建立，其基本任务就是对"云南三村"开展长期、系统的研究。其研究范围如下：一是对"云南三村"中的三个村庄进行全面、系统的调查，陆续出版这三个村庄的调查报告；二是对"云南三村"中的三个村庄进行个别和整体的研究；三是对"云南三村"的若干主题进行实证性和理论性的专题研究；四是就"云南三村"和费孝通的社会研究思想、研究实践开展深入研究；五是对与"云南三村"相关的内容进行探索和研究；六是依照一定的分类标准，对云南农村发展类型进行长期跟踪研究。因此，我们将开展的与此有关的研究，统称为"云南三村"研究。

为什么要开展"云南三村"再研究？"云南三村"再研究本身有什

么价值和意义？"云南三村"与今天的农村社会学调查，乃至社会研究有什么关联？"云南三村"研究现状存在一些什么问题？就借"'云南三村'再调查"出版的机会，略做申说，以表明我们的意图、呈现我们的体会，并为之序，请学界专家批评指正。

一　"云南三村"研究的时代意义

（一）"云南三村"调查的缘起

为什么会有"云南三村"的调查呢？这首先是由客观因素触发的，即"七七"事变后，东北、华北大片国土被日军占领，中华大地上，云南这个南方边疆省份还相对安全和平静。费孝通先生从英国回来，只能来到"抗战后方"的云南，执教于云南大学。作为社会学研究者，费孝通先生还没有到达云南，就在思考回来做点什么，到哪里去调查。在做了充分的思考和准备之后，又得到熟人（亲戚和同学）的帮助，即选定现在的楚雄州禄丰县作为其在云南的第一个调查点。到昆明约十天时间，费孝通先生便直奔调查点。这项调查结束以后，费孝通先生写出了《禄村农田》。继禄村农田调查之后，费孝通先生决定再选调查点进行调查。先是带着张之毅选定易村作为农村手工业的典型，然后由张之毅完成调查。后来再落实玉村的调查，也由张之毅完成。在费孝通的安排、指导和帮助下，张之毅完成了后面两项调查，写出《易村手工业》和《玉村农业和商业》。加上《禄村农田》，共有三份调查研究报告，它们构成了《云南三村》一书。①

为什么费孝通先生回国只几天时间，就这么急急忙忙地跑到村子去做调查？一方面，这是因为先生在来到云南之前，就已经有了一个对于农村调查的大致想法和理论线索，在此基础上也就有了较为详细的考虑。这就是在选择"内地"不同类型的农村社区进行调查，分别做出归纳性

---

① 1943～1944 年费孝通先生访问美国时，曾以英文翻译过这三份报告，取名为 *Earth-bound China*，并于 1945 年由芝加哥大学出版社出版，后来收入英国书局的国际社会学丛书。后来，费孝通将三个报告的中文合编为《云南三村》，分别于 1990 年和 2006 年由天津人民出版社、社会科学文献出版社出版。

的理性分析。另一方面，与这种既定的考虑有关，就是继续《江村经济》的研究，延续江村调查的思考，回答江村调查期间所碰到但没有得到合理答案，以及学界所质疑①的若干问题。有关学术界对这些问题的质疑和讨论，以及利奇（Leach）的质疑和费孝通的回应，本文不予展开。

在《云南三村》的序中，费孝通先生提到"一条理论线索"，是供我们理解这本书的时代意义及其贯穿前后研究的关键。费孝通先生这样说：

> 从《江村经济》到《云南三村》，还可以说一直到八十年代城乡关系和边区开发的研究，中间贯串着一条理论的线索。《云南三村》处在这条线索的重要环节上，而且在应用类型比较的方法上也表现得最为清楚。因之，要理解魁阁所进行的这些个社会学研究，最好看一看这本《云南三村》。②

（二）具有历史穿透力的《云南三村》

结合认识这条"理论的线索"，我们可以从不同的侧面来理解"云南三村"研究的时代意义。

1. "云南三村"联系着两个时代

《云南三村》在研究中国农村的过程中，前承江村经济的研究，后继20世纪80年代之后以费孝通先生为代表的中国农村研究（这主要涉及小城镇、乡镇企业、城乡关系等问题）。费孝通先生所说的从《江村经济》到《云南三村》，还可以说一直到80年代城乡关系和边区开发的研究，"中间贯串着一条理论的线索"，这条"理论的线索"是什么？就是怎样让依托于土地上的农民，通过发展农村工业和副业来使他们的贫穷状况得到改变。由此不难看出，这条"理论的线索"，不仅连接着两

---

① 如当费孝通先生发表《江村经济》（1939年在英国出版时的书名为《中国农民生活》，英文名 *Peasant Life in China*）时，Leach就在《社会人类学》一书中提出质疑：解剖这么一个小小的农村，何以戴得上"中国农民生活"这项大帽子？

② 费孝通、张之毅：《云南三村》，社会科学文献出版社，2006，第5页。

个时代的农村问题，也反映了两个时代社会学研究者的持续努力，更折射出先生的责任担当，这就是先生当年做"云南三村"调查的初衷："中国在抗战胜利之后还有一个更严重的问题要解决，那就是我们将建设成怎样一个国家。在抗日的战场上，我能出的力不多。但是为了解决那个更严重的问题，我有责任，用我学到的知识，多做一些准备工作。那就是科学地去认识中国社会。"①

2. 近代中国农民和农村

中国农村问题，可以说是中国最近一个世纪以来最突出的社会问题。这个问题，放到这个世纪之前，属于"古代"的农村问题，它不是今天意义上的"农村问题"，而现在所讨论的问题，是现代意义上的农村问题。这就具有了全新的意义。费孝通先生等一批受现代社会科学影响的社会学家，在看到中国传统农村面临现代社会的种种应对难题时，必然会做一番与过去时代不同的全新思考，并运用一套全新的方法和理念来对待这个传统的研究对象。在对江村做了一个系统调查之后，在对云南农村进行调查之时，费孝通先生有这样一些疑问：一是江村这样的受发达工业影响较深的村子，在西方工业冲击之下，如何重整旗鼓，摆脱自身发展工业的困境，再得到一个发展的机遇；二是受现代工商业影响较少的内地农村，在发展工业方面又会面临怎样的状况。在《禄村农田》的导言中，费孝通先生就明确提出了需要解答的几个问题：在一个受现代工商业影响较浅的农村，它的土地制度是什么样的；在大部分还是自给自足的农村，它是否也会以土地权来吸收大量的市镇资金；农村土地权会不会集中到市镇而造成离地的大地主。② 这是现代意义上的中国农村研究要强调的实质内容。这些问题，被费孝通先生敏锐地提了出来。这些问题，或在江村调查时被关注，或在云南三村调查中得到专门的研究。费孝通先生作为跨越两个时代的农村研究者，所研究的问题却有着高度的相关性，呈现一种历史的连贯。这些问题，可以归结为中国农村如此多的农民怎样能够富裕起来。这个问题，在过去是"一个问题"，现在仍然是"一个问题"，将来还会是"一个问题"。这个问题，至今仍

①　费孝通、张之毅：《云南三村》，社会科学文献出版社，2006，第3页。
②　费孝通、张之毅：《云南三村》，社会科学文献出版社，2006，第9页。

然是研究中国农村不可回避的重大理论与现实问题。这不仅是中国社会发展中的重大课题，具有历史性的全局意义，也是构成费孝通先生整体的社会研究中的突出内容，是先生在两个时代当中持续关注的重大课题。这其实也是理解费孝通先生思想的一个关键入口。

3. 最早对中国农村开展系统性分类调查

《云南三村》研究的特点之一，就是有目的地选取不同类型的农村社区进行调查，然后做出相应的分析，给出自己的见解，以便今后更加系统地研究中国农村。这种选定一个典型村子作为一种农村类型的研究方法，在云南三个村子的研究中表现得最为完整和透彻，而且云南的三个村子确实也提供了三种类型让大家来"解剖"。本来，费孝通先生在云南调查三个村子之后，还有其他村子类型要做调查，但在抗日战争胜利后，费孝通先生等一批南下的学者和他们所在的机构迁回北方，此后，形势有了一系列变化，他们也就没有能够再做这样的个案调查。又加上中国社会学恢复重建以后，费孝通先生年事已高，还肩负重建中国社会学的重任，没有精力来具体进行农村社区的个案调查了。从这个角度来说，如果说《云南三村》在费孝通先生的农村社区调查，即农村类型研究中，是一个历史性的绝唱的话，那么这三个村子的社会呈现已经代表了农村类型研究的主体思想，也代表了费孝通先生农村社区调查具体操作的完整原理。从这个意义上说，《云南三村》的价值，不仅体现于该文本产生的当年，其整体性的影响和原理性的作用影响至今，并将影响未来。因此，《云南三村》是一个贯通当年和今天的杰作，对云南三村的研究和再研究，是延续80余年的历史性课题。就中国农村研究而言，"云南三村"研究所秉持的研究理念的新鲜、研究方法的有效，再加上费孝通先生有意将"村庄类型"的做法嵌入这项研究，就使"云南三村"站在了一个更高的带有标志性的位置上。

4. 费孝通先生的个人因素也增加了《云南三村》的影响力

费孝通先生的个人影响，与《云南三村》的影响似乎是联系在一起的。尽管《云南三村》自有其本身的学术价值和历史意义，但费孝通先生以自身的生命周期，依托旺盛学术力，让我们将这二者现实地联系在一起。

《云南三村》的学术价值，依托其作者（作者还有张之毅，但费孝

通先生始终是总体的指导者，可以理解为《云南三村》广义的作者）延续前后两个时代的学术活动而发生着影响，也在实际上巩固了该书的持续影响力，显示出该书本身的穿透历史的价值。我们今天对《云南三村》所开展的各种"再研究"，正表明这种学术价值的历史性存在。《云南三村》的时代意义，就是通过历史而得到体现的。

《云南三村》的时代意义，无论是从研究方法的角度还是从调查方法的角度，无论是从学术研究与政府关系的角度还是从社会意义的角度，抑或是从实际操作的角度，都值得进行分析和研究，并且都可以设立相应的专题进行研究。这是我们今后要逐步展开研究的内容。

二　承上启下的《云南三村》

总之，《云南三村》的时代意义，既可以从当年的"时代"入手，深入历史进行研究，也可以从把握今天的"时代"作为切入点，对现状进行研究。对前一个"时代"的研究，主要通过研究《云南三村》文本来实现；对后一个"时代"的研究，则要通过进入这三个村庄进行实地调查才能实现。但需要强调的是，这两种实现方式并不是相互隔绝的，对实际的研究者来说，它们是结合在一起的。

这两个"时代"虽然在时间上分属两个不同的时代，因此自然有着各自不同的主题，但这两个时代又是联结在一起的，它们有着很多可以联系在一起进行研究的内容。通过费孝通先生的事业，通过"云南三村"这样的具体社会调查事件，两个时代就有了清晰的连接线索。或许，这只是我们作为社会学人开展这样的学科工作时的感受。但不论是谁，只要他/她深入"云南三村"细细考察，就一定会发现两个"时代"有着深刻的不可分割性。"云南三村"再调查这项工作本身，就是将两个"时代"贯通起来所做的一项既具有延伸性又具有开拓性的工作。

说到这里，我们还看到《云南三村》在更深层次上的一个价值，就是这本书不仅仅是一本研究云南农村的书，更给我们提供了远远超出这三篇研究报告本身范围的内容，给我们提供了丰富的想象空间和研究余地，来深入思考和研究中国农村的现在和未来。因此，《云南三村》的时代意义，一篇短文无法全面顾及，还有待学界同人一起努力对其进行

深入研究。

由此看来,《云南三村》具有承上启下的意义和作用。这是我们特别重视的一个思考维度。这不仅是因为我们作为《云南三村》的历史调查点所在地的本土学者,对此有着更多的学术责任和历史担当,还因为《云南三村》本身就具有这样的前后联接和上下贯通的作用。也正是这一点,才让我们更加深切地体会到费孝通先生所说的:"从《江村经济》到《云南三村》,还可以说一直到八十年代城乡关系和边区开发的研究,中间贯串着一条理论的线索。"而"《云南三村》处在这条线索的重要环节上"。

说到这里,我们还需要从下列三个具体的视角来做进一步的讨论,以便更准确地说明这个具有实质性的问题。一是《云南三村》在学术上的问题阈,即承接着对《江村经济》的若干思考,又延续到20世纪80年代及之后费孝通先生农村研究的各种课题;二是《云南三村》在具体形成的过程中,处于先生整个社会学研究事业的中间阶段;三是从先生的学术研究生涯这样一个大的过程来看,《云南三村》也处于从早期的初步农村探索,经过海外留学,系统接受西方(英国功能学派)社会学、人类学理论和方法,再到将西方的理论和方法运用于内地农村社区研究的中间阶段。就此而言,《云南三村》处于费孝通中国农村研究思想与具体农村社区(一个个具体的村落社会)调查理念的有效结合、农村社会研究与农村类型调查完整思想的形成并产生结果的时期。因此,《云南三村》确确实实是一部承前启后的杰作。

从具体运用的角度来说,《云南三村》将国外引进来的社会学理论和方法,特别是功能学派的理论和方法,以及社区研究的新鲜做法,运用于中国农村的调查和研究之中,开展了云南三个不同类型村庄的调查。在那样一个年代,不要说云南的学者从来没有接触过这一套理论和方法,就是在全国范围内,这也是一个令人耳目一新的做法。《云南三村》能够持续产生影响直到今天,是因为这三个村庄的调查在历史上有着重要的承接和启示,以及其自身所具有的学术价值。当然,还由于有费孝通先生这样一位跨越两个时代并以其研究成就连接两个时代的社会学大家,他的影响力和长期的社会学活动,客观上巩固了《云南三村》的持续影响力。二者相辅相成,从历史走到了今天。当人们谈到《云南三村》时,必然想到费孝通先生;而研究费孝通先生的学术生涯,也一定绕不过《云南三村》这样的研究经典。

三　"云南三村"研究的若干思考

（一）必然和偶然

《云南三村》的产生，本身就有着偶然性，但这个偶然性中又体现出费孝通先生农村研究的必然性。因此可以说，《云南三村》是偶然性和必然性相结合而产生的。

最大的偶然性，是时代的偶然性。在中国大片国土被日军占领之后，北方的学校和研究机构只能南迁，一大批机构和学者来到了云南。其中，费孝通先生等一批社会学家在云南开展了农村社会调查，写出了《云南三村》。因此，没有这一历史事件，就没有云南三村的调查，就不会有我们今天所见到的《云南三村》。换句话说，这一历史事件对于《云南三村》来说是一个偶然性的因素。

还有一个偶然性是具体的偶然性，就是对三个村子的选点进行调查这件事情。为什么选择云南这三个村子作为调查点进行调查？禄村、易村和玉村三个村子，并不是费孝通先生既定的研究对象。它们是在若干偶然的情况下，在得到一系列相关信息之后，才成为调查者确定的调查对象。禄村是这样，易村和玉村也是这样。在对禄村的调查过程中，他们偶然获得了易村的有关信息，易村便成为调查对象；在对禄村和易村的调查过程中，他们又偶然获得了玉村的相关信息，玉村又被确定为调查对象。三个村子全是在一系列偶然情况下获得"有用"信息后，才被确定为调查对象的。由此，才有了"云南三村"。

熟悉"云南三村"研究的人，都很关心为什么费孝通先生从英国留学归国没有几天，就一头扎到农村去做田野调查。费孝通先生多次提到这一情节。在《云南三村》序言中，费孝通先生这样说："《禄村农田》的确就是这样开始的。我初次去禄村的日子离我从伦敦到达昆明时只相隔两个星期。"① 1990 年 5 月 26 日，费孝通再次来到云南做"重访云南

---

① 费孝通、张之毅：《云南三村》，社会科学文献出版社，2006，第 3 页。

三村"时，与禄村当年的老熟人相见时说："那时我才28岁，刚刚从英国回到昆明，一个多星期后就来到大北厂村调查了。"① 由于历史久远，他对具体时间的记忆有些出入。对于一个在海外求学两年多，刚刚回国就很快到农村去做田野调查的学子而言，不管是"两个星期"还是"一个多星期"，其实时间都是非常短的。放在今天我们可能都难以做到。从国外回来，工作的接洽、生活的安顿，这些都需要时间。人们谈到这一点的时候，往往关心较多的是精神和道德层面：一个留学回国的博士，不贪图安逸，不在生活条件更好的城市，而是选择到艰苦的农村开展学术调查工作。特别是费孝通先生自己这样说："现在很可能有人会不太明白，为什么一个所谓'学成归乡的留学生'会一头钻入农村里去做当时社会上没有人叫好的社会调查？"费孝通先生在这么短的时间便能成行，一定有着特别的机缘。事实也确实是这样的。禄村这个调查点的选定，得益于费孝通先生的同学王武科（王武科是当地人）的介绍和费孝通先生姨母杨季威女士的帮助②③，这才让他这样快就到了调查点。

不论是怎样去的禄村，我们都可以看到这是一种偶然性所促成的。而在调查点的既定想法上，即调查不同类型的村子的设想，却是费孝通先生在回国之前就已经有的。这就是"云南三村"调查的必然性。这个想法其实在费孝通先生开展江村调查之后，紧接着到英国读书期间，就已经逐步成熟。在伦敦学习时，先生就在考虑回国后在什么样的村子调查，想象着怎样在"内地农村"进行调查，来回答在江村经济中所发现的问题和延续的思考。这就需要通过调查一个一个不同类型的村子来实现。因此，当禄村调查完成后，费孝通先生又安排张之毅进行了易村和玉村的调查。对另外两个不同类型村庄的调查，也完全是偶然的。这样，三个村子调查的完成，就获得了三种村子的类型，就充实了中国农村的"类型库"，从理论上和逻辑上，就更加接近整体认识中国农村的总体目标。

这就是"云南三村"调查的偶然性和必然性。

需要说明的是，在禄村、易村和玉村调查结束时，费孝通先生的既

---

① 钱成润等：《费孝通禄村农田五十年》，云南人民出版社，1995，第266页。

② 戴维·阿古什：《费孝通传》，董天民译，时事出版社，1985，第63页。

③ 费孝通、张之毅：《云南三村》，社会科学文献出版社，2006，第11页。

定想法并不是"调查三个村子",从而写成三篇调查报告,编成《云南三村》一书。调查几个村子,写几篇调查报告,事先并没有预定的数。后来有了三篇报告,编成《云南三村》一书,是历史机缘造成的。如果费孝通先生和云南大学社会学研究室("魁阁")在云南再延续一段时间,也许我们看到的就会是"云南四村"或者"云南五村",会有更多"魁阁"成果的出现(《昆厂劳工》代表的就是"魁阁"的一个方向——从农村到城市,从农民到工人,也是这种探索的实例之一)。这一点,也是对"云南三村"调查之必然性和偶然性关系的一个理解。

(二) 时间和空间

谈《云南三村》的时代意义,实际上是说历史。或者是在说"意义"的过程中,不断回顾那一段历史。这种叙说一定是通过非常具体的时间体现出来的,哪怕是隐含的历史。一系列不同单位的时间构成了我们所见的历史;而《云南三村》的产生地点——云南,它所标示出来的地域,既具有特定的空间观察价值,又明明白白地透出远远超出其地域的影响力,它是中国社会学甚至是世界社会学框架内的一个操作实例。因此,"云南三村"的调查,首先就有一个与中国社会学的关系问题。正因为如此,我们在这里谈的"云南三村"调查的空间问题,重点谈的就是其与中国社会学的关系问题。

从这个意义上讲,《云南三村》呈现时空分析的意义。《云南三村》产生于20世纪30年代末40年代初的云南。今天我们所处的时代,与那个时代相比,已是天翻地覆、物是人非。但有一样,就是广大农村的农民生活困难仍是一个值得关注的突出社会问题。从"三农"问题到农村"扶贫",从城乡关系到人口流动(主要是农村的流动人口,也是农村问题或城乡关系问题),今天的中国农村问题已经具有新的历史时代的特点,也需要用新的眼光来看待。它已经成为全社会(包括政府、社会、企业等联合力量)关注、研究和采取具体措施来解决问题的现实行动。这种行动是全方位的、多层面的,涉及法律、政策、经济、社会等各个方面。让广大农村的农民生活富裕起来,是最基本的一个目标。这在费孝通先生做"云南三村"调查的时代和今天的时代,从研究者的角度,是相同的任务。时间虽然跨越80余年,但社会学者们仍对农村研究矢志不移。而由《云南三村》所连接起来的农村研究，更加具有历史认识的广度和深度。

从空间视角来说，《云南三村》所研究的是云南的三个村子，但这早已经不局限于这三个具体的实体，而是在一个更加广阔的空间产生影响。首先，《云南三村》不是"云南"的三村，尽管它产生于云南这片土地上，但它代表了中国社会学在云南农村的实际调查及其成果，属于"中国社会学"。其次，三个村子在云南，是由特殊历史背景所造成的，是偶然性使然，但这种偶然性中有必然性，因为它们代表了中国农村的类型。再次，《云南三村》的价值和意义，不因为其内容是云南的而局限于云南，而是具有全局的意义和价值。它不仅在中国有影响力，而且在国际社会学和人类学界都有影响力。最后，名称上的"云南"二字，已经成为一个学术事件名称的特定标志，成为社会学历史上的重要事件。"云南"这一名称，以及在社会学上的作为，也因《云南三村》的成名而受中国社会学界瞩目，并为世界社会学界认识。

（三）宏观和微观

一个复杂的社会包含政治、经济、文化、生态各要素，范围广泛，结构复杂。要认识社会，就要通过对这个"社会"进行划分，按照不同的性质和行业，或者不同的范围和内容，从不同的视角对其进行观察和研究。这是现代社会科学在研究社会的方法上的一种进步。将研究对象限定在一个可以进行全面观察、范围不要太大并且有一定的空间范围，将这个范围作为"整体性社会"进行全面调查和研究，这又是现代社会科学的一种发明。这种发明是人类学和社会学对社会科学的重大贡献。其基本方法就是人们时常提起的功能主义研究方法。这个"范围不要太大而且有一定的边界"，并且是可以整体性地进行观察的社会，就是"社区"。这种研究对象还有一个特征，即它是特定的物质形态的存在体，并以空间的形式展现在我们面前。它不像"组织"、"思想"、"心理"和"规则"等这类东西那样没有空间存在形态，而是有着明显的空间范围，其中有各种各样的人和物。这就形成社区研究的一大特点，即社区研究者必须直接进入社区，与社区成员发生互动关系，对社区现状进行所谓的参与式观察和调查。这种现代社会科学的研究方法就是"社

区研究方法"。

　　人类学和社会学是最擅长开展社区调查和社区研究的学科。我国的农村——自然村（与行政村不同），正是可以开展"整体性社会"研究的极好的对象，也正是一种"在一个相对可以观察到的、范围不要太大并且有一定的边界"的研究对象。按照费孝通先生的理解，这种社区是"社会生活的较完整的切片"①。是人的切片吗？当然不是，而是社会的切片。因此，认识社区是认识社会的一个切实的途径。从这个意义上说，社区就是一个"小社会"。通过社区认识社会，是重要的而且是便捷的一条途径，当然不是唯一的途径。把江村作为一个社区来研究，也许还太大了一点。而云南的大多数村子（当然云南也有大型或超大型的自然村）正符合这样的要求。在这样的前置性要求之下，再结合对不同类型的村子进行逐一调查这样的理念，就有了在江村之后，又有了禄村的调查，接着又有了易村的调查和玉村的调查。将这种具有类型意义的村庄调查持续地做下去，就会有日益接近中国农村面貌的完整构图。这样的构图没有一个绝对的终点，但不断地做，就会逐渐完善这个构图，逐渐接近理想中的目标，最终形成人们对中国农村的不断趋于完整的认识。

　　这其实就是宏观和微观的关系。一个大社会，是由若干个具体的社区即"小社会"所构成的。大社会不等于所有小社会的简单相加，大社会和小社会还是有种种不同的；但是，通过小社会可以认识大社会，而且这是一种比较切实有效的认识大社会的方法。因为通过这种方法，我们可以为社会提供实在且鲜活的例子。比如，通过江村、禄村、易村和玉村等这样一些具体的农村社区，人们了解到在中国农村，既有发展起乡村工业合作组织的村庄，也有依托于农田开展各种农事活动的村庄，还有依托本地资源而产生手工作坊的村庄，以及依托地理和文化特长而形成的商业性与农业相结合的村庄……这一切，都可以帮助我们认识中国农村的整体。这也就是费孝通先生给我们留下的认识中国农村类型的具体实例和科学方法。在谈到江村经济时，费孝通先生说："这种小范围的深入实地的调查，对当前中国经济问题宏观的研究是一种必要的补充。

---

① 费孝通：《江村农民生活及其变迁》，敦煌文艺出版社，1997，第 13 页。

在分析这些问题时，它将说明地区因素的重要性并提供实事的例子"。①由这样一些微观的农村，达到认识宏观的中国农村，这始终是研究和认识中国农村的一个好方法。费孝通先生当年和一小批学者开展了这样的工作，从江苏持续到云南，进行了有限范围内的农村社区研究。今天，可以有更多的人来开展这样的工作，遍及各地农村研究，达到对中国农村的更加广阔和更加深入的认识的目标。

（四）历史和现实

1943 年，费孝通先生借访问美国的宝贵时间，在美国将三个村子的调查文本用英文编写成 *Earthbound China* （《土地束缚下的中国》）一书并在美国出版。这一时期，费孝通先生还将自己的学生史国衡的调查成果译成英文 *China Enters the Machine Age* （《昆厂劳工》）在美国出版。这两本书，让美国社会学界加深了对中国的认识，特别是使当时的美国社会学界得以了解中国社会学的研究成果。

费孝通先生和《云南三村》的历史影响在中国的"重新发现"，是 20 世纪 80 年代以后的事情。这时，离当年调查并写出云南三村调查报告已经过去了将近半个世纪。此后，中国社会学界研究《云南三村》的热潮持续升温。这一周折，从一个特别的角度反映了这段历史的重大影响。

《云南三村》产生于 20 世纪中前期。那时，国家山河破碎，时局不稳。学者们利用南下云南的特殊时机，抓紧一切可以利用的条件，做出了令人称道的成就。《云南三村》只是一个代表。在社会学界，除了费孝通先生主持的"魁阁"外，尚有国立清华国情普查所、南开人文研究室，其成员都在那个艰难的时代做出了令人感动的成就。这些成就，成为编写中国社会学史避不开、绕不过的内容。

当年的研究行为已经成为历史；当年的人们在那个"现实"面前，做出了无愧于历史的业绩。这才需要我们不断地回顾这段历史，常常怀念前辈们。当年的"现实"是国难当头、生计困难，但费孝通先生想的是未来"我们将建设成怎样一个国家"。学术研究为国家服务，是费孝

---

① 费孝通：《江村农民生活及其变迁》，敦煌文艺出版社，1997，第 9 页。

通先生那一代学者的追求，更应成为我们今天的追求。这也是我们所称的社会科学工作者的社会责任。

（五）农业与工业

"云南三村"的研究进程贯穿着工业发展的重要线索。这条线索与前述那条"线索"，即农民怎样富裕的问题，其实并不冲突。费孝通先生的一个基本出发点，就是通过在农村发展不同形式的工业，最终使广大农民富裕起来。工业这条线索有时是显形的，有时是隐形的。我们现在以工业这条线索来看这个发展的走向。江村调查中成为重要内容的乡村工业，在云南农村却不多见。费孝通先生在云南考察"内地农村"的工业，《云南三村》中的易村的手工业是一个重要的标志性成果。在三个调查报告中，这也是在主题中研究工业的独一个。当然，在另外两个村子的调查报告中，也都或多或少涉及工业。

如果我们将话题稍微延伸一些，将同样也是魁阁研究成果的《昆厂劳工》纳入我们的视野，那么我们就会看到，在费孝通农村研究中"工业"这条线索的基本走向。下面这个图示，显示了《云南三村》中农村工业的位置。

《禄村农田》—《易村手工业》—《玉村农业和商业》
　初级的农业—乡村工业—综合性的农村发展

再将《昆厂劳工》纳入这个图示当中，我们就能看到一个层次更丰富、逻辑更完整的思想走向（或许这只是农村工业的另一种发展前景）。

《禄村农田》—《易村手工业》—《玉村农业和商业》—《昆厂劳工》
　初级的农业—乡村工业—综合性的农村发展—农民进入工厂

这其中的线索源自"云南三村"，更远源自"江村经济"。这条线索的中心就是农村，其研究的后续逻辑就是有农民参与以大工业（或都市工业）为研究背景的《昆厂劳工》。这在费孝通先生的研究逻辑上是贯

通的。

《昆厂劳工》作为魁阁研究系列的成果之一，是费孝通先生思考中国农业发展、农民出路的一个选择。这是费孝通先生派史国衡去调查"昆厂"的主要考虑。《昆厂劳工》与其说是研究工业，不如说是通过研究工业来思考农业的后续问题，即农村富余人口的出路问题。这本书的开头便强调："这本调查报告，可以说是我们对于农村社区研究的一个引伸。"① 这说得很清楚了。由于战争，大批沿海工业开始向内地转移，尤其是在武汉、广州沦陷后，昆明成为后方最重要的城市，一大批国防工业企业转移到昆明。昆厂即在此背景下建立起来。史国衡在该书中所思考的一个重要问题就是：在缺少工业文化而有着浓厚的传统农业文化的云南，昆厂的"劳工"是哪些人？这种工业的发展存在怎样的问题？归根结底，该书要回答的是：传统的农业经济经过蜕变，如何转化或发展成为新兴的工业经济（特别是在云南这样的缺少现代工业基础的地方）；这种新兴的现代工业需要怎样的劳工；由具有农耕文明的云南农村转移出来的劳工能否适应工业经济发展的需要。

这个思路，与今天的农村剩余劳动力大量进入城市成为"农民工"，感觉是多么的相像。不同的时代有不同的问题及其产生的原因，也有不同的解决办法。但农业人口多了，他们涌入城市，却是一个不会改变的大趋势。所以，在回顾"云南三村"研究的同时，也阅读一下《昆厂劳工》，仍是很有意义的。

四　"云南三村"研究的历史延续

（一）"云南三村"已成为一个学术符号

如上文所说，《云南三村》中文合编本，是在写成半个世纪后即1990年才由天津人民出版社出版的。早在20世纪40年代初，重庆的商务印书馆出版过其中的《禄村农田》和《易村手工业》，《玉村农业和商业》当年没有出版。

---

① 史国衡：《昆厂劳工》，商务印书馆（重庆），1946，第1页。

　　这里应当明确一下，我们常常笼统地说"云南三村"研究，有不甚准确的地方。如果是有书名号的《云南三村》，就专指《云南三村》这本书。如果是有引号的"云南三村"，则包含着对《云南三村》这本书的研究，也包含着对"禄村"、"易村"和"玉村"这三个村子的研究。后者就是人们常说的云南三村"再研究"。因为前有费孝通先生和张之毅先生的研究，后人对他们研究过的对象进行研究，就是"再研究"。需要说明的是，我们常常用的是有引号的"云南三村"研究，这是在一个较为宽泛的含义下来说的。

　　事实上，我们在近些年来所开展的"云南三村"研究，就是这么做的。"云南三村"作为一个标志性、符号性的概念，其所包含的内容非常丰富。这些内容，是云南省社会科学院农村发展研究所"云南三村"研究中心持续开展的工作目标。在实际工作中，我们主要是对这三个村子进行调查和研究，但也包括阅读和研究《云南三村》这本书，甚至包括对《江村经济》和《昆厂劳工》等展开系统化的比较研究。就是说，对云南三个村子的实地调查和三本报告文本的研读，两个方面都不可偏废。事实上，我们就是将实体存在的三个村子与《云南三村》中的三篇报告结合在一起进行研究的。阅读和调查总是相互促进的，这很好理解。因为二者是根本分不开的。只有一种情况有所例外，即专门就文本进行分析研究，才可以考虑或者不去这三个村子开展实地考察。这属于文献研究，也就是"《云南三村》研究"（但即使是文献研究，最好也去实地看一看，这样才可以更好地理解文本作者的感悟及其创作文本的根据，体验这三个文本产生的环境）。

　　《云南三村》已经成为一个历史符号。云南这三个村子成为社会学调查点的事实，是我们今天去做"再研究"的根据。

　　"云南三村"再研究是一项非常有意义的工作。它不仅是学习经典的过程、是认识社会的途径，也是续写中国社会学历史的必要、是认识中国社会学发展演变中不可或缺的一环，更是解剖激荡变化的中国农村的一把金钥匙。过去是，现在是，将来还是。我们将在"云南三村"再研究过程中，与学界加强交流，提高认识，深化体验，做出成绩，在社会学调查和农村发展研究事业中不忘初心，继续前行。

（二）"云南三村" 研究存在的不足和若干问题

就目前 "云南三村" 研究的状况来看，存在着三个重大不足。

一是总体上 "三多" "三少"。"三多" 是指泛泛研究较多、意义分析较多、理论探讨较多。"三少" 是指专题研究较少、实地调查较少、历史研究（指对 "云南三村" 历史上有关事实的考察和调查）较少。具体的表现是理论文章较多，实地调查很少。

二是三个村子的调查和研究不平衡。对 "云南三村" 的研究，本来最基本的一项工作就是对这三个村子进行认真调查。只有对当年的状况做充分调查和了解，对今天的现状进行必要的调查之后，才有发言的资格。非常遗憾的是，这种必要的调查经常被省略，根据实地调查资料写成的作品相当少。在仅有的对 "云南三村" 的实际调查中，又主要是对禄村的调查，对易村和玉村的调查基本见不到。这种不平衡本身是在总体缺少实际调查情况下的不平衡。因此，有必要对三个村子开展更加深入的调查，在此基础上再做到比较平衡地开展研究。

三是对于 "云南三村" 的研究，一般表现出来的不足是对历史调查点的实地调查不足。这实际上存在着一个潜在的问题，即社会学界对自己历史的关心不够，对社会学史的研究不重视。具体的表现是，对社会学自己曾经经历过的事件没有专心去考察，即对社会学历史的研究不够，以至于社会学人对自己的历史语焉不详，甚至出现诸多不应有的错误。即使是一些 "再调查" 的成果，也对当年的史迹和事实不予关注，对所研究问题的来龙去脉说不清楚。举例来说，1990 年费孝通先生来到云南，想 "再看一看" 当年的 "三村" 调查点，居然没有人知道 "玉村" 何在，陪同人员将费先生带到大营街去，给费先生留下了终生遗憾。又比如，对于 "易村"，社会学界知道其位置所在的人可以说是凤毛麟角，更不用说实地调查了。再比如，对于社会学数十年前的一些事件，包括日期、地址、人物、经过等，记载或有错误，或有缺失，或语焉不详。这些，都是社会学界对自己历史不重视的表现。

目前有关 "云南三村" 的材料，比如网络和报刊上的材料，存在一些问题。有的是道听途说，任意编写；有的是材料老旧，不合时宜；有的是人云亦云，不负责任；有的是任意剪裁，错乱百出；有的是张冠李戴，贻笑大方；等等。我们希望通过我们的深入调查和认真研究，提供翔实有用的材料，以弥补这种种不足。同时，我们也呼吁有关材料编写者和发布者，克服局限，防止各种错漏出现，将客观、准确、新鲜、生动的材料提供给社会。这也是作为社会科学工作者的最基本的底线。

（三）"云南三村"研究的近期展望

云南省社会科学院农村发展研究所"云南三村"研究中心在近年来就"云南三村"开展了一系列相关的调查和研究。至于我们今后的工作，可借此谈一谈有关的想法。

一是在三本综合性的著作完成之后，将继续对三个村子进行持续调查，对前期发现的问题和线索进行深入研究，在此基础上，确定若干选题，开展专题研究。

二是基于中国农村发展的基本类型的分析，在云南再选择 3~5 个村庄进行深度研究，以拓展农村调查的基本类型，并初步构建农村发展类型学。

三是重视对三个村子的持续调查研究。我们将在未来一段时间，制订更加详细的研究计划，对三个村子开展更加深入的调查，开展一系列专题研究。

四是在学术调查的同时，与当地紧密合作，帮助村子进行开发活动，发展村庄经济。以及与有关部门联系和合作，在三个村子的适当位置设立有关费孝通"云南三村"调查陈列室或纪念馆。

让我们以费孝通先生当年曾说过的一段话，作为本序的结尾："我衷心希望，未来的一代会以理解和同情的态度称赞我们，正视我们时代的问题。我们只有齐心协力，认清目标，展望未来，才不辜负于我们所承受的一切牺牲和苦难。"①

"云南三村"再调查编委会

云南省社会科学院农村发展研究所

"云南三村"研究中心

---

① 费孝通：《江村农民生活及其变迁》，敦煌文艺出版社，1997，第213页。

目　录

绪论
《易村手工业》及对易村研究的历史回顾

一 "易村研究"的含义及其再研究

（一）"易村研究"的含义

所谓"易村研究"，是指对易村开展的所有研究活动。当然，这是一种概括的说法，也是一种笼统的说法。凡是对易村的研究，都可以称为"易村研究"。

需要说明的是，这里所讲的"易村研究"是特指的研究行为。这特指的研究行为是指从1939年费孝通和张之毅对易村做了初步考察开始，接着由张之毅对易村进行系统调查，并以写出《易村手工业》作为标志的整个研究行为。从此，"易村"这一名称正式产生。"易村"的原始名称为"李珍庄"。后来，学者们对张之毅的易村研究及其《易村手工业》也进行了研究。从总的时间过程来看，对易村的研究有两次。前一次即本章标题所标明的，是在80多年前所进行的"易村研究"，时在1939年末，由费孝通和张之毅对易村所进行的系统研究（这次研究主要由张之毅完成），根据这次对易村所进行的研究，完成了《易村手工业》。后一次易村研究，就是指本课题组2013年以来，对今天的易村及历史上的易村所开展的研究。这一次研究因将前一次研究作为研究的线索和依据，是原有易村研究的延续，所以是对易村的"再研究"。这里需要说明的是，在20世纪80年代至90年代初，钱成润等对禄村做系统研究时，也对易村进行了调查，其调查成果在《费孝通禄村农田五十年》① 一书中有专章呈现。

---

① 钱成润等：《费孝通禄村农田五十年》，云南人民出版社，1995，第34页。

前后两次研究①，它们是什么关系呢？第一次研究是"易村研究"的源头，后一次研究是第一次研究的延续。没有费孝通和张之毅对易村的第一次研究，就没有后一次的研究，也就没有《易村手工业》，更没有对易村的"再研究"。当然，也就没有"易村"这个学术名称。

还需要说明的是，对历史上易村的研究，是通过阅读《易村手工业》和相关历史文献、查阅档案资料来了解易村的历史状况；通过访问当地老人来了解易村历史上的事情。对今天的易村进行研究，主要是通过进入易村现场，对易村进行综合、全面的调查，对易村村民进行访问，对易村的有关资料加以收集，对九渡村委会档案资料进行收集和整理，对恐龙山镇政府有关部门的相关资料加以收集，以及对禄丰县和易门县档案馆、图书馆、地方志办公室等部门资料进行收集整理。

因此，对易村的后一次研究，我们称为"再研究"。那么，对易村"再研究"的含义究竟是什么？它包含了三个层面的内容：对易村现状的研究；对当年张之毅易村研究行为的研究（由此还适当延伸到对历史上易村的研究）；对当年易村研究成果《易村手工业》的研究。

这种"再研究"，学术界还有一个叫法，叫"追踪研究"。"再研究"和"追踪研究"有时会做出区别，但有时会将其混在一起讲，不太讲究二者之间的区别。但这二者还是有区别的。其最大的区别就是："追踪研究"往往比"再研究"更多强调连续性、跟踪性，突出了对原研究对象的"追踪性"调查，有时还要对原来的研究所涉及的概念、框架、数据和具体问题进行延续性地解读、分析和回答。本来，所谓的"追踪研究"应有严格的定义，有相对规范的要求。风笑天曾对此做过比较系统的分析。② 王铭铭则从实例分析的角度，对这二者予以客观的评论："关于'跟踪调查'，国内外在做法上存在巨大的差异。国内学者倾向于比较过去与现在发生在同一个田野工作地点的事情，尤其是社会变迁和发展；国外学者则更多地关注不同的思想方法对于同一田野工作地点的认

---

① 为便于理解和行文方便，我们将费孝通和张之毅当年调查以后所有对云南三村的研究统称为"后一次研究"，包括费孝通《"云南三村"序》《重访云南三村》。"后一次研究"不是一个严谨的概念，主要指的是对1938～1939年易村的相关研究。

② 风笑天：《追踪研究：方法论意义及其实施》，《华中师范大学学报》（人文社会科学版）2006年第5期，第34页。

识产生的影响。国内将旧田野工作地点的再次研究称为'跟踪调查',而海外人类学则称之为'再研究'(re-studies)。关于'跟踪调查'这个概念,我们不难理解。费孝通先生对花篮瑶、江村、云南三村等"重访"就是典范,庄孔韶近期发表的对林耀华等前辈研究过的村庄的研究也是如此。什么是'再研究'?国内则讨论得较少。2003 年 7 月间,针对'跟踪调查',费孝通先生反复提到两种学术道路,他说:'跟踪调查要么要反映被我们研究的那个社会自身的变化,要么要反映我们研究者自己的理论和心态的变化,这两种选择都可行。'也就是说,'跟踪调查'和'再研究'的做法各有其优点。……就我的理解,费先生的这一席话,也敦促我们避免'跟踪调查'或'再研究'的简单化倾向,辩证地看待对前人的成就的继承与反思之间的关系。"①

我们所开展的易村再调查,是在当年张之毅调查过了 80 多年之后,对当年调查点所进行的再次调查。这当然是一种"再调查",因为在这之前已经有了一次易村调查,没有前一次的调查也就没有今天的易村"再调查"(再研究)。同时,后面的这次调查与前一次调查之间,我们也没有对易村做过调查(同一研究思路的延续性调查),所以,易村调查的延续性或者连续性无从体现,后一次调查被称作"再调查"而不叫"追踪调查"也是合适的。另外,"再调查"和"再研究"两个词,在这里应有同等含义。2005 年,社会科学文献出版社出版了一套"魁阁系列"丛书,其中有一本《土地象征:禄村再研究》,作者为张宏明。这本书就是对当年所做的云南三村调查中的禄村的再研究。该书的副标题"禄村再研究",其含义自然也就是对当年费孝通所调查的禄村进行的"再研究"。

在本书正式展开研究之前,有必要对 80 多年前的"易村研究",以及我们所理解的"易村研究",做一些解释。因为这种解释也是我们开展此项工作的一个前提。另外,也对我们现在所进行的研究工作的意义和必要性做出说明。

所谓"易村",即 20 世纪 30 年代末至 40 年代初,由费孝通和张之

① 王铭铭:《记云南三个人类学田野工作地点的"再研究"》,载潘乃谷、王铭铭主编《重归"魁阁"》,社会科学文献出版社,2006,第 157~160 页。

毅对云南农村进行调查的三个典型之一。当年学者们为了调查和研究的便利，往往会为调查点另起一个名字，这个调查点在哪个地区，就以这个地区的县名第一个字，或有特点的某一个点的地名第一个字，起一个新名字，将其作为调查点的名称。我们将这类村子的名称叫作"学术名称"，也就是这个调查点的学术标号。如费孝通为其做调查的村子起了"江村"的名称，写出的著作就是《江村经济》；又如"云南三村"中的三个村子，"禄村"在楚雄彝族自治州的禄丰县、"易村"在易门县（20世纪50年代划归禄丰县）、"玉村"在玉溪县（今玉溪市红塔区），于是，三个调查点分别称为"禄村"、"易村"和"玉村"。这三个村子就是"云南三村"。三份调查报告的名称分别是《禄村农田》、《易村手工业》和《玉村商业和土地》。三份报告合为一本书出版，书名就叫《云南三村》。为研究对象起一个"学术名称"，成为对研究对象进行指称的简洁和方便的做法，在无数个相同或相似的对象类型中将研究对象突显出来，聚焦人们的视野，便于人们对这个研究对象进行观察和认识，也有利于人们对此类研究对象进行归类。这种"学术名称"在一开始只被个别人或是少数人接受，随着研究对象的社会影响的日益增大，也随之被更多的人所认识和接受。这时，"学术名称"就渐渐具有了公共认可的普遍意义，就成为社会性的名称。如"江村"这个名称就是这样。"学术名称"的演变过程，就是其认知度和共识性由学术界向社会传播的过程。

　　《云南三村》是费孝通主持云南大学社会（学）研究室期间，所产生的系列调查成果。这是在特定历史条件下进行的一项研究。1937年，七七事变发生后，抗日战争全面爆发。日军占领华北后，北方的教育和研究机构已经无法进行正常的教学和科研活动，便纷纷南迁。北京大学、清华大学、南开大学三校组成联合大学，为避战火先迁到湖南，因战事日紧，后搬迁到昆明，随后该联合大学确定名称为国立西南联合大学。至抗战胜利后，1946年5月4日宣布西南联大办学结束，三校回原地。西南联大在昆明共8年时间，其间有社会学教学的系科，也建立了社会（学）系。云南大学依托社会（学）系，建立了一个社会（学）研究室。为躲避日本飞机的轰炸，这个社会（学）研究室设在了呈贡县的一座三层的魁星阁里，这就是社会学史上著名的"魁阁"。费孝通主持社会

（学）研究室工作期间，"魁阁"是他主要的研究基地。这一时期，以这座小楼为标志产生的成果被称为"魁阁成果"。费孝通和张之毅是云南大学社会（学）系的教师，也是"魁阁"的成员。他和张之毅以及其他同事一起在"魁阁"进行研究工作，其中《云南三村》就是"魁阁"时期的重要成果。

那么，《云南三村》中的禄村、易村、玉村三个村子，它们位于何地？真名又为何？这里将呈现"三村"具体所指，以及它们与今天的村子名称、所属地的对应关系（见表0-1）。

表0-1　云南"三村"学术名和实名实地对照

学术名	实名	所属
禄村	大北厂村	禄丰县金山镇
易村	李珍庄	禄丰县恐龙山镇九渡村委会（易村在20世纪50年代前属于易门县，故取名为"易村"，后来划归楚雄彝族自治州禄丰县）
玉村	中卫社区	玉溪市红塔区玉带路街道办事处

有了这个对照表，事情就清楚了。作为一个线索，不论在理论（行政隶属或地图）上还是到实地去，都可以很容易找到这三个村子了。

（二）易村研究和再研究

如果不是因为自身与社会学相关，而且过去一段时间对中国农村研究有所关注，一般人不会去关注这三个村子的具体位置，也不会去注意这三个村子的实际名称和所谓"学术名称"。即使是在学术界，好像也只有从事社会学或人类学的研究者，特别是对旧中国社会学或现代农村社会研究有兴趣者，才会关注这三个村子的过去和现在，也才会关注它们到底在什么地方。真实情况正是这样。云南三村中，也许禄村的知名度要高一些，社会影响力大一些。这是因为在三个村子中，对禄村的调查研究较多，由此产生的研究文献也相对较多。而玉村和易村就不太为人所知，对这两个村子的研究也相对少一些，如果在文献中查找或是在互联网上搜索"玉村"和"易村"，结果接近空白。这里需要说明的是，尽管有少部分学者对玉村和易村有一些探访，他们也写过一些有关玉村和易村的文章，或者是在研究云南社会学或研究"魁阁"的时候，会提到"玉村"和"易村",但通过互联网搜索这两个词,想要寻找有关玉村和易村的研究文献却很难。这也从一个侧面说明,玉村和易村这两个名称确实很少为人所知,这两个村子也少有人探访。它们没有禄村那样的社会知名度,就是在社会学界和人类学界,也很少有人对其有所了解。说起来,不仅一般人不了解所谓的"玉村"和"易村",不易找到这两个村子,就连费孝通先生在1990年5月末来到云南,想再到当年调查过的村子去看看(当年,费孝通只去过禄村和易村,没有去过玉村),也没有能够如愿。在当地政府的安排下,费孝通再访禄村的愿望才得以实现,和当年的熟人见面、交谈。但是玉村却因为当地变化太大而找不到原址在何处,他甚至被带到另一个村子——大营街去参观,因而他对玉村的再访没有实现。对易村的重访还有另外一番周折。当时从乡政府所在地到易村(15公里)的路还没有完全修通,是一条山区土路,无法行车。时逢雨季,山上路滑,费孝通先生一行无法进入村子。经由镇(当时叫川街乡,今天叫恐龙山镇)上和村里商量,决定请当年与费孝通先生和张之毅先生相熟识的几位老人到镇上来和费孝通相见。这样,费孝通先生与专门从村中赶来的几位老人会面,在乡政府会议室亲切交谈,并合影留念。当时村中来了三位老人①,他们都是当年与费孝通相识的,其中一人当年为费孝通和张之毅做过饭。这样,到易村"看看"的愿望就以这种方式实现了。费孝通"想再到当年调查过的三村去看看"的愿望,或因为道路等条件的限制,或因为变化太大,而没有完全实现,只有对禄村的重访如愿以偿。这是费孝通晚年的一大遗憾。从这里也可以看得出,所谓的"云南三村"对于普通人来说,既不知在何处,又有着"难得一见"或"难得一去"的特殊困难。对于社会学界和人类学界的研究者来说,即使想到三村去"一睹为快",但也面临着信息不足和条件不具备的困难,受到客观和主观等因素的制约,能够到三村实地一看者寥寥无几。而对三村进行"再研究"或"跟踪研究"并出版调查报告者,据我们目前掌握的信息,大体上只有张宏明著的《土地象征:禄村再研究》、加拿大宝森著的《中国妇女与农村发展:云南禄村六十年的变迁》("海外中国研究丛书"之一),以及钱成润等著的《费孝通禄村

---

① 三位老人分别是马以家、马德彪、马以保。

农田五十年》等。对于禄村，还有一些回顾性的文章和报道，对于玉村，也有少量的文章和报道。三个村子中，易村研究是最少的。如果将三个村子的研究情况从多到少排一个序，就是禄村、玉村、易村。

人们认识和了解云南三村，其基本途径就是阅读已经出版的《云南三村》这本书。本书所指的易村，正是云南三村中的一个村子。要读"易村"，也要从《云南三村》这本书中的"易村手工业"开始。

张之毅当年调查易村共去了两次。第一次调查了 4 天，是和费孝通一起去的，这次调查属于预调查性质。第二次是张之毅独自前往，在村中调查了 24 天，加上第一次，前后两次调查时间共 28 天（张之毅在书中说是 27 天。这个差别可能是理解和计算上的不同造成的）。

二 易村研究的起因和经过

（一）易村研究的起因

关于易村研究，我们今天所看到的代表作就是张之毅的《易村手工业》。

易村研究本身不是一个单一和独立的调查，而是一整个研究系列中的一环。易村研究，在这整个研究系列中有前因，也有后果。它不仅在"三村"之中有自己特定的位置，是云南三村的完整构成部分之一，它还是从江村经济到云南三村，再到此后近半个世纪，费孝通提出的以小城镇问题、乡镇企业问题为代表的中国农村问题中一个不可少的环节。易村调查点的选定、易村所要研究的问题以及要实现的目标，都在费孝通的整体思考当中。因此，我们要想对易村的调查意图真正有所认识，首先就要对费孝通的整体研究思路有所了解，对云南三村的整体的调查思路有所了解，甚至对从江村调查一直延续到云南三村调查的整个思路及其内在关联性都有所了解才行。所以，这里再次引述费孝通给《云南三村》写的序言中的这段话是很有必要的。

从《江村经济》到《云南三村》，还可以说一直到八十年代城乡关系和边区开发的研究，中间贯串着一条理论的线索。《云南三村》是处在这条线索的重要环节上，而且在应用类型比较的方法上也表现得最为清楚。因之，要理解魁阁所进行的这些个社会学研究，最好看一看这本《云南三村》。①

在此基础上，为更好地认识《易村手工业》的意义，我们还需要了解在整个云南三村研究中的两个内在关节点：一个关节点是在"云南三村"中，易村研究有什么样的地位？另一个关节点是易村研究的主题即"易村工业"在整个费孝通农村工业研究思路中有什么样的地位？这两个关节点其实是一个问题，只是从两个不同的侧面来看这个问题，从不同的视角来看易村手工业。前者将其放在"云南三村"的框架内来理解，是"三村"中的一个村子，与另外两个村子的调查共同构成一个整体（"云南三村"这个整体），同时，它也是费孝通农村类型研究中的类型之一；后者是从更广的视角——延伸到云南三村研究之前和此后的研究思路，来认识其在中国农村工业发展中的意义。只有将这两个视角结合起来，才能更好地认识易村工业的特点、兴起和消亡，以及这一过程是如何与一个地方的产业发展、市场环境和社会关系进行互动的。这样，也才能更加深刻地认识易村曾经一度兴盛的造纸工业为什么在 70 多年后不仅没有从手工业向机器工业发展，反而还消失了。经过这样的认识，获得这种理解，就能让我们对这种似乎"反常"的变迁过程有一个正常的看法。

从费孝通社会研究的整个过程和系统考虑来看，云南三村在其中处于中心地位：一是具有承前启后的地位和作用，二是具有瞻前顾后的性质和功能。

我们从《江村经济》及"序言"，以及《云南三村》的"序"，还有费孝通先生在其他场合发表的一些文章、讲话中，都可以清晰地看到费孝通农村社会研究的一条线索。这条线索就是：江村（以农村为基础的现代工业）—禄村（内地以土地经营为主的村庄）—易村（内地农村手工业）—玉村（以土地为基础的农村商业）—20 世纪 80 年代的小城镇。这就是费孝通在《云南三村》的"序"中说的："从《江村经济》

① 费孝通、张之毅：《云南三村》，社会科学文献出版社，2006，第 5 页。

到《云南三村》，还可以说一直到八十年代城乡关系和边区开发的研究，中间贯串着一条理论的线索。《云南三村》是处在这条线索的重要环节上。"①

说"《云南三村》是处在这条线索的重要环节上"，正好帮助我们理解《云南三村》的"承前启后"和"瞻前顾后"。费孝通研究中国农村发展，从农村的工业化问题入手，对江村的调查有着比较系统和深入的思考。《江村经济》的最末一章是"中国的土地问题"，这个标题不仅点明了"江村经济"研究的土地问题的实质，也进一步提出了这个不断明确的问题的前景。费孝通在江村初步探索了农村工业的现状，包括其兴起与衰落，也探明了其对于农民未来生活的重大意义。"在这个村里，当前经济萧条的直接原因是家庭手工业的衰落"②，而"中国农村的基本问题，简单地说，就是农民的收入降低到不足以维持最低生活水平所需的程度。中国农村真正的问题是人民的饥饿问题"。③ 费孝通认识到："仅仅实行土地改革、减收地租、平均地权，并不能最终解决中国的土地问题。但这种改革是必要的，也是紧迫的，因为它是解除农民痛苦的不可缺少的步骤。它将给农民以喘息的机会，排除了引起'反叛'的原因，才得以团结一切力量寻求工业发展的道路……最终解决中国土地问题的办法不在于紧缩农民的开支而应该增加农民的收入。因此，让我再重申一遍，恢复农村企业是根本的措施"④，"在这个村庄里，我们已经看到一个以合作为原则来发展小型工厂的实验是如何进行的。与西方资本主义工业发展相对照，这个实验旨在防止生产资料所有权的集中。尽管它遇到了很多困难甚至失败，但在中国乡村工业未来的发展问题上，这样一个实验是具有重要意义的"。⑤

在江村做了系统调查，带着一摞手稿，费孝通便到了英国读书；毕业后直接来到云南。一到云南，他很快便找了一个"内地农村"，匆匆赶到这个选定的调查点进行调查（指的是禄村——云南三村调查中最先

① 费孝通、张之毅：《云南三村》，社会科学文献出版社，2006，第5页。
② 费孝通：《江村农民生活及其变迁》，敦煌文艺出版社，1997，第210页。
③ 费孝通：《江村农民生活及其变迁》，敦煌文艺出版社，1997，第210页。
④ 费孝通：《江村农民生活及其变迁》，敦煌文艺出版社，1997，第212页。
⑤ 费孝通：《江村农民生活及其变迁》，敦煌文艺出版社，1997，第212页。

调查的村子）。

  1938 年 10 月末，费孝通从英国回到中国。到昆明仅两个星期左右便到乡下去做调查。为什么会这样？费孝通自己说，一个从英国"学成归乡的留学生"，"会一头就钻入农村里去做当时社会上没有人会叫好的社会调查"。[①] 之所以这样"迫不及待"地到农村去，不仅表明费孝通到农村调查是既定的设想，也说明了他通过这种调查要得到什么、研究什么的想法是十分明确的。也就是说，费孝通对此早有预想并持续思考过。他到英国留学只是这种调查活动暂时中断，但他的思考并没有中断。其在英国获得博士学位期间写出《江村经济》（英文版），以及吸纳马林诺斯基的理论和方法的过程，即使这种思考更加理性化，又促使他做更加深入的思考。这种思考随着临近回国变得更加具体了。唯其如是，我们才能更准确地理解为什么费孝通仅回国两周便到乡下去做调查。这是一个整体的、较为长远的研究计划。计划的具体面貌我们不得而知，但通过费孝通许多文章和回忆可以不同程度地看出来。这种调查的持续性和长远性，因留学而暂时中断，又因全面抗战爆发造成的北方沦陷、教学机构迁到云南而选定了云南农村作为调查点。所选定的云南村子，具有偶然性，但这一研究却是必然的。这也是那一段特殊历史时期所造成的，这也造就了以"云南"命名的"云南三村"的研究成果，产出了这一著名的社会学著作，从而将云南农村研究与中国社会学紧紧地联系在一起。费孝通在云南的社会学活动，与八年全面抗战相始终，他因其开始而来到云南，因其结束而结束云南的社会学活动。

  《云南三村》在费孝通社会研究中的中心地位，在其"序"中有着完整的表述。

    《云南三村》是从《江村经济》基础上发展出来的。《江村经济》是对一个农村社区的社会结构和其运作的素描，勾划出一个由各相关要素有系统地配合起来的整体。在解剖这一只"麻雀"的过程中提出了一系列有概括性的理论问题，看到了在当时农村手工业的崩溃、土地权的外流、农民生活的贫困化等等，因而提出了用传

  [①] 费孝通、张之毅：《云南三村》，社会科学文献出版社，2006，第 3 页。

统手工业的崩溃和现代工商业势力的侵入来解释以离地地主为主的土地制度的见解。但是当时我就觉得"这种见解可否成立，单靠江村的材料是不足证实的"。于是提出了类型比较的研究方法，就是想看一看"一个受现代工商业影响较浅的农村中，它的土地制度是什么样的？在大部分还是自给自足的农村里，它是否也会以土地权来吸收大量的市镇资金？农村土地权会不会集中到市镇而造成离地的大地主？"《禄村农田》就是带了这一系列从《江村经济》中产生的问题而入手去研究的。从江村到禄村，从禄村到易村，再从易村到玉村，都是有的放矢地去找研究对象，进行观察、分析和比较，用来解决一些已提出的问题，又发现一些新的问题。[①]

在这篇"序"中，费孝通把这条理论线索讲得非常明白。关于这条理论线索，我们可归纳出有逻辑关系的以下要点。（1）《云南三村》是从《江村经济》基础上发展出来的；（2）《禄村农田》就是带着这一系列从《江村经济》中产生的问题去入手去研究的；（3）从江村到禄村，从禄村到易村，再从易村到玉村，都是有的放矢地去找研究对象，进行观察、分析和比较，用来解决一些已提出的问题，又发现一些新的问题；（4）从《江村经济》到《云南三村》，甚至可以说一直到八十年代城乡关系和边区开发的研究，中间贯串着一条理论的线索。《云南三村》无疑是这条线索上的重要环节；（5）要理解"魁阁"所进行的这些研究，理解其中的理论线索，最好看一看这本《云南三村》。

这条线索从方法论上来说，是以《江村经济》为标志的人类学的历史性转型；在具体研究所采用的方法上，这几个农村个案都运用了社区调查的方法；在研究着眼点上，就是费孝通反复讲过的通过不同的乡村类型的调查，实现认识中国（农村）这个大目标；而在这所有调查点当中更为核心的，与现实社会最为紧密的问题就是农村工业问题。

这就是我们理解费孝通、研究费孝通学术思想的一条主要线索。这自然也是我们梳理自《江村经济》至《云南三村》而连接改革开放后，费孝通的一系列社会研究思考的一个基本线索。无论是从发展历程还是

---

① 费孝通、张之毅：《云南三村》，社会科学文献出版社，2006，第5~6页。

从理论的逻辑来看，位于这条线索中间位置的，正好都是抗战期间产生于云南的《云南三村》。易村因其专题研究农村工业问题而具有一个独特的地位。

透过云南三村研究，再联系到江村经济研究，从学术研究上来观察，费孝通是以研究实际问题为出发点，以研究自己社会为本分，以能够将问题探索清楚、解释清楚、得出自己认为合理的结论为原则。费孝通既不固守某一既定学科，人为划定研究界线而不逾越，也不坚持国外的成型理论，强调学术而忽视现实运用。不论是人类学还是社会学，他都没有刻意将其区分开来，而是以研究对象为关注的出发点，以研究结论为最终的评判依据。具体什么学科或什么方法，均以能够运用、能够解释研究对象为准则。因此，很巧妙也很实际地，他以自己的方式从事着促使西方人类学转型的工作。这种转型较早体现在《江村经济》的研究中，而由这本书的序言，即通过马林诺斯基的口明确说出来（1938年）；稍晚，是在"迈向人民的人类学"这个大主题中，在英国接受赫胥黎奖章时更清晰地表达出来（1980年）。这种转型是什么呢？具体体现就是这个学科从研究小型社会、封闭社会、无文字社会、他者社会（他文化），转向研究大型社会、开放社会、有文字甚至是有较发达文化的社会、自己社会（我文化）。费孝通所从事的农村调查也正是这种人类学转型现象在中国具体的村庄调查中的实际体现。

《江村经济》或是《云南三村》以及在"魁阁"时期产生的一批研究成果，有一个非常有意义的现象，即这些成果不一定是人类学的或是社会学的，但至今不论是人类学界还是社会学界，都将这些成果当作"自己的"学科学术经典。这种现象不只是简单的人类学和社会学结合的问题。虽然费孝通有着人类学和社会学的学科背景，但仅此还不能完全说明这个问题。费孝通没有刻意地将自己所从事的研究称为"人类学"研究或是"社会学"研究，或许有的时候他是以社会学研究为主，有的时候是突出了人类学的某些方面。他是一位在研究时不太强调从什么学科出发，而是从研究具体问题出发，以真正得出问题的结论，具有自己独特思想方法的大师。

从关注农村工业与农民生活，到云南三村调查时对土地问题的关注，从引入社区概念并将其操作化，到掌握学问在于"志在富民"，都体现了以费孝通为代表的一批学者实践"迈向人民的人类学"的真谛。通过具体的个案（微型社区）调查，从江村研究到云南三村调查，一方面体现了人类学转型的成果，另一方面也是贯彻费孝通的研究思路的结果。

具体到易村调查，选中易村作为调查点，是为了要探索费孝通整体研究思路中的农村工业问题。费孝通将易村调查定位在"一个内地手工业发达的农村"。① 费孝通后来在《易村手工业》的序中说："易村对于我们的引诱，当然不止是红的山，绿的竹。更具有魅力的是它所代表的那种农村经济结构。在我们的研究计划中，早就写下了要调查一个以手工业为基础的内地农村。一方面，可以和太湖附近有手工业的江村做一比较；另一方面，可以和以农业为主的'禄村'做一比较。从各方面打听下来，'易村'正是我们理想的研究对象。因之，我们不辞劳苦的走访这个村子。实在的易村，并不和传说的易村那样家家户户造纸。可是，我们住定了一看，发现它比我们所预期的更有意思，因为它不但有造土纸的作坊工业，还有织篾器的家庭手工业。正可做一个比较研究。"② 在费孝通对农村的研究中，易村作为一个较为典型的农村社会，又有着"农村工业"这一特殊内容，有若干观察视点，可通过三个层面的比较看得出来：一是易村与禄村两个村子整体的比较，是一种有着工业的农村经济结构与完全没有工业的农村经济结构之间的比较；二是易村工业与太湖附近农村的工业比较，这是沿海和内地两种不同社会环境下农村工业之间的比较；三是比"预期的更有意思"之处，是这个村子本身就存在两种形态的农村工业（造纸作坊工业和家庭竹编手工业），这两种农村工业之间也可以进行比较。费孝通和张之毅的新发现，使这一调查增添了可比较的若干视角，内容也比原来预想的更加丰富。

（二）易村研究的经过

"云南三村"中三个村子虽然有着内在的关联性，并且从三个村子的选点直到写成报告，它们在费孝通整个研究思路当中有着一个必然的位置，但是三个调查点的选定又各有自己的机遇，具有偶然性。三个村

① 费孝通、张之毅：《云南三村》，社会科学文献出版社，2006，第 4 页。
② 费孝通、张之毅：《云南三村》，社会科学文献出版社，2006，第 195～196 页。

子的选点有共同的要求和目标，这是必然的一方面；但是选择哪一个村子来调查，具体村子的选定又是偶然的。这三个村子的调查各有不同的要求，这种要求是通过寻找村子的过程来实现的。这就是选点中偶然性的体现。总之，"我们所感兴趣的，还是乡村工业的本身，易村只是我们研究这个问题时的一个标本罢了"。①

如果说三个村子是在偶然的情况下选定的，那么易村被选定作为调查点，则具有更大的偶然性，并且这种"偶然"还相当地生动。

禄村调查基本结束时，费孝通就按照原先的计划，要找一个"内地手工业发达的农村"再做调查，"来为以农田为主的禄村作比较研究"。②当时，张之毅跟着费孝通在禄村调查时，他们就有意在禄村周边寻找这样一个村子。

费孝通和张之毅两人在禄村的集市上逛，偶然看到有人卖土纸。经过打听，得知这是附近村子里的手工作坊生产出来的。这个地方叫李珍庄，也就是后来在社会学历史上正式出现的"易村"。"从各方面打听下来，易村正是我们理想的研究对象。"③经过进一步了解，这个村子就在和禄村紧挨着的易门县，隶属于该县川街乡，村名为李珍庄。于是两人骑马，经过6天跋涉来到易村做实地踏勘，并做了初步的调查。他们在村中住了4天，细细观察村中经济和农民生活，最终确定以这个村子作为农村工业的一种村庄类型，由张之毅进行调查，并完成一份调查报告。回到昆明之后，做了些必要的准备，约20天后，张之毅一个人来到易村展开系统调查。此次调查，是对易村进行的全面、综合性的调查，调查议题则是农村工业，其主要内容就是造纸和编篾，调查时间近一个月。

易村这个曾经乡村手工业较为兴盛，被费孝通选定作为农村工业代表之一的村子，作为调查点虽属偶然，却是费孝通理想中的一个"内地农村工业"村庄的理想类型。发现这个村子，让费孝通感到非常高兴。因为在费孝通的研究计划中，早就有着"要调查一个以手工业为基础的内地农村"④的想法。找到易村，确实是如愿以偿了。

---

① 费孝通、张之毅：《云南三村》，社会科学文献出版社，2006，第196页。
② 费孝通、张之毅：《云南三村》，社会科学文献出版社，2006，第4页。
③ 费孝通、张之毅：《云南三村》，社会科学文献出版社，2006，第196页。
④ 费孝通、张之毅：《云南三村》，社会科学文献出版社，2006，第195页。

易村调查的经费是由当年的中国农民银行资助的。商务印书馆出版的《易村手工业》在扉页上注明："本书作者研究费用，系中国农民银行资助，特此致谢。"这一信息告诉读者，《易村手工业》的调查经费是由中国农民银行所资助的。

三　易村研究的文本和重要贡献

（一）易村研究的文本

《易村手工业》写成后，编入吴文藻主编的"社会学丛刊"乙集第二种，先被纳入"私立燕京大学、国立云南大学合作社会学研究报告"丛书，1943 年由重庆的商务印书馆出版。后来，费孝通将云南三村中的三份报告用英文改写，合在一起在美国出版，书名为 *Earthbound China*（1945 年美国芝加哥大学出版社出版，后来被收入英国 Kegan Paul 书局的国际社会学丛书）。

《易村手工业》全书共十一章，主要研究了以下几个方面的问题：易村手工业产生的基础，包括产生这种工业（实际上有两种，另一种是编篾）的必然性和偶然性；工业和农业的界限在哪里；易村两种工业的具体内容和表现是什么；易村工业所代表的有一定规律性的农村经济发展问题，以及手工造纸作坊的生产、资金、运销和利益分配等内容。

易村工业在 20 世纪兴盛一时（特别是手工造纸），所依托的是本地特有的优势，即易村大量种植的竹子。因有具有这一资源，这个村子才较易发展编竹篾和手工造纸这两种乡村工业。易村世世代代有着编竹篾用具的历史。本村所用各种竹篾器具均由村民自己制作，部分还销往周边村子；造纸则是在 20 世纪二三十年代，在外来技术的帮助下，所兴起的利用本地竹资源做原料的一项乡村手工业。在造纸兴盛的时候，易村拥有 9 盘造纸作坊。

《易村手工业》是一本什么性质的书？对于这个问题，似乎有两种完全不同的态度，成为两个极端：一种是不管属于什么学科、研究问题的性质是什么，都可以展开研究，只要能够从研究的问题中找到一个清晰的回答，有自己的合理性；另一种是先要弄清楚这是用什么方法进行研究、属于什么学科，是一本什么性质的书。这两种态度，严格讲都没有什么不对的。我们不一定要站在哪一个极端的立场上来否定另一个极端的立场，但可以表明我们的想法。从研究性质上来说，《易村手工业》是一本以调查为主的报告性质的专著。所以，有时费孝通提到它的时候说这是一篇"报告"。从其研究问题的角度来看，他研究的是易村的"手工业"，这好像是一个经济领域的问题。而《易村手工业》的主题就是讲手工造纸和农村竹编，其中有大量对于这两种农村工业的经济问题的探讨和描述，涉及原材料的来源、价格，成品的分类、不同的价格和销路，以及劳动力的价格等，还有对这两类产品的成本计算，市场分析，以及生产的资金来源、利润构成、季节行情、收益分配，乃至土地问题等。同时，书中还有大量关于易村家庭的经济活动、收益和支出等内容。这样看来，这无疑是经济学的研究内容了。但是，我们又不能将其与常见的研究经济问题的著作相提并论。因为它不是经济学著作，它实际上是以研究社会问题为出发点，以探索社会关系和社会变迁为主要内容的著作，是一部涉及一个特定农村经济现象的社会学实地调查著作。

但同时我们也要看到在《易村手工业》的研究中，确实有着大量与经济相关的内容，涉及经济学的许多理论和概念。如该书中讲到土地利用问题、劳力问题、农业投资问题、农民生计问题，特别是讲到造纸和编篾两项农村工业事项的时候，涉及大量关于资金、利润、价格、劳力、分配、生产、销售、市场、借贷等经济学的具体内容，但这一切都是对易村这个小社会进行研究所必须考虑的内容。该书对经济问题的研究、对经济现象的关注，是从社会的角度来展开的。就是说，作者并不是把经济问题当作"经济的"问题，而是将其当作"社会的"问题来对待的。这可以让我们想到德国社会学家齐美尔的《货币哲学》。他在该书中对货币的研究，就是以一种文化视角，或者说是从社会的整体视野出发的。他对货币这一重要的经济现象进行了深入的现代性分析，阐释了20世纪西方正在发展的现代化社会中社会与货币相关联的种种社会现象。

不管我们懂不懂经济学，我们都会从张之毅的这份报告里，透过他所分析的经济现象和社会现象，看到以易村为典型代表的那个时代中国农村工业是什么样子，认识到中国农村工业在那个时代所面临的各种困境或机遇，也看出易村这个具体的个案在开展工业活动时的种种困顿和有意义的事情。而我们一旦将这份 80 多年前的调查报告与今天的易村现状关联起来进行比较时，将会看到一系列有意义的现象。这不仅有助于我们深入历史当中来思考问题，有助于我们对长期形成的一些固定思路、理论和结论产生新的认识，有助于我们真正理解易村，还有助于我们真正理解中国农村社会。我想，这应当是这种"再研究"的一个现实意义吧。

《易村手工业》本身究竟是一本什么学科的著作，在我们所看到的各种说法中，社会学者说这是本社会学的著作，人类学者又说这是一本人类学的著作。我们的看法是，这本身就是一本兼具社会学和人类学学科特点的著作。所以不论从这两个学科的哪一边来看这个问题，并且从自己学科的角度对其进行判断，都是有道理的。在这一点上，我们仍然可以从费孝通那里得到启发：不纠结于这个学科还是那个学科，面对所要研究的问题，运用学科理论和方法，将对象研究清楚。费孝通这样做，我们自己也试图认识和参照这样的路数来做。之所以这样说，有两个方面的根源或理由：一是这本著作的主导者费孝通有着人类学和社会学学科的背景，这本书虽然是由张之毅调查并完成写作的，但从种种事实和实际过程来看，这一研究的操作很深刻地体现了费孝通的主导思想，从研究方法到探索问题的方式，都受到费孝通的影响；二是费孝通研究问题时，并没有一个前置的固定模式，将自己固定在一个既定的框架内，使自己在研究方法和思考角度、思考范围上存在局限。或许用更直白的说法，就是针对"问题"，面向所要达到的研究目标来展开自己的调查和研究。因此，从该书中我们确实看不到到底是社会学的方法还是人类学方法，或者说社会学和人类学的方法都存在。这实在是一种从问题出发，而不是从概念出发的研究策略。只要对研究问题有利、对所要达到的目标有帮助，所采用的方法就是必要的方法。因此，这不影响社会学家或人类学家从自己学科的背景出发对其进行阅读和研究。

（二）《易村手工业》的意义

为了探索费孝通云南三村研究的整体思想，我们曾对费孝通的研究思路做了一个框架性的分析，从逻辑线索上跟着费孝通的思路，顺着

"工业"这个路子，将江村经济和云南所调查的三个村子纳入到一条线上（江村经济在费孝通的农村研究当中，本身就是与云南三村连为一体的，是一条线上不同位置的四个村子），来看云南三村所处的不同位置。

我们分别以"受现代工业影响的程度"和"工业进入农村的程度"作为两条分析线索来看易村研究的位置，进而理解为何这个经济较为贫困的小村子会被选中并成为调查的典型。这样我们就得到两个虽然都是以"工业"为重心但却是完全不同的系列。

系列Ⅰ：

根据"受现代工业影响的程度"：

［大＜—影响—＞小］

江村—玉村—禄村—易村

系列Ⅱ：

根据"工业进入农村的程度"：

［高＜—进入程度—＞低］

江村—易村—玉村—禄村[①]

对这两个系列做如下必要的说明。

第一，易村的手工造纸表现为作坊式工业，属于手工业。它之所以产生，主要是因为本地有大量竹子资源，由本地自己生产（开始时有外来技术的促进作用），市场分布在离本村相对较近的县和周边乡村。

第二，易村手工造纸从原料、生产（技术有外来的影响）到销售，基本上都立足于本地，有自发性。而且成长、兴盛和消亡的整个过程，也基本上是自生自灭。同时，生产出来的土纸一般都是在这个村子周边销售，其销售半径不超过80公里（极少数到达昆明，当时易村到昆明的公路有约120公里）。

第三，造纸在易村兴起之前的长时期内（易村造纸兴起于20世纪20年代，费孝通、张之毅到易村调查是在此后20年），当地的竹子一直

---

① 关于这两个系列，可参见本文作者所承担的国家社科基金课题《抗战时期云南社会学的实践及其对中国社会学的影响和贡献》（项目编号：09BSH001）成果，该课题组首次提出这两个系列。本书在具体表述和解释上稍有不同。

存在，但却没有造纸出现。而造纸这一行业在当地消失（最后一盘纸坊停产是在 20 世纪 90 年代，前后仅存在了 70 年左右）以后，当地的竹子仍然大量存在。这说明易村造纸的兴起和消失与竹子的有无没有必然关系。易村竹子的存在，给易村造纸产生和存在提供的是一种可能性，而不是必然性。也就是说，易村造纸的兴和亡，主要不是由于内因，而是由于外因；不是由于原料的问题，而是有其他原因（比如技术，或有这种技术的专业人员）。因此，易村手工造纸还不能理解为"现代工业"，易村造纸的出现也不能视为"受现代工业影响"的产物，但却是"工业进入农村的"一个很有意义的现象。不管这个现象是个案还是具有普遍意义，都是有研究价值的。就这个现象来说，易村确实值得引起重视。正因为这样，易村就成为云南三村研究中的重要类型——内地有工业的农村典型之一。

第四，"受现代工业影响的程度"和"工业进入农村的程度"虽然都有"工业"，并且"工业"都是其中的核心线索，是这一研究的核心概念。但这两个命题在实际操作中有着非常大的不同。首先，"受现代工业影响的程度"所呈现的状况不一定是工业已经到达农村，而是通过不同的方式和途径"影响"到农村，包括生产方面的影响、经济方面的影响、生活方面的影响，也包括思想意识方面的影响，强调的是"影响"；"工业进入农村的程度"则是指工业已经"进入"农村，影响可能是强的也可能是弱的，但已经"进入"了。其次，工业"影响"农村或是"进入"农村，二者不能简单地分出高下，而是要做实际的分析。既要看这种工业对农村有什么影响和改变，也要看工业在农村中的实际作用如何，对当地经济结构以及对农村生产生活的实质性改变是怎样的。最后，还要看这种"影响"或者"进入"是长期而稳定的还是短时权宜的，对当地经济和社会的影响是实质性的还是非实质性的。

对这一问题的分析，涉及对农村整个经济结构和基本生产生活状况及其变迁的研究，涉及生产、消费、市场、社会习俗、文明变迁等方面的内容。如以易村造纸这一具体事例来说，造纸作坊的建立，土纸的生产和销售，以及围绕造纸的资金、劳力、产业结构和社会关系等新事物和新现象的产生，都表明造纸这一项工业已经"进入"农村，也给农村带来了"影响"。但如果将时间线拉长，易村造纸并没有使易村成为离工业更近的链条上的一环，而是与工业仍保持着较远的距离，始终以一种较小规模运行的"手工作坊"的生产方式存在。不管其存在的时间是长还是短，这种规模和方式一直没有变化。所以，这种"影响"是浅层次的影响，是短时期的影响。这完全可以解释：易村虽然在一段时期内出现了造纸"工业"，但这个现象有一定的特殊性，最主要的一点就是全靠本地所产的资源——竹子资源，而市场逐渐对土纸不接受又导致了造纸业在易村的消失。这样简单的从资源到市场的变化，在易村造纸兴起和消失的过程中，既起到了十分明显和强势的作用，又带有戏剧性地承担了易村造纸在半个多世纪的兴起、发展、红火再到消失的责任。在这样一个过程中，竹子一度成为易村工业的"主角"，这项工业结束后，竹子在易村仍然大量存在，但这个"主角"所参演的手工业大戏已经结束。"工业进入农村"没有造成比"工业影响农村"更大的成效；而"工业影响农村"，其作用要比"工业进入农村"大，意义也更为深刻。换句话说，"工业进入农村"可能只是在一时一事上影响到农村，而"工业影响农村"则是全方位、较长期地影响农村。易村造纸业明显地是一种工业虽曾进入农村，但却是较浅地进入农村，也是一种以较浅层次影响农村的事实。这也就是我们在分析易村工业的意义时，看到易村在上述系列Ⅰ和系列Ⅱ当中分别处于不同位置的原因。

易村手工业造纸作坊在张之毅写出《易村手工业》约半个世纪之后却消亡了。这本来不是一件特别重大的事情，但是我们将这件事放到费孝通云南三村这个完整系统中进行分析，乃至再往前延伸到江村经济的比较中，就大有可思考的余地了。因为这是有意义的。

第一，仍然从上述两个系列来说，江村经济在第一个系列"受现代工业影响的程度"上的位置是最高的，在"工业进入农村的程度"系列中也是位置最高的。江村经济在这两条分析线索当中是统一的，但同是"农村工业"的易村造纸，却有不同的情况。因为易村有造纸工业，它与禄村和玉村相比，是"工业进入农村的程度"最高的，但在"受现代工业影响的程度"系列中却是另外的情景，因为仅从简单的事例来看，玉村受到现代工业（乃至城市化）的影响要比易村高得多、广泛得多。因此，在江村、禄村、易村、玉村这几个调查对象中，按照"受现代工业影响的程度"和"工业进入农村的程度"来看易村，就会得出两种差别很大的判断：在前一个系列中处于较低的位置上，而在后一系列中则处于较高的位置上。

第二，说到"受现代工业影响的程度"，禄村就在禄丰县城边上，离滇西交通线也不算太远。玉村本身就处于玉溪县城（现玉溪市）的边缘，又紧邻滇南（公路）交通大动脉。"县城"和"交通线"这两个要素都与"现代工业"更近一些，这两个要素使得村庄受"现代工业"的影响更便利一些；易村虽然有工业，却是在外力促进下产生的，本身具有偶然性。它离城镇较远，离交通线也不近（不仅离交通线远，外出赶集都要走十多公里的山路）。"城镇"和"交通线"这二者都与农业较远，而与"现代工业"较近。易村恰恰没有"城镇"和"交通线"这种便利。认识到这一点非常重要，因为它不仅仅可以帮助我们理解易村的工业水平是不是偏低，或是易村的造纸是不是处于落后的发展阶段，又或是易村所生产的土纸销售市场是不是过于狭小，更直接的一个意图是对易村土纸生产为什么在一度兴盛70年后消失。在费孝通当年的设想中，一直有一个隐含在研究活动之中的思想线索，就是农民单靠土地种植的收获是难以富裕起来的，况且中国农村的人口基数太大。因此，他设想要在农村开办各种工业，让农村能够有更多的产出，让农民的生活更好一点。而手工业是工业的初级形态。随着这种工业的不断发展，资金的积累和技术的改良，以及市场的扩大（至少是不要萎缩），会走向更高层次的工业发展形态，比如使用机器，成为更大规模的工业。这在逻辑上是正确的，在实际发展当中也是一种正常的过程。但是任何事情都存在特例。特例的出现，从主观上说明了人们在认识事物时存在局限性；从客观上来说，是历史上某些事物在发展过程中，所需要的各种要素还没有完全、及时出来。易村造纸没有按照人们的理性期待，向着机器生产的层次发展，而且还在某个时期彻底消失，并完整地退出了历史舞台。

第三，易村手工造纸消失的原因并不是单一的，它既有市场方面的，也有价格和成本方面的，还有生产中辅料和燃料的供应问题等。关于这一问题，我们在本书中会进行分析。费孝通和张之毅当年所看到的，是易村造纸最为兴盛的状况；他们并没有看到这个产业的消失（1990年费孝通再次来到云南，想要再看看云南三村。这时，易村的手工造纸已经基本消失了。当时，费孝通也还仍然关注着易村的这件事情。但他不能再到村子做实地调查，因此也就没有对这项手工业特别说什么具体的意见①）。此后，他也没有机会再去对此进行调查了。

易村手工造纸消失的多种因素，往往也是这个产业得以产生和兴起的重要条件。研究易村造纸产业的兴衰，就一定要对各相关因素进行综合地分析。只讲单一的因素，往往会得出似是而非的结论。

"工业帮着农业来养活庞大的乡村人口"，从科学研究的逻辑和社会发展的道理上来讲，这是一种求实的研究态度和判断；从道德上来讲，联系到费孝通长期践行的"志在富民"理想，这是一个绝对值得推崇的价值观念。对此，我们没有任何怀疑的地方。但是特例的出现，是不以人的意志为转移的。在历史和现实的关系中，在主观和客观的关系中，难免有不能正常对接而发生位移的现象。这就是历史发展中的特例。在经历了半个多世纪后，易村造纸在 20 世纪 90 年代彻底消失。此后，易村的经济结构又整体恢复为传统的农业生产，易村居民又完全进入没有手工业的传统农业生产环境中，这里已经没有一点所谓"工业"的影子。只是在易村隔河对岸的九渡村，尚能看得到几处当年生产土纸的作坊，包括所使用的竹料泡料池、原料碾槽、抄纸池和炕纸房等设施的遗迹。这样的痕迹，在易村难觅踪影。易村唯一还留存至今的与当年造纸有关的痕迹，是当年的一座炕纸房，但是已经非常破旧了。

费孝通一行到来时，正是易村造纸较为兴盛的时期。在这种形势下，产生调查易村的思路和《易村手工业》，是很好理解的。而易村在这一事件中能够入选，实为历史的一种机缘，也是中国社会学与云南农村的一种历史性相遇，是一种必然性与偶然性的结合。易村手工造纸从兴起到消失虽然只存在一个比较短的时期，但有着特殊的意义。如果我们说易村有着特定意义的"经济结构"，那就是手工造纸业的存在。"张之毅在本书中最重要的贡献，也许是在他利用易村的材料充分说明了乡村工业的另一种形式，那就是他所称的作坊工业。……这实是我们传统乡村工业中的一个重要形式。"② 而这种分析，都一直是在与易村的竹编业做

① 钱成润等：《费孝通禄村农田五十年》，云南人民出版社，1995，第 272～273 页。
② 费孝通、张之毅：《云南三村》，社会科学文献出版社，2006，第 201 页。

比较中进行的。① 张之毅在《易村手工业》第一章中也有类似的表达："禄村手工业很不发达，不能给我们研究农村手工业的机会，于是我们不能不另寻一个手工业发达的农村。我们更希望用一个手工业发达的农村来和禄村相比较，从而发现禄村手工业不发达的原因。而且一个手工业发达的农村，它的经济结构的形态，决不会和专门靠农业的农村经济形态相同，在禄村调查时所发生的许多问题，也许能从此比较研究中，得到深一层的认识。在这种考虑之下，我到易村去开始这次调查工作。"②

张之毅在该书中的重要贡献，就是不仅明确指出并系统展现了农村手工作坊这种类型的工业存在的意义，还清晰地将这种工业与家庭竹编（编竹篾）这种工业进行区分，阐明了二者的不同。

易村的这两种工业，不论是形态还是对于农村发展的意义，都有着重大的区别，二者是不能同日而语的。但它们又同属于"工业"这一概念，已经不是"农业"了，与农业已经划清了界限。将二者放在一起进行研究，既有同属于工业的一面，也有共存于易村这样一个事实。而更巧的是，二者同时使用了产自同一个地方的原料——竹子。费孝通和张之毅两人本来专为造纸研究而来到易村，却发现当地还有另一种农村工业——竹编，便一并进行了研究。因为它和造纸同存于一村，又同用一种原料，也就有着与造纸这一作坊工业进行比较研究的特殊便利。

在具体分析时，理所当然要区分这两种工业的不同。手工造纸业是一种作坊式的生产方式，作为一种多人合作开展的生产活动，其组织和各个工序的协作都有一定的要求，对生产资金、生产技术以及产品的出路也有相应的要求。这些要求在一家一户进行的竹编活动中基本上不存在，或不是主要的问题。造纸和竹编作为两种不同类型的农村非农生产活动，它们又有着两个相同或相似的地方：一是生产原材料都是竹子，而且这种原料就产自本地；二是出路，都需要有一定的市场支持。但竹编稍不一样的地方，就是这种所谓的农村工业的产品，一部分自用，另一部分拿到市场上出售。如果单纯是自用，而没有进入市场，那它也只是"家庭生产活动的补充"（虽然它可以代替某些家庭用具，少去市场

---

① 费孝通、张之毅：《云南三村》，社会科学文献出版社，2006，第201页。
② 费孝通、张之毅：《云南三村》，社会科学文献出版社，2006，第214页。

上购买，省下这一笔开支，从而会影响所代替的这一类用品在这个地区的销售量），只有基本上以出售为目标，它才可以被纳入"工业"的范围（是通过非农活动生产出来的，而不是通过种地生产出来的）。竹编以家庭为主要操作场合，没有专门的生产场地，基本不涉及资金、劳动组织等方面的问题，其在农村经济结构中究竟有多大的意义，这是值得进一步研究的。但它是一种家庭事业性质的工作，仅仅从它"不是农业"这个意义上看，再加上有相应的市场行为，可被纳入"农村工业"的范畴。也只是在这个意义上，费孝通和张之毅才会认定它们属于农村工业；也是在此意义上，我们对这种认定抱相同态度。因此，从改变农村经济结构的意义上看，竹编是不能与手工造纸作坊工业等量齐观的。

总体来分析，《易村手工业》的意义主要体现在以下方面。一是在"三村"中确定了需要有一个农村工业的实例作为样本，并成为一个具体的研究目标。经过实施调查，这个目标在费孝通的指导下，由张之毅实现了。二是张之毅在这本书中详细地调查和记载了土法造纸的过程，以及这种造纸活动的各种相关要素，为人们展示了边地农村一个手工造纸作坊的生存和运作方式。三是分析了造纸这一农村中的作坊式生产组织的科学合理性，以及在社会当中的存在价值。至于这项农村手工业的长期生存问题，也就是易村造纸后来的消失问题，他们没有过多涉及；甚至还一度设想，这项手工业在一定条件下（比如，技术的进步、设备的更新、资金的增加和市场的扩大等）会成长为机器工业，从而实现农村中真正的工业生产。但是，这个设想没有实现。这不是他们研究工作的缺陷，而是一种特例。这个特例后来的变迁状况就需要"再研究"的成果来体现，并对这种变迁给予适当的解释。这或许就是社会学对社会变迁研究的真正价值。

第一章　易村概况

一　易村沿革及大事记

（一）易村沿革

易村（李珍庄）是一个自然村，属于恐龙山镇九渡村委会。

"李珍庄"得名，源于村中的土地原来属于甘冲李珍家的庄田。因李珍嫁到这个村庄，该村才被称为李珍庄。这大约是 200 年前的事。[①]

恐龙山镇原为川街乡。2009 年 5 月 5 日，在实施撤乡建镇行政体制改革时，禄丰县川街乡被撤销，在原区域原范围设立恐龙山镇，隶属关系不变。2010 年 2 月，禄丰县恐龙山镇人民政府正式挂牌。

易村原属玉溪专区易门县。在划归禄丰县之前，因易村靠近广通县（1958 年撤销县建制，今楚雄州禄丰县广通镇），一度曾考虑将其划到楚雄专区的广通县。在征求意见时，村民不同意，后又重新考虑，将其划到同属于楚雄专区的禄丰县。1952 年初的一份《汇报李珍庄工作情况》（杨中吉）[②] 报告中，专门反映了易村村民不愿被并到广通县的情况，涉及交通、田地分布、村民关系等原因。首先强调了离县城太远来往不方便，"在禄丰送粮食方便，只送一次就送到，回转只需两天。（在）广通送粮要两次手续，回转要四五天，麻烦，时间长"。1952 年，易村正式划归禄丰县。

（二）易村大事记（1949 年以来）

易村自 1949 年至今的大事及行政变迁如下（直接给出易村本名即

---

① 易村马姓先祖传下来四支人，其中第四支的人口构成了易村现在的人口。易村实行字辈制度，每一代用一字。12 字（代）为一轮。先祖马一麟，娶了李珍。李珍陪嫁的土地即今天的易村土地。村名因之叫作"李珍庄"。按字辈从马一麟算起，现在易村马姓已经出生第十代。以 20 年一代计算，已有约 200 年历史。

② 易门县档案馆。

"李珍庄"的隶属关系）：

1949～1952 年，李珍庄属于易门县盘龙乡第五区。

1952 年，李珍庄划归楚雄专区禄丰县，为川街区栗树乡李珍庄村。

1953 年，成立互助组，为川街区栗树管理区李珍庄互助组。实行粮食统购统销政策。

1955 年，实行高级社，为川街区栗树乡李珍庄组。

1958 年，成立人民公社，开办农村公共食堂，为川街人民公社栗树大队李珍庄生产队（含三队、四队两个队）。开办农村公共食堂。

1961 年，解散公共食堂。开始用水轮泵抽水，部分代替了原来的水车提水灌溉。

1964 年，川街人民公社栗树大队李珍庄生产队三队、四队合并。

1966 年，李珍庄归属的川街公社栗树大队改名为红光公社跃进大队，李珍庄生产队不变。

1968 年 4 月，成立川街人民公社革命委员会。

1976 年，成立川街人民公社革命委员会栗树大队李珍庄生产队（三队、四队两个队）。

1979 年，实行包产到组。

1980 年，实行包产到户。

1982 年，土地、竹子、牲畜和集体性公房等都分到个人。易村全村通电。

1983 年，取消人民公社制度。

1986 年，成立川街区人民政府栗树大队李珍庄生产队（共有第一、第二两个队）。

1987 年，成立川街乡人民政府栗树办事处李珍庄（村）（共分一社、二社两个社）。

1998 年，第二轮土地承包开始。

1990 年 5 月 30 日，费孝通回访"云南三村"。易村是"三村"之一。这一天，费孝通来到川街乡，本来要进入易村，因恰逢雨季，山陡路滑，无法来到村里。村子里当年与费孝通熟识的马德彪、马以家、马以保三位老人，前往川街乡政府与费先生见面。

2004 年，李珍庄由栗树村委会调到九渡村委会，为川街乡人民政九渡村委会李珍庄（村）（分六、七两个组）。

2010年，撤乡建镇。撤销川街乡，建立恐龙山镇，为恐龙山镇人民政府九渡村委会李珍庄（村）（分六、七两个组）。

2012年，引种石榴，属于川街扶贫乡的一个项目，共2360亩。

2012年3月，引种示范甜龙竹，共10亩。

2013年年底，修通川（街）九（渡）水泥公路，全长20公里。

2017年，李珍庄六、七两个组合并为一个组（村）。

二 易村环境

（一）自然环境

易村位于绿汁江畔山谷里的一个小盆地，村域面积5.99平方公里。海拔1330米，年平均气温18.5℃，年降水量600～700毫米，适宜种植水稻等农作物。

易村背靠一列山崖，前方是一片平缓地，这片平缓地的前方就是绿汁江。平缓地和绿汁江之间，沿着江岸，就是绵延数里的竹林。易村周围的山上，植被不算好，基本上是裸露的砂石，其中有或稀或密的中低树林和灌木丛。树林和灌木丛由绿色和深浅不同的黄色构成，因此，易村背后的整列山崖给人留下的印象是大片色彩斑斓的图案。人们看到的砂石山崖，其裸露部分呈现的暗红色颇似羊肝的颜色，当地人将这种岩石称为"羊肝石"。

流经村子的绿汁江，是易村的一道景观。绿汁江发源于楚雄州武定县猫街镇干沙沟村西麓，属红河水系，是元江右岸的一级支流。江水由北向南流经禄丰、双柏、易门、峨山、新平等县后，在玉溪市水塘镇与礼社江汇合后再汇入元江。绿汁江长294公里，流域径流面积8600平方公里。绿汁江带着由禄丰一带汇来的水流到易村，从北到南在盆地中形成一个很大的"S"形。这个"S"形，本身是被江两岸的两列山脉所钳夹而形成的长长的山谷地带。绿汁江就沿着山谷的走向流淌。沿江两岸生长着密密的竹子，江边平缓地带种着庄稼。山谷中散落着若干村庄。从川街到易村，再到易村上游的大桥，其间分布若干村子：甘冲、大栗树、小栗树、李珍庄（易村）、南边河、下尾河。在峡谷中，与绿汁江蜿蜒并行的是川（街）九（渡）公路。易村就位于这条峡谷之中靠近九渡的地方，与九渡村委会隔江相望。

（二）易村的田地

易村过去有 600 多亩田地，现在仍属本村的田地还有 311.3 亩。311.3 亩土地分布在本村范围内，其中水田 210.11 亩，旱地 101.19 亩。另有 7000 余亩的山林和 100 多亩的竹林。

易村的土地大体上可分为四种。从山坡依次向江边分布着干地、干田、两熟田和沙地。干地是靠山的土地，这是一种较贫瘠的土地，基本不进行人工浇水。主要是离江水太远，浇灌成本高、产出低。这种地适合种植花生、黄豆、棉花、烟叶和薯类等较耐旱作物，一般产量都不高。干田土质比干地稍肥沃一些，但也属于中下等土地，不能和江边的田地和沙地相比。这种干田只种一季稻子。两熟田因土质好，且离江水较近，便于灌溉，易村人称其为"湿田"或"车田"，意思是可以通过水车提水进行浇灌的田。两熟田一般种稻子和豆子，产量较高。沙地是最好的一类地。这种田地靠近江边，易受到江水的冲击。江水水位下降后，留下大量沙土，所以叫沙地。但这种地因太靠近江水，地势又低，雨季时常受江水的浸漫，所以在江水上涨时就无法种植了。这种地不适宜种水稻，常用来种植玉米、蚕豆、油菜、豌豆、芋头、大麦、小麦和各种时鲜蔬菜。总之，靠近江边的这类"湿田"，因其地势较平缓，且便于灌溉，是易村的优良田地。近十年来，易村老百姓在这些田地上发展了大棚种植，主要是种植蔬菜和水果。

（三）作为一个社区的易村

说到社区，就一定会联想到德国社会学家滕尼斯的《社区与社会》。不论滕尼斯的"社区"概念如何，也不论社区后来在理论和实践中怎样演变，社区有两个最为基础的要素不会变，那就是必有一定的空间和相应的有互动的人口。现代社区理论，在论述和界定社区概念时，都会提出自己的定义，有四要素说，有五要素说，还有六要素说，但都离不开上述这两个最基本的要素。社区的这两个要素之所以是最基本的，原因在于二者不仅是认识社区的前提，而且在其基础之上，才会产生其他的要素。比如，所谓的社区文化，是在特定的空间范围内的人口常年互动产生的精神方面的要素。至于社区经济、社区政治，无一不是在前两个要素的基础上产生的。中国社会本土化奠基人之一吴文藻——社区中国学派的主要代表人物，在《现代社区实地研究的意义和功用》一文中说："文化是社区研究的核心，明白了文化，便是了解了社会"①。"现代社区的核心为文化，文化的单位为制度，制度的运用为功能"，"功能的观点，简单说，就是先认清社区是一个'整体'，一个统一体系的各部分"。② 吴文藻对社区的说明，立足于社区作为社会的存在物，说明了它是一个整体。怎样来理解这个"整体"，这就是我们切入社区的一个要点，也是认识社区的一个基本要求。社区如果不是一个"整体"，那么社区的一切都不可能存在。比如，社区的空间是一个特定的地理区域，其中互动着的人口，也是这个完整空间里面的人口；社区的文化，以及社区的经济和社区的政治，都是在这个完整空间里面发生的。

所以，"整体"对于社区而言，是一个必要的前提，它应当在"空间"这里得到一个最初的理解。形成"整体"的这个空间的内部，可以理解为有结构和各种功能。结构功能的理解就强调"整体"。将其移植到现实的社区调查时，往往就要涉及这个社区的各项要素。

有了空间的意识，才能很好地理解社区；想要认识这个特定空间，就一定要与其间的人做交流。因此，我们作社区调查，就是进入这个社区，对里面的人做必要的访问和观察。

所调查的这个对象区域，是一个相对完整的社会单元，与另外的社会单元形成有所区别的单独的一个单位，和其他的社会事务有一定的距离。而在这个完整的社会单元内部，人们又具有一套传承关系、文化模式、人际互动方式和治理方式。由此，我们可以看到，这种自然村就是非常标准的农村社区，因此它也是最为合适的农村社区研究单元。对一个自然村的完整调查，就能实现一个"社区调查"的初衷，实现社区研究的目标。特别是自然村的这一特点，既切合了传统人类学对社区的基

① 吴文藻：《现代社区实地研究的意义和功用》，载《吴文藻人类学社会学研究文集》，民族出版社，1990，第147页。
② 吴文藻：《吴文藻自传》，《晋阳学刊》1982年第6期，第28页。

本理解，① 又合理地解决了现实中中国农村社区调查的基本视角问题。

因此，我们把握住"整体"，就有了进入易村这个社区的指路标识。我们把易村当作一个完整的社区时，它也就以一个完整"空间"呈现在我们面前，以一个完整的形态让我们来认识。

易村位于绿汁江岸边，村子的房屋呈等腰梯形分布。"梯形"的下底与绿汁江平行，上底沿着村后的山坡，房屋的分布就在山崖和江之间，尽量靠近山崖并止于山坡渐陡的地方，将村前的平地用于耕种。这是祖先在建房时就规划出来的村庄格局。房屋沿着村前的道路分布，也就是这个"等腰梯形"的底边，长约一公里。与易村房屋分布相对集中不同的是，易村的土地却特别分散，全村的 600 多亩土地中，只有一半在本村，其余的主要位于九渡、南边河、三家等村子。所以，村民的日常活动除了在村中，还有部分体现在这些外村土地的耕种上。

易村人口，也就是作为一个社区活动的主体，共有 312 人，其中劳动力 127 个。

易村人的经济来源主要就靠种地。但目前传统种植品种比如水稻，这项多少辈人经营土地的最重要的活计已不占主要地位，而是被种植大棚蔬菜所替代。这种替代表现在两个方面。一是生计来源的变化。过去农户所吃的粮食主要来自自家种植的水稻，农村人"买粮食吃"不是正途。再说农民手中也没有钱。现在，即使那些不种水稻的农户，也可以用种植大棚蔬菜所挣的钱到市场上买米吃。二是农户经营土地的时间、精力大部分都花在了大棚种植上。近十年来兴起的大棚蔬菜种植，已经成为易村主要的土地经营方式。除了极少数农户，绝大部分都种植大棚蔬菜。可以说，在易村，只要是面积稍大一些的土地都种植了大棚蔬菜。这是经济效益推动的。

经营土地成为祖祖辈辈易村人常年的劳作内容。但是经营土地的收入有限，土地也未能吸纳全村的劳动力，所以自 2013 年以来，部分青壮

---

① 比如马林诺斯基，他要追求研究的社区就是要与外界隔绝，如太平洋中与世隔绝的小岛那样的研究单元，就是要将研究对象限定在一个完整和封闭的单元内。这个单元内部有自己的一套结构和相应的功能，同时又不受外界干扰。这种绝对的要求，将社区研究的完整性和独立性绝对化。从那时起，这种研究模式成了人类学界研究社区的追求。但也是自那时以后，这种追求渐渐受到质疑。因为那样的社区实际上已经不大能够见到了。马林诺斯基本人也对这种研究的追求有所反思。

年劳动力选择外出务工。他们外出务工的直接目标就是在土地经营之外挣钱补贴生活。调查了解到，整个易村有二十多人外出务工，他们大多选择在周边的楚雄市、昆明市和曲靖市等地。

易村人的社会互动有两个层次：一个是村内的互动，一个村外的互动。村内平时极少互动，办理婚事和丧事是村民最为重要的相聚时刻，这时来的人主要是有亲戚关系的姻家，也有部分是朋友。再就是每年杀年猪请客。每年春节前夕，农历腊月十五，村民就开始杀猪，几乎所有村民都要请其他村民吃年猪饭。这又是易村人大聚会的时刻。婚事和丧事期间的请客一般是吃一天，相帮的人除了和请来的客在一起吃一天外，还要加上帮忙做事的日子，少数的要提前两天就来相帮，所以要吃两天或三天。而年猪饭一般只吃一餐，相帮的人是吃一整天。年猪饭虽然只吃一餐，但这段时间村中都在杀猪，所以将近半个月村中各家各户都在请其他村民吃年猪饭，"我家吃了吃另一家，另一家吃完了再吃另外一家"，有时轮不出时间来赶席。为了避免杀猪饭撞席，在杀猪前，农户就会相互沟通，合理安排时间。春节前夕的相聚还有一大功能，就是一年劳作之后，不论这一年的收成是好还是坏，借这个时刻充分享受、放松，可以大鱼大肉吃上几餐，可以放肆地开怀畅饮，还可以放下一切经济方面的负担和各种不顺心的事情，与亲友们畅叙一番。

这是家庭农作单独经营时代一种比较理想的亲友相聚的好时机。像易村这种既缺少公共活动空间，又缺乏集体活动的社区，吃年猪饭确实是一个不容错失的机会。如果放在集体经济时代，村中生产是以集体的方式开展的，集体活动很多，人们见面较频繁，那时吃年猪饭就没有像现在这样重要了。更重要的是，那时种植和养殖都是集体行为，几乎是集体性的生产活动。村民吃一次年猪饭，也只能是极小的规模，最多请至亲的亲戚和相处较好的朋友吃一顿。

两个时代的社区氛围和互动内涵差别很大。除了婚丧大事的宴客和年猪饭，易村人还有一次重要的请客时机，就是搬新房。这也是家庭的一件大事。搬新房请客，有时专门安排在办婚事的时候，或是春节前夕，这样可以喜上加喜，显得更加热闹一些。

易村人与外界互动的频率，取决于交往的条件，最主要的一是通信，二是交通。过去村民家不可能有电话。直到20世纪90年代，村民们才逐渐使用电话。到了2000年前后，手机渐渐普及。有了手机，村民与外界的沟通更加方便。而交通是与外界可以面对面沟通的必要条件。易村本身的精神文化，也在无形中加强和巩固着易村的团结和整体感。这由易村的两种文化来体现，它由两种特有的制度组成。一种是易村的字辈制度。在易村，从现在七八十岁的人往前追溯六七代人，他们都有一个共同的祖先，这位祖先叫MY。MY的孙辈MYL生了四个儿子，今天易村的村民大多数都是他们的后代。易村的马姓村民自祖先MY以来，200多年来一直实行字辈制度，每一代用一字，12字（代）为一轮。从MYL算起，到现在已经是第十代了。另一种制度就是全村姓马。为了保证这一制度和字辈制度结合在一起的整体性，也为了保证字辈制度能够延续，就要落实马姓的延续。娶进来的媳妇不算（后代自然姓马），入赘者原来非马姓的要改为马姓。这个制度也一直保持至今。这两个制度，在易村人的精神深处树立了"同一村人"的感觉。这种感觉的重要性，就是社区作为一个"社会生活共同体"所特有的村庄认同感。这种深入精神层面的认同感，在平时是不会流露出来的，但在涉及村庄共同利益或是村庄文化方面的事情时，就会显现出来。比如，易村有两座庙，一座是文昌宫，被称为"大庙"；一座是山神庙，被称为"小庙"。这两座庙今天都已经非常破败。在谈到这两座庙的时候，村中老人认为不能失去它们，应该想办法修复一下。只是条件不成熟。这两座庙在易村人心目中是一种精神的象征，是易村与外界相区别的一个文化标志。

三　易村人口

（一）人口概况和人口结构

易村有农户87户，人口312人，劳动力127人，大多数从事农业生产。村民收入主要以种植业为主。近年来，村中青壮年外出打工的也较多。

表1-1显示了部分年份易村人口和户数的变化情况。从中我们可以看到，以1936年作为计算起点，1936～1939年的三年间，易村户数和人口几乎没有变化。易村的人口数量在20世纪90年代初达到峰值后逐渐

回落，到 2014 年，易村共 312 人，与 1936 年相比增加了 76 人，增长 32.2%，年平均增长率仅为 0.3%。而户数却总体趋于上升，从 1936 年的 54 户增加到 2014 年的 87 户。人口和户数的变动，即受不同时期政策的影响，也受易村土地资源条件的制约，同时还受时代变迁、社会发展带来的观念转变的影响，此处不做一一探究。

易村过去是以汉族为主体民族。随着与外村人的通婚，村中渐渐有了其他民族民员。在被调查的 87 个样本中，汉族有 78 人，占调查样本数的 89.7%；彝族有 9 人，占调查样本数的 0.3%（见表 1 - 2）。

从问卷调查结果来看，接受调查的对象受教育程度普遍不高，尤其是接受高等教育的人口比例相对较低。在 87 个样本中，没有接受规范教育的文盲有 24 人，占有效样本数的 27.6%；小学学历者有 41 人，占有效样本数的 47.1%；初中学历者有 19 人，占有效样本数的 21.8%；高中/中专和大学/大专学历者合起来只有 3 人，占有效样本数的 3.5%（见表 1 - 2）。

易村人口中党员和团员比例不大。其中党员共有 4 人，占调查样本数的 4.6%；团员有 3 人，占调查样本数的 3.5%；群众有 80 人，占调查样本数的 92%（见表 1 - 2）。

表 1 - 1 易村择年户数和人口数

单位：户，人

年份	户数	人口数	户均人口数	来源	备注
1936	54	236	4.4	钱成润等《费孝通禄村农田五十年》第 242 页	
1939	54	236	4.4	张之毅《易村手工业》（《云南三村》第 254 页）	
1950	48	241	5	钱成润等《费孝通禄村农田五十年》第 246 页	
1953	40	196	4.9	钱成润等《费孝通禄村农田五十年》第 246 页	人口和户数减少，原因是这时期的土改，划出了地主 8 户（54 人）
1962	58	249	4.3	《禄丰县栗树人民公社农业生产统计报表》（1963 年）	

续表

年份	户数	人口数	户均人口数	来源	备注
1968	66	284	4.3	《禄丰县川街人民公社梨（栗）树生产大队农业生产统计表》（1968 年）	
1990	69	333	4.8		
1992	66	323	4.9		
2014	87	312	3.6	《九渡村委会统计报表》	

资料来源：九渡村委会提供表中所提到的几种资料。下同。

从宗教信仰情况来看，信仰佛教的有 14 人，信仰基督教的有 1 人，信仰道教的有 1 人，不信教的有 70 人。就这个数据来看，几种正规宗教在村中都没有影响，调查数据中的信仰佛教的 14 人，其实是将到山神庙供奉或在自家立有佛像当作佛教了。确实，山神庙中有佛像，但这和正规的佛教还不是一回事。中国农村的老百姓在大多数情况下是分不清什么是佛教，什么是民间宗教的。将山神庙里面的塑像当作佛像来对待，也不是易村人的独创。我们在易村调查的若干天，没有看到与佛教正式信仰有关的情景，倒是看到老百姓到山神庙去烧香磕头（见表 1－2）。

表 1－2　易村人口基本情况

单位：人，%

类别		频数	有效百分比	类别		频数	有效百分比
性别	男	43	49.4	民族	汉族	78	89.7
	女	44	50.6		彝族	9	10.3
婚姻状况	已婚	63	72.4	文化程度	文盲	24	27.6
	未婚	12	13.8		小学	41	47.1
	离婚	3	3.4		初中	19	21.8
	再婚	1	1.1		高中/中专	1	1.1
	丧偶	8	9.2		大学/大专	2	2.3
政治面貌	党员	4	4.6	宗教信仰	佛教	14	16.3
	团员	3	3.4		基督教	1	1.2
	群众	80	92.0		道教	1	1.2
					不信教	70	81.4

注：本调查有效样本为 86 人。

（二）劳动力基本情况

如表 1 - 3 所示，易村的主要劳动力由两个部分构成：一是农业性的劳动力（包括以农为主和非农性的劳动力）；二是外出务工的劳动力。易村人外出务工劳动，也是农业劳动力饱和，又需要获取与农业劳动相比更多的现金收入而做出的一种选择。

表 1 - 3 家庭劳动力情况

单位：人

项目	最小值	最大值	合计
家庭人口数	1	8	349
家庭女性人口数	0	6	146
家庭劳动力数	0	6	127
家庭女性劳动力数	0	4	71
常年外出务工劳动力数	0	3	13
季节性外出务工劳动力数	0	2	17

易村人外出务工有两个特点：一是总的人数不多，常年外出务工的有 13 个人，季节性外出务工的有 17 个人，共 30 个人；二是就近务工的比重非常大，出省务工的极少。

1. 常年外出务工情况

调查结果显示易村只有 13 人常年外出务工，占易村劳动力总人口数的 10% 。外出务工的地点大多集中在省内，省外只有两个地点，分别是福建省和四川省。即便在云南省内务工，易村人普遍也选择离家乡较近的地方，其中有 6 人选择在楚雄州以外的地区务工，他们最集中的务工地点是昆明市；有 4 人选择在本县即禄丰县务工（见表 1 -4)）。

表 1 - 4 常年性外出务工地点

单位：人 ,%

外出务工地点	频数	有效百分比
本县内	4	30.8
本市内本县外	1	7.7

外出务工地点	频数	有效百分比
本省内本市外	6	46.2
省外	2	15.4

2. 季节性外出务工情况

在一个以农业生产劳动为主的农村，劳动力在时间上的分配是不均匀的。农户会利用农业生产时间的间隙选择外出务工，以获得更多的收入。易村季节性外出务工的人数不多，共17人，有6人在禄丰县城内务工，主要是在建筑工地干活；有3人在楚雄市市区务工，主要从事餐饮服务业；有5人在昆明市务工，主要从事建筑业和餐饮服务业；有3人在本乡镇甚至本村附近务工。（见表1-5）

表1-5　季节性外出务工地点

外出务工地点	频数	有效百分比
本乡镇	3	17.6
本县内	6	35.3
本市内本县外	3	17.6
本省内本市外	5	29.4

第二章　手工业消失后的易村观察

一　易村手工业的兴起和消失

（一）易村手工业

"易村手工业"这个名称从张之毅的《易村手工业》一书始，并且因为这本书的书名，"易村手工业"这个概念变得十分响亮。那么，"易村手工业"这个概念指什么呢？就如书名所示，这本书所研究的就是易村的手工业问题。1939年，张之毅到易村做调查，回来写成报告，报告取名《易村手工业》。"易村手工业"这一名称，从此才和这个书名一起正式面世。在这之前，没有"易村手工业"的说法。常年进行造纸和编竹篾的易村人，也没有将他们所从事的这两项事业称为"工业"。造纸的人会说：做"一盘纸坊"①，参与造纸活动，叫作在"纸坊"做事（上班）；编竹篾的人会说"砍两棵竹子来编点××（竹编器具名称）"，"编对挑蓝来用用"。参与这两项活动的都是农民，这些农民从来都不认为他们具体从事的事情是"工业"，最多认为是副业或是非农业，直到通过《易村手工业》一书的分析，才将造纸和编篾视为"手工业"。造纸有着较为系统和完整的操作，有生产工艺所要求的各种固定活动模式，在纸坊做事和务农是分开的，尽管他们往往身兼工人和农人两种角色，在农忙时也许会停下纸坊的活计到田地里做活。这可能是由于纸坊负责人在照顾这些成员的农业家务活计和不耽误纸坊全盘作业的平衡上，做出的临时性决定。但就本质来讲，纸坊已经有一个集体操作系统运行的机制，它不是单个人的自由作业，或是随时开始和随时停下的活计。这恰恰是造纸与编篾的重要区别，也是造纸这一手工业的主要特征。

---

① 易村人将一套完整的造纸设备称为"一盘纸坊"。易村造纸业最为兴盛的时候，全村有九盘纸坊。

　　参与纸坊作业活动的家人，他们不是不自知所做的事情已经不是"农业"了，而是"非农"的活动，只是他们没有这个习惯将自己参与的这些活动称为"工业"。谁要是说这就是"工业"，因为它已经和"农业"有了原则性的区分，不是"农业"了，他们也没有意见。换句话说，称为"工业"是学者们的行为，是研究者为了研究问题，从理论的高度和逻辑关系上将其称为"工业"，同时也是一种概括程度较高的概念体系。参与这两项活动的易村村民们，不管在这些活动中的参与程度如何，他们的农民身份不变，他们主要的经营活动和生计来源仍是农业（在纸坊做工者，也许有一段时间脱离农业劳动，在这段时间，他们会全职进行造纸活动。但他们在纸坊的工作时间或是周期性的，或是季节性的，或是一天当中的部分时间。除了在纸坊上班之外的时间，他们仍然可以回到田地去做活）。之所以说在纸坊上班的这些"工人"的主要经营活动和生计来源仍是农业，是因为这几个方面：一是他们上班的纸坊，是自由组合而成的具有临时性（或许他们自己不完全自知，或没有考虑这个问题的思维空间）的生产团体，他们随时都可能离开（否认什么原因）回到原先的农业生产中去；二是在纸坊上班期间，不生产的时间仍然可以自由支配，他们可以利用这种虽然不完整但却是可以安排的时间，回到田地去（这些工人的家往往就在纸坊附近，一天几次来回于纸坊和田地间都是可以的）；三是一般是一家中只有一人在纸坊上班，家中的其他人还是一直在田地做活；四是将来纸坊一旦由于什么原因停产了，他们的出路还是回到农业上去。易村纸坊生产存在了70年。在这之前，在纸坊上班的这些人都是农人。纸坊停产后，所有在纸坊上班的人仍然都回到田地里去。这些工人的后路是农人，这种工业的后盾是农业。无论是从短期的角度看还是从长远的角度看，他们生计的后盾永远都是农业。

　　写出了《易村手工业》，这说明在某个地方有一个存在"手工业"的村庄。而且一旦有了这个案例——易村手工业，研究者就将其作为一个标志性的实例来看待，既可以对其再研究，又可以将其与其他的村庄做对比研究。"易村"已成为一个社会学研究中的乡村手工业的个案，同时也是社会学研究乡村工业变迁的一个经典案例。

　　本节辨明易村"手工业"之性质的目的是想延续张之毅的易村手工业调查，进一步对易村手工业的历史和逻辑进行分析。易村的造纸经历，虽然说不上轰轰烈烈，但名声也一度传遍周边几个县。这样一个造纸名村确实有其独特之处，是一个很好的实例，因此才得到费孝通的重视，由张之毅专门做了调查，写出《易村手工业》。

（二）易村手工业的形态

易村手工业的形态，基本有两种。这两种基本的手工业形态，各有其不同的特征和内涵，细细分析我们可以更进一步认识易村手工业。

"易村手工业"指的是在易村这个小村庄里曾经存在过的"非农"生产形态，包括手工造纸作坊和家庭手工编篾这两种"非农"形态的生产形式。

"易村手工业"其实是一个个案，一个特例。易村所呈现的"手工业"，在社会发展的一般过程中，应是一种普遍性的现象。而在易村，并且仅就易村来说，它又只是一个没有普遍意义的社会现象。这可从下列几点说明之。

（1）从人类历史的生产形态来看，农业经济之后就是工业经济，这是最一般的规律，即普遍规律。但这种普遍规律不是在每一个角落都能体现出来。它仅仅是最一般意义上的普遍规律。

（2）每一个以农业生产为主的村庄，都会根据自己的农业生产情况和本地的资源条件，或者相应的技艺及资金等条件，发明和从事一些"非农"活计。这些"非农"活动继续成长，在一定时候就会进一步成长为"非农"产业。

（3）如果本地的农业生产情况发生改变，或资源情况发生变化，他们的非农产业就会选择继续生产、中止生产或者改变项目重新生产。

（4）村庄"非农"经济，或者说是"手工业""家庭副业"，主要立足于农村。一旦有大工业，实际上就产业形态而言，就已经脱离了农村。哪怕它在体制关系上仍归属于村庄，就如后来成长起来的乡镇企业，以及在此基础上进一步成长起来的更大规模的工业企业，无论是在形态上还是在产业性质上，它已经不属于农业了。

（5）农村手工业也不一定会"逐渐"成长为大工业。它们虽然在"非农"这一点上是一致的，并且就工业发展层次而言，小工业成长为大工业有着逻辑上的合理性。但是小工业特别是农村的作坊式手工业，要成长为大机器工业，还须具备各项主观和客观的条件。易村造纸手工业，之所以没有能够成长为大机器生产的工业形态，就是因为缺乏主客观条件，不仅如此，原来具有的条件也因时代变迁而丧失了。所以，大机器生产一直没有出现在易村。大工业和农村手工业是两种不同的形态。因此，如果没有更多的资金，更规范的技术，更完整的技术人员队伍及其培训补充机制，更大的市场，更规范的销售体系，更科学和规范的内部管理体制，更稳定的政府扶持政策，原来的农村手工业最好的情况也只能是保持原来的生产规模。

（6）农村手工业既没有硬性地嵌入经济发展的普遍性轨道之中，也没有被纳入国家大的经济计划的刚性要求之中。也就是说，这种村庄经济是一种自由度高、随机性强的经济现象。

（7）农村手工业的兴起、发展和消失，有一系列的因素在起作用。从易村造纸作坊来看，导致其兴起的主要因素按顺序排列是：资源—技术—资金—市场—政府的政策。对其消失起作用的因素，按其影响大小的顺序排列是：市场—资源—政府的政策，技术不是导致其消失的因素，资金对于一个小规模的作坊来说也基本上不是问题。

易村除了经营土地外，还有两项农村手工业：一项是编篾，另一项是造纸。编篾是农民家庭的活计，一般都是在农活较少的时候做。村民靠着自家的手艺，所编的基本都是农业生产上所用的和农家生活所使用的器具。编篾这项活动对资金基本上没有需求，备上一套简单的工具，砍几棵竹子，有一处空地就可以操作了。产品或者自用或者出售。

而造纸则要复杂得多，需要相应的场地、设备，还需要准备炕纸的燃料。造纸原料除了竹子外，还需要辅助性的原料和加工原料，造纸的工序较多，需要多人协作。而这一切都需要一定的资金投入，并且具备适当的组织形式和工作纪律。因此，纸坊既是易村曾经的财富象征，也是易村在农业形态之外的工业形态的具体体现。纸坊的产品主要供出售，而这又涉及运输的组织和相应的费用，即销售的组织和管理。总之，造纸是一项程序较多，需要具备多项条件才能开展的活动。

编篾和造纸两种农村手工业，不论从表现形式、操作过程，还是所需要的各项条件来看，都有巨大的差别。但两项活动有一个共同的特征，就是都要依赖于易村丰富的原料优势——竹子，才能够进行。这也是理解易村农业活动之余开展"非农"活动的一个首要的依据。至于市场需求、在家庭中的地位和作用等因素，在逻辑上都处于第二、第三位。易村就是因为有了竹子，才发展起了造纸，才有了家族竹编，而不是先引进造纸技术和学会编箦才来种竹子。没有竹子，当然也可以开展造纸和编箦，比如从远处购买原料，但这是另外的话题，已经脱离了易村的实际。"竹林事实上是易村几度衰落后得以恢复的命根子，这是他们手工业的原料基地。"[①] 还需要对其他的条件有所理解，并做出分析。张之毅的研究就是在此基础上开展了这一有意义的工作。今天，造纸业已经不再延续，编箦这项作业本来就是一家一户开展的，以满足自家生活生产需要为主，兼有部分产品临时出售的副业，但编箦本身又是一项劳动强度较大、时间成本较高、实际利润较低的活计，做的人不多了。不但原有的编箦者很少有人做，年轻人中也基本没有人愿意学习这项技术。因此，编箦这项村中曾经的重要技术活，已渐渐淡出人们的生活圈。

造纸和编箦是易村一度兴盛的两项农副业，或先或后退出历史舞台（附带说一下，编箦这项技术从根本上来说是不可能消失的，可以针对新的市场需求，以新的产业发展理念，制作新的竹编品种。而且，就目前来看，易村也还有个别老人偶尔在编竹箦制品）。社会的发展一定会对村子的传统带来冲击，对人的观念带来冲击，因此会带来新的发展理念，形成新的产业形态，这是易村可以期待的。

关于易村的造纸和编箦，本书中有专章叙述。本节只是一个简单提示。

（三）易村手工业的变迁

从人类经济活动的历史来看，农业是人类历史早期普遍的经济生产形态。在脱离采集经济和狩猎经济形态之后，农业经济长时期占据为人类提供生存必需品的主要地位。在中国广大的农村，农业的主体地位存在了至少 2000 年。在这一历史时期，除了种植各种粮食和经济作物以外，农民为了生活，早就学会了各种"非农"的活计。比如（这里仅从加工制作这一角度来谈，而没有涉及养殖、水产等内容），利用当地资源

---

① 费孝通：《重访云南三村》，《中国社会科学》1991 年第 1 期，第 32 页。

（包括农业生产的产品）来榨糖、酿酒、制作副食品、造纸、编竹器等。这些常常被叫作"副业"，因为它们是主业农业之"副"。这当然是在承认并保障农业的主体地位的前提下来开展的。这是普遍的规律，也是中国历史传统中的事实。这里要把这个道理说清楚。但是哪一个村庄有还是没有副业，却是有偶然性的。从大的社会发展趋势来看，采集经济和狩猎经济之后是农业经济，紧接着农业经济之后是工业经济，这个规律是普遍的。但在具体的地方会有特定的情况，出现具体的特例。依此道理，如果说易村因为曾经的造纸事业消失了，一度普遍存在的编篾活计也渐渐消失了，就认为易村走了回头路，是"逆向工业"发展，这也是不合适的。说得简单一点，农村经济因为具有自然形成、自然成长的特点，所以它所开展的经济活动往往是从自身的利益出发，从当地的资源出发，也从实际的能力出发，这三者共同影响了当地农民"要做什么或不做什么"。在"要做什么或不做什么"的选择中，农民往往从自身的经济利益和实际能力出发来考虑问题。易村手工业，包括造纸和家庭编篾，它们的兴起和消失（或衰落）都是受这种选择左右的。还需要说的是，农村工业正因为其层次较低、随意性自由度较高，它的市场往往较小，这就更加容易受到市场波动的影响，从而缺乏稳定性和持久性。

个体性手工业，经由手工工场向大机器生产过渡。手工工场既脱胎于个体手工业，与农业还有着千丝万缕的联系。仅就农村手工业而言，本身还属于农民副业性质的家庭手工业。其特点最初是以家庭为单位，使用简单的、私有的生产资料分散经营。到了需要一定的场地和资金，以及多人联合进行生产的阶段，这时才从以家庭为单位的生产形态中脱离出来，从而形成新的生产形态——作坊工场。易村的两种手工业（或称为农村副业）——编篾和造纸，前者属于家庭式手工业，后者则是作坊工场工业。它们虽然都属于农村的事业，但二者之间有着重大的区别：前者没有必要筹集生产资金，没有产生新的社会结构内容（新的生产组织形式），也不需要专门的场地；后者则恰恰在资金、社会组织和专门场地这三个方面有特殊要求。易村的两种手工业，在存续的若干时间内，都明显地呈现这种不同的特征。这两种不同的特征，实际上是完全符合经济发展规律的。

在本书之"易村和竹子"一章的"易村竹子的命运和前景"中，会谈到这两种农村手工业的区别，谈到造纸与编竹篾相较有六个方面的特点：一是由多人协作才能进行的一项活动，必须进行一定的组织；二是参与者必须齐心协力，在资金的筹集上，在工作时间上，在前后工序的协调上，在原料的收购和储备上，在产品的储存和销售上，在参与人员的利益分配上，如果有一个方面没有协调好，造纸活动就无法很好地进行下去；三是造纸作业基本上与农事活动的节奏没有关系，有自己的一套规律，有自己的活动节奏；四是每一个造纸参与者都有相对固定的工作岗位，一般只做一个环节上的工作；五是有固定的工作场所，并安置了固定的设备；六是有一定的领取报酬的方式，或获取周期性的收益。这里将其集中概括为三个方面。这种作坊工场工业，与现代大工业已经非常接近了。但尽管如此，一旦村民们觉得收不抵支，再加上原料供应、市场销售、技艺传承等方面的原因，这项工业就到了终结的那一天。对此惋惜没有必要；说这种现象是逆向发展，是误会。经营者是理性的，也是追求利益的。理性和利益得失的结合，促使他们做出选择，是他们自己的正常行为。

　　费孝通曾说过："凡是有特殊原料的乡村，总是附带着有制造该种原料的乡村工业。靠河边有竹林的地方，有造纸和织篾器的工业。"[1] 这段话不仅可以让我们认识易村造纸业的兴起、编篾产生的缘由，也可以让我们理解造纸和编篾消失的原因。易村的造纸作坊生产和家庭编篾，其原料都依托于本地所产的竹子。造纸由于原料、技术、市场等原因而在兴盛了约70年后消失了。编篾这项手工业，也因普遍有了塑料和不锈钢替代品而渐渐淡出人们的视线。

　　易村两种手工业的兴起和衰落，都有历史的原因。但历史的原因，不是抽象的而是由当时当地的一系列具体条件组成的。这些条件也有主观和客观的分别，如原料、资金、设备等基本上是客观条件，政策因素和组织水平是主观条件，而技术和市场等则具有主观和客观相结合的特点。有了基本的客观条件，在其他主观条件允许的情况下，再加上农民对投入和产出的计算，便能够决定一项活动是开展还是取消。包含条件要素越多的活动，越需要这种计算。比如，造纸比起编篾，所需要的条

---

　　① 费孝通、张之毅：《云南三村》，社会科学文献出版社，2006，第198页。

件更多一些，因此，造纸的决策就比编篾更理性；而编篾因为有一种休闲的含义和随机性的操作特征，所以，可以少一些正规条件的制约，但也需要理性，一种"家庭理性"，是以家庭生计为重心的考虑结果。不管怎么说，一度兴盛的造纸业消失了；相对简单易行的家庭编篾，也因用途大减而渐渐淡出人们的视线。因此，从曾经的研究主题来看，今天的易村与张之毅当年所见已不可同日而语。在手工业消失后的易村，有些什么事项还值得关注呢？至少有几个事项是值得特别关注的，即易村和水、大棚蔬菜种植的兴起及微耕机的出现。

二　易村和水

水这件事情，当然不是新事物。并不是造纸消失以后才有的。水与农业的关系非常紧密，它直接关系到易村人的吃饭问题。水和易村的关系，在张之毅调查的时代与今天似乎没有不同，但所表现出来的运用形态及其相关的各种表现形式却不完全一样。

有时我们将水与农业的关系概括为"水利"。这是一个名词。同时它也可以成为一个主副结构的概念，即"水"之"利"。同时，它可以组成同样结构但意思完全相反的一个概念，就是"水害"，即"水"之"害"。

同样涉及易村的水，张之毅不仅记述了绿汁江的江水（和雨水一起）给易村农业带来的益处，也描述了江水泛滥时所带来的危害，还生动具体地描述了易村人乘船过江的情形、用木制水车车水的情形等。江还是那条江，它与农业的关系仍然非常紧密。但江水的提灌已经有了全新的操作手段，基本的水利设施也建立了起来。更需要关注的是，这些提灌手段的更新和水利设施的建立，带来的是反映新时代的全新的理念和生存技巧。

绿汁江流经易村的地方，江水水面宽 50～100 米。平时江水看似平缓，但水量很大，江水水位低，对于田地的灌溉不利。因此，农田基本上都处于这条江两旁的较高位置。既然江面较低，大部分田地不能靠自流浇灌，村民就采用提灌方式来取水浇灌。而到了雨季，如果连续下几天雨，河水又会陡涨，冲毁沿江地势较低的田地，庄稼大量被毁。所以，绿汁江既是易村人的生计所依，又因其不时"发怒"而给他们带来损失。易村人对绿汁江的感情很复杂，既爱又怕，既离不开它又害怕它带来灾难。

张之毅在易村调查的那个年代，易村附近共有 6 道水坝、11 架水车。1939 年发了一场大水，水坝大多被冲毁，水车只剩下两架。这一场大水使此后的田地灌溉变得十分困难。1939 年的这场大水对农作物的毁坏非常严重。这也给一个外来人张之毅留下了相当深刻的印象。对于当时的情况，张之毅有一个具体的场景描述。通过这段描写，可以了解当时这条江在雨季给易村造成的灾难有多严重。

> 每年五到八月雨季的时候，只要下几天雨，山洪暴发，江水就徒涨起来。天一放晴，一两天内水就可全退走了。像这样的涨落，每年少则一次，多则几次。一九三九年九月间，滇中各县发了一次空前的大水。易村所受水灾的损失颇大，蔬菜和成熟的稻子，全给大水冲毁了。一九三九年十月间，我们去那里就买不到一棵青菜吃，在村人家里只看见一堆一堆由泥里挖出来的谷子，预备留给猪吃，整个收成，可说是全毁了。同时，我们还见到田地里堆积上一层五六尺深的沙土，江边的竹子也被冲倒了一些，村人指着江边竹枝上悬着的草丝告诉我，这就是当时水位到过的标识。看上去这些草丝离地有三丈多高，可见当时水势之猛了。[1]

易村过去种田浇地的水源，除了自然降水，就靠流经村子的绿汁江。这条江满足了易村一年中绝大部分种田的用水需要。但江水的水位平时在低处，所以需要将水提上来。江边的田地，往往就靠人挑水浇灌。稍远一些的田地，解决提水问题，就要靠车水设施和沟渠。除了雨季，易村基本上都有水车在工作。一架水车工作可以满足 15～25 亩田的浇灌用水，水量充裕时可浇灌 30 亩左右。

这种浇灌方式延续了无数代人，它成了满足易村人农业生计的一个重要途径。传统水车的供水高度有限。要是往较高的地段输水，就需要

---

[1]　费孝通、张之毅：《云南三村》，社会科学文献出版社，2006，第 222 页。

两级或三级水车来扬水，还得修建相应的水渠。所以，这种提水方式的花费比较多，劳动力付出也是比较大的。另外，木制的水车使用年限较短，制作麻烦，维护成本高。这是在没有机械的情况下，农村传统上使用的提水设施。但是没有它就无法种庄稼，易村多少辈人都是靠着这种木制提水设备维持农业生产的。

这种提水灌溉的方式，在 20 世纪七八十年代才终结。从那以后，村民开始用以柴油作动力的小型抽水机来提水。在 60 年代，村里建设了抽水站，开始用水轮泵抽水，部分代替了传统的水车提水灌溉。1982 年，村里通了电，从这时起，村民就普遍使用电动抽水机抽水灌溉了（同时使用柴油发电机带动的抽水机）。

过去村民用水车来提水，现在都用柴油抽水机来提水，将机器抬到江边，接上软性水管将水输送到自家田地。抽水机比起水车来，机动性强而且节省人力。因其方便使用，2000 年前后，村民普遍使用这种小型的、较易搬运的柴油抽水机。这种机器特别适合现在一家一户使用，又适应了大棚种植需要机动性的要求。当然，这种小型抽水设施的使用成本也是不低的，但与原来的水车相比，有明显的优越性：首先，可以大大节省劳动力，在其工作时不需要劳动力，甚至不需要人照看；其次，机动性较好，可以随意抬到需要的地方。至于投入的成本，这是与今天的生产过程和市场相关联的，与相应的经济社会发展相关，不能简单与水车的使用成本进行比较。凡是需要从绿汁江里提水进行浇灌的人家，一般都得自备一台这样的抽水机。特别是种蔬菜大棚的人家，对这种机器的依赖性更高。种植面积较大的农户，考虑到有备无患（比如抽水机临时坏了，但又急需用水，就会提前做好准备），会准备两台这样的抽水机。在蔬菜大棚种植的高峰时节，就可以看到一幅村庄农田的新画面：一条条白色、蓝色、黄色的帆布或是塑料软管，从江边延伸到各家的田地里。江边机器在突突地响，江水就从水管的这一头源源不断流进蔬菜大棚地里。

雨季能够带来充分的雨水，这对农业来说是很重要的。但易村后面的山上都是砂质岩，异常疏松，所以雨季到来时，易村人就绷紧了神经，因为雨水太大的话，就会冲毁地势较低的庄稼地。还有，村庄位于公路上方、一列山的坡脚下，村民的房屋直接挨着缓坡。一旦雨水从山上下来，红沙石和土壤就会被雨水夹带着顺山坡冲刷下来。雨水带着泥沙冲下来，往往会给村民带来危害。首先，它无益于农业的种植，对当地农业生产产生灾难性的结果。雨水太大的时候，它会直接冲毁庄稼，并在平缓处沉积下来，掩盖部分庄稼地。靠近江边的地势较低的田地，又会受到江水的侵袭。那些从山上冲下来红沙石和泥土，还会大面积掩盖庄稼地，这还要花人力清理。同时，也会对坡脚的住房造成危害。为避免这一年一度的灾难性后果，易村人在村子的上、中、下段分别修建了三条沙沟，雨季流沙在流经本村时，就通过这三条沙沟被带入江中。泥沙则在流动的过程中渐渐沉积下来，等大雨过后再进行清理。修建沙沟正是为了将雨水和泥沙集中引向既定的流淌沟渠，不让其泛滥成灾。我们所看到的这三条沙沟都已经修整得很像样了，它们帮助易村人解除了相当大的水害。这是易村人多年来艰苦努力的结果。

三 大棚蔬菜和微耕机：易村农业的两个重要事项

（一）大棚蔬菜种植的普及

易村是一个传统农业浓厚的小村子，祖祖辈辈都以经营土地为生。20 世纪初，这里出现了造纸作坊，它逐渐成为这个村子有影响的一项"非农"产业。在易村造纸业兴盛的那些年，"川街土纸"[①]（易村属于川街乡，川街是一个在周边有影响的集镇）的名声传播到周边的乡镇和一些县，附近不少地方都在用"川街土纸"。[②] 易村造纸持续兴盛了 80 多年，在 20 世纪 90 年代逐渐退出历史舞台。即便在造纸兴盛的年代，也没有改变易村以农业为主的特质。造纸的存在并不影响农业生产，农业生产中的劳动力仍然存在。有一部分投入造纸业的劳动力，在农业生产较为紧张的时候，比如栽插时节和收割时节，作坊负责人就会有意识地调整造纸生产的节奏，让村民可以回到农田中劳动，过了农忙时节再回到纸坊来。农业节令不等人，造纸的时间则是可以做出调整的。

---

① "川街土纸"作为一种地方商品，二三十年前在禄丰、易门、广通一带有较高的知名度。
② 土纸产自栗树、李珍庄、九渡等村子。李珍庄（易村）因张之毅的调查而在学术界更加出名，后来只要提到"川街土纸"，人们往往将目标指向李珍庄（易村）的土纸。

在 20 世纪 90 年代造纸业消失以后，易村又回到完全农业经营的状态。单纯依靠传统农田，不但不能满足人口增长对粮食的需求，也不能获得更多的经济收入。易村种植的传统作物是水稻，风调雨顺的正常年份只能基本满足自家口粮需求；一旦有灾害发生，粮食就不够吃了。至于经济作物，在很长时间里，都没有形成规模化的品种，有种植但量不大，单位产量也不高。比如花生，基本上只能供自家食用。再加上过去交通条件的限制，产品很难运出去，客观上限制了当地产品形成像样的商品。在大棚种植技术进入易村后，易村很快便形成普遍性的大棚种植格局。

近十来年，易村普遍用大棚种植蔬菜和水果。随着种植技术的提高、运输条件的改善，易村大棚得到快速发展，种植品种也增多了，规模化水平也有很大提升。目前，易村大约有 120 亩大棚，几乎全部都种植蔬菜。水果在前几年曾有人种，主要是西瓜，但现在不种了。也是在最近的十来年，和其他的许多村庄一样，易村也出现了大批年轻人外出务工的情况，家里留下的往往是老年人和未成年人。这样一来，不仅老年人要承担起农田的活计，未成年人也要协助家人做一些力所能及的活计。在农忙的季节，或开始"做大棚"的时候，易村的青壮年纷纷回到村中，协助家里"做大棚"。

"做大棚"是大棚种植中的一项很重要的工作，而且工作量集中，工作强度较大。"做大棚"首先要将收了水稻的田地清理出来，按照地势和所要种的蔬菜安排大棚的范围，整理土地，重新划分地块。接着是制作棚杆，再将棚杆插到地里，搭建大棚的框架。还要按照所种植的蔬菜品种要求理墒，打塘，耕地平地，清理地垄，根据大棚的规格铺设塑料薄膜。这一切都需要强劳动力来完成。所以在这一时期，不少年轻人都会回家参与劳动。至于平时的管理，如浇水、施肥，是不需要强劳动力来完成的。

（二）微耕机的出现和使用

在易村，如果考虑到其区位、地理环境和道路，就应当提到当地使用较广的一种农业机具——微耕机。因为这种机器在易村经济活动和日常生活中影响很大。微耕机是一种以柴油或汽油作动力的、具有多种功能的小型农业机械，这种机械具有重量轻、体积小、用途多的特点，且操作方便，在山区特别是在分散的小块土地上最为适用。比如，耕地、耙田、打土，再配上相应机具可进行抽水、发电、喷药等作业。

2009 年，易村出现了第一台微耕机。此后，这种机器快速进入易村。目前，易村大约有 80% 的家庭拥有这种机器。但有时一家有一台机器还不够用，比如我家种的田地多一些，在耕田或打地时，要在短时间内完成，就要几台机器同时作业，这时就要请暂时不用机器的人家来帮忙。在有的地方，这叫帮工。在易村叫"相帮"。① 用微耕机帮人做工，收费一般为一亩收 100 元（包含人工费和柴油费）。微耕机的价格因品牌、质量等不同而差别较大，从 3000 元到 9000 元都有。易村一般家庭所购买的价位在 5000~6000 元。挂斗在 1000 元左右。也就是说，易村人购买一套微耕机的价位在 6000~7000 元。这种机器一般使用 4 年左右就会报废。为什么使用时间这样短呢？主要是这种机器的工作环境恶劣，灰尘、泥水的污染较重，工作强度也比较大。在使用三四年后，如果机器坏了，一般也不会再修，就被丢弃了。村民表示："修理一次的费用往往在数百元或上千元，还要拉到街上找修理店，不值得。宁肯再买一台新的。"

微耕机还具有运输功能，微耕机挂上拖斗以后，可以在道路上行驶，可以拉货物，在外行看来就是一架手扶拖拉机。据村民回忆，在微耕机刚进入易村时，有些村民还曾乘坐它赶过街，但总是偷偷摸摸地去，提防着被罚款。现在，人们不用微耕机去赶街了。一方面，因为微耕机的成本高，且速度慢、燃料消耗较多；另一方面，它不是正规的交通工具，不具备合法的上路手续，安全性难以得到保障。此外，还有一个十分重要的原因，就是随着人们生活水平的提高，村子里的私人汽车和摩托车越来越多，开车和骑摩托车去赶街的人也多了起来。但不可否认的是，微耕机在早些年曾是易村人出行的重要工具，一度代替了人背马托的运输方式。

---

① "相帮"的说法，在易村很流行。大到某家办婚事、丧事、建房，或其他需要较多人来帮忙的事情，小到家中临时有事，一时忙不过来，有村人来帮助，就叫"相帮"。我家有事人家来帮忙；别人家有事了，我也会去帮忙。这种帮忙，比如办婚事和丧事，主事人家提供就餐，一般不再支付报酬。但像建房这种事，也是要按常规给报酬的。像在地里帮忙，也有互惠性质，不一定要给报酬。但如果是事情较多，工作量较大，并且规范且可以清晰计算的，如提供机器给某人打地这样的事情，就要给报酬了。因此，易村的"相帮"，有不付报酬和付报酬两种。一般给报酬的活计，都是较常见且工作量、报酬数额也有一个规范的那些活计。

第三章　易村和竹子

一　研究易村，竹子是绕不过去的话题

（一）竹子在易村

竹子对于易村有着重要和特殊的意义。竹编，就易村来说，它的重要性仅次于造纸。本书中，关于造纸有一章专门叙述，关于竹编有一章专门叙述。这里仅从一般意义上叙述竹子在易村的重要性，并分析竹编从兴盛到渐渐趋于消亡的现象。

竹子作为竹编原料的时候，自然发挥了经济功能。这是没有疑问的。但竹子都属于一家一户，每家都有几蓬竹子，由自家来管理和处置。在竹编兴盛的年代，竹制品的市场交易繁荣，编竹器也很受欢迎，由此也为竹编人带来了收入。虽然收入不算多，但对于一个农村家庭来说也是非常不错的。比起全靠庄稼地的收获来改善家庭经济状况，或在缺少现金收入的年代，这确实要好得多。只是，这种情况延续到十多年前，竹编渐渐少了，渐渐接近消失了。主要表现在以下方面。

（1）竹制品市场萎缩。因为出现大量塑料制品和不锈钢制品来代替农家生产生活中的竹制品，而且绝大部分替代品要比竹制品美观、耐用。大量化肥和农药袋子也可以部分代替过去竹编的篮、框、畚箕、背篓等一类用具，而这些袋子是在废物再利用的情况下使用的，所以使用成本很低。

（2）能编竹器的老人渐渐少了。会竹编的老人，有的已经离世，还在世的也随着年龄的增大而缺少体力来做这件事了。竹编这种活计本来就是投入成本高而收益不大，所以人们都觉得这是一件得不偿失的活计。有的老人做竹编活计也是因为自己有这个手艺，把它当作打发时间的一种活动罢了。所以做的人越来越少了。

（3）中年一代，会竹编这门手艺的不多。他们这代人成长的时期正是社会变迁较快的时期，这项传统的技艺已经没有吸引力了。同时，不锈钢和塑料替代品开始大量出现，致使竹编制品的空间日益缩小。他们当中很少有人有兴趣来做竹编。更年轻的一代，基本不会这门手艺。

因此，近十来年，易村竹编渐渐淡出了人们的视野。在这个过程中，一家一户所有的竹子，只有在需要编竹的时候，才会去砍几棵来破成篾，编完就了事。没有造纸这样大综使用竹子的情况，当然也就不会发生竹子不够用的情况。相反，现在易村的竹子正在"寻找出路"。竹子本来是一种资源，在有需求的时候其身价很高；没有需求时只好让它一直长在那里，任其老掉。竹子的价值是多方面的，有的自家用，有的可以出售。易村人对待竹子的态度，是一种最实际的态度。1982 年，全部分到户以后，竹子就成为家庭的财产。如何维护，怎样处置，各家都不完全一样。但既然是自家的财产，就会想办法使其产生经济效益。

种大棚的人家，会用一部分竹子来做大棚的材料。村民称为"做大棚"（"搭大棚"之意），先要搭个大棚的桩子，大竹太粗，只用其上头部分；中、小型竹子，选择性用其下、中、上部分。一棵竹子一般可做三根桩。大棚弧顶一般用大竹子，根据粗细程度，剖成两片或四片来做。其他部分用大竹子的剩余部分。但村中有经验的村民表示："大棚弧顶用料现在很少用本村的竹子，因为本村的竹子韧性差、耐用性低，宁肯花钱买外地的竹子，所以本村竹子的使用率也渐渐降低了。"

竹子除了本村村民使用外，也有外地客户来收购。这也属于"经济功能"。虽然价格低一些，但总比没有出路要好。最近几年来（从 2013 年以来），易村的竹子外销势头较好。竹子体现出了它越来越高的经济价值。

在易村，有固定的竹商来收购竹子。竹商在村子里安排了信息联络人员。此人会随时将有关竹子的信息传递给竹商，包括收购的数量、价格、运输等事宜都由联络员安排。一般情况下，根据竹子的大小（粗细）来论价，10 ~ 14 元一棵。规格为 8 ~ 9 米长，小头直径要在 3 厘米左右。而在过去的几年，易村竹子外卖只有 6 ~ 7 元一棵。根据车型和竹子的大小不同，一辆车可装 1000 ~ 1400 棵。运费以每棵 0.5 元计，一车就要 500 ~ 700 元。在装车方面，包括搬运，需要 8 个人一天才能装一车。竹子本来是越长越好，但是超过 10 米的竹子就不便运输。

（二）张之毅对竹子的研究

张之毅的《易村手工业》一书共十一章，其中讲到造纸的有三章，讲竹编的有一章，这四章就是专门研究以竹为原料的两项工副业活动。但没有专章研究竹子。其他各章也间或提到竹子。

书中对易村生计与竹子的关系有简要描述：

> 到沿江两岸，我们就碰着一列围墙似的竹林，又高又旺，绿荫丛丛；回头和那个干燥的红土山野一比，正是一个绝好的对照。在经济意义上说，这片竹林也正是和刚才所叙述的耕地，代表着两种不同的方向。易村的耕地……是用来自给的食粮的资源。但是易村人多地少，这片耕地不能充分地维持易村人民的生计。于是他们指望着那片竹林来填补他们的缺短。靠这片竹林，他们造土纸，编篾器，把这些工业品挑着向外推销，用以换取他们所需而自己不产的日用品。红的耕地、绿的竹林，正指示着自给和输出，农业和工业的两端。①

关于易村竹子的来历，张之毅根据调查提供了情况：

> 沿江两岸的土地，很早就用来种培植输出品的原料。据说以前这片土地是用来种植甘蔗的。……那时候，并没有人为获取有经济价值的原料而培植竹林，只因江水涨落不定，要保障两岸的甘蔗田和其他耕地，在沿江种了一些竹子，当作堤防之用。后来，有四川人到这地方，利用现在的竹料造纸，才慢慢地把这片土地改种了竹子。

我们能够从上述这段描述中提取几个重要信息。

一是易村的竹子不是一直就这样多，至少在 20 世纪 20 年代之后才

---

① 费孝通、张之毅：《云南三村》，社会科学文献出版社，2006，第 227 页。

多了起来；在这之前，易村沿江所种的是甘蔗。四川技术工人到易村帮助建立造纸作坊，是 20 世纪 20 年代的事情。这些技术工人来到易村之后，因为造纸需要竹原料，"才慢慢地把这片土地改种了竹子"。①

二是过去易村人在沿江种植甘蔗，后来才大量种植竹子。

三是过去种植甘蔗，在易村本身就是一项经济产业，而且易村人自己可以榨糖。"甘蔗制成糖块，到附近街子上出卖"。② 其经济地位如后来的手工造纸。这有老年人的回忆为证，也有文昌宫里的"一架积满灰尘的"榨糖机可以作证。③

四是这里面的一些关系非常重要，需要理一理。第一个关系，易村人种植甘蔗和种植竹子的关系。易村原来种植甘蔗，"因江水涨落不定，要保障两岸的甘蔗田和其他耕地"，就"在沿江种了一些竹子，当作堤防之用"。这里的逻辑关系非常清楚。最先种的竹子是用于保障甘蔗田和其他庄稼地，作为堤防用的。第二个关系，作为造纸原料的竹子与原先所种竹子的关系。原先所种竹子是作为"堤防之用"的，后来四川技术工人来到易村，在他们的传授和带动下，易村才有了造纸这件事情。在这之后所种的竹子，当然加上原来就已经有的竹子，其性质就基本上转变为造纸原料。同时，这与沿江竹子所起到的"堤防之用"的功能并不冲突。第三个关系，四川技术工人的到来与易村竹子种植的关系。这个关系的逻辑性更强。四川技术工人的到来使本地的竹子功能发生了根本性改变，原来作为"堤防之用"的竹子变为造纸原料，而且从此大量种植。这一界限出现在 20 世纪 20 年代（四川技术工人是这个时期来到易村的），易村竹子因造纸才改变了用途。第四个关系，也可以说是易村人种植甘蔗和种植造纸原料竹子的转换时期，基本上可以确定在 20 世纪 20 年代，这还有一个旁证，即张之毅提到的文昌宫里"一架积满灰尘的"榨糖机。"积满灰尘"说明已多年没有使用了，而且放置在既不是榨糖作坊又不是文物陈列室的文昌宫，就表明这架机器早已失去应用价值，但又不舍得将其丢弃，没有其他更合适的地方放置，便"临时"被安置在此。关于易村的造纸与原料关系问题，下文也有专门分析。

---

① 费孝通、张之毅：《云南三村》，社会科学文献出版社，2006，第 227 页。
② 费孝通、张之毅：《云南三村》，社会科学文献出版社，2006，第 227 页。
③ 费孝通、张之毅：《云南三村》，社会科学文献出版社，2006，第 227 页。

　　这一节首先介绍竹子的种植，老竹子和新竹子的关系，造纸用料与种竹子的关系，然后分析竹子原料在存量上与造纸用量上的矛盾。书中说：易村每年能产多少竹料用来造纸？本村人不能给出满意的回答。张之毅用了两种方法进行测量和统计，对这个问题做了回答。第一种方法，以竹子丛（即当地人所称的"竹子蓬"，"蓬"是丛竹子在地上种植时的数量词，"蓬"就是"丛"）作单位。找一丛大竹和一丛小竹做标准，数出这二丛竹子的数目，然后再去列数全村所有竹子中，有多少大竹丛和多少小竹丛。第二种方法，根据易村的竹子多是沿着绿汁江生长的习惯，便沿江分段，划分距离，以每一段距离为单位，然后以步数来测量，"各处大竹的长列有多少步，小竹的长列有多少步。便各择一宽度和密度都适中的大竹行列和小竹行列，各数出大竹和小竹在若干步内有多少棵，以算出一共有多少棵竹子"。[①] 最后得出竹子的数量：总共有大竹 92500 棵，小竹 73000 棵，其中易村有大竹 41100 棵，小竹 41400 棵。

　　接着是一个实质性的问题——"本村所有的原料是否够九个造纸作坊之用呢？""关于这问题，我们先看看 1938 年冬到 1939 年春易村造纸的各家，一共收了多少料子"。"本村实收纸料约 215400 市斤；作坊有股份的共收 178200 市斤，租坊的共收 37200 市斤；后者占前者五分之一多。本村所有原料只有 90000 市斤，所以至少尚差 125400 市斤须从别村购入"。[②]

　　由此带出两个问题：一是竹料不够要从外村购入，这还要取决于外村能否提供足够的竹子原料；二是为了下一年的纸坊生产，需要做好必要的原料储备。这就要涉及一个关键的问题，即储备原料所需的资金。这两个问题又是联系在一起的：有了足够的资金，就可以提前储备必须数量的原料，包括到外村去购买原料；要是没有资金或资金不足，别说到外村买原料，就是本村的原料都难以收到。这就决定了有资金者能够占有生产的优势。

　　回答上面"本村所有的原料是否够用"的问题，张之毅对全村每一户的收料都做了统计，并列出表格，全村最多的一户有 30000 斤，最少

---

　① 费孝通、张之毅：《云南三村》，社会科学文献出版社，2006，第 283～284 页。

　② 费孝通、张之毅：《云南三村》，社会科学文献出版社，2006，第 286 页。

的一户 1500 斤，总共需要 215400 市斤，但本村所收原料只有 90000 市斤，所以至少尚差 125400 市斤须从别村购入。从这个描述来看，易村九座纸坊所需的竹原料，所缺的要比本村能够提供的多得多。这个原料缺口相当大。"易村小盆地中……可以供给 190000 市斤左右的竹料，尚缺二万五千斤的料子得从山外运来。何况易村附近还有十四个纸坊需要原料。因之，我们可见易村纸业在原料上已经发生了限制作用。"资金收购的情况："钱多的人家在每年五六月时就放款定购纸料。价钱较便宜。钱少的人家，要到冬季新谷上市后才有余资来收购纸料，这时非但价高，而且不易有货。1939 年秋季，价格是每一千'料称斤'，或一千五百市斤的料子值二十元。若要收一万斤'料称斤'，就得二百元；普通人家就不易拿得出这笔款子了。"[①]

上述张之毅简略地对易村每年造纸所需的竹子数量和收购原料的资金情况做了介绍。这让我们对当时那个处于造纸高峰时期的竹子供需紧张状况，有了一些了解。

（三）竹子是易村研究的核心线索

我们今天看到的《易村手工业》，是 20 世纪 30 年代末 40 年代初，由费孝通和张之毅在易村调查后写出的报告。研究设计和调查选点，都是在费孝通的指导下进行的，具体调查工作和写作由张之毅完成。

《易村手工业》这本书所研究的就是易村的两种农村工业（副业）——手工造纸和竹编。以此为核心内容，张之毅对易村做了比较系统的研究，涉及的内容包括村子经济、村民生活、造纸和竹编的原料及这两种工副业与易村社会的关系等。而这一切都与易村的竹子相关，特别是所研究的主要问题——造纸和竹编，易村的这两项工副业所需要的就是同一种原料——竹子。并且这种竹子原料就在易村出产，村民无须到外地采购，是易村本地出产的大宗原料，这促成了他们的造纸业和竹编业。这就构成了一个问题逻辑的链条：易村产竹子，竹子可以造纸和编篾——这是两位社会学家对易村进行调查的根据，由此产生《易村手工业》，易村再调查的理由也由此产生。

---

① 费孝通、张之毅：《云南三村》，社会科学文献出版社，2006，第 286 页。

　　就像张之毅研究易村离不开竹子一样，我们对易村的研究，也是与易村的竹子分不开的。虽然本书有的章节并非专门讲竹子，但我们在研究易村时，总有竹子的影子，总有竹子在这些问题的后面，竹子是这些问题的一个背景。可以说，研究易村绕不开易村的竹子；研究易村竹子的意义，必须对竹子之于易村的特殊关系有所认识。这也就是本章对"易村和竹子"做专门论述的原因。

　　在展开"易村和竹子"问题的讨论之前，有两个问题需要予以明确，以便我们更清晰地认识"易村和竹子"这一命题。第一个问题是：我们为什么要对易村进行研究？第二个问题是：竹子在易村有什么特殊地位？

　　先说第一个问题，我们为什么要对易村进行研究。

　　本课题研究的基本任务，就是对费孝通、张之毅当年所调查的云南三个村子做追踪式的持续性研究，而易村是其中的一个村子，对易村的追踪研究，是对"云南三村"追踪研究的组成部分。今天的人们对这三个村子进行所谓的"追踪研究"，所依据的就是80多年前，有这么两位社会学家，从北方来到云南，选了三个村子进行了系统研究，然后写出三本报告。当年他们选定这三个村子做调查，有他们的既定的思路和要求。我们今天为什么也要对这三个村子做调查和研究呢？

　　对于这个问题，我们进行调查的参与者要有一个清晰的认识，我们所写出来的报告，读者看了也要有一个合理的理解。我们选定"云南三村"中的易村去做调查，第一，既不为图新鲜，凑热闹而去；第二，也不是心血来潮，突发奇想而去；第三，更不是沿着费孝通和张之毅当年的思路重新再做一遍。

　　我们不为图新鲜、凑热闹而去。易村基本上没有新鲜事情，也不曾有过所谓的热闹。我们也不是心血来潮、突发奇想而去易村的。这更不用解释——我们之所以到易村，只是由于在80多年前，在易村有这样一项社会学调查，是它吸引了我们。我们也不是跟随费孝通和张之毅的思路去这个村子的，试图重新再做一遍他们做过的调查。费孝通和张之毅当年在易村所做的调查，这是他们的事。当时的调查有当时的历史背景，有他们的目的和考量，也有他们具体的目标。当年的调查，是我们今天去做"再调查"的依据和基础。这个逻辑就是"再调查"的依据；曾经的易村调查，是今天"再调查"的基础。

换句话说，我们今天去易村做调查，不是照着当年费孝通他们的思想路线和调查路径再走一遍，也不是按照费孝通当年的思考去做相似的调查。

本来，"云南三村"中的这三个村子，只是普普通通的三个村子。假设当年没有费孝通这一批社会学家的关注，并以此为调查点做了系统调查，写出三本报告的话，这三个村子就和类似的其他村子一样，不会进入社会学家的视界，成为社会学的调查点，为社会学界所关注，也不会有所谓的"云南三村"这回事。当然，也就不会让我们去做什么"再调查"。所以，这三个村子不是任意的三个村子，而是有"社会学历史"（因而具有社会学的意义和社会学的背景）的三个村子。或者也不仅仅是因为这三个村子是与著名的社会学家费孝通有关，而是它们已经成为社会学史上的一段"历史"和一种"社会学呈现"，成为社会学研究的内容。这种研究包含了对社会学的比较、社会学的回忆、社会学的自觉。因此，作为有"社会学历史"的村子，这个特点是让它们区别于其他村子的根本标志。不管这三个村子与别的村子有多少相同或相似的地方，我们作为社会学研究的一分子，对早期的社会学调查点有热情、愿关注，并前往进行调查（再调查），依然是因其这种"社会学历史"的性质。这是理所当然的。因此，对这三个村子做社会学的追踪调查，是一种必然。什么时候去调查，谁去调查，这是偶然的。如果我们不去，也会有别人去；现在不去，以后也会有人去。今天，我们的任务是调查"云南三村"的一个村子——易村。我们带着一种对这段社会学历史的再认识态度，进入了易村。

那么，为什么去呢？我们的"再调查"，怎么做？

我们的目标，是在费孝通、张之毅的思路基础之上，在他们所调查过的村子，进行我们所理解的一种调查。正是这点，现在的"再调查"才与当年的"调查"有了区别，也体现出各自的价值和合理性。并且，不同时代有不同时代的问题，有不同的研究关注点。前后两次调查，在研究方法上也不完全相同。总的来说，我们今天到易村做调查，和当年费、张两位到易村进行调查，目的、意义、思路和方法都不完全相同，既不能将后面的调查当作对前面的模仿，好像重复地去做一遍调查；也不应当将前后两次调查做简单类比。唯有一点，就是后者是将前者当作学界前辈来看待，在调查的过程中带有一种学习的态度；后者是将前者的研究作为调查的重要依据。要说前后两次调查到底有什么关系，从学术上来说，费孝通曾经在一个地方讲过"学术因缘"这样的话，将它扩大一点，用在这里也是很合适的；如果将问题再放大一些，直到社会的领域，则可以理解为两批调查者都有一种社会的担当，想以自己的学术研究来为社会做一点事情。

上面这番话，从学理上解释了我们对易村进行"再调查"的"理由"问题。

第二个问题，竹子在易村有什么特殊地位。

这就直接涉及"易村和竹子"这个特定的命题。"易村和竹子"，它不是"易村"与"竹子"这样两个物体的关系问题，而是一个社会性的问题。因而它是一个有着多层次社会意义的、有历史内涵的、关联着过去和现在的重要命题。

因而研究易村，竹子就成为必须面对的一个内容。研究易村，一定避不开竹子。

那么，"竹子在易村的特殊地位"这样一个特定的命题，其含义是怎样的呢？这首先是对一个客观事实的认定：易村有大量竹子存在。另一个十分重要的含义，就是竹子在易村是客观存在的；它的意义，正在于其发挥的经济和社会作用。透过这一层，我们认识到易村竹子对于易村老百姓的生产与生活是多么重要。《易村手工业》给我们呈现的是如何使用竹原料进行手工造纸和编篾两项重要生计活动。造纸曾一度在易村形成有影响的作坊式小工业生产格局；编篾则是易村人世世代代离不了的日常生活用具的来源方式。直到最近20来年，易村人才渐渐放弃了部分过去常用的竹制生活用品，它们已经逐渐被塑料和不锈钢制品所代替。家庭竹制生活用品被塑料和不锈钢制品所代替这件事的发生和发展，是与村中编篾技艺人才的消逝同步的，又与年轻人不愿学这套手艺而外出打工现象的出现同步。这些现象，谁是原因谁是结果，其逻辑一时还理不清。也许它们之间的关系本就是错综的，或互为因果的。

因此，研究易村的竹子，一是对客观的存在物——竹子的研究；二是对竹子的意义的研究。费孝通指导张之毅在80年多前对此做了一番有意义的研究。该项研究在这一领域有开创意义，也给后人留下了许多思考的余地和线索。研究易村，绕不开的就是竹子。但是，我们所研究的是第二个含义，即竹子的社会性含义，而对客观存在的竹子本身的含义却不太关心。我们对其关心，也仅仅是观看其存在的态势、这种物品的具体样子及数量。此外，那些应当关心的内容，是植物学家们的事情。所以，我们对易村竹子的客观情况描述得再清晰，也只是一个铺垫，是为研究其社会性的含义做准备的。本书的内容，凡涉及竹子之处，除了做简单的介绍外，也基本上是谈其社会性含义，而不是谈竹子作为物体存在的那些含义。

二　易村种竹历史及竹资源

（一）易村种竹历史

绿汁江沿岸绵延着数十里的竹林，一眼望不到头。这里的土壤、气候和水源条件都非常适合竹子的生长。

但本地区的竹林不是天然形成的，而是人工种植的。易村种竹历史可追溯到19世纪末，当时，中国沿海地区的市场被西方的现代工业制品逐渐蚕食。但在中国西南内陆的农村，这种影响甚微，这里所开展起来的乡村手工业仍按照自己的节奏缓慢地发展着。在这种情况下，易村这样的比较封闭的村子，也有着具有本地特色的经济事业，这里指的是"非农"的经济活动，具体就是造纸业和竹编业。

虽然没有确切的记载能够说明易村竹子的起源，但村中老人在谈起这个话题时会有所涉及。而对此有明确说法的，是张之毅的《易村手工业》中的相关论述：在19世纪末20世纪初，易村中有榨糖的家庭作坊，原料就是种植在绿汁江两岸的甘蔗，而绿汁江在夏季总会涨水，冲毁两岸的甘蔗地，为了保护甘蔗地，当地人就种植大片的竹子。到了20世纪初，家庭作坊式的榨糖虽然没落了，绿汁江两岸不再种植甘蔗，但是竹林却发展壮大了起来。在张之毅进行调查时，因为易村手工业的快速发展，易村竹林规模空前，两排茂密的竹林逶迤在宽数十丈的大江两岸。易村竹林为易村手工业的两种类型——造纸和竹编，提供了原料保障。

在 20 世纪五六十年代，易村竹林被村民砍伐殆尽，经过很长一段时间才逐渐恢复。到了八九十年代，响应国家植树造林的号召，当地政府部门鼓励种植竹林，竹林规模迅速扩大，绿汁江两岸的竹林绵延无尽。

为了改变本地区经济落后的状况，推动农村发展，在 21 世纪初，当地政府开始引进新的竹类品种——甜龙竹，在易村建立甜龙竹种植基地。此类竹子与作为造纸和竹编原料的竹子不同，主要用于食用，由于本地区气候较为干燥，种植时段没有把握好，政府的补贴未能持续等原因，甜龙竹的种植规模一直没有扩大，只是在绿汁江沿岸零星分布。

（二）易村丰富的竹资源

易村的竹子是一种凤尾竹。凤尾竹是别名，绵竹才是正名，也称芒竹、蛮竹。这种竹子长得较高，一般能长到 15 米以上。竹子的上部有一个大大的弯，竹尖呈下坠之势，像是凤凰的尾巴，故名"凤尾竹"。这种竹子观赏性较强，但因上部是弯的，在使用中有一定的局限性。

目前，易村在竹子的品种上做了一些更新，并种植了一批新品种。根据恐龙山镇对沿河两岸竹子产业建设的规划，九渡村委会就设立了"九渡甜龙竹示范基地"，种植示范基地总面积 10 亩，共种植甜龙竹 1000 兜，涉及 1 个村委会（九渡村委会）、1 个村民小组、15 户农户。种植规格为 1 米 × 1 米 × 1 米，株行距设计为 2.6 米 × 2.6 米，定植密度设计为 100 株密/亩。2012 年 3 月 23 日完成基地规划设计，3 月 29 日完成 1000 个定植塘的开挖工作，2012 年 3 月 30 日完成基地 1000 兜苗木的种植工作。

甜龙竹别名大甜竹、甜竹，是笋材两用大型丛生竹，其笋体洁白粗大，鲜甜可口，生熟均可食用，是我国 30 多种笋用竹中糖和谷氨酸含量最高的竹种。其竹材力学性能良好，是制作竹地板、家具、农具、生活用品等营业产品的优良原料。甜龙竹高 15～25 米，粗 10～20 厘米。梢头常下垂，节间长 30～50 厘米。适宜气候为年均温度 16℃以上，无霜期 300 天以上，无重霜，年降水量 900～2000 毫米，年均相对湿度在 270% 以上。适生土壤以赤红壤、红壤最好，土质以壤土、轻黏土为佳。①

---

① 此段关于甜龙竹的介绍，参照九渡村委会甜龙竹示范基地标志牌介绍。

　　易村有大量竹子，每一个到过易村的人都会有这种感受。在村中，一抬眼就能看到大片的竹林，看到各种竹制品。家中多种多样的竹篾编制的用具自不用说，田边地头也用竹子来做围栏。竹子也可做临时关猪、关鸡的笼舍，做蔬菜大棚的柱和顶杆等。可以说，易村的生产和生活中都大量使用竹制品。更不用说易村还曾有80多年的用竹做原料的造纸历史。但易村到底有多少竹子，却一直没有准确的说法。之所以得不到一个准确的数字，是因为竹子易生长又经常被砍伐而无法做一个精确的统计，另外还有一些原因也影响竹子的统计数字。但要研究易村的竹子，无论如何也要有一个比较接近实际的数据。

　　易村到底有多少竹子呢？当年在易村，张之毅也在这个问题上下了一番功夫，得到了一个大致接近实际的数据。我们此番调查，为了能够得到一个接近实际的数据，也想了一些办法。

　　一是在农户家调查时询问该户人家的竹子数量。虽然农户的回答不太准确，比如"十来棵""几十棵""百多棵"，甚至是"哎，没多少棵"，多数是含糊的回答，但我们也将此作为一项重要的参考；我们也专门请教了村中几位年龄较大且对此较为关心的村民。这些老年人的话不一定句句准确，但也是值得认真对待的。二是依靠村委会提供的数据。但我们认为这个数据也只能作为参考，因为它只是一个较为原则的数据。第三种方法我们认为是比较靠谱的办法，就是实地考察，直接去数。具体方法是：在一定范围内数竹子的蓬数，再数每一蓬的竹子数，得出一个大体的均衡数（竹蓬有大小，多至上百棵，少的数十棵，最少的只有不到十棵，按平均30棵一蓬计算），再用竹子数乘以蓬数，得到这个范围内的竹子总数。再根据竹子的分布，来算出整个竹子的数量。但是又不可能将全部的竹子都数过来，只能选择性地数。

　　我们到江边选择一片疏密程度中等的竹林作为计数样本。我们所选择的计数地是疏密适中的一段。而易村江边的竹子，总体上是沿着江岸分布，分布地带有宽有窄，宽的有的十几米，多至30米，窄的只有五六米。沿江边是竹子，竹林边上又有一条机耕道，机耕道的这一边多数地段是田地，但有些地段还分布着竹子，这些竹子所在的地面也是有宽有窄，但也是成片的。最后，我们按20米宽、1000米长来计算。这样，再以地面竹蓬分布的密度（间距纵横均为2.5米），以蓬数乘以棵数再乘以面积，得 11.8 万棵。

将几种具体方法结合，再根据村民提供的参考数，我们得到一个大体的数据，约有 11 万棵。这还只是易村本村河岸边较为集中的部分。因易村土地比较分散，除了易村，在九渡、南边河等村也有易村的土地，这些土地上也有一些竹子。加上分散种植的这些竹子，易村的竹子总数达 15 万棵。

（三）易村竹子的功能

竹子在易村有两个功能：一个是经济功能；另一个是非经济功能。在《易村手工业》当中，竹子就是从经济功能入手进行研究的。不用说，其经济方面的意义是显而易见的，也是最突出的。在这份报告中，张之毅所叙述的竹子功能，一个是用作造纸的原料，另一个是用来做竹编制品，也是作为原料使用。这两种用途都是经济用途。经济功能成为竹子的基本功能。另外，在造纸业兴起之前，易村竹子的地位和主要功能是怎样的？这也是需要注意的。张之毅谈到在兴起造纸业之前，时间大约在 20 世纪 20 年代，易村所种的竹子没有后来那样多，这些竹子也是沿江种植，其主要作用是防江水的冲击，以保护甘蔗和其他庄稼。这个时候的竹子除了一部分用作编制竹制品之外，基本没有经济功能。这个理解，在历史上是存在的。我们今天也许无法复原当年的这种情景，但因年代相去不远，这种情况还存在于一些老年人的记忆里。就在张之毅的观察中也有这种痕迹。因此，竹子有经济的意义和非经济的意义两个方面。在《易村手工业》中，主要说的是经济的意义一面，而且说得相当全面和透彻。由于易村竹子在张之毅的论述逻辑当中主要是作为"手工业"，基本没有论述其非经济的那些内容。

易村竹子的非经济功能是什么呢？前面提到，易村种植竹子，最初是用来保护沿岸庄稼的，后来虽然增加了造纸原料这样的纯经济功能，但沿江保障的作用并未消失。只是经济功能一度上升为主要的功能，非经济功能的重要性下降了。但是，随着社会的变迁，造纸业一旦消失，作为原料这一经济功能也就丧失了。

竹子的非经济功能，还可以划分为生态保护（水土保持）功能和景观功能（以及未来可能的旅游观赏功能）。当然，需要强调的是，所谓

"非经济功能"，不是指其没有经济意义，而是说它不具有或没有表现为直接的经济价值。其实，它背后的经济价值也许还是相当可观的。比如，防洪带来的农业收益，对人员生命和财产的保护所带来的效果比直接经济效益大得多；又如，竹子的景观功能一旦成为旅游观光的元素之一，说不定会带来隐性的经济收入。

三　易村竹子的命运和前景

（一）易村竹子的命运

竹子与易村，荣辱相关。在近一个世纪以来的历史过程中，竹子与易村人的生活息息相关。竹子作为产业的原料也好，本身作为商品出售也好，只要有市场，就会给易村经济带来积极的作用，并产生积极的影响。易村竹子的辉煌年代，应是造纸兴盛的时期，那时的"川街土纸"在周边几个县的范围内都是一种有吸引力的商品。因造纸兴盛，本村的竹子一度不够用，还得向外村购买。

在《重访云南三村》中，费孝通谈到三个村子40年来的变化时，有一段专门讲到易村。这次是成润、史岳灵、杜晋宏三位同志①陪同前去，通过他们，大体上可以了解到易村在20世纪40年代初期到80年代初期这40年的一些变化。

> 在这40年里，易村在经济上的变化是一部有反复的历史，钱、史、杜三位同志归结为"三起三落"。我在上面所叙述的40年代初的情况在易村说是第一个兴盛时期。……
> 第一次衰落是出于自然灾害。1942年发生了霍乱，几个月间死亡相藉，人口减少了。1939年有54户、236人，经过10年，到1950年解放初，还只有48户、241人。在这段时期里土地和竹林维

---

① 钱成润、史岳灵、杜晋宏三人撰写了《费孝通禄村农田五十年》一书，由云南人民出版社1995年出版。该书对易村手工业的兴衰有专章叙述，指出"易村以竹子为原料的土纸手工业兴起于20年代，兴盛于30年代，衰落于70年代，倒闭于80年代。可以概括为'三起三落'"。

持原状，土纸作坊还有所增加。所谓衰落，主要是指人口减少和劳动力不足。……

1958 年成立人民公社，村外抽调了四五十人到易村来"发展"编织业，吃住在易村，实际上增加了人口。而这些新手根本不懂得手艺，所编成的篾器质量下降，影响了销路。到了大跃进中，为了"放卫星"乱编乱织，又滥砍竹子，糟蹋原料。半年多时间砍掉易村五六年所需的竹料，而所编的篾器根本销不出去，废品堆积成山。易村篾器中最著名也最值钱的海簸，因为要推行打谷机①，上边命令禁止使用，因而停止生产。这样易村经济进入了第二个衰落期。

1962 年，中央政策改变后，易村分为两个生产队，生产得到了恢复。由于农村解散了集体食堂，家家户户都要补充厨房用品，篾器畅销。海簸的禁令也取消了，市集上大受欢迎，价格从 30 元涨到 70 元。易村为此组织了三四十人专业从事篾器生产，质量有所提高，评比中名列第一。在调整生产过程中，许多乡村的土纸作坊停了业。1960～1964 年土纸供不应求，价格也高涨。易村留下的两个土纸坊没有停，得到了好处。这是易村经济第三个兴盛期。……这是自从公社化以来经济收入最好的一年。

好景不长，70 年代初开始"以粮为纲"，退回到单一经济的路上，像易村这样靠工副业支持的经济受到的影响特别严重，因而又进入衰落期。1980 年易村落实联产承包责任制，只把田地包到了户，没有把竹林同时包到户。群众贪图当前的利益，趁着还姓公不姓包的时候，一窝蜂地去砍竹子。会编篾器的砍了编篾器卖，不会编的抬了竹子到川街市上去卖，卖不掉用来编篱笆拦鸡和猪，甚至堆在门前当柴烧。男女老少齐动手，在一个多月里，祖上多年留下的竹林，连根都挖了起来。等到干部腾出手来干预时，易村原来在绿汁江两岸密密的竹林，所剩无几。竹林事实上是易村几度衰落后得以恢复的命根子，这是他们手工业的原料基地。这一下子摧毁掉，影响就深远了。土纸作坊从此倒闭，直到现在没有恢复。有编织技艺的老手只能到街子上去买原料编篾器，成本高了，挣不了多少钱。

---

① 海簸是用来掼谷子的工具，打谷机推广以后，海簸就渐渐不用了。

有些只能到有竹林的村子里去帮别人编篾器。这时后悔已来不及，要重新长出茂密的竹林来不是短时间办得到的。

"竹林事实上是易村几度衰落后得以恢复的命根子，这是他们手工业的原料基地"[1]，正说到易村与竹子关系的要害。

（二）易村竹子的潜在利用价值

1. 建材需求

绿汁江两岸的竹子名叫苦竹，[2] 高达 5~6 米，有的直径在 10 厘米以上，坚韧、粗壮，能够作为建筑所需的脚手架。在易村，若有人来买竹子修建房屋，大的竹子一棵能卖到 10~15 元，小的也能卖到 8 元。加工后的竹子，能够成为室内装修的材料。低矮建筑（乡村房屋多是此种类型）在搭建过程中，用竹子搭脚手架更快捷，使用也更轻便，能够发挥极大的作用。竹子加工后用作室内装修的材料，这种材料可用于各类建筑中，使用范围广。

2. 建蔬菜大棚

易村现在搭建的蔬菜大棚主要用竹子作为材料，毕竟钢结构的架子不仅成本高、工程复杂，而且等到田地要腾出来种水稻的时候，拆卸又麻烦。搭建一个大棚，打桩需要 5 棵竹子，棚杆需要 20 棵左右的竹子，总共大概需要 25 棵竹子。易村及周边村庄的蔬菜大棚数量众多，以每家至少 5 个棚来估算，就有不低于 500 个大棚。搭大棚的竹子可使用三年。当地对于竹子的需求并不会随着时间的推移而减少。

3. 食用竹（笋）

在绿汁江两岸，除大量的苦竹外，最近三年间还引进了甜龙竹。甜龙竹可以直接煮食、烹饪，还可通过加工、包装成为零食，可远销全国各地。但这对交通的通畅度、资金和技术有较高的要求。当地并没有竹子深加工的工厂，修建一个这样的工厂必将面临资金问题。

---

[1]　费孝通：《重访云南三村》，《中国社会科学》1991 年第 1 期，第 32 页。
[2]　此种竹类适应性强，喜肥沃、湿润的沙质土壤。根据多方证实，易村村民用于造纸的竹子是苦竹的嫩竹，与张之毅记载的有出入，他记载的是用凤尾竹做原材料。

4. 竹编

竹编曾是易村手工业的另一重要类型，但随着市场需求的逐渐减少，村民生产的竹器主要是自用，只有少部分老人在闲暇时间编制，等到街天①拿去卖。可尝试新的类型，如竹桌、竹椅、竹凳以及各类小工艺品。这就需要更加精细的编篾技术。

（三）易村竹子的前景

在一项《禄丰县恐龙山镇沿河两岸竹子产业建设总体规划（2014～2015）》（以下简称《竹子规划》）中，恐龙山镇对竹子产业建设进行了规划。该规划是一份在恐龙山镇沿河两岸发展竹子产业的综合性权威文本，由禄丰县人民政府办公室正式印发。《竹子规划》包括"指导思想""基本原则""发展思路"，分析了现状，提出了目标任务和实施计划，并做了效益分析，最后是若干保障措施。在现状分析中，有一段讲竹子产业的现状，分析道：根据 2007 年开展的林业"二类"调查②数据统计，全镇现有竹种为绵竹，属中型丛生竹种，生态适应性较强，比较耐干热和土壤贫瘠生境，主要分布在九渡、甘冲、法门等村委会的江河两岸，总面积 485 亩，食用竹笋尚未得到开发和利用。据 2012 年调查统计，全镇竹产业规模大约在 50 万元，每亩产值大约 1000 元。由于竹子种植规模小，且种植零星分散，目前该镇的竹子产业发展比较落后，竹林生产率和综合利用率比较低，尚停留在比较原始的粗放式经营状态。发展的目标和任务是种植甜龙竹和绵竹两种，共涉及九渡、甘村和法门三个村委会，种植面积为 500 亩。另外，还要进行低效绵竹改造 100 亩，只涉及九渡村委会。易村属于九渡村委会，易村的种植和改造任务也很重。九渡村委会在 2013 年内完成甜龙竹建设任务 200 亩，2015 年内完成低效绵竹改造任务 100 亩。

---

① 即赶集日。
② 林业"二类"调查，是"森林资源二类调查"的简称。它是以国有林场、自然保护区、森林公园等森林经营单位或县级行政区域为调查单位，以满足森林经营方案、总体设计、林业区划与规划设计需要而进行的森林资源调查，其成果是建立或更新森林资源档案，制定森林采伐限额，是作为林业工程规划设计和森林资源管理的基础，也是制定区域国民经济发展规划和林业发展规划，实行森林生态效益补偿和森林资源资产化管理，指导和规范森林科学经营的重要依据。

在竹产业发展计划中，九渡的甜龙竹现有 10 亩，计划种植 200 亩，合计 210 亩；绵竹现有 495 亩，两项共计 705 亩。低效林改造 100 亩（见表 3 – 1、表 3 – 2）。

表 3 – 1　禄丰县恐龙山镇竹子产业发展计划

单位：亩

村委会	总计	甜龙竹					绵竹					低效林改造
		合计	现有面积	计划种植			合计	现有面积	计划种植			
				2013 年	2014 年	2015 年			2013 年	2014 年	2015 年	
川街	100						100			100		
大村	100						100				100	
法门	100	100				100						
甘冲	200	200			200							
九渡	705	210	10	200			495	495				
长田	50						50		50			
梨园	50						50		50			
合计	1305	510	10	200	200	100	795	495	100	100	100	

数据来源：《禄丰县恐龙山镇沿河两岸竹子产业建设总体规划（2014～2015）》。

表 3 – 2　禄丰县恐龙山镇 2014 年竹业发展统计

村委会	涉及小组	小地名	河堤长度（米）	河堤宽度（米）	品种	面积（亩）	竹苗需求量（株）
九渡	5 组	绿汁江大桥两边	381	15	甜龙竹	8.6	398
九渡	5、6、7 组	绿汁江大桥对面	382	3	甜龙竹	1.7	79
九渡	5 组	大箐边	451	22	甜龙竹	14.9	689
九渡	6、7 组	马永奇住房下	35	19	甜龙竹	1	46
九渡	5 组	南边河抽水站两边	215	68	甜龙竹	21.9	1012
九渡	5 组	九渡抽水站对面	152	21	甜龙竹	4.8	222
九渡	2 组	九渡抽水站外	354	13	甜龙竹	6.9	319
九渡	6 组	吊桥对面	61	12	甜龙竹	1.1	51
九渡	1、2、3 组	吊桥外	85	22	甜龙竹	2.8	139
九渡	1、2、3、7 组	破锅箐对面	215	30	甜龙竹	9.7	448
九渡	7、8、9、10 组	车尾巴地至小栗树抽水站	1175	31	甜龙竹	54.6	2523

村委会	涉及小组	小地名	河堤长度（米）	河堤宽度（米）	品种	面积（亩）	竹苗需求量（株）
九渡	1、2、3组	大沟门口	65	20	甜龙竹	1.9	88
九渡	8、10组	三家坝	82	30	甜龙竹	3.7	171
九渡	8、9、10组	大沟门口	65	20	甜龙竹	1.9	88
九渡	9、10组	小河口至大水节子	315	22.5	甜龙竹	10.6	490
九渡	4组	禄门产河	1752	12	甜龙竹	31.5	1345
法门	迤三郎	迤三郎村内外	695	38	甜龙竹	39.6	1830
法门	小江品	小江口村里面	459	33	甜龙竹	22.7	1049
合计			6939	24		239.9	11098

数据来源：恐龙山镇政府提供。

注：河堤宽度为平均值。

费孝通当年重访云南三村，在听乡村干部汇报有关易村的情况时，重点关注了易村这些年来竹子发展的情况，他说："易村手工业衰落，经验教训很丰富，希望干部好好总结。"还说："我希望易村人民生活好起来。干部要想办法，竹子是宝贝，是财源，要编一些新东西，如竹椅、竹桌，名堂多了。你们老是编竹箩，卖不出价钱。竹箩 3 元钱一个，海篮 30 元，你编一个竹沙发可以卖 50 元。没有技术就学嘛，土纸不造了，生产生活靠农业，农业又不好，出路在哪里呢？要去找，要靠干部想办法，干部要干！要帮助群众解决问题，他们想不到的你们要能够想到。"[1]

竹子在易村，应当有两个方面的功能：一个是经济功能；另一个是非经济功能。费孝通早年在为《易村手工业》所写的序中这样说："凡是有特殊原料的乡村，总是附带着有制造该种原料的乡村工业。靠河边有竹林的地方，有造纸和织篾器的工业。……这种地域性专门工业的发展，并不一定引起工业和农业的分手，这类工业依旧分散在多数的农家。在家庭经济上，农业和工业互相依赖的程度反而更形密切。中国传统工业，就是这样分散在乡村中。"[2]

---

①　钱成润等：《费孝通禄村农田五十年》，云南人民出版社，1995，第 272～273 页。

②　费孝通、张之毅：《云南三村》，社会科学文献出版社，2006，第 198 页。

现在，距离费孝通重访云南三村已经过去了30年，同时距离张之毅调查易村也有80多年了。从张之毅调查至今，易村人已经经历了三代人，现在有的人已经是当年那些人的第四代了。沧海桑田，物是人非。但在易村有许多东西，可以通过时间的线索串联起来，让今天的人们不仅看到现在的易村和易村人，还可以通过辨认传统的痕迹，穿越历史去认识过去的易村和易村人。今天的"易村再研究"，在相当大的程度上，就是将今天的眼光放到30年前或者80多年前，再回到今天，我们就有一些合乎逻辑的联想。

首先，竹子在易村是一项特别重要的物产。不论是从经济价值上来说，还是从对易村整体的影响上来说，竹子都占有一个突出的位置。在它创造经济价值的同时，也在塑造易村人的过程中发挥着潜移默化的作用。在造纸的过程中，竹子是大量需要的原料，这不但促使易村人重视竹子，大量培育竹子，还通过造纸这件事情培育了易村人合作共事的习惯，教会了易村人将土地与资金联系起来，以及如何组织作坊式生产和相关的营销活动。竹子让易村人学会了除种地以外的经济活动，更使他们认识到了市场的力量。易村人与竹子可以说是相依为命，说竹子兴则易村盛，竹子衰则易村弱，一点不为过。《费孝通禄村农田五十年》一书中对易村以竹子为依据的经济兴衰有"三起三落"的分析，这是有道理的。"起"的时候，易村人扬眉吐气；"落"的时候，易村人灰头土脸。

其次，费孝通和张之毅重视易村的竹子，主要考虑到这是一种农村工业的原料。就在张之毅调查的时候，这种原料正源源不断地被输送到造纸作坊中，又不断变成商品（土纸）而持续被供应到市场上。另外还有一项乡村家庭手工业，就是竹编。在造纸和竹编两项活动中，费孝通与张之毅最看重的是造纸。造纸与家庭经营式的竹编活动有着重大的区别：一是造纸靠一家一户无法进行，而需要多人协作，必须有一定的组织；二是参与者必须齐心协力，并且在资金的筹集上，在工作时间的安排上，在前后工序的协调上，在原料的收购和储备上，在产品的调配和销售上，在参与人员的利益分配上，这些方面都与竹编活动十分不同；三是造纸作业基本上与农事活动的节奏没有关系，有自己的一套规律；四是每一个造纸参与者都有相对固定的工作岗位，一般只做一个环节的工作，属于专业性较强的技术工作；五是有一定的领取报酬的方式，或是获取周期性的收益，或是以实物、现金不等的形式领取工钱；六是有固定的工作场所，并安置了固定的设备。由于具有这些特点，这种作坊生产已经具备了现代工业的基本要素。只要资金和市场再推动一下，它就会迈进大机器生产的门槛，成为大工业生产的一部分。正是这一点，受到了费孝通和张之毅的特别重视。它可以聚集农村的资金来作生产费用，还较充分地利用了农业中的剩余劳动力。更重要的是，它可以部分解决完全靠种地为生的困境，使一部分人能够脱离农业生产而通过另外的方式获得经济收益。从长远来看，暗合了费孝通所强调的让农民就近发展"非农"产业，让农田里的富余劳动力得到解放，让农民富起来。"我们至少可以看到乡村工业的一个特性，就是它是用来帮助农业，维持我们庞大的乡村人口的。这在易村是十分显然，若是没有手工业，易村就不易有这样多的人活着"，[①] "农业单独养不活易村的人口，同时也用不了这样多的劳动力"。[②] 上面所引的两段话，说明了像易村手工业这样的农村"非农"产业的存在，对于庞大的农村人口的意义。

再次，在研究易村以竹子为原料的"非农"产业的发展方面，费孝通、张之毅二人并没有拘泥于固定、具体的一种形式。在这两种形式的农副业之外，并不否认其他的形式。或者还可以这样说：以竹子为原料，可以造纸，也可以编竹器，还可以制作竹地板、竹家具、竹工艺品等。而这在费孝通"重访云南三村"时的谈话中，就明确地被提出来过。这是因为土纸的市场是有限的，而且其使用范围也受到各种新型纸张的冲击。易村人对待这些问题并不是没有反应。造纸（土纸市场萎缩，功能单一，质量没有提高等）作坊终止生产，竹编产品出产量小且价格不高，这些易村人都看得非常明白，只是他们的反应往往是被动的、滞后的，缺少主动性和前瞻性。从中也可以看出，易村缺乏有一定远见的、敢想敢闯带领大家发展事业的领头人。此外，村子太小，大家习惯了单干，又因交通条件的限制而较为封闭，这些是导致易村农业产业发展滞后的原因，但最重要的原因还是缺乏乡村能人的带领。费孝通在重访云南三村时，在与当地干部的谈话中多次提到干部要想办法，要帮助群众。土

---

① 费孝通、张之毅：《云南三村》，社会科学文献出版社，2006，第264页。
② 费孝通、张之毅：《云南三村》，社会科学文献出版社，2006，第264页。

纸不造了，竹器缺少市场吸引力，怎么办？"出路在哪里呢？要去找，要靠干部想办法，干部要干！要帮助群众解决问题，他们想不到的你们要能够想到。只靠易村人不行，他们又出不了门，不知道外面需要什么，只有你们干部出得去，要找市场，引进技术，从外地请师傅或派人出去看一看，学一学。不要让群众困在村子里！"①

最后，易村目前没有造纸，竹编也日益减少。这两种以竹子为原料的手工业依赖竹子而存在，现在这两种手工业或者完全停了，或者已经很少做了，只剩下江边的竹子仍在生长。将竹子变成经济来源，现在好像只有对外出售一个途径。目前，易村在恐龙山镇政府的指导和帮助下，已经实施了新竹种的栽培和老竹种的更新。这些新竹和更新的竹子，要产生经济效益还需时日。但这也需要对竹子的用途进行研究，要有切实的规划，提出具有前瞻性的设想。

---

① 钱成润等：《费孝通禄村农田五十年》，云南人民出版社，1995，第273页。

第四章　易村造纸与社会变迁

随着近代社会变迁的加速，中国广大的国土也受到商品经济的洗礼。商品经济的理念伴随着商品的流动而在各地流动，其影响力由沿海渐渐向内地开放滞后地区辐射。在这样的趋势下，中国传统小农经济受到影响，生活方式和生产方式也渐渐发生了改变。在费孝通和张之毅到云南做三村调查的时候，当时的云南农村呈现出与江村不完全相同的情景。云南属于远离政治中心的"边缘"地区，属于与沿海政治经济形势差别很大的"内地"。而江村则是深受外来文化和经济影响的村子，那里有发育较好的乡村工业，但在当时，这种乡村工业面临着严峻挑战，生产不景气，产品质量无法与进口产品竞争，产品价格下跌，江村"经济萧条的直接原因是家庭手工业的衰落。经济萧条并非由于产品质量低劣或数量下降。如果农民生产同等品质和同等数量的蚕丝，他们却不能从市场得到同过去等量的钱币。萧条的原因在于乡村工业和世界市场之间的关系问题"①。"由于家庭手工业的衰落，农民只能在改进产品或放弃手工业两者之间选择其一。"② 云南农村与江村相比则大大不同，这里缺少工业的影响和基础，大多数农村还处于更为早期的粗放农业的阶段，开发和开放都相对滞后。江村的状况已经是"家庭手工业的衰落"（需要说明的是，江村这个"家庭手工业"是指组织起来的缫丝生产合作社，而不是《易村手工业》里面提到的家庭编篾这样的"家庭手工业"，此二者差别很大）了，而云南的农村尚处于前工业时代，它与江村的差距不是一个层级，而是两个或三个层级。

寻到一个"禄村"，这里是一派田园景象，略带某些副业，但离工业（或手工业）还远。据此，费孝通写出《禄村农田》；偶然得知易村的手工造纸，欣喜至极，立即将其作为田野调查点，由张之毅写出《易

① 费孝通：《江村农民生活及其变迁》，敦煌文艺出版社，1997，第210页。
② 费孝通：《江村农民生活及其变迁》，敦煌文艺出版社，1997，第210页。

村手工业》。易村手工业调查，以这个内地手工业发达的农村"来为以农田为主的禄村作比较研究"①。其实和费孝通的整个思路联系起来看，还要与以发达农村工业为主的江村"作比较研究"。

20世纪三四十年代，易村的景象给张之毅的印象深刻。农业固然勉强维持着固有的人口，但此地手工造纸兴盛的场景，不仅让费孝通和张之毅感到做专题调查的必要，而且这还让传统农业生产增加了新鲜的血液，让农民们看到了新生活的希望。在张之毅调查之前大约20年，手工造纸技术才传到这里。结合这里丰富的竹资源，易村很快就形成了新兴产业，为这个村子增加了财富。这个财富的掌控和分配肯定是不均衡的，或许大部分人没有从中得到实惠，但它所带来的整体经济效益的提升和观念的改变是非常明显的。它还契合了改善人地矛盾突出的问题。原有的田地经营已无法维持合理的生计，手工造纸的出现无疑是一个新的出路。造纸技术从传入到张之毅到来时，不过20年时间，但小小的易村就已经拥有9盘纸坊。这说明了经济利益的驱动能力，也说明这种现象出现是有客观需求的。易村造纸的兴起，对于周边地区的影响是很大的。一方面是其产品——土纸的行销，让周边的人都知道有一种"川街土纸"，也让四围老百姓看到农村可以有手工业。因此，这种影响不仅体现在经济方面，还体现在文化方面和观念方面。

易村造纸的一些基本过程和各主要环节，在张之毅的《易村手工业》一书中有较为详细的描述。本书研究易村，也将造纸问题作为一条重要的线索，因此研究中也会涉及易村造纸。本书的定位是"再研究"，所研究的主题是"手工业消失的易村"，这就将"易村"、"手工业"和"再研究"三个关键词联系在了一起。"易村"是研究的空间范围；"手工业"是研究内容；"再研究"是出发点和方法。而"手工业消失"后的易村是再研究需要观照的基本方面。这又涉及对张之毅所研究问题的回应，也涉及张之毅调查以后易村的状况——这种状况中突出的是"手工业消失后"的状况。本书对易村研究的描述，突出今天的研究特点，也突出对历史情节的回顾性质，在叙述上更多体现的是历史背景和政策影响。这是与张之毅研究的不同之处。

---

① 费孝通、张之毅：《云南三村》，社会科学文献出版社，2006，第4页。

一 易村造纸的兴起和发展

易村手工造纸从技术传入并兴起，到数十年兴旺发达，至后来渐渐衰落，走过百年历史。以时间段和造纸发展的境况来分，本书将易村造纸的变迁过程划分为兴起、发展、延续、衰落和消失五个阶段。

（一）易村手工造纸的兴起

1. 造纸的准备

手工造纸属于手工作坊的类型，不是在任何地方和任何环境条件下都能开展的。从调查研究获取的资料和查阅的文献来看，手工造纸应具备以下几个基本条件。

（1）原材料

造纸的取材可分为多种，竹子、树皮、农作物秸秆等都可作为造纸的原材料，而树枝、树皮的采集必须在植被覆盖率高、林木面积大的地区才能实现，而且要以速生林、灌木为主。若是以农作物秸秆作为基本材料，必须有大量种植面积的田地才能供应数量庞大的造纸材料。在云南省，地形大多是山地，农作物种植面积的比重小，人均耕地面积在很多地区还不到一亩，所以农作物秸秆也不是可取的材料。为了保护沿绿汁江两岸的甘蔗地，易村在偶然情况下种植了竹子，随着时间的推移，竹子规模和数量慢慢增大，绵延绿汁江两岸数十里。这为造纸提供了基本原材料。

（2）水资源

造纸必需的资源之一——水，关联着多个生产环节。首先将竹子放入石灰水中浸泡，使竹子软化；再经过第二次清水浸泡，让竹料发酵；碾细的竹料与胶质的融合更需要水，这就要求纸坊建在靠近水源的地方。流经易村的绿汁江提供了丰富的水源。

（3）胶质

手工造纸不同于现代工业造纸，需要以植物的汁液作为纸张的黏合材料。整个九渡地区因为气候干燥，山上长满杉树和仙人掌，挖出来的杉树根和采集的仙人掌本身含有黏滑的汁液，易村人便就地取材，用这两种植物当作造纸用的天然黏合剂。只要肯出劳力，在山上可取许多。

（4）燃料

在晒纸阶段，需要炕纸。将贴在炕房里的土纸烘干，是造纸的一个基本程序。炕房里要燃烧大量的燃料。在没有其他燃料的情况下，就需要砍柴。在早些时候，生态环境没被破坏，森林覆盖率高，村民在附近山上便能砍柴回来炕纸，只不过要出点劳力。资金充裕的人家，也可雇工砍柴。

（5）石灰

石灰是用来泡竹料的，可就近取石用柴烧。不过，烧石灰需要大量的木柴，并且需要质地好的石料（如石灰岩）。易村附近全是风化岩，不能用来烧石灰，所以只能从其他地方购买。

（6）技术

这是手工造纸的关键因素，没有懂造纸技术的人，即便上述资源很丰富，也只能是作为别用。笔者从村民口中得知，易村造纸的技术是从四川传入的。"四川曹氏上门，带来造纸技术，先是在腰站，后面腰站竹子不够，就来到绿汁江边上，这里竹子多，足够用。"

2. 技艺的引进

如同需求与市场的关系一样，丰富的竹子资源吸引曹氏来到易村开辟纸坊，纸坊的经营，促进竹子的规模种植。在造纸技术由四川传入以后，易村社会从此进入了新的历史阶段。易村造纸的引进，在之前张之毅的调查中也有些许记载，但是不细致。"据村人告诉我，在民国初年（一九一三——九一四）的时候，有四川人来此帮村人开设了几个作坊做熟料纸。"[①] 在访谈村中老人的过程中，老人们反复强调的是造纸技术是上门的人带过来的，后面搬离了易村，去川街乡了。

3. 中断

在引入造纸后，不是一开始就进入大规模生产阶段的，其间也经历了一定的曲折。起初纸是用蒸过的竹子来造的，光泽度和柔韧性差一些，使用的范围有限，不好卖，一度中断了。这在张之毅的调查中可以得到验证。"当时因为熟料纸销路不好，所以不久停工了。到一九二八——九

---

① 费孝通、张之毅：《云南三村》，社会科学文献出版社，2006，第 290 页。

二九年，才改造生料纸（用石灰泡），生料纸销路好，到一九三四年作坊数目才增加起来。"①

4. 再开始

由张之毅记载可知，在 1928 年之后，易村造纸技术得到改良，重新开始造生料纸。到 20 世纪 30 年代，易村纸坊的数量和规模不断扩大，所造出的土纸远销省内外各地。这也是易村在当时被费孝通和张之毅青睐的原因。

（二）易村手工造纸的发展

在经历短暂的低谷之后，随着纸坊规模的扩大、收益的增加及村庄纸坊影响的扩大，易村手工造纸迎来了辉煌的阶段。这影响了易村社会的生产、生活，甚至人际往来等各个方面。

1. 吸收劳动力

易村的田地较少，除了农忙时节（1~5 月，9 月），剩下的时间就只能找别的出路，尤其是水稻收完以后，留有大量的空闲时间，没有能力造纸的村民选择竹编，其他村民或是自己经营纸坊，或是与别家合伙造纸，或是在大户家帮工挣钱。通过张之毅的描述，可知当时在易村的 54 户人家中，与造纸有关联的村民超过全村人口的一半，坊主和租坊的户数达到了 43 户，参与率达 79.63%，吸收了大量闲置的劳动力。对于纸坊的主人来说，获得了收益；对于帮工的人来说，增加了挣钱的门路。

2. 扩大规模

从 1913 年发端时的几家，到 1928 年再次开始时，易村纸坊的数量逐渐增多。张之毅来到易村进行调查的时候已有 9 盘纸坊（分属 20 家坊主）。拥有资本的大户可以多买些竹料和别的材料备用，再出钱雇工，一年四季都可以造纸，租坊的人家需要等到纸坊所有者做完之后才能租坊造纸，且只有同宗关系的才有机会租到。

3. 广泛应用

在用熟料造纸的初期，因交通不便，易村纸坊生产的土纸主要销往附近的村镇，主要作为祭祀活动用纸和生活用纸。改换生料造纸后，土

---

① 费孝通、张之毅：《云南三村》，社会科学文献出版社，2006，第 290 页。

纸运往禄丰、广通、川街、罗川、昆明等地销售，甚至远至四川，此时的土纸除用于生活、祭祀活动外，材质光滑的纸张还可用于书写、印书籍等。到了张之毅进入易村调查时，几乎户户争相造纸，以至没有纸坊的人家向有纸坊的坊主租坊经营。沿绿汁江两岸随处可见备竹料的场景，土纸在街市上成为主要的交易商品之一。

4. 资本流向大户

在易村的 9 盘纸坊中，一年里除特别农忙时段，都是开工的。有纸坊的自然早就备好竹料，想要扩大生产的则提前向别人预定竹子。这样能够早开工，也就能尽量多地生产土纸，满足市场的需要，自然也能赚到更多的钱。另一方面，没有纸坊的人家需向坊主租赁，而且会耽搁一些生产时间，产量达不到，只能赚得少量的钱财，并且要向坊主交付租金。这样整个村子的资本流向就很清楚了，越是有资本、有纸坊的大户就越能占得先机，甚至不用参与生产，只需雇工经营就能获得丰厚的收益，成为脱离生产的闲人。于是，有的大户在别的地方买房置地，有的大户开始抽象征上层身份的鸦片，追求生活享受。

二　易村手工造纸的延续、衰落和消失

（一）易村手工造纸的延续

革命运动往往成为一个国家各项变革最有力的手段，影响着普通百姓的生活、生计，甚至家族命运也会发生翻天覆地的变化。1949 年取得成功的新民主主义革命，使得中国大地的每一个村庄、每一个人受到不同程度的影响。易村的村民、纸坊命运走向历史转折。

1. 组织方式的改变

云南省 1950 年和平解放后，新政权的工作队伍也进驻到云南的每一个村落。国民政府时期，易村的基层权力拥有者——马德显（保长）被没收家产，村中所有纸坊收归集体，由集体统一安排生产和销售的各个环节。家庭式的作坊工业随之消失，纸坊成为公有财产。原本的自主经营、雇工经营、合伙经营、租坊经营等形式全部消失，被集体经营所取代，即由上级部门统一规定经营方式，由基层村干部执行。

2. 专人生产

在易村，会造土纸的技术工人原本较多，技术流传不存在断裂的情况。但到了新中国成立之初，由村干部指定工人进行生产，尤其是搞生产合作社、人民公社以后，生产管理更加严格，只有专门被安排的几个村民进行土纸生产，别的村民即便有技术也只是被安排到农业生产或其他事务中。

3. 统购统销

在新中国成立初期，纸坊的销售还是相对自主的，政府部门只是规定了售卖地点。禄丰县档案馆里记录着当时各类物资售卖的地点。禄丰县第四区市场管理股印发各类物资买卖指定地点，类别有：粮食、花生、各种糠——在学校后面的球场；红糖——在史绍和门前；食盐——在三蹬石坎；宽土布——在税务所门前；香油——在合作社对门；烟叶、土纸——在区公所下房后街；麻索、草鞋、柴——在原卖柴处；铁杂、麻布——在税务所上面；甘蔗、黄果——在原卖甘蔗处；瓦罐、草席——在原卖处；木器——在河边草棚内；杂货——在区街口；篾货、药材、旧衣、零食、小菜、木炭、牲畜——在河沙坝；鸡、鸭——在大桥头。由此可知，当时土纸的售卖点是区公所下房后街。这在一定程度上增加了不便，不管距离远近，只能运到统一的集散地，运输成本提高了。到了人民公社时期，实行统购统销。这打击了村民的生产积极性，制约了手工造纸的发展。

4. 利益分配

在民国时期，大部分土纸的收益进入坊主所有者的口袋，其次是租坊造纸的人获得一部分利益。既没纸坊、资金，又无力租坊经营的农户则只能出卖自己的劳动力，获得工钱，在土纸收益中分一杯羹。新中国成立后，纸坊统一由集体经营，指定专人进行生产，获得的收益等到年终结算的时候平均分配给所有村民。从这一形式的初衷来看，是希望土纸生产获得的丰厚利益为所有人共享，使村民过上幸福生活。可是事实并非如此，专人生产无法使村庄所拥有的竹子、劳力等资源得到合理配置，其造成的消极影响随着时间的推移被逐渐放大，并且在计算和分配过程中，没有经过科学精准的统计，造纸工人同参与农作的村民获得的劳动成果相差无几，生产积极性也就不高。此时，中国大部分地区面临着同样的问题。

（二）易村手工造纸的衰落

新中国成立之初，易村纸坊还有八盘，与兴盛时期相比，只减少一盘。但社会刚经历动荡和巨变，纸坊拥有者并未获得多大收益，做做停停。到了1952年土地改革，没收地主财产，土地、纸坊统一由集体管理。村集体为了便于管理和集中经营，将所有纸坊合并，最终剩下两盘纸坊。自此，易村手工造纸慢慢走向衰落。衰落的主要原因将在下文分析。

1. 政策影响、原料难寻

（1）社会改革、国家政策的影响

新中国成立后，实行土地改革政策，之后又进行人民公社化运动。在土地改革和人民公社时期，纸坊被合并，易村纸坊的规模迅速萎缩，生产能力被严重削弱。村集体安排少数造纸工人生产土纸，没办法发挥纸坊的生产能力，即便被安排造纸的师傅不吃不睡，也不可能达到多种经营时期的生产量，停滞的时间一长，纸坊的设备就破损了，厂房也荒废了，又得不到修理、维护和更新。纸坊的渐渐衰落就在所难免了。

在人民公社时期，实行统购统销的政策，生产的数量和收益并不成正比。在当时，即便造纸师傅能生产出大量的土纸，价格也不是由市场决定的，而是由国家统一规定的，供销社以低于市场价的价格收购，再以高出收购价的价格卖出，农民获利微薄。既然获利小，自然也就不存在生产积极性了。此外，负责生产土纸的工人付出的劳动量并不与所得的报酬直接挂钩。那时候工钱是以工分计量的，他们还要等到村集体年终结算的时候统一均分一个村获得的收益。在不同的年份，一工分所能得到的钱是不同的，村里收益差的年份，可能自己挣的工分多了，但还不如收益好而工分少的年份，这使得本就辛苦的造纸工人更没有生产积极性了。

（2）原料难寻

如前面介绍，生产土纸需要竹子、石灰、滑药、柴和水资源等，而竹子、滑药、柴和水资源受生态环境的影响特别大，成为土纸生产得以延续的重要因素。李晓岑等人的研究中指出"云南禄丰彝族、汉族以及麻栗坡的瑶族造竹纸不用蒸熟过程，只是充分沤竹发酵后，用牛力碾细竹料或椿捣竹料以后进行抄纸。这种纸料处理方式即我国古代的生料法造纸，这种方法对保护资源有极为重要的意义，值得大力推广"。①

原本生料造纸法对于资源的利用和保护是有益的，但随着生态环境被破坏，山上的柴越来越少，绿汁江的水位下降，滑药采集难度加大，易村的造纸原料也面临短缺的困境。

2. 劳力缺乏、技工断代

（1）劳力缺乏

1949 年后，易村人口并没有增加多少，从张之毅调查时的 200 多人到如今也只有 300 多人。在人民公社时期，生产力水平低下，单位土地面积的产量并不高，大量的劳力投入到农业生产中。没有技术和化肥投入，只能通过集中劳动力的办法增加产量，加之社会浮躁和"放卫星"的普遍化，每年上报的粮食产量都有所增加，在本就劳动力短缺的情况下，也就没办法分出造纸的劳动力了。一位曾参与造纸的老人说道："几十年来，负责造纸的还是那几个。"

（2）技工断代

"任何交换的一致的意志，只要把交换设想为社会行为，就叫作契约。人们通过偿付和具有价值的活动间的交换，进行共享和联系。"② 在易村，造纸辛苦是众人皆知的事情，但坊主与工人间、村集体与工人间存在着契约关系，不会轻易中断，但也会发生变故。"倘若契约中的一方利益严重受损，契约约束力下降，甚至终止。"③ 在民国时期，坊主经营纸坊是为了赚钱，盖房置地；农户受雇于纸坊是迫于生计，为了挣钱以补贴生活。在人民公社时期，辛辛苦苦一整年，得到的报酬也难以让人满意，"苦钱的是一帮，用钱的却是另一帮"。既没有盼头，又十分辛苦。到了包产到户后，"契约效力"下降（或已无契约关系，既不是传统的坊主与工人间的关系，又不是村集体发展与个人贡献间的关系），一方面少了村集体的强制力，另一方面村民没有了参与动机和需求，年轻

---

① 李晓岑、朱霞：《云南少数民族手工造纸》，云南美术出版社，1999，第 74～75 页。

② 斐迪南·滕尼斯：《共同体与社会：纯粹社会学的基本概念》，林荣远译，北京大学出版社，2010，第 83～87 页。

③ 斐迪南·滕尼斯：《共同体与社会：纯粹社会学的基本概念》，林荣远译，北京大学出版社，2010，第 83～87 页。

人也就不愿意学习造纸，等掌握造纸技术的师傅老去后，就没有人会造纸了（参见表4－1）。

表4－1　易村历代造纸师傅

各代	姓名、负责环节	备 注
第一代	MDN（晒纸、舀纸）、MDW（舀纸）、MZZ（舀纸）	
第二代	MXZ（晒纸、舀纸）、MYL（舀纸）、MYC（舀纸）	
第三代	MFZ（舀纸）、MPZ（晒纸）、MYC（舀纸）、MHZ（舀纸）	20世纪70年代开始向马徐忠学习

3. 亏本经营、销路受阻

（1）亏本经营

在人民公社时期，土纸的市场售价大约是0.22元/刀，而收购价格一般只有0.18元/刀（1970年，土纸收购价0.22元/刀，市面上"投机倒把"的能卖到0.5元/刀）。村集体维持纸坊经营又需要投入大量的人力、物力，除去成本后收益所剩无几，如此一来，没有村子愿意继续造纸，最多只是按照供销社要求的数量来生产，而且产多了供销社也不一定会收购。在这样的大背景下，易村仅剩的一个纸坊也逐渐停止生产了。到了包产到户以后，易村没有继续纸坊生产，相邻的九渡村和小栗树村的纸坊生产虽有过短暂的繁荣，但后期因利润太低，甚至亏本，也随即关停。

（2）销路受阻

在民国时期还能畅销各地的土纸，到了解放后因制作工艺没有改进，质量没有得到提高。到了20世纪末，受到机械化造纸技术的严重冲击，易村的土纸销量迅速下降，曾远销省外的土纸，在本地区竟出现了滞销状态。造出的纸不好卖，生产的重心也就慢慢地转移到别的地方去了。

（三）易村手工造纸的消失

1. 手工造纸停止

在整个九渡村委会，手工造纸一直延续到了2006年才彻底消失，其中小栗树村做到了2001年，九渡村（九渡村被称为"小九渡"，九渡村委会被称为"大九渡"）做到了2006年才结束。易村造纸早在包产到户时（1981 年）就停止了。这是我们未料想到的。因为在民国时期，易村是整个地区手工造纸最兴盛的村庄，但是易村的手工造纸在这一带却最早消失。

2. 土纸用途单一

在更加细柔、光滑的现代机械造纸大量进入人们的生活后，土纸所能扮演的角色越来越单一。到了 20 世纪末，曾用于学生书写用纸的土纸彻底被边缘化，仅是在丧葬、祭祀场合发挥作用（通过对周边集市的调查，笔者得知这部分市场已被四川纸占据），其他类型都被别的纸完全替代了。

3. 作坊的破败和技艺失传

纸坊一旦长时间停工，要想重新开工是较为困难的。现在整个九渡村委会已经有十年时间没有造纸了，纸坊早已不在，仅九渡村还留有部分遗址。在别的村，如易村、小栗树等村子，连遗址也不存在了。即便还留存着纸坊，要想开工也面临诸多困难。正如村民所说："开槽三斗米，收槽一顿饭。"已经荒废的纸坊，要想恢复生产是比较麻烦的，要投入大量的资金和劳力翻修或重新购买设备。

在集体经济时期，造纸工人迫于村干部的压力不得不做，但是到了家庭联产承包责任制后，想做什么是村民自己的事，没有人强迫，也没有年轻人想过主动学造纸。当问到为何没人愿意学造纸时，村长这样说："大集体时代学习造纸不是自愿的，是生产队安排的，被迫学习，大集体时代结束了以后就没人主动去学……不仅累，收入还不稳定，要看整个地区的收益如何，多就多分点，少就少分点……工分比农业生产高一些，但太苦，愿意做的人不多。"在迪尔凯姆看来，"在任何一项业务里，如果每个雇员都无法把自己的活力充分地发挥出来，这说明他们的协作很不成功，各种工作都无法集中起来；简言之，如果团结的纽带松弛下来，松散和混乱的状态就产生了"。[①] 易村造纸工人的收入与参与农业生产村民的收入并无多大差别，且工作十分辛苦，生产积极性自然不高。当来自国家权威的强制力下降后，造纸工人也无法被聚齐到一起。这样看来，造纸技艺失传在易村是不可避免的。

---

① 埃米尔·涂尔干：《社会分工论》，渠东译，生活·读书·新知三联书店，2000，第 347 页。

表4-2 手工业收支情况

单位：元

	1989 年	1990 年	1991 年	1992 年	1993 年	1994 年	1995 年	1996 年	1997 年	1998 年	1999 年
收入	5.03	2.52	16.27	23.38	29.35	37.17	7.77	9.17	8.57	13.11	11.72
支出	5.03	2.52	16.27	23.38	3.86	17.27	5.73	4.85	/	0.44	5.39
结余	0	0	0	0	25.52	19.9	2.04	4.32	8.57	12.67	6.33

资料来源：《禄丰农民家庭收入调查》，禄丰县图书馆。

从表4-2可知，1989年以后禄丰县普通家庭依靠手工业获得的收入并不高，收益最高的年份为1993年，但也只有25.52元，有的年份收支相当。到了21世纪以后，手工业在所调查的家庭中已经停止了。这从大环境上反映了手工业在本地区的衰落和消失的情况。

易村造纸历经约一个世纪，其间有过辉煌，亦有衰落，但其生产工艺并无明显改进，其生产诸环节依然停留在20世纪三四十年代的水平，甚至有的环节（如炕纸）因为资源的紧缺和降低成本的考虑，已经由炕纸演变为依靠阳光晒纸，纸张质量还有所下降。直到1981年，造纸这项手工业彻底消失。

（四）易村手工造纸兴衰变迁的相关因素

1. 劳力供给

在民国时期，易村人口虽只有200多人，但那时邻近村庄有许多无地或少地的农民。为了生计，他们只能出卖自己的劳力。然而，支付这部分劳力的工钱并不高，有资本的大户整年雇用十几个长工都不成问题，依然能获得大量收益。下田种地、上山砍柴、河边备竹、采集滑药、纸坊做工等事务并不乏劳力来源，纸坊生产有了劳力保障。

自1953年成立农业生产合作社，手工业生产成立副业队，直至后期成立人民公社，村中的农业生产和手工业生产都是由上级部门统一部署、村干部统一安排。这时候无论是出于自愿还是出于村干部的压力，纸坊造纸并不缺乏劳力，纸坊生产作为村庄经济的收入来源之一，整年一直有着固定的造纸工人负责相关事务。

1981年包产到户后，土地重新分配到每家每户。一方面，人们自顾经营田地，无暇参与纸坊生产；另一方面，易村纸坊的坊主没有回来认领原有的纸坊，因无人组织生产，纸坊就荒废了。部分设备和厂房被村集体卖给本村或隔壁村村民。

2. 资金投入

民国时期，大户拥有可支配的富余资金，一部分用于买房置地，另一部分继续投入纸坊生产。在冬季来临之前，便已买下竹料做准备，提前雇好造纸工人，早早开始生产。甚至资本充足的大户一整年都能生产土纸。

新中国成立后，乡村实行集体经济，纸坊资金的投入是在整个村庄经济计划之中的。生产规模和价格则是由上级部门层层下发指令，村干部负责监督和计量。虽然造纸规模大幅缩小，但造纸作为村庄集体经济的一部分，村集体始终拿出一部分资金投入到纸坊中，维持着纸坊的日常运转。

党的十一届三中全会后，村集体经济名存实亡。因村集体没有充足、固定的收益来源，也就没有资金投入到造纸业中。在易村，个人很少具备购买或新建纸坊的资本，数十年的集体经济并未让农民走上富裕的道路，反而仍然在温饱线上挣扎。

3. 土地制度

民国时期，乡村治理采取尊重既有所有权、休养生息的政策。乡村土地的归属关系并没有发生巨变，而是将乡绅、农民已有的土地进行丈量，发放土地证[①]。通过各种方式获得原始资本、拥有较多田地的大户仅靠农业生产就能维持生计，结余出来的资金则投入到纸坊经营中，纸坊的收益并未全部用于扩大生产规模，而是贷款给贫困农民，若农民到期无力偿还，则只能以土地作为抵押。这就成为大户从农民手中攫取土地的方式，加剧了当时的贫富分化。

1950年云南和平解放后，新政权开始对各地乡村进行整治，成立农民协会，清查、没收地主财产，土地收归国有，村集体将收归的土地统一分配给无地和少地的农民。[②] 土地利用属于小农经营形式。此时，易

---

①   当时易村属于易门县。在易门县档案馆，笔者有幸查阅到民国23年（1934年）易村的土地分布图。

②   1951年12月7日，禄丰县第四区栗树乡农民协会李珍庄分会在《栗树乡政府果实呈报》中，将李珍庄大地主马德显家上交的财物——一列出上报，共值百余类，包括日常用品、内外衣物、锅碗、食物等，共值51万元（旧币1万元为新币100元）。

村八盘纸坊也被收归集体，纸坊的生产由村干部统一部署和安排，然而政治运动接踵而来，生产连续性差。

1953年进行"复查"后，易村的地主被安排到不同的村庄，以防止地主抱团、闹事。1954年开始成立生产合作初级社，农民将土地、农具、牲畜等生产要素带进合作社；1957年成立高级社，1958年进入人民公社，开始了较长时间的人民公社制度。在人民公社制度之下，乡村生产、生活得到严格管理，高度统一，土地收归国有，农民不再是土地的所有者。没有了私有的土地，各项生产活动均由村集体安排调度，农民无法从集体之外获得收入。这一时期纸坊自然属于集体经济，村集体指定专人负责生产。

1981年实行家庭联产承包责任制后，村集体根据人口比例将土地平均分配给村民。村民有使用权，但是没有所有权，土地所有权仍归集体。在人口已经增加而土地并未增加的情况下，人均土地面积更少了。农民的生产积极性虽得到极大的提高，但是基于少量的贫瘠的土地、落后的农业科技和复杂的地形地貌，易村无法进行规模化的农业生产，只能维持温饱。人多地少，人们要想从土地中获得收益，就需要精耕细作，一年四季大多数时间和劳力都消耗在农业生产中，没有更多劳力投入到别的事务中。而造纸需要大量劳力持续投入，因此也就没办法开展了。

4. 政策影响

在民国时期，颁布新政策的频率低，对于乡村治理除1938年开始实行保甲制度外，政治权力很难触及乡村一级，乡村处于宗族势力、乡绅势力的共同管理之下。前期市场监管也较为放松，商品价格主要靠市场自身调节。易村纸坊生产的土纸属于畅销品，受政策影响较小。

新中国成立后，实行的土地改革政策使得易村纸坊由个人私有转变为集体公有。纸坊的生产不再是由坊主自主安排，而是由村干部统一安排。统购统销政策的实行，违背了市场供求的规律，生产和销售都由上级部门提前制订计划，纸坊生产失去了活力，资源没有得到充分有效地利用，纸坊开始逐步萎缩。

这场声势浩大的运动浪费了很多资源，破坏了山上植被，破坏了生态环境。自此以后，易村周边的山上再也没有恢复到之前的森林覆盖率。

这就使得可烧的柴越来越少，请工砍柴或买柴成本增加，也增加了造纸的成本。20世纪90年代初，为了遏制越来越严重的生态破坏的状况，国家实行封山育林的政策，禁止村民上山砍柴。在禁止上山砍柴后，没有柴炕纸，晒纸只能用竹竿搭着晾晒，遇到阴天的时候，需要数日才能晾干，严重影响生产安排。[①] 由于无法烧柴炕纸，土纸生产断断续续，村民说：“不敢多做，做出来怕晒不干，就会粘在一起，废掉了。” 与此同时，植被破坏的副作用也体现在水源的涵养上。绿汁江的水位已下降到露出部分河床，水资源明显减少。

5. 市场导向

在易村造纸的早期，一度中断过数年时间，究其原因就是土纸的销路不好，坊主赚不到钱，就停产了。这是市场影响的结果，人们在亏本的情况下，势必将生产成本投入到别的经营中。改进生产方式后，易村生产的土纸应用广泛，远销省内外。在市场前景广阔的前提下，易村纸坊数量增加至九盘，有钱的大户将更多的资本投入到纸坊造纸中。围绕造纸，从备料、砍柴到生产、运输、销售，形成了一整条产业链，易村许多村民和邻近村子的村民都直接或间接地参与到与造纸生产相关的活动中来。

在集体经济时期，土纸的生产和销售不是由市场规律来引导的，是有计划的集体行为。但即便如此，供销社也要根据市场上其他物资的价格来适度调整土纸价格，在一定程度上，也是市场导向发挥作用的表现。

通过一份关于土纸价格的调查报告，我们得知当时与造纸相关的原料投入、工钱支付和最终销售价格（见表4-3）。这份《禄丰县副业生产调查》有注：100公斤湿竹子可造土纸120刀，合0.1747元/刀。由九渡运100刀土纸至罗川全程25公里，运资0.7元，合0.007元/刀。因此每刀土纸运至罗川收为0.007 + 0.1747 = 0.1817元。我县现提意见：每刀收价为：甲等，0.20元；乙等，0.18元；丙等，0.15元。售价为：甲等，0.25元；乙等，0.23元；丙等，0.20元。

---

① 李晓岑、朱霞：《云南少数民族手工造纸》，云南美术出版社，1999，第75页。

表 4 - 3　禄丰县副业生产调查

项目	单位	数量	单价（元）	金额（元）
竹子	公斤	100 公斤	5	5
砍竹、扔篾	工	0.5 工	1	0.5
运竹子工	工	0.35 工	1	0.35
石灰	工	100 公斤	1.8	1.26
泡竹子、放石灰、放水	工	0.2 工	1	0.2
泡竹 90 天后洗去竹上石灰	工	0.2 工	1	0.2
洗去石灰后竹子放清水	工	0.1 工	1	0.1
泡过清水后捞起去汗	工	0.2 工	1	0.2
碾料工人工资	工	1.5 工	1	1.5
舀纸工人工资	工	1.5 工	1	1.5
晒纸工人工资	工	1.5 工	1	1.5
碾料子牛工	工	1.5 工	2	3
砍仙人掌、挖沙树根	工	0.2 工	1	0.2
运柴烤纸	工	1 工	1	1
工具折损费	元		0.5	0.5
育林损	%	8		1.85
土纸损	%	10		2.1
总计			20.96	

资料来源：《禄丰县供销合作社市场物价股调查资料》，禄丰县档案馆。

　　在包产到户后，由于种种原因，易村再也没有重新造纸。在周边的小栗树村和九渡村，纸坊又重新回归到个人手中。在 20 世纪 80 年代初，两个村庄的纸坊都有过短暂的辉煌。许多人看到造纸能够赚钱，又通过合伙经营或自家经营的方式，纷纷开始建纸坊，这是市场需求刺激的结果。

　　通过对小栗树村和九渡村村民的访谈，现对 20 世纪 80 年代中期和 90 年代末期至 21 世纪初期两个时期纸坊建造的大致花费做了整理（见表 4 - 4）。

表 4 - 4   纸坊建造经费

单位：元

种类	20 世纪 80 年代中期	90 年代末期至 21 世纪初期
	造价	造价
晒纸房	360	1200
舀、压纸房	90	300
碾子	260	1500
刁纸槽	300	500
滑药缸	200	500
舀纸槽	400	700
石灰塘	300	600
药水塘	300	600
清水塘	300	600
舀纸簾子	40	100
黄牛	760	1200
合计	3310	7800

20 世纪 80 年代中期，竹子 0.2 元/公斤，由此计算出：年石灰金额为 1 × 4000 ＝ 4000 元，（后涨到 0.25 元/公斤），一年用 6 吨左右；石灰 1 元/10 公斤，一年用 4 吨左右；柴 2 元/100 公斤，一年用 3600 公斤左右；滑药 4 元/100 公斤，一年用 3000 公斤左右；喂牛 5 元/天，一年用 500 元左右。在 20 世纪 80 年代中期，造纸生产用料年投入 2292 元。90 年代末期至 21 世纪初期，生产投入费用增多，年投入总费用 3700 元（见表 4 - 5）。

表 4 - 5   不同年代纸坊生产用料投入对照

单位：元

项目	投入金额	
	20 世纪 80 年代中期	90 年代末期至 21 世纪初期
竹子	1200	1500
石灰	400	600
柴	72	360
滑药	120	240
喂牛	500	1000
合计	2292	3700

20 世纪 80 年代中期，每刀纸已经减少为 10 张，0.18 元/刀；到了 90 年代末期至 21 世纪初期，减少为 6 张/刀，0.12 元/刀。在设备无破损、原料较充足且不缺人手的情况下，每天生产 500 刀左右，每年可生产 50000~80000 刀纸（见表 4-6）。

表 4-6 造纸收益对照

单位：元

规格	收入	
	20 世纪 80 年代中期	90 年代末期至 21 世纪初期
50000 刀	9000	6000
80000 刀	14400	9600

从表 4-4、表 4-5、表 4-6 可看出，相比于 20 世纪 80 年代中期，90 年代末期至 21 世纪初期建造纸坊的成本翻了近 1.36 倍，原料的价格更是翻了近 0.61 倍，但每刀土纸的价格反而下降了（虽每刀张数减少，但仍不足以抵消原材料价格上涨所要投入的成本，其中还未计算劳动力成本）。在 20 世纪 80 年代，所得到的收益有很大一部分源自坊主自身劳动力的投入，若是雇工生产，几乎无利润可言。到了 90 年代末期至 21 世纪初期，辛辛苦苦生产出来的土纸最终只能亏本出售。

三 易村造纸的社会关系和社会影响

手工造纸从发端至消失，在易村存在了近百年时间。随着纸坊在不同时期所形成的特点和变化，易村社会亦发生了变迁，手工造纸的兴衰成为易村百年发展的一个缩影。

（一）手工造纸与社会组织

从有记载的文献中可见，在民国时期，易村纸坊最多时有 9 盘，分属于 20 个坊主。如此大规模的产业，究竟是怎样运作和协调的呢？在《易村手工业》一书中，是这样描述的："九个纸坊中，由一家单独所有的有四个；两家合有的有两个；三家合有的有一个；四家合有的有一个，五家合有的有一个"；① "纸坊和编篾器一样，在组织上原来同是家庭单位的工业，直到继承的事实发生，才变了性质"；② "但作坊设备既经合有，在经营时谁先造纸，谁后造纸，谁造多少等问题，总会遇着的。……大概是因为合有者都有宗亲关系，他们之间，不只是经济联系。哪个先做，哪个后做，临时看情形决定，各人心目中都有一种谅解"。③ 从中可以看出，纸坊经营在性质上仍属于家庭经营的范畴，虽存在合股关系，但只是生产资料的共同所有权而已，在具体生产过程中是以家庭为单位进行的。自家何时生产、产量多少完全是出于坊主的意愿，当时易村纸坊的生产并没有统一的正式组织来进行安排和协调。

新中国成立后，在地方政府（县一级）行政命令的基础上，以乡为单位，成立了副业队。副业队把编制的竹器卖给修路队，用于记工分，副业队拿了钱之后分利（润）。各个地区的副业队分工不同，易村所属的川街乡副业队专门负责土纸和编篾器的生产，"李珍庄（易村）主要负责编篾，小栗树主要负责造纸"④。副业队每年都有要完成的指标和份额，纸张规格和产量都有严格规定。易村村干部安排造纸工人负责生产，每年产出的土纸按规定时间上交至供销社。这种社会组织协调下的生产，有一定的好处和便利，能够统筹各地区的生产要素和优势，但是由于监督机制和利益分配机制不完善，也存在不足和隐患。1961 年后只剩一盘纸坊，村民忆起当年情形，情绪激动地说："做事的人员是队长安排的，可是队长和保管员太贪心，用钱的在一边，干活的在一边……不管怎么累，只挣一点钱，因为价格是禄丰县的物价局定，收购的是供销社……天不亮就要开始，做到晚上才休息，别的人一天也就工作几小时就回来了，最后领的工分是一样的。"到人民公社后期，副业队发挥的作用越来越小，只不过是计划经济时期的一个协调生产的农民组织。

到了包产到户之后，易村造纸也停止了。附近村庄的造纸有的曾恢复到家庭经营的模式，直至彻底消失。其间都没有再成立相应的组织对

---

① 费孝通、张之毅：《云南三村》，社会科学文献出版社，2006，第 271 页。
② 费孝通、张之毅：《云南三村》，社会科学文献出版社，2006，第 272 页。
③ 费孝通、张之毅：《云南三村》，社会科学文献出版社，2006，第 273 页。
④ 造纸最兴盛的村庄本是易村，但土地改革之后，易村造纸大户被驱赶至别村，纸坊则被收归集体，并且做了一些合并，进行集体生产，产能严重下降。

造纸进行统一的协调和管理。

（二）手工造纸与社会关系

易村本源于同一宗族，后发展成为四大支系，整个村子的村民从大的宗族角度来讲都是亲戚关系，只是同支与异支的亲疏远近不同罢了。虽是同源同祖，但随着时间的推移，不同支系间的亲情、血缘关系渐渐淡漠，代之的是对立与竞争。在民国时期，已经存在相互内斗和博弈了。当时坊主不可能仅靠自身来运营整个纸坊，且不说不是所有的坊主都能掌握造纸技术和愿意将闲暇时间投入到纸坊生产中，劳动力的大量投入也是一户人家很难解决的。这就要求雇工参与生产，这其中懂得造纸的核心技术——舀纸和晒纸的工人，成为各纸坊争夺的主要对象，此时坊主所开出的工资并不能决定人才的去留。因为大多数坊主都不会为了争夺熟练工人而盲目提高工资，这与以营利为目的的纸坊生产是相矛盾的。坊主与工人的关系，成了是否能雇用到熟练工人的重要条件。若坊主和工人是亲朋关系，工人将优先答应为其生产，这是同宗关系的作用。同样的，坊主和租坊者之间也遵循同宗优先原则。从对此事的不同处理来看，易村的社会关系是建立在血缘、宗族关系基础上的，属于传统的共同体。

解放后，从生产合作社到人民公社，副业队只是负责协调生产的组织，而真正负责管理、安排生产的是每个村的村干部。此时的易村，由于对地主、富农的打压和驱赶，第一支系的势力被削弱，第二支系（或第三支系，在本书"家族势力此消彼长，权威中心的转移"处有相关论述）也走向萧条，而曾处于弱势地位的第四支系却掌管了村中的政治、经济大权。纸坊生产和农事的安排依照一定的社会分工原则，即熟悉造纸的进行土纸生产，熟练编篾的进行竹器制造，农事活动则由村中大多数劳动力共同完成，体现了社会分工的一些特点。造纸工人参与纸坊的生产是遵循政治权威的命令，此时，传统权威和传统宗族关系受到严重冲击，造纸的工人与村集体之间的关系是个人与集体之间的社会关系，整个村庄以发展集体经济、扩大生产为共同目的，无论造纸工人是否愿意，他们都要按照计划行动，成为社会机器运转的轮轴。但在易村，造纸工人与村集体的关系也不是完全基于社会分工，其始终处于宗族势力、宗族关系的影响之下，当权的第四支系自然在安排生产和利益分配中占有优势，借助政治权威，为本支系提供便利。

党的十一届三中全会召开以后，国家高层摒弃以阶级斗争为纲的政策，"摘掉地主富农的'帽子'"，易村村民恢复到平等的公民关系。由于易村不再进行土纸生产，纸坊也不存在了，也就不存在雇主和工人。"在农忙时候，忙不过来时就相互换工、帮工，同支系之间更容易开口。"此时传统权威已无基础，而基层政治权威由于村民自治而被削弱。易村村民是在自主的意愿和人际关系亲疏的作用下决定是否去做一件事。村干部虽主要由第四支系担任，但也发挥不了多大作用，主要落实一些上级部门下达的事务。村庄发展没有了主心骨，不管是从事何种行业，都由村民自主经营、自谋生计。

（三）手工造纸与社会资源

民国时期，通过兼并和购买，易村土地和林地主要集中在大户手中。在大户人家，土地的收益本已能维持生活开支。为了壮大势力和积累资产，大户往往将资金用于再投资，一方面购买土地和房屋，另一方面投入纸坊生产。如同滚雪球一般，易村的土地渐渐集中到大户手中，大户依靠资源优势，既可扩大生产，又可借贷给急需用钱的村民。即便整年不参与劳作，也能衣食无忧。土地少的村民，产出不够维持一家人的生计，于是被迫向大户借贷或在纸坊里做工。除去土地耕作和编篾，易村乃至周边村庄的竹子、森林、牲畜、劳动力等造纸所需的资源都被投入到土纸生产中。从整个村庄经济发展的角度来看，这达到了易村社会资源的优化配置，做到了物尽其用、人尽其力。

人民公社时期，纸坊数量迅速缩减，易村纸坊只是村庄经济来源的途径之一，除固定安排几个造纸工人负责纸坊生产、运作外，其他大多数劳动力都参与到农业生产和编篾中。造纸所占的劳动力资源比例下降。又因生产数量是经过计划和安排的，而且一盘纸坊的生产能力有限，易村纸坊只占用了全村小部分的资源，易村纸坊的影响力和地位变得微小。

包产到户之后，易村纸坊无人经营，设备、厂房等都被变卖，丝毫没有占用村中资源。由于本地气候干燥，易村周边竹子、林木资源已所剩无几。山上只有少数灌木，多数山地已经荒漠化，降雨将山上的沙子冲到易村，在村庄两侧形成几条又宽又长的沙沟。禄丰县政府曾实行种竹奖励政策，才使竹子规模得以恢复。

（四）易村造纸的社会影响

1. "发端"—"终结"

从 20 世纪初至 21 世纪初，易村手工业走过了近百年的发展历程。易村手工业作为乡村工业雏形发端于 1911 年。在 1910 年之前，易村以农业为主，只有部分制糖的作坊，制糖的原料来自甘蔗。为了保护绿汁江两岸的甘蔗地不被上涨的河水淹没，村民在河两岸种下了竹子，这一无心之举却成为易村社会发展的一个重要转折。随着竹子资源的逐渐丰富，易村手工业的两种类型——造纸和竹编不断发展，成为易村经济的重要组成部分。造纸和竹编是大户扩大资本的手段和途径，是贫困农民增加家庭收入、维持生计的重要来源。如果说竹子的栽种和四川人带来造纸技术是偶然的话，由于利益的驱使，纸坊的发展则是必然。易村大户将手中的资金投入纸坊，纸坊规模得到了扩大，生产的土纸远销省内外。竹编也成为少地农民增加收入的重要手段且一直存在于易村经济社会发展过程中，这使得易村手工业远近闻名。在易村的大户与普通村民的合力之下，在村中权威与普通成员的协调之下，易村纸坊发展壮大。正如迪尔凯姆所说，"人们之所以通过契约结合在一起，是因为或者简单或者复杂的劳动分工使他们彼此之间产生了需要"。[①] 大户投入资金，村民投入劳力，易村的整体经济远超附近村庄，村中权威的影响力甚至扩大至邻村。村中老人说："比如小栗树的人说定的事，李珍庄的人不在场的话，就不算数。"易村手工业的产生和发展源于村中大户和普通村民的合力，合作基于村民间的相互需要。

1961 年后，易村纸坊只有一盘尚在生产，这种局面保持到 1981 年。包产到户之后，易村村民自主经营田地，由于普遍贫困，没有哪户具备新建纸坊的资本和能力。而以往存在的纸坊由村集体所有，村集体没有充足的资金来源，也就无资金投入，同时人员安排也不能通过政治权威来实现，缺乏劳力投入。村干部在未同全村村民商量的情况下（纸坊的

---

① 埃米尔·涂尔干：《社会分工论》，渠东译，生活·读书·新知三联书店，2000，第 171 页。

主人不在本村，普通村民觉得和自己没关系，无权过问，并未干涉），将纸坊设备卖了。僵化的计划经济体制导致易村纸坊逐步萎缩，纸坊的厂房和设备被打散了卖给不同村民，易村手工造纸最终消失。在易村周边的村庄，如小栗树村和九渡村，手工造纸一直延续到了 21 世纪初，但因为赚不到钱，生产太辛苦，最终也停产了。

手工业中的另一类型——竹编，每家每户都能做，对于资金和劳力的投入要求低。"村中几乎每户都有竹子，只要懂技术，买把刀就可以开始生产。"在纸坊消失之后，竹编曾一度成为易村经济收入的重要补充，部分村民通过竹编赚了钱后翻修住房。但好景不长，随着打谷机、塑料制品的普及和推广，易村生产的海簸和挑篮等竹器逐渐被市场淘汰。可以说，本地区的手工造纸与竹编从发端和兴盛走向衰落和消失，主要是市场经济推动和村民间不同时期互动关系共同作用的结果。而易村社会也伴随着手工业的兴衰而潮起潮落。

2. "合作" —— "冲突"

在前面已经提到，易村手工业的发展是村中大户和普通村民共同作用的结果。虽是雇用工人造纸，但也要通过亲缘这个层面的关系，才能雇用到性价比高的工人。滕尼斯在关于共同体的研究论述中指出，"事实上，唯有血缘的亲近和混血，才能以最直接的方式表现出统一，因而才能以最直接的方式表现出人的共同意志的可能性：首先是空间的接近，最后——对于人来说——也是精神上的接近"。[①] 在早期，易村同支系的村民，既是地缘共同体，又是血缘共同体。贫困的村民为了生计而帮大户造纸，看似无奈之举但也是自愿选择的。由于纸坊的继承，纸坊的合有就成为新型的所属关系。谁先生产，谁后生产，都是相互之间协调的，并未因此而发生冲突。坊主与坊主之间，坊主与工人之间，大家都达到了自己的目的，坊主赚钱扩充田地和加大纸坊投入，工人挣钱养家糊口，是一种合作共赢的关系。

到了集体经济时期，每年的各项生产都是提前计划好的，从国家到地方，逐级下达指令，统一安排。纸坊的管理权转移到了村集体，公社

---

① 斐迪南·滕尼斯：《共同体与社会：纯粹社会学的基本概念》，林荣远译，北京大学出版社，2010，第 59～60 页。

干部指定专人负责生产，纸坊的收益计入全村集体经济，一年下来再平均分给村民。因为参与生产的工人就那么几人，没有轮休机制，造纸工人非常辛苦，唯一有别于其他村民的福利就是在每年纸坊开工前，村里拿出一只羊，几个工人杀了吃。可时间久了，造纸工人心中堆积怨气，可在那时又不能不服从组织安排，否则可能被扣上各种"政治帽子"。地方也只能按上级的命令来进行生产，不管使用何种办法，上级相关部门规定的数额是必须完成的。事实上，管理者（村干部）与生产者（造纸工人）、地方政府与上级部门相互之间是有冲突的，只是没直接表现出来。这些冲突最终成为易村手工造纸消失的潜在因素之一，并阻碍了易村社会、经济的持续稳定发展。

3. "兴起"—"衰退"

四川技师到来后，看到了河两岸丰富的竹林资源，于是将造纸技术引入，村中大户建纸坊造土纸，而没有资金的村民则利用竹子做竹编。易村经济发展融入了乡村工业的类型，从单一的农业经济发展为农业、工业共存的经济形态。从社会、经济发展的角度来看，易村并不仅仅依靠农业来维持生计，这是一种进步的表现。

在世界发展的进程中，作坊工业的发展壮大，是机器化生产的基础和前身。然而就同明清时期资本主义经济的萌芽最终并未走上资本主义经济形态一样，易村手工业从兴盛走向了衰落，直至消失。这和当时的社会大背景是分不开的，社会的动荡使得经济发展受到了重创。在1952年后，纸坊由私有财产变为公有财产，经营管理者从坊主变为村干部。在当时，村干部主要来自贫下中农，由于文化水平低，对于纸坊的管理并不精通，加之计划经济的限制、造纸工人待遇的不公平，纸坊越发萧条了。到了1981年，易村作坊造纸彻底消失。另一项家庭手工竹编，到目前也只有极少数老人仍在做。易村曾经的造纸手工业，对村庄的经济曾一度形成影响，但消失后这种影响也不存在了；竹编在家庭经济生产中的影响甚微。易村又回到了以农业经济为主的状态。

第五章 易村竹编

一 易村竹编的特性

竹编是张之毅所研究的易村两种手工业之中的一种，是《易村手工业》中着重描述和分析的农村经济形态之一。易村的手工造纸业在张之毅那里受到特别的重视。这是因为易村的手工造纸业较好地满足了费孝通要调查一个内地手工业村庄的研究设计。而竹编业则是在进入易村后才发现的。手工造纸之所以花费较多的精力调查和较多的篇幅叙述，是因为这种形态的手工业是多人合作、需要筹集一定的资金才能开展的经济活动，所以，这项活动开展起来不容易，一旦在一个地方开展起来，就会在当地产生一系列的效果和后续反映，在当地是一件大事。而竹编这项经济活动尽管也涉及家家户户，甚至基本上每家每户都可以操作，但竹编在任何时候都不会脱离个体加工的原初性质。就此方面而言，手工造纸有自己独特的性质，而竹编只是纯粹的"家庭性质的产业"。

在易村，手工造纸和竹编都具有脱离农业生产本身这样一个特性，从这二者都"不是农业生产"这一点上看，我们才将二者放在一起进行分析讨论。《易村手工业》就是这样做的。但在实际分析的时候，总是能具体看到二者的种种不同。这是毫无疑问的。

对于易村手工造纸，本书已经有专门的篇章做出论述，本章主要分析和讨论易村的竹编业。

易村竹编虽不像造纸的影响那样大，但因其自身的特性，在易村的存在却是一件无法被忽视的事情。它的发展、兴盛和衰落过程，与易村社会和易村村民生活变迁息息相关，甚至与整个社会的发展是分不开的。

竹编——一项曾经在易村差不多家家户户都会开展的活动，一度在易村生活中有着举足轻重的作用。如果我们将竹编与造纸做比较的话，竹编让我们看到两个最基本的特性：一是家家户户都在开展此项活动；

二是没有一个产生和终结的确定时间界限。前者说明竹编与易村每一户人家都有着紧密的联系，后者则是证明竹编具有自发性和随意性，也说明它是一种个体户性质的活动。它的产生，不用谁去"引导"；它的兴盛，不用谁去鼓动；它的衰落，也不是谁的刻意行为。这两个特性从根本上说明了一点，竹编是农村家庭中自发的行为，也是社会供需所带动的结果。由此看来，从性质上讲，竹编这种活动具有家庭性质；从历史变迁上讲，是市场决定的。竹编在易村的产生，没有具体和确定的时间，其衰落也没有一个确定的时间点。它不像造纸那样，有一个具体的起始时间（哪一年建设造纸作坊），其终结也有一个确定的时间点（某年某月某日停产）。其兴盛和衰落都只是一个趋势性的变动，是一个缓慢的过程。对上述竹编业的特性，可按逻辑描述如下。

易村开始使用竹子制作某种家庭用具（最初只是个别家庭、个别人的自发行为）。后因其实用性强以及竹编技艺得到传播，有更多的家庭参与这样的活动，有更多的人学习这种技艺（本地有大量的竹资源是其便利之处和前提之一）。这时的竹编用具，只限于自己家庭使用。而且在开始的时候，技艺粗糙，类型也较单一。之后，有了更多的技艺交流机会，竹编用途也在不断增多，在此基础上，技艺趋于精湛，品种趋于多样，但仍限于家庭使用。

随着技艺的提高和品种的增多，生产效率不断提升。这时，如果有市场的话（这肯定是有的），农户就会将多余的竹编制品拿到市场上出售。这时，以市场交易为重要趋向的竹编"产业"开始产生。这是引导农户将竹编由自家使用转（扩大）为市场交流的重要契机。这种农村副业新产品被拿到市场上出售，是农业社会一个正常的现象。因此，这种产生于家庭的农村副业，同时具有了商业的性质，但其地位并不突出。只是易村是在什么年代出现这样的销售行为，目前无从知晓。

竹编进入研究者的视线是在民国年间。这时，易村已经进入一个几乎家家户户都编制竹制品，有机会就拿到市场上去交易的阶段。一直以来，易村人交易农副产品的市场，主要就是川街（今天的恐龙山镇政府所在地）和罗川。直到现在，这两个地方也是易村人常常去赶的街（集市）。易村人在川街和罗川街子上有相对固定的交易地点，并形成了相对稳定的交易对象。在竹编稳定发展时期，易村周边的消费者会按赶街的周期到市场上寻找自己中意的竹制产品。有一些特定需求的购买者，会主动到易村来采购竹编制品。他们来到易村采购的常规竹制品，主要是大海簸、挑篮、畚箕等。易村人和其他地方的农村人一样，在相当长一段时间里，可以在市场上自由和自愿交易自己所生产的农副产品。

到了20世纪50年代，受国家政策的影响，农户自家制作的这种产品既不能在自家自行生产，也不能私自拿到市场上自由出售，尤其是"文化大革命"时期。这时，有商业色彩的农户竹编制品出售行为已经不存在了。改革开放以后，竹编这种农家的副业活动又兴盛起来，其产品也可以拿到市场上出售了。

到了20世纪八九十年代，随着各类可以取代竹编制品的塑料制品和不锈钢制品的大量出现，竹编生产受到严重制约。许多竹编制品已经不再生产，市场上也很少见到这样的产品了；即使有卖的，也少有人问津。这是现代工业产品代替传统的竹编制品而造成的结果。这是对竹编制品在历史上的根本性的打击。自此，过去常用的竹编制品，如提篮、大小挑篮、背箩、簸箕、箩筛、筲箕、畚箕、大海簸等，已经慢慢退出人们的视线，有的在村子里完全消失了。目前还能见到的编制品种是挑篮、畚箕等极少的几种。目前在村里做竹编活计的是几位年长的男性，他们基本上不把此项活动当作获取收入的手段，而是一种被经济学界称为"休闲经济"的行为。他们在有能力也有意愿的情况下，会趁农闲时偶尔做一做。对竹编制品的需要，对其经济效益的追求，已经不是主要的了。实际上，有没有竹编这种制品，对大家的生产和生活基本不会造成影响。因为随着经济条件的改善，有各种塑料制品和其他制品替代了竹制品。再说，人们也不太喜欢用这些看起来显得粗糙的竹制品了。

现在，农田中化肥用量非常大，随之产生了大量的化肥袋子。把这些袋子作二次利用，既实用又实现了对废物的利用。说起来也许有某种历史机缘或巧合，竹编制品渐渐退出实用市场的时候，化肥袋子却大量出现了。装过化肥的袋子，要是给它一个定义的话，就是"废弃物"。它出现在易村，也就是农户普遍开始使用化肥的20世纪八九十年代，在推广大棚种植后，更是一发不可收拾。易村也和全国其他农业种植地区一样，出现大量化肥包装袋。农户觉得这其实是一种很好的收纳用具，可装种子、苗木、各种农产品。"用起来实在太方便，用人力可挑，可抬，也可提，用车辆，更是一袋一袋往车上堆，如果用竹箩竹筐，那得用多少。"与竹子做的器具相比，使用化肥包装袋的优越性更加明显。

竹编业的衰落，还有一个原因是缺乏技艺的传承人。竹编是一项既要手艺又要力气的活计，其产品又没有太大的经济价值。在如今的易村，年轻人外出打工，没有人愿意学习。但从人类经济活动的规律来看，竹编业不会绝对消亡。哪怕易村的竹编老人去世了，其他村子也会有人做这个事情。在有限的范围内，这可能会成为一项极少数人在做的活计，满足有限的用途。更有可能的结果是，这项技艺会经过更新改良，面对若干品种被现代工业制品所代替的现实，生产其他的竹子制品，走向实用用具与工艺品相结合，甚至竹子深加工产品的道路，在一个新的高度上出现另一种竹子产业形态。

说竹编没有一个确定的产生时间和消亡时间，不是说它是一种历史的偶然性。从整体上来说，恰恰说明它具有必然性，这个必然性就是与社会的需求直接相关。社会需要时，它就产生了，社会不需要时，它自然而然地退出人们的生活。至于在某地何时产生又何时消失，这就是偶然的了。有了生活的需要，并且没有人为的干预（限制性政策，或各种从政治和经济角度出发的限制性规定），在像易村这样土地少、人口多的地方，没有其他产生经济效益的途径，充分利用现有资源，解决家庭生活和生产之需，同时可以补充自家的经济来源，竹编活动就是很自然的一种选择了。这是一种非常理性的生活选择。

易村竹林规模很大。但除了曾经的造纸活动和一度较盛行竹编以外，目前尚未得到有效开发和利用。在新的历史时期，如何有效地开发和利用当地竹资源，而不仅仅是在传统意义上发展竹编，或眼睛盯在造纸这件事情上，是易村人应当思考的问题。要认识到竹资源作为一种"资源"，可以在新的条件下，进行新的开发和利用，形成新的竹制品和以竹为原料的新产业，将其精致化、工艺品化、建筑材料和装饰材料化（如竹胶合板、竹装饰品），以及竹笋的种植等，都是值得特别重视的内容。因此，易村竹资源不仅可以在全新的层面实现整体性发展，还可以形成易村历史上前所未有的产业化发展。这需要当地人自我发掘，也需要社会力量尤其是资金、技术、人才以及观念的支持和帮助。这需要有一个前期的专门研究，在此基础上做出切实可行的发展规划。

二　竹编在村庄经济和生活中的地位和作用

易村竹编如同易村造纸，也经历了发展和衰落，在易村的社会发展中曾发挥过重要作用，是易村经济的重要组成部分。在易村竹编与易村造纸共同发展的过程中，竹编在易村村民的社会生活中既充实了闲暇时间，也为其生计来源提供了补充。

20世纪初，易村竹编就像造纸的孪生兄弟一样，在手工造纸兴起的同时，在本地区酝酿和发端。易村竹编成为缺乏富余资金的村民的投资手段。一方面，由于纸坊需要大量资金投入，对于易村大多数村民来说，这是一个跨不过去的门槛，相对来说，竹编的生产则容易许多，只要买一把砍刀，找个师傅学点竹编的技艺，利用自家的竹林就可以进行生产。另一方面，由于农业生产的时序性，过了农忙时节，农村剩余的劳动力如何转移，成为增加家庭收入的重要问题。一些懂造纸技术的人则可以选择为大户造纸挣取工钱，但这毕竟只是少部分人，易村大部分剩余劳动力通过竹编活动将自己的劳动力转化为经济收入，在这段时间里，竹编是各家各户的事务，极少与他人协作。

到了解放后，易村成立了手工业的副业队，竹编不再是各家各户的事务，而是列入到村庄经济发展的安排和计划中。遇到需要生产大量的竹编制品时，易村竹编则发展顺利，如一平浪煤矿生产和修建大菁水库需要大量畚箕运送煤渣和建筑材料的时候，易村组织人员集中力量编了大量的畚箕，满足了生产的需要，也一度为易村带来了丰厚的经济收入。但是，农村生产方式和模式的改变对易村竹编产生重大影响，在人民公社时期，农村的生产生活被统一安排，附近地区的村民对竹编制品不再有持续稳定的需求，农业生产也推广机械生产，竹编制品随即滞销，价格下降，在村庄经济中的比重下降，人们对其重视程度也降低了。

党的十一届三中全会后，易村也开启了家庭联产承包责任制的生产模式。各家各户都由自己经营生产生活，且农业生产积极性的高涨，带动了海簸、挑篮等竹编制品的大量需求，此时，国家政策也不再禁止私人商业买卖，允许普通村民参与经济活动。懂竹编技艺的村民抓住这一时机，走上了致富的道路。如村民MYL，几乎全家青壮劳动力一齐上阵，编制了大量海簸和挑篮，获得的经济收入用于翻新住了几十年的老房子。这不是一个单一的现象，因为竹编获得经济收入的易村村民不在少数。此时，懂竹编技艺的工人是极吃香的，甚至相邻县的人也到易村请工人编海簸，为其提供食宿，还给予较为优厚的工钱。

但是，辉煌只是短暂的，随着农业机械的推广和家庭日用品来源的丰富，竹编的作用无论是在农业生产中还是在家庭生活中都迅速下降，被其他的工具所代替。到了21世纪初，打谷机、农用拖拉机、塑料制品涌入本地区市场，传统的竹编制品失去了固有市场，逐渐凋零。竹编制品虽容易编制，但是花费时间较长，也很辛苦，赚得的钱也十分有限，年青的一代不再愿意学习竹编技艺，而是选择外出务工。竹编所带来的经济收入逐步降低。到了今天，竹编带来的经济收入在易村村庄经济中的比重甚至可以忽略不计。MYC老人花了几天的时间编好的两对挑篮，拿到罗川卖了不到100元钱，这和进行其他活动的收入相比，实在是微乎其微。但是老人年纪大了，农活间隙，适当做点竹编制品，补贴家庭日常消费。之前的竹编好手MYL老人因为生病和年老体弱，在我们2016年前去调查的时候，他也曾表示以后不会再编海簸了。易村竹编从发展到辉煌，再到衰落，也经历了近百年的时间。其一度对于易村经济发展和村民生计发挥了重要作用，但随着时代的发展，也不得不退出历史舞台。

三 竹编的历史变化

（一）竹编价格的演变

针对易村竹编的生产和销售，通过老人们的回忆与查阅相关档案资料，我们整理了易村主要竹编制品的市场演变情况。

1. 海簸

（1）构成

a. 边篾：分为底篾、邦篾、口篾，三种篾匹的长度都要5～6米。

b. 外戕：1米，64匹。

c. 径篾：3.3米，16对，合32匹。

d. 围口：5.3 米，4 厘米宽的两匹，盖口也是 4 厘米左右，用铁丝、藤子或篾匹扎起来。

（2）尺寸

a. 大号①：直径 1.7 米。

b. 中号：直径 1.6 米。

c. 小号：直径 1.5 米。

d. 深，即高度，70 厘米；底，90 厘米。

（3）用料

一般 8～14 棵竹子编一个海簸，即大号用竹 8 棵左右（周长 40 厘米），小号用竹 14 棵左右（周长 18 厘米）。②

（4）价格

解放前：卖价合 5 斗谷子/个。那时候一工，即一个劳动力一天的报酬为 0.3 斗谷子。

人民公社时期：由供销社收购，甲等 20 元/个，乙等 18 元/个，丙等 16 元/个。卖出的价格在每个等级收购价的基础上加 2 元，即甲等 22 元/个，乙等 20 元/个，丙等 18 元/个。

党的十一届三中全会以后：1981 年，18 元/个；1990 年，40 元/个；2000 年，150 元/个；2008 年，200 元/个；2012 年，300 元/个；2014 年，350 元/个。③

（5）工价

人民公社时期：编好一个海簸，给 90～100 工分。④

各个时期的 1 工对比：

解放前——1 工 = 0.3 斗谷子

---

① 直径指的是海簸上口直径，各个型号用的材料差别不大，通过篾丝间距的宽度来调整大小。

② 竹子的周长，在距根茎 1 米处测量。编簸器，竹梢处周长 3 厘米以下的部分就不要了。根据竹子的粗细，一棵能破出 24～32 匹篾丝。

③ 我们 2012 年、2013 年和 2014 年在易村调查时，还能在街上见到有海簸出售。到 2015 年调查时，市面上已经没有海簸出售了。MYL 老人在 2014 年还编了两个海簸，以 350 元的价格卖出其中一个。另一个，他开玩笑说这可能是这个地区最后一个海簸了。

④ 工分的分值要根据当年的收益来确定。收益好，分值就高，算下来分得的就多一些，收益差，分值低，算下来就少一些。一般情况下，一个工，以一个成年劳动力正常劳动计，一天能挣 10 个工分。1957 年，1 个工分折算为 0.37 元。

人民公社时期——1 工 = 12 工分（极值，一般为 10 工分）

1981 年——1 工 = 1.5 元

1993 年——1 工 = 8 元

2000 年——1 工 = 15 元

2008 年——1 工 = 40 元

2012 年——1 工 = 60 元

调查了解到，易村的 MYL 老人 1981 年曾受雇于双柏县编海簸，在提供竹料和包吃住的情况下，工钱是 12 元/个；1983 年，15 元/个；1990 年，20 元/个。一般按市场上海簸价格的一半开工钱；竹料差不多也占了卖价的一半钱，请工的人就赚不到钱了，但是由于他们不会编，没有办法，只有请人编。双柏县大部分是梯田，没法用打谷机（山坡陡，不易操作，又要把打好的谷子背回家，打谷机放在地里不安全），所以只能用海簸。

（6）产区

云南省楚雄州产海簸的地区为：禄丰县川街乡（今恐龙山镇）九渡、李珍庄和三江；姚安县（具体地区不详）；双柏县法裱镇铺司村。

2. 挑篮

（1）用料

1 棵中号竹（周长 27 厘米左右）可以编 1 对。

（2）价格

人民公社时期：供销社收购 1.5 元/对；卖价 1.7 元左右/对。

党的十一届三中全会以后：1981 年，7 ~ 8 元/对；1983 年，14 ~ 15 元/对；1990 年，20 元/对；2000 年，30 元/对；2008 年，35 元/对；2012 年，40 ~ 45 元/对；2014 年，45 ~ 50 元/对。

（3）工价

人民公社时期：8 工分/对；

1981 年后，工钱约是市场上卖价的一半。

3. 花篮、背篮

（1）用料

2 棵中号竹（周长 27 厘米）可以做 1 对花篮，2 棵小号竹（周长 17 ~ 18 厘米）可以做 1 个花篮。

（2）价格

花篮在 1981 年时，12～13 元/对，到了后期，花篮价格每对比挑篮贵 5 元左右；2012 年，每个背篮 30 元。花篮和背篮在人民公社时期皆没有机构专门收购，在易村竹编中占的份额也十分有限；如今，附近市场上也很少出现。

（二）竹编在不同历史时期的变化

1. 初步发展，各自经营

在 20 世纪初，易村竹林发展壮大，竹子成为易村造纸的重要资源。与此同时，竹编技艺也在本地区得到推广，凡是有劳动力的村民都可以参与。在易村 50 多户人家中，除了经济充裕、一心经营纸坊的大户人家外，大多数村民在闲暇时候都进行竹编，这已经成为易村的一个特点。易村村民将编好的竹制品拿到附近的街市卖，以换取别的生活必需品。竹制品的生产成为易村村民的经济来源之一，是农田生产之外的劳动力投入，是易村剩余劳动力充分利用的有效途径。也正如张之毅先生所言，易村竹编是易村村民家庭经济的补充。此时的竹编活动，并没有统一的组织和管理，从生产、运输到买卖环节，都是村民自发进行。即便都在生产竹制品，但相互间并没有过多的协调和合作，处于家庭手工业的初始阶段。

2. 规模扩大，管理规范

到了 1950 年，中国逐渐步入计划经济时代，出于方便组织和管理、集中资源办事的考虑，上级部门在本地区成立了专门负责竹制品生产的竹器社，易村能够熟练编制竹制品的村民到竹器社工作。竹制品的生产不再是各家各户自己的事，而是有着统一安排和计划的经济与社会活动。不仅仅是在易村，在本地区的其他村落也都兴起负责各类产品生产的副业队或合作社。在行政命令的推动下，竹器社的成员需要按照一定的要求编制各类竹制品，生产的数量和规格都有明确的规定。可以说，在计划经济的大环境下，竹编生产的规模迅速扩大，产量和质量早已超出初期家庭手工业生产时的水平。此时，易村的竹制品已经成为易村经济收入的重要来源，负责竹编生产的村民在经济地位和社会影响上都达到了新的高度。通过有组织地发展乡村手工业，易村竹编与造纸并列成为村庄经济收入的重要组成部分。

3. 迎来复苏，功能转变

虽然规模扩大，变得有组织，但是易村竹编的发展并没有走向繁荣。随着经济的发展以及生活生产方式的改变，在大集体时代的后期，人们对于竹制品的需求急剧下降，易村竹制品的销售变得极为艰难，利润极低，从事竹编的人员减少。到了1981年以后，易村竹编迎来了新生，由于社会的变革、农民自主权利的增加及家庭生产生活方式的转变，人们对于竹制品的需求也逐渐增多。懂竹编技艺且有竹林的村民，抓住了这一市场机遇，砍竹编竹制品，将竹制品拿到街市去卖，增加收入；没有竹林的村民，帮别人生产竹制品以挣取工钱。有的村民因此翻修了房屋，改善了自家的生活条件。一时间，易村竹编欣欣向荣，因其工艺精湛，村民编的竹制品销路广，名声在外，临近县的百姓都前来订购。而易村造纸在多方面因素的影响下，此时已经渐趋消亡。易村竹编成为农田生产之外，易村村民家庭经济收入的主要来源。

4. 走向萧条，影响衰微

进入21世纪，易村竹编再也不能恢复到往日的繁荣。一方面，越来越多的农村家庭日用品类型可供选择，不论是塑料制品还是金属制品，都比竹编制品的吸引力强，并且便宜好用，这使得竹编制品所占的市场份额缩减。另一方面，由于农业技术和农业机械的推广，传统的打谷工具——海簸，不再是附近地区人们的唯一选择。随着道路的通达，车辆运输变得方便、快捷，运输、销售不再依靠人挑肩扛，挑篮、背篮的使用逐渐减少。因此，无论是在家庭生活中还是在农业生产中，竹编制品以往的功能都被替代。制作竹编制品既花费时间，又没有好的销路，人们的积极性逐渐下降。失去了庞大的消费渠道，竹编制品的生产成为得不偿失的事务。竹编产生之初所发挥的功能——增加家庭经济收入，转移过剩的劳动力的作用也渐渐消失。加上没有进行工艺的改进和创新，生产的产品种类和工艺依然停留在过去的水平，在市场经济越发兴盛的今天，这些产品失去了竞争力，慢慢被淘汰也就在所难免。

目前，在易村只有几个老人还在进行竹编，或是自己家用，或是偶尔到街市进行交易，但是数量和频率十分有限，对于整个村庄经济几乎没有任何影响。在川街和罗川街市上，也只有少量的竹编制品在一个偏僻的角落进行交易，几乎无人问津，门可罗雀。易村村民不再依靠竹编制品的生产增加家庭收入，转而通过其他途径，竹编活动在人们日常生活生产中慢慢变得无足轻重。

（三）竹编与易村经济、社会生活的关系

在社会的发展变迁过程中，人们的日常生产生活等活动，看似主要是为了维持生计，发展经济，改善生活条件，追求更好的物质基础，但其中的互动和联系往往被人们忽略。人是具有群体性的，个人活动会受到社会环境和周边境况的影响。

易村竹编在不同时期表现出不同的特点和功能，对村庄发展和村民之间的关系起着调节、缓冲、融合的作用。在竹编发展的初期，易村村庄经济在内地农村中已经处于前列，易村总体经济实力明显高于附近村庄，这在解放初期为了弱化易村地主势力而将易村地主分散到邻村可以得到验证。竹编的生产资料——竹子、砍刀和技艺，构成了竹编活动的主要因素，砍竹的工具是极易获得的，在街市上花不了多少钱就可以买到，但是竹林和技艺就不能简单地通过金钱获得，没有竹林的村民想要进行竹编则需要同有竹林的村民进行协商，不会竹编的村民则要向懂竹编技艺的师傅学习。这个过程中不仅仅是经济中的交易活动，掺杂的还有村民间的人际互动。如同纸坊的经营一样，具有宗亲或者朋友关系的更能占得先机，竹编也是如此，不管是竹林资源的获得还是竹编技艺的学习，都体现着村民关系的亲疏远近。但竹编的生产不是相互协调进行的，家庭与家庭之间存在竞争，易村与邻村亦存在竞争。彼此间的竞争促进了技艺的提升，因此易村竹编质量上乘，优于临近地区，易村多数家庭都参与竹制品的编制，使得易村竹编迅速抢占了本地区的市场，并通过商人的运输和转卖卖到临近一些县，在禄丰、易门和广通的市场上都能见到易村竹编的身影。竹编成为易村村民的重要收入来源，同时作为易村宗族间相互联系、社会资源相互交换的平台和途径之一，易村由此开始了经济发展较好的一段历史时期。

到了 20 世纪 50 年代初，随着社会的变革和国家政策的变动，易村竹编的生产不再是各家各户相对孤立的经济活动，而是转变为易村整体经济的构成部分，竹编的生产纳入整个地区的计划之中。有组织的协调，

安排专人生产，收购和销售由上级部门统一规定，易村竹编进入计划经济时代。在生产组织方式改变的同时，竹编对于易村经济社会的影响亦发生了改变。竹编的收益不再是家庭经济的补充，而是整个村庄经济的组成部分，竹编的生产由之前的竞争转化为合作。宗族关系的亲疏已经不是影响人们进行竹编活动的决定性条件，传统权威、家族权威的影响力下降，政治权威、政府的作用成了影响人们日常生产生活的最大力量。行政命令取代宗亲关系，统一生产代替自主活动，这成为人们合作的刚性制度。但这并没有取得预想的效果，易村竹编对地方经济的贡献没有得到显著提升，村民之间的关系非但没有因合作而变得更加亲近和热络，反而是为了完成任务才合作，相互间的沟通和联系减少了。在特定时段，村民为了自保，连同宗亲戚的状况也难以顾及，变得冷漠。固定的模式，僵化的管理，导致易村竹编失去了活力和竞争力，在市场上的地位逐渐下降，原来的家庭竹编优势荡然无存。

易村竹编的境况在集体经济时期没有得到显著改善，直到实行包产到户的政策后，竹编制品才成为人们生产生活的需求品，市场也在此时慢慢解冻，普通民众可直接参与到经济活动中。易村村民生产的竹编制品受到了人们的青睐，竹编的销售成为易村经济的推动力量，村民间的竞争又重新出现。但是，与以往不同的是——传统社会权威的效力未能得到恢复，基层法理权威的影响下降，竹编的生产变得无序和盲目。由于资源的缺乏、资金的短缺以及市场的萎缩，易村竹编并未发展壮大，做竹编的家庭也不多且缺乏热情，竹编的规模迅速缩小，易村人没有能够从竹编中得到更多实惠。易村也一直没能走上富裕之路，大部分村民徘徊在贫困边缘。这些年来，做竹编制品的人数减少，现在也只有极个别老年人在做。他们利用闲暇时间编一两样，隔一段时间拿到街上去卖。这是易村老人们打发时间和维系朋友间来往的主要途径，对于村庄经济的影响微乎其微。易村竹编走到了21世纪的今天，在易村经济社会发展中的作用正逐渐降低，作为一种产业形态，慢慢落下了帷幕。

第六章　易村土地制度

当 20 世纪 30 年代末费孝通先生和张之毅先生前往易村调查时，这个距离昆明市 150 多公里的小村还是易门县所辖的一个村子。80 多年过去了，易村在行政区划上几经变更，在 50 年代由易门县划归禄丰县管辖。现在，它是禄丰县恐龙山镇九渡村委会所辖的一个自然村。现今的易村，从地理位置上来说，还是 80 多年前的易村，易村的土地也似乎仍是当时的土地。但与当时有着明显不同的是，如今易村的土地不仅仅养活了比那时更多的村民，同时也成为许多家庭重要的经济收入来源（考虑到历史上易村除了农业外，尚有造纸手工业的经济收入，尽管该收入在易村人中的分配是不均衡的）。显然，农业仍占据着易村人的生活重心，并成为大多数家庭的重要生计支柱。许多家庭的劳动力和资金积累重新回归到农业上，之前的家庭手工业和作坊工业则消失在历史进程中。易村的土地以及土地上的农业为什么再次成为易村人的生活重心和重要生计来源？易村人如何依靠新的农业生产形态——大棚蔬菜种植突破人多地少的困境，实现生计保障甚至小康致富？下文根据我们对易村的调查做出阐述和分析。

一　易村的土地资源和分类

易村本村共有田地 311.3 亩，在统计报表中被简单划分为水田 210.11 亩、旱地 101.19 亩，另外还有 7633.5 亩的山林和 100 多亩的竹林。实际上，村民在土地利用上的分类更加详细。

（一）田地

总的来说，村里依据田地的质量将土地划分成四个等级，具体的指标主要包括肥沃程度、灌溉条件和可及性三个方面。一等田通常被界定为"良田"或"水田"，这类土地一般十分肥沃，既能大春放水种稻谷，也能小春除水种蔬菜，产量可观。一等田主要分布在南边河一带，灌溉方便，交通便利，靠近村庄。二等田仍被叫"田"，但是其肥沃程度就不如一等的"良田"，用当地的评判标准来看，那些能够种水稻的田地，大抵都称得上"田"，因为它们都能蓄水保肥，确保农作物有个好收成。若从收成来看，"良田"亩产大约800公斤（杂交稻），而"田"的产量大约是550公斤。若从灌溉条件和可及性来看，二等田的水利条件多半只能保证大春需求，无法顾及小春生产，且大多分布在邻村九渡和较远的下河尾附近，最远的甚至需要步行两个半小时才能到达。显然，这些田地耕种起来费时费力。三等田通常被称为"旱地"。旱地一般在村庄四周高处，乃至距离村庄更远的地方。由于先天缺水，旱地灌溉多半只能靠天解决，故而大多种植玉米，主要满足各家饲养牲畜的饲料需求。四等田是靠近江边的"沙地"。沙地分布在河边，主要是由于每年大河涨水时河中泥沙淤积而成，尽管从肥沃程度来看并不算差，但由于地势低洼、土质松散、极易被水冲毁，因此就耕种而言，稳定性极差。

易村的田地中，还有一种被易村人称作"小自有"的田地，这种田地其实是各家各户在河边或山上的自开田地，而这些自开田地大多并未计入村委会统计报表之中。之所以将它单独拎出来说，是因为这些"小自有"田地有可能引发村民争议。"小自有"田地之所以产生，主要是因为包产到户后，人多地少，各家所分到的田地有限，为了尽可能扩大种植面积，增加粮食产出，保证温饱，许多劳动力充裕的家庭尽力在附近山边开挖可耕田地，或在枯水季节充分利用裸露在外的河道进行栽种。由于这类田地只有在本村范围内才被承认其产权关系，而没有在法律上加以明确，加上"小自有"田地通常只能季节性耕种，因此村民也就相安无事。但近年来，受降雨量减少、河水水位下降等因素影响，河边"小自有"田地的稳定性大大增加，一些人家的"小自有"田地在自然变化和人为改造的双重作用下更有向"良田"发展的趋势；加上国家开展的土地确权工作，易村人在"小自有"土地归属问题上难免有些争执。

（二）林地

易村面朝星宿江南段，背靠李中山，由于地处岩浆岩地区，当地山上大多数地方是红色的砂石，土壤贫瘠。村子背后的山上只能看见零星的灌木丛和矮树，生态环境比较恶劣。村里的林地大部分分布在离村后山丘更远的山头和门口星宿江循江而上的南边河、下河尾一带，这些林地生长的地方由于刚好不是岩浆岩区，故而土壤肥沃，林木长势良好，资源十分丰富。1998 年，全国性洪灾暴发后，国家提出天然林禁伐计划，并在 2004 年后进行生态公益林区划，以保护日益脆弱的生态环境。易村的林地分布位置刚好在星宿江沿岸，符合国家规定的生态公益林区划范畴，因此，村里的山林都被划进了公益林区，这就意味着除了村民家庭建房或薪柴的基本需求外，这些森林不再允许进行商品性采伐。而作为森林保护的回报，政府每年根据公益林地面积给予生态补偿，2010 年以前是每亩 5 元，2010～2017 年是每亩 10 元，而 2018 年提高到每亩 15 元。

（三）竹林

从易村到大栗树村、小栗树村一带数公里，沿绿汁江边分布着大量竹林，村民们已无法回忆起竹林是何时由何人开始栽种，如今已长得郁郁葱葱，成为村中一道靓丽的风景。易村的竹林过去一度是造纸作坊和竹编手工业的重要原料，对村庄和家庭的经济贡献颇多。但随着造纸业的消失和竹编的衰落，竹林能带给村民的经济价值似乎也在逐渐消失。此前，一些村干部萌生了引进以产竹笋为主的新品种竹子的念头，但对于大多数农户而言，他们更关心的是怎样才能缩减竹林面积而不是增加竹林面积。因为他们大多认为，如果能够将竹林改造成耕地种植蔬菜，那么经济效益肯定比单纯卖竹子高得多。而且现在的竹林由于自我繁殖能力太强，易于蓬发，长势过盛，直接影响到了旁边田地对阳光和养分的吸收，对农业生产十分不利。

二　易村土地制度的变迁

（一）土地私有

1939 年，张之毅先生调查易村时，易村田地共有 1649.5 工，其中在本村的有 530.5 工，占 32.2%，在外村的有 1119 工，占全部田地的 67.8%。若将在本村和外村的田和地分开来看，在本村共有田 264 工，地 266.5 工；所以，本村的田和地差不多各占一半。在外村的共有田 913.5 工，地 205.5 工，外村的田比地多 3.4 倍。[①] 易村的田地差不多有 2/3 是在外村。按照当地 2.5 工为一亩的换算标准，全村共有土地 659.8 亩，其中本村有 212.2 亩（包括 105.6 亩田和 106.6 亩地），外村有 447.6 亩（包括 365.4 亩田和 82.2 亩地）。当时，易村的土地是各户家庭所有的私有制产权，本村大户们不断购入的土地实际上大部分分布在外村。对于 1949 年前村里土地权属的变更，现在的老人们能回忆起的主要就是两种。一种是家庭分户获得土地，这既包括顺理成章地从父辈那里获得的财产，也包括家庭内部各种缘由引发的分户行为而造成的土地产权变更。从马以良老人提供的一份 1942 年的分户地契原件中可以看出，家里父亲亡故后，母亲年纪渐长，无法再团结起家中兄弟姊妹，只能分户。尽管是家庭内部的土地权属变更，但整个文书十分清楚地记录了原先大家庭中土地重新划分的原因、各家庭成员得到的土地位置及边界范围，同时还有各利益相关人员和见证人的签章盖印，十分规范。另一种就是富户对贫户土地的购买。20 世纪 30 年代得益于手工业的发展，易村的作坊大户积累了大量财富，诚如张之毅先生所指，这些财富由于没有更好的投资去处，最终都投进了田地屯买。[②]

易村的外购土地以田为主，且外购土地面积是本村面积的两倍之多。一方面主要是由于资本没有更好的投资去向，所以都投进了田地屯买，另一方面是本村地少人多，解决口粮问题一直是个难题，因此田地屯买也成为家有余钱户的首先。这种土地权属变更其本质是资本对贫户的掠夺，加深了村庄内部的贫富差距。不过，受地理位置和资源条件的限制，富户当时购进的大多数土地分散于其他村，如附近的九渡、梨树等村庄，最远的土地则在几十公里外彝族人居住的地方，由于位置偏远，本村人若亲自前往耕种则成本较高，富户只能再租给贫户或附近的彝族人耕种。

---

① 费孝通、张之毅：《云南三村》，天津人民出版社，1990，第 262～263 页。

② 费孝通、张之毅：《云南三村》，天津人民出版社，1990，第 215 页。

（二）土地公有

新中国成立后，国家提出"耕者有其田"，在全国范围进行土改。易村是 1952 年进行的土改，随着阶级的划分（村中马德贤、马会忠、马怀忠等人被划为地主，马以会被划为破落地主。当时的划分标准：地主，有房产、田地，以田地放租，有纸坊，并请有长工；富农，田地相对多，或外租田地或有纸坊，但不请长工；上、中农，稍有田地，或租用纸坊，但比富农差些；贫农，田地少或没有田地）、土改的进行，易村土地的归属发生了根本性的改变。首先，地主在外村购买的大部分土地就近归还给原来的产权所有者。被"剥削"的劳动人民拿回了自己的土地，地主不再拥有这些他们实际上难以耕种甚至管理的土地。其次，无论此前不同家庭、人群在土地占有上有多大的不同，在"耕者有其田"思想的指导下，大家似乎又回到了同样的起跑线上，以各户实际耕种的土地为基础，各家根据人口多少分到了大小肥瘦基本均衡的土地。尽管当时土地的所有权和使用权仍然掌握在农民手中，但在过后村民们看来，由于土改后并没有收回原来农户手上的地契凭证，因此它更像一次土地收归国有后再平均分配给个人的运动。也就是说，土改后各户所拥有的土地是在一种非常状态下开始的相对平均，是以国家名义主导的土地再分配，由此建立的新的土地产权关系也变得十分模糊，大家开始更愿意关注谁能够实际去耕种土地，而不是纠结于这块土地从产权上来说是谁的。但是，很快这种土地被分到各家各户的状况也彻底发生了改变。伴随着 20 世纪 50 年代初全国轰轰烈烈的合作化运动，易村也开始经历互助组、初级社到高级社的转变，易村的土地由此又迅速完成了从家庭（个人）私有到集体所有的转变，土地的所有权和使用权从此彻底分离开来，土地的使用权权限超越它的所有权权限，成为农民关注的重点。值得注意的是，在私有土地向集体/国有土地转变的过程中，除了分给各家各户和各家各户原有的土地归入集体外，上文提到的易村那些由大户购进的分散在周边各村的部分土地也留在了集体内，实在偏远的土地就近归入了其他村集体，比如今天栗树村附近的一些土地。但由于没有文件契约为凭，此种说法仅限于村中老人的回忆。

合作化运动拉开了易村土地集体所有的大幕，从 1958 年前后一直到

1980 年这段时间，易村同全省乃至全国其他地方一样进入集体化时期，包括土地在内的绝大多数生产资料都归集体所有，并在集体的统一安排下开展生产。这段时间里，易村被划分成两个小的生产队，与之对应的是包括土地在内的各种生产资料也被划分出来。自此，从行政管理和机构设置上来说，易村就被人为地划分为两个小村落，尽管在其后的几十年间两个生产队偶有分合，但从根本上来说，易村被分成了两个村子，这里的土地、山林从此分出了"你我"。现在，尽管易村对外而言还是易村，但对村里的人来说，他们十分清楚地将自己及其生产活动、自己经营的土地和其他资源自觉地归入 6 组（队）或 7 组（队）两个不同的集体。

（三）家庭联产承包责任制

1981 年，随着家庭联产承包责任制的落实，易村结束大集体时代，田地再次被分到各家各户。在此次分配中，明确地规定，田地的所有权是集体的，各个家庭所拥有的是土地的承包经营使用权。前文已经清楚描述过，易村的田地主要分为四类，鉴于村里人多地少、地块分散、质量不一，因此，在分田地时，为了保证分配的公平性，时任村干部和乡上派来的工作组最终制定出的方案是：大原则按人口平均分，确保每个人能够分到粮食产量基本一样的土地。主要是将四类田地根据面积大小和地段位置切块做阄，各户根据家庭人数抓阄划分田地。抓阄划分后，考虑到各家劳动力多寡，干部们也尽量劝说各家能够相互调整一下：劳动力多的家庭耕种离家相对远的田地，而劳动力少的家庭尽量耕种离家相对近的田地。无论如何，最终的结果是按照当时的人口来算，村里每人分到了 1.5 工（约合 0.6 亩）的田地和面积不等的旱地/沙地。

由于人多地少、资源有限，在土地划分之初，村里就曾经约定，一旦村民丧失本村户籍（可能因为进城工作、死亡、外嫁等），那么其所在家庭应当将其所占土地退回集体再行分配，以确保那些村里新生的村民或新嫁到村里的人也能分到一份土地。一开始，村里约定每五年进行一次土地调整，然而调整两次后大家发现，各家退回集体的土地永远都是质量差、距离远、难耕种的地块，更多的家庭则是不理会这个约定，坚决不退回田地。这在当时对各个家庭而言也是无奈之举，因为各家所分田地本就十分有限，除了要保证自家口粮，还要上交公余粮，后来还要交提留款，各家自然是能多占一分田地就尽量多占一分，好将上交部分凑齐。就这样，最初每五年一次的土地调整计划流产了，但这也大大固化了村民对土地的权利意识。从某种意义上而言，自此以后，尽管从表述上村民仍然认为土地是集体所有的，但从心理认同上来说，他们已经自然地将分到户的土地看成自家所有的财产，并为了使这个财产增值而努力投入大量资金、人力和物力对其进行改善，以增加生产效率。

对比张之毅先生1939年所做的调查，结合当前村里存留的档案资料，可以看到自经历土改和合作化运动，到集体时期结束实施家庭联产承包责任制，易村原来的土地中，从产权关系上说，仅有本村土地和靠近本村的部分购得土地仍然在村民手中，但构成解放前易村土地67.8%的"界外"土地最终成为"他村"的土地。

（四）其他

在易村不得不提的还有它的山林资源和竹林资源，因为这两种资源与当地村民生计的关系也很密切，并且在资源的制度变迁中，它们表现出了和土地不一样的特点。

就山林资源而言，自有历史记载以来，易村的土壤条件差，山林资源相对贫瘠，村庄背后的山上几乎看不见长势好的连片山林，除了零星的乔木以外，多是矮小的灌丛，从远处看去就只是大片光秃秃的红色砂岩地。到2006年开展集体林权制度改革时也是如此，但为了在产权关系上明晰，村里对集体管理的山林以户为单位进行了股权划分，每户拿到同等比例的股权以确保各自利益。正如上文所描述的，属于易村的较好的山林资源在距离村庄较远的地方，也正因如此，山林资源对当地而言就是一种简单的、面向社区所有人开放的公共资源，即大家都可以使用，其主要就是提供建房木料、薪柴、放牧场所等。在20世纪80年代初实行包产到户时，易村虽然也像很多地方一样搞"两山"到户（自留山和责任山），奈何资源有限且距离村庄比较远，山林到户不仅没有办法给村民带来更多好处，反而因需要人看管而增加了村民的负担，因此，实际上村里的山林是以村为单位集体统管的。

就竹林资源而言，1949年前，竹林资源除用于建房、造船等之外，最主要的是作为造纸原料，但因为竹林资源供应与造纸原料需求相对平衡，总体上来说，竹林资源也是面向社区开放式的公共资源。

三 易村土地制度变迁与产业调整

（一）维持性农业生产

长期以来，易村由于土地贫瘠、人多地少，土地产出往往不足以满足村民的基本生活需求。但受耕地质量、耕种条件、劳动力、交通和市场等多重因素的影响，村民既无条件也无动力对农业进行更大的投资。因此，农业生产以粮食作物为主，以基本实现保证口粮为主要目标。同时，也因为农业上无法进行扩大再生产，所以剩余劳动力无法消化。在一定的历史时期，在本地资源和其他条件的共同作用下，易村产生了造纸作坊，并在一定时期内兴旺发达，加速了财富的生成和积累。易村的竹编也在一定意义上具有充分利用剩余劳动力的作用。这两项"非农"经济活动，在维持农业生产的基础上，有效地利用了村内剩余劳动力，积聚了一定的资金，同时也对村庄的经济收益有所贡献。当然，这种贡献并不是按人口来平均分配的，它主要是在参与者或生产主导者手中实现的。

（二）生计性农业生产

1949 年后，从实施土改到 20 世纪 70 年代末的集体化时期，由于一系列合作化、集体化的运动，易村的土地资源、人力、物力等生产要素都被集中起来，整个农业生产生活都是根据国家计划一步一步分解实施的。根据村民回忆，村里当时主要划分了农业组和副业组，村民根据各人特长、能力分别被划入两个组。农业组专门负责其中一种农作物的生产或者负责每季农业生产中的某些环节，而副业组则主要从事各种"非农"工作，以增加集体收入。在各生产组中，每个人又被安排了不同的活计，以确保总体生产正常进行。以农业组的大春稻谷生产为例，春天有人专门负责插秧，中途有人专门负责施肥除草，后期有人专门负责采收，最后有人专门负责打谷碾米，如此完成一次完整的农业生产。在整个集体化时期，农业和副业生产并不能完全按照村民甚至村集体的意愿开展，而是国家要求种什么、生产什么，大家就排除一切困难种什么、生产什么。当时最典型的例子就是烤烟的指标命令式种植，村里一些上了年纪的妇女们回忆说"栽烟累死了，栽来又不能吃，不知道为什么要栽"。从易村土壤质量、农业生产条件和交通基础上来看，易村并不适宜种烤烟，但在特殊时期，易村的农业生产具有典型的上传下达、任务优先、保证温饱的特点。因此，大集体中有人出现消极怠工、吃大锅饭、生产效率低下等问题，为了保证生计，村民们在努力完成上级交办的生产任务的同时，也开始积极探索其他农业生产或副业生产的可能性。这段时期，村民们开始像其他许多地方一样，依靠自家的小面积自留地，实施真正能保障自家温饱的农业生产，同样也探索什么样的副业既能完成国家分配的任务，又能给集体和自己家庭留点收益。这段时期，由于土地的集体化，农业生产变得机械、单一，其他产业则由于收益不稳定或者与农业收益相比差距过大而成为被排斥的对象。

（三）营利性农业生产

1981 年实施家庭联产承包责任制后，国家对农业生产和副业生产的管控力大大降低，农民生产的积极性大大提高。村民们很快开始了多元的尝试。在农业生产上，大家不再满足于只是种点粮食喂饱肚子，而是希望在地里种出经济效益更高的农产品。于是，为提高土地生产效率、提高农户家庭经济收入的自发性农业产业结构调整开始了。从稻谷到烤烟，从西瓜到土豆，再到如今以辣椒为主的大棚蔬菜种植，易村人彻底扭转了农业不赚钱的传统观点，种出了可以赚钱的农业。至此，尽管农业依旧无法消化所有劳动力，也无力吸纳过多的投资，但是农业在易村也不再是传统意义上保障农户基本生活的农业，而是一种可以实现持续发展、盈利稳定的产业。

积极发展副业一直是易村人的强项。一开始他们也选择了早前自己熟悉的造纸，但很快市场给了他们教训。制作作坊土纸无论从质量、产量、功能和外观都不再是市场的主流需求，而从生产工艺、原料供应和劳动力投入等生产环节看，作坊土纸的前景也让人担忧。因此，作坊造纸很快就被抛弃了。但竹编却一直保持了下来，这最主要的原因还是在市场上有一定的需求。此外，运输、建筑等劳动力消耗型行业也成为剩余劳动力最大的消化市场。

第七章 土地经营与利用[*]

张之毅先生在《易村手工业》中指出，"易村的农业显然不能充分利用易村的劳力，易村所有的土地太小，易村人口太多，他们不能在土地上获得长期就业的保障。这是易村工业发达的一个主要的环境。"[①] 尽管现在易村大多数手工业已消失殆尽，但是其农业是否能充分利用所有劳动力呢？如果不能，那么这些多余的劳动力又投入什么行业中了？本章重点阐述易村当前农业的主要现状，分析农业中的投入产出以及劳动力的耗费。

一 土地经营内容

易村的农田一直都是以种植业经营为主。水稻和玉米种植基本保障了村民的口粮需求和牲畜养殖对饲料的需求，而各种蔬菜种植则是农业收入的主要来源。

（一）种植水稻

首先要指出的是现在易村的水稻从种植到收获整个生产周期较20世纪80年代中期大约提前了10天，主要是因为天气的变化、生产技术的提高及品种的改良。

每年清明前半个月就要开始泡田，大约泡10天。压田主要用农家肥，农家肥不够的情况下也掺一些化肥。按农家肥来算，一亩田最少也要20多挑农家肥（每挑大约30公斤）。清明节前后开始撒秧，过去用厚地膜秧，秧苗成活率只有约40%，一亩秧田要40~50公斤谷种，90年代后改用薄膜秧，每亩最多只要15公斤谷种，成活率高达80%以上。育

---

　　*　本章所涉及价格的数据均来源于2004年调查所得。
　　①　费孝通、张之毅：《云南三村》，天津人民出版社，1990，第255页。

秧期一般是一个月，如果多用点化肥，则最多可提前 5 天。到小满前后开始插秧，半个月内全村都基本插完。下种后 15～20 天（一般是到阳历6 月中下旬），需追肥提苗，主要施复合肥和尿素。提苗后 15 天左右（阳历 7 月初到 7 月中旬）要打第一次药，打药主要目的是杀虫、杀菌，此时也要注意除草（80 年代，水稻苗基本不用打药，90 年代中期虽打药，但病虫少，农药用量也少；到 2000 年以后，不打药就"没吃的了"）。进入阳历 8 月，即提苗后 30 天左右，要打第二次药，主要目的是杀菌和防稻瘟。这时仍要注意除草。到中秋节前后，开始收稻谷。稻谷产量一般是一亩 25 包潮谷子，晒成干谷大约有 600 公斤，碾成米产量在400 公斤左右。易村出产的稻谷基本是为了保障本村人的口粮需求，鲜有出售。

（二）种植大棚辣椒

每年 7 月，每家要用 1～2 天上山挖土用作辣椒育苗的营养土。因为种过的田地容易滋生细菌，所以要从山上挖新鲜的土。一般一亩地要400 公斤左右的土，配上复合肥或农家肥堆捂，堆捂期从农历 7 月初开始，一直要到 9 月初，前后大约 60 天。农历 9 月初装营养袋后开始育苗，育苗期大约 50 天，主要是露天育苗，营养杯每个大约装土 0.2 公斤，一亩要育约 2000 个营养杯（一公斤营养杯要 15 元），但最后移栽成活的大约是 1800 个。到了 9 月下旬，谷子刚收完就要开始搭大棚，前后需要半个月的时间。搭大棚的竹子一般是自家的，一亩地大约需要 20 棵（如果买的话价格不一，每棵的价格有 1～2 元的，也有 4～5 元的），薄膜需要 80～100 米（每米价格 18～20 元不等）。大棚搭好后要整地、施肥、打塘，准备移栽。10 月中下旬到 11 月初是移栽期。因为这个季节天气较热，移栽时间只能是早上和黄昏，所以移栽的时间拖得较长，需要半个月左右。边移栽还要边浇水，浇水 3～4 天就要再浇一次，同时还要打一次药，主要是杀虫、灭菌，保证成活率。11 月中下旬开始不断打药、浇水、追肥等工序。12 月初追肥一次，主要是尿素和复合肥，有农家肥更好，一亩需 20 多挑（一挑约 600 公斤重）。进入 12 月后，辣椒开始相继开花，从此时开始一直到次年 3 月都要持续喷施保花保果和膨果的营养肥。到次年 1 月初开始，辣椒陆续成熟开始出售，每 7～10 天采摘一次，一直到清明节前后售完。其间，2~3月时，第一轮辣椒采收后要及时追施肥料，以保证第二轮辣椒的采收。在辣椒的整个生长期，要注意病虫害的防治，一旦有病虫感染的迹象就要及时喷洒农药。农户对于该用哪种农药、用量多少等问题一开始多半是从有经验的农户或农资供应商（多是本地农民，自家也种）那里获得帮助，试验几次后便根据自己的经验对症下药。但是很多病症出现后会比前一年严重，加上农药种类繁复、名目众多，更新换代也频繁，因此一种农药经常使用1~2年后就不再被使用或换个名字重新上市。辣椒产量每亩不等，高者可达3.5吨，低者1.5吨。辣椒价格从每斤0.1~0.2元到每斤5元不等，均价在每斤2元。每亩产量中的70%可以卖到均价以上，但30%可能只能卖到1元左右，甚至不足1元。

（三）种植大棚黄瓜

大棚黄瓜10月底开始育苗，育苗期20天，11月中旬移栽，移栽后约20天开花，开花后7~10天结果，1月初开始出售，3天可采摘一次，产量约每亩2.5吨。黄瓜生长成熟期短，病虫害更多，农药、化肥用量也比辣椒大。移栽成功后每2~3天就要施一次肥，6~7天就要浇一次水。关于打药方面，防治霜霉病的药一亩地要3~4桶水，每桶50元；防治灰霉病，10元一盒的药要用2盒；防治白粉病，10元一包的药要用2包。施肥方面，一亩地复合肥和尿素各要1包；5公斤1桶的壮根肥要4桶，每桶约50元。黄瓜售价每公斤从0.1~0.2元到3.5元不等，一半左右能卖好价，但一半左右只能卖（每公斤）1.5元左右或1元以下。

（四）种植青苞谷（水果苞谷）

12月底开始育苗，1月初移栽，生长期90天，3~4月间除两次草。施的肥主要是碳酸氢铵和普钙，每亩地前后各要3包。其间打药灭虫2次，只要10元左右。4月初开始采收，亩产800~900公斤，每公斤2.2~2.6元。

（五）种植水田露天小瓜

11月初营养袋育苗，30天育苗期后移栽，每亩约种1000棵，约10

天后移栽成活开始追肥，大约需要复合肥和尿素各 1 袋。1 月初开花后开始使用保花保果及膨果喷施化肥，2 月初首次采摘后再追施一次，然后第二次采摘。整个过程中每周需浇水一次。产量大约每亩 1 吨，售价每公斤 1 元到 2.5 元不等，其中的 90% 可卖每公斤 2.5 元，10% 卖每公斤 1 元。

（六）种植西瓜

9 月底稻谷收后开始装袋育苗，育 1000 棵苗，但一亩最后约种 800 棵。30 天育苗期后移栽，此前要做好捞沟打塘的工作，化肥每亩大约需要复合肥和尿素各半包。11 月底，开花前后每半个月打一次药，一周浇一次水。农药方面，杀虫药，10 元 1 桶，要 2 桶；20 元 1 桶的防病毒的药要 2 桶；20 元 1 桶的防白粉病的药要 2 桶。1 月还需除一次草，每亩地要 2 个劳动力做 1 天才能完成。3 月中下旬，开花后追施保花保果及膨果肥 20 元左右，壮根肥 50 元左右。4 月中下旬开始采摘，亩产 1.5 吨左右，售价每公斤 1 元到 2.5 元不等。

（七）种植旱地玉米

旱地苞谷种植简单，每年 5 月底点种下去，6 月中旬出苗后除一次草，加施复合肥和尿素（每亩地各 1 包）即可，7 月中旬左右再除一次草，等到 9 月份去收获。每亩产量可达 1 吨（干苞谷籽），主要用来喂猪。

（八）种植旱地花生

旱地花生一般和苞谷同一时间下种，5 月底点种，加施复合肥与尿素各半包。产量一亩地 300 公斤左右（带壳），主要用于自家食用，很少出售。

蔬菜类每次浇水一亩地一个劳动力要 5 小时左右才能完成，两个劳动力要 3 小时可完成。浇水多用机器提灌，每次大约需要 20 元。

二　土地经营方式及经营主体

（一）土地经营方式

易村自从 1983 年包产到户以后，出于对土地长期占有的信心，即产权确定带来的安全感，农户对分到户的土地更愿意投资了。有些人家为了将低等田改造成上等田，甚至不惜到外地拉土来填地，使其变得更肥沃。由于当地地质缘故，许多田地是沙质土，不适宜耕种，因此，还有农户在枯水季节从河中取底泥、从山上挖山土对农田土质进行改造。而有些家庭确实做到了将三等田改造成一等田，把只能种西瓜的沙土地改造成了适宜种辣椒、黄瓜等蔬菜的田地。土地的产出从此逐渐提高，土地不再仅仅是农户的口粮保证，也是增收的源泉。

张之毅在《易村手工业》中说过："易村本村的土地既然贫瘠，不能吸收资本，向外拓展又因交通不便，稍远的地自己不能经营，出租时又因土质不肥，不能得到较高租额。"[①] 70 年后的易村，这种情况似乎也没有多大改变。村民自己不种的田地，要么免费给亲戚种，要么租给他人。租给他人种，租金也特别低。根据几次调查了解到的实例，易村一共有 7 块田地用于租赁，而且都发生在本村人之间。独居老人 MZZ，因丧失劳动力而无法耕种田地，便将一块水田和一块旱地常年租给了村民 MYB 家种大棚。一块是 0.8 亩的水田，租金为 800 元/年；另一块是 0.7 亩的旱地，租金为 400 元/年。还有一户独居者 MXZ，因精神失常、丧失劳动力，将 0.8 分的水田和 1 亩的旱地租给 MYQ 和 MYY 两兄弟种。说是租，但实际不收现金，而是每年给 MXZ 四袋谷子作为租金。80 岁的老人 MYL 将自己的 0.6 亩水田以 600 元/年的价格租给了 MYJ 种。村民 MHZ 因到南华上门，不在本村，将自家的地免费给 MYW 和 MYQ 家种，不收租金，只要求对方为他管理好田地。MTZ 和在外打工的 MQZ 兄弟二人将两人的 1.5 亩水田租给哥哥 MYZ 种，虽然是租，但价格特别低，其租金就是 MYZ 每年给他们的老母亲 200 元。常年在外打工的 MYT，将自家的 0.8 亩水田租给 MYH 种，租金为 700 元/年。独居老人 MYC 将 0.4 亩的水田以非常低廉的价格租给了村医 MYY 家种牧草，每年 200 元租金。这样算下来，易村的平均地租，水田每亩不到 1000 元，旱地就更便宜了，约在 500 元一亩。出租田地的大多是丧失劳动力的老人，或是举家常年在外务工的农户，低廉的租金甚至免租为的只是不愿意看到田地荒着长满野草。

---

①　费孝通、张之毅：《云南三村》，社会科学文献出版社，2006，第 255 页。

（二）土地经营主体

从进高级社一直到 20 世纪 80 年代初集体时代结束，农业的主要经营者都是妇女，男性劳动力的主要"战场"则是副业。在当地人眼中，真正赚钱的是副业，作为主业的农业，其任务则是完成农业税以及口粮生产。

20 世纪 80 年代初期，养殖业也曾经十分盛行，但由于土地太少，饲料供应不足，加上价格不稳等因素，养殖业慢慢也衰败下来。到 90 年代以后，由于小型农机尤其是微耕机的广泛运用，种植业再次成为主导产业，种植业收益大幅增加，农民开始回归到土地经营上来。

田间劳动分工方面，在农资购买方面男性居多，在栽收方面女性居多，浇水、施肥、喷洒农药等男性居多。总体而言双方都做，男性主要负责重体力的活计，女性主要负责相对轻巧重复的活计。此外，女性还负责家庭事务及饲养工作。家庭中男性多掌管现金，但购物时女性决定权大，尤其是家庭大件。

三　土地投资及其收益

（一）农田基础设施

由于易村土地不多，且分布零散，难以形成规模化连片生产区，农田基础设施也主要是小型、分散的。因此，由政府直接投资建设的农田基础设施不多，大部分农田基础设施主要是通过政府投资、集体筹建、家庭落实或家庭自建的形式逐步建立完善的。

在易村最主要的农田基础设施有两类：一类是水利设施，另一类是大棚。除了雨季可以自然浇灌和少部分位于江边的田地有水利便利外，其他时候和其他田地浇灌用水都得使用提灌设施。过去用的是木制的水车来提水，通过沟渠来进行浇灌。现在主要是利用抽水泵引水入田。因此，完善水利基础设施一直是易村人最期望的事情。村民们一直希望能在政府的帮助下修建三面光的沟渠。因为只有修建了三面光的沟渠，才可以最大限度减少渗漏，保水保肥。

蔬菜大棚也是易村农业生产中最主要的基础设施。尽管很多学者批评大棚对地方气候和农业生产会产生不良影响，但这基本上不影响大棚的普遍使用。在易村，大棚无疑是村民实现农业增收的主要"功臣"。这也可以从每年农业部门提供大棚补助时，农户积极申报中看出来。

（二）土地上的投入与产出

农田基础设施的好坏，除了与地理位置、自然条件有关外，还与政府或经营者的投资意愿和投资行动有关。上面已经提到，村里大量的农田基础设施实际上是以家庭为单元完成的。假设基础设施基本相同，那么，易村人是否真正看重对土地的投入，回归以土地经营为主的易村人是否从土地经营中获得了预期收益？根据对村民的走访，我们能够基本估算出一亩田地的基本投资。首先，对从事农业生产的农民来说，种植水稻或蔬菜等其他粮经作物种类的人工耗时是完全不同的，尤其是在经济作物（特别是蔬菜）的种植上，不同品种的蔬菜，使用的人工都不尽相同，有时差距还会很大。但在易村，每亩稻谷的劳动力大约是 12 工[①]，种子、化肥、农药等生产成本大约合 200 元。以亩产 400 公斤大米计，当地大米单价约 4.8 元/公斤，一亩稻谷产值为 1920 元，如果去除生产成本和劳动力成本（劳动力成本按平均 60 元/天折算），每亩产值约为 1000 元。如果是种植蔬菜，以辣椒为例，一个生长周期的劳动力大约也需要 25 工，但是这 25 工相对稻谷种植就显得十分零碎、耗时、耗精力。种一亩辣椒所需的种子、化肥和农药的成本相比于种一亩稻谷而言堪称几何级数的增加，高达 5000 元。主要是需要不同种类的化肥和大量的农药。这样高成本的投入，其产出回报也是十分可观的。当地的辣椒平均亩产量可达 2 吨，而每公斤辣椒的平均价格是 6 元，按此计算每亩辣椒的收入在 18000 元左右。除去生产成本和劳动力成本，每亩辣椒的利润比种植稻谷高得多。

费孝通和张之毅曾经指出，一方面，易村由于自然条件的先天限制，土地贫瘠，加上肥料缺乏，土地生产力难以提高；另一方面，由于地少

---

① 这里的"工"是一种计量单位，指一个劳动力在田地劳动一天的工作量。由此计算田地面积，1 工等于两分半，即 1/4 亩，4 工等于 1 亩。

人多，土地上所用劳动力已达到经济学上的耕种边际①，在当时的生产技术和劳动力水平下，对土地的人力或资金上的再投入，显然已无法获取与之相对等的收益，反而削弱了农田利润。现在看来，农田利润的上升，显然吸引了越来越多的人回归农业。

① 费孝通、张之毅：《云南三村》，天津人民出版社，1990，第 215 页。

第八章　生计环境和生计活动

　　生计指的是人们相对稳定、持续地维持生活的计谋或办法，也就是通常所说的谋生方式或生活习惯。每个民族在其生存的过程中都有一套主要的用以维持其生活的方式，以实现基本的生存及更进一步的发展。生计方式没有一种固定的模式，每一类生计方式都是对当地环境适应的结果，都处于不断地变迁之中，而且总是与一定的生态环境、社会（规则与资源）和文化相适应。它的存在、延续和发展都有其特殊的条件，对生计的适应调整是建立在地方性知识基础和现实条件变化之上的。林耀华先生曾说："每一个民族都有自己的传统生计方式、思想文化等经济文化特征，这些特征在很大程度上受其居住的地理、生态环境影响和制约。"① 因此，谈易村的生计，就不得不首先来介绍一下易村所处的自然环境和社会环境。

一　与生计有关的自然环境

　　易村位于绿汁江畔，地处低热河谷，海拔约 1330 米。当地气候炎热干燥，光照充足，水热资源丰富，霜期最长不超过 50 天，年平均气温 18.5℃，10℃以上有效积温超过 6000℃，年平均日照 3150 小时，年平均降雨量 650 毫米，属亚热带季风性内陆半湿润气候，又明显具有从冷凉山区到低热河谷的立体气候分布特征。从气候和地理位置上来讲，该村属恐龙山镇内较为炎热干旱的山区村落。星宿江流到易村附近，宽有二三十丈，水量很大，水资源丰富。但过于丰富的水资源并不意味着适宜于精耕细作的农业发展，由于易村地势低洼，每年 5～8 月雨季来临时，只要连着下几天雨，江水就会大涨，江边的田地极易受到洪灾的危害，十分不利于农作物生长。于是，为了防止江水淹没田地，结合当地炎热

---

　　①　林耀华：《民族学通论》，中央民族大学出版社，1997，第 507 页。

干旱的气候条件，易村人在星宿江畔种植了大面积的竹子。这也是易村今天之所以竹林成片的原因之一。

易村过去有两个村民小组。人民公社时期被划分为两个生产小队。作为一个自然村，易村长期以来都是被划分为两个单元。2016 年，两个村民小组合为一个小组。这时，易村才正式以一个完整的单元出现。

易村现有农户 87 户，总人口 312 人。全村共有田地面积 311.3 亩，其中水田 210.11 亩，旱地 101.19 亩。易村的土地资源不仅有限，且布局非常分散，在易村村内的只占 25%，其余的耕地分布在独瓦房村委会的榄板凳、下河尾和九渡村委会的南边河和九渡村等地。具体分布为：易村本村约 80 亩、九渡村 30 亩、南边河 36 亩、下河尾 27 亩（原有 34亩，因修建安楚高速公路占用了 7 亩）、榄板凳村 138 亩。如此分散的田地给易村人带来的经营和管理上的麻烦是显而易见的。

易村的田地类型可分为四种：从山坡依次向江边分布着干地、干田、两熟田和沙地。第一种是干地，干地是靠山的土地，这是一种较贫瘠的土地，无法进行人工浇水。主要是离江水太远，提水来浇灌的成本与产出不成比例。易村人在干地上种植花生、黄豆、棉花、烟叶和薯类等较耐旱的作物。第二种是干田，也是人们所说的"雷响田"，顾名思义就是只有在打雷下雨天才会有水的田地。干田土质比干地稍微肥沃一些，但也是属于中下等土地。因此，它的价值比干地稍高一些，但又不能和江边的田地和沙地相比，这种干田只种一季水稻和玉米，而在 2010 年至2013 年持续干旱的几年间，这种田基本无法种植任何作物。第三种是两熟田。这种田因土质好、浇灌便利，易村人称之为"湿田"或"车田"，意思是有水，过去用水车提灌，现在都是三面光沟渠延伸到各家各户，灌溉便利，大春种植水稻，小春种蚕豆。易村的两熟田有 200 亩左右。第四种就是沙地。这种田地靠近江边，易受到江水的冲击。江水水位下降后，留下大量沙土，所以叫沙地。因太靠近江水，故常常受江水的浸漫干扰，不宜种水稻，常用来种植玉米、蚕豆、芋头、大棚蔬菜和牧草。靠近江边的这类"湿田"，地势较平缓，是易村最优良的田地。

张之毅在《易村手工业》中描述道："易村是一个土地资源少而贫瘠的村子，在 20 世纪 30 年代末期的易村，全村共有 54 户 236 人，120个劳动力，本村的田地一共只有 212 亩，值得开垦的已经全开垦了，甚至不值得开垦的也试验过，结果开垦之后，重新又让它荒废。其余的山岗，全是草木稀少的红山岩，于农业上没有半点用处。"① 而这一现象，在今天依然没有太大的改观。如今的易村，仍然是一个农业生产基础条件较差的山区村落，田地极为分散的现实又决定了农田种植的高成本投入。而地处红页岩的山岗斜坡上绝大部分是寸草不生的碎石层。山腰缓坡和山脚零星有些土地，但土质相当贫瘠。易村背后的山上没有像样的树木，大部分只是裸岩间杂着少量的灌木。如此一来，易村的林业发展受到限制，村民基本无法从林业中获得收益。

二　与生计有关的社会环境

除了自然环境，社会环境对生计的影响也很重要。一个民族在地球上得以生存和发展，并不仅仅依赖客观的自然环境，因为构成民族的个体不仅仅具有生物性的一面，不能仅仅依赖空气、阳光、水等物质生存下去，更重要的是他们还具有社会性，他们的各种要求必须在社会中得到满足，自身在社会的培植中得到生存和发展。② 因此，社会环境也是影响生计的重要因素。

一是基础设施。目前，进入易村的道路主要有两条，一条是 2004 年修建的土路，另一条是 2013 年修建的水泥路。

易村地处山区，交通设施不完善。1990 年 5 月，费孝通先生再访易村时，那里还是狭窄的土路，由于下雨，他未能到易村。2004 年，由于安楚高速公路修建占用了易村的部分田地，村民提出与其给予占地补偿不如去修路。由此，易村争取到了从绿汁江大桥到小栗树村口的修路经费，共计 16 万元。目前，易村使用的水泥路是 2013 年建成的，川九公路是 2011~2012 年时任楚雄州副州长到九渡村委会挂职时从州交通局争取到的项目，整个项目村民无须投入资金。两条进村道路的修建使得易村交通条件大大改善，村民因此买了微型车和小货车，做起了小生意。

二是人力资本因素。人力投资是依附于个体体力和智力所产生的劳

---

① 费孝通、张之毅：《云南三村》，社会科学文献出版社，2006，第 202 页。
② 罗康隆：《论民族生计方式与生存环境的关系》，《中央民族大学学报》2004 年第 5 期，第 3 页。

动（包括体力劳动和脑力劳动）价值总和，是经济增长的重要源泉。[1]
对于农村劳动者来说，人力资本对农民生计的影响主要体现在劳动力数量以及劳动者身体素质、劳动技能、智力水平、受教育程度等方面。调查结果表明，易村的劳动力有 127 人，占总人口的 40.71%。易村村民受教育程度普遍偏低，因此整个村子的劳动力基本上都是从事体力劳动，即便是外出务工的人员，大多数也是从事劳动强度大、技术含量低、劳动时间长、工资水平不高的工作。全村仅有 6 人在企事业单位和国家机关单位就职，这无形中导致了整个村子的人际关系网窄，人力资本匮乏。

三是社会资本因素。易村社会资本的基础是家族组织。家族组织具有悠久性、内生性和生活性等特点，能发挥维持生活与生产秩序、促进经济发展以及文化传递等功能的家族组织是农村自身发展内在需要的产物，与广大农民的日常生活息息相关。易村是个同姓的村子，村里现有的人家都有同一个祖先。据村里对家族谱系、成员最熟悉的 MYL 老人回忆，从本家族谱系最早一代到 MYL 这一代已经是第 7 代了。追溯易村的马姓祖先可知，其始祖叫 MY，MY 有 5 个儿子：MYL、MRZ、MRX、MRC、MRK，其中 MYL 生了 4 个儿子——MC、MH、MX 和 MH。其中，三子 MX 的独生儿子前后娶过两房夫人，共育有 6 个儿子。现在易村的大部分村民正是 MX 的后人。家族组织内部很团结，红白喜事、建房盖屋等大小事情都会相互帮忙，村民有很强的心理认同感。但因为历史上马家人分了四支，各支人口增速和家族经济状况也有差异。

三 以农为主的生计活动

根据易村的自然环境和社会环境，易村家庭的生计活动可以概括为"以农为主""农业兼非农业"和"非农业"三类。农业方面，被划分为种植业和养殖业；"非农"方面，主要是外出务工、经营小卖店、搞运输、贩菜等。还有少部分特殊群体（如鳏寡孤独）也在一定程度上脱离了农业，靠政府救济和亲友接济生存。易村曾经兴盛一时且作为农业补充的传统手工，如今在政策、市场等各种因素的影响下只是零星存在，

---

① 李宝元：《人力资本与经济发展》，北京师范大学出版社，2000，第 104 页。

基本不能发挥任何生计效应。过去"人不外流"的易村，现在已成为外出流动人口户均一人的、流动较频繁的村落。易村的生计方式在应对自然环境和社会环境变化的过程中呈现出与 20 世纪 30 年代末至 40 年代初张之毅先生笔下不一样的景象。

（一）持续发展的农田经营

张之毅在《易村手工业》中提到，易村的村民虽处于贫瘠的红色页岩山岗上，但他们还是念念不忘地想在农业里解决他们的生活，交通和运输的艰难，也使他们非自己生产粮食不可。① 而 80 多年后的今天，农田经营仍是易村主要的生计来源之一，但农田经营的形式和内容发生了转变。

1. 仅能满足自食的传统种植业

在易村，村民传统的生计方式主要是种植业。长年以来，大春种植水稻、旱地苞谷、花生，小春多种植小麦和蚕豆。正如费孝通先生在《乡土中国》里所言，"乡下人离不了泥土，因为在乡下住，种田是最基本的谋生办法"。② 受"地狭人稠"和"土地贫瘠"的现实制约，易村的农业存在先天不足。尽管道路、水利等基础设施不断改善，但易村的传统种植业仍只能满足自食。以种植水稻为例，每年清明节前半个月就要开始泡田，泡 10 天左右。泡田主要用农家肥，农家肥不够的情况下也掺少量化肥。一亩田需要 20 多挑农家肥（每挑 30 公斤左右），泡（一亩）田大约需要 4 工，接下来是撒小秧，大约 60 元/亩、拔秧栽秧 150 元/亩（拔秧栽秧是要请工的）、薅草 100 元/亩（2 工）；施底肥时需要 2 包碳氨加 1 包普钙，共计 60 元/亩；第一次追肥需要尿素混合钾肥（8～10 公斤/亩），共计 30 元/亩，第二次追肥需尿素混合钾肥（8～10 公斤/亩），共计 30 元/亩；打药时需除草剂 10 元/亩、水稻稻瘟病防治 15 元/（次·亩），打 2 次共需 30 元。关键是水稻打包时要"吓雀"，这是最费工夫的，从天亮到天黑都要有人看守，不然水稻会被麻雀吃掉。收割时租用打谷机，150 元/亩；晒谷子这一道工序就要依据天气而定，天晴时按一个人一天晒 1000 公斤计算，晒干需要 3 天，如果遇上下雨天，前后

① 费孝通、张之毅：《云南三村》，社会科学文献出版社，2006，第 248 页。
② 费孝通：《乡土中国》，人民出版社，2008，第 49 页。

就要花一个星期的时间；最后是碾谷子，成本为 3~4 元/100 公斤。易村的水稻亩产稻谷 500~600 公斤，大米 350~420 公斤，大米的市场价为 4 元/公斤（2016 年），一亩水稻毛收入 1400~1680 元，除去种植成本 650~700 元，该成本还仅仅是农户可以直接算出的农药、化肥和部分请工的成本，自己家人的投工投劳及生产用具耗费的水、电、油并未算入。因此，按照易村人均 0.8 亩水田来计算，易村的水稻除了满足自食外，根本没有剩余的可以出售，即便有少部分剩余，但从投入的人工成本和市场价格来看，是非常不划算的。所以，现在易村 87 户人家，已经有 20 多户完全不种水稻了。此外，旱地苞谷也仅仅可以满足喂养家里的牲畜，由于干旱缺水，易村的干地和干田基本上都是种植旱地苞谷，每家0.5~1 亩不等。易村的旱地苞谷每亩产量可达 1 吨（干苞谷籽），主要用来喂猪。除了旱地苞谷，还有旱地花生，花生也是每年 5 月底点种，9 月收获，产量为一亩地 300 公斤左右（带壳），但因为每家种植面积较少，大多数就是 1~2 分地，也只能满足自食。因此，从传统的水稻、苞谷和花生的种植情况来看，仅能满足老百姓的自食需求。

2. 兴盛一时的西瓜种植

1999~2003 年，西瓜种植在易村兴盛一时。村里第一个种西瓜的人是 MYR。当时，MYR 的表哥在易门县的小江口种西瓜已经三年多了，收成较好，市场销路也好。MYR 考虑到易村光照条件好，又处在绿汁江边，水源丰富，适宜西瓜生长，就向表哥请教种瓜技术，并以每桶 100 元的价格向表哥买了 7 桶共 2 公斤的西瓜籽。MYR 约上了跟自家地块相连的 MHZ、MYP、MYZ、MYW 四家人一起种了 7 亩多的西瓜。技术方面由表哥负责指导。第一年的亩产在 4.5 吨，当时的市场价是 1.5 元/公斤，西瓜全部都卖完了。在尝到了甜头之后，MYQ 第二年以 200 元/亩的价格向村里人租了 2 亩荒地，专门种植西瓜。一年下来就赚了近 2 万元。村民们看到了此番景象，纷纷跟着种起了西瓜。整个村具体的种植面积无从考证，但据 MYR 说："当时 80 多户人家，基本上家家都种西瓜。很多村民因为种西瓜挣得了建新房的启动金，有了置换家具的钱。" MYR 种了 6 年西瓜，攒下了 4 万多元，2003 年开始建新房，还买了一辆价值 4600 元的摩托车，成为易村最早骑摩托车的人。

然而，西瓜种植仅仅只维持了四五年，由于市场价格的波动，再加上易村交通条件差，运输成本高，易村的西瓜开始走下坡路，价格从1.5~2元/公斤跌到了0.4~0.5元/公斤，再后来甚至烂在地里卖不出去。2004年，易村就彻底不种西瓜了。

3. 反季节蔬菜成为主力军

2004年以后，易村开始发展反季节蔬菜种植。时任楚雄州委常委、统战部部长到恐龙山镇调研时提出了"四个一"的发展目标，易村所属的恐龙山镇党委政府积极响应，并结合当地气候条件，要求在整个恐龙山镇种植反季节蔬菜1000亩，易村就是主要种植反季节蔬菜的自然村之一。易村主要种植的品种是辣椒"丰优B特早"和"思宝辣椒"，优质黄瓜为"丰庆四号"和"津杂六号"等，还有一些青苞谷、水田露天小瓜等。易村利用当地的气候条件，通过种植反季节蔬菜，在市场上占据了优势，村民获得了更多的经济收益。

易村种植反季节蔬菜的面积从2006年的9.8亩增加至2016年的120亩，87户人家，除去五保户、独居老人、在国家机关和企事业单位工作及退休的人员，其他的62户人家都有大棚，户均在1.5亩左右，最多的人家有3.4亩。

自种植大棚蔬菜后，易村的农忙从当年的8月底延续到次年5月，5月大春下种后稍有空闲，到8月底9月初又开始种植辣椒等各种经济作物，直到次年3~4月卖完，之后开始准备大春，如此往复。发展反季节蔬菜种植后，易村土地的单位面积产值逐渐提高，替代了传统的以产量低、产值低的水稻种植为主的生计方式。反季节蔬菜的种植，恰恰能利用时间差很好地抢占市场。小组长MHZ说："我们易村的蔬菜打的就是时间差，种的都是反季节蔬菜。别的地方还没有上市，我们就可以卖了。"每年1~5月，易村的蔬菜大量上市，禄丰县城、易门县、昆明市等地的商贩会开车上门来收购，村民既省去了运输的成本，也解决了销路的问题。

那么，反季节蔬菜种植给易村带来了多大的收益呢？调查了解到，易村目前蔬菜种植面积大约在120亩，每年每亩的毛收入可达到1.8万元，除去农药、化肥、种子和请工等成本外，每年每亩的纯收入在1.3万~1.4万元。比起仅能满足自食的水稻，效益是非常明显的。今年40岁的MHZ是易村出了名的种菜能手。他家共经营2.4亩水田和1亩开荒地，其中2.5亩种植大棚蔬菜，有宽5米、长20米的大棚8个，全部种植辣椒。据 MHZ 介绍："我们家里现在种着 2.5 亩的大棚辣椒，因为这两年辣椒价格不错，地边收购价均价在 7～8 元/公斤，好的时候在 14～15 元/公斤（半月左右）。一年纯收入在 4 万多元（不计自己投工）。两个孩子的生活费和夫妻二人的吃喝穿用全靠种植大棚蔬菜。一年忙下来，除了孩子上学缴的部分学费（女儿的学费是靠助学贷款）和生活费等费用，还攒了几千块钱。日子比起以前是好过多了。"

（二）小规模的家庭养殖

易村传统的养殖方式是分散养殖，即自给自足型。87 户人家，每户人家都有 3～4 头猪，户均也有 20 只鸡。而牛和羊只有四五户在养，因为牛和羊等大牲畜不仅需要饲养的场地还需要人来管理，易村大多数家庭都不具备以上条件，所以饲养大牲畜的人家较少。易村家庭散养的家畜、家禽大多不是出于经济目的，主要是满足自家平时的生活所需。这种养殖方式和 80 多年前的易村差不多，在张之毅的《易村手工业》中曾提到："猪、羊、鸡、蛋，本村都有出产，过年时，有钱的人家多杀猪，各请本宗相契的人来吃一顿，剩下的肉腌起来，慢慢吃。"[①] 分散养殖比较粗放和单一，农户通常将自家的玉米、油渣、麸皮等作为家畜的饲料，配合饲料几乎没有。

张之毅在《易村手工业》中提到："每当夕阳初下的时候，黄昏暮霭里送来了一大群山羊，咩咩地叫破了山村的寂寞。山羊一到村里的空场上，就有一群小孩，个个怀里抱着一两只可爱的小羊，迎上去找他们的母羊。"[②] 单看文字，就能想象得出那种温暖的场面。而现在的易村也有一群群可爱的羊，只是集中在两三户人家。因为养羊需要有余屋作羊圈，还要有专门的人每天负责放牧。易村养羊相对较多的是 MSZ 老人。MSZ 老人已有 10 多年的养羊经历，最早是在独瓦房村的舅老公因家里下小羊送了他一只，然后，那只小羊长大了就繁育了几只羊崽，一年一年就多了起来。但 MSZ 家的羊并未产生什么经济效益，养了 10 多年，就卖过五六只，主要原因是"丢失"和"疾病"。《易村手工业》中也提

---

① 费孝通、张之毅：《云南三村》，社会科学文献出版社，2006，第 255 页。
② 费孝通、张之毅：《云南三村》，社会科学文献出版社，2006，第 276 页。

到："在羊瘟的威胁下，一辈比较贫穷的人家，不敢尝试这带有投机性的事业。"① 据老人说："这些年每年都要损失 4 ~ 5 只羊，一是放到山上被偷，2016 年就被偷了 9 只；二是染上了肝炎病，2016 年有 13 只羊因染上了肝炎病而死亡，其间给羊打针吃药都花了 1000 多元。"因此，老人养羊主要是满足自己的喜好，逢年过节杀两只做菜食。

易村还有一户养牛专业户，就是村医 MYA 的妻子 LML。LML 是内蒙古人，之前在老家时，她就有养牛的经历，再加上她喜欢上网钻研一些种养殖方面的技术，在村里算得上是有智慧且能干的女性。LML 是从 2012 年开始养牛的，主要是为了对酿酒剩余的酒糟进行再次利用，而且家里有部分闲置的地，可以种植牧草作为饲料。LML 回忆，2012 年刚开始养牛的时候，第一次养了 3 头 6 ~ 7 个月大的小牛，是从川街的市场上买来的，一共花了 14220 元，这些钱中有 10000 元是从娘家弟弟那儿借的。大约养了不到 1 年就卖了，因为是第一次养，在养殖技术和市场价格把握上没有经验，3 头牛一共赚了 6000 元。2014 年，又买进 4 头，其中一头得病，转手就卖了，还亏了 1000 多元。2015 年，买了三十多头，2016 年，买了三十多头，同时卖了三十多头。LML 养牛主要是买进小牛，催壮后卖出，催壮期最短三个月，最长五六个月。产出的牛粪供村民们拿去押地，换取对方的干稻草来喂牛，在稻草不够的情况下，就加一些自家种的牧草，还有酒糟，这样成本就比较低了。因此，LML 家每头牛平均每月能有 400 元的收益。通过多年的养牛经历，LML 也积累了丰富的养牛经验，比如每隔 3 天要清扫一次牛圈，以保持干净的环境，村民给的干稻草要在空地上经过晾晒或者风干，除去露水才能喂食等。此外，可以通过观察牛粪来看牛的身体健康与否。有了之前的经验，她也学会了如何挑选健康的牛（健康的牛一般身体匀称、脚粗，臀部和胸部宽厚，拍打它反应灵敏）。而对于养牛的技术，比如说牛圈怎么修、牛槽怎么做（U 形牛槽比方型更适合）等，这些知识都是 LML 在网上学到的。

---

① 费孝通、张之毅：《云南三村》，社会科学文献出版社，2006，第 277 页。

第九章　非农生计活动

一　农闲时开展的手工业

张之毅的《易村手工业》中记载，易村的造纸和竹编盛极一时，是当地人农业经营之外的主要副业活动，且手工业占易村经济收入的第一位，成为农业的重要补充。而到了20世纪80年代以后，易村的手工业大大衰退，只有少部分年老的村民还会编一些竹制品出售，换取生活费。现在的易村，竹编这项手工业活动只是偶尔还能见到。除了少数几个80多岁的老人还能在闲暇时偶尔编几个簸箕、竹篮之外，村中就没人再从事这门艺术了。造纸在易村也已经消失20多年了。导致易村手工业走向消亡的原因有很多，本书有专门的章节来阐述，在此仅从它维持生计的经济功能的角度做一些分析。

据村中还掌握竹编技术的老人回忆：刚刚包产到户时，易村的一个海簸可以卖到18元，在那个年代，18元已够一个人生活一个月了。而因为交通条件的限制，一个壮劳动力要花三个半小时的时间步行将海簸抬到川街，卖给商贩，商贩再将其带到禄丰或更远的地方去卖。若是雇工抬，抬一个要给1.5元工钱，一般是一个人抬一个。一般情况下，如果要现砍竹子，一个街子的周期（六天）能编一个海簸，若是之前有存下的竹子且准备充分的话，一个街子的周期能编2~3个。到1994年前后，海簸可以卖到30~40元/个，2006年140元/个，2009年200元/个，2011年260元/个，2013~2014年300元/个。而整个村子一年到头也不会卖出超过10个海簸。MYL和MTA两位老人说："印象当中，20世纪90年代以后，海簸就没人要了，我们老人也就是不想把这门技艺丢掉，做其他活计又做不动，编编打发时间，仅从收入讲，即便一个月能卖1个海簸，也就只是够我们买点烟抽、买点酒喝。"

20世纪80年代以前，地处边远的易村由于不通公路，对外交通十分不便，进出村子都靠步行，行走于山间崎岖小道，同外界的接触较少，仍然以传统的生计方式为主。农业所得基本都用作家庭口粮，而传统的手工业——造纸和竹编等则是能提高家庭生活质量的。据村里的马医生回忆，20世纪80年代初期，村里副业的收入情况，用一句非常形象的描述就是"依靠编挑篮、提篮等编织业收入，家里才能买得起盖房子用的瓦片"。但由于市场需求和人们生活方式的改变，传统的手工业慢慢退出了主导地位。

2000年以后，随着交通的改善，打谷机等小型农具开始在附近农村普及，村民对海簸这种传统的打谷工具的需求迅速下降，除了远处山区实在不方便用机器的地方，已经没人用海簸了。虽然市场价格最终能卖到300元/个，但每年能卖出去的数量却越来越少。2014年，老人MYL一年只卖了2个海簸。挑篮和粪箕也是一样，虽然是一年四季都能卖，价格也上涨了，但是需求越来越少。易村的竹编到了现在仅仅是一些老人休闲时打发时间或练练手艺的一种选择，不再是家庭维持生计的手段。

二　外出务工的兴起

易村一直都是一个土地负担极重、农业发展先天不足的村子，不仅人多地少，且较少的耕地还存在质量不高的问题。迄今为止，易村的农业生产也只是解决了村里人基本的温饱问题，要想过得更舒服（另外还有结婚、建房、丧葬等这样的大事），找门路赚钱是必不可少的事情。

因此，易村要发展就不得不在农业之外寻求生路。一方面，从国家的大环境看，改革开放的政策使当地人的谋生方式摆脱了农业经济束缚，开始向多样化趋势发展。面对人多地少、资源缺乏等现实问题，村民并没有将全部人力用于农业生产，而是选择从事运输、贩菜等副业。另一方面，农业生产的季节性特点也使得农村剩余劳动力可以得到利用。尤其是2000年以后，国家实施西部大开发战略、社会主义新农村建设及乡村振兴战略，这些都为农村剩余劳动力提供了更多的就业岗位。于是，易村的生计方式越来越多样化，"半离农""完全离农"的现象越来越普遍。

面对土地资源紧张、人地矛盾突出的问题，在国家劳动力转移政策的支持下，外出务工逐渐成为主流，过去易村"本村人不宜外出，出去的没有发迹"的传言被一批一批的外出务工者和他们用打工挣来的钱买车、盖房等物质生活条件改善的现实所打破。张之毅到易村的那个时候，村民们都说易村人凡是出去的都没有好下场，而现在却变成了只有"走出去"，生活才能更富裕。目前，全村 87 户人家约有 1/3 的人（差不多每户一人）季节性地在本地或外地务工，主要从事服务业和运输行业，月收入在 1500～2500 元；有近 30 人是常年在楚雄、玉溪、昆明和省外的工厂、酒店、餐馆、建筑工地务工，月收入在 2800～5000 元。外出务工日益成为家庭收入的主要来源。

（一）季节性外出务工

村里极为有限的土地资源决定了不需要太多的劳动力来从事农业生产，而村里又没有其他的就业门路。所以，很多中年人选择外出务工。每年的 5～8 月，家里较重的农活基本都已完成，且这个时候大棚蔬菜已经全部收获卖完，大春的水稻也已经种下，水稻的田间管理又不需要太多人手，一个女性劳力就可以完成，家中的成年男子大多去禄丰县城或昆明市等地务工。大多数从事搬运、挑菜等体力活。这些活计基本上是计件，按天结算工资，一个人一天能挣 80～120 元。季节性农村男性劳动力外出务工的状况在易村非常突出，70%～80% 的中年男子是季节性外出务工的主力。这部分外出务工者能够出去务工的一个必要前提就是农村农忙时或农闲时不再需要太多的劳动力。村民 MMZ 说："我是 2008年就开始外出务工了，因为家里种着大棚，只有在农闲时候才去。最开始在禄丰县城跟着别人做木活。刚出去时，挣不了钱，生活也不习惯。过年和家里忙的时候，我就回来了。之后几年不断地换地方，都是做一些粗活，搬运水泥、挑沙灰、砌挡墙之类的。目前在昆明市的呈贡区做挑菜工，一天能挣 200 元左右，但不是每天都有活干。一般都是选择离自己的家乡较近的地方，农忙的时候回家干农活，比如种大棚要拉土、搭棚和大量收菜的时候，还有收谷子的时候，农闲时间会外出继续务工。我们整个村外出务工人员的务工地点集中在禄丰县、昆明市、楚雄市、玉溪市等。很少有人到北京市、上海市、广州市等地务工。不过，现在二十来岁的年轻人敢闯了，有些年轻人读完书就到外省去了。家里人都很支持我外出务工。家庭日常开支和孩子上学都需要钱。农闲时间还是挺长的，总不能闲在家里。外出务工对增加收入起了很大作用。"

形成这种季节性务工的原因主要是，纯粹种植业和养殖业无法使村民摆脱贫困，只有通过寻求其他的生计方式来提高生活水平，外出务工成了他们的必然选择。但是，部分农业重体力活仍需身体强壮的男子来干，所以在农忙的时候，大部分壮劳动力还是会回到农村从事农业生产。从事农业和季节性外出务工的方式，保障了家庭有稳定的经济来源。

（二）常年外出务工

二十多年前的易村还是一个人口流动不太明显的封闭山村，人们安分守己。近十多年来，在城市化的冲击下，村里一部分年轻人纷纷离开村庄，离开祖祖辈辈固守着的土地，开始到禄丰县、昆明市或更远的发达地区寻求新的生存和发展空间。1998 年，当村里的第一个年轻人不顾家人的反对走出大山去城里闯荡世界后，紧接着，又出去了一小波年轻人，慢慢地，常年外出务工竟然成为村里许多年轻人的"追求"。村里常年外出务工的有十多人，这部分人除了家里有生老病死之事和过年时回家，其他时间都在外地。

村民 MQZ 就是易村第一个外出务工的人。MQZ，1979 年生，目前在玉溪市通海县做建筑工。MQZ 家兄弟姐妹五人，因为家里负担重，从小父亲便鼓励他多读书，才能走出山区。1994 年，MQZ 从栗树小学考入川街乡（现恐龙山镇）中学读初中，因为成绩不好，1997 年，初中毕业后，他就放弃了学业，准备出去闯闯。他的决定遭到了母亲的反对，但父亲考虑到家里兄弟姐妹多、负担重，糍田种地又养不活一大家子人，于是就同意让他出去闯闯。1997 年 8 月，正巧遇到楚雄卷烟厂到川街中学招临时工，马巧忠就和几个同学一起被招到卷烟厂工作。起初主要从事整理烟袋的工作，一天 7 元工资，没有休息日，一个月挣 210 元。干了半年后，楚雄卷烟厂被玉溪卷烟厂合并，人员裁减，马巧忠就被解聘了。后来就辗转到了通海铁厂工作，在铁厂专门负责开化铁水的机器，开始一天工资 10 元，大约一年后，开始按计件算工资，一个月挣约 700元左右。就这样，在通海铁厂一干就是 7 年。在这期间，MQZ 认识了也在附近工作的通海本地姑娘，不久就和她结婚了。结婚后，他们在通海城边租了一套一居室——约 40 平方米的公租房。租期 10 年，租金 4 万元。2006 年，铁厂因经营不善倒闭，马巧忠夫妇只有自谋生路。因为是初中毕业，文凭低，很多单位都进不去。而此时，通海县在大搞城市建设，对建筑工的需求很大，他就找了一份建筑工的活。妻子就负责在家里带孩子。一开始在工地上挑沙灰，一个月能挣 1500～1600 元。后来，他在工地上学会了浇灌钢筋的技术，慢慢又改行做了钢筋工，一天能拿到 200 元的工资。但建筑工地上的活计也不是天天都有，一个月最多就干 20 天。家里的收入一部分还靠妻子经营的蔬菜种植。靠着通海蔬菜种植大县的优势，马巧忠夫妻俩也租了 2 亩地种起了蔬菜，一年下来有 3万～4 万元的收入。夫妻俩现在靠着种菜和在建筑工地务工，日子过得还不错，正打算在通海县城买一套属于自己的房子。

像 MQZ 这样靠务工过上好日子的人在易村不算少数，村民 MHZ 也是常年在楚雄市、禄丰县等地做建筑工。他出去七八年了，攒下了几万块钱，2015 年重新翻修了家里的房子。MCZ 和 MBZ 两兄弟，哥哥在禄丰县收费站工作，弟弟在昆明市做水电工，二人在外务工近 10 年，几年前也回家翻修了老房子，还买了摩托车。

（三）新一代的务工者

受中年一代务工者的影响，易村越来越多的年轻人选择外出务工，成为新一代的务工者。尤其是新生代的易村人，初中、高中毕业后回到农村既不会种地，学历又低，还不懂技术，只有到城里务工，他们主要做餐馆的服务员、商店的售货员或收银员，也有在工地上开装载机的。

MCQ，女，1990 年生，2010 年就读于楚雄中专技术学校，后来到深圳太太口服液公司实习，实习半年后就在深圳工作。其间从事过手机销售工作，还在金帝巧克力厂工作过。MCQ 回忆："在金帝巧克力厂工作，底薪 1800 元/月，工作时间从早上 8 点到晚上 8 点，每天 12 小时，其中 4 小时算加班，平时加班 17.5 元/小时，周末 23 元/小时。2016 年，在旺季，她一个月可以拿 4000 多元工资，但只有一两个月，在淡季，拿底薪加加班工资，共 2000 多元，一般从春节到 6 月都是淡季。公司不管吃、不管住，租房一个月要花 650 元。除去房租和日常开销，根本攒不下钱。"2016 年底，马春琴离开深圳回到了易村。马春琴表示："在深圳生活压力大，而且家里面催着结婚，所以就回到家乡了。我在家里是长女，有赡养老人的责任和义务。离家太远的话，也不方便照顾父母。"

MYC，男，1994年生。初二便辍学，目前在建筑工地上帮人开装载机。马永川自幼丧母，与父亲和姐姐相依为命。7年前，姐姐嫁到罗川县，姐夫是一个包工头。辍学后，马永川就跟着姐夫在建筑工地上工作。起初只能做一些技术含量低的工作，比如拌沙灰、砌墙等，一天能挣40~50元。后来，随着工作经验的不断积累，技术有所提高，工钱也有所提高。一个偶然的机会，马永川经朋友介绍学习了开装载机，之后就在罗川县、楚雄市、玉溪市等地的建筑工地开装载机。一开始一天能挣50元，之后涨到了80元/天，2015年可以挣100元/天。现在，马永川在易村算得上是小有名气的装载机师傅，附近很多的包工头都会找他。

像MCQ、MYC这些年轻一代的务工族在易村还有很多，他们有一个共同点，就是挣到的钱大多都只能养活自己，无法像上一代务工者那样，能用打工的积蓄盖起房子、开上车。这其中原因很多，与年轻一代的消费观、生活观、人生观也都有关系，整个外部环境也更复杂，生活的挑战也越来越大。

三　其他非农生计来源

（一）运输业

易村一直以来都是一个对外通达性较差的村子，因为距离乡镇和县城都比较远，出行就是一个大问题。近几年，随着村庄交通的改善和村民收入的提高，易村有小部分人买了微型车、小货车等，干起了运输业。MYZ就是其中之一。MYZ，男，1974年生，初中毕业后曾经到上海打过工，当过服务员，结婚后就没有再出去务工了。前些年一直在家里种大棚蔬菜，为了能将菜拉到川街和禄丰卖，他于2014年贷款4万元买了一辆微型车，并办了营运执照，在拉菜的同时运送客人。买车初期，MYZ主要是将村里的菜以比外村人收购价高0.1~0.2元/公斤的价格收过来，拉到川街卖，一个街子一趟，一趟能有300多元的利润。但随着做卖菜生意的人越来越多，生意也就不好做了。从2015年起，他就完全转为拉客，逢川街赶街就将客人拉到川街，来回车费14元/人；逢罗川赶街就拉到罗川，来回车费 16 元/人。一个街一天能拉 2~3 个来回，大多数时候是满员，偶尔是三四个人乘车。每个来回的油费在 30 元左右，一个街一天纯收入在 200 元左右。

除了 MYW 和 MYZ，村里还有一个资深的运输老板 MBZ，他也是易村最早跑运输的人之一。MBZ 是易村 7 组的现任组长，16 岁初中毕业后，就在家里帮母亲耪田种地。直到 1992 年，在大哥的帮助下进入当时的东瓜水泥厂工作，主要在水泥厂包装车间包装水泥，月工资 300 元。1995 年，MBZ 托在双柏信用社当主任的大舅子帮其贷款 3 万元，买了一辆载重 5 吨的东风车，在水泥厂拉熟料。那时一个月能跑 20 多趟，拉 200 多吨水泥，一吨水泥有 45 元的运费。9 个月后因为家中有事，MBZ 就回家务农了，并以 2 万元的价格将东风车出售。1999 年，还是在大哥的帮助下，MBZ 又回到水泥厂倒运石头，拉一趟给 2.5 元的费用，一天有 10 来趟活计。一直干到 2001 年，水泥厂停产，MBZ 再次回家。2002 年 3 月，昆楚高速公路修建途经易村，MBZ 看到了运输的商机，于是联合村里的十多人，以小额贷款的方式向银行借了 4 万元，买了一辆载重 500 公斤的 130 小卡车。从村里拉人、拉货到禄丰、川街和罗川一带，到川街、罗川的费用是 4 元/人，到禄丰的费用是 8 元/人。有的时候遇上村里办喜事，送亲迎亲时，村里人也会请他去。当时最远到中村，每趟 150 元，近处到罗川，每趟 60 元，到禄丰县城每趟 120~130 元。MBZ 当时是村里唯一有货运小卡车的人，村里人即使不坐车也经常请他帮忙带东西。遇到农忙季节，村民顾不上赶街，每到街天，村民都会把要买的东西告诉他，他会用小本子详细记录下来，帮村民带回来。MBZ 只是适当收取一点运费，比如每袋化肥收 2 元，还帮村民抬到田间地头，有时甚至还会先替村民垫付费用。因此，MBZ 在村子里人缘很好，村民都喜欢请他办事。MBZ 回忆，那些年一个月能挣 1600~1700 元的纯收入，车贷用了 4 年时间就还清了。

MBZ 开 130 小卡跑运输大概有 4 年的时间，因为交管部门对农村营运车辆的管理越来越严，小卡车的半自用、半营运的手续不予办理，养路费也越来越高，他就将小卡车以 15800 元的价格卖给了三街的人。因为家里老人年龄大又常年生病，卖了小卡车后，MBZ 就在家干起了农活。2006 年，大哥被楚雄伟业汽车修理厂聘去当总经理，MBZ 借此机会找以 8000 元的价格将大哥的昌河面包车买过来，继续在村里跑运输。之后，川街运政以车辆等级未达到 2 级无法办理营运资格证为理由把车辆召回。MBZ 又把车辆转手出售，于 2008 年以 2.98 万元的价格买了一辆一年车龄的二手面包车，办理了农村客运汽车执照，继续拉人拉货。当时的农村客运不限制地域，除了天气异常的昭通地区，其他地区都可以跑。先前几年的运输经历也让 MBZ 积累了很多人缘和社会资本，客运生意还不错，一个月两三千元很容易就挣到了。然而，到了 2012 年，国家对农村客运汽车再次进行了严格管制，农村客运只能在本乡范围内跑，他连禄丰县城都不能去。再加上当时的农村客运车数量越来越多，竞争越来越大，生意不太好做，油费和保险费又上调，一个月净收入还不到1000 元。最近两三年，MBZ 直接放弃了他从事多年的运输行当，到临沧、楚雄、四川等各地务工，帮人架电线，一个月能有 3000 元的收入，只有过年才回到村子。

（二）个体小商户

整个易村只有两户人家经营商店，且规模很小，开店往往是为了"方便"，并不能因此赚多少钱。两户经营小卖店的其中一户是村民 MYH 家，商店经营七八年了，主营一些日用品和副食。村里现在外出人口多，再加上交通方便，村民们都喜欢到乡镇上买东西，因此店里收益也不是特别好，但是基本可以维持。她 1～2 个月就到罗川进一次货，以日用品和小孩的零食为主。一到傍晚，商店门口会非常热闹，经常有很多人在商店外面玩扑克。店主告诉我们，家中主要收入来源就是她丈夫到县城工地务工的劳务费，务工的月工资有 2500 多元，虽然不多，但是够两个孩子上学的费用了。在村子里面开商店是有局限性的，毕竟村子就那么大，人也不多，但开着商店既能方便自己也能方便村里的人，临时买个盐巴、味精很方便。另外一家是老村医 MDB 家，由儿媳妇打理，开店主要是为了自己生活方便，进一些如洗衣粉、肥皂、零食等，既方便自家用，也顺便有点收入。MDB 家因为平时忙于烤酒，商店也不是整天都开，有人来买东西的时候才打点一下。一般来说，小孩零食、作业本、香烟等卖得多，一个月的营业额也就 200 多元。

（三）家庭酒坊

LML 家除了养牛，还经营着易村唯一的一家家庭酒坊。2012 年，丈夫 MYY 的朋友因为家里翻修房屋而不得不暂时放弃烤酒，于是就向 MYA 推荐了自烤酒。MYY 考虑到村子还没有人制自烤酒，和妻子 LML 商量后就答应了，并以 2000 元的价格将整套烤酒设备买了过来。朋友亲自过来教授 MYY 夫妻自烤酒的技术，并帮他们联系购买烤酒的原料——苞谷。从此，他们家就开起了家庭酒坊。虽然朋友教授了技术，但也要经过反复的实践才会收获经验。由于 MYA 平时忙于村医工作，烤酒自然就由妻子 LML 负责。2012 年，LML 第一次从杨家庄以 2.4 元/公斤的价格买回苞谷 27 吨，因为缺乏经验，苞谷被捂得发霉，损失了 4 吨，出酒率也很低。于是，她就上网查询了许多资料，并再次向阿纳村的朋友取经，之后就越来越顺利。LML 家的烤酒要经过几道工序：干苞谷用清水泡一天一夜至其松软，然后把水沥干放到蒸笼去蒸，蒸到散发出苞谷香味再放入水中煮，直到苞谷裂开，再将水倒掉，继续蒸半小时左右；然后取出至凉，拌上酒曲，酒曲的量根据气温而定，冬天多放，夏天少放，一斤苞谷配 0.3 ~ 0.4 两，让其发酵一天一夜，然后装入罐中，放置 20 ~ 30 天，最后再入锅烤。从出酒率看，烤一蒸（120 公斤苞谷）出酒 50 公斤，夏天一般 1 公斤苞谷出酒 4.8 两，冬天出酒 3 两。烤 120 公斤苞谷需燃料 170 ~ 180 斤煤，水费免费，电费一月 100 多元。1 公斤酒卖 10 元，成本 7 ~ 8 元。家里还在村里常年雇了一个小工，帮忙打理。工人每天上午工作，夏天 8 点到 12 点，冬天 8 点半到 12 点，每天供早饭和午饭，主要负责运酒糟、劈柴、铲牛粪、喂牛，一年支付工资 8000 元。

LML 家的自烤酒质量不错，曾被禄丰县城质量检测局鉴定为苞谷酒中的一级品。2013 年，经 MYA 哥哥介绍，自烤酒销售到了县城的两家酒店，售价 12 元/公斤，一个月销量在 400 公斤左右。

（四）蔬菜批发

易村大面积种植大棚蔬菜，为村里有经商头脑的人提供了一个商机，他们将村里的菜集中起来拉出去卖，就是一条既利己又利他的生计方式。

易村大棚蔬菜大量上市的季节，常有外地人开车到地边收购，价格却压得很低，但如果由农户自己挑出去出售又不现实，因此村里的大多数村民都认为，与其烂在地里不如低价卖给商贩。如果有人出了比外地人稍高的价格收购蔬菜，村民自然是很高兴的。于是，本村的有车一族就发现了商机，在村中做起了批发蔬菜的生意。村中第一个买摩托车的MYR2009年就在村里收购番茄、茄子、辣椒等蔬菜，拉到干海子去卖。那时候基本上每天一趟，一趟拉70~100公斤，一公斤有0.4~0.7元的收益。两年后，他用之前的积蓄及部分借款共6万元买了一辆面包车。买了车之后，MYR的菜生意就做得更大了，收菜的范围从本村延伸到了彩云、川街，然后拉到安宁市出售。菜品有小瓜、番茄、辣椒、茄子、黄瓜等，以批发为主，每天一趟，一趟拉1吨左右。每公斤的利润在0.2~0.3元。做菜生意是十分辛苦的，MYR夫妻二人每天下午5点多从家出发，晚上7点多到安宁，他们就在车上休息，到凌晨2点多就开始卖，来批菜的人来自马街、太平、草铺等不同地方。生意好的时候，他们早上4点多就可以卖完回家，而生意不好的时候要到7~8点。回村后基本顾不上休息就要去收第二天要卖的菜，一直忙到下午一点才能回家打个盹儿。4点多起来做饭吃，吃完饭拉着菜出发。不管刮风下雨，如此往复，很是辛苦。而且遇上生意不好的时候，还要承受损失。据MYR回忆，2010~2013年是生意最好的年份，那个时候做菜生意的人不多，附近村子有车的人也很少，竞争不激烈，一年4万~5万元的利润是有的。2014年以后，附近村子有车的人多了，市场上做菜生意的人也多了，一年最多就有2万元的利润。而且菜生意还有一个风险，因为是时鲜，没有冷冻措施，市场价格不好的时候，低价也得卖，有时候一次就会亏2800元左右，一年当中像这样的亏损有两三次。而且，易村通往外村的路还是土路，一看见下雨就要赶紧出去，否则就出不去了。下雨天还必须在车上带一把锄头，清除障碍。同时，拉菜也特别伤车，一年要换一次车轮，每次花1000元。2015年，因使用时间过长车况不好，马永清以15600元的价格将面包车卖出。2016年，他花了6万元买了一辆全新的车。现在，MYR开着新车，把生意从安宁做到了昆明虹桥。因为虹桥市场更大，需求也更旺。

（五）靠接济为生者

除了依靠种地、养殖、务工、搞运输、开小卖店、做菜生意等途径来维持生计，易村还有一小部分人因为丧失劳动力而只能依靠亲友接济和政府救济来维持生活。一类是鳏寡孤独的五保户，即无子女、无赡养人、无劳动力、年龄在 60 岁以上、残疾失去劳动力的群体，易村一共 7 人。这些五保户每个月享受国家 380 元的生活救济。另一类是低保户，2016 年，易村共有 13 户家庭享受国家最低保障政策，低保按三个等级评定，一等每月 120 元/人，二等每月 110 元/人，三等每月 100 元/人。从 2016 年 11 月起，国家上调低保金，一等每月 220 元/人，二等每月 160 元/人，三等每月 120 元/人。同时，县民政局每年春节前向低保户发放衣服、被子等寒衣补助。低保金对这 13 户家庭来说，起到了维持其基本生存的作用。

（六）端"铁饭碗"的人

易村还有小部分人，是村里公认的日子好过的人，村里人称他们为端"铁饭碗"的主。正如 MYM 老人生前说的："易村虽小，也出过几个端国家饭碗的人。"以退休干部为代表的 MGZ，20 世纪 90 年代费孝通先生重返易村时，还是他接待的。MGZ 老人曾当过兵，在川街镇武装部当过部长，退休后回到易村生活，一个月退休工资将近 5000 元，家里盖房子多数靠他，老伴也是一直跟着他，没怎么做过农活。大女儿曾在县妇联工作，二女儿也嫁到城里，小儿子虽然没像他一样进入国家单位，但也是个农活把式，在易村算是日子比较好过的人家。尽管几年前 MGZ 因患脑梗而卧床不起，医疗费前前后后花了 10 多万元，每个月还要花 1200 元（供吃住）长期请护工照顾（这对易村其他家庭而言，是想都不敢想的），但因为是国家退休干部，有职工医保，马国忠老人自付的医药费仅仅 2 万元。

和 MGZ 一样是国家退休干部的，还有从川街小学退休的 MYK 老人。MYK 的父亲 MDJ（已故），在费孝通、张之毅第一次来易村时，他还是易村的保长，曾经给费孝通和张之毅张罗过住的地方。MYK 初中毕业后，由于成绩优异，被选派到禄丰县文教科（现在的教育局）培训了半年，之后回到川街小学教书，曾在各小学轮流任教。三年后又到楚雄师范高等专科学校读了三年书，之后被分配到禄丰县罗茨镇大猪街村教了两年书，随后又回到川街小学，退休后回到易村生活。马以正现在一个月能拿到5000多元的退休工资，平时衣着整齐，一身蓝色的中山装配一双解放鞋，头发打理得干干净净，也不用下地干活，每天看看电视，或到村子里转转。家里养的十多只鸡和两头猪都是老伴在管。一年到头的大米和香油都是买着吃，还管着两个孙子的学费和生活费及大儿子家的电费，日子过得很舒心。

除了退休干部和老师，易村还有几个在职的国家公职人员。比如在彩云中学当校长的MXA，在恐龙山镇镇政府民政所工作的MYX，在禄丰县金山镇工商所工作的MYQ（村医MYA的哥哥），这些都是从易村走出去的人才。他们靠自己的努力获得了一份让易村其他人羡慕不已的"铁饭碗"的工作。

还有一户人家，是易村人公认日子过得最好的，那就是老村医MCF家。这是一个医生世家，两代人都是村医。MDF老人从大集体时代就开始做村医。1960年，16岁的MDF小学毕业，被保送到一平浪卫校培训4个月，之后到禄丰县卫生局实习2个月就回到大栗树卫生所当村医。那个时候村医的报酬按一个壮劳动力计算，一天10个工分。20世纪80年代包产到户后就拿工资，一个月60元。2000年国家卫生体制改革以后，MDF所在的栗树卫生所一年能挣上1万多元。所以，家里的房子也是靠那几年的积蓄盖起来的。正因为MDF老人通过求学获得了医师这一体面的职业，所以他很重视孩子的教育。大儿子大专毕业后考上了公务员，小儿子MYA2003年从安宁卫校毕业后回到了村里，接了他的班继续做村医。小儿子现在是九渡村委会比较能干的村医，月收入在2500元左右，家里还有一个能干的媳妇，养牛、烤酒，一年收入不下10万元。他家在易村算得上是日子很好过的人家了。

正如80多年前张之毅提到的，易村村民的生计在"土地负担的极限""人口的压力""家庭差别""生活自给程度"等的影响下，生计脆弱性十分明显。从特定的意义上来说，一个民族的生计方式的形成在很大程度上依赖于该民族所处的自然环境与社会环境。每个民族都生存于特定的环境之中，这些环境便成为该民族生命的基本源泉。人们自己创造自己的历史，但是他们并不是随心所欲地创造，并不是在他们选定的条件下创造，而是在直接碰到的、既定的、从过去继承下来的条件下创造的。易村是从一开始的农业先天不足而在农业之外找出路，手工业成为重要经济支柱的同时，又经历了 20 世纪 80 年代的衰落和倒闭，之后易村又回到了以农业为主的生计模式，在反季节蔬菜的发展中干得热火朝天，而有限又贫瘠的土地资源加上人口的压力并不能使易村人在"农业"中走得好、走得舒心，他们还要依靠打工、经商以及社会保障等作为重要补充。

第十章　交通对易村的重要性

为什么要专门讲易村的交通，这和易村的一个突出特征有关，这就是易村在相当长的一段时间内是处于一个与外界缺少联系的、相对封闭的状态。这种由于交通长期闭塞造成的相对封闭的状态，其直接的后果就是易村与外界的交流较少，而随之带来的物资运输困境，长久而深刻地影响着易村人的生产生活，比如本章将讨论的易村人的农业生产、建房、赶集及其他活动等。而后来易村交通面貌的改观，则让易村人与外界的沟通变得更加频繁和便捷，也给易村生产生活和村落发展带来了相当大的变化。

一　易村交通条件的变化

（一）易村的交通

如果说交通是易村人与外界沟通的主要平台，那么易村的交通状况则是易村人与外界沟通程度的一种反映。

易村与外界的交通主要靠的是公路。前面已经说过，虽有绿汁江穿村而过，但这条江基本起不到通航的作用。因为这条江的水量平时并不充裕，江水也不深，河道也没有经过整治，只有局部江段勉强可以通行小船，但整条江是没有航道的。因此，陆路交通便是易村与外界沟通的唯一途径。无论是归属于易门县抑或是归属于禄丰县，一直到 20 世纪 90 年代以前，易村对外的陆路交通都只限于山区土路，所能通达的地方主要是川街、禄丰县和罗川方向。

尽管易村到川街和罗川的距离只有 15 公里左右，到禄丰有 45 公里，但过去当地人赶集还是习惯到罗川和禄丰，而较少到川街。罗川当时因为缺少交通工具，多数人赶街全靠脚力，只有极少数人家用毛驴或马来托运物品。村里的老人们回忆起来都说："赶川街，单程要走三个半小时。赶罗川街，则要走四个多小时。来回一趟就要走七八小时。"因此，易村人到街子上就都得抓紧时间买东西，以便赶紧往回走。"赶一趟街两头黑，天不亮出发，天黑才能回到家。而且这都是年轻力壮的人的事。年纪大一些的人就很少去赶街了。如果有特别的事要走这样的路，他们要比年轻人至少多花一小时的时间。"要是赶街的人不是去买东西，而是带着货物去出售，就要在市场附近找旅馆住下来。一方面是背着或挑着货物走得更慢一些，另一方面就是要花一些时间在市场上出售东西。到市场上出售货物的人顺便也会买点自家需要的东西带回来。易村人拿到市场上出售的货物，多是村子里做的土纸和自己编的竹篾制品。有时，自家养的猪、鸡或鸡蛋等也拿到市场上出售。最难的是将猪运到市场上去出售。当时，运一头猪要由四个年轻力壮的男子挑着去，由于中途还要轮换，所以挑一头猪就需要八个人。如果家中有人生重病，也必须由几个人轮流背着到村外的医院就医，十分不便。

易村不仅通向外部的交通十分困难，就连村内的交通状况也十分糟糕。由于历史原因，村里不少人家的田地是与江对岸的九渡村重叠交错在一起的。易村人要种对面的地，就必须渡江。过去因为没有能力架桥，村民过江只能依靠小船摆渡或自家制作的简易渡筏。张之毅先生也曾描述过，每当河水泛滥之时，易村人是如何艰难地涉水过江搬运农资农产，甚至有时还会搭上性命。到了20世纪七八十年代，摆渡渐渐为各家自己制作的橡胶轮胎简易筏来渡江，但发生过有人因渡江不慎而溺亡的事件。农业生产如此颇费周折，所产出的产品自然有限，也就谈不上交易了，只能维持温饱。

（二）近年来易村交通条件的改善

对易村人来说，交通的改善有几个历史性的时间节点。首先是1993年，老安楚线的修建。易村人去往罗川方向终于有了一条柏油路，从而大大改善了出行条件。尽管从村子走到大路还有4公里左右的路程，但是过江后从九渡村一侧出行已经有可以通行车辆的道路了，这已经算得上是一次质的飞跃。

2004年，由于新安楚高速公路的修建，易村范围内的部分田地被占用，村民们一致提出要修建一条从本村通向老安楚公路和新安楚公路交界处绿汁江大桥的土路，因为只要修通了这条路，就能连上老安楚公路到罗川方向的主路，村里才算真正有了能通车到外面的公路。而村民们也能在新安楚高速上的绿汁江大桥那里搭到去往禄丰县城甚至省城昆明的班车。最终，路修通了，虽然只是短短4公里，但上百年来被交通限制的易村人终于有了一条通向外界的大路。

在讨论易村的交通时，还有一条不能忽略的道路就是穿村而过的川（街）九（渡）线。从行政管辖来说，易村所隶属的九渡村委会归川街镇（如今的恐龙山镇）管，因此，从村委会到镇政府的川九线在过去就有，但是这是一条山区土路，道路狭窄，下雨时泥泞不堪。有一段插曲值得在这里说一下。1990年5月末，费孝通来到云南，打算再回访当年调查过的三个村子，以实现自己再访云南三村的愿望。在访问禄村后，接着就是到易村访问。回访易村时，因那时川九线还是崎岖陡峭的土路，又恰逢雨季，道路泥泞，年轻人走这样的路尚且困难，80岁高龄的老人要行走十几公里这样的山路，几乎是不可能的事情。在调查时，村民们告诉我们，为了实现费孝通回访易村的愿望，村民们和当地干部费了一番心思。当时曾设想了好几个方案，比如制作一副滑竿，由身强力壮的若干年轻人抬着费先生进村；或扎制一只竹排（因绿汁江水有的地方较浅，不适宜船只行走），载着费先生进村；第三种方案是费先生在乡政府住下，让村里的人到乡上与先生相见。最终，经过权衡采用了第三种方案。这样，费孝通实际上未能进到易村，而是请了当年与费孝通、张之毅熟悉并还健在的几位老人来到乡政府。在乡政府会议室，费孝通和这几位老人见了面，做了交谈，之后与几位老人合影留念。这一天是1990年5月30日。这一天的会面和交谈，给相见者留下了难得的记忆。这在易村发展历史上也是一段佳话。从这件事上也可见证，易村在公路没有修通的时候，与外面的联系是多么艰难。

随着政府对农村基建的重视，川九线最终得到了改善。2013年，水泥路面的川九公路正式修成通车，这从根本上改变了村民们世世代代到市场去只能靠人力或畜力运输的历史。现在，这条路已经修成了水泥路，全天可以通行汽车。尽管有些地方路面较窄，只能通行小型汽车和轻型货车，但日常生产生活通行是完全没有问题的。更为重要的是，随着通往外界的交通条件得到改善，村中不断有人购买微型汽车。而且，过去无法运到村内的建筑材料，如钢筋、水泥、石头或一些大件的家电和家具等，也都可以轻易运到村里来。村中有人生病，也可以及时送到医院诊治。

总体来看，川（街）九（渡）公路的修通，比起罗川公路的修通，对于易村人有着更重要的意义。这既是穿过村子的水泥路，也是通往镇政府所在地川街方向的道路。尽管平时村民赶街等较多选择到罗川街，但从隶属关系这个角度来看，川街有更重要的意义。如村民要到镇政府办事，川街就是必须的选择了。而且在这条路修建的过程中，900 万元的投资都是政府给的，村民没有投一分钱。只要提起这件事，村民们是一片赞扬声。

上文提过，易村的田地在隔江对岸的九渡村也有分布，加上村委会也在江对岸，走陆路要绕行 4 公里多，既远又耗时，特别不方便。过去主要靠摆渡、涉水，一方面是安全问题总得不到保障，另一方面是不方便且效率太低。为此，易村人一直希望能在绿汁江上修一座桥，解决村里人生产生活的困难。早在费孝通先生于 20 世纪 90 年代回访易村时，易村人也跟费老提了这个问题，希望能够有"上面的人"帮忙解决。但直到 2007 年，这个问题才真正得到解决。2007 年，政府出资 45 万元，在易村和九渡村（即村委会所在地）之间修了一座钢绝吊桥。因为桥面铺了一层铁皮，当地人也把它叫作"铁皮桥"。桥宽约 2 米，仅可通行手扶拖拉机、三轮摩托车以及小马车，不可通行汽车。但这对村民来说，已经足够了，日常生产生活的大问题被解决了。

易村与外界因公路的修通而发生了明显的变化。一方面，易村人可以经常去赶街了，可以经常到街子上出售自己的农产品，也可以很方便地购买自己所需的各种生产生活用品。另一方面，外面的人也能更加方便地到易村来，为易村带来了新的发展机会。最为典型的就是最近几年来，得益于公路的修通，外地进村收购农产品的商贩和前来游玩的人越来越多，前者大大促进了易村蔬菜种植产业的发展，提高了农民的经济收入，后者则大大提高了易村的知名度，让更多的人知道有易村这样一个环境优美、竹林成片和有故事的村庄。

（三）易村人的交通工具

公路没有修通之前，在过去相当长的时期，易村人要走出易村，只有艰难地步行，或是骑马、骑毛驴。实际上，绝大部分村民只能走路。由于走路赶街过于艰难，村民一般只在过年之前和有重大活动时才去。

易村人目前的交通工具主要有两种。一种是生产型交通工具，主要就是拖拉机和马车，用来拉运农业生产用的农资和需要外售的农产品。另一种是生活型交通工具，主要是摩托车、微型车和小轿车，主要是用来出门办事、赶集。现在几乎每家人都有一辆摩托车，而微型车和小轿车的数量也在不断增加。

二　交通变迁与易村人赶街

赶街，是云南农村非常普遍的一种与农事活动密切相关的社会经济行为。可以这样说，在云南农村，没有一个地方没有"赶街"这种活动。

在《易村手工业》第六章，张之毅专门写了一节，就叫"赶街子"。我们先将张之毅对80多年前易村人赶街子的情况做简要介绍，然后再叙述今天易村人的赶街，看看相隔80多年有什么不同。

> 街子是云南各地通用的名词，指一特定的场所，在这场所许多人按一定的时期由附近各地集合起来，从事于互相交易的活动。这种活动叫赶街子，赶街的时期叫街期。
>
> ……川街，罗川，腰站，禄丰县城等，这些地方都是街子，除罗川的街期是隔五天一次外[①]，其余几处的街期都是隔六天一次。易村本来没有街子，他们普通常赶的街子，是最近的川街，次之是禄丰和罗川。[②]

张之毅在书中说，街子上的交易形式分三种。

> 第一种是物物交换：生产者和生产者之间，不用货币作媒介的

---

① 罗川街是逢5逢10为街期，即每五天一次，也就是隔四天一次，不是隔五天一次。"隔五天一次"的表述不准确。——李立纲注

② 费孝通、张之毅：《云南三村》，社会科学文献出版社，2006，第261页。

交易。这种方式，据说是发生在罗川的街子上。每年秋收前，易村有很多米不够吃的人家，把织好的篾器去罗川换谷子。换谷子的篾器，是特定的一种，那是盛米的"凳子箩"，每箩可以盛一担谷子，在街子上直接可以换一斗谷子，这种交换率，是传统的，不用讲价。

第二种是用货币的媒介，（是）生产者和生产者之间的交易方式。比如易村人挑了自己出产的篾器、笋叶、土纸等到川街出卖，就在川街买了菜秧、蔬菜、铁器、布匹回家。卖菜秧的不一定要笋菜，因之得靠货币作媒介，使各个生产者可以在街子上把自己的出口换到自己所要的东西。这种方式的交易，在街子上很普遍；街子的特点，也就是给生产者互相会面、互易有无的机会。在这种方式中，货币表现了它滑润交易机构的作用；它流动的速率很快。……

第三种是经过中间人的交易方式。在街子上我们可以看到许多卖布匹、肥皂、火柴、香烟、针线等日用品的贩子。他们从都市里买了这些东西，运到街子上来出卖，得到一些利益。贩子们大都以此为专业，轮流地在各个街子上转动。……这种贩运，自是利用农闲和利用资本的一个好办法，对于农家收入，也可以增加不少。可是易村却并不能在这方面有很大的发展，因为它受着区位的限制。①

张之毅对易村人到罗川、川街和禄丰赶街的观察和分析很有意思。为了能够真切地看到易村人是怎样赶街的，他专门在街天去街子上看，还记录过 3 次赶街的人数，并分别统计了男人、女人和小孩各有几人。

上述张之毅对易村人赶街活动中的三种交易方式的叙述，现略做分析。

首先，这三种交易方式在过去确实存在，特别是物物交换的方式，是一种非常有特色的交易方式，但在今天就已经不存在了。《易村手工业》中提到的"凳子箩"，可以让今天的人们对云南农村丰富的生活有一个具体的了解。这种物物交换的方式，是现代社会环境下的地方民俗之一，与原始时代的普遍的物物交换不同。因为易村人所参与的这种物物交换，只是个别物品品种之间的物物交换，非常特殊，而没有普遍性。

① 费孝通、张之毅：《云南三村》，社会科学文献出版社，2006，第 262 页。

从今天的视角来看，这件事情没有普遍的意义，却因其地方民族文化特色，可在地方文化史的记载中留下一笔。

其次，第三种交易方式和第二种交易方式本质上是一样的。从交易者所要求的物品来看，他出售的物品和所需要的物品是不同的两种物品，这就需要先出售，取得货币后再购买他所需要的物品，这是市场交易的基本规则。一般在市场上看到的是有买有卖，而市场是通过商品的价格来衡量不同商品所有者的商品，货币是实现这种价格的手段。到市场上去的这个人，不管他是只买或只卖，还是也买也卖，他都要通过货币这个形式，按当时市场上的价格来实现自己所要进行的买或卖。那么，第三种交易方式与第二种交易方式的真正区别，只是增加了一个"贩运"的环节，自然就多出了一个"贩运者"。在现实的交易中，不管有无这个"贩运者"，到市场上去的这个人都是按照自己的行动原则行事，该买就买，该卖就卖，有无"贩运者"都与他无关。而且非常关键的一点就是，他必须通过货币这一中介来实现自己的买或卖。因此，上述第三种交易方式，在交易过程的分析中是有意义的，但和分析"交易方式"不完全是一回事。

最后，在"第三种交易方式"中提到的"贩运者"，从大都市采购一些农村所需要的货物，拿到农村街子上出售给村民们，自己获得相应的利益。这种现象至今仍然大量存在，而且规模、形态、水平以及所交易的类别等都大有发展。这批"贩运者"，贩来的是农民所需要的工业品，又将当地的农副产品贩到别的地方去。这体现了他们带动城乡流通、活跃农村经济的功能。这批人的"赶街"和易村人的"赶街"性质不同。易村人的赶街，所买的是自己生活和生产所需要的物品，所出售的是自己生产的多余物品，不是为获利而赶街。而"贩运者"的目的是获取最大利润，他所贩运的物品不是自己使用，而是为了获利才服务于买卖双方的。

下面我们继续分析赶街的意义，以及易村人在今天是怎样赶街的。

赶街，对于农民来说，是一件十分有意义的事情。农忙时节，只要有需要，抽空也要去；农闲时就去得更频繁了。赶街这个事，数千年来，已经成为中国农村老百姓的一项重要活动，家家户户概莫能外。

赶街这种活动，有两个特别有意义的特点值得分析。一是有周期性。

赶街,既不是每天进行(某些地方某些集镇有天天街),又不像节日那样要长久等待。赶街这种活动就与节日在重要性和周期性方面拉开一些距离。天天进行的日常生活,因太过琐碎而带来疲惫感;节日,又因周期太长及其所附带的各种内涵而显得有些庄重,甚至有些沉重。赶集就是一种处于日常生活节奏与各种重大节日周期之间的活动。它的意义和好处就是"不长不短"的时间周期。它刚好协调了二者的关系和节奏,在日常生活和节日二者之间找到了平衡点。

赶街的另一个重要特点就是它是一种追加在日常经济生活之上的、周期性的重大经济活动。人们赶街总是会购买各种生产生活必需品等。赶街所置办的货物直接与日常生产生活联系在一起;而节日前夕的赶街,就要备办若干节日用品,特别是春节、端午节和中秋节前夕,所置办的货物就更加具有节日的特色,在节日到来之前的数日内,以赶街为代表的节日筹备活动不断加重着节日的气氛,提醒人们抓紧筹备节日工作,这又将赶街和节日联系了起来。而在春耕和秋种前,村民们会着重购买一些农药、化肥、种子,以及地膜、喷灌工具以及农业器具。

街子本来就有买有卖。"赶街"一词往往是站在买方这一角度来说的。确实是这样,街子都是在既有卖者共同建构下,同时迎来若干买者的交易场合。换句话说,所有的市场交易者作为买的一方,从逻辑上来看,实际上有主导的意义,而卖者则是被动的。从要准备货物、运输、摊位、售货设施,以及办理市场管理费用、场地占用手续等来看,卖者都要进行专门的准备,还要有专人来操作。这一切准备好了的内容,如货物、运输、摊位、售货设施等,都是不能改变的;而买者,只用带上金钱,到赶街的时间,来到所需要货物的摊位前,看货、付款、取货就行了。买者来市场上可以买也可以不买,他可以买此类商品,也可以买另外的商品。相比于卖者,买者具有绝对的主动性和可变动性。

在上述两个重要特征之外,赶街还附加了一个非经济的、具有社会性和心理性的功能。那就是借赶街的机会放松一下,或附带看看市场行情,或有的老年人会通过赶街去见见熟人、到街上玩玩,还有的人是到街上看演出、看新闻、看政策等。这些是赶街这件事情延伸出来的作用,是其附带的功能。

云南各地农村的赶街，基本上都是这样的。易村也不例外。

易村人赶街主要是去买东西，出售农产品的时候并不多。过去易村人赶街出售的主要物品是竹编制品，但现在已经非常少见了。过去易村编制的竹编制品要拿到市场上出售，多数时候是靠人背和挑，有时也用牲畜将其运到市场上。而现在，如有少量的竹编制品要带到街子上，会请开交通车的师傅，让他帮忙固定在车顶上运送出去。有时，也会有外村人来村子里买。比如，过去易村人编的大海簸，往往就是外面的人到村子里购买。目前，易村人基本上不再出售竹编制品了，因为竹编制品不再是市场上所需要的商品。现在，易村人在街天出售的商品就是近年来发展起来的大棚蔬菜，主要品种是辣椒、黄瓜、茄子、小香瓜、南京豆、玉米、番茄等，但往往都是零售。大宗的大棚蔬菜，不用赶街天在市场上去出售，有专门贩菜的商贩到田间地头收购，农户免去了运输的成本，也不用为销路操心。

过去，易村还有一类产品出售，就是易村所特有的产品——土纸。易村土纸产品名声很大，曾经供应周边各县的乡村。费孝通和张之毅当年就是在禄丰街子上见到土纸，寻着出产的源头找到易村，因而才做出决定，专门为此土纸而考察了易村。在生产土纸的年代，土纸是通过人挑和马（毛驴）驮拿到街上。目前，易村土纸早已不再生产，也就没有这项产品需要出售。

现在易村人赶街，主要是去购物。所以，每个街天去赶街的易村人，基本上都是去购物。也有个别特例，易村人编的竹编制品如挑篮，也会临时拿到街上去卖。但这种情况非常少。易村人赶街，首选是罗川街子，那里的货物较为丰富。次选是川街，最后是禄丰县城。尽管禄丰街是县城的街子，所售的物品也更丰富，但因为距离太远，除了要购买一些特殊的物品，比如汽车、摩托车的重要配件或农业器具，以及到县城去办事，否则都是赶罗川街和川街。

问卷调查的结果也证实了个案访谈的结果，有 48.28% 的调查样本选择赶罗川街，有 43.68% 的调查样本选择罗川街和川街都赶，还有 8.04% 的调查样本选择赶川街（见表 10-1）。

表 10 – 1　赶街地点统计

单位：人，%

赶街地点（乡镇）	频数	有效百分比
川街	7	8.04
罗川街	42	48.28
罗川街、川街	38	43.68

资料来源：问卷调查所得。

离易村最近的两个街子——罗川街和川街，距离差不多，都是 15 公里左右。但易村人偏爱赶罗川街。一方面是因为在相当长的时间（已经过去的 10 ~ 20 年）内，易村可以唯一通汽车的对外道路就是通往罗川的路，这条路虽然有点不正规（15 公里路有约 2/3 是借老安楚公路已废弃的路段），但路面还非常好，又因为是废弃路段，相对封闭，基本上只有临近乡村的车子偶尔在行驶，所以路上的车也不多。只是从九渡（易村）进入这条老路的地方有一段较窄，原来是土路，后来修成了水泥路，小型汽车包括中型货车都能通过。所以，易村人习惯赶罗川街。另一方面是因为罗川街看起来确实比川街热闹一些，货物似乎也要丰富一些。更重要的是，罗川的道路条件好，不只是通往易村这一段，它的交通条件更加便利，有新安（宁）楚（雄）公路穿过，离县政府所在地的距离要比川街到县政府所在地的距离近（前者约 26 公里，后者约 38 公里）。

村子里来赶街的村民大多数是乘坐微型面包车，这种车底盘较高，结实耐用，能拉人又可装货，车身不大，特别适应像目前已经修通的川（街）九（渡）公路这样的道路，又能够自如地前往罗川。易村人称这种车为"交通车"。事实上，这种交通车就是私人的微型车。它有两种功能，平日里主要是运送货物，街天就承担运送村内赶街的人们。目前，易村有两辆这种"交通车"，一辆跑川街，另一辆跑罗川。跑川街的这一辆，在周末跑两个来回，专门接送易村在川街读中学的孩子（也顺带拉几个邻村的孩子），每次可乘坐 10 人。每周五下午，学校放学后将学生接回家；周日上午送赶街的人到街上，并将其送回村子，下午再把要回学校的学生送回学校。每人单次 7 元车费。

跑罗川的这一辆，每到街天即每月的逢"五"和逢"十"（一个月赶 5 天或者 6 天街）各跑一趟。此车发车较早，早上 7：30 就发车。村子有固定的乘车点，坐满一车人就走。车到了街市上，在固定的地方停下来，与村民约定好乘车时间，载人返回。大家分头去买自己所需的货物，并按照规定的时间返回乘车。在这个过程中，司机自己也买需要的货物。有时，村中有人不能亲自来赶街，会托司机代买一些物品，司机会将数量、价格记好，赶街返回来时给人家交代。这种交通车车费每个人 8 元，来回一趟就是 16 元。这样跑一趟下来，车主收入有 100 多元，易村人赶街除了乘坐交通车以外，年轻人会骑摩托车去。另外，村中也有几户有私家车，他们有时也会开着自己的车去赶街。现在已经很少有人再步行去赶川街和罗川街了，因为这样太耽搁时间。

2015 年，易村共有微型客车 6 辆、大型拖拉机 1 辆。这种拖拉机可拉 7~8 吨货，如果跑一趟川街或罗川，收 200 元。在不赶街的日子，村中有事的，车辆也会跑一跑，或帮人家拉拉货，或送危重病人去医院。一般情况下，跑一趟川街或罗川收 100 元。

下面是在易村调查时，笔者到罗川赶街的观察和思考日记一篇。

易村考察日记，第四天［2013 年 8 月 15 日 星期四，易村晴］

赶罗川街

上午，和绍瑞一起到罗川街。今天是罗川赶街日。五天一街，逢 5、逢 10 为街期。

罗川街是易村村民赶街的首选。其次是川街，第三是禄丰县城。

易村到罗川并没有公共交通设施，比如班车、交通车之类。但村中自有办法。村民知道我们要去赶川街，就告诉我们：早上 7 点多钟有车去。我还以为是新开了班车。其实不是。到了上车地点——村子空场，远远就看到一辆微型面包车停那儿。我想就是它了。此微型面包车是村长家的，开车的也是村长的儿子。这也是我一开始没有看出来的，这不是我愚钝，是想不到，完全在意料之外。开起车来，他和车上的人交谈，我才发现他是谁（之前在村长家里见过他一面，但没有想到今天开车的就是他）。今天坐车有两个意外：一是村民自己开车解决村中老百姓赶街的交通问题；二是开车的竟是村长的儿子。我们和村长儿子已有几次接触，还有一次是专门访谈关于大棚蔬菜种植的情况。所以说与他比较熟悉。这就是意外。

　　我们继续坐车。车沿着新修的村中水泥道路，虽然有弯道，但开得比较快。约3公里路，到了村民说的"大桥"。这大桥就是星宿江（绿汁江）上的公路桥，是原来安楚公路的跨江桥。与此桥平行的就是现在运行中的安楚高速公路。过了这座桥，再行12公路就到了罗川街。全程约半小时。其中老安楚公路的路面还非常完好，只是路边堆了一些土堆。再就是因修安楚高速公路造成路面中断而走了一小段土路，稍为有些颠簸，其他路段都开得较快。回程也是同一条路。在回来的路上，又与另一辆同样拉人的微型面包车相遇，双方在路上停下，两个驾驶员在两辆车上手握方向盘，对方问：有没有查？此方答：没有查，但小心点。对方：好。就各行其路离开。

　　我们赶街到得太早，七点五十分出发，到了罗川才8点半。好多摊位都还没有摆开，只是占了一个位置。直到一小时以后才陆续摆上了货物。车子原来说11点回，但大家都已经办好了事情，该买的也买好了，人到齐了（来时坐在上面的七八个人，回去还是这几个人），所以提前于10点半就开车。回到村中，快11点半了。

　　若干感想

　　村民自办交通车。但这是违法的：违法载客，违法营运。他用自家的车辆开行了两个地点之间的载客营运活动。而且第三排座位上还坐了4个人，又涉及超载。

　　一边是违法。另一边是村民有这种需求。对此需求没有相应的公共条件来满足，现实中就只好被迫地产生自发的交通运输活动。

　　营运过程的各方面都是参照城乡公共交通的做法。如收费是6元一个人（2016年，后来涨至8元），线路固定，赶街时开行，有固定的停车地点，上满了人车就走，等等做法，都有一定的"规范性"。

　　现在是私人自行开通了赶街的线路，但只有罗川一地。下一步会否再开通易村至川街的线路呢（到川街有开行交通车，也是微型车，逢几）？不好回答。政府的责任部门不知是否已经在考虑做这件事？暂时无法得知。

　　今天去罗川赶街的人好像只有此一辆车，坐了七个人。这比我想象中要少。我以为将会有一大伙人去赶街呢。

今天到罗川赶街，一个意图是想看看这里的集市情况怎样，凑凑热闹，也了解一下当地市场状况和交易风俗，再一个意图是了解一下是否有土纸卖。但忽略了一个情节，即了解一下竹制品是否有出售的。看了看是没有。就忘了问一下。是一个失误。当然，没有看到卖土纸的。

三　交通变化带来的易村建房新趋向

易村处在一条山谷间，沿绿汁江岸呈长条状分布。川（街）九（渡）公路穿过村子。在公路的上方，正是易村的房屋；公路的下方，是易村的田地。易村的传统房屋建筑，从大的方位来看，全都是背山，面向绿汁江并隔江与九渡相望。因山体在接近村庄处坡度渐渐趋缓，一部分房屋就连接到平缓的山坡上，所以，易村的整体面貌就有了前低后高的层次感。但房屋的具体布局显得很凌乱，更不用说村内的道路、排水设施等，这些都十分缺乏统一规划。通过调查了解到，尽管易村没有对村庄房屋的建设布局进行规划，但对于建房仍有些简单的规定：公路下方不允许建任何建筑物；新的宅基地不能在公路下方，只能在公路上方；建房过程中要保护生态环境，不得损坏林木。

这里的房屋建筑格局，和大部分中国偏远的农村一样，没有经过统一规划，每家每户的建筑根据地势和当时的空间来建盖，因而十分凌乱。房屋的间距有宽有窄，窄的地方只可容一人通过，屋檐接着屋檐。村中由此形成七弯八拐的道路，污水沿路面流，牲畜粪便随处可见。

村子里的房屋绝大部分没有院子。只有过去地主家的住房才是四合院形式的房屋，但极少还留存至今。其中一处就是当年张之毅来调查时住过的。但现在这座房子变得又破又脏。一般的住房普遍是一面屋或两面屋，或根据地形垒一道围墙，形成一个不规则的小院。如果小院外围还有点空地，村民们就会在这片空地上种些蔬菜供自家食用。

易村的老房屋绝大部分（约占80%）是土坯房，砖混建筑民居占20%。砖混建筑房屋大都是近几年才建成的。这几年建房的人家渐渐多了起来，每年都有四五户建新房。易村的农业用地与建筑用地的矛盾十分突出。建房用地一直比较紧张。张之毅当年调查易村时，全村有 54 户，现在有 87 户。土地面积本来就十分有限，随着人口和家庭的增多，建房用地就更加紧张。在现有土地紧张的情况下，新批的宅基地也只能是见缝插针。在山坡与公路之间有限的地方，不断增加着新建的一栋栋房屋。

《易村手工业》中这样描述这种情况：

> 人口的压力一点也不留情。……人一代多一代，易村人又不想向外跑，都挤在这村子里。……房子挤得像鸽子笼；一个院子里可以住上四五家。修房子已经不容易，几年前火烧的废墟，到现在还是一片瓦砾场。更没有办法的是土地了。人丁兴旺和农业繁荣，势难两全……①

村子的空间是不变的，新增的家庭和人口仍住在原有的空间里，使原本就不足的土地显得更加紧张。问卷调查数据显示，砖混结构的房屋有 11 户，占有效样本数的 12.9%，砖木结构的房屋有 6 户，占有效样本数的 7.1%，土木结构的房屋有 61 户，占有效样本数的 71.8%，土坯结构的房屋有 7 户，占有效样本数的 8.2%。在这几种类型的房屋中，砖混结构和砖木结构的房屋共有 17 户，土木结构和土坯结构的房屋共有 68 户，前者占 20%，后者占 80%（见表 10 - 2）。

表 10 - 2   易村房屋结构类型

单位：户,%

房屋结构	户数	有效百分比
砖混	11	12.9
砖木	6	7.1
土木	61	71.8
土坯	7	8.2

易村的老房子基本上都是土木结构的建筑，居住条件较差。而且这些房屋年代久远，缺少维护，不少已经是危房。大部分土坯房都是土墼墙，少量的是土筑墙，瓦片屋顶。从高处往村子看，整体就是一片灰褐

---

① 费孝通、张之毅：《云南三村》，社会科学文献出版社，2006，第250~251页。

色屋顶和土黄色墙壁。瓦片是灰褐色的，墙体为什么是土黄色的呢？这是由于易村的墙体有些被粉刷过（刷过石灰），有些没有被粉刷过，没有被粉刷过的就是土的原色——黄色；被粉刷过的因时间长了，白色就掉了，所以，整体看起来就是黄色的墙壁。这类房子绝大多数都是平层，少数是两层的。

只有少数房屋是用石灰或水泥浆粉刷过的。多数人家的墙面没有被粉刷，但村民们会在靠近地面约40公分的地方用水泥粉刷，以保护墙面，防雨水侵蚀。那些少数已经被粉刷过的墙面，许多都已经脱落，一片片斑驳。可以看出这些房屋都是已经有些年代了。

易村的这种房屋建筑格局的变化，发生在2000年以后。这是因为有了通往罗川和川街的道路，汽车能够进入易村，钢筋、水泥和石头等建筑材料可以较便捷地被送到村中。现在这些新建的房屋里，大件的家具和电冰箱等也出现了。这也是随着公路的通达而出现的，交通状况的第一次改变是在2004年。这是由于去往罗川方向的道路在这一年连通了。从这一年起，汽车可以开进九渡村委会。这条路有一段借用了被废弃的安（宁）楚（雄）二级公路约10公里的路面，再连接着一段土路就可通向九渡村委会。应该说，这条路当时并没有通向易村，因为九渡村委会与易村之间还隔着一条星宿江。当时，从外地来的建筑材料是怎样进入易村的呢？首先是将货物运到九渡，再通过钢铁吊桥，用三轮摩托车或马车将这些材料转运过河，送到村中。这种接驳的方式，始终运量很小；再加上那时候大家普遍缺钱，想建房也没有这个经济能力。所以，从那时到2013年的十年间，易村建新房的人家仅有两三户而已，村庄的建筑面貌改变不大。村庄的建筑面貌从2013年起有了较大的改变。这得益于川（街）九（渡）公路的修通。这就是交通状况的第二次变化。这两次交通状况的改善，都对易村建房起到了相当大的推动作用。这条公路修通后，易村人上可以往星宿江大桥前往罗川方向，下可以直接到达川街。大量的建筑材料都可以从这两个地方购买。这时，村民们也有了较多的建房意愿和经济能力。因此，从此时起，易村建新房的家庭每年都有5户左右。到2017年春节前夕，我们再到村中调查时，易村有20余户已经建成或正在建的新房。易村建盖房屋的村民渐渐多起来，易村人的居住状况慢慢得到改善。新建的房屋结构与过去大多数都不同，也不是传统的四合院，是一种带有西洋式样的两层或三层钢混建筑。

关于村民对建盖新房的态度，调查问卷结果显示，有建新房打算的有 19 户，占有效样本数的 22.4%，没有建新房打算的有 64 户，占有效样本数的 75.3%。否定性回答当中包含了近年来已经建好新房的人家，这部分被调查者的回答也是"不打算建新房"。可见，易村的住房老旧问题相当突出。这也和我们目睹的现状是一致的。在未来若干年内，每年都会有农户建盖新房。但建盖一座房屋对于村民们来说，是一件十分重大的事情，花费的钱财数量巨大，需要全家人多年辛勤劳动来实现。而对于易村来说，长期封闭和产业单一，导致经济发展严重滞后，得到现金收入的门路不多。老百姓的日子过得相当艰难，攒够建房的钱谈何容易。已经建成或正在建盖房子的人家，基本上都是在自己积攒建房资金的同时，还要借贷。因此，易村人建新房的愿望虽然是强烈的，但建房的人家不会快速增多。易村人会慢慢地在未来的日子里实现自己盖新房的愿望，改变自己的住房条件。

下面着重说说易村人目前建房投入的情况。建一座农家房，按一般规模，两层，普通装修，建筑面积 200～300 平方米，所需要的投入如下（2015 年市场价）。

基础石料，每吨 20 元，运费 26 元（基本上到罗川购买），需要 100 吨，约 0.5 万元；水泥，一吨含运费约 400 元，需要 40 吨，约 1.6 万元；红砖，一块 0.35 元，需要 3 万块，约 1 万元；钢材，含主钢筋、螺纹钢和线材，一吨 0.5～0.6 万元，需要 2～3 吨，约 1～1.8 万元；粗细砂、碎石、石灰、瓷砖和地砖、地板等约 4 万元；水电、上下水管等约 1 万元；如果需要平地，则要根据地形计算费用，500～2000 元；人工费 6 万元（占总成本的 30%）；其他不可细算部分计 1 万元（一般占 5%），总投入为 20 万元左右。建设工期 30～40 天。这是普通农户建设的基本标准。有能力的人家会增加建筑面积，提高建设档次，成本也会大幅度增加。

目前，易村建筑格局确实有了一些改观，比如在过去灰暗的村庄色调中，越来越多地出现一些亮色。这些亮色就是新建的房子。这些新建的房子，通过使用瓷砖、涂料等装饰材料，增添了一些耀眼的光。这种耀眼的光，与村庄原有的建筑色彩并不协调。但村庄建筑缺少必要的规划，对房屋外观方面也没有具体的要求。这就让新建筑格局的凌乱代替了旧建筑格局的凌乱。

易村与外界的交通得到根本性的改变，并没有多少年。在这之前，易村人"谈路色变"。此后，易村人可以通过这条路走出村子，去做自己想做的事情，这也加快了村庄面貌改变的速度。这种改变，不仅使易村人有了更多与外面接触的机会，包括到县城禄丰，或到今天的州府楚雄和省城昆明市。而更为重要的是，随着村中居民经济收入的逐步增加，改善居住条件的愿望成为一种可以实现的目标。改善住房状况，新建住宅，需要大量建筑材料，本地能够提供的建筑材料十分有限，钢筋和水泥是当地无法解决的，当地也基本没有石料，还有大量的砖、各种装饰材料都需要从外面运进来。在道路没有改善、只有一条土路的情况下，这些问题都无法解决，建新房屋只是一种梦想。道路被修成了水泥路，大量的建筑材料就可以不断地被运进来。川（街）九（渡）公路的修通是一个明显的时间界限，之前村中几乎没有建新式房屋，而在此后，建房就成为村中的一种普遍现象了。在水泥路修通的这个时期，村民们也多多少少积攒了一些可以建房的资金，于是，从 2012 年道路修通至今，村中建盖新房的人家不断涌现，至今持续不断。

第十一章 对易村的再认识和研究方法

一 易村：从想象到直观

（一）对易村的想象

我们想象中的易村是什么样子？怎么来理解这个想象中的易村？从"想象"的易村到我们"走近"的易村，再到实际"走进"易村，这个过程对于我们来说是很有意义的。这个过程不仅实现了从想象到实际的转变，现实了这个被称为"易村"的实物从神秘的谈论对象到实际的调查对象的转变，也实现了对一个历史上的社会学调查点的再调查。

就现实调查行为来说，我们进入易村，既是一种常规的社会学调查，也带有一种神圣的感觉，就是对那个时代的学者们的调查点的再次涉足、再次确认和再次实践。我们的进入，会在一个具体的农村调查点、一个小小的村子做一番系统调查和思考，这么一个具体的小村子，从一个侧面体现了我国农村数十年来的变迁，也呈现了这个村子在几代社会学家心目中的位置有什么不同，也可以显示在社会学研究中一种样本的变化。这些都是有意义的事情。当我们这样思考的时候，一种神圣的感觉油然而生。

这个过程充满了社会学的联想，也有米尔斯所说的那种社会学的"想象力"所带来的兴奋。因此，这个过程也是从精神上不断"走近"和"走进"易村的过程。物理上"走近"和"走进"易村，是比较容易的，也许一天时间就能够实现；但从精神上"走近"和"走进"易村，却要较长的时间，是通过不断的认识和理解来实现的。同时，精神上不断"走近"和"走进"易村，也就是不断地进入张之毅的精神世界的过程。关于这一点，下面的文字还会做进一步的说明。

这个叫作李珍庄的村子，从被称为"易村"那时起到今天，除了费孝通和张之毅外，很少有人来对其再做调查。其间，20 世纪 80 年代，楚雄州有几位学者在做费孝通"禄村农田"研究五十年后续调查时，对易村也做了调查。在后来的《费孝通禄村农田五十年》一书中，有专章叙述易村的变迁和（当时的）现状。

那么，我们是怎样从"想象"的易村达到"走近"直至"走进"易村的呢？有两个角度帮助我们实现了这样的过程。一个角度是读《易村手工业》带给我们的直观感受，由此来实现对易村的想象；另一个角度是通过与张之毅的心灵沟通来达到对易村的想象，由此或许更能够走近易村一些。

（二）最初印象

要说易村留给我们什么印象，这可以从不同的方面来说。经过几次调查，也经过持续的思考，我们对问题有了一些较为理性的思考结果。通过"印象"这种方式将这些思考表达出来，是有意义的。这些印象，在结束调查回到昆明后，仍时时萦绕在我们心头。它会让我们不时想起那些红的山、绿的竹、田地、江水，还有那些和我们无数次交谈过的村民们和村干部，他们的热情、真诚，还有满怀期待的眼神。易村给我们留下的印象很多，有些印象特别深刻。这里，专门说一下给我们留下印象较深的一些方面。

一个最初的印象，就是易村长期以来是一个较封闭的社区。直到最近 10 来年，这个社区才悄然打开。从一个直观的感觉可以说明这一点。

2013 年，我们第一次到易村，第一感觉就是整个村子与时代的发展是脱节的。进入这个村子，似乎来到一个与世隔绝的地方。满眼都是老式的土墼墙，老式的瓦片顶的房子。房屋绝大部分都是一层，两层的极为少见。可以说，绝大部分所看到的都是比较陈旧甚至破败的房屋。土褐色的墙和深灰色的瓦，是这个村子的基本色调。我们爬上村子后面不太陡的山坡，从"小庙"旁的山坡上来看易村，整个村子尽收眼底。我们看到的除去绿色的竹林和多样的田地外，都是灰褐色的、低矮的建筑。其间偶见新建房子的，也只有一两户（2013 年的初步印象。此后，我们每年都去易村做调查，我们看到建新房子的人家日益增多）。这种老式土墼墙（有的是土筑墙）、瓦片顶的房子，其建筑材料的形制在中国农村已延续了 2000 余年。村中偶见的几处砖墙房屋，应是最近二三十年来所建的，是当地第二代房屋形制。现在村民所建的是钢筋混凝土结构的房屋，算是第三代建筑。想必第三代房屋就是易村建筑的主流模式了。在其他农村地区，早已经实现了"砖墙"换"土墼墙"，钢筋混凝土结构换老式结构，而在易村，这是最近几年才陆续出现的事情。

从我们在易村调查的情况来看，易村的房屋结构情况是这样的。砖混结构的房子有 11 户，占有效样本数的 12.9%，砖木结构的房子有 6 户，占有效样本数的 7.1%，土木结构的房子有 61 户，占有效样本数的 71.8%，土坯结构的房子有 7 户，占有效样本数的 8.2%。土木、土坯结构的房子有 68 户，占有效样本数的 80%。由此看来，土木、土坯结构的建筑占了绝大多数。砖混结构和砖木结构建筑只有 17 户，仅占 20%。

2016 年是课题组第四次来易村进行调查，短短三四年的时间，易村建新房屋的农户数量快速增加。新建的房子有 22 户在建和已经建成新房，且基本上都是砖混结构的两层楼房。从 2013 年夏天我们第一次到易村，到 2016 年我们再到易村，每年都有村民盖新房，而且有逐年增多的趋势。易村建新房有不断增多的趋势，基本的原因有两个。一是与村民的收入增加有关。建房是家庭中一项特别大的开支，没有一定的积蓄是做不成的。二是和交通状况的改变有关。随着交通条件改善，建筑材料的运输更加方便。目前，新建住房已经成为易村绝大多数村民最迫切的愿望。但是，从调查现状来看，除了上文提到的已建和在建的 22 户外，近期打算建新房的并不多，大约只有 19 户，占总户数的 21.8%。这个数字加上已建和在建的 22 户，共有 47% 左右的家庭属于已建、在建和打算建房的。也就是说，尚有 53% 左右的农户尽管内心期望能够建新房，但由于经济、人口等方面的原因，仍然需要住在数十年前修建的老式土木结构和土坯结构的房子里。这个情况，基本能够说明易村老百姓整体的经济状况，也基本能够说明易村的改变只是初步的。

易村给我们的另一个较深的印象是当地生产结构的变化。这种变化不是单向的变化，也不是一条线"往前发展"的变化，而是一种因历史机遇而发生的变化。易村是一个以传统农业为主的小村子，在过去大约 70 年的时间里（20 世纪 20 年代到 90 年代）曾经出现过造纸作坊工业。

结合张之毅的调查，对照我们今天所见的易村现状，再将这中间的时间做一个合理的衔接，易村近一个世纪的历史变迁和经济结构演变是这样的。

20世纪20年代之前（距今约90年前），易村还没有引入造纸术，还没有产生所谓的造纸业，整个易村只有传统的农业生产；20年代之后，易村在传统农业的前提下，产生了造纸这种新的产业形态；90年代末，造纸行业终结；21世纪以来，易村出现了外出务工这样的非农业形态。虽然这种务工经济在易村所占比重非常小，但却是一种全新的非农业的经济形态。除务工经济外，易村绝大部分农户还是从事传统的农业生产。只不过在传统农业的基础上，加入了某些新内涵和新形式，如引入了大棚农业、化肥农业、机械（化）农业和订单农业等。

了解易村近百年来的经济变化和产业形态演变，以及由此带来的生活和经济结构的变化，是认识易村和易村老百姓精神的必要步骤。易村的今天是易村的昨天的延续，易村老百姓的精神生活是在易村经济结构的基础上不断延续的。经济结构的变化带来生计来源的变化，而生计来源的变化，又有可能让生活方式发生改变。但这种变化和改变，不一定是一直向着所谓"先进"的方向发展，不是此种落后的经济结构一定被彼种先进的经济结构所代替，并不是单线发展。不能简单地、人为地判定"先进"和"落后"。从易村的历史变迁中，可以印证这个道理。特别是透过《易村手工业》中丰富生动的描写，我们借此看到了80多年前易村的经济结构，再通过我们自己的眼睛来观察易村的现状，对比后就不难有此看法。比如，张之毅到易村调查，是因为村子里有手工造纸作坊，手工造纸不论是作为纯农业生产的补充，还是为当地充裕的资金找一个去处，抑或单纯为了让本地资源发挥作用，从经济结构上来看，造纸作坊的产生都是对原有产业的一种积极补充。这种补充所占份额有多大，是另外可以考虑的，但本质上已经形成了一个新的产业类型。这就丰富了这个村子的产业结构类型——已经从单纯的农业变为农业和乡村工业相结合的综合产业结构形式了。而在造纸业出现70年后，此项产业又戛然而止，易村又恢复到单一的农业产业上来。从这个局部来看，似乎是一种倒退；但从更大的环境来看，从易村的实际处境来看，易村这样做是完全合乎理性的，是必然的选择。原先造纸的工人，这时又回到农业生产中去，在他们来看也是合理的路径选择。生活现实或者说生计的要求让他们只能重拾农业生产，才能保障自己和家庭的生存。在易村后来的农业生产中出现的大棚农业、化肥农业、机械（化）农业和订单农业等，也应理解为易村老百姓的理性选择，是他们生存的要求。如果说这是从经济层面来认识易村老百姓的话，在此基础上，也有一个从精神层面来认识易村老百姓的问题。比如，易村人是怎样看待自己村子的现状的，是怎样对待自己村子的变迁的，在村子中的生产又是怎样影响自己的思想和意识的。关于这些内容，我们将会在下文进行必要的分析。不管怎么说，易村老百姓走过了自己的历史，见证了村子的变化，他们也不断适应经济形势的变化和经济形态的改变，在日益扩大的与外界的交流和互动之中，自己的视野变宽了，能力变强了，认识丰富了，对未来的想法也更多了。

二　和易村直接"碰面"

（一）读《易村手工业》的直观感受

读《易村手工业》，带给我们的是一种直观、生动的感受。这种感受是作为读者只要用心去读，就会油然而生的一种感受。这种直观、生动的感受，可以从不同的角度来理解。我们尝试从历史的现实感和社区的整体感来体会这种感受。

1. 历史的现实感

作者所研究的是距今 80 多年前的事情，这其实容易理解。作者当年进入易村，对这个村子做了全方位的观察和描述，其方法又是具体的，所采用的叙述方式是第一人称，让读者有一种身临其境的感受。因此，就有了一种"历史的现实感"。这是一本 80 多年前写成的著作，它所谈的问题和所描绘的状况，都已经定格于 80 多年前。因此，读者今天阅读"易村"，通过这种生动和具体的描述回到历史当中，来到 80 多年前的那个村子。读了《易村手工业》，再通过身体的进入来到现实中的易村，这时又会下意识地将现实的易村和历史的易村做对比。这就是人的想象力的自然体现，在这时是一种历史的想象力。如今对易村的调查，就是因为在 80 多年前有社会学家在这里调查，写出调查报告，并为这个村子取了一个学术名字叫"易村"。这是今天对易村做再访问的缘由。当然，这也是我们到这个村子进行调查的原因。有了这个原因，才有了我们的"再调查"（再研究）。这种"再调查"（再研究）的性质，决定了我们今天到易村来所做的调查，就不仅仅是将这个村子的现状调查清楚，还需要不断回应80多年前的"易村"。"回应"就成了我们这项再研究的基本出发点。这种再研究，"历史的现实感"将是一种始终存在的感觉。

2. 社区的整体感

关于社区的整体感，需要做一点解释。易村是一个村子，张之毅所研究的问题，都在这个村子里发生。村子里的人和事、村子的变迁，都可以从社区的视角得到理解。当然，这个社区已经不完全是马林诺斯基那个年代或他之前的人类学家所推崇的"社区"。那个社区强调不受外界的干扰，自己形成一个相对独立、封闭的环境，有一套自成体系的文化在运作。这样的社区被称为"小社会"，就是与外界的社会——"大社会"相区别。这样的社区在现代社会是不存在的。易村是一个社区，我们这样界定它一点也没错。当今对社区的解释，村庄是比较好的标志性的样本。易村作为一个"社区"，它是一个传统意义上的村庄，从生产结构、社区环境、人际交往等方面来说，都是一个非常明显的、传统的农村社区。将其作为一个社区来对待，这个村子还有若干重要的方面需要注意。一方面，这个村子"太传统"。一眼望去，人们看到的是传统农村的面貌，缺少现代的建筑物，甚至基本上看不到新的房屋（最近五年来渐渐有新房出现）。人工改造的痕迹不多，村庄格局也保持着"老"的样子。就连外界通往村子的一东一西两条乡村便道，也是近几年才用水泥铺成的。因此，村子中的人与外面的联系和沟通也就相对较少，从而固化了作为一个完整村子的种种现象。另一方面，这个村子人口变动不大。不论是自然变化还是内外迁的人口都非常有限。张之毅调查的时候（1939年），李珍庄全村有57户人家，共236人。如今全村共有87户人家，共349人。经过了80多年，户数增加30户，人口增加113人。这种变化十分缓慢。易村人口增长缓慢的原因，认真分析起来可能有多个，相对封闭是一个原因，但我们在调查中注意到，这个村子是一个单一姓氏的村子，全村只有一个姓——马姓。凡是入赘本村的非马姓者，都要改为马姓。女性嫁入自不必说。因为他们的后代要姓马。

所以，至今易村 87 户人家（户主）都姓马。这一点更加强化了易村作为一个完整社区的存在。当我们调查易村时，看到这个现象，易村给人的"社区感整体"也就更加强烈了。附带再说一个情况，易村外出务工者也不多，在我们去村中调查时，全村常年在外务工者只有 10 人左右。也许，这也是一个加深这个社区长期保持自己完整形态的一个原因，或许也是一个结果。这种因果关系值得细细研究。

话必须说回来，易村是一个相对封闭而又较为传统的农村社区，这个事实是存在的；但它已经不完全是传统社区研究中的那种封闭的、静止的、与外界没有任何联系的"小社会"了。毕竟，它已经走到 21 世纪的今天了。种种新事物、新现象加速进入这个村子，它的改变由历史注定，是必然的。这是一个与外界不断加强互动、时时处于变化中且变化不断加快的社会。它的开放度也在日益增大。且不说张之毅是一个外来人，在他进入社区时已经带来种种本社区不曾有过的东西，需要社区来感受。只要想象一下，易村造纸是一项社会性很强的事业，这种事业在兴起之前，易村人是从来没有接触过的。而且造纸这个新事物，它的市场行为本身就需要打破封闭，与外界建立种种联系。而这个事实在一个世纪以前的易村已经发生。而更重要的是，在易村社会变迁的过程中，外界事物的不断进入、大社会政治的持续深入，就更加需要易村本身的结构性变化，这个社区与外界的联系就会更加频繁。与外界的互动和联系，这在张之毅调查的时代有其特殊的历史特征，在过了 80 多年后，我们到易村再调查又会看到一番当年费孝通和张之毅没有见过的新景象。这一切，是值得比较的有意义的内容。

怎样把握和界定易村作为一个较完整的"社区"？首先要看到它的现状（往往是一些表面的现象）；其次要从表层深入一步，在理论和实际的结合上，既要看到其有相对完整地保持着自己一套社区文化和社区结构的现状，也要看到在现代社会中一个社区快速发展变化的趋势，如易村因通信、道路等条件的改善而带来的更加频繁的与外界的沟通，因电路的接通、电视的进入而带来的对外界大量即时信息的接受，必然会加快这种变化。如果这样来看问题，就能更好地理解易村，也会更加理性地对待易村的过去和现在。80 多年间易村的变迁和各种事件，都有其合理性，也有规律可循。既要看到易村作为传统村落，仍然相对封闭的一面，也要看这个村子不断接受新事物，加强与现代社会的联系，变化速度不断加快的一面。

"易村"在成名时代，即80多年前的易村，是一个特定的历史社区，是第一次与社会学"结缘"的一个特别的村子；今天的易村，是一个新时代背景下带有较多传统色彩的社区。对相距80多年的"两个社区"进行比较，也是易村"再研究"的本意所在。只是感受的层次会有所不同。但随着对《易村手工业》阅读次数的增加，以及一次又一次地进入易村进行实地调查，会感到自己有了一种设身处地的思考，如韦伯说的"移情"。"移情"反映的是社会学研究者在价值中立和感情投入上的关系。对一个社会科学研究者而言，既应当要求其保持必要的客观性，又不能限制他的价值观体现的那部分的呈现，更不能压制他的人文情怀。这就是研究者在"客观"和"价值"二者间选取的时机和位置。只要在这二者之间合理划分界限，把握它们的关系，不越界也不混淆，事情会非常清楚。在需要激情的地方和需要冷静的地方，这二者经常是交织在一起的，我们需要做的就是能够合理地区分它们，不让激情淹没客观认识，从而影响研究的真实性；也不因客观地看问题而丧失必要的感情，使自己变成一个冷酷的"科学家"。就目前来说，我们的思考已经从原来的那个位置往前走了一大步。我们要达到的就是更接近张之毅的本意，更接近历史和事实。从这一点来说，我们的研究要比一般性地阅读张之毅的《易村手工业》来得更为深刻一些。我们有这样的自信。

不管怎么说，理解易村，总是通过两个途径来实现的：一个途径是到易村做实地调查；另一个途径就是读《易村手工业》。前者获得的是易村的现状，后者得到的是易村的历史印象。现实和历史应当结合，社区和传统也要结合，并且现状与变迁趋势也要结合。因此，要真正研究易村，最好是认真阅读《易村手工业》，同时深入这个村子进行细致的调查。

（二）和《易村手工业》作者的心灵沟通

作为读者，我们与《易村手工业》作者的心灵距离有多远？或者说我们现在做易村"再研究"的这一批人，对易村造纸和竹编以及易村生活的理解在多大程度上和张之毅达到了一致？应该说，只有逐步达到了这种一致，我们才能说真正理解了《易村手工业》，真正理解了张之毅乃至费孝通调查易村的初衷。

在《易村手工业》中，作者是以通行的社会学、人类学报告的写作方法，时时将自己放到所研究的场景中，并且以第一人称来描述观察结果，发表即时的看法和意见。

在《易村手工业》的第一章"调查经过和方法"中，作者比较详细地叙述了易村两次调查的具体时间和经过，分别说明了两次前往易村的主要目标。在这一节当中，作者对方法的说明，其实并不像我们通常所理解的论文写作的"研究方法"那样，交代所运用的具体方法是什么，但也在一个较为宽泛的含义上给出了作者的方法，以及所追求的目标。作者所告诉我们的调查方法，不是某种具体的调查方法，而是非常具体的工作展开的调查技巧；并非严谨的规范方法的说明，而是生动的与各种调查对象接触的描述。因此，这种"研究方法"，十分有利于读者理解所调查的对象——易村，对之也有了一种身临其境的感觉。读过《易村手工业》的人，相信都会有这样的感受。

对于易村调查点的获得，有种偶然性。我们在绪论中对此有过介绍。这种偶然性，作者认为"也是很有趣的"。[①] 来到易村做土法造纸调查，是费孝通和张之毅两人在禄丰街（集市）上偶然发现的，在得到造纸的具体地点等信息之后，才做出的决定。这一发现的过程被张之毅描写得异常生动：

> 说起我们到易村的经过，也是很有趣的。当时1939年中元节前几天，我们住在禄村时，看见有一位村里的朋友我们叫他作张大舅的，不知从何处买了几捆土纸，亲自贩至禄村附近各街子上出卖。张大舅年纪不过四十多岁，在禄村已算是长辈了，虽然他从不过问村子里的公事，可是在村子中仍不失是一个有点地位的人，他确是一个敦厚多礼的乡人，有一种乐天安命的神气，令人一见就有好感，觉得和易可亲。他和我们也很说得来。所以我们趁他赶街子回去的时候，就和他谈起土纸生意的情形，更趁机问他从哪里贩来这些土

---

① 费孝通、张之毅：《云南三村》，社会科学文献出版社，2006，214页。

纸。他憩下噙在口里的旱烟杆，张合着像鱼在煦水似的嘴巴，从容不迫地向我们叙说土纸出产的情形："由这里从小路走去，一天路程就拢易门县的川街，那里有竹子，也有造纸的人家。禄丰县街子上的篾货就是川街挑来卖的。隔川街三十多里有条大江（即指禄叶江），大江边的竹子一蓬一蓬长得真旺盛。大江边的村子里有很多很多的纸厂。说起那条大江真是阔得很，比禄丰的河要宽两三倍，禄丰河里的水，就是归到大江里去的。"在他带有表情的一段谈话中，宽阔的河流和茂密的竹林，衬托出一幅很美的乡村风光，确是具有几分诱人的力量。①

由此，费孝通和张之毅两人被引向了李珍庄，并成就了易村研究的社会学事业。

作者对于易村调查和研究的思考，在这本报告的第一节中谈到。此后，作者没有机会再专门谈到这项调查。只是在 1985 年 12 月 23～30 日所写成的一封长信中稍稍有所涉及。这封信是作者写给刘尧汉的。一般来说，如果读者要和作者进行交流和对话，一方面是读他对易村的各种描写，另一方面是通过作者自己的表白和感想。后者当然比前者要直接得多。只是这种直接的表露并不多，以至我们对作者调查中的一些具体情节和过程无法进一步了解。比如，张之毅和费孝通第一次进入易村时，究竟是住在小庙（村中的山神庙）还是住在大庙，就现有的信息来看是不清楚的；张之毅在易村的调查所用繁荣方法，虽然第一节里面有显得比较生动具体的描述，但比较笼统。又比如，张之毅对易村的人文方面有所涉及，对易村一些特有的精神文化现象也没有顾及到，如易村的字辈制度、丧葬制度和婚育制度，都没有谈到。是有意忽略（是考虑到只调查易村的"手工业"，而不及其他？），还是根本未做了解？关于这些问题，从张之毅本人的这本报告和后来的这封信中都没有答案。这就会局限到我们与作者的交流和对话成效。而对此有所弥补的是费孝通后期的两篇文章，一篇是为《云南三村》写的序言，另一篇是《重访云南三村》。在两篇文章中，费孝通对当年调查云南三个村子的基本设想和大体

---

① 费孝通、张之毅：《云南三村》，社会科学文献出版社，2006，214 页。

经过都有说明，对这三个村子的发展和后来的情况也有所涉及。因此，读费孝通的有关叙述，对于理解易村以及理解张之毅及其作品《易村手工业》也是不可或缺的。这里，引费孝通在《易村手工业》序中说到的一个情节，特别有助于了解张之毅在此阶段调查中的感情。序中回忆起费孝通、张之毅二人到禄村调查，晚上"隔着两层蚊帐，上下纵横地谈起来"。描绘张之毅很兴奋地和他说："我想到一个风景优美，与世隔绝的小天地里去住上一年。一家一家地都混熟了。你不要来管我，好像忘了我一般。可是我有一天突然回来了，写好了一本书。"① 结合这些描写，我们再看《易村手工业》调查的整个过程，其中作者所描绘的易村景象、易村的人们对他的态度、他在调查过程中的种种感受，以及他在这本书当中不时将自己放在其中，描述和感想经常交织在一起，思想和环境不停地沟通着。这一切，让我们觉得作者是一位有着人文情怀的、严谨的研究者，又让我们感受到作者略略带一点个人的孤独和一种旧时代知识分子的清高，还有一种傲视困难的雄心和想要成就一番事业的责任感。这种感受和我们阅读《易村手工业》文本的感受，以及我们对作者调查地点的多次踏勘访问的种种联想，都让我们对作者的真诚和质朴有所感动、有所钦佩。这一点，将我们与张之毅的心拉得更近了。

顺着作者的思路，看作者是如何思考的，是怎样进行调查并形成调查文本的，这是读懂这本书的一个前提。这里有一个重要的逻辑关系，就是张之毅调查易村的原因、调查中的发现、调查之后的思考以及思考的前提和目标是什么。在读完《易村手工业》，并做了系统思考之后，我们再来看张之毅的思考和调查，以及在此基础上探讨张之毅的研究思路能否再往前走一步，以达到张之毅想要达到的目标，或是张之毅没有讲出来，但从其研究的思路可以感觉到的可能性。这一点，从费孝通那里得到的也许会更多一些。这不完全是因为费孝通作为《云南三村》调查的总设计者和总指导者，费孝通的思路往往会在他所指导的调查和作品中得到体现，还有一个原因是张之毅受到客观条件和其他原因的制约，他自己没有写过关于这段过程的回忆性和阐释性的文字。至少我们还没有看到这种文字。特别是在《易村手工业》完成之后，他便没有机会再

---

① 费孝通、张之毅：《云南三村》，社会科学文献出版社，2006，第195页。

到易村去了。总之，《易村手工业》作为一个研究阶段是费孝通整体思考中的一个环节。易村是"云南三村"中的一个村子，也是从《江村经济》到《云南三村》，再到数十年后小城镇研究和乡镇企业（开始叫"社队企业"）研究当中一个十分重要的环节。这个环节清晰地呈现了"农村工业"这条红线在费孝通研究整体思路中的存在。从这个逻辑来看，易村研究的意义就更加明显了。

《易村手工业》中的几段描述，可以印证这个意思。其思考的逻辑顺序是：

为什么我们要选择易门县一个手工业显著的农村（以后简称易村）作为研究的对象？这事说来是和我们在禄村的调查多少有点关系的。……禄村经济基础是建筑在农业上的。①

——选择易门县一个手工业显著的农村作研究对象的原因。

禄村手工业很不发达，不能给我们研究农村手工业的机会，于是我们不能不寻找一个手工业发达的农村。我们更希望用一个手工业发达的农村来和禄村相比较，从而发现禄村手工业不发达的原因。②

——通过易村的研究，探寻禄村手工业不发达的原因。

易门县的川街，那里有竹子，也有造纸的人家③。

——在禄丰街子上得知川街有竹子。

禄丰县街子上的篾货就是从川街挑来卖的。④

——又得知川街有竹编篾货。

一个手工业发达的农村，它的经济结构的形态，决不会和专门靠农业的农村经济形态相同，在禄村调查时所发生的许多问题，也许能从此比较研究中，得到深一层的认识。在这种考虑之下，我到

---

① 费孝通、张之毅：《云南三村》，社会科学文献出版社，2006，第214页。
② 费孝通、张之毅：《云南三村》，社会科学文献出版社，2006，第214页。
③ 费孝通、张之毅：《云南三村》，社会科学文献出版社，2006，第213～214页。
④ 费孝通、张之毅：《云南三村》，社会科学文献出版社，2006，第207页。

易村去开始这次调查工作。①

　　——非常有意义的发现：易村不仅有造纸，还有编篾，而且当地产竹子，决定对易村进行调查，以"得到深一层的认识"。

　　易村纸坊引起我的重视，倒并不是在它的利益，而是在它所代表的那种乡村工业形式。

　　——造纸作坊村工业的特殊形式。

　　纸坊所代表的作坊工业，和织篾器所代表的家庭手工业，虽则在易并肩存在，可是它们的性质却大有区别。

　　——作坊工业和家庭手工业是两种不同的乡村工业形式。

　　本书诺是有一个启示的话，这是要我们把乡村工业不看成一个单纯的实体。在这名词之中，包含着很多不同的种类，每个种类有它的特色。各种各类和乡村工业，对于乡村经济的意义和影响，可以有很大的差别。本书提出了两种不同的乡村工业：织篾器代表的家庭手工业，和造纸所代表的作坊工业。乡村工业绝不止这两种形式，而在家庭手工业和作坊工业中，一定还有不同的样子，我只能希望于乡村经济有兴趣的学者，能共同努力，使乡村工业的分类工作，能早日完成。

　　——乡村工业有多种，本书只研究了两种，希望对"乡村经济有兴趣的学者"继续进行研究。

　　上述这个过程是张之毅在研究易村时的逻辑。除了对易村研究内容、意义的说明之外，还涉及与之前参与调查的禄村的关系，以及此后对乡村工业的进一步分析和思考。这就给我们的易村研究提供了更大的空间。从这个意义上来说，易村研究不是对一个村子的单纯研究，它既和"三村"中的另外两个村子有关，也和包括易村在内的"乡村工业"的整体性思考有关。比如，可以与来到云南之前的江村研究联系起来，还可以与同是"魁阁"成果之一的、对云南的一个工厂——昆厂劳动的研究联系起来，形成更加完整的乡村工业研究的链条。因而，如果从一个较为

---

① 费孝通、张之毅：《云南三村》，社会科学文献出版社，2006，第207页。

极端的角度上看，我们又可以说张之毅对易村研究的其实是工业问题，是怎样发展乡村工业的问题。

（三）对易村从好奇、向往到再认识

在前往易村之前很长一段时间里，我们调查小组就已经从多方面收集易村的资料，通过不同途径增加对易村的了解，提前做点"功课"，并希望早日实现易村之行。说老实话，在去易村之前，我对易村怀有相当大的好奇；对能够直接前往易村，也产生了很高的期待。这种好奇和期待的心理，不只是在我身上存在，调查小组其他成员也是如此。我和同事、和其他朋友聊起抗战时期云南社会学研究的那段历史，涉及"三村"，不少人都提到"三村"中的易村到底在哪里，颇有一种神秘感。似乎有一种找机会一探究竟的愿望。对易村的探索应是研究云南社会学的应有之举动；实现对易村的考察，对社会学者来说一定会是一段有意义的经历。

之所以对易村好奇，是因为易村是"云南三村"中的一个村子，但在三村中易村是被研究最少的，也是人们最缺乏了解的一个村庄。这当中有一个客观的原因就是易村相对于另外两个村子更加闭塞。这种"闭塞"，我们去调查时才真正体会到。这是一种物理性的闭塞，是一种客观条件的制约而造成的闭塞。这种物理性的闭塞也会造成心理性的闭塞，而心理性的闭塞反过来又会加重物理性的闭塞。

一般来说，越是封闭，越是不为外界所知的事物，在一定条件下就越能引起人们的兴趣，易村就属于这种情况。和社会学界的朋友谈起易村，都会给他们带来普遍的好奇，并有一种一探究竟的冲动。

三　研究方法及其检讨

（一）从《易村手工业》的调查方法说起

关于易村的调查方法，张之毅在"调查经过和方法"这一章中有所交代。首先是对合适调查点的寻找。在禄村调查快要结束的时候，费孝通、张之毅两个人在禄丰街子上逛，偶然看到有出售土纸的摊子，便上

去了解。经过与货主交谈，得知就在附近有村子做土纸。那里有不少竹子，这种土纸就是用当地的竹子做原料生产的。并得知生产竹子的村子叫李珍庄。① 紧接着，到生产土纸的易村做实地考察，以便下决心对这个村子展开全面调查。此后是具体的调查工作—研究—撰写报告。其中，有席明纳似的讨论，有提出问题进行分析，以及写作过程中不断明确各种问题，并做补充调查。②

上述这个过程，是易村调查的具体工作过程。如果从研究方法和思考的角度来看，其方法则可以做进一步明确。

第一，选点。其原则是"寻找一个内地手工业发达的农村来为以农田为主的禄村作比较研究"。③ "在我们研究计划中，早就写下了要调查一个以手工业为基础的内地农村。一方面可以和太湖附近有手工业的江村作一比较，一方面可以和以农业为主的禄村作一比较。从各方面打听下来，易村正是我们理想的研究对象。因之，我们不辞劳苦地走访这个村子"。④

第二，有新发现，因此将新发现的内容一并纳入调查范围。"说实在的易村，并不和传说的易村那样家家户户造纸。可是，我们住定了一看，发现它比我们所预期的更有意思，因为它不但有造土纸的作坊工业，还有织篾器的家庭手工业。正可作一比较研究"。⑤ 本来选定的是"造纸"手工业，进一步调查发现还有"编篾"这样的家庭手工业。这样，易村调查不但可以和江村做比较、和禄村做比较，现在更可以将编篾和造纸做比较。

第三，进入村子，因"带着远地口音，穿着奇异服的不速之客，……回避或不合作是他们唯一的好武器"。经过努力，"好容易交涉的结果，才由本村某财主把他一所三年没有人住，不大吉利的空屋租下

---

① 其实李珍庄周围，沿江上下，也有另外几个村子在生产土纸，如纸坊较多的村子还有九渡、栗树等。这一带出产的土纸，市场上都习惯称之为"川街土纸"。同时，人们往往会将生产土纸的产地指向"李珍庄"。这是有意义的。或许，费孝通和张之毅来到易村——李珍庄调查土纸作坊，也是有某种缘分吧。

② 费孝通、张之毅：《云南三村》，社会科学文献出版社，2006，第213~220页。

③ 费孝通、张之毅：《云南三村》，社会科学文献出版社，2006，第4页。

④ 费孝通、张之毅：《云南三村》，社会科学文献出版社，2006，第195~196页。

⑤ 费孝通、张之毅：《云南三村》，社会科学文献出版社，2006，第196页。

了一间，另在本村请了一个十六七岁的小孩代我们烧饭"。① 克服困难，进入村子，住了下来。

第四，所租住的房子位于村子中，对调查有好处。住在这里"可以常和村人接触，不像住在破庙中有和村里人生活隔离的危险"。② "时间和耐性可以消释一切的误会的，所以我抱定了拿忍耐克服一切的信心"；同时，"我又施舍一点医药给他们，不肯收他们的半文钱，即使他们本心不愿意和外来人发生往来，可是病痛逼着他们向我求药。因此给我一个和他们接触和增进感情的机会"。③

第五，克服寂寞，也就是要达到进一步与村民们沟通的目的，就要想各种办法多与村民们接触。如何"多和村人接近"，"有时和他们一起晒太阳，说白话。有时躺在他们的烟榻上，看他们烧大烟。在不知不觉之间，慢慢地就打进他们的生活中去了"。④

第六，一个人独处，没有可讨论的伙伴，但可静静思考问题。"深夜以后，一个人可以静静地思索，一天中所遇着的种种事物，所听见的许多话语，偶然可以在当时没有注意到的事物中发现一些与研究题目有关系的材料。虽然一个孤独的工作者，得不到几个人在一起讨论的机会，可是这种独处静思的好处，也是多人一起时不易得到的"。⑤

第七，克服所谓"言论封锁"。"村人的眼光和村犬的吠声，同一是在把我看成外边人而拒绝我进入他们的社区，自己总不免有点孤零零的感觉。和他们谈起话来，他们也是不情不愿地敷衍我几句。……我明白他们和我并没有不可解脱的仇恨"。⑥ 克服的方法：其一，和给自己做饭的一个"十六七岁的小孩"沟通，不当着村民们问问题，以避免村民们的指责，"后来我就不再当着别人面前向他探问村中情形，必定等到别人都不在的时候，才听取他关于本村的报告"；⑦ 其二，根据村人的"言论封锁"，他们"并不是完全和我断绝谈话的意思，而是利用假话骗我，

---

①　费孝通、张之毅：《云南三村》，社会科学文献出版社，2006，第215页。
②　费孝通、张之毅：《云南三村》，社会科学文献出版社，2006，第216页。
③　费孝通、张之毅：《云南三村》，社会科学文献出版社，2006，第217页。
④　费孝通、张之毅：《云南三村》，社会科学文献出版社，2006，第217页。
⑤　费孝通、张之毅：《云南三村》，社会科学文献出版社，2006，第217页。
⑥　费孝通、张之毅：《云南三村》，社会科学文献出版社，2006，第217页。
⑦　费孝通、张之毅：《云南三村》，社会科学文献出版社，2006，第217~218页。

使我得不到正确的消息"。如他们说本村有纸坊三盘,但我亲自去勘查的结果,实有六盘;① 其三,对于一些不能实际去勘查的材料,就要更加小心,"必将搜集的方法,材料的性质和来源,都得详细注明出来,然后别人才能知道这些材料的可靠的程度怎样"。

第八,对于易村一些特别的概念性事物,经过多方了解,才能得到确实的内容。如计算田地的面积单位"工",易村就和禄村有出入;又如②重量单位"市斤",称石灰的"市斤"和称竹料的"市斤"就不一致。这些问题,如果贸然以一点为准而不及其余,就会酿成错误。

(二) 易村研究方法的检讨

上文对《易村手工业》的研究思路和方法做了一个简要的梳理。那么,可不可以对《易村手工业》的研究方法做一个概括,并且清晰地呈现出来呢?

当然是可以的。总的来说,其研究方法有两个方面。一是实地观察法。这种方法在《易村手工业》中体现得淋漓尽致。这不仅对易村人经营土地和各个地区环境都有细致观察,还着重对竹编和造纸的全部过程进行细致观察,并一一记录。同时,在田间和地头,每每遇到合适的对象,总要问一些自己研究中所需要解答的问题。这种实地观察法,不完全是一种科学意义上的研究方法,但它又确实在通过自己的观察来发现问题,并寻求这些问题的答案。因此,这种观察是一种随机性的、以问题的解答为宗旨的综合性访谈式观察。

二是个案访谈法。这样的调查方法在书中体现得十分充分。但准确来说,这也不是科学意义上的"个案访谈"。如果是科学意义上的"个案访谈",则有一系列的操作规范。至少要有一个总体的设计,然后再拟出访谈的提纲和所要达到的目标。因此,张之毅的调查方法还不能完全称为"个案访谈"。但又是通过一个个具体的个人来获得资料和数据的,是随机性的个别访谈;同时,张之毅的调查针对的是易村的所有家庭。这可以理解为是对全村以家庭为单位的普查。因为通过这本书,我们知

---

① 费孝通、张之毅:《云南三村》,社会科学文献出版社,2006,第218页。

② 费孝通、张之毅:《云南三村》,社会科学文献出版社,2006,第218页。

道易村全村只有 54 户人家。总样本量这样少，凭一个人的力量，全面调查也是可以的。只是这种普查不是以问卷的方式开展的，而是以个案（以家庭为单位）访谈的方式进行入户调查的。《易村手工业》中有一个表格"全村各家谷产量和食用支出后所剩或所差"，项目列了户名、人口、谷产量、所需食谷、剩或差、食以外的费用和全部剩或差七项，统计户数则是全村 54 户。每一户每一项都有具体数字。① 这些数据的完整和全面，是令人惊奇的。我估计，这些数据的获取是得到了当地保长的帮助，不然不会收集到这样全面而准确的数据。张之毅虽然没有明确告诉我们这些数据是如何获得的，但他至少提到了两条途径：一是通过乡长提供的户口名册；二是"挑选几个和我感情很好，又明白事理，相信我的工作对他们没有损害的村人"来调查。② 作者说："好在村子很小，不过五十四户，又属同族，所以各家有多少人，下不下田，他们全都知道……根据这些材料随时用实际方法去复核，得到的结果很圆满，只有各人的确切年龄一项材料，没有得到。"③ 可以这样理解，张之毅的这两种研究方法，是与其他各种具体方法和手段结合在一起使用的。

　　还有一个方法，也可以说是弥补性的方法，那就是为了保证数据的真实和准确而用来核实的方法。这种方法就是，拿同一个问题问不同的人，或拿同一个问题以不同的角度两次来发问。④ 这可以起到验证（或证伪）的作用。

　　上面提到的张之毅使用的两种方法——实地观察法和个案访谈法，张之毅在书中并没有将其明白地告诉读者。这不是作者没有这种概括能力，也不是有意要隐瞒什么。也许是那个时期的社会科学家们在写作时没有具体交代研究方法的习惯。不像今天的硕士和博士学论文，首先要交代本研究使用的是什么研究方法。这其实是西方科学论文写作的一种方法要求。受西方文明的影响，被引入中国学术界；又受科学思想的影响，被引入社会科学研究当中。目前，它已经成为一种正式的"科学研究"中不可或缺的程式和组成部分。不能免俗，我们也按照这样的形式，

---

① 费孝通、张之毅：《云南三村》，社会科学文献出版社，2006，第 253～254 页。
② 费孝通、张之毅：《云南三村》，社会科学文献出版社，2006，第 256～257 页。
③ 费孝通、张之毅：《云南三村》，社会科学文献出版社，2006，第 237 页。
④ 费孝通、张之毅：《云南三村》，社会科学文献出版社，2006，第 237 页。

对《易村手工业》的研究方法做出我们的一种分析。

（三）易村再调查中的主要调查方法

易村再调查，我们主要采用的调查方法是问卷调查和访谈法。其他的方法还有开座谈会、随机访问等。问卷调查是一种比较经典的社会学调查方法。在易村，因为总户数不多，我们就采用了普查的方式。易村共有 87 户，我们对这 87 户全部做了问卷调查。我们的调查设计也就省去了抽样这个环节。从理论上来说，这种普遍调查的方式所得到的数据就接近于最完整的，对于分析问题就有了最准确的数据基础。

但问卷调查这种方法只是社会调查方法中的一种，它对于总体性问题的了解、对于较普遍性情况和数据的收集是有优势的，但问题是在现实中总是有各种特殊的地方，对于问题的复杂性，需要了解问题的多样性；或是对于现状除了一般性了解之外，还需要对某些特定的方面进行较深入的认识，这种对特定方面的深入了解，问卷调查并不具有优势。所以，除了采用问卷调查以外，还应当采用其他的调查方法予以配合。这样，在一般性基本情况的基础上，又有对特定问题和特定方面的情况的掌握，对易村的研究就有了基本完整的资料基础。

在社会研究中，研究者往往会结合其他调查方法，对问题进行全面的研究。我们在易村也是这样做的。将问卷调查和其他几种方法结合起来，以获得较理想的数据和资料。在本章的分析中，我们也结合其他调查方法所得到的资料，以此次问卷调查的数据为主要分析基础，展示易村的基本方面和特定内容。

1. 问卷调查

此次问卷调查，基本上是通过入户进行的，只有少部分是在道路、晒谷场和其他活动场所进行的。这部分调查之所以在户外进行，主要是因为在调查时段该户家中没人，又恰好在户外碰到这一户的家人。户外调查的情况约占总调查户数的 20%。户外调查比起入户调查来，不足之处就是无法适时了解到该户人家的家内情况，如住房、家居、陈设、文化氛围和居家档次等（比如，家中牌位供奉情况，农村中时兴的张贴俯视人物大幅画像情况，能够反映家庭经济能力和生活习惯的家具及其摆设情况等）；同时，还有一个可能的不足之处，就是在户外调查时，往往有其他村民围观。这也会影响到被调查者对一些（他认为敏感的）问题的回答。

本次调查的问卷，共设计了三个方面的内容。

第一，基本情况。按常规，这部分内容涉及的都是被调查者（个人）的"基本情况"，包括被调查者的性别、年龄、民族成分、政治面貌、婚姻状况、现在的职业、宗教信仰、受教育程度和家庭人口情况（人数和性别）。这是问卷设计最开始的一个部分，也是普遍性强的一个部分，共11个大问题。

第二，调查要获得的是（以家庭为主的）收入和经济活动。包括以下具体内容：家庭现金收入；现金开支基本情况；目前是否有借贷；经济条件在本村的水平；住房情况；家庭农业生产状况；家庭交通运输工具。这一部分是整个问卷的实体内容，量也比较大。在全部的28个问题中，这部分只有10个问题。问题数比第一部分还少了1个，但这部分涉及的内容主要是家庭经济活动、农田生产和其他种类的生计活动，而且涉及大量的数据，且多是所谓的"敏感问题"。在社会调查中，最不易得到的就是家庭收入和开支这类真实数据。在被调查者心中，这些问题是敏感问题。因此，这部分的设计较为详细，分类也比较多样化。而且，有一些问题的设计是相互印证，以求得到尽量准确、可靠的数据。

第三，对"易村调查"的了解及其他。这部分其实有9个具体问题。前面7个问题分别是：听说过"云南三村"吗；是否知道"易村调查"；听说过张之毅这个人吗；听说过费孝通这个人吗（调查员介绍1939年有一位社会学家到此调查，介绍以后问"对此有什么看法"）；有人来调查当年易村调查的事吗；有什么部门或人来讲过当年易村调查的事吗。这部分的问题，应该是这个问卷设计中最有特色的部分。

本部分在最后附了两个开放性的问题：请被调查者说出村中有影响的人（10个，以及与他们的关系）；对村庄今后的发展有什么想法。对这两个问题的回答，总的来说不令人满意。比如，说出村中10个有影响的人，并说一下自己与他们的关系。这对村民们来说是一个难题。除了少数无拘束且思想活络的人，被调查中的绝大多数都表现得有点为难，有的干脆说不知道。他们当中既有回避此问题的，也有对这个问题感到为难的。对这个问题的态度，实际上提醒我们要进一步认识易村的一些深层次问题。同时，我们后来也总结了一下，作为一个只有 87 户人家的小村子，要让被调查者说出 10 个有影响的人并且还要说出自己与他们的关系，确实有些难。在这个问题的设计中，"10"这个数字也大了一些。

2. 其他调查方法的结合

我们的再调查还采用了个案调查和不同专题座谈会的方法。

个案调查，在前期问卷调查的基础上，我们做了一些个案调查。这项调查延续的时间较长，对个案调查材料的细节不断做补充调查。不少个案材料是在后来的调查中逐步完成的。

专题座谈会，首先与村委会工作人员开了座谈会，我们介绍来此调查的目的，以及我们需要着重了解的情况，然后听取村委会对九渡村委会和李珍庄自然村的基本情况介绍。接下来，分别召开了几次不同主题的座谈会，分别为：历任李珍庄村村长和会计的座谈会；村中"知名"人员和"能人"的座谈会；80 岁以上老人的座谈会；妇女座谈会；对造纸有所了解或曾经参与过造纸的人员座谈会；等等。

在对易村的调查中，个案访谈、参与观察和随机访问等几种方法也穿插使用。

与这些调查方法相结合，我们还到禄丰和易门两县的县档案馆、图书馆、地方志办公室、党史办公室做了档案和文献的查阅。

参考文献

白兴发：《关于云南著名人类学田野调查地点的再研究》，《学术探索》2008 年第 6 期。

戴维·阿古什：《费孝通传》，董天民译，时事出版社，1985。

丁元竹：《"社会科学实际上还是在探索阶段"——读〈云南三村〉》，《云南社会科学》1992 年第 4 期。

费孝通：《江村经济——中国农民的生活》，商务印书馆，2006。

费孝通：《江村农民生活及其变迁》，敦煌文艺出版社，1997。

费孝通：《乡土中国》，人民出版社，2008。

费孝通、张之毅：《云南三村》，社会科学文献出版社，2006。

费孝通：《重访云南三村》，《中国社会科学》1991 年第 1 期。

费孝通：《走出江村》，人民日报出版社，1997。

官欣荣：《从"云南三村"看费孝通社区研究与本土方法论的贡献》，《云南学术探索》1995 年第 1 期。

李培林主编《费孝通与中国社会学》，社会科学文献出版社，2011。

民盟云南省委员会编《费孝通与云南》，群言出版社，2013。

潘乃谷：《抗战时期云南的省校合作与社会学人类学研究》，《云南民族学院学报》2001 年第 5 期。

潘乃谷、王铭铭主编《重归"魁阁"》，社会科学文献出版社，2006。

钱成润等：《费孝通禄村农田五十年》，云南人民出版社，1995。

史国衡：《昆厂劳工》，商务印书馆（重庆），1946。

王建民：《中国人类学西南田野工作与著述的早期实践》，《西南民族大学学报》2007 年第 12 期。

王铭铭：《继承与反思——记云南三个人类学田野工作地点的"再研究"》，《社会学研究》2005 年第 2 期。

吴文藻：《社区的意义与社区研究的近今趋势》，《社会学刊》1936 年第 5 卷第 1 期。

许化宁:《费孝通社区研究方法考析》,《学理论》2010 年第 2 期。

云南大学西南边疆少数民族研究中心等:《"魁阁"学术贡献的总结与反思暨纪念费孝通先生诞辰 100 周年学术研讨会纪念文集》,2010。

附录：易村调查问卷

问卷编号	

易村调查问卷

您好！

　　我们是"云南三村"再调查课题组的调查员。我们想了解易村庄的一些情况，包括村子经济、生产等方面的基本情况，目的是研究村子的发展和变化。这个调查可能需要耽搁你十几分钟时间。问卷中的所有问题都是为了研究村庄提出的，没有其他用途。问卷也不出现个人的姓名。

　　谢谢您抽出时间配合调查。祝您生活幸福、愉快！

易村调查小组

2013 年 8 月

访问地点：禄丰县恐龙山镇九度村委会李珍庄村

访问时间：　　时　　分

访问日期：2013 年　　月　　日

一、基本情况

1. 您的性别：＿＿＿＿＿　A. 男　　　B. 女

2. 年龄：＿＿＿＿＿岁

3. 您的民族成份：＿＿＿＿＿族

4. 政治面貌：＿＿＿＿＿

A. 中共党员　　　B. 共青团员　　　C. 民主党派　　　C. 群众

5. 您的婚姻状况：＿＿＿＿＿

A. 已婚　　　　　B. 未婚　　　　　C. 分居　　　　　D. 离婚

E. 再婚　　　　　F. 丧偶

6. 您现在的职业：＿＿＿＿＿

A. 公务员　　　　B. 务农　　　　　C. 读书　　　　　D. 教师

E. 个体经营者　　　　　　　　　　F. 服务行业员工

G. 村干部　　　　　　　　　　　　H. 其他职业：＿＿＿＿＿

7. 宗教信仰：＿＿＿＿＿

A. 佛教　　　　　B. 基督教　　　　C. 道教　　　　　D. 其他宗教

E. 不信教

8. 受教育程度＿＿＿＿＿

A. 文盲　　　　　B. 小学　　　　　C. 初中　　　　　D. 高中/中专

E. 大学/大专　　F. 大学以上

9. 家庭人口数＿＿＿＿＿人，其中女性：＿＿＿＿＿；家庭劳动力数量＿＿＿＿＿人，其中女性：＿＿＿＿＿人；常年外出打工数量＿＿＿＿＿人，打工地点是＿＿＿＿＿。季节性在外打工数量＿＿＿＿＿人，打工地点是＿＿＿＿＿。

10. 家庭其他成员情况

家庭成员	与受访者关系	年龄	民族成份	婚姻状况	政治面貌	宗教信仰	受教育程度	备注
成员 1								
成员 2								
成员 3								

续表

家庭成员	与受访者关系	年龄	民族成份	婚姻状况	政治面貌	宗教信仰	受教育程度	备注
成员4								
成员5								

注："婚姻现状"：A. 已婚　B. 未婚　C. 分居　D. 离婚　E. 再婚　F. 丧偶

　　"政治面貌"：A. 中共党员　B. 共青团员　C. 民主党派　D. 群众

　　"宗教信仰"：A. 佛教　B. 基督教　C. 道教　D. 其他宗教　E. 不信教

　　"受教育程度"：A. 文盲　B. 小学　C. 初中　D. 高中/中专　E. 大学/大专　F. 大学以上

11. 访问时家中有几人在座（分别是）：＿＿＿＿＿＿＿＿＿＿＿。

二、收入和经济活动

1. 家庭农业生产状况

种类	面积（亩）		种植种类（可多选）	养殖种类	数量 养/售
	自家种植	租赁	A. 水稻；B. 玉米；C. 烤烟；D. 蔬菜；E. 土豆；F. 花生；G. 油菜；H. 麦类；I. 豆类；J. 其他	A. 猪	
				B. 牛	
				C. 羊	
水田				D. 鸡	
旱地				E. 马	
林地				F. 其他	
园地					

2. 您家2012年的家庭现金收入大概在＿＿＿＿＿元？

A. 5000元及以下　　　　B. 5001～10000元　　　C. 10001～20000元

D. 20001～30000元　　　E. 30001～40000元

F. 40001～50000元　　　G. 50000元以上

3. 现金开支大概在＿＿＿＿＿元？

A. 5000元及以下　　　　B. 5001～10000元　　　C. 10001～20000元

D. 20001～30000元　　　E. 30001～40000元

F. 40001～50000元　　　G. 50000元以上

4. 您家 2012 年主要的收入来源第一是（   ），第二是（   ），第三是（   ）。

A. 种植业＿＿＿＿元；B. 养殖业＿＿＿＿元；C. 涉林收入（含林副产品及森林旅游等）＿＿＿＿元；D. 劳务性收入＿＿＿＿元；E. 副业收入（小生意、运输、农产品买卖等等）＿＿＿＿元；F. 政府补助（贴）性收入＿＿＿＿元；G. 其他＿＿＿＿。

5. 您家 2012 年现金支出第一是（   ），第二是（   ），第三是（   ）。

A. 生产垫本＿＿＿＿元；B. 生活开支＿＿＿＿元；C. 子女教育＿＿＿＿元；D. 家庭建设＿＿＿＿元，如盖房、买房、买车、买地等；E. 医疗支出＿＿＿＿元；F. 婚丧嫁娶＿＿＿＿元；G. 其他（请注明）＿＿＿＿。

6. 您家目前是否有借贷（   ）；

A. 有   B. 没有

若有，借贷的方式是（   ），数量＿＿＿＿，利息是＿＿＿＿％/年。

A. 银行贷款   B. 向亲朋好友借

C. 高利贷   D. 其他

7. 您家的经济条件在本村处于什么水平？（   ）

A. 上；   B. 中等偏上；   C. 中等；

D. 中等偏下；   E. 低。

8. 住房情况

——您家宅基地＿＿＿＿分地；房屋是＿＿＿＿结构

A. 砖混结构   B. 砖木结构

C. 土木结构   D. 土坯房

E. 其他结构＿＿＿＿。

——您家的房子有几间（多大面积）：＿＿＿＿＿＿＿＿＿＿。

——您家的房子是什么时候建的：＿＿＿＿＿＿＿＿＿＿＿。

——有没有打算建新房：有（何时）＿＿＿＿没有（原因）＿＿＿。

——如果要建房，准备建多大面积＿＿＿＿平方？需要多少钱：＿＿

＿＿＿＿＿＿＿＿＿＿＿＿＿＿＿＿＿＿＿＿＿＿＿＿＿＿＿＿＿＿＿？

（观察记录）：

（1）有否祖先牌位一类的陈设：＿＿＿＿＿＿＿＿＿＿＿＿＿＿。

（2）家中挂领导人的像：＿＿＿＿＿＿＿＿＿＿＿＿＿＿＿。

9. 交通运输工具（内容和数量）＿＿＿＿＿＿＿＿＿＿＿＿。

10. 2012 年您和家人到镇上集市赶街＿＿＿＿＿＿次，地点：＿＿＿＿＿＿，一般做些什么：＿＿＿＿＿＿；县（市）集市赶街＿＿＿＿＿＿次，地点：＿＿＿＿＿＿，一般做些什么：＿＿＿＿＿＿。

三、对"易村调查"的了解及其他

1. 是否知道"易村调查"？＿＿＿＿＿＿A. 知道　　B. 不知道。

如知道，其途径＿＿＿＿＿＿＿＿＿＿＿＿＿＿＿＿＿＿＿。

2. 听说过张之毅这个人吗？＿＿＿＿＿＿A. 听说过　　B. 没听说过。

如听说过，其途径＿＿＿＿＿＿＿＿＿＿＿＿＿＿＿＿＿＿。

3. 听说过费孝通这个人吗？＿＿＿＿＿＿A. 听说过　　B. 没听说过。

如听说过，其途径＿＿＿＿＿＿＿＿＿＿＿＿＿＿＿＿＿＿。

4. （调查员介绍 1939 年有一位社会学家到此调查后）请问对此怎么看法？

＿＿＿＿＿＿＿＿＿＿＿＿＿＿＿＿＿＿＿＿＿＿＿＿＿＿＿。

5. 近些年来有没有人来调查了解过当年易村调查的事？＿＿＿＿＿＿

A. 有　　　　　　　　B. 没有。

回答"有"，是谁来调查了解的，都做了些什么。

＿＿＿＿＿＿＿＿＿＿＿＿＿＿＿＿＿＿＿＿＿＿＿＿＿＿＿。

6. 村中有影响、有威望的人是哪些（以及他们的关系）：＿＿＿＿。

7. 对村庄的今后发展有什么想法：＿＿＿＿＿＿＿＿＿＿

＿＿＿＿＿＿＿＿＿＿＿＿＿＿＿＿＿＿＿＿＿＿＿＿＿＿＿＿＿＿

＿＿＿＿＿＿＿＿＿＿＿＿＿＿＿＿＿＿＿＿＿＿＿＿＿＿＿＿＿＿

我们的访问至此结束，谢谢！

后 记

《手工业消失的易村》就要交由出版社正式出版了。这本书的出版，是一件令人欣慰的事。

《手工业消失的易村》和另外两本书，即《新禄村农田》《玉村商业和农业》一起，组成了新"云南三村"研究的第一批成果，将由社会科学文献出版社正式出版。

《手工业消失的易村》的定稿和出版，凝聚着大家的心血和愿望。

2013年初，云南省社会科学院农村发展研究所暨"云南三村"研究中心确立了长期开展"云南三村研究"的计划。接着，就派出了研究人员第一次赴三个村子进行初步调查，并于当年申报云南省社会科学院研究项目。次年便完成了一份综合研究报告——《"云南三村"调查研究报告》，其中有一篇易村调查报告。此后，课题组又多次分别到三个村子进行调查。在对三个村子进行持续调查的基础上，按照三个村子分别撰写一本书的基本思路开展了前期研究。在此基础上，以"'云南三村'再调查"为项目名称，申报并获得"2017度国家社科基金后期资助"。这一项目获得批准后，全体人员信心倍增，对前期调查资料和研究思路进行了一次整体性的调整，形成新的研究格局。在这种新的研究要求之下，课题组对三个村子再次进行调查。最新研究成果于2018年8月完成并上报。经专家评审，根据专家所提意见和修改建议，课题组再次对三本书稿做重大修改。在此期间，又根据实际需要，三个小组分别再到实地进行调查，补充材料，完善书稿。现在，三本书稿已经修订完成，正式交付出版了。以上过程说明，"'云南三村'再调查"是一项集大家的智慧和艰辛于一体的多年的劳动成果。《手工业消失的易村》作为其中的一本，经历了与另外两本相同的过程。需要强调的是，三个小组在实地调查和书稿撰写的过程中，一起进行过多次讨论。因此，《手工业消失的易村》成果，不单单是本书几位作者努力的结果，也是"'云南三村'再调查"整个研究项目全体成员共同努力的成果。

在本书稿即将出版的时候，要对以下人员表示真诚的感谢。

首先要感谢李珍庄（易村）的各位新老村长和各位村民，他们带着调查人员进行考察，介绍情况，提供资料，讲述故事。他们是马以茂、郭旺发、马德彪、马德周、马华忠、马能忠、马用忠、马以良、马永旺、马永发、马珍琼、马在忠、马德凤、马以辞、马以庆、马以常、马以保、马以彩、马以纯、马植忠、马以家、马翠兰、马国忠、马景忠、马永清等。

感谢李珍庄所隶属的九渡村委会的各位工作人员。村委会的大力帮助，使调查组得到了大量的资料并深入了解到基层的情况，也使调查组在调查期间解除了生活方面的后顾之忧。他们是村委会书记、主任毕长华，村委会其他工作人员郭春雨、李晓华、李加生、李加才、马华忠、张国春、郭春芬、张光平、杨树林、马永淑，禄丰县驻村工作队队员赵业宁。

感谢九渡村小学教师毕凤国。

感谢恐龙山镇原镇长张杰。考察小组初次对易村进行考察时，张镇长带领考察。

感谢前期参与易村考察和研究的庄弘泰博士。

感谢我带的硕士研究生，他们跟随调查组多次前往易村调查，同时这也为他们的硕士学位论文做准备。他们是陈绍瑞、连亚锋、朱颖君。

特别感谢农村发展研究所所长、"云南三村"研究中心主任郑宝华。由他主持，我们对"云南三村"研究计划、调查提纲、撰写内容和主题提炼等，进行过多次讨论。

本书撰写者及所撰写的部分如下：李立纲，撰写绪论、第一章、第二章、第三章、第十章、第十一章；陈绍瑞，撰写第四章、第五章；胡晶，撰写第六章、第七章；张源洁，撰写第八章、第九章。

李立纲

2020 年 7 月 31 日

图书在版编目(CIP)数据

"云南三村"再调查. 手工业消失的易村 / 李立纲
等著. -- 北京:社会科学文献出版社,2021.12
ISBN 978 - 7 - 5201 - 8893 - 7

Ⅰ.①云… Ⅱ.①李… Ⅲ.①农村调查 - 调查报告 -
云南 Ⅳ.①D668

中国版本图书馆 CIP 数据核字(2021)第 168234 号

"云南三村"再调查
手工业消失的易村

著　　者 / 李立纲 等

出　版　人 / 王利民
责任编辑 / 张小菲
责任印制 / 王京美

出　　版 / 社会科学文献出版社·群学出版分社 (010)59366453
　　　　　　地址:北京市北三环中路甲 29 号院华龙大厦　邮编:100029
　　　　　　网址:www.ssap.com.cn
发　　行 / 市场营销中心 (010)59367081　59367083
印　　装 / 三河市龙林印务有限公司

规　　格 / 开　　本:787mm × 1092mm　1/16
　　　　　　本册印张:13.5　本册字数:215 千字
版　　次 / 2021 年 12 月第 1 版　2021 年 12 月第 1 次印刷
书　　号 / ISBN 978 - 7 - 5201 - 8893 - 7
定　　价 / 298.00 元(全三册)

玉村商业和农业

Agriculture to Commerce in Yu Village

『云南三村』再调查

张源洁　张云熙　谢晓洁　等 著

社会科学文献出版社
SOCIAL SCIENCES ACADEMIC PRESS (CHINA)

"云南三村"再调查

编委会

主　任：郑宝华　李立纲

副主任：陈晓未　赵鸭桥　李永松　张体伟

委　员：（按姓氏笔画排序）

王献霞　宋　媛　张云熙　张源洁

陈亚山　罗明军　胡　晶　崔江红

谢晓洁　谭　政　颜晓飞

总序
"云南三村"的研究和再研究

我们对自己的国家有信心，对自己的事业有抱负。

——费孝通

《云南三村》是一项具有多重历史和现实意义的社会学研究成果，是以费孝通为代表的一批社会学家们在 20 世纪 30 年代对中国社会进行探索的一个重要贡献，已经成为研究中国社会特别是中国农村社会的经典。以该书为核心延伸出来的相关研究，如对《云南三村》文本的研究；对当年费孝通等学者们曾经调查过的三个村庄的再调查和再研究；对三个村庄的历史和现状及其变迁的研究；对《云南三村》前因后果的研究，比如之前的江村调查，此后的农村、小城镇和乡镇企业乃至城乡关系的研究；对农村社会形态的研究；对云南乃至中国农村的分类研究；对《云南三村》调查、研究过程中的各种历史事件的考证和研究；等等。总之，包括各类与《云南三村》相关事物的研究，一起构成了我们称之为"云南三村研究"的学术活动。这是一项有时代特征和现实意义的学术研究事业。

"云南三村研究中心"建立，其基本任务就是对"云南三村"开展长期、系统的研究。其研究范围如下：一是对"云南三村"中的三个村庄进行全面、系统的调查，陆续出版这三个村庄的调查报告；二是对"云南三村"中的三个村庄进行个别和整体的研究；三是对"云南三村"的若干主题进行实证性和理论性的专题研究；四是就"云南三村"和费孝通的社会研究思想、研究实践开展深入研究；五是对与"云南三村"相关的内容进行探索和研究；六是依照一定的分类标准，对云南农村发展类型进行长期跟踪研究。因此，我们将开展的与此有关的研究，统称为"云南三村"研究。

为什么要开展"云南三村"再研究？"云南三村"再研究本身有什

么价值和意义？"云南三村"与今天的农村社会学调查，乃至社会研究有什么关联？"云南三村"研究现状存在一些什么问题？就借"'云南三村'再调查"出版的机会，略做申说，以表明我们的意图、呈现我们的体会，并为之序，请学界专家批评指正。

一　"云南三村"研究的时代意义

（一）"云南三村"调查的缘起

为什么会有"云南三村"的调查呢？这首先是由客观因素触发的，即"七七"事变后，东北、华北大片国土被日军占领，中华大地上，云南这个南方边疆省份还相对安全和平静。费孝通先生从英国回来，只能来到"抗战后方"的云南，执教于云南大学。作为社会学研究者，费孝通先生还没有到达云南，就在思考回来做点什么，到哪里去调查。在做了充分的思考和准备之后，又得到熟人（亲戚和同学）的帮助，即选定现在的楚雄州禄丰县作为其在云南的第一个调查点。到昆明约十天时间，费孝通先生便直奔调查点。这项调查结束以后，费孝通先生写出了《禄村农田》。继禄村农田调查之后，费孝通先生决定再选调查点进行调查。先是带着张之毅选定易村作为农村手工业的典型，然后由张之毅完成调查。后来再落实玉村的调查，也由张之毅完成。在费孝通的安排、指导和帮助下，张之毅完成了后面两项调查，写出《易村手工业》和《玉村农业和商业》。加上《禄村农田》，共有三份调查研究报告，它们构成了《云南三村》一书。①

为什么费孝通先生回国只几天时间，就这么急急忙忙地跑到村子去做调查？一方面，这是因为先生在来到云南之前，就已经有了一个对于农村调查的大致想法和理论线索，在此基础上也就有了较为详细的考虑。这就是在选择"内地"不同类型的农村社区进行调查，分别做出归纳性

---

① 1943～1944 年费孝通先生访问美国时，曾以英文翻译过这三份报告，取名为 *Earthbound China*，并于 1945 年由芝加哥大学出版社出版，后来收入英国书局的国际社会学丛书。后来，费孝通将三个报告的中文合编为《云南三村》，分别于 1990 年和 2006 年由天津人民出版社、社会科学文献出版社出版。

的理性分析。另一方面，与这种既定的考虑有关，就是继续《江村经济》的研究，延续江村调查的思考，回答江村调查期间所碰到但没有得到合理答案，以及学界所质疑①的若干问题。有关学术界对这些问题的质疑和讨论，以及利奇（Leach）的质疑和费孝通的回应，本文不予展开。

在《云南三村》的序中，费孝通先生提到"一条理论线索"，是供我们理解这本书的时代意义及其贯穿前后研究的关键。费孝通先生这样说：

> 从《江村经济》到《云南三村》，还可以说一直到八十年代城乡关系和边区开发的研究，中间贯串着一条理论的线索。《云南三村》处在这条线索的重要环节上，而且在应用类型比较的方法上也表现得最为清楚。因之，要理解魁阁所进行的这些个社会学研究，最好看一看这本《云南三村》。②

（二）具有历史穿透力的《云南三村》

结合认识这条"理论的线索"，我们可以从不同的侧面来理解"云南三村"研究的时代意义。

1. "云南三村"联系着两个时代

《云南三村》在研究中国农村的过程中，前承江村经济的研究，后继20世纪80年代之后以费孝通先生为代表的中国农村研究（这主要涉及小城镇、乡镇企业、城乡关系等问题）。费孝通先生所说的从《江村经济》到《云南三村》，还可以说一直到80年代城乡关系和边区开发的研究，"中间贯串着一条理论的线索"，这条"理论的线索"是什么？就是怎样让依托于土地上的农民，通过发展农村工业和副业来使他们的贫穷状况得到改变。由此不难看出，这条"理论的线索"，不仅连接着两

---

① 如当费孝通先生发表《江村经济》（1939 年在英国出版时的书名为《中国农民生活》，英文名 *Peasant Life in China*）时，Leach 就在《社会人类学》一书中提出质疑：解剖这么一个小小的农村，何以戴得上"中国农民生活"这顶大帽子？
② 费孝通、张之毅：《云南三村》，社会科学文献出版社，2006，第5页。

个时代的农村问题，也反映了两个时代社会学研究者的持续努力，更折射出先生的责任担当，这就是先生当年做"云南三村"调查的初衷："中国在抗战胜利之后还有一个更严重的问题要解决，那就是我们将建设成怎样一个国家。在抗日的战场上，我能出的力不多。但是为了解决那个更严重的问题，我有责任，用我学到的知识，多做一些准备工作。那就是科学地去认识中国社会。"①

2. 近代中国农民和农村

中国农村问题，可以说是中国最近一个世纪以来最突出的社会问题。这个问题，放到这个世纪之前，属于"古代"的农村问题，它不是今天意义上的"农村问题"，而现在所讨论的问题，是现代意义上的农村问题。这就具有了全新的意义。费孝通先生等一批受现代社会科学影响的社会学家，在看到中国传统农村面临现代社会的种种应对难题时，必然会做一番与过去时代不同的全新思考，并运用一套全新的方法和理念来对待这个传统的研究对象。在对江村做了一个系统调查之后，在对云南农村进行调查之时，费孝通先生有这样一些疑问：一是江村这样的受发达工业影响较深的村子，在西方工业冲击之下，如何重整旗鼓，摆脱自身发展工业的困境，再得到一个发展的机遇；二是受现代工商业影响较少的内地农村，在发展工业方面又会面临怎样的状况。在《禄村农田》的导言中，费孝通先生就明确提出了需要解答的几个问题：在一个受现代工商业影响较浅的农村，它的土地制度是什么样的；在大部分还是自给自足的农村，它是否也会以土地权来吸收大量的市镇资金；农村土地权会不会集中到市镇而造成离地的大地主。② 这是现代意义上的中国农村研究要强调的实质内容。这些问题，被费孝通先生敏锐地提了出来。这些问题，或在江村调查时被关注，或在云南三村调查中得到专门的研究。费孝通先生作为跨越两个时代的农村研究者，所研究的问题却有着高度的相关性，呈现一种历史的连贯。这些问题，可以归结为中国农村如此多的农民怎样能够富裕起来。这个问题，在过去是"一个问题"，现在仍然是"一个问题"，将来还会是"一个问题"。这个问题，至今仍

---

① 费孝通、张之毅：《云南三村》，社会科学文献出版社，2006，第3页。
② 费孝通、张之毅：《云南三村》，社会科学文献出版社，2006，第9页。

然是研究中国农村不可回避的重大理论与现实问题。这不仅是中国社会发展中的重大课题，具有历史性的全局意义，也是构成费孝通先生整体的社会研究中的突出内容，是先生在两个时代当中持续关注的重大课题。这其实也是理解费孝通先生思想的一个关键入口。

3. 最早对中国农村开展系统性分类调查

《云南三村》研究的特点之一，就是有目的地选取不同类型的农村社区进行调查，然后做出相应的分析，给出自己的见解，以便今后更加系统地研究中国农村。这种选定一个典型村子作为一种农村类型的研究方法，在云南三个村子的研究中表现得最为完整和透彻，而且云南的三个村子确实也提供了三种类型让大家来"解剖"。本来，费孝通先生在云南调查三个村子之后，还有其他村子类型要做调查，但在抗日战争胜利后，费孝通先生等一批南下的学者和他们所在的机构迁回北方，此后，形势有了一系列变化，他们也就没有能够再做这样的个案调查。又加上中国社会学恢复重建以后，费孝通先生年事已高，还肩负重建中国社会学的重任，没有精力来具体进行农村社区的个案调查了。从这个角度来说，如果说《云南三村》在费孝通先生的农村社区调查，即农村类型研究中，是一个历史性的绝唱的话，那么这三个村子的社会呈现已经代表了农村类型研究的主体思想，也代表了费孝通先生农村社区调查具体操作的完整原理。从这个意义上说，《云南三村》的价值，不仅体现于该文本产生的当年，其整体性的影响和原理性的作用影响至今，并将影响未来。因此，《云南三村》是一个贯通当年和今天的杰作，对云南三村的研究和再研究，是延续 80 余年的历史性课题。就中国农村研究而言，"云南三村"研究所秉持的研究理念的新鲜、研究方法的有效，再加上费孝通先生有意将"村庄类型"的做法嵌入这项研究，就使"云南三村"站在了一个更高的带有标志性的位置上。

4. 费孝通先生的个人因素也增加了《云南三村》的影响力

费孝通先生的个人影响，与《云南三村》的影响似乎是联系在一起的。尽管《云南三村》自有其本身的学术价值和历史意义，但费孝通先生以自身的生命周期，依托旺盛学术力，让我们将这二者现实地联系在一起。

《云南三村》的学术价值，依托其作者（作者还有张之毅，但费孝

通先生始终是总体的指导者，可以理解为《云南三村》广义的作者）延续前后两个时代的学术活动而发生着影响，也在实际上巩固了该书的持续影响力，显示出该书本身的穿透历史的价值。我们今天对《云南三村》所开展的各种"再研究"，正表明这种学术价值的历史性存在。《云南三村》的时代意义，就是通过历史而得到体现的。

《云南三村》的时代意义，无论是从研究方法的角度还是从调查方法的角度，无论是从学术研究与政府关系的角度还是从社会意义的角度，抑或是从实际操作的角度，都值得进行分析和研究，并且都可以设立相应的专题进行研究。这是我们今后要逐步展开研究的内容。

二　承上启下的《云南三村》

总之，《云南三村》的时代意义，既可以从当年的"时代"入手，深入历史进行研究，也可以从把握今天的"时代"作为切入点，对现状进行研究。对前一个"时代"的研究，主要通过研究《云南三村》文本来实现；对后一个"时代"的研究，则要通过进入这三个村庄进行实地调查才能实现。但需要强调的是，这两种实现方式并不是相互隔绝的，对实际的研究者来说，它们是结合在一起的。

这两个"时代"虽然在时间上分属两个不同的时代，因此自然有着各自不同的主题，但这两个时代又是联结在一起的，它们有着很多可以联系在一起进行研究的内容。通过费孝通先生的事业，通过"云南三村"这样的具体社会调查事件，两个时代就有了清晰的连接线索。或许，这只是我们作为社会学人开展这样的学科工作时的感受。但不论是谁，只要他/她深入"云南三村"细细考察，就一定会发现两个"时代"有着深刻的不可分割性。"云南三村"再调查这项工作本身，就是将两个"时代"贯通起来所做的一项既具有延伸性又具有开拓性的工作。

说到这里，我们还看到《云南三村》在更深层次上的一个价值，就是这本书不仅仅是一本研究云南农村的书，更给我们提供了远远超出这三篇研究报告本身范围的内容，给我们提供了丰富的想象空间和研究余地，来深入思考和研究中国农村的现在和未来。因此，《云南三村》的时代意义，一篇短文无法全面顾及，还有待学界同人一起努力对其进行

深入研究。

由此看来，《云南三村》具有承上启下的意义和作用。这是我们特别重视的一个思考维度。这不仅是因为我们作为《云南三村》的历史调查点所在地的本土学者，对此有着更多的学术责任和历史担当，还因为《云南三村》本身就具有这样的前后联接和上下贯通的作用。也正是这一点，才让我们更加深切地体会到费孝通先生所说的："从《江村经济》到《云南三村》，还可以说一直到八十年代城乡关系和边区开发的研究，中间贯串着一条理论的线索。"而"《云南三村》处在这条线索的重要环节上"。

说到这里，我们还需要从下列三个具体的视角来做进一步的讨论，以便更准确地说明这个具有实质性的问题。一是《云南三村》在学术上的问题阈，即承接着对《江村经济》的若干思考，又延续到 20 世纪 80 年代及之后费孝通先生农村研究的各种课题；二是《云南三村》在具体形成的过程中，处于先生整个社会学研究事业的中间阶段；三是从先生的学术研究生涯这样一个大的过程来看，《云南三村》也处于从早期的初步农村探索，经过海外留学，系统接受西方（英国功能学派）社会学、人类学理论和方法，再到将西方的理论和方法运用于内地农村社区研究的中间阶段。就此而言，《云南三村》处于费孝通中国农村研究思想与具体农村社区（一个个具体的村落社会）调查理念的有效结合、农村社会研究与农村类型调查完整思想的形成并产生结果的时期。因此，《云南三村》确确实实是一部承前启后的杰作。

从具体运用的角度来说，《云南三村》将国外引进来的社会学理论和方法，特别是功能学派的理论和方法，以及社区研究的新鲜做法，运用于中国农村的调查和研究之中，开展了云南三个不同类型村庄的调查。在那样一个年代，不要说云南的学者从来没有接触过这一套理论和方法，就是在全国范围内，这也是一个令人耳目一新的做法。《云南三村》能够持续产生影响直到今天，是因为这三个村庄的调查在历史上有着重要的承接和启示，以及其自身所具有的学术价值。当然，还由于有费孝通先生这样一位跨越两个时代并以其研究成就连接两个时代的社会学大家，他的影响力和长期的社会学活动，客观上巩固了《云南三村》的持续影响力。二者相辅相成，从历史走到了今天。当人们谈到《云南三村》时，必然想到费孝通先生；而研究费孝通先生的学术生涯，也一定绕不过《云南三村》这样的研究经典。

三　"云南三村"研究的若干思考

（一）必然和偶然

《云南三村》的产生，本身就有着偶然性，但这个偶然性中又体现出费孝通先生农村研究的必然性。因此可以说，《云南三村》是偶然性和必然性相结合而产生的。

最大的偶然性，是时代的偶然性。在中国大片国土被日军占领之后，北方的学校和研究机构只能南迁，一大批机构和学者来到了云南。其中，费孝通先生等一批社会学家在云南开展了农村社会调查，写出了《云南三村》。因此，没有这一历史事件，就没有云南三村的调查，就不会有我们今天所见到的《云南三村》。换句话说，这一历史事件对于《云南三村》来说是一个偶然性的因素。

还有一个偶然性是具体的偶然性，就是对三个村子的选点进行调查这件事情。为什么选择云南这三个村子作为调查点进行调查？禄村、易村和玉村三个村子，并不是费孝通先生既定的研究对象。它们是在若干偶然的情况下，在得到一系列相关信息之后，才成为调查者确定的调查对象。禄村是这样，易村和玉村也是这样。在对禄村的调查过程中，他们偶然获得了易村的有关信息，易村便成为调查对象；在对禄村和易村的调查过程中，他们又偶然获得了玉村的相关信息，玉村又被确定为调查对象。三个村子全是在一系列偶然情况下获得"有用"信息后，才被确定为调查对象的。由此，才有了"云南三村"。

熟悉"云南三村"研究的人，都很关心为什么费孝通先生从英国留学归国没有几天，就一头扎到农村去做田野调查。费孝通先生多次提到这一情节。在《云南三村》序言中，费孝通先生这样说："《禄村农田》的确就是这样开始的。我初次去禄村的日子离我从伦敦到达昆明时只相隔两个星期。"[①] 1990 年 5 月 26 日，费孝通再次来到云南做"重访云南

---

①　费孝通、张之毅：《云南三村》，社会科学文献出版社，2006，第 3 页。

三村"时，与禄村当年的老熟人相见时说："那时我才28岁，刚刚从英国回到昆明，一个多星期后就来到大北厂村调查了。"① 由于历史久远，他对具体时间的记忆有些出入。对于一个在海外求学两年多，刚刚回国就很快到农村去做田野调查的学子而言，不管是"两个星期"还是"一个多星期"，其实时间都是非常短的。放在今天我们可能都难以做到。从国外回来，工作的接洽、生活的安顿，这些都需要时间。人们谈到这一点的时候，往往关心较多的是精神和道德层面：一个留学回国的博士，不贪图安逸，不在生活条件更好的城市，而是选择到艰苦的农村开展学术调查工作。特别是费孝通先生自己这样说："现在很可能有人会不太明白，为什么一个所谓'学成归乡的留学生'会一头钻入农村里去做当时社会上没有人叫好的社会调查？"费孝通先生在这么短的时间便能成行，一定有着特别的机缘。事实也确实是这样的。禄村这个调查点的选定，得益于费孝通先生的同学王武科（王武科是当地人）的介绍和费孝通先生姨母杨季威女士的帮助②③，这才让他这样快就到了调查点。

不论是怎样去的禄村，我们都可以看到这是一种偶然性所促成的。而在调查点的既定想法上，即调查不同类型的村子的设想，却是费孝通先生在回国之前就已经有的。这就是"云南三村"调查的必然性。这个想法其实在费孝通先生开展江村调查之后，紧接着到英国读书期间，就已经逐步成熟。在伦敦学习时，先生就在考虑回国后在什么样的村子调查，想象着怎样在"内地农村"进行调查，来回答在江村经济中所发现的问题和延续的思考。这就需要通过调查一个一个不同类型的村子来实现。因此，当禄村调查完成后，费孝通先生又安排张之毅进行了易村和玉村的调查。对另外两个不同类型村庄的调查，也完全是偶然的。这样，三个村子调查的完成，就获得了三种村子的类型，就充实了中国农村的"类型库"，从理论上和逻辑上，就更加接近整体认识中国农村的总体目标。

这就是"云南三村"调查的偶然性和必然性。

需要说明的是，在禄村、易村和玉村调查结束时，费孝通先生的既

---

① 钱成润等：《费孝通禄村农田五十年》，云南人民出版社，1995，第266页。

② 戴维·阿古什：《费孝通传》，董天民译，时事出版社，1985，第63页。

③ 费孝通、张之毅：《云南三村》，社会科学文献出版社，2006，第11页。

定想法并不是"调查三个村子",从而写成三篇调查报告,编成《云南三村》一书。调查几个村子,写几篇调查报告,事先并没有预定的数。后来有了三篇报告,编成《云南三村》一书,是历史机缘造成的。如果费孝通先生和云南大学社会学研究室("魁阁")在云南再延续一段时间,也许我们看到的就会是"云南四村"或者"云南五村",会有更多"魁阁"成果的出现(《昆厂劳工》代表的就是"魁阁"的一个方向——从农村到城市,从农民到工人,也是这种探索的实例之一)。这一点,也是对"云南三村"调查之必然性和偶然性关系的一个理解。

(二)时间和空间

谈《云南三村》的时代意义,实际上是说历史。或者是在说"意义"的过程中,不断回顾那一段历史。这种叙说一定是通过非常具体的时间体现出来的,哪怕是隐含的历史。一系列不同单位的时间构成了我们所见的历史;而《云南三村》的产生地点——云南,它所标示出来的地域,既具有特定的空间观察价值,又明明白白地透出远远超出其地域的影响力,它是中国社会学甚至是世界社会学框架内的一个操作实例。因此,"云南三村"的调查,首先就有一个与中国社会学的关系问题。正因为如此,我们在这里谈的"云南三村"调查的空间问题,重点谈的就是其与中国社会学的关系问题。

从这个意义上讲,《云南三村》呈现时空分析的意义。《云南三村》产生于 20 世纪 30 年代末 40 年代初的云南。今天我们所处的时代,与那个时代相比,已是天翻地覆、物是人非。但有一样,就是广大农村的农民生活困难仍是一个值得关注的突出社会问题。从"三农"问题到农村"扶贫",从城乡关系到人口流动(主要是农村的流动人口,也是农村问题或城乡关系问题),今天的中国农村问题已经具有新的历史时代的特点,也需要用新的眼光来看待。它已经成为全社会(包括政府、社会、企业等联合力量)关注、研究和采取具体措施来解决问题的现实行动。这种行动是全方位的、多层面的,涉及法律、政策、经济、社会等各个方面。让广大农村的农民生活富裕起来,是最基本的一个目标。这在费孝通先生做"云南三村"调查的时代和今天的时代,从研究者的角度,是相同的任务。时间虽然跨越 80 余年,但社会学者们仍对农村研究矢志不移。而由《云南三村》所连接起来的农村研究，更加具有历史认识的广度和深度。

从空间视角来说，《云南三村》所研究的是云南的三个村子，但这早已经不局限于这三个具体的实体，而是在一个更加广阔的空间产生影响。首先，《云南三村》不是"云南"的三村，尽管它产生于云南这片土地上，但它代表了中国社会学在云南农村的实际调查及其成果，属于"中国社会学"。其次，三个村子在云南，是由特殊历史背景所造成的，是偶然性使然，但这种偶然性中有必然性，因为它们代表了中国农村的类型。再次，《云南三村》的价值和意义，不因为其内容是云南的而局限于云南，而是具有全局的意义和价值。它不仅在中国有影响力，而且在国际社会学和人类学界都有影响力。最后，名称上的"云南"二字，已经成为一个学术事件名称的特定标志，成为社会学历史上的重要事件。"云南"这一名称，以及在社会学上的作为，也因《云南三村》的成名而受中国社会学界瞩目，并为世界社会学界认识。

（三）宏观和微观

一个复杂的社会包含政治、经济、文化、生态各要素，范围广泛，结构复杂。要认识社会，就要通过对这个"社会"进行划分，按照不同的性质和行业，或者不同的范围和内容，从不同的视角对其进行观察和研究。这是现代社会科学在研究社会的方法上的一种进步。将研究对象限定在一个可以进行全面观察、范围不要太大并且有一定的空间范围，将这个范围作为"整体性社会"进行全面调查和研究，这又是现代社会科学的一种发明。这种发明是人类学和社会学对社会科学的重大贡献。其基本方法就是人们时常提起的功能主义研究方法。这个"范围不要太大而且有一定的边界"，并且是可以整体性地进行观察的社会，就是"社区"。这种研究对象还有一个特征，即它是特定的物质形态的存在体，并以空间的形式展现在我们面前。它不像"组织"、"思想"、"心理"和"规则"等这类东西那样没有空间存在形态，而是有着明显的空间范围，其中有各种各样的人和物。这就形成社区研究的一大特点，即社区研究者必须直接进入社区，与社区成员发生互动关系，对社区现状进行所谓的参与式观察和调查。这种现代社会科学的研究方法就是"社

区研究方法"。

　　人类学和社会学是最擅长开展社区调查和社区研究的学科。我国的农村——自然村（与行政村不同），正是可以开展"整体性社会"研究的极好的对象，也正是一种"在一个相对可以观察到的、范围不要太大并且有一定的边界"的研究对象。按照费孝通先生的理解，这种社区是"社会生活的较完整的切片"①。是人的切片吗？当然不是，而是社会的切片。因此，认识社区是认识社会的一个切实的途径。从这个意义上说，社区就是一个"小社会"。通过社区认识社会，是重要的而且是便捷的一条途径，当然不是唯一的途径。把江村作为一个社区来研究，也许还太大了一点。而云南的大多数村子（当然云南也有大型或超大型的自然村）正符合这样的要求。在这样的前置性要求之下，再结合对不同类型的村子进行逐一调查这样的理念，就有了在江村之后，又有了禄村的调查，接着又有了易村的调查和玉村的调查。将这种具有类型意义的村庄调查持续地做下去，就会有日益接近中国农村面貌的完整构图。这样的构图没有一个绝对的终点，但不断地做，就会逐渐完善这个构图，逐渐接近理想中的目标，最终形成人们对中国农村的不断趋于完整的认识。

　　这其实就是宏观和微观的关系。一个大社会，是由若干个具体的社区即"小社会"所构成的。大社会不等于所有小社会的简单相加，大社会和小社会还是有种种不同的；但是，通过小社会可以认识大社会，而且这是一种比较切实有效的认识大社会的方法。因为通过这种方法，我们可以为社会提供实在且鲜活的例子。比如，通过江村、禄村、易村和玉村等这样一些具体的农村社区，人们了解到在中国农村，既有发展起乡村工业合作组织的村庄，也有依托于农田开展各种农事活动的村庄，还有依托本地资源而产生手工作坊的村庄，以及依托地理和文化特长而形成的商业性与农业相结合的村庄……这一切，都可以帮助我们认识中国农村的整体。这也就是费孝通先生给我们留下的认识中国农村类型的具体实例和科学方法。在谈到江村经济时，费孝通先生说："这种小范围的深入实地的调查，对当前中国经济问题宏观的研究是一种必要的补充。

---

① 费孝通：《江村农民生活及其变迁》，敦煌文艺出版社，1997，第 13 页。

在分析这些问题时，它将说明地区因素的重要性并提供实事的例子"。①由这样一些微观的农村，达到认识宏观的中国农村，这始终是研究和认识中国农村的一个好方法。费孝通先生当年和一小批学者开展了这样的工作，从江苏持续到云南，进行了有限范围内的农村社区研究。今天，可以有更多的人来开展这样的工作，遍及各地农村研究，达到对中国农村的更加广阔和更加深入的认识的目标。

（四）历史和现实

1943 年，费孝通先生借访问美国的宝贵时间，在美国将三个村子的调查文本用英文编写成 *Earthbound China* （《土地束缚下的中国》）一书并在美国出版。这一时期，费孝通先生还将自己的学生史国衡的调查成果译成英文 *China Enters the Machine Age* （《昆厂劳工》）在美国出版。这两本书，让美国社会学界加深了对中国的认识，特别是使当时的美国社会学界得以了解中国社会学的研究成果。

费孝通先生和《云南三村》的历史影响在中国的 "重新发现"，是20 世纪 80 年代以后的事情。这时，离当年调查并写出云南三村调查报告已经过去了将近半个世纪。此后，中国社会学界研究《云南三村》的热潮持续升温。这一周折，从一个特别的角度反映了这段历史的重大影响。

《云南三村》产生于 20 世纪中前期。那时，国家山河破碎，时局不稳。学者们利用南下云南的特殊时机，抓紧一切可以利用的条件，做出了令人称道的成就。《云南三村》只是一个代表。在社会学界，除了费孝通先生主持的 "魁阁" 外，尚有国立清华国情普查所、南开人文研究室，其成员都在那个艰难的时代做出了令人感动的成就。这些成就，成为编写中国社会学史避不开、绕不过的内容。

当年的研究行为已经成为历史；当年的人们在那个 "现实" 面前，做出了无愧于历史的业绩。这才需要我们不断地回顾这段历史，常常怀念前辈们。当年的 "现实" 是国难当头、生计困难，但费孝通先生想的是未来 "我们将建设成怎样一个国家"。学术研究为国家服务，是费孝

---

① 费孝通：《江村农民生活及其变迁》，敦煌文艺出版社，1997，第 9 页。

通先生那一代学者的追求，更应成为我们今天的追求。这也是我们所称的社会科学工作者的社会责任。

（五）农业与工业

"云南三村"的研究进程贯穿着工业发展的重要线索。这条线索与前述那条"线索"，即农民怎样富裕的问题，其实并不冲突。费孝通先生的一个基本出发点，就是通过在农村发展不同形式的工业，最终使广大农民富裕起来。工业这条线索有时是显形的，有时是隐形的。我们现在以工业这条线索来看这个发展的走向。江村调查中成为重要内容的乡村工业，在云南农村却不多见。费孝通先生在云南考察"内地农村"的工业，《云南三村》中的易村的手工业是一个重要的标志性成果。在三个调查报告中，这也是在主题中研究工业的独一个。当然，在另外两个村子的调查报告中，也都或多或少涉及工业。

如果我们将话题稍微延伸一些，将同样也是魁阁研究成果的《昆厂劳工》纳入我们的视野，那么我们就会看到，在费孝通农村研究中"工业"这条线索的基本走向。下面这个图示，显示了《云南三村》中农村工业的位置。

《禄村农田》—《易村手工业》—《玉村农业和商业》
初级的农业—乡村工业—综合性的农村发展

再将《昆厂劳工》纳入这个图示当中，我们就能看到一个层次更丰富、逻辑更完整的思想走向（或许这只是农村工业的另一种发展前景）。

《禄村农田》—《易村手工业》—《玉村农业和商业》—《昆厂劳工》
初级的农业—乡村工业—综合性的农村发展—农民进入工厂

这其中的线索源自"云南三村"，更远源自"江村经济"。这条线索的中心就是农村，其研究的后续逻辑就是有农民参与以大工业（或都市工业）为研究背景的《昆厂劳工》。这在费孝通先生的研究逻辑上是贯

通的。

《昆厂劳工》作为魁阁研究系列的成果之一，是费孝通先生思考中国农业发展、农民出路的一个选择。这是费孝通先生派史国衡去调查"昆厂"的主要考虑。《昆厂劳工》与其说是研究工业，不如说是通过研究工业来思考农业的后续问题，即农村富余人口的出路问题。这本书的开头便强调："这本调查报告，可以说是我们对于农村社区研究的一个引伸。"① 这说得很清楚了。由于战争，大批沿海工业开始向内地转移，尤其是在武汉、广州沦陷后，昆明成为后方最重要的城市，一大批国防工业企业转移到昆明。昆厂即在此背景下建立起来。史国衡在该书中所思考的一个重要问题就是：在缺少工业文化而有着浓厚的传统农业文化的云南，昆厂的"劳工"是哪些人？这种工业的发展存在怎样的问题？归根结底，该书要回答的是：传统的农业经济经过蜕变，如何转化或发展成为新兴的工业经济（特别是在云南这样的缺少现代工业基础的地方）；这种新兴的现代工业需要怎样的劳工；由具有农耕文明的云南农村转移出来的劳工能否适应工业经济发展的需要。

这个思路，与今天的农村剩余劳动力大量进入城市成为"农民工"，感觉是多么的相像。不同的时代有不同的问题及其产生的原因，也有不同的解决办法。但农业人口多了，他们涌入城市，却是一个不会改变的大趋势。所以，在回顾"云南三村"研究的同时，也阅读一下《昆厂劳工》，仍是很有意义的。

四 "云南三村" 研究的历史延续

（一）"云南三村" 已成为一个学术符号

如上文所说，《云南三村》中文合编本，是在写成半个世纪后即1990年才由天津人民出版社出版的。早在20世纪40年代初，重庆的商务印书馆出版过其中的《禄村农田》和《易村手工业》，《玉村农业和商业》当年没有出版。

---

① 史国衡：《昆厂劳工》，商务印书馆（重庆），1946，第1页。

　　这里应当明确一下，我们常常笼统地说"云南三村"研究，有不甚准确的地方。如果是有书名号的《云南三村》，就专指《云南三村》这本书。如果是有引号的"云南三村"，则包含着对《云南三村》这本书的研究，也包含着对"禄村"、"易村"和"玉村"这三个村子的研究。后者就是人们常说的云南三村"再研究"。因为前有费孝通先生和张之毅先生的研究，后人对他们研究过的对象进行研究，就是"再研究"。需要说明的是，我们常常用的是有引号的"云南三村"研究，这是在一个较为宽泛的含义下来说的。

　　事实上，我们在近些年来所开展的"云南三村"研究，就是这么做的。"云南三村"作为一个标志性、符号性的概念，其所包含的内容非常丰富。这些内容，是云南省社会科学院农村发展研究所"云南三村"研究中心持续开展的工作目标。在实际工作中，我们主要是对这三个村子进行调查和研究，但也包括阅读和研究《云南三村》这本书，甚至包括对《江村经济》和《昆厂劳工》等展开系统化的比较研究。就是说，对云南三个村子的实地调查和三本报告文本的研读，两个方面都不可偏废。事实上，我们就是将实体存在的三个村子与《云南三村》中的三篇报告结合在一起进行研究的。阅读和调查总是相互促进的，这很好理解。因为二者是根本分不开的。只有一种情况有所例外，即专门就文本进行分析研究，才可以考虑或者不去这三个村子开展实地考察。这属于文献研究，也就是"《云南三村》研究"（但即使是文献研究，最好也去实地看一看，这样才可以更好地理解文本作者的感悟及其创作文本的根据，体验这三个文本产生的环境）。

　　《云南三村》已经成为一个历史符号。云南这三个村子成为社会学调查点的事实，是我们今天去做"再研究"的根据。

　　"云南三村"再研究是一项非常有意义的工作。它不仅是学习经典的过程、是认识社会的途径，也是续写中国社会学历史的必要、是认识中国社会学发展演变中不可或缺的一环，更是解剖激荡变化的中国农村的一把金钥匙。过去是，现在是，将来还是。我们将在"云南三村"再研究过程中，与学界加强交流，提高认识，深化体验，做出成绩，在社会学调查和农村发展研究事业中不忘初心，继续前行。

（二）"云南三村"研究存在的不足和若干问题

就目前"云南三村"研究的状况来看，存在着三个重大不足。

一是总体上"三多""三少"。"三多"是指泛泛研究较多、意义分析较多、理论探讨较多。"三少"是指专题研究较少、实地调查较少、历史研究（指对"云南三村"历史上有关事实的考察和调查）较少。具体的表现是理论文章较多，实地调查很少。

二是三个村子的调查和研究不平衡。对"云南三村"的研究，本来最基本的一项工作就是对这三个村子进行认真调查。只有对当年的状况做充分调查和了解，对今天的现状进行必要的调查之后，才有发言的资格。非常遗憾的是，这种必要的调查经常被省略，根据实地调查资料写成的作品相当少。在仅有的对"云南三村"的实际调查中，又主要是对禄村的调查，对易村和玉村的调查基本见不到。这种不平衡本身是在总体缺少实际调查情况下的不平衡。因此，有必要对三个村子开展更加深入的调查，在此基础上再做到比较平衡地开展研究。

三是对于"云南三村"的研究，一般表现出来的不足是对历史调查点的实地调查不足。这实际上存在着一个潜在的问题，即社会学界对自己历史的关心不够，对社会学史的研究不重视。具体的表现是，对社会学自己曾经经历过的事件没有专心去考察，即对社会学历史的研究不够，以至于社会学人对自己的历史语焉不详，甚至出现诸多不应有的错误。即使是一些"再调查"的成果，也对当年的史迹和事实不予关注，对所研究问题的来龙去脉说不清楚。举例来说，1990 年费孝通先生来到云南，想"再看一看"当年的"三村"调查点，居然没有人知道"玉村"何在，陪同人员将费先生带到大营街去，给费先生留下了终生遗憾。又比如，对于"易村"，社会学界知道其位置所在的人可以说是凤毛麟角，更不用说实地调查了。再比如，对于社会学数十年前的一些事件，包括日期、地址、人物、经过等，记载或有错误，或有缺失，或语焉不详。这些，都是社会学界对自己历史不重视的表现。

目前有关"云南三村"的材料，比如网络和报刊上的材料，存在一些问题。有的是道听途说，任意编写；有的是材料老旧，不合时宜；有的是人云亦云，不负责任；有的是任意剪裁，错乱百出；有的是张冠李

戴，贻笑大方；等等。我们希望通过我们的深入调查和认真研究，提供
翔实有用的材料，以弥补这种种不足。同时，我们也呼吁有关材料编写
者和发布者，克服局限，防止各种错漏出现，将客观、准确、新鲜、生
动的材料提供给社会。这也是作为社会科学工作者的最基本的底线。

（三）"云南三村"研究的近期展望

云南省社会科学院农村发展研究所"云南三村"研究中心在近年来
就"云南三村"开展了一系列相关的调查和研究。至于我们今后的工
作，可借此谈一谈有关的想法。

一是在三本综合性的著作完成之后，将继续对三个村子进行持续调
查，对前期发现的问题和线索进行深入研究，在此基础上，确定若干选
题，开展专题研究。

二是基于中国农村发展的基本类型的分析，在云南再选择 3～5 个村
庄进行深度研究，以拓展农村调查的基本类型，并初步构建农村发展类
型学。

三是重视对三个村子的持续调查研究。我们将在未来一段时间，制
订更加详细的研究计划，对三个村子开展更加深入的调查，开展一系列
专题研究。

四是在学术调查的同时，与当地紧密合作，帮助村子进行开发活动，
发展村庄经济。以及与有关部门联系和合作，在三个村子的适当位置设
立有关费孝通"云南三村"调查陈列室或纪念馆。

让我们以费孝通先生当年曾说过的一段话，作为本序的结尾："我衷
心希望，未来的一代会以理解和同情的态度称赞我们，正视我们时代的
问题。我们只有齐心协力，认清目标，展望未来，才不辜负于我们所承
受的一切牺牲和苦难。"①

"云南三村"再调查编委会

云南省社会科学院农村发展研究所

"云南三村"研究中心

---

① 费孝通：《江村农民生活及其变迁》，敦煌文艺出版社，1997，第 213 页。

目　录

绪　论

一　玉村在社区调查中的地位

　　玉村，是著名的"云南三村"（禄村、易村和玉村）之一村。玉村的调查是在我国著名的人类学家、社会学家费孝通先生指导下，由张之毅于 1940～1941 年完成的。此次调查，张之毅写出了《玉村农业和商业》。

　　张之毅笔下的玉村时值 20 世纪 40 年代初期，人们的生计基本能满足，而且外出经商有效地弥补了农业生产的不足。地处滇缅交通要道上的玉村，交通便利，部分人家因在马帮运输中干起贩运鸦片等高投机性行当而起家，① 以农业为主的玉村，地处近代商业发达的玉溪市境内，农业的贫瘠和商业的富裕，成为十分鲜明的时代写照。张之毅先生调查的研究成果《玉村农业和商业》汇于《云南三村》，成为接续研究者的起点，我们对玉村的重访和再研究试着延续、升华"云南三村"的学术生命，揭示时代的旋律。

　　费孝通先生在其半生，都情系三村，志在富民，一直对"玉村"念念不忘。1990 年到玉溪视察寻找"玉村"未果后，他又委托其学生、上海复旦大学社会系刘豪兴教授再次寻找"玉村"。随着时代变迁，"玉村"已更名为玉溪市红塔区玉带路街道办事处玉村居委会。当地人现已习惯把玉村 1～4 组称为中卫片区，即张之毅笔下的"玉村"，而把玉村 5～9 组称为徐百户片区。然而，时过境迁，七八十年后的玉村经济、社会、人文等背景因素已与之前迥异，发生了巨变，再研究能否与前面的研究接续、延续？

　　新中国成立以来的玉村，历经土地改革时期、"内卷化"特征显著

---

① 费孝通：《重访云南三村》，《中国社会科学》1991 年第 1 期。

的集体化时期、人民公社时期、"文革"时期和改革开放新时期，尤其是，农村家庭联产承包责任制的推行，被费孝通先生认为是农村发展的第一功。① 20 世纪 80~90 年代发展起来的乡镇企业，随着改制深化，华丽转身为民营经济，工商业集聚发展。《云南三村》中商业化入侵度最高的玉村，② 商业活动呈现主流化、多元化特征。随着玉溪撤县建市、撤市设区和城市化进程加快，与昔日的玉村相比，如今的玉村已旧貌换新颜，步入经济社会快速发展轨道，发生了翻天覆地变化。张之毅笔下的玉村，历经 70 余年的时代潮流，"乡土气息"或已被冲淡，③ 但城市的现代化仍掩不住乡土性。④ 而徐百户片区——"城市中的农村"，仍以农业和商业为主，菜地在家庭经营活动中仍占举足轻重地位，徐百户片区似有当年张之毅笔下玉村的影子。

本团队在前人研究的基础上，跟踪当代中国社会学研究的摇篮，仍以学界耳熟能详的"玉村"开展再研究，扩展并囊括了玉村 1~9 组，对中卫、徐百户两个片区，进行对比调查研究，以"种房子"、工商业为主的中卫片区与以农耕、打工为主的徐百户片区折射出一桥之隔的"两重天"⑤，咫尺下"城市人"和"农村人"面临"最后一公里"的尴尬和无奈。之所以把玉村徐百户片区亦纳入再调查的范围，在某种意义上，是由于徐百户片区的生计、传统、消费、日常生活有玉村过去的影子，可以折射玉村过去的一系列行为，据此实现相互观照。

城市社区的各种利益博弈和冲突逐步显现，而城市中的农村在农业的执着和乡村文明的守望中逐渐迷茫。依附于预留地建设起来的各种市场，成为玉村集体经济发展的"蓄水池"，市场的"溢出效应"显著，土地的"保"与"卖"之争，实属众口难调，市场管理公司作为"熟人

---

① 费孝通：《小城镇四记》，新华出版社，1985，第 53 页。
② 刘能：《费孝通与村庄生计研究：八十年的回顾》，《西北师大学报》（社会科学版）2015 年第 2 期。
③ 费孝通：《重访云南三村》，《中国社会科学》1991 年第 1 期。
④ 曹凤云：《现代化遮不住的乡土性——读费孝通〈乡土中国〉有感》，《改革与开放》2005 年第 20 期。
⑤ 建于清乾隆年间、横跨玉溪大河的玉村普惠桥，东侧为中卫片区，即玉村 1~4 组，已发展转型为城市社区；西侧为徐百户片区，即玉村 5~9 组，仍属于"城市中的农村"，是农村社区。两个片区发展可谓"两重天"，玉村是城乡二元结构的缩影。

社会"的共同体在利益交错中处于"从内部毁灭"① 的边缘，短短几年就分崩离析了，这是各方的利益博弈和冲突较量的结果，深层次原因是农村社会结构发生了显著变化。② 婚嫁中户口"存留"与"迁出"透视出人口流迁的利益驱动。商铺、房屋出租和承租情况已成为社区发展"兴旺"与否的"晴雨表"。社会分层现象日益明朗，在二元结构下城村两个片区"一个屋檐下"平分秋色，"城里人"眼中的"农村人"和"农村人"眼中的"城市人"彼此对视、彼此割裂又彼此依存、包容发展。本书从土地、市场、人口等要素视角，用数据说话，对玉村再研究③从玉村的一个缩影中折射出一个学术名村的发展所带给世人的启示。

二　走入玉村

（一）地理环境

"玉村"所属的玉溪市古称新兴州，1916 年据玉溪大河"形似玉带、溪水清澈如碧玉"而取名玉溪。玉溪市地处滇中腹地，距离昆明 98 公里，有"省会屏藩"之称。市东与江川区相连，北与晋宁区接壤，西南与峨山县交界，东南与通海县毗邻。辖区内四面环山，玉溪大河横贯其间，玉溪坝子为一断陷盆地，由东北向西南延伸，海拔约 1630 米，年平均温度 15.9℃，无霜期 296 天，年降雨量 900 毫米，日照时数 2256 小时，属于中亚热带半湿润凉冬高原季风气候区。冬无严寒，夏无酷暑，气候温和，土地肥沃，交通便利，商业发达，以拥有"云烟之乡""花灯之乡""聂耳故乡"的美誉而小有名气。④ 玉村正好就坐落在这样一个坝子中，地处玉溪市中心城区州城的西北部，玉溪大河河畔。东起珊瑚路，南邻玉带路转汇溪路，西接春和镇马桥村委会，北至龙马路、玉溪大河并与李棋镇金家边村委会相邻。地势平坦，略有起伏，地形走向由

---

① 桑巴特：《德意志社会主义》，杨树人译，华东师范大学出版社，2010，第 200 页。
② 刘天亮：《走出"半熟人社会"需可靠路标——新春城乡文化对话之三》，《人民日报》2016 年 2 月 18 日，第 5 版。
③ 李培林、渠敬东、杨雅琳：《中国社会学经典导读》（上册），社会科学文献出版社，2009，第 367～368 页。
④ 玉溪市地方志编纂委员会：《玉溪市志》，中华书局，1993，第 1～3 页。

东向西延伸，北向南倾斜，高差约 1 米，最高海拔为中卫村（1622.90米），最低海拔为大河边村（1621.80米）。周长 5.72 千米，土地总面积233.60 万平方米。[①] 土壤肥沃，熟化程度高，宜种性广。水系发达，玉溪大河、沙沟河、西河、张东河纵横，水资源丰富。从总体上看，玉村的自然资源和气候条件有利于农作物的生长。

但这样的资源条件并不意味着必然适应精耕细作的灌溉农业，民国时期及以前，玉村以粗放型的农业生产为主，因为精耕细作的农业生产对水利条件有更为苛刻的要求，农作物生长所需的灌溉用水必须及时而且充足，但绝对不是过量。元、明、清至民国时期，玉村缺乏防洪排涝设施，一旦有暴雨或连续性大雨发生，就会引起山洪暴发、河水泛滥，冲毁良田、毁坏民舍，玉溪大河沿岸的水田、菜地普遍遭遇水灾，农作物受灾较为严重。1932 年和 1948 年，是玉村历史上遭受过较大洪涝灾害的两年。玉溪大河普惠桥附近，大河决口 20 余丈，淹毁张家茅草房、黄家边、徐百户屯、马桥村、小庄屯等村的水田 2000 余亩，房屋被毁 300余间，玉村几乎成为一片汪洋。玉村村民常说"大河水让人欢喜让人忧"，因为玉村的水利虽得益于周围的大河，但也经常受到水患的威胁。直到新中国成立之后，玉溪经过 20 世纪 50 年代、60 年代、80 年代及 90年代前后 7 次的水利建设工程，才避免了昔日洪水决堤泛滥之灾，农田水利化程度达到 100%。

除了水源，还要说一说土壤。玉村境内有水稻土、红壤土、紫色土3 个土类，4 个亚类，7 个土种。水稻土包括鸡粪土田、泥田、浮泥田、油沙田、沙土田在内，分布在玉溪大河两岸，涉及中卫、徐百户屯、大河边、张家茅草房等自然村，占玉村土地总面积的 83.43%，红壤土和紫色土则分布在稍远一些的响石板、撒拉沟和土边箐山地，占总面积的16.57%。[②] 这样的土壤资源为玉村提供了得天独厚的农业种植条件。

以上描述的大致是与玉村农业生产有关的地理环境。它拥有的水利和土壤条件，相对于周围海拔高、气温低、水源条件差的丘陵和山地地区，在农业生产上具有不可比拟的优势。尤其是玉溪大河两岸由于河水

---

① 刘豪兴、黄朝茂主编《中卫社区志》，云南民族出版社，2006，第 1 页。
② 刘豪兴、黄朝茂主编《中卫社区志》，云南民族出版社，2006，第 30 页。

长年冲积而成的沙地，为蔬菜种植提供了天然的沃土。张之毅在《玉村农业和商业》中就提到，由于农田面积过少，玉村在农田种植上最多满足自家口粮，更多的只能通过经营菜地来弥补。而玉村在历史上就是玉溪为数不多的商品性菜园村之一。本书之所以强调对玉村区位的关注，是因为区位对玉村的发展十分重要。

谈到商品性的蔬菜种植，就不得不说一说玉村的交通条件。玉村的交通极为便利，1933 年，昆洛公路穿境而过，1956 年、1973 年先后修建了玉带路、珊瑚路。1990 年后，境内道路建设快速发展，昆玉铁路（昆阳—玉溪）、昆玉高速公路、珊瑚路、中卫路、彩虹路等道路纵横交错，玉溪汽车客运中心站坐落在玉村，形成四通八达的公路运输网络。2003 年，境内铁路线全长 0.80 千米，公路、街道及乡村道路 25 条，全长 13.93 千米，通车率达 100%。有公路、铁路桥梁及人行天桥等 14 座。同时，玉村之所以成为玉溪商品蔬菜的基地，还得益于玉溪自古以来的滇中商业中心和滇中城乡商品流通的重要枢纽地位。因此，市场和交通条件的便利，为玉村农业的发展提供了绝佳的优势，这也是禄村和易村无法比拟的。

（二）人文环境

据云南史专家的研究，当蒙古铁骑跨囊渡江，征服了大理国和云南各部之后，就开始实行较为严格的编户齐民政策，意在实施与内地相同的治理方式。一开始，建立了万户府、千户所和百户所等相互统属的军事管制体系。元十一年（1274），建立了云南行省，改设路、府、州、县，又下设宣慰司都元帅府，执掌兵权。玉村是一个汉族村落，玉村所属的中卫片区于元代始设，称中古城，属新兴州辖地。据《元史·兵志·屯田》记载，至元三十一年（1294），梁王由乌蒙（今昭通）调 700名汉军（南宋降军）到新兴州（今玉溪市）屯垦，称为"梁千户翼军屯"。这是关于汉人成批迁入玉溪的第一次记载。梁千户翼军迁入新兴州，中古城成为梁王重修驻兵屯田之地。明洪武十五年（1382），玉村为云南中卫军驻地，故名中卫。①

---

① 刘豪兴、黄朝茂主编《中卫社区志》，云南民族出版社，2006，第 1 页。

清康熙九年（1670），玉村归云南都使司管。康熙二十六年（1687）撤销云南都使司，卫所归并附近州县管，玉村随之归新兴州管辖。康熙《新兴州志·赋役志》记载："明民户三百二十，丁一千七百五十四。"明嘉靖十一年（1532）任浙江道监察御史的是陈表的曾祖父，就是明洪武十七年（1384）"自楚徒滇"，上籍新兴的移民。康熙三十五年（1696），新兴州（今红塔区）调整建制，设9个乡，玉村隶属白城乡。清光绪二十年（1894），清政府办理新政，将新兴州9个乡划为东、西、南、北、中5个区，玉村隶属西区。不久，又恢复原来的9个乡。辛亥革命后，政府废府州制，改新兴州为新兴县，玉村仍隶属白城乡。1930年，实行地方自治，调整行政区划，玉村隶属第三区安流乡。1947年，全县调整为四镇六乡，玉村隶属龙吟乡。1952年3月，建立乡人民政府，玉村始成为行政村级基层政权。1958年10月，玉村隶属城关公社。1961年1月，玉村的中卫、徐百户两个大队合并，称玉村人民公社。后随行政区划调整，多次更名。1988年隶属州城镇。1999年1月，称玉村居民委员会，隶属玉带路街道办事处。2003年4月，建立玉村社区居民委员会，辖9个社区居民小组、4个自然村，驻社区单位62个。① 这就是玉村行政建制的演变。

　　谈及玉村的来历，村中老人都认为是明代建立的，民间普遍流传的说法是"来自南京应天府的柳树湾"。实际上，确系南京籍的只是小部分。从明代史籍记载来看，从明代洪武至成化时期（1368～1487），政府先后征调过河南、安徽、江西、陕西、湖北、湖南、四川等地的军队（包括家属）和移民到云南戍边屯垦。玉溪至今尚留下许多带有驻军和屯垦印记的地名，如卫、所、屯、哨、庄、塘、营。明清时期，汉族因游宦、经商、授艺、贬谪、流放而入内的，更是来自四面八方。元明时期进入玉溪的汉族，带来了中原发达的文化和先进的生产技术，促进了玉溪经济、文化的发展，对玉溪的开发和社会进步起到了巨大的推动作用。中卫片区（玉村1～4组），史称中卫屯，为明洪武十五年（1382），云南中卫军驻地，主要由苏家头、殷家头、冯家头、张家头、王家头等村组成。徐百户片区（玉村5～7组）称为徐百户屯，该村的形成有600

---

① 刘豪兴、黄朝茂主编《中卫社区志》，云南民族出版社，2006，第21～22页。

多年的历史，明洪武十五年（1382），沐国公率兵来到云南，后来在该村驻扎，是百户所在地，领头的姓"徐"，故名徐百户屯，后又因徐家人口发展比较快，就正式得名"徐百户营"。玉村8组为大河边村，因位于玉溪大河河边而得名。位于中卫片区西北面，距离玉村约800米。玉村9组叫作张家茅草房，因新中国成立以前，此地住房多为茅草房，村民都姓张，故名张家茅草房。张家茅草房形成于170多年前，最早是一户姓张的人家由徐百户营移居到此地，去的是三兄弟，因当时那里没有人家，也没有房子，他们又没有经济能力建房，就搭了一所茅草房，以种菜谋生，此后就命名为张家茅草房。在1933年，自然灾害严重，雨季大河的河埂都被淹没，周围的房子都被冲垮，故又有"水淹张家茅草房"的典故。1983年，经云南省地名普查办公室调查后更名为张村。

玉村中卫片区历史上是由苏家头、殷家头、冯家头、张家头、王家头组成的，因此姓氏以苏、殷、冯、张、王等为主，而徐百户则以徐、余姓居多。冯氏算是玉村的大家族，不仅人口多，而且经济条件好的大户也多。《玉村农业和商业》中的五户人，甲、乙、丙三种农户中都有冯家人，尤以村中首富"五老爷"冯石生为代表。在玉村的所有家族中，仅有冯氏建有自己的祠堂，由此可见冯家在玉村历史上的地位之显赫。冯氏宗祠始建于清康熙年间，道光中叶扩建。1922年毁于匪患，1929年由冯氏族人集资重建。[①] 该宗祠前后三层，一楼底为土木结构，蜈蚣脊风火墙，柱石浮雕为龙凤、麒麟、白鹤图案，算得上是玉村独特的人文景观。冯氏宗祠记录着冯氏家族的传承与发展，也是冯氏从事家族事务活动的公共场所。在玉村的发展史上，无论是求学、做官、经商或从政，都以冯氏家族的人居多。

玉村中卫片区与徐百户片区之间由一座横跨玉溪大河的普惠桥相连。普惠桥建于清乾隆六年（1741）十月，次年三月完工。张泓《新修普惠桥碑记》载："……勋兹义举，诹吉肇事，雍水掘沙，以平其基；广布长桩，密嵌巨石，以固其底。树植桥柱二十七空，纵横扣承，联以铁环，约长三十余丈，宽七尺，上铺梨板，旁列短栏。桥头各砌石岸，长四丈，

---

① 刘豪兴、黄朝茂主编《中卫社区志》，云南民族出版社，2006，第182页。

高六丈。建坊二座，颜曰'普惠'。"① 嘉庆二十二年（1817）重建普惠桥，并更名为永惠桥。永惠桥重修为七孔石墩木面桥，上盖瓦屋，两侧有围栏。"惠"同"慧"，意指深厚的恩泽，也寓意美好。自古以来，玉村人都相信，普惠桥是给他们带去好日子、好生活的象征。

此外，玉村的民间文艺有悠久的历史，旧时被称为"花灯窝子"。玉村花灯何时传入不详，但与元明时期军屯、移民有关。明景泰六年（1455）《云南图经志书》记述了新兴州（今红塔区）的民间艺术活动情况："其俗好讴，州中夷汉杂处，其少年美声气，喜讴歌，清朝良夜，放意自适，处处相闻，或以娱饮，或以劝耕……"中卫屯、徐百户屯、大河边、张家茅草房4个自然村，历史上有请贤圣、迎土主（俗称"米线节"）的习俗。节日期间，各村组织临时灯会，演唱花灯迎送神偶。灯会除演唱《虞美情》《十二花》等小曲外，还演唱"新灯"剧目《出门走厂》《双接妹》等。② 玉村灯会的"灯头"冯则华原是滇剧演员，受滇剧艺术的熏陶和影响，觉得玉溪花灯有史以来的旦角都由男性扮演，与滇剧坤角相比，旦角诸多不及坤角，坤角扮相秀丽，嗓音高亢，人物逼真，表演细腻。1947年，他在村里思想开明的长辈的支持下，收少女张桂英、肖琼英等6人为徒。他首先对她们进行道德教育，然后教她们唱花灯。1949年春节，6名少女学会了《十杯酒》《十二属》《红绣鞋》等小曲，并化装到州城拜年。从此，玉溪花灯诞生了第一代女演员，这是玉村灯会对玉溪花灯的改革创新，是玉溪花灯发展史上的里程碑事件，为玉溪花灯的大发展奠定了基础。1950年1月1日，玉溪县人民政府建立后，玉村率先组建花灯组，由冯则华负责。在滇中艺工团王旦东的帮助下，编演了花灯歌舞《迎军曲》《十唱解放军》《新十杯酒》《王理栋》等剧（节）目，春节期间到州城的主要街道演唱。③ 1951年12月，冯则华奉玉溪专员公署文教科的指派，参加西南军政委员会文教部在重庆召开的西南区戏曲工作会议，并观看了民间歌舞演出。

玉村所属的整个玉溪市拥有悠久的农业文明，但元代之前没有确切的记载。较大规模的开发并载入史册始于元初。据《元史·兵志·屯

---

① 刘豪兴、黄朝茂主编《中卫社区志》，云南民族出版社，2006，第181页。
② 刘豪兴、黄朝茂主编《中卫社区志》，云南民族出版社，2006，第174页。
③ 刘豪兴、黄朝茂主编《中卫社区志》，云南民族出版社，2006，第174页。

田》载："梁千户翼军屯：世祖至元三十年，梁王遣使诣云南行省言，以汉军一千人置立屯田。三十一年，发三百人备镇戍巡逻，止存七百人，于乌蒙屯田。后迁于新兴州，为田三千七百八十九双。"（据《新纂云南通志》，1 双即为今 5 亩）以后在新兴州更大规模的屯田，则是明洪武十七年（1384）的"移中土大姓以实云南"，及洪武十九年（1386）的"令军士开耕以备荒"，使新兴人口猛增，从而"民赋三乡""屯赋五卫"正式形成。元代，特别是明代一批批来自中原的军民，带来了先进的耕作技术和先进的文化，促进了玉溪农业经济的发展。到明代中期，玉溪已成为云南重要的粮食基地之一，被称为"会城之仓廪"。玉村自元代屯军时，土地得到较大规模的开发，来自中原的军民带来了先进的耕作技术和先进文化，促进了玉村农业经济的发展。清代和民国时期，随着纺织业、商贸及运输业的发展，玉村的农业，特别是蔬菜生产已发展到一定水平，成为玉溪的商品蔬菜基地之一。

商贸文化在玉村也源远流长，玉溪自古以来就是云南的商业重镇，为滇中城乡商品流通的重要枢纽之一。早在清末民国初期，玉村人就深深懂得农业的所得远不能与商业相比，若要在经济上图谋发展，就得走出农业。而玉村素来的织布业传统，支持了当时商业活动的主角——纱布生意，也为玉村人带来了商机。于是，有一部分人家就迁到城里做生意，开办洋纱号、旅店、百货店、糖食店、盐巴店等，有的还成了巨商，如文兴祥、冯祥等。可以说，20 世纪 40 年代的玉村，是一个受现代工商业影响的农业社会从传统走向现代、从农业走向商业的半封闭半开放的乡土社会。

（三）概貌特征

被纳入再研究的玉村，即为目前的玉村社区居民委员会辖区，属于坝区，距离红塔区玉带路街道办事处 2 公里。玉村 1～4 组属于典型的城市社区，玉村 5～9 组仍为"城市中的农村"，玉村是典型的城乡二元的缩影。2017 年，全村下辖 9 个小组，1642 户、4396 人，有劳动力 2920 人，其中，从事家庭经营的劳动力有 860 人，外出务工的劳动力有 1160 人。全村耕地 359.45 亩，集中在徐百户片区的 5 个小组，人均耕地面积为 0.17 亩。从事第一产业的人数仅为 390 人，主要种植蔬菜，部分种植葡萄、花卉和莲藕，耕地经营权流转已累计 104 亩。总体上，玉村呈现以下发展特征。

1. 玉村经济收入以二、三产业为主

随着城市建设不断"圈地",工商经济不断侵蚀,农村耕地面积不断减少,农业生产活动的空间被挤压,农业在地处城乡接合部的玉村的基础地位被撼动,城市工商业逐渐取代农业成为玉村社区经济活动的"主角"。目前,玉村已经完成了从第一产业向以第二、第三产业为主的转变。以蔬菜、畜禽养殖为主的农业收入占经济总收入的比例由1991年的60.1%下滑到2017年的0.3%左右,农业在玉村集体经济收入中的比例遭遇"断崖"式下降。与此同时,以工业、建筑业为代表的第二产业在玉村收入中的占比由1991年26.3%增长到2017年的54.9%,以商贸、餐饮、物流运输为代表的第三产业在玉村的收入中的占比则由1991年的7.2%增长到2017年的33.0%。另外,还有其他收入,在此不再赘述。玉村目前的主要经济形态为工商业,昔日张之毅笔下的玉村农业仅能从徐百户片区找到点影子,但也今非昔比。

2. 区域内部发展不平衡

玉村发展至今,在城村之间、亦农非农的产业选择、城市守望和农村迷离中,城乡二元结构的刚性或已模糊,但区域内部发展不充分、不平衡的特征仍十分明显。

3. 人地矛盾十分突出

英国古典政治经济学创始人威廉·配第曾说"土地是财富之母"。20世纪80年代初,玉村还是玉溪县城郊的一个生产大队,即当时的玉村大队,人多地少,人均占有耕地513平方米,比联合国粮农组织确定的人均耕地530平方米的警戒线还低17平方米。[①] 从1983年9月开始,因城市建设的需要,玉村的耕地开始陆续被征用。到2017年,玉村人均耕地已不足60平方米(按总人口计算),仅相当于联合国粮农组织确定的人均耕地530平方米的警戒线的11%,玉村人地矛盾十分突出。土地资源成为稀缺产品,城市化占地和经济发展使土地更为稀缺。现在,玉村中卫片区已经完全没有农业土地,所有居民的土地已经变为集体出租的形式,租金成了中卫片区的主要经济来源。征地留下的预留地成为玉

---

① 刘豪兴、黄朝茂主编《中卫社区志》,云南民族出版社,2006,第102页。

村集体经济的"蓄水池"，衍生出人口流迁中的户口问题，那就是人迁出玉村，但仍在本村保留户口的人群，多以婚嫁应迁出但未迁出的妇女为主。2014 年，居委会及各组进行了一次摸底，户口迁出但仍在本村保留户口的有 164 人，其中婚嫁应迁出但未迁出的妇女有 102 人，占62.2%。对这些特殊群体，玉村以村规民约的形式，使她们不得参与村组集体收益分配。人地矛盾的背后，既得利益者与权益损失者之间触摸不到平等对话的气息。①

三　从"农业和商业"到"商业和农业"的变迁

玉村的变迁是一个历史的过程，也是一个动态的过程。在变迁的过程中，农业由过去的主导产业、支柱产业历经 70 多年，逐渐退出历史舞台。新中国成立以前，玉村与中国大多数乡村一样，是一个以经营农业为主要生计来源的村落。而与其他乡村不同的是，玉村并不以种田作为主要谋生手段，而是以经营菜地为主、以耕种田地为辅。在这段时期，可以说玉村是一个半商品性的农村。玉溪是云南中部的传统商业中心之一，而玉村作为玉溪城郊村落，"在农业经营上具有靠近城镇的菜园经济的特点，在发展上正处于传统经济开始被现代经济侵入的初期阶段"。②新中国成立前的玉村农业仍接续张之毅笔下的玉村农业。新中国成立初期，历经减租退押、土地改革，玉村走上了社会主义道路，农业生产条件得以改善，农业生产得以恢复，玉村积极发展农业生产。步入集体化时代的玉村，1953～1957 年是农业合作化时期，相继经历了农业互助组、初级社、高级社、青年突击队的时代。人民公社时期的玉村，经历了三年困难时期和人民公社、"农业学大寨"的激情岁月，但仍以农业为主导，粮食和蔬菜种植仍是主业，商业仍只有微小的发展空间，且以农业、农村生产资料供给为主。步入改革开放时代的玉村，家庭联产承包责任制实施，耕地承包到户，促进了农村生产力的解放。这一时期的玉村农业，以粮为主的产业结构逐步发展成蔬菜种植、养殖、林果种植

---

①　李斌：《村庄历史与社会性别——试评〈中国妇女与农村发展：云南禄村六十年的变迁〉》，《中国农业大学学报》（社会科学版），2014 年第 1 期。

②　费孝通、张之毅：《云南三村》，社会科学文献出版社，2006，第 5 页。

等多种经营，蔬菜产业在城郊发展的比较优势突出，玉村作为城市蔬菜生产供给基地的地位渐显，蔬菜交易市场建设历经萌芽、初建，玉村蔬菜产业发展及市场建设不断向前推进。然而，地处城乡接合部的玉村，在20世纪80年代中后期持续至90年代中后期，随着城市建设不断"圈地"，工商经济不断侵蚀，玉村耕地面积不断减少，农业生产活动空间不断被挤压，玉村农业生产活动的基础地位逐渐被撼动，农业在玉村集体经济收入中的地位遭遇"断崖"式下降。到2017年，农业在玉村经济总收入中的比重微乎其微，仅占0.3%左右，农业生产经营活动主要在徐百户片区。城市工商业逐渐异军突起并取代农业成为玉村社区经济活动的"主角"。

玉村的商业历经曲折发展，逐渐成为主导产业。新中国成立以来至改革开放初期，玉村商业沉寂已久，商业形态单一且地位不高。20世纪80年代中后期以来，玉村城市化和征地进程加速，失地农民安置与身份转变、社会保障、土地增值红利与利益分配等，对玉村社区转型"裂变"产生了重要影响。征地后的预留地已成为玉村商业开发的"财富之母"、集体经济发展的"蓄水池"，为商业开发奠定了基础。玉村产业形态此起彼伏，尤其是作为传统主导产业的农业的优势不断减弱后，商业逐渐异军突起，发展驶入快车道。玉村征地留下的集体预留地，为集体经济发展发挥了"蓄水池"的作用。20世纪80年代中后期，尤其是90年代以来，玉村城市化进程加快。随着城市规模扩张和征地进程推进，过去以菜地经营作为主要生计来源的玉村失去了赖以生存的耕地资源，农民变市民，农村变社区。在商业资本、土地资本和土地收益预期多重作用下，玉村集体经济收益不菲。纵观玉村从近代、当代和现代发展历史轨迹，玉村已由过去的一个农村社区逐步转型发展成如今的城市社区，也由过去以农业产业形态为主的农业社区发展成现在以商业为主、农业为辅的商业社区。

四　以商带工、"乡脚"相连

全球化和现代化是20世纪的时代主题，深刻地影响着中国社会的变迁。在从乡村迈向城市的场域中，生计方式发生了颠覆性的变化，各种文化的坚守与嬗变、冲突与涵化，"你方唱罢我登场"。当年费孝通先生和张之毅先生为当下的这种微型社区研究奠定了坚实的基础，但是中国社会的这种巨大变迁是他们当时无法预料到的。新中国成立后，进行土地改革、实行集体化、进行改革开放和发展市场经济，这些变迁赋予了社会转型的动力，是其根源与基础，使原本单一的进程（农业—手工业—商业）发生急剧变迁或转型，所有这些"客观事实"集中体现在城市化进程中。尽管传统"说教式"的二元结构已受到各方面的批评，比如国家与社会、传统与现代、全球化与地方化、民族与国家、城市与乡村等。但不可否认，在社会转型过程中，这些二元对立的框架式探索仍然具有重要的意义。

随着现代化和全球化的推进，城市化作为一种社会变迁的动力，在全国掀起了高潮。微型社区研究对城市化带来的社会急剧转型研究具有重要意义，幸运的是前辈为我们奠定了良好的基础，张之毅在《云南三村》中的玉村研究就是这样的范本。新玉村中的徐百户片区保留了当年玉村的诸多特征，这在学理上既可以进行比较研究，又可对张之毅笔下的玉村进行延续调查研究。集城乡二元结构并存的玉村，为再研究提供了绝妙范本。

现代化的发展路径出现了不同的发展阶序，过去的玉村已完全融入城市社区。现在仍以农业为主的徐百户片区则呈现了过去玉村的原貌，似有张之毅笔下"玉村"的影子。尽管城市化浪潮下有的村子已真正融入了城市，有的仍坚守着农村，出现了城村结合的局面。

随着地处城市片区的玉村集体征地的结束，各村组紧锣密鼓地谋划集体经济发展，集体预留地作用开始显现并发力，工商业如雨后春笋般遍地成长起来并居主导地位，现代商业活动逐渐频繁。市场建设、房地产开发"以商带工"，拉动了玉村建筑业及其他产业的发展。加之玉村地处城乡结合的缓冲地带，城市现代文明与朴素乡土文明在此交汇、碰撞和融合，商户选择在这里安家落户，工商业在这里带动了房屋铺面租赁、仓储物流、交通运输、餐饮酒店等产业同步发展，促进了玉村人气、商气聚集，推动了玉村商品经济繁荣，也带动了周边农村发展。正如费孝通所言，城市是一个不可或缺的经济中心，玉村中卫片区与徐百户片区这一"城市中的农村"、周边农村"乡脚"相连，二者的关系好比细胞质与细胞核。① 玉村作为城市经济辐射、扩散的基地，是城乡一体的

---

① 费孝通：《小城镇四记》，新华出版社，1985，第12页。

纽带，既处于城市之尾，拥有城市资金、技术和信息等优势，又处于乡村之首，联结着农村丰富的劳动力、土地及其他资源。玉村与周边农村有着紧密联系，既是联结城乡重要的必经环节，又是商品交换的重要区域。玉村商业往来起着"龙头"引领或发挥着"前哨阵地"的作用，促进城乡商品流通，又作为"乡脚"带动着农村区域经济发展，以城带村、以村促城，推动着城乡连为一体。玉村作为城乡接合部，从心理层面上说是农民转化为市民的中转站。①玉村各类市场建设和发展，"近距扩延""超距辐射"②，带动周围农村地区商品、农资集散流通和农民工进城务工，一方面受徐百户片区"城市中的农村"及周边农村的滋养，另一方面反哺着"城市中的农村"及周边农村。在市场改革推进和城市化步伐加快的"双轮"驱动下，玉村"生于斯，长于斯"的熟人社会正向"半熟人社会"、陌生人社会转型"裂变"。

五　小结及研究框架

（一）小结

回顾费孝通先生、张之毅先生的《云南三村》，云南玉村从 20 世纪三四十年代至今，在大半个世纪的历史发展中，已逐步发展成以商业为主的城市社区，一定程度上折射出了中国城郊农村社区的城市化发展轨迹。改革开放以来，城市建设征地步伐加快，加速了玉村的社区转型进程。随着商业的发展，玉村在市场的冲击下，土地、资本、劳动力逐渐从村庄共同体中剥离出来。随着城市化步伐加快、农村社区转型发展，征地留下的预留地是集体经济的"蓄水池"，依附于预留地的各村组从城市的商业开发中分得一杯羹，并在商业开发中催生出房屋租赁、物流、餐饮酒店等现代服务业，农业基础地位遭遇"断崖式"下降。以"种房子"、工商业为主的中卫城市社区与以农耕、打工为主的徐百户农村社区，逐渐呈现社会分层现象。而居民的身份、职业和财富分层又加剧了社区内部的社会分层。玉村内的城市人与农村人之间、户口迁出者与保

---

① 陈霞：《费孝通的小城镇建设思想研究》，硕士学位论文，陕西师范大学，2009。

② 费孝通：《小城镇四记》，新华出版社，1985，第 119～121 页。

留者之间、商业开发业主与市场管理者之间、外来人员与本地人之间互存利益博弈，交织着各种矛盾和冲突。社会转型中暴露出的社会分层现象、社会矛盾问题已摆在研究者的面前，需要学界聚焦中国农村发展的关键命题，开创中国农村发展研究的新局面。

（二）研究框架

基于上述概述和研究问题的提出，作为"云南三村"再调查之一的《玉村商业和农业》，在文献资料收集梳理并在多次调研的基础上，拟从以下章节进行系统探讨，形成著作公开出版，为费孝通先生开展"云南三村"调查献礼。

第一章至第四章，接续张之毅笔下的玉村，分析从新中国成立前后、集体化时代到20世纪80年代初期玉村村落形态，系统梳理并揭示玉村农业逐渐"让位"于商业的动态情况及玉村村落历史变迁的轨迹。

第五章和第六章，分析20世纪80年代中后期以来，玉村城市化进程加速的历史背景下，城市建设征地步伐加快，土地资本与商业市场融合推进玉村加快城市转型发展，集体经济从城市发展中"分得一杯羹"，市场"溢出效应"逐渐显现。并从人口流迁、户口存留与迁出、土地"保"与"卖"等视角，揭示商业开发中交织的各种社会矛盾和利益冲突。

第七章针对似有张之毅笔下玉村影子的徐百户片区，在农业产业的坚守、农村发展的迷茫中，与中卫片区发展形成一面镜子，城村对望、凝视，比较分析在"城""村"之间发展的"尴尬"。作为"城市中的农村"，折射出今后面临的"宿命"。

第八章至第十章，主要从玉村人主体的市民化、社区转型调适角度分析城市化对玉村的影响。并从两大类型的社区、家庭财富分层、玉村人职业分层等视角分析社会分层现象。

第十一章，主要分析转型后的玉村在社区治理中传统治理方式的失衡，网格化管理、治理多元化面临熟人社会的软约束、村规民约的硬约束和信仰空间的衰落等非正式制度因素，如何将正式制度与非正式制度有机融合，助推社区转型和社区治理，是这一章重点研究的内容。

第一章　农业和商业的接续

本章之所以用"农业和商业的接续"来命名，有两层含义：一是承接张之毅笔下20世纪40年代初期的玉村研究；二是40年代末至50年代初，即新中国成立初期，玉村农业和商业是如何在新旧体制转型交替的历史节点承继发展的。40年代末至50年代初期的玉村与当时中国的大多数农村一样，承继着过去落后的生产力水平，农民仍然受封建土地制度的束缚，这也成为农村经济发展的极大障碍。为了使农民从地主阶级的压迫下解放出来，解放农村生产力，发展经济，玉村和周围的其他农村一起，发动群众建立农民团体，经过清匪反霸、减租减息和分配土地，实现了耕者有其田，彻底解放了被长期压制的生产力，农业得到了恢复和发展。同时，在国家"公私兼顾"的经济政策下，玉村的商业得到一定程度的复苏。

一　张之毅笔下半农半商的玉村

既然是玉村再调查，就要首先对20世纪40年代初玉村的基本状况做简单回顾。文中引用的资料除注明来源的均源于《玉村农业和商业》。1949年以前，玉村与中国大多数乡村一样，是一个以经营农业为主要生计来源的村落。而与其他乡村不同的是，玉村并不是以种田为主要谋生手段，而是以经营菜地为主、以耕种田地为辅。所以，这一时期的玉村可以称为一个半商品性的农村。历史上，玉溪是云南中部的传统商业中心之一，而玉村就位于玉溪县城边上，因此，它在农业经营上具有靠近城镇的菜园经济的特点，在发展上正处于传统经济开始被现代经济侵入的初期阶段。① 张之毅从农业劳作、地权分析、劳动力分析、资金流动等方面对20世纪30年代末到40年代初的玉村进行了分析，以经济发展

---

① 费孝通、张之毅：《云南三村》，社会科学文献出版社，2006，第5页。

为脉络，剖析了传统经济被现代经济侵入时的社会经济结构变迁规律，揭示了农民的饥饿根源，展示了发展乡村工商业对玉村农民生活的重大影响。

（一）土地占有及经营

20 世纪 30 年代末 40 年代初的玉村，和沿海较发达的江村一样，土地所有制同属于封建体制，但具体的表现形式却不相同。玉村的土地并不富足，1940 年全村 156 户、785 人，共有农田 556 亩、菜地 109 亩。单就农田来说，平均每户 3.56 亩，每人 0.71 亩。[①] 然而，在封建生产关系的影响下，土地的占有极不平衡（见表 1－1）。这不仅表现在个别大地主拥有大量田地，也表现在少数的甲、乙两种农户拥有大部分的土地，而丁种农户根本没有土地。556 亩农田有 442 亩都集中在只占总户数 23.7% 的甲、乙两种农户手中。人口较多的丙种农户（75 户）只有 114 亩农田，44 户丁种农户没有任何田地。究其原因，是玉溪发达的商业使极少数人积累了资金，他们以其余资又大量购买农田，而没有田地的人连买地的资本都没有。因此，玉村是一个在土地上即患寡又患不均的农村，对于穷人来说，土地不足的问题尤为严重。

表 1－1　20 世纪 40 年代玉村田地的占有情况

	户数（户）	人口（人）	自有（亩）		租进（亩）		租出（亩）		经营（亩）	
			田	地	田	地	田	地	田	地
甲种农户	6	67	215.226	22.422	20.448	1.416	34.900	10.100	158.134	9.853
乙种农户	31	176	226.424	42.470	132.444	1.848	14.420	3.717	343.164	40.124
丙种农户	75	349	114.300	44.100	130.970	13.545	10.269	3.719	241.952	61.154
丁种农户	44	193			53.326	9.542			54.826	13.594
合计	156	785	555.960	108.992	337.188	26.351	59.589	17.536	798.076	124.725

资料来源：费孝通、张之毅《云南三村》，社会科学文献出版社，2006，第 397 页。

玉村的农业主要是耕田和种菜。由于人多地少，农田上稻谷尚不足以满足玉村人的口粮需要，因此玉村粮食生产是自给性的。另外，由于

---

① 费孝通、张之毅：《云南三村》，社会科学文献出版社，2006，第 314 页。

靠近玉溪这样一个传统商业和交通中心，加之有适宜的菜地，玉村种出的菜主要是商品性的，用于弥补农田收入的不足。但在劳动力分配方面，玉村农田拖住了大批劳动力，却不能在全年中养活这些农田劳作的人；玉村菜地拖住了较小一批劳动力，却完全能在全年中养活他们，故而玉村人常说"穷人爱耪地，富人爱耪田"。由于玉村的土地占有方式不同，其经营方式也有不同。

首先，在玉村，土地经营有自营、雇工自营和租营三种，而雇工自营和租营的占多数。从土地占有的情况可以看出，农田集中于甲、乙两种农户手中，但雇工自营是需要充足劳动力的，田多又人手不够，就只能靠雇工。玉村有田的人家多是宁愿自己雇工经营也不愿出租的，所以村内土地租赁的情况很少。其次是租营。村中很多无地或少地的农民为了生活，就从外村私人业主那里租田。私人业主就是前面所述的依靠商业积累购买大量土地的商人，他们此时的身份是大地主。他们既从商业方面又从土地方面双重地剥削农民。事实上，城中大地主把土地更多地租给富人，很少把机会给穷人，因为他们担心穷人缺乏资本不能管理好田地，所以越是底层的穷苦农民就越受剥削。再者，村内的穷人卖工竞争不过劳动力强且廉价的夷人和普庙人，而自己的田又极少，于是菜地对他们而言显得更为重要，他们在菜地精耕细作，投入大量的劳动力，以弥补田地收益的不足。张之毅当时采集了大量数据，对比分析田地收益情况，得出的结论是：富裕农户农业收入的增加主要靠经营田地多；贫困农户在农业收入的增加方面，劳作收入就占重要地位了。[①]

（二）副业的发展

除了耪田和耪地之外，玉村人还从事其他经济活动以求增加收益。养鸭和织布是最常见的两种副业。鸭在玉村并不像鸡、猪等家畜那样几乎家家都有。由于在劳动力和分工上要求特殊，加上经济收益并不高，所以只有收益稍多和人口稍多但又不是太有钱的这一类人才会去养鸭。1939 年，玉村 7 组村民余致清从玉溪县一个名叫甸心村的地方学来稻谷孵鸭技术，在村里办起孵鸭厂，年孵雏鸭 1 万余只，供给村民饲养，从

---

① 费孝通、张之毅：《云南三村》，社会科学文献出版社，2006，第 396 页。

而促进了养殖业的发展和农民收入水平的提高。玉村 156 户人,有 19 户养鸭,占总户数的 12%。[1] 然而,由于鸭食供应及村内面积有限,总养鸭数也有限。养鸭对个别养鸭户在经济上有重要作用,但对玉村经济活动的影响可忽略,从全村的总收入来看,养鸭收益仅为田地收益的 1.5%。织布收益比养鸭收益稍高一些,为田地收益的 3.5%,[2] 但在全村经济中的地位却微不足道,原因是"外国机器纺纱业通过中国纱商之手,打倒了中国手工纺织业,挤倒了中国的手工织户"。[3] 虽然收益极低,但织户的大量存在给少数纱布商人创造了巨大的收入,哺育出玉溪纱业和布业两项大商业。然而,织布业育出的一批有钱人又利用手头的余资到农村购买"土地",之后又将土地出租给农民,成为城里的地主。城里的"地主"与租户之间这种所谓的剥削与被剥削就成为当时城乡关系的直接表现。值得一提的是,抗战时期帝国主义的经济侵略受阻,玉溪县城还出现了织布厂,这是一种资本主义性质的工场手工业。

(三) 家庭消费与积累

民国以前,玉村是一个以农为主的村落。1940 年,玉村有 156 户、785 人,耕地面积约 44.33 公顷,其中,种植水稻 37.07 公顷(稻后复种蚕豆、油菜、苦草),占耕地面积的 83.62%;菜地 7.26 公顷,占 16.38%。全村经济总收入 44.52 万元,其中,农业收入 34.76 万元,占总收入的 78.08%;牧业收入 1.56 万元,占 3.50%;织布收入 1.45 万元,占 3.26%;手艺商贩杂工收入 6.75 万元,占 15.16%。[4] 在农业收入中,蔬菜收入占 47.60%。在玉村,一方面是土地分配不均造成贫富悬殊,另一方面是在农业中由穷到富之路渺茫无期。张之毅在《玉村农业和商业》中花了大量篇幅,以翔实的数据和五户人家的案例分析了玉村人的家庭消费与积累。因为农业积累资金慢,积累规模小,所以玉村大多数人家无由积累财富,少数富农中又有一部分在消费上放纵而无积累。即使有少部分在积累财富,但由于消费放纵、生死嫁娶、建屋分家

① 费孝通、张之毅:《云南三村》,社会科学文献出版社,2006,第 434 页。
② 费孝通、张之毅:《云南三村》,社会科学文献出版社,2006,第 439 页。
③ 费孝通、张之毅:《云南三村》,社会科学文献出版社,2006,第 402 页。
④ 费孝通、张之毅:《云南三村》,社会科学文献出版社,2006,第 444～446 页。

等消耗和分散了积累起来的财富。于是农村里的财富，始终限于一种随聚随散的局面。据《玉村农业和商业》记载，1940年，玉村5户（甲种2户，乙种、丙种、丁种各1户）、40人，全年食品消费为13169元（国币），人均329元，折合大米235千克（按1.40元/千克折算）。5户人家贫富差距较大。甲种户冯石生，1940年，在家膳食人数为10人，开支膳食费4883元，人均488元。每日两餐加夜点，一年消费肉类250千克，鸡鸭70多只；还专门饲养一头奶牛，供全家饮用牛奶；每年冬天更是要进食人参、鹿茸等补品。冯石生夫妇全年吸食鸦片250两，开支6250元。而丁种户张忠汉，全家5口人，膳食费约1109元，人均222元，过着"瓜菜半年粮"的贫苦生活。

（四）日常生活中的贫富差距

1940年，玉村的住房分为四类。一是个别大户人家的豪宅，为五进三开门的一楼一底建筑。墙面有油漆雕丝，厅房数十间，窗明几净，陈设十分雅洁，豪华盖全村。这所住宅是"五老爷"冯石生祖上遗留下来的，被村里人称为"蜈蚣脊"。二是部分甲种农户和乙种农户住的3间4耳倒8尺的房子，正厅上下各3间，厢房上下各4间，倒檐8尺有倒楼1间。屋中开天井，光线充足。客厅、卧室、厨房、马厩和仓库都是分割设置。厕所和猪圈另外设在屋外。屋内有香案、方桌、靠椅、方凳、圆凳、面架、衣柜和床榻等油漆家具。又有对联、绣屏、花瓶、香炉、烛台等各项陈设，这种住宅在整个玉村有20余处。三是丁种农户住的"蜗居"房，地处村南边的寨门，房子地势低洼而窄小，屋内没有窗子，只有一道门，内堂阴暗潮湿。床占去1/4的面积，床上横搁着一条又脏又破的被子。屋的右前方是一张黑旧桌子，上面杂乱摆放着灯盏、茶壶、茶杯、油瓶一类的东西，满是尘灰。左前方边门靠墙处有一个土炉，炉旁边搁着一些厨房中的用具。床正朝门一块空处，还堆着一些柴草及篾箩，半箩蚕豆、小箩谷子。这种"蜗居"在当时玉村的156户中有44户。四是一般型住房，全村有80多户的住房属于土木结构的瓦房，大部分是丙种农户居住。

从出行方面来说，玉村人种田、赶集的运力靠人挑马驮。大量的新鲜蔬菜靠人挑到州城、马井街出售。旺季时，村里有6匹驮马和3辆小马车及外村的驮马、马车停在大土庵①桥头，为村民运送蔬菜到北城、研和及昆阳等地。有的蔬菜商贩，雇马车将菜运到昆阳以后，转乘帆船至昆明出售。村里还有木轮牛车 3 辆，专门帮助村民搬运建房用的石料、木料、石灰等。1934 年，在冯石生任云南省参议员期间，李华堂赠送他旧轿车 1 辆，冯石生往来玉溪和昆明时乘坐。村里其他富户也有到西门外"郑姓滑竿行"雇乘滑竿、骑马。此外，村民使用的家具、厨具、生活用具等均有贫富差别。富裕人家用具豪华昂贵，如"五老爷"冯石生家一套紫檀木桌椅，价值 8000 元（国币），普通村民餐具多数使用瓦窑村烧制的杯、碗、碟、盆、缸、罐等。洗衣服用白土、草土灰、土碱，少数富人家用洋碱（肥皂）。

（五）人口外流及其影响

张之毅笔下的玉村是一个人口流动较大的村子，流动的形式以"离村"为主。玉村人离村可分为几种情况。第一类是由于极度贫穷而难以生活，全村 156 户人家中有 44 户是根本没有田地的。而玉村本身人多地少，加上富人担心穷人缺乏垫本无法管理好田地，于是宁愿租给外村人也不愿租给本村人，因此 44 户赤贫户仅有 27 户在村里租到田地。没有田地的人要生存，最直接的办法就是出卖劳动力。而更糟糕的是山区来的少数民族劳力，比起玉村本地人来说，更能吃苦耐劳且价格低廉，于是玉村的劳动力根本没有市场，最终不得不到村外寻求谋生之路。第二类离村人与第一类正好相反，都是家境殷实的人家，为了追求更优越的生活条件和经济发展条件而举家迁走。这样的离村户前前后后有 20 户，远的到了上海，近的就在玉溪县城。第三类是因征兵、躲避征兵、求学等原因而离村。人口外流带来的人地分离一定程度上缓解了玉村固有的人地紧张状况，因为离村的人让出了一部分田地。

人口外流对农村经济的影响使田地经营规模发生变化只是影响的一端，对财富的猎取是另一端。所谓升官发财，财富的猎取有一种途径就是"做官"，玉村人有一批受过中等教育的子弟，有的进了军校，当了

---

① 大土庵始建于明代，由观音殿、准堤阁、六合亭、大观楼组成，位于玉溪桥畔，是玉村的文物古迹。在"文革"时期被部分拆除。大土庵现存部分为玉溪一中校址。

营长，但最后没有一个当官发财的。反而是民国时期那些铤而走险"私运鸦片"的获取了巨大的财富。但所谓"大利"同时伴其"大害"，玉村人有因吸鸦片败家的。

（六）商业资本与地权流动

在20世纪40年代的中国，要发展资本主义农业是非常困难的。首先是不易取得连片的大面积土地，其次是不能取得为农业生产服务的金融支持，从而也就不能扩大经营规模和增加经营收益。这就没有发展农业资本主义的条件，从而也就不能使利润成为起着指导生产作用的主要因素，所以在玉村的农业经营中，利润率的高低极为悬殊，这种现象正反映了前资本主义农业经营的特征。那么，玉溪的商业资本（或资金，包含走私鸦片获得的财富）会流向何处呢？在当时的社会环境下，无法向产业资本转化，玉村的资本出路有四。一是转向投机性商业，继续走私鸦片，但这种非法活动不能长久，且风险极大。二是转向买办性商业，即继续从事洋纱生意，风险也大。这种买办商业发达的结果就是农村织工劳工化。三是转向地权。地权向城市集中的结果就是农民日益佃户化，剥削关系由本村富人和穷人之间转化为城市富人地主和农村穷人佃户之间的关系。四是放高利贷。其结果就是农村金融权转向城市。于是，玉村的农村经济日趋凋敝。

二　新中国成立初期的曲折前行

（一）封建体制的盘剥依旧

玉溪自元、明时期的大规模屯田，直至新中国成立前夕这一漫长的历史时期，耕地先是被官家，后来被新兴的地主阶级大量占有。受全国大环境的影响，农村经济长期停滞不前，陷入繁荣—衰退—崩溃—复苏的循环怪圈，除了上层建筑的反动统治外，在生产关系方面的根源就是不合理的土地占有制度——封建土地所有制。受封建土地所有制的影响，玉村大部分农民只拥有数量极少的土地，菜地多集中在大户手上，菜地多为河沙地，土壤松软，适合种植蔬菜，但这样的菜地并不多，因此很多贫苦的农民就没有菜地，必须通过从大户手中租赁才能种植。而菜地的租金比较高，租赁的价格一般是一亩菜地每年 6 挑谷子（120 市斤／挑），而一亩旱田一年只需 4 挑谷子的租金。在当时低下的生产力条件下难以维持生计，于是多数老百姓必须到土地较多的大户家里去做长工或短工。那时候，做工是普通老百姓一项重要的经济活动。土改前的玉村有长工与短工之分，长工雇期一般为一年，到期后，大户对长工可以续雇，也可以辞退另雇。短工有季节工和零杂工两种。曾担任过玉村大队书记的 YTB 老人小的时候就给地主家当过长工，他回忆起那段日子：

> 父亲在我 3 岁时候因病去世了，留下母亲、姐姐和我三人相依为命。因为生活艰辛，新中国成立前曾帮地主 YFG 家放牛。YFG 家当时有土地 30 多亩，有 3 间 4 耳共 200 多平方米的两层土木结构房子。家里养了一头牛、两匹马。雇用长工 5 人。我和村中另一个小伙子是所有雇工中较为年轻的两个，我们一个负责放牛，一个负责放马。通常情况下，放牛一年可得 2 挑谷子。另外，还给一套土布衣服，一年到头基本上就穿这套衣服，破了就缝缝补补。靠做长工换来的谷子拿回家，弥补姐姐和母亲平日口粮的不足。后来，地主家的独子在 1949 年秋天赶马驮蔬菜去研和镇售卖的路上遇到土匪后被劫杀。家里原本是儿子当家，儿子死后，整个家族就逐渐衰落了，雇工也慢慢被辞退了，我也就回家种田了。

据 1951 年中共玉溪县第一区委调查，玉村有农户 544 户、2356 人，总耕地面积 86.67 公顷，人均 366.67 平方米。其中：地主 20 户、149 人，耕地 23.33 公顷，占总耕地面积的 26.92%，人均 1566.68 平方米；富农 17 户、78 人，耕地 11.33 公顷，占 13.10%，人均 1453.34 平方米；中农 130 户、556 人，耕地 31.20 公顷，占 36.00%，人均 560 平方米；贫农和雇农 377 户、1573 人，耕地 20.80 公顷，占 24.00%，人均 133.33 平方米。[①] 大部分农民还遭受着以下几种剥削。一是地租剥削，

---

① 刘豪兴、黄朝茂主编《中卫社区志》，云南民族出版社，2006，第 36 页。

有分租和定租两类。分租按实际收成各占一半，定租是在租田时就先定了租额，无论丰收还是歉收，都要如数交纳，大部分地主实行的是定租。有的租金高达每亩3挑（每挑约120市斤），占产量的80%，一般的都不少于2挑。二是押金剥削。农民租用地主的地，有的需交押金，每亩80～100半开银圆，甚至更多。地主用押金去吃利不说，还往往逼佃户将押金折成国币，然后再趁国币贬值时吞没押金。三是赋税剥削。从1934年起，国民政府先后开征了自治捐、门户捐、税契、登记费、大包军米等苛捐杂税，农民的负担日趋沉重。四是高利贷剥削。一般分为银贷每百元半开月息20～25元，至少10元；谷贷每借1挑谷子，年息最高1挑，一挑4斗。在这样的压迫下，玉村农民的生活十分贫困，不少农户以瓜菜杂粮糊口，有的则背井离乡到外谋生，农业生产的发展受到严重扼制。那个时候。玉村普通人的生活可以从徐百户老人CFE的描述中窥见一斑。

　　我生于1935年，16岁时，也就是1951年，从玉溪研和镇嫁到玉村。刚刚嫁过来的时候，村里的人口大概只有现在的1/4。房屋都是歪歪扭扭的，正儿八经的房子没有几间。我们一家六口就挤在一栋20平方米左右的楼里，楼上楼下共两层，房子是瓦顶的土基房，房梁和楼阁都是用旧得发黑的木头搭建的。婆婆、太婆、妹妹和小叔四个人睡楼上，我和丈夫睡楼下。楼下的一间房是这样分配的：一个角落打了一眼灶，作厨房，中间用竹篾笆隔起来，另一个角落搭一张床。床是用两条长凳前后撑起，用四块木板搭上，垫上草席和棉花就搭成了，十分简易。家家户户都是点煤油灯照明，灯芯是自己用棉花做的。那个时候村子周围经常被水淹，一到夏季，河水满了，淹过人的膝盖，庄稼也会经常被淹得颗粒无收。至于生计，当时主要就是靠卖菜了，大小春只够自己吃，我们家6口人有3亩耕地，3亩都种大春的话也只能吃到过年，小春时的麦子一般就磨成面粉，和成面后做面片，同青菜、白菜等煮到一起当饭吃。那时候粮食根本没有剩余，大春熟了就吃大春，小春熟了就吃小春，基本是"半年糠菜半年粮"。家里养几只鸡和两头猪，也就是够一家人过年过节的时候吃食，没有多余的可以卖。那时候人们穿的都是土布衣服，衣服裤子都是自己做。一年到头最多也就是 2 双鞋，破了就补补凑合着穿。

（二）匪患清剿与减租退押

废除封建土地所有制是千百年来广大农民梦寐以求的理想，也是历次农民起义所追求的直接目标，从"王侯将相宁有种乎"的呐喊到"均田免粮"口号的提出，直至太平天国领袖洪秀全甚至制定了详尽的《天朝田亩制度》，而由于各种原因，这些努力都无一成功。新中国成立后，中国共产党为了彻底废除这一制度，做了很多准备工作。首先是清匪反霸，镇压反革命。1949 年 12 月 9 日云南和平解放后，国民党特务、残余武装和恶霸地主互相勾结，发动暴乱，妄图颠覆新生的人民政权。玉溪县 1950 年 1～5 月，发现 7 个区有土匪活动。他们造谣煽动、蛊惑人心，张贴反动布告，武装抢劫农民的粮食和财物，策划杀害工作队干部和农民积极分子，破坏社会秩序，搞得人心惶惶，人们无法进行正常的生产和工作。玉溪县中和区（今李棋镇）地霸组织了"反共自救军总队"，与金某某匪部取得联系，三次进攻区人民政府。中和区与玉村地界相连，据玉村村民回忆，当时中和区的匪霸也流窜到过村子里，横行霸道，煽动民众。针对土匪活动的严重情况，中共玉溪县委根据上级指示，领导人民武装在滇中独立团的配合下，发动和依靠群众，开展了剿匪斗争。先后捕获和处决了王某某、李某某等匪首，肃清了流窜在山区和坝区的武装匪徒。在清剿土匪斗争中，由于贯彻执行"首恶必惩、胁从不问、立功受奖"的政策和"镇压和宽大相结合"的方针，迅速有效地瓦解了土匪武装。在剿匪的同时，玉溪针对恶霸地主通匪、逼租、夺佃、抗粮、造谣等破坏活动，组织和发动广大农民，开展反霸斗争，揭发、控诉恶霸地主的罪行。到 1950 年底，玉溪清匪反霸工作结束，安定了社会秩序，保证了革命和生产的顺利进行。

清匪反霸为玉村的经济体制改革打下了良好的基础，但全面土改的条件还不成熟，还需要通过减租退押来发动和组织群众。1950 年 2 月 28 日，政务院发出《关于新解放区土地改革及征收公粮的指示》，规定全国所有解放区，在 1950 年秋收之前，一律不实行分配土地的改革，而实行减租减息。首先，地主在依法减租后向农民收租仍然是合法的，农民仍应向地主交租。因为未实行土改以前，地主的土地仍然归地主所有。其次，凡逃亡地主的土地以及无人管理的土地，都由当地人民政府代管，并由原来耕种的农民耕种，其地权的分配留待土改时解决。新中国成立前，玉溪县少数地主占有大量土地，而广大贫困农民则处于少地和无地的境况。地主不劳动，把土地出租给农民耕种，向农民收取地租、押金，进行残酷剥削，农民辛苦耕种终年却不得温饱。土地改革前，这种状况仍然存在。为了减轻地主阶级对农民的剥削，初步改善农民生活，恢复和发展农业生产，根据中共中央（西南局）《西南区减租暂行条例》，从1950年3月开始在玉溪全县范围内结合清匪反霸、镇压反革命，开展减租退押工作。玉村实行"二五"减租，即地主、富农出租的土地，不论何种租用形式，均按原租额减去25%，减租后，租额最高不得超过土地正产物的35%；取消押租金制度；地主、富农与劳动人民在过去发生的高利贷债务，一律停利还本。云南解放前农民欠地主、富农的租一律免交。但对地主、旧式富农以外之业主的欠租，应视业佃双方经济情况酌量交还。到1951年8月，减租退押工作结束。玉溪全县农民共获得减租果实15万多元，退得押金5.7万元。加上清匪反霸，镇压反革命所缴获的胜利果实，共计104万元。

（三）大烟生意与全面禁烟

玉村人不种罂粟，但有着悠久的种烟史。玉村种植烟草始于清代咸丰年间（1851~1861），当时有很多村民种植烟草，当地人称"黄烟""晾晒烟"。到民国时期，村民将烟叶加工成烟丝，驮运到迤南各县贩卖，然后购回鸦片。"抽大烟"在当时的玉村富人中较为普遍，以FSS为代表的富人，一年到头单单吸鸦片就要花去6250元。新中国成立前，村里的商业活动主要是赶马帮，但也就是集中在地主家里，比如村里的FSS家。FSS本人比较有经济头脑，当时有从玉溪通到景洪的公路，冯家就赶马帮顺着这条公路到思茅和峨山一带，将玉村的蔬菜、小麦拉过去卖，再从那边运回大烟、茶叶，而大烟生意也因此在玉村逐步发展起来。YTB回忆道：

（云南）解放后的禁烟运动中，冯家的大烟被查封了两辆马车，禁烟工作组的人把一大坨一大坨的大烟从他家拿出来烧，烧完的烟灰都担心会被那些烟鬼拿去抽，就用大粪和土拌在一起盖在大烟灰上。冯家的大烟生意是和他的老丈人家一起做的，冯的老丈人是州城的大地主，在州城的生意做得比较火，他们两家一起将边境的鸦片通过马帮运回来，在县城进行交易。玉村除了贩卖大烟的，还有开烟馆的，当时玉村的烟馆要数 3 组的 WYX 家最大。他家有两间两耳的土木结构房子，估计有五六十平方米，屋里置有六张床铺。我们这些不抽烟的人也不曾进去过，只是路过时朝里面看过，只见到那些烟鬼进去之后，先交钱给主人再找床铺，一般一次也就是 1~2 分钱。把钱给主人后，就躺到床上等着上烟。大烟抬上来之后用万金油之类的东西一点，（他们）就开始抽了。一个个抬着那种长长的烟杆，吞云吐雾。当时每天到烟馆抽大烟的人不下七八个，这些人傍晚以后便纷纷来到烟馆。那个时候没有电灯，烟馆也是点蜡烛、煤油灯，光线很暗……

民国时玉溪县有禁烟命令，并设有"禁烟局"和"禁烟公所"，但有名无实。解放战争期间，毒品进一步泛滥，卢汉起义前，整个玉溪的罂粟种植面积扩大到总耕地面积的 1/4 左右。当时，鸦片馆遍及城乡，仅有人口 687 人的马井村公开营业的烟馆就有 22 家，吸鸦片的有 200 余人。1950 年 2 月 24 日，中央人民政府政务院《关于严禁鸦片烟毒的通令》和 1950 年 7 月 31 日西南军政委员会《关于禁绝鸦片烟毒的实施办法》及云南省人民政府的通告颁发后，玉溪县人民政府大力宣传严禁烟毒的法令，明令禁止种植罂粟。1951 年 1 月至 1952 年底，在全县开展禁止吸食鸦片，共收缴鸦片 1 万多千克、烟具 5 万多套。1952 年 4 月，中共中央发出《关于肃清毒品流行的指示》。玉村于 1952 年 9 月 17 日全面开展禁烟（鸦片）工作，收缴了包括 WYX 家在内的所有鸦片馆的鸦片和私人收藏的鸦片和烟具。

三　土地改革彻扫障碍

"人口－耕地"矛盾乃是中国乡村社会从清中叶康乾盛世以来的固定性矛盾，政治、经济、社会问题皆由此生。减租退押工作的完成只是降低了地主阶级对贫苦农民的封建剥削程度，但并没有改变地主的土地占有制度。因此也就不能彻底地解决农民最为关心的土地问题，满足他们对土地的渴求。根据生产关系一定要适应生产力发展水平这一客观经济规律的要求，继续完成民主革命的遗留任务、彻底消灭封建土地所有制也就成为当时的重要任务。于是，玉村与全国其他地方的农村一道，展开了轰轰烈烈的土地改革运动，重新构建了基层秩序，给崩溃的玉村以稳定和生机。

（一）宣传动员

土改工作队入村前，村里群众的思想处于迷茫和混乱的状态。首先，各阶层用不同的态度来对待土地改革。贫雇农因为没有田地，迫切要求和热烈欢迎土地改革。中农既不得田也不出田，对土改的积极性不高，思想上处于彷徨状态。地主、富农则害怕阶级斗争，害怕土改，整日处于担惊受怕的状态，或大吃大喝，或分散家财以收买干部和农民。不同阶层对待土地改革的不同态度，可以从他们不同的经济地位得到解释，这是由他们的经济利益决定的。其次，干部、群众对土地改革也有不少的顾虑和不妥当的想法。时任玉村文书兼土改工作队队员的 YRC 老人告诉我们："玉村干部、群众对于土改的顾虑在思想上的主要表现有几种：一是依靠别人搞土改的思想，村干部依靠工作队，群众依靠干部；二是虽愿土改，但地主是同宗同族，打不破情面；三是怕土改耽误农时，耽误生产，有的甚至不进行生产，想等土改后再进行；四是地主担心贫农们趁土改之际，或报仇申冤，或泄私愤等。"因此，这种迷茫和混乱的思想状态，必须靠宣传土地改革的方针政策，讲明土地改革的工作程序和具体做法，来教育群众、引导群众和发动群众。玉村的土改宣传动员工作主要通过召开专门会议，利用县、乡和村各级工作队组织成员走家串户和专门宣传的方式，使群众混乱和迷茫的思想得到了基本改变。

YRC 说："土改前夕，工作队几乎每天开会研究如何做工作，如何动员老百姓，这是一个很大的难题。一要保证大家动起来，二要保证不产生矛盾。不过玉村本身地主、富农也不多，地主和贫农之间也没有太大的矛盾，只要地主得到他们自己应有的田地，就相安无事。当时我们村干部就是主要的宣传员，基本上一个月要组织群众开七八次会议。每次都将各家各户的户主和妇女代表组织起来，告诉他们土改的好处，也要让他们正确对待村里的富人们，不能有仇视心理。而后来的事实证明，玉村的土改没有任何的流血事件发生。"通过反复开会宣传，村民对土地改革有了正确的认识，明白了土地改革的正义性，明白了土地改革对自身利益的重要性和必要性，从而调动了他们参加土地改革的主动性、积极性，激发了他们要求获得土地和彻底翻身解放的强烈愿望。

（二）划分阶级

依据 1950 年 6 月中央人民政府颁布的《中华人民共和国土地改革法》以及 1951 年初发布的《云南省土地改革实施办法（草案）》，玉溪县在发动群众开展"减租退押""清匪反霸"的基础上，于 1951 年 12 月至 1952 年 12 月进行了土地改革。1951 年 12 月 17 日，在玉溪县土改工作组的指导下，玉村开始进行土地改革工作。1951 年 11 月，整个玉溪县由一类乡选出三个重点乡做试验，11 月上旬明确土改的准备工作，做好宣传，继续与地主恶霸斗争、镇反清剿，摸底整顿，扩大群众组织，结合征粮，在 11 月 15 日完成了以上准备工作，即进入土改工作的具体程序，划阶级、评产量，没收、征收等。12 月全县进入土改阶段，在第一批土改乡正式进行土改，第一批土改乡为春和、王棋、高桥、任井、下康井等。玉村属于第二批，于 12 月下旬展开工作。玉村的土改工作队认真执行党的"依靠贫雇农、团结中农、中立富农、孤立地主"的政策，深入发动群众，依据剥削、被剥削、劳动、土地占有等条件划分阶级成分。宣传发动工作的深入开展为土地改革的下一个步骤——划分阶级的顺利进行奠定了坚实的群众基础。划分阶级是土地改革工作中非常重要的环节，它直接关系着土改进程的快慢和质量的高低。同时，划分阶级又是一个非常严肃的工作，是有其严格的标准和程序的。YRC 和我们讲述了他当年参加土改工作的一些经历。

　　1951 年 12 月在玉溪县土改工作组指导下，玉村开始进行土改，我主要参加的是玉村徐百户片区两个大队的土改工作。土改工作队按照"依靠贫雇农、团结中农、中立富农、孤立地主"的政策，深入发动群众，划分阶级成分。划分成分的依据有：田地多少亩、房屋多少间、牛马这些大牲口的数量，以及雇用长工、短工的情况。徐百户当时划分出地主 2 户、富农约 10%、中农 20%、贫农 60%、雇农 10 户左右。两个地主，一个是伪乡保长钱某某，另一个是乡长陈某某。按照当时的情况，这两家的土地不算最多，房子也不算最好，但就是因为都当官，名分大，所以就被划分成了地主。此外，成分划分主要还是看剥削程度。如果家里田地多，但是靠自己劳动，就会被划分为富农；如果田地不算最多，但长期雇工干活，就有可能被划分为地主。地主的房屋、土地全部要没收，分给雇农，对地主分子和家属也会同样分给一份土地和房屋。在土改运动中，全部无地或少地的人家都分得了人均约 1 亩的田地，同时，房屋、牲畜、农具、衣服和粮食等生产生活资料也都平均分配。

（三）没收与分配

　　阶级成分划分之后就开始进入没收征收阶段。全村成立了没收征收委员会，下设领导组、保管组、登记组和搬运组。当时的没收和征收主要针对的是玉村所有的团体土地，地主多余的田地、房屋、生产工具、家畜、粮食等，还有部分富农出租的土地。YRC 说：

　　　　当时参加没收征收的村民十分积极，同时阻力也很大。一方面是因为地主顽强抵抗，另一方面是因为工作队对地主的财产情况不熟悉。当时玉村的大地主冯某某，群众反映他家里私藏黄金，但他本人当即否认，并说"不信你们去搜，如果搜到你们杀我的头"。后来工作组到家里查了之后真的搜出了金条一块。那个时候私藏黄金是可以定罪的，而且冯本人又说不清金条的来由，最后就被定为地主恶霸。这件事在当时的玉村闹得沸沸扬扬，但也在一定程度上对其他地主起到了警示作用。从那件事发生之后，整个玉村的土改工作得以顺利开展。

　　土改最重要的分配在没收征收完成之后就开始了。分配的顺序为：先分田地，再分耕牛、房屋和农具，最后分家具、衣物和谷物。全村成立了工作队来对田地进行计算。工作队先调查全村田地产量及分田户的数量，然后算出全村每个人的田地数及产量。计算组把原来的各种公田，以及征收、没收来的地主、富农的田地的面积、位置和产量都整理出来，按照上、中、下三等田搭配均匀，按每户人口来抽签分配。田地分完之后分房屋，顺序为从无房户到少房户。地主家的房屋基本上都被贫雇农分占，但保证给地主留下平等的一间。分家具、衣服和粮食时坚持"按缺分配"的原则，总的分配以照顾贫农和雇农为主。玉村首富"五老爷"FSS 因长年靠收地租和雇长工劳动获取劳动果实而被划为了地主。《玉村农业和商业》中，张之毅生动描述了 FSS 家的经济与生活状况：他是村中的一位乡绅，住的房子是村中独一无二的巨宅，五进三开的二层楼房，油漆雕丝，厅房数十间。"五老爷"全家十口人，自有农田 5.34 公顷、菜地0.17 公顷，典进农田 0.09 公顷、典出农田 1.33 公顷，租出农田 0.78 公顷，租出菜地 0.10 公顷，实际经营农田 3.31 公顷余、菜地 0.07 公顷余，雇有两个丫头、两个长工和一个童工，全年田地经营兼劳作收益 16932 元。YTB 说："'五老爷'是住高级房屋的，家中专门饲养一头奶牛。日饮牛奶，吸鸦片，每冬更进人参、鹿茸等补品。全家一年消费猪肉近 250 公斤，鸡鸭各数十只。每年他家人还要上昆明玩两趟。全年耗资总近 2 万元，真是豪华盖全村。"土改中，他家的房屋和多余的土地等被没收分给了贫下中农。依《中华人民共和国土地改革法》，FSS 家也分到了合法规定的一份土地和房屋。

　　据 1951 年初玉溪县开展土地改革前的调查统计，玉村占人口 4.6%的地主阶级，占有耕地的 29.38%；占人口 8.2% 的富农和商人，占有耕地的 10.99%；公田、族田、寺田、祠田等，占有耕地的 11.73%；而占人口 87.16% 的农村劳动群众，却只占 47.9% 的耕地。[①] 通过土改，玉村划出地主（含外来地主）17 户，富农（含佃富农）12 户，中农和佃中农 68 户，贫雇农 127 户（见表 1 - 2）。[②] 没收了地主的土地、房屋、耕

<hr />

① 玉溪市红塔区档案馆：《关于玉溪县土地改革工作的调查报告》，1951 年 1 月。
② 刘豪兴、黄朝茂主编《中卫社区志》，云南民族出版社，2006，第 36～37 页。

表 1 - 2　1952 年玉村土地改革田地分配情况一览

阶层	分田户数(户)	实分人数(人)	耕地(公顷)			产量(公斤)			其中新分土地(公顷)			产量(公斤)		
			合计	田	地	合计	田	地	合计	田	地	合计	田	地
合计	131	994	62.31	52.51	9.80	424196	376502	47694	31.54	28.90	2.64	222035	209524	12511
雇农	26	90	4.27	4.35	0.37	33585	31781	1804	4.64	4.32	0.32	33144	31597	1547
贫农	101	425	23.92	19.81	4.11	163636	144558	19078	18.29	16.75	1.54	128925	121736	7189
佃中农	19	96	5.76	4.01	1.75	37893	29507	8386	3.60	2.85	0.75	25019	21390	3629
中农	49	193	13.37	10.80	2.75	90650	76920	13730	0.56		0.56	3950		3950
富农	9	54	6.66	6.21	0.45	45866	43770	2096	0.33		0.33	2076		2076
佃富农	3	20	1.18	1.16	0.02	7982	7907	75	0.80		0.80	5596		5596
小土地出租	7	15	1.54	1.44	0.10	11053	10619	434	0.12		0.12	730		730
地主	11	67	3.66	3.26	0.40	22935	20996	1939	1.95	1.92	0.03	13540	13394	146
外来地主	6	34	1.50	1.47	0.03	10596	10444	152	1.25		1.25	9055	9055	

资料来源：刘豪兴、黄朝茂主编《中卫社区志》，云南民族出版社，2006，第 36 ~ 37 页。

畜、大农具等生产、生活资料，征收了富农多余的土地。同时，土改小组还召开群众大会，当众宣布一切典当、契约、租约、借据、账簿均无效并给予销毁。1952年12月，玉村土改工作结束。紧接着于当月进行土改复查工作，经过查实田亩，落实人口，评估产量，处理好典当关系，采取抽签办法分田分地，分配房屋和其他生产、生活资料。对地主分子及其家属与子女同样分给一份土地，并留下必要的生产、生活资料，使其维持正常的生活，使他们通过劳动，逐步改造成为自食其力的劳动者。土改复查工作完成后，颁发土地证，确定地权。为做好发证工作，玉村土地改革领导小组根据1950年11月中央人民政府内务部发出的《关于填发土地房屋产所有证的指示》的规定，颁发土地证。至此，国家与社区之间的关系也就在土地证的颁发过程中凸显出来。

（四）贫下中农翻了身

在土地占有不均的问题彻底解决之后，接下来就是"寡"的问题，也就是劳动力、生产工具等不足的问题。各家各户在劳动力、生产工具方面的占有与之前的家庭积累情况并不完全对等，发展生产的基础和生活方式也不一样。但大部分贫雇农在生产和生活上比起过去有了改善，少部分贫农的家庭经济状况出现了迅速好转。玉村7组的贫农YKM在1949年后政府执行的减租退押中分得了一些"胜利果实"，在当时大概值20只鸡的钱，于是他在村里买了20只鸡，带到通海去卖。用卖鸡赚回的钱又买回来了一头半大牛，带回来养了一年，转手又卖到昆明，得了70万元（旧人民币），于是生活条件有了明显改善。

富农的生活基本上没有受到土改的影响，在土改中他们仅仅是被没收了一小部分土地，生产工具和生活资料都被保留了下来，每家都养着牲畜，所以在农业生产上干劲十足。据村民回忆，当时的中农和富农家日子比较好过，逢年过节都能杀猪宰羊。时任居委会主任的LSR说："土地改革时，我们一家被划为中农，主要依据是一没有房产、二没有耕牛、三不雇劳力。当时的中农是团结的对象，所以在村里经常得到帮助，栽收两季都会相互帮忙。但要跟地主、富农保持距离，也就是说，平时不要来往，评先选优的时候也只给贫下中农评。"同样被划为中农的YTB说："在土改后的2~3年（单干）的时候，感觉贫农和中农的日子要稍稍好一些，因为可以做点小生意，分得了自己的田地，我家当时只有我和老母亲两个人，共1.3亩的田地，大春种水稻，小春种蚕豆。平时为了弥补生活不足，就做点小买卖，买点小瓜子、蚕豆、花生之类的小零食炒了卖，具体收益多少倒是记不清了，但卖炒货的钱可以满足我们两个人的日常开支。"

然而，也不是所有中农的日子都比较安稳，也有少数在土改后的发展中遇到困难的，主要是劳动力不足，或是生产工具短缺，但这些都是极少的现象。玉村8组的ZDF家，因为儿子在栽秧的时节受了脚伤，不能下地，儿媳又有身孕，家中能干的劳动力突然少了，而自己家又没有参加互助组，栽收两季家家户户都忙，在没有外力帮助的情况下，别人家都抢在时节上完成栽种，而他们家却因人手不够而耽误了农时，当年的收成就不如其他家。

（五）地主生活的改变

比起中农和富农，地主的境况就要差很多了，一来是地主家过去都是雇工劳作，自己从不下地只管收租，土改后即便也分得了田地，但缺乏耕种的技术和经验，劳动力也相对较缺。加上土改后地主的出行都受到了管制，不如过去自由，要出去做生意也比较困难。因此，土改后地主阶级的生活大不如前。YTB说：

> 由于地主过去也不种田、不劳动，土改后虽然还有属于自己的田地，但也因没有技术、没有劳动力而陷入无奈，再加上身份的特殊，出行自由受限，其他村民也都避而远之，生活是非常艰难的。过去可以天天吃肉，现在一年到头也闻不到一点肉味，更不用说买新衣了。

地主的后人FY也回忆说：

> 1952年颁发土地证后，玉村单干过两三年，1950～1953年，地主的生活相当难过，爷爷（地主）家20多口人，就有不到10亩的田。家里小孩子又多，劳动力缺乏。老的老，小的小，实际会种田

的人几乎没有。家里8个儿子，通过读书、当兵的机会都向外发展了。当时家里的老四跑到台湾，老大和老二因成分问题被管制、劳改、失去自由，家里的田地没有劳动力来经营，全家人挤在一个150多平方米的两层土木结构房子里，这个房子是当时3队借给他们住的，一住就住了10年。"四清"运动后，由于3队的地主富农太多，有10多户，大家觉得成分不好的人太集中不好，就把他们转到了6队，就是现在的4组。一家人带着2亩不到的秧田和一个大"厕所"（装粪水的）到了6队。1950~1953年，当时的生活很困难，和过去的地主相比，简直是天壤之别，缺乏劳动力种不得吃，往往是用瓜叶子、白菜青菜叶子来填补，粮食少得可怜。一年到头都不得吃肉。过去家里是村里出名的日子好过的家庭，村民都说"以前只有地主冯某某家一年到头能杀得起一头老称重的猪，约80公斤"。也就是说他们家里富裕，老称一市斤有16市两，新称一斤是10市两。而现在连吃肉都困难，当时我们说"会动的都是肉，绿色的都是菜"，什么都吃，之前天天都能吃得上的鸡蛋，喝得上牛奶，土改后是想也不敢想的。

然而，并不是所有的地主阶级都是下不了地、吃不得苦的一类。也有积极学习农活，努力求生的一部分，玉村的孙氏就是其中的一个。作为地主夫人的孙氏出生于1926年，是玉溪县城一个中医世家的三小姐。自小家庭条件优越，18岁初中毕业后分在当时县里的曲阳小学当老师，与后来的丈夫冯氏在学校认识并恋爱结婚，嫁到玉村。冯氏是玉村有名的大户人家。新旧政权交替后，孙氏因夫家成分不好在1953被学校开除，被迫回家务农，家里几个孩子需要抚养，只有咬着牙卷起裤脚，挑着粪桶下地干活。因从来没有做过农活，挑不动50公斤的大桶，她就用30公斤的桶代替。一开始不习惯还经常摔倒在地里。但孙氏顽强，几个月以后也就适应了农田劳动。尽管生活大不如前，但也在努力地适应着。据村民回忆，村里也有少数被划为地主的人因不适应劳动想跑的，但最终都没有跑掉，当时村口每天都有人站岗，成分不好的人想出去是不可能的。

四　玉村新貌

从历史上看，玉村农民所面临的问题有两个方面：一是土地资源既患寡又患不均；二是财富占有极不平衡，劳动人民极端贫困，为了生计只得离村找活路。1949 年新中国成立后，各族人民都成为共和国的主人，人民所迫切要求解决的是一个"寡"字和一个"均"字问题。1950～1952 年，几次政治运动从政治到经济上摧垮了地主阶级，改变了封建土地所有制，农民分得了农田，实现了"耕者有其田"，"不均"的问题在短短不到三年的时间里得到解决。农民土地占有不均这一传统上形成的阶级结构的基础，最终被土地改革改变，并以土地证的形式确定下来。在"废除封建性及半封建性剥削的土地制度"的思想指导下，玉村没有生产条件的农民获得了生产条件，使没有必要生存条件的人具备了养育自己及其成员的能力。玉村建立了乡政府。1952 年 12 月，建立了乡青年团支部，书记冯开学，副书记徐家学，有团小组 3 个，团员 10 人。[①] 全乡辖中卫屯、许家湾、窑塘上、徐百户屯、大河边村、张家茅草房。在乡政府的带领下，玉村走上了社会主义道路，积极发展农业生产。在农业生产恢复的同时，玉村商业也开始得到复苏。

（一）生产资料人人有份

土地改革的完成使玉村延续几千年的封建地主土地所有制基本被废除，铲除了封建剥削的经济基础，农民拥有了土地。土改前，玉村有耕地 86.67 公顷，土改中将部分地主原在外村的田地收归玉村，土改后增至 144.93 公顷，其中田 132.51 公顷，地 12.42 公顷，人均耕地面积 615.12 平方米。"耕者有其田，居者有其屋"在土改运动中得到真正落实，无论过去是贫穷还是富有，都有一份同样大小的田地耕种，玉村无地少地的农民都分到人均 666.67 平方米的田地。[②] 同时，还分到房屋、耕畜、农具、衣物、粮食等生产、生活资料。广大贫苦农民在政治、经

① 刘豪兴、黄朝茂主编《中卫社区志》，云南民族出版社，2006，第 8 页。
② 刘豪兴、黄朝茂主编《中卫社区志》，云南民族出版社，2006，第 36 页。

济上翻了身，实现了人民当家做主的愿望。同时，农民的生产积极性大为提高，不管你过去是地主还是贫农，生产资料都人人有份，农民长期被压制的生产力得到解放，农业生产恢复发展很快。

（二）成立了第一个临时互助组

土改后，农村出现许多新的生产力非常弱小的小农经济，小农家庭经营困难的问题也随之凸显。玉村在土改刚刚结束时，基本上都是各种各家的田地，但单干中人们也逐渐发现人口和生产工具等劳动力和生产资料的多寡都会影响到生产效率的高低。于是，村里就出现了少部分的互助组，他们相互换工，在栽收两季一起共用生产工具，效率很高。在粮食缺口的时候，相互之间会接济。1952 年底，玉村建立了以张金邦为组长的第一个临时互助组，互助组是在农民自愿、等价换工、民主管理的原则下建立起来的，组员有 14 户。这个临时互助组在 1952 年的农业生产中发挥了组织起来的积极性，实行民主管理，在劳作中共同商量，齐心协力发展生产，解决了组内农户缺口粮、农具和劳动力的困难，在水利管理、耕力调剂、追施肥料、犁田耙地等方面都优于单干户。在挖田及栽秧方面，互助组比单干户提前 10 天完成生产，初步显示出互助组的优越性，增强了互助组的吸引力。同年 6 月，玉村临时互助组发展到73 个，有 173 户、437 人。YRC 说：

> 进到初级社之后，村民的生活就好多了，大家都是互帮互助干活，生产技术也提高了，吃饭也可以掺粗掺杂，不会只有菜叶。1950～1953 年，村里有一小部分土地出租，但不多，一般是一亩水田一年 4 挑谷子的租金（120 市斤/挑），一挑就是 4 斗。

（三）以女性为主的劳动力出卖

土地改革之后，玉村人每家每户都有地种，不会干农活的也跟着会干农活的人学。大春种植水稻、小春种蚕豆和苦草。苦草主要是用于水稻里的肥料，因为当时没有化肥，家庭饲养的牲畜不多，农家肥跟不上，土壤缺乏改良，水稻长到 30 厘米高的时候就容易遭遇锈水死亡。于是村民就将苦草捆成小把，放到大田里进行发酵作为肥料。低下的种植技术和生产条件导致农田产量极低，当时的水稻亩产就是400市斤（还是稻谷），碾成大米就是280市斤左右，而一个壮劳力一天至少需要1市斤大米，所以单靠种田是养不活一家人的。于是，玉村人会出去"卖工"挣钱，如在农闲时到县城的纱布坊做工。当时玉溪县城有个叫"大道生"的洋布坊，专门做纺纱生意，玉村的妇女凭借纺纱的手艺（《玉村农业和商业》中提到过）就到"大道生"家去帮工，一天可以得工钱3～4角。还有些妇女，会割些马草在赶集时拿到街上去卖给赶马车的人，一背篓马草可卖2～3角。在农忙时候，也有一些比较勤劳的妇女，在种完自己家的田地后，会四五个人约起来去县城的"卖工场"（劳动力市场）卖工，一般是到其他村帮人栽秧，帮一天基本上就得工钱3～4角和一顿饭。而玉村的男人则很少去卖工，因为玉村菜地多，男人要管菜地。

（四）农业生产条件逐渐改善

首先，1950年后，随着兴修水利、农田基本建设、农业科技的推广应用，玉村的农业种植结构逐步调整，改冬水田为旱田，一作变两作，改变小春种植以蚕豆为主、小麦次之的结构，增加小麦种植面积，在保持粮食高产、稳产的前提下，增种了烤烟、油菜等经济作物。当时1组的沙田面积多，种蔬菜的人也多，价格是小麦和蚕豆的2～3倍。随着水利设施的完善和土壤的改良，村里每年都会分出10～20亩的旱田来种蔬菜。同时，1958年，玉村开始重视土壤和籽种改良，提高农业生产效益。在土壤改良上，主要是增施农家肥；在籽种上，主要是改良品种，从西南175、太白8号等产量较低的第一代籽种逐步改为保山的品种，当时全村培育籽种田，县里要求整个玉村划出50亩，每个生产大队出5亩，农科部门派出了专门的科技人员来指导工作。时任玉村大队书记的YTB说："当时划出的籽种田地点就分布在现在的淘宝街这一片。玉村的籽种田培育是非常成功的，以小麦为主，那个时候，村里的主要干部每天守着籽种田，有时候甚至不睡觉，只要看到它长高长肥一点，即便不吃饭心里也觉得高兴。当时玉村的籽种田培育是非常出名的，经常上报纸。"

（五）商贸业得以恢复发展

新中国成立后，借助国家的"公私兼顾"的经济政策，玉村的商贸业得到了一定程度的恢复和发展。"公私兼顾"是毛泽东在根据地最困难时期，为保障财政供给在陕甘宁边区一次高级干部会议上提出的经济政策，新中国成立前被写入《中国人民政治协商会议共同纲领》（以下简称《共同纲领》），并成为《共同纲领》规定的新民主主义经济政策第一条。"公私兼顾"政策，要求国家在"经营范围、原料供给、销售市场、劳动条件、技术设备、财政政策、金融政策等方面，调剂国营经济、合作社经济、农民和手工业的个体经济、私人资本主义经济和国家资本主义经济，使各种社会经济成分在国营经济领导之下，分工合作，各得其所，以促进整个社会经济的发展"。① 它不仅明确了当时的公私工商业经济关系，也为新民主主义社会经济发展指明了方向。在这样的大背景下，玉村个体经济也得到了复苏。据村民 YRC 回忆："1952 年土改结束后的玉村，零星有一两家人在自己家门口用小木桌子摆摊儿卖点肥皂、香烟、米花糖，火柴等，肥皂大约是 5 分钱一块，火柴 2 分钱一盒，香烟按"支"卖，2~3 分钱一支，米花糖、花生糖等都是 2 分钱一小包。"据村民 FR 老人回忆："那个时候谈不上什么商业，连做小生意的人都几乎见不到，印象最深刻的是当时村里有个叫 FK 的中年人，约 40 岁，经常在村口摆个小摊，用家里做饭烧柴剩下的炭火放在小炉子里，上面放一个小锅，里面熬着红糖，旁边一块大理石板，用烧热的红糖舀起来摊在大理石板上，画成各种动物图案，等冷却之后就固化成一颗糖，大家叫它'狗舔糖'，2 分钱一颗，村里偶尔会有小孩子去买。除了狗舔糖，他还卖着人参米，一种米花糖，放在一个 10 厘米长的绵纸袋里，2 分钱一条。还有三角形的芝麻糖，3 分钱一块。那个时候大家经济条件都不好，口袋里也没有钱去消费，也就是大人为了哄小孩开心，隔三岔五去光顾。FK 的小摊一天最多也就挣 1 块钱，在当时也就是能买 10 袋盐巴，但在那个年代，已经是很了不起的了。"

　　同时，州城"赶街"的恢复也带动了玉村商贸业的发展。每逢单日，周围农村及山区农民进州城赶集路过徐百户屯、中卫屯"街心边"等处"歇脚"，顺便出售所携带的物资，例如木料、薪柴、荼豆架、木

---

① 中国中共党史学会：《中国共产党历史重要事件辞典》，中共党史出版社、党建读物出版社，2019。

篾制品、蔬菜、水果、家禽等。玉村一些农户会在"街心边"搭一个简易的小棚，出售瓜子、炒蚕豆、糖果、凉粉、米线等食品，小集市贸易得到恢复和发展。

（六）人民生活水平稳步提高

随着整个玉溪县基础设施建设步伐的加快，玉村的交通条件得到极大改善，交通工具也随之增加，1958年，村民在县城水利工地学会使用手推车，各小队购进手推车，用于运送蔬菜、肥料等。1950年后交通条件的改善也带来了人民生活质量的提高，生活用具逐年更新，餐具多数使用釉碗、釉杯、釉碟、釉坛及搪瓷锅、搪瓷碗、搪瓷瓢、搪瓷盆、铝制品等。盛物用竹具、塑料制品和人造革制品等。床也从过去的长凳、木板搭建的简易床，变为床架木板床。垫褥、棉絮、棉毯、床单、棉被、蚊帐已进入村民的家庭。家具逐步增添了三门柜、写字台、高低柜、沙发等。油菜籽油灯照明的日子彻底得以改变，家家户户都通上了电。从此玉村迎来了新的发展面貌。

1953年，伴随着由国家统购统销而来的征购任务，以及党中央贯彻过渡时期总路线的要求，玉溪县委明确了土改后的方向——走互助合作的道路，响应共同富裕的号召，认识到小农经济自发趋势的发展结果必然行不通，只会走弯路。至此，玉村人民的发展道路被指明了，互助合作成为玉村的必由之路。

第二章 集体化时代商业的衰落

玉村商业的雏形和发展自有其缘由。在张之毅先生于1940年调查玉村时,尽管玉村是一个以农业发展为主的村落,但是商业发展已经占有重要的地位,当时的商业主要有四种形态。一是商品性菜园的经营。这其中又分为两种类型:一种是个体农户种菜、卖菜,以弥补农田收入的不足;另一种是贩卖蔬菜。依托滇中商业中心和交通便利,玉村人常常贩卖蔬菜到昆明、昆阳等地。二是经营传统洋纱。依托玉溪悠久的织布传统,洋纱在玉溪商业中成为主角。三是到城里做生意,如经营洋纱号、旅店、百货店、糖食店、盐巴店和医院,甚至有人到上海开医院。四是出现许多巨商。有经营洋纱、替外商经售纸烟、做木材生意和放债等,甚至还有人贩卖鸦片。① 玉村进入集体化时代以后,这些商业形态大部分逐渐消失了。

"集体化时代"是指从中国共产党在抗日根据地推行互助组,到20世纪80年代农村人民公社体制结束的时期。1953~1957年是农业合作化时期,玉村经历了农业互助组、初级社和高级社,农业生产能力得到了极大的提高,农民的经济生活与新中国成立前相比得到了很大的改善。1958~1978年是人民公社时期,玉村的生产生活在曲折中发展,建立人民公社、大炼钢铁铜,经历了1958年的大饥荒、"农业学大寨"。在这一时期,农业得到重视,传统商业发展进入衰落阶段。从1978年开始,随着我国农村经济体制的改革,尤其是实行家庭联产承包责任制以来,集体化经济开始瓦解,多元经济萌芽发展,农业生产发展,农村经济空前活跃。玉村出现了一系列商业发展的萌芽,为未来商业发展奠定了坚实的基础。

---

① 费孝通、张之毅:《云南三村》,社会科学文献出版社,2006,第522页。

一　农业的强化：1953~1957 年农业合作化时期

1953~1957 年农业合作化时期是集体化时代的开端。土地改革运动后，我国单家独户的小农经济出现了生产分散、技术落后、资金和生产资料匮乏的情况。同时，水利、自然灾害防御等农村基础性建设无法实施，农业生产仍处于较低水平。在这样的背景下，集体化与合作化呼声不断高涨。农业合作化采取了互助组、初级社到高级社的方式和步骤。在初期，以在农业生产中自发结成的互助组为主，包括临时互助组和各种生产方式的互助组。经过简单的共同劳动的临时互助组和在共同劳动基础上实行某些分工分业并有少量的公共财产的常年互助组，到实行土地入股、统一经营而有较多公共财产的初级农业生产合作社，再到实行完全的社会主义集体所有制的高级农业生产合作社，全面完成了对农业进行社会主义改造的道路，强化了农业的发展。这期间，重农轻商，农业生产得到一定程度的发展，人们被固化在农业生产上面，经商行为被限制，即使是小商小贩也被禁止。

（一）初级农业生产合作社

农业生产合作社又称土地合作社，简称初级社，是农业经济合作的一种形式。所谓的初级农业生产合作社，即初级社建立在生产资料私有制的基础上，把各户所有土地按土质好坏分股交由合作社统一经营，并交部分生产垫本，统一经营，社员参加集体劳动。土地作为生产成本，可按比例分红，劳动报酬采取劳动工分的形式。初级社不同于农业生产互助组，主要生产资料属于私有，但实行统一经营，具有了半社会主义性质，初级社构成了集体化的雏形。

1954 年，玉村借鉴郑井乡的做法，在原互助组的基础上，成立了具有半社会主义性质的初级农业生产合作社 14 个。初级社以土地入社分红，耕牛、大农具实行租用，劳动力入社评工记分。一开始是土地按六成分红，劳动力按四成分红。后来村民认为劳动成果主要是由劳动力创造的，就改为五五开，即土地按五成分红，劳动力也按五成分红。再后来又改成按土地占四成、劳动力占六成的比例分红。初级社实行民主办社，只有少量的公共财产。初级社大力发挥了劳力、牲畜、农具的作用。实行民主管理，统一劳动，注重兴修水利、挖掘土地的潜力，增施田间肥料，精耕细作，体现了农业互助合作、集体生产的优越性，农业生产取得空前丰收。1954 年粮食单产由土改前 250 千克/亩提高到 302.50 千克/亩。[1] 1955 年夏季以后，由于农业合作化以及国家对手工业和个体商业的改造要求过急、工作过粗、改变过快、形式也过于简单划一，以致遗留下一些问题。这些问题挫伤了农民的生产积极性，不同程度上影响了生产力的发展。

（二）高级农业生产合作社

初级社进一步发展便是高级农业生产合作社，简称高级社。高级社是集体构造在低层次水平上的完成形态，"初级"合作社最终合并为"高级"合作社，废除私人土地所有权，社员私有的土地无偿地转为集体所有，社员私有的耕畜、大中型农机具按合理价格由集体收购。在分配上实行"按劳取酬"的社会主义原则。取消了土地分红，收入按劳动记分进行分配，所以就有"工分、工分，社员的命根"之说。高级社实现了土地等主要生产资料的公有制，并实行按劳分配，是具有完全社会主义性质的合作经济组织。同初级社相比，高级社能够较大规模地进行农业生产建设，为改变农业生产条件奠定了坚实的基础。

1956 年 2 月 15 日至 22 日，城关区（玉村所在的行政区）仅用 7 天时间，就实现了高级农业生产合作化，随着玉村高级农业生产合作社的成立，玉村的大集体时代全面拉开了序幕。

玉村高级农业生产合作社下辖 5 个生产队：一队是许家湾、窑塘上；二队是中卫屯街心右侧（1、2 小组）；三队是中卫屯街心左侧（3、4 小组）；四队是徐百户屯上半段（5、6 小组）；五队是徐百户屯下半段（7、8、9 小组）。[2] 当时，玉村加入高级社的农户有 557 户、2294 人，划分为 5 个生产队。高级社的耕地面积有 183.23 公顷，其中：旱田 84.67 公顷，水田 64.15 公顷，秧田 8.13 公顷，菜地 20.27 公顷，河沙滩地 6.01

---

[1]　刘豪兴、黄朝茂主编《中卫社区志》，云南民族出版社，2006，第 37 页。
[2]　刘豪兴、黄朝茂主编《中卫社区志》，云南民族出版社，2006，第 23 页。

公顷。①

　　据玉村村民 YTB 回忆，1956 年 2 月，玉村进行合作化改造，以土地入股。当时他家入股了 1.3 亩田地，别的东西也没有。有牛、马的人家，就折价返还，逐年还给私人。当时他已经是十七八岁，加入了共青团，还担任突击队队长。由于年轻体力好，干活积极，他被推选为共青团副书记，负责组织共青团的各种活动，如打篮球、学习《毛主席语录》、学习文化知识等。

　　玉村的高级社采取土地集中，大牲畜、大农具折价定期（一般 4 年）赔清价款等办法，农业生产资料由私有制转变为集体所有制。分配上以生产队为基础，实行社和队两级核算办法，取消初级社时的土地分红部分，实行大小春预分，年终结算找补。粮食按人头分配占 70%、工分分配占 30% 进行分配，现金全部按工分分配。1956 年，人均口粮 113.30千克，人均收入 113.70 元。②

　　玉村高级农业生产合作社的各生产队根据当年经济总收入减去总支出，提取公积金、公益金，剩余资金按社员工分进行分配。社员工分多就分得多，工分少就分得少。据时任玉村徐百户大队文书的 YRC 回忆，当时大家劳动都是计工分，以"男 10、女 7、姑娘 6"的原则来计算个人的工分数。每年每人的基本口粮是 360 市斤，而工分口粮是 240 市斤，但是工分口粮是否能到足额的 240 市斤，就要看个人的工分有多少，也就是说，每人每年总的口粮是 600 市斤，但其中 60% 是基本口粮，40%就要按个人的劳动工分数来分配。有的社员平时家里有事急需用钱，经生产队长批准可预支，到年终结算分配时再扣除，对超支农户以实物折价计算。当年无能力偿还部分，可延至下一年补交现款或待年终分配时扣还。1956 年，玉村全社经济总收入 25.79 万元（其中，农业收入23.13 万元，副业收入 2.66 万元），总支出 9.07 万元（其中，农业费用4.67 万元，副业费用 1.39 万元，管理费 0.12 万元，上缴农业税 2.89 万元）。收入减支出后余额为 16.72 万元，提取 5% 公积金 8360 元和 1% 公益金 1672 元。1956 年，总工日 1.50 万个，工分值 1.05 元，应分现金

---

① 刘豪兴、黄朝茂主编《中卫社区志》，云南民族出版社，2006，第 37～38 页。
② 刘豪兴、黄朝茂主编《中卫社区志》，云南民族出版社，2006，第 38 页。

15.73 万元①，扣除口粮款 12.13 万元，实分现金 3.60 万元；参加分配 2270 人，人均纯收入 15.86 元。社员超支 249 元。②

（三）1956 年青年突击队

1956 年，玉村组织了 200 人的青年突击队，到响石板开垦荒地 21 公顷，从此，玉村有了山地。继后又参加改造大坝塘、小坝塘、徐百户屯窝子田等"坐秋田"，以及修筑大红坡水库、东风水库等水利工程。徐百户 6 组的 LKY 1957 年参加玉村青年突击队，到响石板开垦荒地，1961 年为徐百户大队党支部委员。他记得新中国成立前徐百户屯经常被水淹，玉溪大河永惠桥附近雨季经常发生决口，张家茅草房和徐百户屯的房屋和水田经常被淹毁。经过 20 世纪 50 年代至 60 年代和 80 年代的两次改造，玉溪大河两岸河堤加高稳固，雨季的洪灾才没有影响到徐百户。

1957 年冬，根据中共玉溪县委的部署，玉村开展了"整社"、"反瞒产私分"和"粮食大辩论"活动，并掀起以兴修水利、积肥、改良土壤为中心的农业生产"大跃进"高潮，以及随之而来的"推车化""滚珠轴承化"，大办工业，冲破乡界限开展大协作，支援外乡防洪、抢险……合作化时期的劳动管理，实行土地统一经营，按需统一调配使用劳动力，并安排部分劳动力从事农副业生产。管理方法是农闲季节评工分，一般每天男劳力评 10 分，女劳力评 6.5 分，半劳力或临时活计临时评定，农忙季节搞定额工分，出工由队长安排。合作化时期计划管理要求比较严格，主要按照上级要求，制订年度和季节性生产计划。首先，由合作社管理委员会（简称"社管会"）向所属各生产队提出指导性意见，然后由各队讨论提出当年生产计划，报社管会批准后执行。

1956 年实行合作化以后，各生产队（组）年度粮食现金分配：一是清理账目，达到工分无错，账物相符；二是公布分配方案，并报经上级批准后执行；三是确定人均口粮分配标准；四是采取"先留后分"和按劳取酬的原则，即先留够国家公粮和余粮、籽种、饲料和农副业生产、基本建设资金，才分配个人所得部分；五是注意公共积累提留，根据生

---

① 原文如此，疑原文有误。
② 刘豪兴、黄朝茂主编《中卫社区志》，云南民族出版社，2006，第 61 页。

产队收入情况，确定提留比例，一般提到 1%～5%；六是安排好五类人员（军属、烈属、公残、困难户及五保户）的照顾，一般不低于中等生活水平；七是确定小队干部补贴工分（俗称"操心分"）；八是所分配粮食、现金，以户为单位进行核算，减去该户预支数，即为年终结算实得数。[①]

二 商业的消失：1958～1978 年人民公社时期

1958 年春，毛泽东提出："小社不利于大规模经营，不利于共同发展生产，于是提出小社并大社的建议。"[②] 于是，1958 年 8 月中共中央在北戴河召开的政治局扩大会议上，提出扩大公社规模，在并社过程中自留地、零星果树等都逐步"自然地变为公有"。在会议后的短短一个多月内，全国农村除西藏自治区外基本上实现了人民公社化，社员自留地等全部收归了集体。人民公社制度的特点是"一大二公"，与之相适应的是经营上实行政社合一，统一生产经营，集中劳动，统一核算；管理上实行公社、生产大队、生产小队三级管理；分配上实行全公社统一分配。[③] 公社不仅是一个工、农、商、学、兵五位一体的组织机构，而且是一个生产和消费的组织和管理单位。公社不仅提供了合作社和社员的生产资料和绝大部分生活用品，而且通过工资制和供给制相结合的分配方式和公共食堂的消费方式来实现对社员的全面控制和管理。在这样的背景下，玉村传统的商业发展全面进入了消失的阶段。

（一）1958 年人民公社化

1958 年 4 月，玉村高级农业生产合作社改称州城镇第三农业社，仍辖 5 个生产队。同年 10 月，建立玉村管理区，辖中卫屯、许家湾、窑塘上、徐百户屯、大河边村、张家茅草房 6 个自然村，10 个农业生产中

---

① 刘豪兴、黄朝茂主编《中卫社区志》，云南民族出版社，2006，第 60～61 页。
② 未也、罗韬、曾华：《论建国五十年来党的农村土地政策》，《四川行政学院学报》1999 年第 3 期。
③ 未也、罗韬、曾华：《论建国五十年来党的农村土地政策》，《四川行政学院学报》1999 年第 3 期。

队。① 1958 年 10 月，撤销州城镇第三农业社，城关人民公社玉村管理区成立，有 562 户、2316 人，辖区由 5 个队调整为 10 个队。玉村管理区在分配方式上实行半工资、半供给制（粮食自费，油、盐、酱、柴、菜由集体负责）。办公共食堂 10 个，食堂就餐人员 2123 人，占总人口的91.67%。② 取消社员自留地，限制家庭副业，不准饲养猪、鸡等。初期还实行托儿、看病、理发、读书等"七不要钱"，但生产发展和经济能力无法做到，不久即告废。

1958 年创办玉村碾米厂。同时，创办中卫屯、徐百户屯、许家湾 3 个托儿所。1960 年，组建玉村木工组，有木工 20 余人，主要制作独轮车、风箱、木犁耙、掼盆等农具。1961 年 11 月，分配社员自留地，发展少量的家庭副业，农业生产开始恢复发展。③

1961 年 5 月 21 口，玉村调整社队规模，撤销玉村管理区，分别建立中卫大队、徐百户大队。中卫大队辖中卫屯、许家湾、窑塘上 3 个自然村，6 个生产队；徐百户大队辖徐百户屯、大河边村、张家茅草房 3 个自然村，4 个生产队。人民公社最大的特点是集生产、消费和管理于一体，将个人、家庭和社会统一在集体中，以集体公共行动标准为指导思想，一切行动听指挥。个体的经商行为完全被禁止，商业已经在人们的日常生活中完全消失。

（二）"大炼钢铁"

1958 年开始，国家要发展工业，钢、铁等工业产品奇缺，家家都要上交破铜烂铁，甚至连锅都要交。在没有钢和铁的情况下，铜、锑、铝都要。据中卫社区居委会原主任 FS 介绍，那时候生产大队按公社的要求，到指定区域去挖矿炼铁。包括玉村大队的人都调到有矿的地方（洛河等地）去炼铁。当时玉村的炼铁工人在矿区住的都是树枝搭的简易棚，没有厕所，生产生活环境极其糟糕。不仅生活环境差，生产技术也缺乏。不懂新技术，就用土法来炼，在地表或者地下挖土炉，建"土法炉子"炼铁，燃料主要是用木材或者煤炭，对森林和生态环境造成的破坏极大。

① 刘豪兴、黄朝茂主编《中卫社区志》，云南民族出版社，2006，第 23~24 页。
② 刘豪兴、黄朝茂主编《中卫社区志》，云南民族出版社，2006，第 23~24 页。
③ 刘豪兴、黄朝茂主编《中卫社区志》，云南民族出版社，2006，第 38 页。

由于缺乏技术指导，温度掌握不好，"土法炼钢"只能将矿粉溶化，分离不出铁水来，炉渣和铁水混在一起，待冷却凝固成一团叫"生根子"，根本不是什么铁和钢，"土法炼钢"的盲目性很大，以失败告终。1958～1959 年，在国家"大炼钢铁""大修水利"号召下，玉村管理区的人员还被抽去参加修建大红坡水库、东风水库、关箐河水库，抽调修水库及炼钢的人员占全区男劳动力总数的 80% 以上，家中所留者多为老人、妇女。时值秋收季节，劳动力不足，无法及时收割，粮食作物损失严重。

（三）大饥荒

1957 年，玉村开办伙食团不久就遇到了大饥荒。当时社员的伙食标准是根据劳动力强弱决定的，有三两、五两、六两等不同标准，强劳动力是六两，小孩是三两。但不论几两伙食都是较差的。社员管当时的饭叫作"盘盘饭"，就是在一个大盘子里放一点点米，上面加上杂粮，用刀子一划就是一小块。有极少部分社员为了生存不得不去偷东西吃，一旦被发现就会受到极其严厉的惩罚。

据 YTB 回忆：

> 1958 年，伙食团的时候饿肚子，饭吃不饱，就去宣威参加修铁路，修建宣威到威宁的铁路。这实际上就是外出讨生活。每天的工作是放炮、抢大锤、端土石，每人每月可以得 50 斤粮食，其中，40斤大米，10 斤杂粮，那个时候就能吃饱了。每个月还有 18 元的工资，9 元作为伙食费，另外 9 元是自己的零花钱。星期天下午休息半天，可以洗洗衣服，搞搞卫生。在山上工作了 3 年，铁路修通后就回到家。当时玉溪去了两个连的人，一共 500 多人。

YRC 进一步描述道：

> 1959～1961 年是三年困难时期，那时候玉村每人每天只有 1 市斤粮食，这个粮食并不是大米，而是 30% 的红薯、50% 的大米，加20% 的蔬菜。玉村因为种蔬菜，尤其种红薯，当时很多人才能勉

强吃饱，但是强劳动力还是会饿肚子。

之后，玉村人改良土壤挖老墙土、办公共食堂、托儿所等占用农民住房。为"放卫星"进行并苗。玉村 1 队当年稻谷种植面积 27.48 公顷，其中，栽"密植秧"并掉 0.43 公顷，结果颗粒无收。口粮日趋紧缺，吃饭成了大问题。据 1960 年 5 月 12 日玉村大队队长会议记录："粮食问题，由 5 月 1 日起人均每天有粮 4 两，6 月 6 两，7～8 月 3 两……"；"全大队现有粮 20 万市斤，按人均 7 两计只能吃 15 天，到 9 月 15 日差口粮 12.28 万市斤"。① 那时候，集体化实施"大兵团作战"，远距离随意调用不同区域的劳动力，无计划地大干各种公共工程，再加上公共食堂又办不好，人民公社社员的体质普遍下降。1959 年 11 月后，一些人开始出现水肿病、妇女多患子宫脱垂等妇科病。据 FS 介绍：

> 进入 1959 年，由于 1959～1961 年的自然灾害，加上当时的"浮夸风"，以及中苏关系紧张，全国称那几年是"过粮食关"，政府开始实行粮食定量供应，成人 1 天供应 1 斤粮食（含 9 两粮、1 两菜瓜），小娃娃 1 天供应 5 两粮食（其中粮食 4 两、菜瓜抵 1 两）。于是，老百姓开始饿肚子，一些"大汉"（壮劳力）正常情况下每天需要 3 斤粮食，因吃不饱"倒下"了一批；当时村民的应对之策就是小孩在庄稼地里刨薯根，大人挖野菜（水青菜、抽筋菜、红薯藤，甚至树尖嫩芽），更为严重的时期连米糠都十分紧俏。因为粮食不够吃，生不了孩子，婴儿出生率极低；因为饥饿，人口自然减员现象普遍，且因营养不良，水肿病等疾病也十分常见。那时候，因为是"吃大锅饭"，队上管得很严，要是有哪家冒烟（开小灶），就要遭到队组干部"上门"检查。

原中卫社区居委会联防大队队长 WCF 进一步补充：

> 1959 年，玉村办集体食堂时父亲在玉溪县商业局工作，母亲是

---

① 刘豪兴、黄朝茂主编《中卫社区志》，云南民族出版社，2006，第 38 页。

农民，一个人的工分要供养四个人，加上她身体又不好，挣的工分不多，生活十分艰难。那个时候大食堂里用一个大蒸子蒸了薄薄的一层米饭，上面铺一些杂粮，蒸熟后用刀每个人分一小块，分得后捧在手里就吃，还没有等回到家就吃完了。我八九岁开始就出去推车，拉点货物。有一次，实在太饿了，就牵着妹妹的手，去小庙（当时玉溪县商业局所在地）找父亲，父亲看见我们饿坏了，就把自己的饭分给我们吃。有时候，父亲的同事看到我们，也会把他们的饭分给我们一点。由于家里只有母亲一个劳动力，几个小孩又挣不了工分，但又必须考虑糊口问题。于是在1966年，父亲就从商业局退职回家种地，挣工分养活我们。

1960年，玉村通过以"整风""整社"形式反"五风"①，认真贯彻"三级所有，队为基础"政策。1961年11月，玉村解散了公共食堂，基本稳定了社队规模，普遍推行"三包一奖四固定"②，实行按劳分配、多劳多得，分配给社员自留地，发展少量的家庭副业，玉村的农业生产开始逐步恢复发展。1961年，公共食堂解散后，社员口粮实行基本口粮与工分粮相结合的"四六开"分配办法，即在当年提取的社员口粮分配中，基本口粮（人头粮）占60%，工分粮占40%。其中：基本口粮又按年龄分2个级，0~3岁只分半人份，4岁及以上分1人份。③ 当年出生人口，根据其出生时间赶着夏粮（小春粮）分夏粮，赶着秋粮（大春粮）分秋粮，工分粮全部按工分进行分配。直到1962年后，解散"伙食团""大锅饭"，农户就开始在家里分灶吃饭。那时候的基本口粮是壮劳力每人每年分得粮食500市斤，小孩也有基本口粮；而工分粮与基本粮占比是3∶7（三七开）或者4∶6（四六开）。

据FS回忆，经过土改时期的第一次调田（分田地），玉村进入了人民公社时期。第二次调田将土地作为生产资料划到集体中，直到家庭联产承包经营责任制实施。人民公社时期，耕地划到集体，是便于机耕和

---

① "五风"即共产风、浮夸风、强迫命令风、瞎指挥风、特殊化风。
② "三包一奖四固定"即包工、包产、包成本，超产奖励，土地、劳动力、牲畜、大农具固定到小队。
③ 刘豪兴、黄朝茂主编《中卫社区志》，云南民族出版社，2006，第61页。

土壤改良的。土壤改良的方式主要是挑沙改田，待小春庄稼收割后，利用农闲堆的肥，集中施到田里，一亩地要施好几吨的肥料，这样一来土壤就没有以前那么泥，变得松软易于耕种。1963 年，《农村人民公社工作条例（修正草案）》的贯彻落实极大地调动了农民群众建设社会主义的积极性，农业生产得到长足发展。

1964 年"四清"运动，从前后期划分：前期为"小四清"（清账目、清仓库、清财物、清工分）；后期为"大四清"（清经济、清政治、清思想、清组织）。据玉村 7 组村民 YZQ 介绍，玉村公社于 1964 年 7 月开展清理工分、账目、仓库、财务的"四清"运动。

（四）农中班培养农村能人

20 世纪 60 年代初，由玉溪一中牵头，玉村、金家边两个大队共同筹办玉村金家边农业中学。玉溪一中负责教师、教学、教室及课程安排，玉村、金家边各选送一名民办教师并负责组织学生入学。1963 年 7 月，招新生 40 余名。1964 年，又招 50 余名。课程设置分政治、语文、数学、农业科技、音乐等。学校为半日制，每周周一至周六的下午 5 时至晚上 9 时 30 分上 4 个多课时。玉村大队还为学校建立了实验田，提高学生的实践技能。于是培养了一批生产能手和社队干部、科技员。1969 年，农中班被撤销。[①] 参加过农中班学习的玉村原妇女主任 FR 描述道：

> "小四清"以后，在玉溪一中办农中班，专门为农村培养人才，教授农业技术知识，当时我是作为可以教育好的地主富农的子女，才得以去农中班学习。1964 年、1965 年玉村举办了两届农中班，农中班采取上午劳动、下午学习的形式，课程主要是教授实用技术，毕业时由学校专门颁发证书。在读农中班的时候，我还参加村集体的称粪工作。1966 年"文化大革命"的时候农中班结束了。那时候的农业中学只有 2 个班，农中 1 班和 2 班，而这两个班却培养了大批有技术、有管理能力的人才，比正式中学教学还有成效。后来这些参加农中班的大部分人都成为村干部和乡干部。

---

①　刘豪兴、黄朝茂主编《中卫社区志》，云南民族出版社，2006，第 171 页。

（五）1972 年"农业学大寨"

1972 年冬，玉村公社开展"农业学大寨"，提出以农业为基础、以工业为主导，口号是："抓革命，促生产，促工作，促备战。"大搞农田基本建设，改造条田，开山造地，引进和推广生产技术和优良品种、化肥农药，大搞科学种田，保持了农业生产稳步发展的良好势头，粮食逐年增产，农民收入增加。以农田基本建设为中心的"农业学大寨"运动，实行小田并大田，开展条田化、肥泥压旱田，深挖晒垡等活动。同时，进一步改良土壤，对玉村的大坝塘、北栅子、下大路、古城、菜地边等片块条田进行 3 年多的土壤改良，发动所有劳动力，把各队菜地沙土挑运到泥田和底子较深的田块中掺和，将原来难以耕作的泥田改为高产良田。具体的改良土壤工作是在小春种下两个月后的时段进行运土，堆放在田埂上，小春收后挖田时把沙土散铺到表面，挖田后沙土落到底子下。1976 年，玉村条田面积达 96.47 公顷，占水田面积的 69.22%；大寨田 144 公顷，占耕地面积的 79%。土壤改良大大改善了玉村生产条件和土壤结构，为农业生产发展奠定了坚实的基础。[①] 据 FR 介绍：

> 1972 年"农业学大寨"时，全村人集体出动，各村各寨上山开荒，父母背着背箩，小一点的小孩就坐在里面，大的孩子跟着父母走，有时候坐牛车。1977 年正值我怀孕，有一个工作组的人看见我挺着大肚子还在田里干活，就跟妇女队长说不能让我再干活了。妇女队长也多次给我做工作让我不要干活了。但我坚持要干，因为怀孕时在晒场上都是干一些轻巧的活计，一个月只能挣 120 个工分。但如果在田地里干活，根据丈量的面积算工分，一个月可以拿到 480 个工分，我更愿意多挣点工分。

1973 年，中共玉溪县委在玉村大队建立"中心样板田"，进行"小麦分蘖与成穗规律"研究。1974 年 1 月，城关公社农科站在玉村大队第

---

① 刘豪兴、黄朝茂主编《中卫社区志》，云南民族出版社，2006，第 43 页。

3 生产队示范烤烟套种高粱、苞谷 1.33 公顷（20 亩）。结果，旱烟单产182.50 千克/亩，高粱单产 420.40 千克/亩，早熟小麦单产 342 千克/亩。1976 年，云南省农科院刘基一、杨昌寿在玉村大队第 3 生产队进行小麦种植观察研究，得出小麦分蘖与成穗规律：主茎 5 叶前长出的分蘖成穗率为 81.90% ～ 82.80%。1976 年，玉村大队农作物种植面积 321.93 公顷，粮食总产 146.36 万千克，人均产粮 418.60 千克；经济总收入 84.14万元，人均收入 240.70 元。与 1964 年相比，粮食总产和经济总收入分别提高 80.50% 和 168.50%，人均收入增加 71 元。[①]

（六）评工分制

据 FS 回忆，当时的评工分制具体如下：全劳力，男劳力 10 个工分/天，女劳力 6 个工分/天。每天分 4 个时段出工（男 2.5 个工分/时段，女 1.5 个工分/时段），早上七八点出早工，到 10 点回家吃饭，中午 11点至 1 点出工，休息 20 分钟后又出工至下午 3 点，之后又休息 20 分钟后出工至 5 点或太阳落山后回家。有会计或者专门计工分的人在计工时，如果中途哪个时段不出工，就扣那个时段的工分。针对小一点的如 14 ～16 岁的村民，通过开群众会来评工分，一般每天给 3 ～ 4 个工分。当时对于泥工（泥水匠、泥瓦匠）、木工、水电工、开拖拉机者、拉马车者等为集体挣工钱的人员都计 12 个工分/天。1972 年，24 岁的 FS 拜当年张之毅笔下的张忠汉为师学木匠手艺，前后 8 年跟随师父走村串户打工。他会看图纸，可做流行的上海家具，也可建鲁班式的房屋。当时在生产队有的只有 1 ～ 2 个技工人员，有的村组甚至一个也没有，但在当时的玉村 4 队就有 4 个技工，张忠汉便是其中之一。他会盖土木结构的房屋，会进行简单雕刻，会做桌子和床。他们在外做工是经生产队批准的，条件是将每天赚的 1.80 元，全部上交生产队，然后再由生产队返回个人0.20 元，并记工 12 分。此外，玉村境内玉溪大河两岸有河沙，20 世纪70 年代中期，玉村大队有部分生产队开始采掘销售河沙，一马车沙（约1 吨）价值 2 ～ 3 元，筛沙社员由生产队按沙量评记工分。由于各个生产队的基础条件不一，玉村的各个生产队之间开始出现一些贫富分化，

---

① 刘豪兴、黄朝茂主编《中卫社区志》，云南民族出版社，2006，第 39 页。

CBF 老人介绍道：

> 我在（20 世纪）60 年代当 5 队队长时，尤其是 1966 年以前，生产队要吃国家"返销粮"，因为人多地少，土地水改旱受灾，土地没有盘活好，国家公粮免交不说，国家还要返销粮给生产队。主要作物为：大春是稻谷，小春是蚕豆、蔬菜。人均仅 3 分地，耕地少。住房是土木结构，当时全村委会都是土木结构；人均住房不足 10 平方米；吃"大锅饭"即集体食堂时，集体经济收入主要来源于蔬菜，销往州城镇（现玉带路办事处）蔬菜市场；稻谷按人口分配，根据年龄结构、人口数量，分配返销粮；收入分配按男劳力每个工时 6~7 角，女劳力按男劳力的 60% 计，即每个工时 3 角 6 分到 4 角 2 分，每户 200 元至 300 元不等的收入，当时人口流动很少。从 1967 年开始，稻谷亩产提高到 700~800 斤，生产队开始交公粮 4 万斤/年，大春种 200 亩水稻，小春种蚕豆、油菜、小麦，即使支持养殖，但因粮食紧张仍发展不起来。70 年代的情况同 60 年代中后期差不多。1967~1981 年，在集体时代实行"三三制"，也就是 1/3 粮食交国家、1/3 留给集体、1/3 留给自己。

公社化时期的计划管理特点明显，但是提出的计划要求多为高指标、大任务，难以落实。1960 年，玉村开始贯彻"调整、巩固、充实、提高"的农村工作八字方针。1961 年，贯彻执行"三级所有，队为基础"的管理体制，公社、大队的计划基本建立在生产队计划的基础上，一直沿用至 1976 年。

公社化时期在计划管理中对劳动管理比较严格。一方面，1958 年玉村开展的"大战钢铁铜"，按上级的强制要求，农村大量男劳动力被抽调去炼铁和修水利，实行"军事化"管理和"大兵团作战"，直接造成农村劳动力紧张，进而影响到农业生产，甚至出现了女性耕田地的情况。1960 年后，国家进行国民经济调整，执行"三级所有，队为基础"的政策，农民劳动实行定额管理和评工记分。另一方面，1970 年后，推行"大寨式"工分制（俗称政治工分），一般男劳力出工记 10 个工分，女劳力记 7 个工分，队长、会计每天补助 2 个工分，副队长、保管员补助 1

个工分。这样的工分制确定了不同群体的工分额度，但忽视了对生产质量的监管，分配上实施平均主义，多劳不多得，导致"出工一窝蜂，做活磨洋工，收工打冲锋"的"大锅饭"状态。

此外，在 20 世纪 60~70 年代，国家规定不准私自养殖，要"割资本主义尾巴"。据 FS 介绍，当时的玉村规定每户只准养鸡五六只，自留地人均 3~6 厘，不准种蔬菜。养猪要购留各半，家庭养殖 1 头猪，屠宰时，要交供销社一半，自己留一半，还要交屠宰税 3.5 元/头，一般家庭会交一头、留一头。购留各半的制度一直持续到改革开放初期。

三 商业发展的萌芽与反弹：1979~1983 年
集体化时代的终结

如同生物体自身具有调节作用一样，玉村社会中的商业逐渐衰落，甚至消失。玉村经济社会的发展，为商业发展奠定了坚实的基础。家庭联产承包责任制实施意味着集体化时代的终结。由于高度集权，社员的劳动投入和利益分配不成等价关系，严重挫伤了农民生产的积极性、主动性和创造性，在集体劳动中出现了"出工一条龙，干事大呼隆"的形式主义，人民公社僵化的生产和管理模式，最终导致农业和农村发展迟滞、缓慢，长期处于徘徊状态，多数地方没有摆脱落后的面貌，农民生活水平没有多大的提高。人民公社化运动严重束缚了农村生产力的发展。1980 年 9 月，中共中央下发了《关于进一步加强和完善农业生产责任制的几个问题》的通知，允许土地承包到户，但同时重申了不准买卖土地。农业生产责任制并没有改变土地公有的社会主义性质。此后，农业生产责任制在全国迅速得到推广。

（一）集体化时代终结前经济空前活跃

集体化的核心是以计划经济为主体，以促进国家工业化为目标，农民、农业和农村均成为为工业化提供资源的后方。尽管如此，依托位于县城附近的区位优势，依托城市发展的辐射作用，在集体化时代，玉村的生产建设和工业有了一定的发展，经济发展也在国家政策许可下空前活跃。

1978 年成立玉村水泥预制管厂，厂址位于普惠桥东侧（今玉溪普惠印刷有限公司内），占地面积 0.33 公顷余，投资 2 万余元。该厂有员工六七十人，LKY 是负责人，属于集体企业。玉村水泥预制管厂主要承接玉溪县水电局"水泥预制管"生产，年生产外径 200 毫米、内径 100 毫米、长 4 米的水泥预制管 1000 余根，年产值 4 万余元。1984 年后停产。

1979 年建成玉村砖瓦窑 2 座，位于原玉江公路 5 千米处，从业人员 10 人，属于集体企业。2 座土窑年均产砖瓦 25 万块，1980 年收入 1.15 万元，1982 年收入 1.72 万元。1984 年停产。

1977 年 12 月建成玉村 3 组碾米厂，厂址在张家头壕沟边，从业人员 2 人，投资 6000 余元，经营面积 100 平方米。设备有碾米机 2 台，小钢磨 1 台，打糠机 1 台。年加工大米、面粉约 320 吨，收入 1.8 万元。1983 年，承包给农户 FRX、FXL 经营，1998 年改制为私营企业。

1977 年成立徐百户 6 队碾米厂，厂址在集体公房内，从业人员 10 人，主要设备有碾米机、小钢磨、磨面机、擀面机各 1 台，年均加工大米约 20 万千克，面粉 180 吨，收入 6 万余元。1983 年停办。[①]

1978 年成立玉村 3 队面条加工厂，厂址在集体公房内，经营场地 10 间，面积 660 平方米，从业人员 10 人，负责人 PWR。投资 1 万余元，有自动磨面机 1 台，自动和面机 1 台，擀面机 4 台，年均加工面条 360 吨，由 CYY 负责推销，供应周围农村及城区机关。农民还可用小麦兑换面条，每斤小麦换面条 7 两，收取加工费 0.10 元，年收入 2 万余元。1983 年停办。

1982 年创办玉村蜂窝煤厂，总投资 17.45 万元，年产煤球、蜂窝煤 600 吨。

（二）家庭联产承包责任制的雏形

在改革开放前夕，中国农业在人民公社体制下维系了近 20 年。大集体时代的农业经营制度造成农民生产积极性不高，粮食减产，农民吃不饱的问题。直至 1978 年 12 月中共十一届三中全会以后，玉村也与全国其他农村一道开始试行不同形式的生产责任制，在大小春生产中实行小

---

① 刘豪兴、黄朝茂主编《中卫社区志》，云南民族出版社，2006，第 73 页。

段包工，开始突破大集体公共生产、平均分配的原则。1979 年 9 月，中共中央通过《关于加快农业发展若干问题的决定》。1980 年 9 月，中共中央印发的《关于进一步加强和完善农业生产责任制的几个问题》的通知指出，"允许有多种经营形式、多种劳动组织、多种计酬方法同时存在"，"对贫困落后地区，包产到户是联系群众，发展生产，解决温饱问题的一种必要措施"。国家从政策上对联产承包责任制给予了初步的认可。与此同时，全国各种形式的联产承包责任制迅速发展。这一时期玉村开始实行不同形式的生产责任制，在大小生产中实行小段包工。1981 年底，全村均实行专业承包和联产到劳动力的责任制，其中，实行专业承包、计酬到劳动力的有 5 个队，承包到户、统一核算、统一分配的有 6 个队。

　　1978 年 12 月，中共十一届三中全会以后，"玉村"的经济、政治、文化、生活等发生了一系列重大变革。第一，农村经济体制改革。农村合作化搞集体经济并没有使农民摆脱贫困，何去何从，农民在探索新路。安徽、贵州等地一些生产队瞒着政府，自发地将土地分到农户，搞包产到户，当年产量大增，农民增加了收入。讯息传开，经过几年的争论、试验、总结，终于达成了共识，党中央制定了相应的政策来引导农民推广家庭联产承包责任制。家庭联产承包责任制的特点是：土地属集体所有，在生产队（村民小组）的统一管理下，实行分户责任经营。这是一种分权性质的改革，有利于调动农民自主经营的积极性。玉村农民也做出了选择，在 1983 年秋，全面实行家庭联产承包责任制，承包农户达100%，899 个农户承包了 180.53 公顷耕地。所有土地、大型农具、牲畜等包干到户，人民公社的集体经济体制解体了。第二，改革了组织建制。1984 年 1 月，撤大队建立玉村乡，人民公社制度退出了历史舞台；1988 年 1 月，撤乡建立州城镇玉村办事处。第三，加快了城镇化的进程。长期以来，玉村处于玉溪经济、政治、文化中心州城镇近郊，1958 年开始，其行政先后由城关人民公社（又称城关区）、州城镇直接管辖。1998 年，玉溪撤地建市，玉村建立居民委员会。

（三）生产责任制时期的计划管理

　　"大包干"时期集体统一种植、放水、机耕，统一供给良种、化肥、农药，统一兴办企业及使用水利、机械设施。1978 年 12 月，中共十一届三中全会召开以后，中央制定了一系列农村改革的政策和措施。1980 年，玉村实行承包到组的生产责任制，各个生产队将计划、产量、奖惩办法承包到组。1981 年，承包到户，先由农户自报承包耕地面积、产量，经队委会讨论同意执行，秋收后兑现。1983 年秋后，全面实行家庭联产承包责任制（大包干），面积按人口分配，土地按产量划片承包给农户经营，真正把生产自主权落实到农民手中。其核心是农民有生产经营权和土地使用权，把权、责、利有机结合起来，通过集体与农户签订承包合同，自觉地执行国家计划，调动了广大农民的生产积极性。[①] 这个时期，由于生产责任划分明确，劳动积极性提高，但是土地资源的有限性，在一定程度上，不仅允许而且需要一部分劳动力不再从事农业生产，所以一些具有技能的人就离开农业外出务工了。

四　集体化时代商业衰落的特征

在集体化时代，为保障农业集体经济体制的有效运转并实现工业化的战略目标，国家通过经济制度安排的约束、政治意识形态的引导以及社会流动上的限制等手段使农民投身于农业生产，但劳动安排和工分管理的不足使集体生产陷入困境。

（一）打击投机倒把的“菜贩子们”

“投机倒把”一词产生于计划经济色彩浓重的 20 世纪 70～80 年代，那时的中国，计划内部分实行国家统配价，同时企业超计划自销产品并按市场价格出售，形成了特殊的“价格双轨制”。社会主义改造的目的之一就是克服私商的投机性，消灭投机倒把产生的土壤。1956 年以后，无论是被界定为投机倒把主体的不法资本家，还是正当经营的资本家，都悉数退出历史舞台，然而，投机倒把问题却不曾就此完结，又成为令人困扰的社会经济现象。所不同的是，这时的投机倒把规模要小得多，其主体多为小商小贩和农民，只是一旦被发现，其“罪名”却不小，且

---

① 刘豪兴、黄朝茂主编《中卫社区志》，云南民族出版社，2006，第 57～58 页。

带有浓厚的政治色彩。

玉村作为一个商品性蔬菜基地，在集体化时代，蔬菜统一由国家计划种植和计划销售。20 世纪 70 年代，玉村的蔬菜统一供应给烟厂、地区幼儿园、花灯团等单位。当时一个生产队每天的供菜量都是 700 公斤，两辆小拖拉机就装得满满的。如果用人挑，就需要 15 个壮劳力每人挑一挑才能完成（一挑 40~50 公斤）。除了统一销售，还是会有一小拨人，尤其是蔬菜种植能手，总会想着靠个人能力赚一点钱，把日子过得富足一些，冒着被定为投机倒把对象的风险，开始铤而走险，暗地里做起了蔬菜生意，从事着"地下"蔬菜交易。FFY 是村里最早做蔬菜生意的人，他讲述了当年偷偷贩菜的经历。

> 我 1974 年从云南省公路工程局回到村里，被分派到集体的蔬菜组。大约在 1976 年集体化时代时，就偷偷做起了贩菜生意。1976 年那一年秋收后，我开始挖种菜的沟准备种菜。一天，吃过午饭后回到地里，突然发现锄头不见了，没有锄头自然就干不了活了，而且那个时候我根本连买锄头的钱都没有，于是就跑到街上去玩。当时我的大叔正好在街上倒菜卖，他就让我帮着送菜，并问我是否愿意来倒菜卖，一日卖菜可以抵得上做 3~4 天的工分。就这样，我开始了贩菜的日子。起初在人民路批发，然后就地卖，品种有洋花菜、青菜。一次批发 300 斤，一斤能挣 1 角钱，一天有 30 多元的收入，当时一天 10 个工分才等于 1.45 元。有的时候还会坐班车到安宁、昆明、海口去卖，去远处买菜一般就要挑一些价格稍微贵一点的菜，像韭菜花、芋头花之类的。当时韭菜花批发价一公斤就 0.13 元，拿到昆明卖就是 1~2 元。当时从玉溪到昆明的班车是 3.15 元，每隔 3~5 天拉一趟。有的时候也到近处的昆阳这些地方卖，租一辆小拖拉机一天 12 元钱，一次可以拉 400 公斤，利润 40 元到 80 元不等。

YSC 在 20 世纪 70 年代除了担任菜地组组长，也偷偷地做过蔬菜生意，他回忆道：

> 我印象最深刻的是 1974 年前后，经常偷偷到人民路上贩菜，每

次都是批四五十公斤，用载重车拉着到昆阳磷肥厂、海口等地方去卖。当时拉到远处卖都是挑好的、贵的菜，一般都是批辣椒、苦瓜和姜等，当时的辣椒和苦瓜批发价是0.13元/公斤，零售可以卖到1元/公斤，有时还更贵，可以到1.2元/公斤。我们一般是一两个人结伴同行。经常和我结伴的是5组的XXD。卖菜的那天，我们先到人民路把菜批好，放到住在人民路的小学老师家里，然后夜里到老师家取菜。晚上12点钟骑着自行车出发，大约天蒙蒙亮，就到昆阳磷肥厂，到了中午11点左右，菜就基本上卖完了。卖完之后会在昆阳的饭馆吃个中午饭，一般一个人花1.1~1.2元就能吃饱。像这样骑着自行车贩菜的经历，一般三四天就会有一次。那个时候，卖一次菜可以挣15~16元钱，一次就能抵得上做半个月的工分活，因为那个时候我还不满20岁，劳动一天只能算5个工分。但是我们的自行车贩菜生涯并不是一帆风顺的。有一次我在人民路上批菜，刚好被市场管理所，也就是当时的"打击投机倒把办公室"工作人员撞见，就问我买那么多菜干什么？我说是帮队上买的，对方又追问"帮队上买怎么会不骑车，走路来"。我说是车在后面，马上就来。幸运的是，刚好在这个时候，我回头看到了我的小学同学赶着马车经过，我就指着马车说，我们队上的车来接我了。后来我拿着菜跳上马车，坐着就离开了。而同样的经历，XXD就没有那么幸运了，一次，他骑着自行车去人民路卖菜，刚好遇到了打击投机倒把工作队，最后被抓回队上，队上召开党员大会进行了批斗，并让他写检讨，保证以后不会再犯。

（二）集体经济发展历程

1956年，玉村建立了高级农业生产合作社，实行土地入社，大牲畜、大农具折价，生产资料第一次成为集体所有。从高级社到人民公社，直至1983年实行家庭联产承包责任制，在近30年的生产关系变革中，虽然对所有制的定义一度有模糊认识（例如1958年提出人民公社经济体制属于全民所有），但作为生产资料的要素——土地，始终属于集体所有，农民只有经营使用权。

建立高级社后，玉村开始发展集体企业，1955年，始建许家湾瓦窑。1958年11月，建玉村大队碾米厂，是当时玉溪城西郊最早建成的碾米厂。

20世纪60~70年代，集体副业繁荣发展，各个劳动力年终支领的工分收入都是靠集体副业收入。当时的集体副业主要有四个方面。一是种蔬菜和卖蔬菜。蔬菜是玉村集体经济的主要来源，玉村每个组凭借政府发的蔬菜收购证，可以种蔬菜30~40亩，待商品蔬菜种出来后，凭蔬菜收购证，统一销售到菜站，要多少交多少，一般由集体拉到市场交易，不零售。菜站的菜一般供应政府单位、机关，由于没有冷库可以保存，供应政府机关后剩余的菜当天就全部供给企业。比如4组蔬菜就供给机床厂、轴承厂、化工厂。因为种蔬菜对肥料的需求量大，当时粪水还是很紧缺的肥料，部分机关单位和企业的厕所粪尿经熟化处理后，就由玉村的集体车队在卖完蔬菜后将它们运回作为菜地的主要肥料。卖蔬菜和拉粪水是要计工分的，比如5个工分需拉100斤。二是技术工人收入。做建筑工、水电工、修理工、做家具（做棺材）等的收入，除每天留0.2元/人的伙食费外，余下的1.6元/人要交队上，队上按12个工分/天来计工分。三是进乡镇企业务工的工钱。进乡镇企业（如镇属铸造厂、机械厂等）临时务工的，乡镇企业给的工钱计入队的账户，每天由队上给每个进企业的务工者计12个工分。大包干前，在厂里打短工、临工的，收入都要交给队上，以便计工分用。四是跑运输的收入。会拉马车、会开手扶拖拉机跑运输的，收入都归集体，每人每天可获得12个工分。

（三）以土壤改良为代表的农业发展

20世纪50年代初期，玉村在144.93公顷耕地中，有水田64.13公顷，其中，有"坐秋田"20余公顷，分布于徐百户屯"窝子田"，玉村"菜地边""大坝塘"，张家茅草房河边等处。这些田排水不畅，常年积水，导致水田淤泥至齐腰深。水位高，地温低，土壤中磷、钾含量不足，禾苗移栽后返青慢，分蘖少，有的甚至发生枯萎。"坐秋田"粮食产量都很低，一般单产150千克/亩，有的则只有几十千克。多数"坐秋田"以种植藕、慈姑、水芋为主。历史上的玉村农民以施苦草、苔子、厩肥等方法加以改良，但成效不显著。

1958年公社化以后，依靠集体力量，采取工分定额到田块和"头年突击，逐年掺沙土"的办法，领导带头，日夜奋战，肩挑、车推掺沙泥，开展群众性改良"坐秋田"活动，每亩掺沙土 20~25 立方米。1963 年后，大积绿肥，挖塘泥建堆肥，按土质肥瘦施农家肥或堆肥 1500~2000 千克，碳酸氢铵（下称碳铵）50~60 千克，改善土壤结构，增加土质肥力。经过五六年的艰苦努力，加之水利排灌设施的完善，昔日"坐秋田"水田变旱田，大部分一作田变成大小春都能种的两作田，粮食作物单产逐年提高。1964 年，稻谷单产 316 千克/亩，蚕豆单产 135 千克/亩，小麦单产 170 千克/亩，油菜籽单产 86 千克/亩，分别比 1956 年提高 22.72%、60.30%、75.80% 和 35.40%。[①]

1963 年开始，玉村进行科学种田，搞品种试验，玉溪县委政府相当重视，云南省农科院的教授刘之一、杨长寿亲自到玉村的田间地头教授种植方式，从过去"满天星"（四处散播）的耕作方式改变为条栽；水稻和小麦都实行条栽；引进新品种，实施土壤改良，过去种植一季水稻，田地就开始板结，用菜地的土壤去改良水田，使用磷钾的配比来加大土壤的肥力。据 YTB 回忆：

1961 年从宣威回来不到三个月就安排我担任老 3 队的生产队副队长，干了 2~3 年副队长以后就担任队长，一直到 1974 年，担任大队干部。当时小队有田地 700~800 亩，大队有田地 2000 多亩。

水稻品种都是从保山引进的。当时，大队还派出技术人员到保山、楚雄等地参观学习，我自己就去了保山两三次。当时大春种植水稻，小春种植小麦和蚕豆。我们家过去没有土地，土地改革分到土地以后，对土地有感情，年轻力气也大，在农业生产方面比较感兴趣，也投入了大量的精力，在生产小队中取得了一系列的成绩。1974 年我被推选为大队长，我就把小队的生产经验全部推广到大队中，整个大队和小队全面推开实施条栽和条播。

我没有接受正规的学校教育，文化知识还是靠自学积累，现在阅读报纸、杂志基本上没有什么问题，但是写字还是不行。我当队长的那些年，一直以农业生产为主，粮食产量增加了，我的工作也

---

① 刘豪兴、黄朝茂主编《中卫社区志》，云南民族出版社，2006，第 43 页。

得到了上级领导和老百姓的认可。当时粮食的稳产增产得益于新品种的引进，我们专门成立了七八个人的籽种队，试验示范新品种的引进和种植。整个大队拿出50亩的试验田，在农科院老师的指导下，使用新品种，试验杂交，在施肥上下功夫，在农药化肥的使用方面积极尝试探索，取得新的进展就逐步推广。这样一来在粮食生产方面就积累了一套经验和做法。

（四）生产方式的变迁

1. 捡粪作为一种身份标识

"粪"是当时农村的一种标识，而捡粪是出身不好的人专门做的事情。"小地主"的身份不仅影响了FS的学业，对他的生活也造成了影响。据FS回忆，人民公社时期，生产队只让他们参加两大农忙季节的劳动，大约可挣到半年的工分。工分少年终分红时钱就少，为了多挣点工分，他就挑着簸箕去捡马粪，50千克的马粪交给生产队可得10个工分，那时每天可捡10～15千克，就这样坚持了十多年。和FS一样，FY也有相同的经历。他回忆说：

> 集体化时代，我们的出身决定了生活，由于生活不好，总是去捡粪，晚上做梦都梦到"看见大粪就前去抢"的场景。那个时候，有的人看着你捡粪可怜，会告诉你一下前一天他去哪里放牛了，可以到那一座山上去捡。捡粪积肥的经历伴随自己的人生很长一段时间。

据FS介绍，从土改到20世纪60年代，因为村里肥料缺乏，玉村很多人拉城里的垃圾和山上的绿肥回来进行堆捂，待肥料发酵和熟化后，在春耕时施到地里。另外，氨水也是重要的肥料之一，出劳力拉氨水，也是够呛人的。20世纪60年代中后期至70年代，玉村开始推广化肥、碳铵。从土改到20世纪60年代，都是人工掼谷子。到了70年代，打谷机、脱粒机和日本产的"喷雾器"的引进和使用，大大提高了农业生产效率。由于调田（小田改大田、标准田）、土壤改良、化肥施用、品种引进等，有的农田成为吨良田（大小春亩产合计在1000公斤以上）。大春是稻谷（杂交稻开始出现）和小春小麦、油菜、蔬菜等作物。

2. 碾米加工的发展

玉村大队碾米厂是当时玉溪城西郊最早建立的碾米厂，主要设备有碾米机2台，小钢磨1台。到该厂碾米的人，除周围社队农户以外，还有来自研和、高仓、大营街等乡镇的农民。该厂月均加工大米10万千克，收入3万余元，经费由大队统收统支。1959～1960年，碾米厂还为玉村所属的生产队培训了1～2名碾米技术员。1962年，购置筛面机一台，给粮食部门加工小麦面、荞面，年加工面粉约10万千克，收入7万～8万元，成为玉村的骨干企业之一。其间，村民FRS学会了用碾米机加工鲜辣子酱、汤圆面、酸浆粑粑汁及中草药、白糖磨粉等多项技术。慕名而来加工的客户络绎不绝。1965年，"四清"运动结束，玉村逐渐将碾米厂设备无偿送给许家湾生产队使用。[1]

此外，玉村人在历史上就有饲养猪的习惯。民国时期，养猪户多半是富裕家庭，多则养十多头，少则两三头，以本地猪为主，兼购江川、楚雄、迤南、宣威等地仔猪，无地或少地农民则无力饲养。1950年后，政府制定"私有私养，私有公助"政策，号召养肥猪支援国家建设。1954年，国家开始收购肥猪，分等级论价，调给县供销部门供应市场。1956年底，玉村养猪收入3022元，占农业收入的1.10%。1957年，贯彻"养二吃一，购留各半"政策。1962年后，又执行"公养私养并举，以私养为主"政策。鼓励社员发展仔猪，实行私人承包集体饲养母猪，农户养母猪1头，由生产队划给饲料地200平方米。根据母猪产仔能力，定出年产仔数量，交集体分给社员饲养，完成产仔任务后母猪归个人所有，后再产出的仔猪，归养猪户自行处理，并实行饲料粮与投肥挂钩，多投肥多得粮。1966年，玉村生猪存栏773头，出栏774头。1973年后，执行国家对交售肥猪者给予奖励粮的规定，进一步调动了农户养猪的积极性。1979年，生猪存栏881头，出栏1265头。1983年后，奖励粮普遍被取消，养猪户相对减少。[2]

---

[1] 刘豪兴、黄朝茂主编《中卫社区志》，云南民族出版社，2006，第73页。
[2] 刘豪兴、黄朝茂主编《中卫社区志》，云南民族出版社，2006，第53页。

第三章　农业发展重获新生

20世纪70年代的玉村与当时中国的绝大部分农村一样，在人民公社体制下，全村实行土地统一经营。当时全村共有人口3600余人，800户，全村耕地面积2707亩，其中水田960亩，菜地300亩，旱田1260亩，还有187亩的自留地。受高度统一的"三级所有，队为基础"的管理体制影响，田地的种植，按需统一调配劳动力，农户只有极少的自留地，农业生产和农村经济长期徘徊不前。

1978年对于整个中国经济发展来说是一个转折点。这一年发生了两个密切联系的重大事件，从而扭转了中国经济发展的局面。一件事是中共中央在北京召开的十一届三中全会，另一件事是安徽农村出现的家庭联产承包责任制。一个处于最高层，一个处于最下层，二者相互呼应预示着一个新时代的到来。这一历史性的转折让玉村的农业发展重获新生。

一　家庭联产承包责任制的开启

为了服务于国家优先发展重工业的战略需求，20世纪50年代通过农业合作化运动，即通过互助组、初级社、高级社三个阶段，将全国3亿多农民私人拥有的土地等生产资料，由个人所有逐步转为集体所有。此后在"鼓足干劲、力争上游、多快好省地建设社会主义"总路线的号召下，中共中央于1957年8月出台了《关于在农村建立人民公社问题的决议》，致使全国的74万个农业生产合作社合并为2.6万个人民公社。人民公社实行"政社合一"的体制，其基本特点可概括为"一大二公"。"大"就是规模大，原来的一二百户规模的农业生产合作社被合并成拥有四五千户甚至一两万户的人民公社；"公"就是公有化程度高，主要财产归人民公社所有，收入在全社范围内统一核算和分配。旨在公社范围内实现贫富均等，县社两级可以无偿调拨生产队和社员个人的财物及劳动力。在集体中，每个劳动力都受到统一管理，劳动出于被动，自然也不会获得更多的报酬。由此，社员毫无劳动积极性和主动性可言。所以公社成立初期的狂热一过，公社劳动生产率和劳动质量就开始下降。

后来，国家对人民公社制度进行了一系列的调整，比如，通过恢复自留地，恢复家庭传统的部分生产功能；规定社员能私养猪、鸡、鸭、鹅，私养私有。在国家统购统销的基础上，开放部分农村集贸市场（自由市场），家庭副业的部分产品"可以拿到集市上出售"。然而，国家以公社为武器改造农村的意志没有改变，在"三级所有，队为基础"的人民公社体制下，同中国其他农村一样玉村经济受到了抑制，出现了上工出勤人少，躲懒、装病人多，劳动人少的情况，劳动生产率的下降引起了粮食的减产，粮食的减产使农户手中普遍无存粮。

直到 20 世纪 70 年代末，四川、安徽、贵州等一些地方均出现了不同程度的包产到户。1979 年 9 月，中共中央通过的《关于加快农业发展若干问题的决定》明确指出，除某些副业生产的特殊需要和边远地区、交通不便的单家独户外，不要包产到户。这是第一次正式宣布包产到户可以作为一种例外存在的政策性文件。这种允许例外存在的政策性安排提供了一个观察和试验农村改革的"飞地"和"试错机制"。由于包产到户带来了解决温饱的实际效果，农村政策进一步放宽。1980 年 9 月，中共中央印发的《关于进一步加强和完善农业生产责任制的几个问题的通知》指出，"允许有多种经营形式、多种劳动组织、多种计酬方法同时存在"，"对贫困落后地区，包产到户是联系群众，发展生产，解决温饱问题的一种必要措施"。国家从政策上对联产承包责任制给予了初步的认可。

与此同时，全国各种形式的联产承包责任制迅速发展。1982 年中共中央政治局讨论通过的《当前农村经济政策的若干问题》（1983 年中央1 号文件）明确指出，"联产承包责任制采取了统一经营与分散经营相结合的原则，使集体优越性与个人积极性同时得到发挥，这是在党的领导下我国农民的伟大创造"，提出要建立和健全承包制。

为了更好地贯彻中央的农业政策，这一时期玉溪地区开始实行不同形式的生产责任制。1981 年玉溪地委印发的《关于人民公社包干到户责任制试行办法》明确规定，生产队的土地归集体所有，承包户只有经营权，没有所有权和继承权，不准买卖出租或者转让他人，生产队的耕地，按人或人劳兼顾承包到户。玉村作为平坝地区的农村，在大小生产中实行小段包工。1981年底，全村均实行专业承包和联产到劳动力的责任制，其中，实行专业承包、计酬到劳动力的有5个队，承包到户、统一核算、统一分配的有6个队。

二 家庭联产承包责任制的推行

随着承包制度在全省范围内推行，1983年秋天，玉村也开始正式实行家庭联产承包责任制，即分田到户。实行"三三制"，保证国家的（义务、免费交），留足集体的，剩下都是自己的。在土地属集体所有，生产队统一管理，实行分户责任经营的基本原则下，玉村实行了大田改小田、好坏搭配、远近兼顾、抽签分田的方式，将集体化便于机耕的标准田划分成了便于农户耕种的碎片化小田。包产到户后，集体对社员不分工，不计工分，不统一分配，只定提留，年初一次定死，全年农产品收入完成提留以后，全部归农户。

（一）宣传动员

改革最初，彷徨在十字路口的人们面对着"改"与"不改"的命题。这是对时代推来的问题做出的两种相反的回答，两者都出自中国社会的现实，并各自反映了这种现实的一部分。"改"和"不改"的两方都能够从历史和现实中找到各自的理由。

当时受极"左"路线的影响，包产到户的推行并非一帆风顺，经历了不断争议的时期。一部分基层干部对中央的路线、方针、政策，心中还有余悸，"干部怕被批怕乱，群众怕变"。怕分包到户后会偏离社会主义方向；怕劳力弱、技术差的承包户生产搞不好，影响地区粮食生产，丢掉先进单位称号；怕分掉合作社建立以来逐年提存的积累；怕劳力无法统一调配，农田基本建设搞不起来。

还有一些农户把包产到户与分田单干混为一谈，认为包产到户就是分田单干。村组干部明确指出："包产到户不是分田单干。"包产到户是生产责任制的一种形式，集体经济的所有制没有变，土地、水利设施等仍然归生产队集体所有，社员只有使用的权利，社员之间不能买卖，更不能以此剥削人。村民回忆，当年地区派来动员村民参与包产到户的干部解释道："包产到户后，生产队仍然能坚持集体经营，可以统一兴修水利，统一用水，统一核算分配等。此外，包产到户是联系产量计算报酬的一种形式。"玉村的一些村干部也表示："秋收后，按包产的产量向生产队交粮食和其他农产品，各生产队根据各户交的粮食和其他农产品，统一核算，统一分配，对社员分配实物和现金。包产到户后集体经济的优越性可以继续得到发挥，而且因为调动了社员的积极性，生产率大大提高，就可以有充裕的物力财力，去办过去力所不能及的许多事情。"

由此，实行包产到户是搞社会主义不是搞资本主义。第一，包产到户没有改变生产资料集体所有制的性质。第二，包产到户有助于增收，国家可以多收购，集体可以增加积累，农民也可以有多的分配收入。于国家、集体、个人三者都是有利的。然而，还是有人坚持："宁可减产，也不可包产到户。"有不少群众认为："搞包产到户，就是搞两极分化，有的家庭收入多，有的家庭收入少，富的富，穷的穷，制造人民内部矛盾。"还有农户认为："包产到户是调动少数富农、中农的积极性，而广大贫农、中农的积极性受到了冲击。"有农户甚至说："搞包产到户，是有人想摆脱社会主义的道路，重新再走过去的回头路。"对于这类观点，一些同志给予了批评："从形式上看，包产到户比起生产队集体操作的规模是小了，然而不管他操作规模的大小，衡量一种措施是进步还是倒退，只能有一种标准，即看它是否有助于生产的发展。哪一种生产关系适合当地生产力水平，哪一种生产责任制比较好，这只能由生产实践来检验。"有部分群众就认为，实行家庭联产承包责任制，农民有了自主权，可以自由支配劳动时间，分配不搞"大锅饭"，干活不搞"大呼隆"，生产积极性提高了。有农户说："安徽、四川率先推行包产到户地区的农民，不仅吃饱了肚子，还可以卖一点东西，土地生产率得到了提高。""安徽搞包产到户后，增产幅度很大，凤阳花鼓唱的那个叫花子村，农民收入个个翻番，村庄面貌改变很大。""中央的文件已经明确指出了包产到户既姓'公'，也姓'社'，还有什么好争论的。""包产到户农民能够增收，集体能够多提留，既能改善群众的生活，又能为国家多做贡献，为什么不实施？"

为了落实包产到户，让村民理解中央的政策，打消各种顾虑，公社干部、村组干部先后召开多次村组干部会议、户主会议、村民代表大会等，充分传达中央的精神，苦口婆心地做思想动员工作。村民 ZJS 回忆，当时公社干部说："这些年来，吃大锅饭，搞平均主义，一年苦到头，到头来却连肚子都吃不饱，你们明明知道自留地上的庄稼比集体的种得好，实行包产到户后，就像种自留地一样种承包地，收成肯定比集体时好得多，收成好了就不会饿肚子了。"与此同时，在全国范围内率先进行包产到户的四川，传来农业增产、增收的消息。改善生活、奔向小康的渴望使玉村人在观望、争论、比较过后，致富的动力开始将越来越多的农民吸引到包产到户中来。通过多次开会，不断宣传政策，终于打消了大多数农户的顾虑，绝大多数村民同意实行家庭联产承包责任制。

实际上，农民心里有一杆公平秤，谁为农民办事，为农民利益说话，谁就会得到农民的衷心拥护和爱戴。最终在 1983 年的 10 月，玉村开始正式推行家庭联产承包责任制。

（二）分田到户

1983 年，玉村是按照人口来平均分配土地的，由各生产队各自具体实施，各个生产队实施方式虽略有不同，但基本上都是在统计本队的耕地面积和人口数的基础上，留足集体所有的机动田后，将耕地划分为上、中、次三类，再根据田地的面积、质量、距离的远近搭配，由村民抓阄来决定承包的地块。

在张之毅所写的《玉村农业和商业》中，就有叙述："玉村人主要的农业就是耕田和种菜。"因此，在玉村人的心目中"田"和"地"是分得很清楚的。田主要用于耕种粮食作物，而地主要用于种植商品性蔬菜。由此，种粮食作物的田的整体质量就明显不如种蔬菜的地，主要表现在土质的疏松程度、农田水利设施的通达程度等。因此，在划分耕地的时候，各小组都充分考虑了这些实际情况，将土地分为三个等级的田、地后，按照人口数将三类田、地平均分配，此后将田、地进行编号，由各家各户派出当家人进行抓阄，抓到哪里的田、地就是哪里的田、地。由此，当时的承包田、地，也是名副其实地承包到户。换句话说，每一户分到的田和地与该户的人口数的份额是相吻合的，但这并不表明，户内的人数要与田、地的块数相吻合。即没有把田、地分成人均田、地的大小，实际上避免了田、地完全的破碎化，也便于此后的耕种和管理。

每家每户在确定自家分到的田和地后，就与生产队签订一份土地承包合同。合同上，明确规定分到户的土地属集体所有，农户只有经营权、没有所有权。农户不得出租、不得买卖，无力耕种时交回集体另行承包。农户承包土地后，只要完成国家征购的公粮，交足集体提留的承包费、统筹费，剩下的都是自己的。

从丈量土地到实际分包到户，大约用了50天的时间。玉村的899户农户承包耕地两千余亩，人均承包地面积0.7亩。除此之外，村小组还留有机动耕地和未分到个人的耕地。

在完成土地承包后，村小组还进行了集体财产的变卖。集体的大牲口、农具都折价卖给农户。以耕牛为例，各小组需要耕牛的农户向小组长报名之后，采用抽签的方式将耕牛分配到户，分到户的人家为队上义务耕地三年后，此牛便归个人所有，队上为该农户提供牛圈一间。一些大型农用机械如旋耕机、拖拉机等，单个家庭没有经济能力购买的，就会联合几个家庭一同购买。

至此，玉村完成了家庭联产承包责任制初期的土地分配工作。这也意味着彻底废除了"吃大锅饭"的分配方式，实现了土地所有权和经营权的分离，极大地解放和发展了生产力。在生产队的统一管理下，实行分户责任经营，种植的品种、数量、时间、方式等，农户都有自主决定权。

包产到户，部分调整了农村的生产关系，从而促进了农村生产力的大发展，带来了农村的一系列变化。许多玉村干部都深有感触地表示，包产到户这个办法真灵，解决了多年来解决不了的许多问题，如推广良种、科学种田、不误农事等。"这些问题从合作化以后就存在，真是年年讲、月月讲，就是解决不了。实行包产到户使有些问题从根本上得到了解决，有些问题基本上得到了解决。"

三　从以粮为纲到多种经营

（一）农田的种植

家庭承包了土地之后，农田的生产就完全依靠各家各户自己去安排了。20世纪80年代末期到90年代初期，大部分玉村人还是既要榜田也要种地的。玉村的农田分为两季来耕种。大春时节即每年的4～9月种植水稻，小春时节种植油菜、蚕豆等作物。每年的4月是玉村种植水稻的开始。进入春季后农户就开始忙于整理秧田、撒种、犁田和耙田，到立夏时节开始栽秧。栽秧之际，村委会会确定灌水的时间，统一灌水，在大家共用抽水机灌水的栽秧阶段结束后，各家各户共同负担这段时间抽水所用的电费。此后主要进行压肥、除草、施肥等工作，直到白露即9月，开始掼稻，待水稻全部收割完毕。10月，农户开始种植油菜、蚕豆等小春作物。与种植水稻不同，小春作物更加容易管理，也更省工，所以大多数玉村人在小春时节会种植一些商品性蔬菜。而小春所种的蚕豆、小麦等主要用于交公粮，油菜主要是炸成食用油供自家食用。所以小春种植的面积一般不大。比如所调查的FFL家有2/5的田种植小春，其余的都种上了商品性蔬菜。

玉村人在种粮上不同阶段所投入的劳动力也有所不同。比如在种植水稻之前的犁田，大多数都不请工，由自家人完成。一般都是向同村或是周边有耕牛的亲戚借牛来犁田，通常都不要钱，只要求喂好牛就行了。据村民回忆，20世纪90年代初期，随着家庭经济条件的改善，有些农户家买了拖拉机，到春耕时节农户们就会租用拖拉机来犁田，每天的费用大约是80元。与《玉村农业和商业》中不同的是，这一时期并没有进行雇工而是采用换工的方式。以村民FFX家为例，他们家主要是与兄弟FGL家换工。连同自家的3个劳动力，3亩田6个劳动力一天可以完成插秧。换工过程中不需要提供午餐，仅提供水和一些干粮给换工的农户即可。插秧结束后，就是灌水、施肥、拔草、除虫等管理的环节，待当年9月便可以收割。收割时节同样采取换工的方式，当地不兴堆谷，即水稻即时收割即时打谷，一般都用人力脚踩的打谷机打谷。3人负责收割，1人负责打谷，3亩田1天可以完成。据FFL回忆，1亩田差不多有500公斤的收成，3亩田即1500公斤，其中有500～600公斤的粮食要交公粮，剩余的自家食用。

为了提高粮食产量，玉村人除了恰当地调剂劳动力外，还在20世纪90年代初期，对农田水利设施进行了改良。如1990年对玉溪大河进行了河、堤、闸、路、置景配套综合治理，治理段全长7.51千米，工程分三期施工，总投资 2000 多万元。对河道的整治彻底改变了因河水泛滥淹没农田的状况。1992 年投资 10 万元，对徐百户片区田间灌溉沟渠进行了混凝土浇筑，方便了农田的灌溉。此外，镇政府还派专门的技术人员驻村进行种植技术指导，如在水稻品种上进行了改良。从原来老品种引进了楚粳 8 号、9 号，合系 22 - 2 号、24 号、39 号等新品种，这些品种长势好，抗病能力强，米质好，深受群众欢迎。特别是楚粳、合系品种，已经成为玉村水稻的当家品种。1993 年，合系 24 号种植样板田亩产达到 704 千克。①

(二) 菜地的经营

随着家庭联产承包责任制的推行，农民有了自主权，可以自由支配劳动时间，用村民 YTB 的话说就是：

> 拢着的时候集体要你种什么你就要种什么，要你什么时候种你就要什么时候种。现在自由了，想种什么，什么时候种，都由自己决定。

种植蔬菜不仅是玉村人的传统习惯，也是玉村人收入的主要来源。张之毅在《玉村农业和商业》中就提到过，在玉村每亩菜地的收入抵得上五六亩农田的收入。② 包产到户前，只是一味地搞"单打一"的粮食生产，农民被束缚在有限的土地上，积极性不高。包产到户后，玉村人从大集体时代的以粮为纲逐渐将精力集中到了菜地的经营上。据村民 YTB 回忆：

> 包产到户前玉村耕地仅有 15% 用于种植商品性蔬菜，供周围的企事业单位和部队食用，包产到户后仅 2 年，全村 60% 的耕地都种植商品性蔬菜。

---

① 刘豪兴、黄朝茂主编《中卫社区志》，云南民族出版社，2006，第 48 页。
② 费孝通、张之毅：《云南三村》，社会科学文献出版社，2006，第 321 页。

玉村在发展商品性蔬菜上有着天然的优势，常年受玉溪大河的滋养，玉村周围的土地变得十分肥沃。大河两边的田被当地人称为"沙田"，沙田土壤疏松、有机质含量高，对种植蔬菜十分有利。在20世纪30~40年代，玉村周边的农田就种满了青菜、甘露子、莴笋等蔬菜。此外，玉村之所以能够在当地发展成为商品性蔬菜的基地之一，还有赖于当地交通的便利。玉溪作为滇中的商业中心，承东启西、连北接南，自古就是云南省重要的交通枢纽和物资集散地。改革开放后伴随着云南省交通基础设施的完善，尤其是昆玉高速公路的建成，为生产、销售农产品提供了良好的区位和交通条件。随着城市建设的不断加速、人口流动的日益频繁，市场对蔬菜的需求不断增加。种植蔬菜的经济效益远远高于种植粮食作物的经济效益，所以吸引了更多的玉村人种植蔬菜。我们调查了解到，如果种植蔬菜时节安排得当，则一年可以种3~4茬蔬菜，品种有6~7种，年收入是种植粮食作物的7~8倍，甚至更多。

村民 ZJS 回忆，家庭联产承包责任制后他们家5口人分得了近4亩的土地，起初大春时节主要种植稻谷，小春除了种蚕豆、油菜外还要种植蔬菜。到了20世纪90年代中期，ZJS 扩大了种植蔬菜的面积，除了将自家的土地都用来种蔬菜外，还向村集体租了近1亩的蔬菜地。第一年，家庭现金收入就有1万多元。ZJS 之所以能够在种植蔬菜上成为"万元户"，还在于他的尽心经营。

这里要说明的是，与耥田不同，玉村人在种地上，除了在收割的环节，为了能抢占市场，会进行换工外，其余的所有环节都是自己来完成的。一方面，与粮食作物相比，蔬菜生长周期短，一年要经历多次播种和收割，如果多次请工会耗费更多的生产成本，降低收入；另一方面，种植蔬菜的收益本身比种植粮食作物的收益高，所以玉村人更看重蔬菜的种植，在管理上也会花更多的工夫。村民常说"交给别人肯定不放心，要想在菜地上挣钱，就要亲自干"。此外，种蔬菜不分农忙农闲，所以不存在临时请工的情况，也请不到种蔬菜的工人。因为在当时，大多数雇工来自偏远的山区，他们不具备种蔬菜的技术。

比如，ZJS 就认为，蔬菜种得好，选好品种是关键。春秋两季市场上蔬菜种类少，价格高，供不应求。因此要适当地调整种植计划，种植市场上稀缺的品种，在淡季上市，可以抢占市场先机。此外，ZJS 对自家的土地进行了划分，土质好、便于灌溉的地用来种植诸如莲花白、莴笋、洋花菜等需要充足的水分和经常打理的菜品；对于保水性差、地理位置远不便于灌溉的地，就种一些"懒庄稼"，如土豆、洋葱等。这样合理的搭配既不浪费土地资源，又可充分利用土地本身的特性发挥优势。

除了要对种植的品种和生产条件有所考量外，对菜地的管理也是十分重要的。20世纪90年代初期，玉村人大多种白菜、豆类、莴笋、青菜、菠菜、洋花、芹菜等，有近20个品种。对不同类型的蔬菜的管理方式是不同的。比如种植青菜，培育壮苗是获得高产的关键措施。在初次浇灌上，苗床地要浇透水，翌日深翻、轻搂、播种后，再细搂，使种子与土壤紧密结合，播种不宜太深，4～5天出苗。同时注意浇水、拔草。青菜在种植的过程中要特别注意病虫害的防治。此外，种植不同蔬菜的水肥需求是不一样的。如果是种植芹菜需要充足的水和充足的肥料，而豆类则不需要大量的水分，但是其生长周期较长，所以要长期浇水施肥。玉村的蔬菜种得好还在于精心的田间管理。村民FR表示："种菜不比种田，在农活上没有农闲农忙之分，天天到地里都有活干。"我们在调查中了解到，玉村人种植面积较广的蔬菜品种是洋葱。之所以选种洋葱，是因为在20世纪90年代，洋葱的行情好，而且当时有外地贩运蔬菜的老板直接到村内收购，解决了村民销售的问题。村民FFL详细地讲述了种洋葱的过程。

　　　　在种植之前首先要施好底肥。底肥主要是由复合肥和少许的农家肥构成的。施用底肥后，将事先育好的洋葱苗栽入土壤中。这时，由于是幼苗，所以要少浇水。每次所浇的水量要少，但是浇水的次数要多。等幼苗迅速生根成活后，开始施肥，肥料主要是尿素、普钙和复合肥。将这些肥料混合后按一定比例溶解到水中，用瓢慢慢地浇在洋葱的根部。水肥混合的浇灌在整个种植周期要浇三次。其余的时间就是除草、杀虫、浇清水等。在收割之前，还要施一次肥，与以往不同的是，这一次不需要将肥料溶解于水中，而是先干施混合的肥料，再浇清水稀释。洋葱的种植从每年的10月开始，直到第二年3月底收割。在收割的时候，由于时间紧，工作量大，所以需要换工。整个收割的环节包括除根、去头、装袋等。洋葱亩产在

4000~5000 公斤。20 世纪 90 年代初，洋葱每公斤的收购价在 0.25 元。每亩洋葱的收入一年在 2000 元左右。

村民 ZJS 也表示："蔬菜种得好，施肥很重要。"除了要加入适当的复合肥提高土壤的有机质含量外，使用农家肥也很关键。玉村离玉溪市城区较近，周围有很多企事业单位，比如玉溪一中、玉溪市人民医院、公路局等，很多村民会定期到这些单位的公厕挑一些人粪回家，与秸秆进行堆捂发酵，作为肥料。这种肥料配合化肥使用，不仅肥效长、肥力足，而且对土壤有良好的保护作用。

菜地的经营除了种出高品质的蔬菜外，销售也很关键。村民 FY 回忆，最初他们种的蔬菜主要是拿到窑头市场上出售，"每天清晨 4 点左右就要到地里采摘，然后用小推车推到窑头市场出售，一般情况下在 10 点钟可以卖完，回家后继续忙当日的农活"。20 世纪 90 年代中期，随着高速公路的建成，景洪、版纳、思茅、元江、建水等地的蔬菜批发商会直接开着货车到玉村收菜。蔬菜批发商通常是夫妻二人，他们一同来玉村，男的负责在田里看菜、收菜，女的负责称重和支付钱款。有些农户与蔬菜批发商熟识了后，蔬菜批发商还会直接向农户订菜。如 ZJS 就结识了来自景洪的两位批发商，他们通常在蔬菜种植到半程后就会到 ZJS 家菜地里看菜，看中之后就给 ZJS 一笔定金，待蔬菜可以收割时派车到玉村拉菜，支付余款。在蔬菜经营上除了"引进来"也有"走出去"的，不少农户也会主动将自家的或是周围邻居的蔬菜一同运到昆明、安宁等地销售。

20 世纪 80 年代末 90 年代初，仅蔬菜收入就占玉村村民家庭收入的 70%。"耪地"，这种在玉村有着传统优势的营生在当时是玉村人的主要收入来源。然而，随着城市化进程的加快，玉村的耕地在 90 年代中后期就渐渐地消失了大半，到今天玉村只有少部分的农户还在"耪田"。

（三）养殖业再度兴起

农村剩余劳动力转移的第一步就是在农业内部转移。随着基本农产品供给的增加和农村累积能力的提高，以往单一的粮食生产格局被打破，农民开始积极发展多种经营。玉村除了发展传统的蔬菜种植外，养殖业在当时也得到了发展。

1985 年国家取消肥猪派购后，玉溪市人民政府实行既激发生产者、经营者的积极性，又保护消费者利益的政策。同年 7 月，开始实行生猪合同订购与奖售平均价饲料挂钩的政策，促进了生猪的发展。① 1989 年，玉村的生猪出栏量大约为 1193 头。② 1990 年后，农户将养猪作为"增收致富"的途径，涌现出了一批养猪专业户。比如，玉村 6 组的 DBC 1994 年饲养肥猪 40 头，获得成功，随后开始逐年扩大饲养规模，年出栏肥猪在 100 头以上，最高达 340 头。1998 年，随着旧村改造的结束，畜厩用地减少，养猪者也减少了。

除了发展生猪养殖之外，玉村人还积极发展有着传统优势和经验的养鸭业。张之毅在《玉村农业和商业》中就对玉村的养鸭有过描述："在农业之外，织布是比较普及玉村的生产活动。其次就要算养鸭了。"③ 1940 年全村共养了 6300 只鸭子，以每百只鸭赚 66 元算，可赚 4158 元，如果连工资工时计算（养鸭户一般不雇工），可收入 6300 元。虽然从全村的整体收入来看，养鸭的收入微不足道，但是养鸭对于个别养鸭户来说在经济上是有相当贡献的。④

徐百户的村民 YSY 是玉村有名的养鸭户，养鸭十多年积累了不少经验。不幸的是，调查时 YSY 已经去世多年。据曾帮助过 YSY 养鸭的亲戚回忆，刚开始养鸭时，他不懂技术，鸭子生病就乱投药，再加上养鸭总想卖个高价钱，该进鸭苗时不敢进，该卖鸭时舍不得卖，往往是高价进，低价卖。直到 20 世纪 90 年代初期，YSY 才通过不断试错，总结了养鸭经验。他认为要养好鸭就要在选种、防疫、饲料和喂养方法上把好关。在品种选择上不要只选高价的鸭种，要因地制宜地选择。经过多次实践，YSY 认为玉村适合养"奥白星"这个品种的鸭。其次是用药和管理。他总结了一条规则"三分用药七分管理"。在养鸭过程中，鸭子生病是难免的，但切不可以疏忽大意，如果治疗不及时，鸭苗成活率不高，成鸭出栏率也就不高。在鸭群的管理及疫病防治方面，YSY 向来认为，在购

---

① 刘豪兴、黄朝茂主编《中卫社区志》云南民族出版社，2006，第 53 页。
② 刘豪兴、黄朝茂主编《中卫社区志》云南民族出版社，2006，第 53 页。
③ 费孝通、张之毅：《云南三村》，社会科学文献出版社，2006，第 406 页。
④ 费孝通、张之毅：《云南三村》，社会科学文献出版社，2006，第 409～410 页。

进雏鸭前首先要对禽圈用白石灰水进行消毒。加强饲养管理，搞好卫生，每天清扫粪便、保持圈内通风、干燥、卫生。做好隔离和消毒工作，尽量降低鸭发病的概率，这是降低养鸭医药开支的根本出路。应在专业技术人员的指导下有针对性地给药，避免因用药不对或剂量不适当，造成浪费或引起病鸭中毒。分清预防性投药和治疗性投药的区别。许多养鸭户，预防性投药或治疗性投药超量使用，结果不但加大了药费开支，还常常造成鸭中毒。

正是有了这些经验，YSY 饲养的鸭子生病少、生长快，一般饲养 26 天就可以销售，体重在 1.5 公斤左右。平均每 6 天出售 200 余只，之后又购进相同数量的雏鸭，常年循环，从不间断。每年销售的壮鸭在 1.5 万只左右，除去成本，每只鸭可获利 1~2 元。仅养鸭的收入每年都在 2 万元左右。玉村人除了养鸭，还加工出售板鸭。板鸭的样式也是多种多样的，如剪去脚、翅膀后加工成全板鸭；剔除鸭骨后加工成树叶形的"鸭式片"；还有将鸭脚、翅膀、鸭肚分别腌制成广味，包装后销往广州、香港等地。由于玉村的鸭肥壮、味美、质好，一度很受欢迎。

此外，玉村人还发展养鸡、养鱼和养兔等养殖业，比如某冯姓人家，从 1989 年开始养鸡，先后从上海、福建、贵州等地引进良种土鸡，并通过不断学习技术，养鸡的规模不断扩大，最终注册了自有品牌的土鸡，并销往云南省内外。

（四）林果业的尝试

20 世纪 50 年代以前，玉村是没有山林地的，1957 年城关区将玉江高速公路 6 公里处的 250 亩荒山划给了玉村，由各生产队开垦种烤烟、玉米、红薯等各种作物。20 世纪 70 年代后，各生产队开始在山地种梨树、苹果树、李子树等。1988 年，玉村有林地 109 亩，水果总产量 1935 千克。[①]

20 世纪 80 年代末，集体林地承包给了玉村的两个农户经营。据林地承包者之一 FRX 回忆，当初选择承包果园，一方面是机缘巧合，另一方面是看中了发展林果业的商机。FRX 说："记忆中日子过得最惨的时候是包产到户以前，那个时候为了帮助家里挣工分，四五岁就要去捡碳、

---

① 刘豪兴、黄朝茂主编《中卫社区志》，云南民族出版社，2006，第 56 页。

刮马粪。受时代影响，该念书的时候都没有机会好好念书，没有学到什么技术。"FRX 18 岁时就开始四处打工，与朋友合伙在玉村卖过沙，在建筑工地上做过小工，22 岁时开始承包果园，没想到这竟成为 FRX 值得骄傲的事业。

1989 年，一个偶然的机会 FRX 经朋友介绍与州城镇的蔬菜公司合作办起了果园。FRX 说："发展果业最重要的是看好商机。改革开放以后，人们生活水平提高，消费能力也在逐步提升，人均水果消费也增多。玉溪市属亚热带季风气候区，雨量充沛，气候温和。另外，山地的土壤肥沃，土质较好，而且交通便利。"在这些基础条件齐备的基础上，1989 年 FRX 与村委会签订协议正式承包果园。当时的价格为 60 元/亩，承包期为 15 年。最初 FRX 投资了近 20 万元，用于改善灌溉条件，引进美国加州李子和北京晚熟水蜜桃等优良品种。由于果树生长周期长，见效慢，所以效益短时间内得不到体现，起初几年基本上都是亏本的。直到 1993 年果园才见起色，从此以后，每年的净收益在 10 万元左右，所种植的李子主要销往东三省，晚熟水蜜桃主要是出口销往越南、俄罗斯等地。

1995 年，FRX 与合伙人分开经营，FRX 经营的果园面积为 150 亩，从业人员 30 人。这期间，FRX 不断引进国内外新品种，并对 200 多个品种进行试种，培育了 60 多个适合本土栽培的优良品种。与此同时，他也不断地改进种植技术。据 FRX 介绍，果园所施的肥料大多为有机肥，尤其是在不断地实验过程中，他发现烟灰是一种很好的肥料。他说："1 吨烟灰含有 5 公斤的尿素和 100 克的普钙，能够有效改善土壤、缩短果树的生长周期，还能起到杀虫的作用。"于是他就托人到红塔卷烟厂购入一些烟灰来做肥料。在此期间他还发展了立体种养殖，既种果树，又兼种蔬菜、养鸡等。到 2001 年前后，果园的年收益可以达到 30 万元。FRX的果园被玉溪市科学技术协会评为"科普实验示范基地"。

林果园的经营，既绿化了荒山，又取得了良好的经济效益。

四　重获新生的农业

（一）社员当家做主，农民生产积极性提高

实行家庭联产承包责任制，最重要的一点是将家庭经营引向了劳动

者集体所有的合作经济。这种经营方式的最大优点就是"自由"。在访谈中，凡是经历过包产到户的村民们，一致认为包产到户后最大的好处就是"自由"。具体表现在整个农业生产过程中的日常决策、具体措施，都由承包农户独立做出。比如，土地栽种哪个品种、何时栽种、何时收割、产品卖给何人，都是农户自行决定的。小型农具也是分别由各个承包者占有和使用，流动的资金也由承包者投放。承包，保证了农户具有较大的独立自主权，从而极大地调动了他们的积极性，彻底改变了过去"混工分"的状况。村民 FR 说："过去干部整天忙着催种催收，社员们却只能万事一个'等'字，着急也没有用。包产到户后，干部负担减轻了，社员白天干活，晚上睡觉时还计划安排明天的生产。"

我们帮村民算了一笔账，包产到户以前，整个生产 3 队有 52 个劳动力，其中男劳力 35 人。最好的男劳力中，养牲口 4 人，放牛 2 人，开磨面机 2 人，开手扶拖拉机 2 人，赤脚医生 1 人，常年在基建队的有 5 人，加上正副队长 2 人，会计 1 人，保管员 1 人，记工员 1 人，共计 21 人。这些人不用参加种田种地，却拿着较高的工分。真正在农业生产一线上的男劳动力只有 14 人，其余全都是妇女、儿童。他们不仅整天要辛苦做工，而且所挣的工分还低。正如一些村民所说："那些从不从事农业生产的干部和专职人员不仅要从生产队分粮食，而且工分普遍比农业第一线的妇女、儿童、老人挣得多，还要农业生产者来养活。"年年讲加强农业生产第一线，年年讲劳力归田，但因为集体经济长期搞不好，工分低，分配又不兑现，农民无心种田。

实行包产到户后，外流的劳动力回来了，退休的老人出勤了，在"后勤"的都下田了，干部也参加劳动了。秋收、秋种从过去的两个月缩短到了一个星期。大多数农户购置了小型的脱粒机、拖拉机等农用机械，提高了农业生产率。实行包产到户，把社员的劳动投入和产量联系起来，把发展生产同社员的收入直接联系起来，把社员的劳动积极性充分调动起来了，这是最根本的变化，并进一步引出了农村一系列的新变化。

（二）农户爱惜农田，科学种植

"包产到户以前，种地既不深翻，也很少施肥，耕地就越种越薄，犁地时地边越留越宽，地角越种越大，方形的地块种成了圆形地块。"这是在调查中农户对包产到户前耪田种地的生动描述。在包产到户前，农户处于盲目的被动状态，很多干部除了机械地照搬上级的指令外，既没有本事合理组织和使用现有的劳动力，也没有能力安排、计划本队的集体生产。包产到户后，村民们有了自家的责任田，开始科学种植，爱护农田。为了提高收入，农户们千方百计地兑换良种，有的生产队一年就实现了良种化。"哪家引来个什么新品种，用了一项什么新技术，远近的村民都自觉赶来参观、学习、取经。"为了扩大种植的面积，村民们把自己分到的田地的地边、地角重新犁过，而且学会了善用农药、化肥，巧用农家肥，提高土壤的肥力，保障农产品的质量。

除了在农田上进行改良，农户对牲口、农机具等生产资料也更加爱护了。"过去集体喂养的牲口长得瘦骨嶙峋，现在个个膘肥体壮。"村民回忆，生产队12头母畜，包产到户第一年就繁殖了13头幼畜。村民为了搞好生产，不仅对集体的农机具进行保管维修，还添置了新的农机具，包产到户不到一年，生产队的各种农机具比原来增加了一倍。

（三）农民收入大幅提高

包产到户以后，农户收入有了明显的提高。一是生产力大幅度提高；二是生产费用、成本大大降低，减少了浪费；三是各种负担减少。以前除了要上交公粮外，还有各种提留，能分到村民手里的一般不到总收入、总产量的60%。包产到户后，劳动报酬与最终产品结合了起来，即依据劳动的物化形态计算劳动报酬，更好地贯彻了按劳分配、多劳多得的原则。克服了"只要千分、不要千斤"的偏向。玉村人不仅从种粮、种菜中获得的收益不断增加，而且从养殖业、林果业等产业中也获得了不少收益。

不少农户在包产到户后的一两年间，购置了电视机、缝纫机等"奢侈品"，有些农户还盖起了新房。玉村保留的资料显示，1982年，即包产到户的前一年，农民人均纯收入为234元；到1986年，即包产到户后的第三年，农民人均纯收入达到530元，是包产到户前的2倍多；到1988年，农民人均纯收入为783元，是包产到户前的3.3倍。在调查中一些农户感慨："包产到户没两年，逢年过节几乎家家户户都称油割肉，这种景象在包产到户前根本不敢想，别说肉，能吃顿白米饭都是难事。"

总之，家庭联产承包责任制的确立，理顺了农村生产关系，既打破了平均主义"大锅饭"，也结束了平均主义多劳不多得的分配方式。农村多种经营的发展使农村劳动力的就业结构渐趋合理，农民通过各自擅长的劳动，各得其所，人尽其才，物尽其用。农户的无效劳动明显减少，开拓了新的生产门路，大大促进了农村商品经济的发展。玉村农业多种经营的发展，打破了自给自足的封闭状态，把农村经济推到市场经济的轨道上来，农民努力适应市场竞争的需求，正确选择经营项目，因地制宜，不断提高产品的集约化水平，从而促进了农村商品经济的发展。这也为玉村商品经济的快速发展打下了良好的基础。实行家庭联产承包责任制，不但发挥了集体的优越性，调动了农民生产的积极性，也解放了农村生产力，开创了农业发展的黄金时代。

第四章 乡村工商业的新发展

一 乡镇企业何以出现

乡镇企业最早出现在人民公社体制内，在当时的制度背景下，个人组织经济是不被允许的，结果，所有的乡镇企业都是由公社、大队和生产队兴建，形成统一经营、统一分配的集体所有制。20 世纪 70 年代末 80 年代初，农业经营体制改革不断深入，尤其是家庭联产承包责任制实行，农民获得农业经营权，农业生产的积极性有了空前提高。一个突出的现象就是：以前在社队体制下普遍存在的"偷懒"现象消失了，农业中劳动生产的低效率转化为农业的剩余劳动力。

在当时城乡劳动力市场尚且处于分割状态的情况下，农业中剩余的劳动力在农村范围内寻找非农就业的机会，几乎是当时唯一的选择。此外，当时工业结构不合理，重工业快速发展，轻工业的发展却不能满足人民的需求，这也为乡镇企业的发展提供了广阔的空间。

1984 年，中共中央发出《关于 1984 年农村工作的通知》，重申了社队集体企业的作用。同年 3 月，中共中央、国务院转发了农牧渔业部和部党组《关于开创社队企业新局面的报告》。在转批中，同意把社队企业的名称改为乡镇企业，并且规定："乡镇企业包括社队举办的企业，部分社员联营的合作企业、其他形式的合作企业和个体企业。"通知要求各级党委、政府"对乡镇企业要在发展方向上给予积极引导，按照国家有关政策进行管理，使其健康发展。对乡镇企业要和国营企业一样，一视同仁，给予扶持"。同年，城市经济体制改革开始，许多原来的限制政策逐渐被取消。自此，乡镇企业有了更宽松的政治经济环境，各种形式的企业竞相发展。

二　玉村乡镇企业的发展

（一）乡镇企业发展之路

统计资料显示，1990 年，玉村乡镇企业数量发展到 19 家，其中，街道办事处办的有 4 家，社办的有 13 家，联合办的企业有 2 家（见表4-1）。到 1995 年玉村乡镇企业的数量上升为 41 家，截至玉村乡镇企业改制前，玉村共有乡镇企业 60 家。在调查中，玉村乡镇企业发展势头最好的要数建筑业企业。它们是玉村乡镇企业发展的标杆，也是玉村为数不多的千万富翁的缔造者。

乡镇企业：玉溪市第三建筑公司第六施工队

玉村建筑业的发展，与其优越的区位优势有着紧密的联系。1933 年昆洛公路穿境而过，1956 年、1973 年先后修建了玉带路、彩虹路，1990 年更是修建了昆玉铁路、昆玉高速公路，形成了四通八达的公路、铁路运输网。正是在多次的道路修建中，玉村不少青壮年劳动力参与其中，学得了建筑的基本手艺。待这些道路修好后，村民们把在筑路队学会的手艺带回玉村，用于民房的修建。

据村民回忆，20 世纪 90 年代初期，玉村大多数民房是清朝末年或是民国时期建成的土木结构的房屋，年久失修，稍遇上大的风雨天，不少房屋就出现漏雨的问题。再加上那时刚刚改革开放，村民好不容易日子好过些，攒了些钱，个个都想翻新下自家的房屋，所以懂得建筑手艺的村民，当时在玉村很吃香。FSC 就是这样的人，因为早年在筑路队上工作过，有建筑的手艺而且技术好，为人热情，很受村民的喜爱。在积累了一定经验后，FSC 便开始从事基建行业。起初，FSC 承接的工程都是包产到户前公家的工程，当时还计工分。到 20 世纪 70 年代末，随着城市的建设，陆续有一些企事业单位向玉村社区征地。当时政府有规定，凡被征农业用地的使用，要优先考虑使用被征地社区的基建队承接该工程。正是借着近水楼台的大好时机，玉村于 1978 年成立了基建队，这也是玉村成立的第一家从事建筑业的乡镇企业。

表 4-1　玉村乡镇企业发展基本情况（择年统计）：

年份	企业性质	数量（家）	总收入（万元）	种植业	采集业	林业	牧业	工业	建筑业	运输业	商饮业	服务业	其他	劳动力（人）
1998	街办	7	4567.40					796.00	2510.20		424.00	74.20	763.00	654
	社办	53	711.00					71.00			215.00		425.00	123
1997	街办	7	3789.40					870.00	1785.00		289.00	37.20	808.20	513
	社办	53	729.60					14.20			135.20		580.20	123
1995	街办	5	1949.00					394.00	1295.00		44.00	36.00	180.00	455
	社办	36	765.00					241.00				142.00	382.00	250
1994	街办	6	2213.40					19.90	1400.00			50.00	743.50	549
	社办	18	522.30					343.97				20.00	158.33	86
1993	街办	3	315.55						242.50		3.75	69.30	185.31	549
	社办	12	245.15								18.96	40.88	30.00	43
1992	街办	2	180.79	20.00				34.25		10.00	7.55	38.24		
	社办	10	88.79					11.96	75.00		0.62	0.24	53.68	
	联合办	2	11.96											
1991	街办	2	39.20	16.80				2.01	12.75	9.65				57
	社办	7	3.51										1.50	11
	联合办	1	11.50					11.50						25
1990	街办	4	21.53					2.50	6.80		8.02	4.21		38
	社办	13	35.68			0.15		15.72			15.01	4.80		87
	联合办	2	9.60					9.60						14
合计			16210.36	36.80	0.00	0.15	0.00	2837.61	7327.25	19.65	1161.11	517.07	4310.72	3577

资料来源：根据《中卫社区农村经济统计表》（1990～1998 年）整理而成。

当年由大队投资 2 万元组建，主要由大队上有技术、有能力的人参与，从事基建工作。玉村的 FSC、JWF、XGQ 等 8 人，成为玉村基建队的"八大员"。起初基建队承担的工作较为简单，比如进行房屋的修补、粉刷，简易房屋的修建等，仅有固定员工十余人。20 世纪 80 年代中期，随着城市的扩张，玉村被征用的土地越来越多，基建队近水楼台地承接了邮电局、防疫站、糖酒大厦等工程。1982 年，基建队改称玉溪市第三建筑公司第六施工队，属于社办企业。后来逐年发展，1985 年固定资产达 31.38 万元，从业人员增加至 100 余人，营业收入 112 万元。[①]

随着工程量的不断增加，1995 年玉村建筑业另一位领军人物 LWX 也加入第六施工队。LWX 加入施工队后，施工队被划分为两个小组，即以 FSC 和 LWX 分别为首的两个组。两个施工小组既相互合作又相互竞争，施工面积不断扩大，服务领域不断扩展，施工队的营业收入也在不断增加，成为吸纳玉村剩余劳动力的重要力量，从业人员从最初的 100 多人增加到 300 余人。

施工队之所以得到如此快速的发展，是因为做这个行业资金问题容易解决。玉村资深从事建筑业的李大叔介绍，资金问题是影响农村剩余劳动力转移的重要因素，很多能够从事的职业，首先碰到的就是资金问题。而搞建筑的一般都是建筑单位提供建筑材料，建筑队只需承担建筑费。"建筑队手中只要有工人、工具、手艺就可以了，所以当时建筑业发展十分迅速。"另外，这个行业对文化程度要求相对较低，只要身体好、有力气就可以。还有一个优势就是工作的时间灵活。建筑队人员不固定，可根据需要随时招用。建筑工，则可根据家中农活的多少来定何时工作。农闲的时候从事建筑行业，农忙的时候可以回家种地。收入较高也是人们从事建筑业的主要原因，相较于种地，建筑队实行责任制，各守其职，各负其责。劳动强度大，技术好的在 20 世纪 90 年代初期月收入为 1000～1200 元，从事体力劳动的月收入在 500～600 元。这笔收入对于他们来说都能派上用场，盖房子、娶媳妇、购买农具等，这就是玉村建筑行业得

---

① 刘豪兴、黄朝茂主编《中卫社区志》，云南民族出版社，2006，第 68 页。

到发展的主要因素。

　　到 1994 年，玉村建筑队的年施工面积达 4.85 万平方米，竣工面积 1.11 万平方米，营业收入 1400 万元。1996 年，年施工面积达 2.55 万平方米，营业收入 1902 万元。[1]

　　如果说建筑业企业是玉村乡镇企业成立时间最长、效益最好、发展最成功的企业，那么中卫旅社则在玉村乡镇企业中首开先河。

玉村第一个乡镇企业——中卫旅社

　　中卫旅社是新中国成立后玉溪县由村级兴办的第一个旅社。旅社从 1978 年开始筹建，1979 年 10 月 1 日，竣工投入使用。该旅舍占地 4200.02 平方米，两层土木结构的楼房，共有 20 间房屋，70 个床位，筹建初期投入 8.5 万元，主要用于购买建筑所用的材料，如，沙石、木头、装饰建材以及开旅社所用的床铺等用品。其余的费用都是由 1、2、4 村民小组负担，如投入土地和建造旅社所用的劳动力。

　　当时，之所以要修建旅社，主要原因是昆玉高速公路尚未修建，往来于昆明、普洱、版纳等地区的人员需要在途中休息，玉村刚好是中途休息的集散地，尽管玉村建有一个可供驾驶员和途经人员休息的停车场，但是苦于停车场的设施不完善，无法提供餐饮和住宿。玉村人因此看到了商机，于是开始规划筹建旅社。旅社建设初期仅有 8 名工作人员，内设有住宿房间、停车场、小卖部、食堂。建成经营第一年的收入为 4292 元。据村民回忆，当年的住宿标准为每日 0.2 元/床位。而旅社服务人员的工资每月约为 2 个工分。1984 年旅社便承包给了个人，由个人经营，租期为 3 年，租金为 6 万元。1985 年旅社的营业收入为 5.9 万元，上缴税金 500 元，纯利润 1.45 万元。[2] 到 1987 年，旅社 3 年租期满，重新租给了另一人，租金未变，租期依然是 3 年。3 年后租期满，此时恰逢昆玉高速公路修建，

---

[1]　刘豪兴、黄朝茂主编《中卫社区志》，云南民族出版社，2006，第 68 页。
[2]　刘豪兴、黄朝茂主编《中卫社区志》，云南民族出版社，2006，第 86 页。

因旅社毗邻昆玉高速公路，因此，社区将旅社整体出租给了玉溪市路桥公司，租金为 5 万元。两年后，昆玉高速公路修建完成，路桥公司的工作人员离开，此后旅社由社区出租给临时的租户。1997 年借旧村改造的时机，旅社结束了它的使命，被拆除。

20 世纪 90 年代初期，受到中央政策的鼓励，加上之前乡镇企业表现的活力及在产品市场和税收方面的贡献，各地出现乡乡上项目、村村办企业的热潮。玉村自然也被卷入了这股浪潮中。1993 年，玉村先后建起了玉溪市铸管厂、玉溪市普惠票据印刷厂、玉溪市太阳能设备厂、玉溪市彩钢制品工程公司、玉溪市汇聚工贸有限公司等企业。

然而并不是所有的企业都能够适应当时的市场环境，有些项目是通过贷款来兴办的，许多项目一开始就没有市场，缺乏可持续性，结果必然是出现亏损和倒闭。比如玉溪市铸管厂，该厂建于 1993 年 11 月，投资 840 万元，其中贷款 250 万元，剩余款项通过向民间集资和个人集资获得。玉村的 7、8、9 村民小组就以土地的形式入股该企业。企业占地面积 2000 平方米，有职工 110 人。原设计年产铸管 6000 吨。1994 年销售产品收入 19.9 万元，1995 年收入 450 万元。然而由于该厂前期投入资金过多，贷款过多，负债经营，投产 4 年累计亏损 300 万元，企业陷入困境。最终趁 1998 年企业改制之机，玉溪市铸管厂以 1284 万元转让给了玉溪市土地开发公司。①

在市场经济体制改革不断深入的过程中，中国经济逐渐摆脱了短缺的困扰，市场竞争变得激烈起来，市场开发、组织与技术创新成为决定企业收入的关键因素。此外，市场经济的改革逐步取消了对产品市场的管制，缩小了对要素市场管制的范围，各类企业在市场准入、要素获取上的地位也趋于平等，乡镇企业在组织交易、要素获取上的优势地位从此开始消失。1994 年银行体制改革，商业银行和信用社不再完全依附于地方政府，而是有了独立的经济利益和更多的经营自主权。他们更看重的是企业的盈利能力和还贷的前景，而不是所有者的身份，这就使农村组织再一次失去了组织资源的优势。

---

① 刘豪兴、黄朝茂主编《中卫社区志》，云南民族出版社，2006，第 72 页。

针对乡镇企业的发展，中央提出了"调整、改革、整顿、提高"的八字方针，根据当时的规定，乡镇企业的发展速度被要求控制在 20% 左右，对于乡镇企业的优惠政策也大大减少了。事实上，到 20 世纪 90 年代后半期，农村组织已经失去大办乡镇企业的能力与冲动，有些企业转为民营企业，一大批缺乏营利能力的企业被关闭，有一定规模和活力的企业被改成股份制企业。1998 年玉村的乡镇企业最终也完成了使命，纷纷改制。比如，玉溪市铸管厂就因为经营不善，在改制的过程中将产权以 1284 万元转让给了玉溪市土地开发公司。而玉溪市第三建筑公司第六施工队则在 1998 年改制为股份制公司，更名为"玉溪市呈升建筑装饰工程有限责任公司"，该公司一直经营至今，是一家集工业与民用建筑、安装、市政工程、道路、大型土石方工程建设、预制构建与建材加工、商贸、房地产开发于一体的综合性建筑施工单位。注册资金 2675 万元，长期固定职工 700 余人。①

（二）乡镇企业的社区性

乡镇企业的发展是中国经济多元结构中独具特色的一元，它产生于我国特殊的政治环境中。与其他类型的企业不同，乡镇企业的成功往往与社区有密切的联系，主要体现在以下几个方面。

一是资源获取的社区性。社区为企业创办和发展提供资金。社区集体是乡镇企业原始资本的主要来源。如中卫旅社初期投资的 8.5 万元，由村集体出资。基建队的原始投资 2 万元，也是由大队出资的。玉溪市铸管厂、玉溪市普惠票据印刷厂、太阳能设备厂、玉溪市彩钢制品工程公司、玉溪市汇聚工贸有限公司等企业在创办的过程中，投资都由村、机关单位或是村干部出面提供资产担保。除了在资金上，土地也是由社区提供的。由于缺乏市场交易，那些需要土地较少的企业往往直接在农户家中开办，而需要较多土地的企业则通常通过政府征用、划拨或是批准等方式利用社区的土地。

二是生产经营的社区性。无论是企业职工还是管理者，都与社区有密不可分的联系。一方面，社区农民构成了乡镇企业的生产经营主体。

---

① 刘豪兴、黄朝茂主编《中卫社区志》，云南民族出版社，2006，第 68 页。

家庭联产承包责任制使农村剩余劳动力问题凸显，但城乡分割制度却限制了其向城市流动，而农村劳动力市场的发育也不充分。乡镇企业的出现是基层政府对本地农民的就业安置。另一方面，企业管理者也主要由社区成员担任。乡镇企业的负责人都是农民出身，只有较少的企业管理经验，但由于企业设在当地，管理者与职工往往有着血缘和地缘的关系，彼此熟悉，存在默契。企业领导人往往因能力强、声誉佳或是具有较高的威信而获得职工的信任和服从，这使企业的经营管理变得较为简单易行，从而造就了一批优秀的企业家。

三是经营目标的社区性。与一般的营利组织不一样，乡镇企业的创办包含了社区目标，其中最迫切的是增加农民的收入和解决当地就业问题。就前者来说，改变农民的贫穷状况是各乡村社区面临的共同问题。就后者而言，人地矛盾的加剧使农村大量劳动力处于闲置或半闲置的状态，因此创办企业就成为缓解就业压力的一个重要渠道。对玉村的调查显示，乡镇企业先后吸引了近30%的农村剩余劳动力，缓解了农村人口的就业压力。

（三）乡镇企业与农村工业化

在特定的社会历史背景下发展起来的乡镇企业，不仅为整个国家的工业化注入了新的活力，而且以农村工业为主体的非农产业发展不仅带来了农村经济的增长，改变了农村经济结构，也加快了农村城市化的步伐。有学者在回顾中国农村工业化的历程时就认为，"农村工业化不仅在改革开放初期成为支撑中国经济增长的半壁江山，也为后来中国经济的整体市场化提供了宝贵经验，农村工业化是以发展乡镇企业为主要内容的"。[①]

对玉村乡镇企业发展过程的调查发现，玉村乡村工业发展分为两种：一种是用本地区所产的原料加工制造，也即"农工商一条龙"；另一种是为都市里的大工厂制造零件。我们综合考察了 1990～1998 年（除 1996 年外）玉村乡镇企业的收入来源，其中，建筑业收入占总收入的 45.20%，工业收入占总收入的 17.50%，其他方面的收入占总收入的

---

① 蔡昉、王德文、都阳：《中国农村改革与变迁：30 年历程和经验分析》，上海人民出版社，2008，第 76 页。

26.59%（见图 4-1）。以建筑业为例，1990 年在乡镇企业发展的初期，建筑业对总收入的贡献仅占 10% 左右，到了 1995 年建筑业收入占总收入的比例约为 50%。通过农业办工业、办好工业支持农业，工农业紧密结合、互相促进、共同发展。乡镇企业不仅为农业生产了大量的生产资料，承担农机的修理任务，还通过农牧渔林业的加工和综合利用，提高了农产品的价值，开辟了产品的新用途。可以说乡镇企业的发展优化了农村的经济结构，带动了农村经济发展从传统农业向第二、三产业转变。

乡镇企业的发展为增加农民收入创造了条件，为改善农民生活提供了可能。早在 20 世纪 40 年代，费孝通就提出："如若发展乡村工业，则他们（农民）生计既有了保障，也不必借钱了，这非但安定了工业，也安定了乡村的土地问题。"① 20 世纪 90 年代中期，家庭联产承包责任制与农业人口不断增加的双重作用导致农业生产率下降，低生产率使玉村人来自农业的收入减少，而他们在乡镇企业就业后找到了一条增加收入的途径。从玉村 1995 年农民获得的工资性收入和家庭经营性收入来看，来自乡镇企业的收入占总收入的 30%。所以，乡镇企业的发展成为农民增加收入的重要渠道之一。

乡镇企业在吸纳和配置农村剩余劳动力方面起了重要作用。费孝通在针对中国乡村工业发展时曾说："通过工业下乡同样可以在国家经济结构中增加工业的比重，但是在人口分布上却不致过分集中，甚至可以不产生大量完全脱离农业生产的劳动者。在这个意义上，为具体实现工农结合或消除工农差距的社会开辟了道路。"② 以家庭联产承包责任制为核心的改革使广大农民获得了根据各自经济利益和不同条件从事生产与经营的自主权利，但也面临着耕地相对稀缺等问题，农村劳动力出现了过剩的现象。然而由于当时户籍制度的限制，农民难以在城市中获得就业的机会。这一时期乡镇企业的出现吸收了大量的农村剩余劳动力，形成"离土不离乡、进厂不进城"的劳动转移方式。1995 年，玉村乡镇企业吸纳当地劳动力 700 余人，占整个玉村劳动力的 20% 左右，消除了当时农业发展的障碍。

---

① 彭南生、金东：《论费孝通的乡土工业化思想》，《史学月刊》2010 年第 11 期，第 81 页。
② 费孝通：《江村经济——中国农民的生活》，商务印书馆，2005，第 303 页。

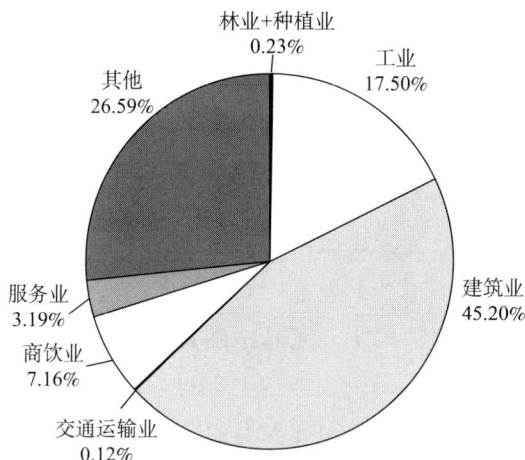

图 4 - 1　玉村乡镇企业收入来源分布（1990 - 1998 年）

资料来源：根据《中卫社区农村经济统计表》（1990 ~ 1998 年）整理而成。

　　乡镇企业的发展除了提高农民收入，还可转移农村剩余劳动力，成为城市化的重要推手。费孝通在关于农村工业化的思想中，就提到，随着农村工业化的深入，城市化的步伐也开始加快。费孝通曾言，"把工厂办到农村里去的另一方面就是乡村的城市化"。[①] 从玉村乡镇企业的发展不难看出，乡村工业在发展的初始阶段具有"离土不离乡"的特点，农民大力创办工业，出现村村冒烟、家厂分离的景象。这些工厂不仅为农民带来了收入，其自身的发展也带动了乡村的发展。如，企业要走向现代化就需要具备现代工厂所需的条件，比如便捷的交通运输、充足的水电供应、丰富的市场信息等。实际上，在发展乡镇企业的过程中，玉村也逐步建成了百货市场、酒店、饭店等，农村的基础设施也在不断完善，基于历史传统形成的各乡镇间的差异开始凸显，玉村在不知不觉地向着城市化迈进。

　　随着我国经济体制改革的深入、要素市场的完善，乡镇企业最终融入了整个市场分工的合作体系，其所具有的制度特殊性和优势逐渐消失。传统的乡镇企业的模式已经成为历史，不论是在玉村还是在其他地方，可以肯定的是 20 世纪 80 ~ 90 年代那种各地农村大办乡镇企业的局面将一去不复返了。

---

　　① 费孝通：《费孝通文集》（第 12 卷），群言出版社，1999，第 372 页。

三　个体经济带动乡村商业的发展

党的十一届三中全会后，随着农村经济改革逐步推进，中央提出了要坚持实事求是、因地制宜，放手让农民在实践中选择愿意接受的经营形式，开展多种经营，发挥集体和个人的积极性。1984年发布的《国务院关于农村个体工商业的若干规定》对农村私营、个体经济给予了肯定。

在这一系列政策的影响下，尤其是随着家庭联产承包责任制在玉村的推行，农村劳动力有了剩余，再加上玉村有着优越的区位优势，在城市商品经济的影响下，玉村的个体经营逐步得到发展。当时玉村个体经济经营的范围和行业十分广泛，主要有商业、饮食业、运输业等。统计数据显示，1988年玉村的个体企业有251家；从业人员有423人，占农村劳动力总人数的22%；营业收入134.83万元，占经济总收入的31%。1999年，个体私营企业发展到391家；从业人员2202人，占农村劳动力总收入的90%；营业收入1.21亿元，占经济总收入的74%。

这些从事个体经营的业主，一般以一家一户为基本单位，依靠和运用自己拥有的技术和劳力，从事经营活动。它是一种劳动力和生产资料归个人支配并在家庭范围内进行结合的一种经济形式。

（一）贩运蔬菜

在玉村的个体经营中，最为突出的是从事蔬菜贩卖的个体户。据不完全统计，玉村有80%的农户先后从事过蔬菜贩卖。张之毅在《玉村农业和商业》中就提到：玉村的蔬菜主要是商品性的，蔬菜主要用来销售。20世纪40年代，玉村在蔬菜销售上就有了明确的分工，主要有两种销售形式。一种形式是由种菜人自己或是雇人将菜挑至附近的街子销售，或零卖给赶街子的外村农人或是趸卖给街上的菜贩子，再由菜贩子在街上零卖或是向外发送。另一种形式是将整块地上已长好的蔬菜趸卖给以贩菜为业的人，由他们进行销售。由此可见，玉村的贩运蔬菜在历史上就很发达。只不过到了新中国成立初期，受各种政策的影响，玉村的蔬菜贩卖被中断了。

20世纪80年代中期，随着个体经济的发展，玉村的蔬菜贩卖得到了复苏，玉村人又操起了老本行。这一时期玉村人贩卖蔬菜的方式与之前大体相同，一些农户选择将自家种植的蔬菜卖给同村贩卖蔬菜的农户，让其进行统一贩卖；一些农户选择每日将菜挑到邻近的农贸市场零售；还有一些农户收购周边农户蔬菜做长途的贩运，甚至有个别农户开始了订单农业。总之，农户们各显神通，销售蔬菜。

比如，玉村徐百户村民XXD，从20世纪80年代末期就开始从事蔬菜贩卖的生意。一开始主要向红塔区周边的农户收菜，运往昆钢销售。当年他用12元一趟的价格租用拖拉机，一拖拉机差不多可运1吨蔬菜，每月去三四次，月收入在300元左右。如果租不到拖拉机就骑自行车前往昆钢。据XXD回忆："凌晨2点出发，6点半到达昆钢。菜主要卖给当地机关单位食堂，一般早上9点就可以将菜售完。一个月差不多去五六次，每月可以挣500元左右。"20世纪90年代初期，就不再骑自行车卖菜了，而是租用解放牌大卡车到元江、曲江等地做大宗的蔬菜批发生意。比如每逢元江赶集的日子就租一辆解放牌大卡车，拉上五六个品种的蔬菜到元江批发。XXD说："那些地方当时还很穷，农民又很不会种菜，玉溪的菜运到那里很受欢迎，餐馆老板一次性就购买200～300斤，还有一些住在山区的农户一次就要买几十斤菜，用背篓背。"卖完菜后，XXD就乘坐客运汽车回到玉溪。运菜的车到元江卸货后，又从元江拉木材去其他地方。一个月差不多可以跑3～4趟，每趟的净收益在300元左右。

在玉村像XXD一样从事大宗蔬菜批发的生意人毕竟是少数，大多数农户是零售蔬菜。何大妈就是玉村坚持做蔬菜生意最久的一个人。同行对她的评价是从"'卖菜小何'卖到了'卖菜老何'"。算起来何大妈从事蔬菜生意有30多年了。何大妈说："我们农民只会种菜，又没有其他手艺，为了补贴家用，只好选择卖菜。"20世纪80年代末期，窑头农贸市场建成后，何大妈在市场内租了一个固定摊位，做起了蔬菜零售生意。每天清晨何大妈就和老伴王大爷到地里摘菜。她说："如果自家地里菜的品种少还要到邻户的菜地里收购一部分蔬菜，最起码要有4～5个品种，这样生意才好做。"摘完菜后，要简单地去泥、清洗，捆扎后装在板车上，和老伴一起推车到窑头市场。此时差不多已经早晨8点了，正值销售蔬菜的高峰时段。何大妈和老伴一起卖菜，各有分工，老伴负责称重、包装，何大妈负责收钱。差不多 10 点待售菜的高峰时段过后，王大爷就自行回家，料理家中的农活和家务，何大妈一人在市场卖菜。王大爷回家后，还要到蔬菜地里忙农活，浇水、施肥、除草，还要根据自家蔬菜的长势，规划明天的销售品种，联系邻居地里的蔬菜。此外，要操持一家人的午餐。差不多中午 12 点王大爷将做好的饭菜送到市场给何大妈后又返回家中。直到晚上 8 点王大爷再次回到市场帮何大妈收拾菜摊一起回家。据何大妈回忆："当时除去摊位费和种菜的各种成本，每月的净收入在 200 元左右。"就这样，何大妈一家做蔬菜零售生意有 30 多年了。这 30 多年间尽管何大妈种的菜地面积有变化、市场的基础设施有变化、人们的消费习惯有变化，何大妈一家的蔬菜收益有变化，但是何大妈都风雨无阻，起早贪黑，坚守的这份情怀始终未变，何大妈一家对于蔬菜的情结也未变。

（二）餐饮业

得天独厚的自然资源造就了玉溪独树一帜的美食文化，冬瓜蜜饯、鳝鱼米线、九溪糍粑、臭豆腐米线等，特色鲜明，风味独特，而且就地取材，能够突出当地的物产及社会生活风貌，是一个地区不可或缺的重要特色。

随着个体经济的发展，各种小吃摊、冷饮店，特别是以经营大众饭菜和地方风味小吃为主的个体饮食业，深受百姓的欢迎。

个体饭店第一人——FFY

2018 年 78 岁高龄的老人 FFY，是玉村第一个经营饭店的人。FFY 出生于 1939 年。"生在旧社会，长在新中国，扛过枪，经过商"就是 FFY 对自己人生的生动描述。从部队转业后，FFY 在生产队当过蔬菜管理员，家庭联产承包责任制后经营过蔬菜生意。1993 年，他经营了一家玉溪风味的家常菜饭店。FFY 说：经营饭店纯属巧合，当时做蔬菜生意的时候结识了很多经营饭店的客户，逐渐熟络起来后，从客户那里得知做餐饮的利润远远高于做蔬菜生意的利润，于是就有了开个饭店的念头。这一方面可以增加收入，另一方面可以让家人都参与其中，解决他们的就业问题。巧合的是玉村临街的一个铺面，租约到期刚好转让，FFY 就承租下来。饭店面积不大，只有 48 平方米，但是地理位置优越，是人流集中的兴旺地段，而且铺面较新，稍微装修便可经营。在这样的情况下 FFY 以每年 9000 元的租金租下了该铺面，开始经营地道的玉溪家常口味饭店。

FFY 聘请了 1 个专业的大厨和 2 个小工，其本人、儿子、女儿、儿媳都在饭店工作。他本人主要负责管理整个饭店的经营，尤其是账目方面和菜品的定位，儿子负责帮厨，女儿和儿媳负责采买、饭店的卫生等工作。FFY 回忆说："当时许多原料都是自家栽种和制作的，扒个白菜心浇上浓浓的鸡汤，看起来十分简单，但胜在食材新鲜，很是美味，深受食客欢迎。"为了留住客人，FFY 还与厨师经常讨论菜式，不定期就更换一些菜式，总有新鲜的菜品推出。正因为菜品口味地道，货真价实，再加上 FFY 为人活络、热情，深受本地人的喜爱。据他回忆，当时有七八张桌子，每张桌子可容 8 人，中午就餐高峰时一张桌子可以翻三四次台。每年的纯收入在 7 万 ~ 10 万元。直到 1997 年，值旧村改造之际，身兼 4 组干部职务的 FFY 因工作需要无暇顾及饭店的生意，再加上原来的厨师离开饭店，饭店生意下滑，2000 年关闭了饭店。

20 世纪 80 年代的奢侈品——鸡蛋糕

对于刚刚从大集体时代走出来吃不饱、饿肚子的人而言，吃鸡蛋糕简直就是一件极为奢侈的事情，可是玉村的 LSR 不仅吃上了鸡蛋糕，还开了一间面点店，专营鸡蛋糕。

1986 年，LSR 的亲戚在单位食堂做白案工，学得了一套做面包和鸡蛋糕的手艺，见 LSR 家庭较为困难，就将此手艺传给了他。此后 LSR 便在玉溪市的闹市区租了一间 20 平方米左右的铺面，经营手工糕点，起名为"玉香面包店"。面包店由 LSR 和姐姐共同经营，所有活计都是二人亲力亲为。每天早上 7 点不到，姐弟二人就要到店里做准备工作。做蛋糕最主要的材料是白糖、面粉、鸡蛋和蜂蜜。由于刚刚从计划经济过渡到市场经济，很多商品在市场上都难以采购到。比如，白糖在国营的贸易公司是 1.4 元/千克，但是由于做蛋糕需要的量大，所以除了在贸易公司购买，还要到"黑市"上购买，价格在 2 元/千克。面粉主要是用玉溪本地产的一级面粉和富强粉这两种，1 元/千克，一般是用粮票购买。同样由于需要的量大，LSR 为了获得更多粮票购买面粉，在卖鸡蛋糕时就让顾客用粮票来代替货币。鸡蛋主要是收购宣威人在玉溪贩卖的土鸡蛋，1986 年是每 10 个 1.05 元，到了 1990 年涨到了每 10 个 3.78 元。为了增加蛋糕的口感和色泽，需要添加少量的蜂蜜，这主要是收购山区农户来贩卖的蜂蜜，都是土蜂蜜，口感很好。

待所有的材料都准备齐全，就开始制作鸡蛋糕。首先将白糖、面粉、鸡蛋、蜂蜜进行充分的混合，然后将混合好的鸡蛋糊倒入事先做好的模具中，进行塑型，之后放入烤箱中进行烘焙。最关键的是在烘焙过程中要掌握好烘焙的火候和时间，待蛋糕基本塑型后，再刷上一层食用油，增加蛋糕润滑的口感，直到蛋糕烤至焦黄便可出炉。

LSR 说："尽管 80 年代后期人们的消费水平与 80 年代初期相比已经有所提高，但是，对于大多数家庭来说吃鸡蛋糕还是一件比较奢侈的事情。因此，除了逢年过节，孝敬老人或是小孩过生日、生病，蛋糕卖得最好的时候要数每年的四五月份。"四五月是插秧的季节，出劳动力的人多。玉溪市周边的农户，习惯在插秧的休息空隙吃些鸡蛋糕补充体力，所以换工的家庭会买些蛋糕招待换工者。这一时期平均每天可以烤 15～16 盘，近 1900 个蛋糕。蛋糕的价格是：批发价 1.35 元一袋（10 个），零售价 1.5 元一袋（10 个）。

LSR 回忆，当时一年下来除去房租、水电、材料等成本，年收入可在 6 万元左右。由于做鸡蛋糕繁忙，且收益高，所以他们放弃了耕种田地。将包产到户的土地全部包给亲戚耕种。当时没有什么转租的费用，只是由租种者替自家上交公粮。对于姐弟二人来说，如此高的收入在当时简直不可思议。用 LSR 的话说就是："从以往的借钱吃饭，到万元户，太知足了！"

1990 年，LSR 结束了做鸡蛋糕的生意，受聘回到社区工作。至于为何放弃蛋糕生意，他说："我们是从计划经济过来的人，当时刚刚改革开放，国家的政策很不明朗，做生意始终觉得不稳定，所以或多或少还是有顾虑的。再说从那个年代过来的人没有见过那么多钱，就觉得够吃了。回社区上班，好歹也算是国家干部，我当时是在职在编的工作人员，比较稳定，心里也觉得比较踏实。"20 世纪 90 年代 LSR 一个月的工资是：基本工资 40 元，职务工资 18 元，补贴 10 元，工龄工资每干满一年 0.5 元，合计 68.5 元。年底有奖金 203 元，一年的工资约为 1025 元。此外还有小组的年底分红，一人 200 多元。LSR 一个人一年的收入约为 1200 元。这样的收入和做鸡蛋糕生意是没法比的，但是正如其前面所说的，在社区上班会比较安心和稳定。所以为了保障一家人的生活，LSR 和妻子又开始耪田种地了。

土杂店经营者——FYK

FYK，男，1965 年生人，玉村 4 组组员。他自 20 世纪 80 年代就开始做生意，一直到现在，差不多有 40 年了。他做生意的经历，恰好是改革开放后，千千万万中国普通农村生意人的一个缩影。

1980 年，刚刚 15 岁的 FYK 初中毕业，就再也没有读书，而是跟随父亲做起了倒菜卖菜的生意。据他回忆："当时在生产队干一天活只能挣 9 分钱，自己还没满 20 岁，只能算半个劳动力，能挣 5 分钱，在市场上卖菜一天至少能挣 2～3 元，然后拿着这些钱再去买工分。所以为了生活好过点，只好偷偷地贩运蔬菜了。"

20 世纪 80 年代，随着改革开放的进一步深入、市场经济的发展，国家对个体经商户大为鼓励。1985 年，玉溪建起了当时最大的综合农贸市场——南门集贸市场。FYK 一家就从街边临时摊位搬到了市场内经营。在 90 年代以前，FYK 主要经营时鲜蔬菜。父亲和弟弟主要负责进货，他本人主要负责销售。他们每天销售的蔬菜品种有一二十种。客源主要是饭店和机关、企事业单位的食堂，另外，还有零售。一天销售总量在 2 吨左右。其中，销售给饭店的占 20%，销售给食堂的占 50%，零售的占 30%。FYK 说："我和父亲从 80 年代就开始干这一行，肯定积累了不少经验。其中，做蔬菜生意最主要的诀窍是：蔬菜品质好，价格公道，做生意诚信。这样就不愁没有客源。我的这些客户有 40%～50% 是固定客户。"1985～1990 年，当时 FYK 家每年经营蔬菜的净收入有四五万元。在这期间，FYK 于

1988 年增加了经营的种类，开始经营土杂。例如，辣椒面、花椒、酱油、醋等，有 100 多个品种的烹调材料。FYK 说："很多来买菜的人都希望捎带手就买点调料回去，当时做这个生意的人少，就认为是个商机，就开始经营了。"FYK 经营的很多调料都是云南本土的，有些调料甚至是一些少数民族地区特有的品种，通过后期的加工后，口感很好。

到了 1990 年，FYK 继续改变经营的内容，逐步放弃蔬菜的经营，引入了冷冻食品，如冰冻的虾、鸡腿、鸡胗、鸡翅膀、肥牛片等，到 1995 年彻底结束蔬菜的经营，在土杂和冷冻食品的基础上加入了酒水。FYK 说："经营蔬菜的人多起来了，钱不好挣，而且父亲年纪大了没有精力亲自去收购蔬菜，我们这些小辈没有种菜的经验，看不出菜的好坏，蔬菜的品质难以得到保障，所以就转变经营方向了。"到了 90 年代初期，FYK 的年收入达到了 10 万元。

1997 年，由于家庭的原因他暂停了生意，直到 2000 年才恢复。这一时期他在珊瑚路农贸市场租了一个铺面，同样经营土杂、冷冻食品和酒水；2007 年，珊瑚路农贸市场拆迁，他又搬到了窑头集贸市场。这期间的年收入在 80 万~90 万元。

搬入窑头农贸市场后，FYK 扩大了经营规模，租了 7 间铺面，租金为每年 4 万元，2 间作为店面，5 间作为仓库堆放货品。他还请了 4 个工人。这期间他的年收入在 200 万元左右。

FYK 说："自己从小到大没有真正种过地，包产到户时他们家有 6 个人，分到的田地，都是母亲种的，做生意很辛苦，种田也很辛苦，但是做生意比种田挣得多。""我们做生意，挣的钱除去成本和一家人的基本开销，结余要比在工厂上班的人多三四倍，真是要感谢改革开放，让我们有了做生意的机会，让大家的生活变得更富裕。"

从玉村的发展路径中可以看出，在实施家庭联产承包责任制后，玉村的大部分农民已经从插秧种粮中转移出来，从事经济作物种植业、养殖业、加工业、农副产品运销业等。经济发展开始向专业化方向发展。特别是由于政策的进一步放宽，通过发展个体经济将社会的闲散资金投入社会主义再生产，转化为社会资本，充分利用零星分散的生产资源，安置了大批农村剩余劳动力，并将他们有机地组合起来，使生产力得到有效释放。此外，个体经济的发展促进了农村分工的发展，广大农民根据自身的智力、技术、体力状况和所处的外部条件，精于农者务农，乐于工者务工，善于商者经商，八仙过海，各显神通，推进了农村产业结构的调整和社会分工的变化。

更重要的是，这一时期工商业的发展也为玉村融入城市商品经济打下了坚实的基础。农村工商业的发展，不仅仅指在农村办几家工厂，开几家商店，改变产业结构，还包含更深层的思想变革，即农民的思想由传统的、陈旧的意识向现代意识转变。在这个转变过程中，乡镇企业、个体经济、私营经济起了重要的作用。首先，它们的出现极大地冲击了人们过去几十年在计划经济时期所形成的僵化的思想，促进了农民思想解放与转变，彻底打破了"大锅饭""平均主义"。其次，它们的出现极大地冲击了传统的小农观念。中国的小农意识有着深厚的历史文化背景，其核心是传统意义上的"重农业轻工商"以及由此派生出来的心中只有自家一亩三分地的狭隘心理、眼睛只盯着自家锅里的短浅目光。党的十一届三中全会以来，农村的工业化革命彻底地动摇了这个核心。而动摇这个核心最主要、最强大的力量来自农民内部，即农村私营业主、个体工商业者的产生。这正是农村由农业社会向现代工业社会、信息社会转变所需要的。

第五章　城市化建设中的征地

城市发展必然与城市用地紧密相关，城市水利、能源、交通道路、地下管网、市场、学校、医院等市政设施建设、商业开发又与征地密切关联，征地过程中失地农民安置与身份转变、社会保障、土地增值红利与其他利益分配等，对玉村社区转型起到了重要作用。玉村正是在此过程中由农村社区逐渐转型发展为城市社区的。

一　城市化进程中的征地

1983 年以来，玉溪撤县建市、撤市设区，城市建设规模不断扩大，玉村被纳入了玉溪市城市总体规划的范围，大量的土地被逐步征用。从现有的资料来看，玉村征地之路最早始于 1985 年，玉溪市电信局征了玉村 4 组的 0.18 公顷耕地，当时征地的总收入是 2.12 万元，小组提留 0.64 万元，用于村民安置及生活补贴 1.48 万元。据玉村原主任 FS 回忆，1985～2002 年，是中卫片区土地征用比较集中的时期。统计资料显示，1984 年玉村耕地有 2230 亩，到 2017 年玉村耕地仅有 359.45 亩，耕地被征用 1869.55 亩。城市市政设施建设、工商企业发展和房地产开发等逐步占用了玉村的土地。玉村土地征用档案资料显示，1985～2015 年，玉村被征用土地 1129.20 亩，未包括征地后的集体预留地、道路、沟渠、居民住宅区等商业、公益事业和民生用地，征地收入 10892.32 万元。从不同时期上看，20 世纪 80 年代被征用土地 31.50 亩，20 世纪 90 年代被征用土地 627.90 亩，2000～2010 年被征用土地 437.55 亩，2011～2015 年被征用土地 32.25 亩。可见，玉村征地主要集中在 20 世纪 90 年代和"十五""十一五"时期（见表 5-1）。

表 5 – 1 1985～2014 年玉村征地情况一览

年份	征地面积		时期	征地费收入
	（公顷）	（亩）		（万元）
1985	0.18	2.70	20 世纪 80 年代，被征 31.50 亩	2.12
1986	0.23	3.45		2.80
1987	1.69	25.35		24.04
1992	4.48	67.20	20 世纪 90 年代，被征 627.90 亩	323.43
1993	7.41	111.15		538.70
1994	1.69	25.35		129.72
1995	11.73	175.95		1116.50
1997	16.55	248.25		1864.08
2001	4.20	63.00	2000～2010 年（"十五""十一五"时期），被征 437.55 亩	1180.17
2002	5.15	77.25		1328.50
2003	0.38	5.70		16.54
2004	8.37	125.55		2129.01
2005	0.20	3.00		335.04
2007	1.40	21.00		176.38
2008	8.77	131.55		961.87
2010	0.70	10.50		215.81
2012	0.11	1.65	2011～2015 年（"十二五"时期），被征 32.25 亩	15.96
2014	2.04	30.60		531.65
合计	75.28	1129.20	1129.20 亩	10892.32

资料来源：根据刘豪兴、黄朝茂主编《中卫社区志》（云南民族出版社，2006）和玉村历年档案资料（2004～2014 年）整理而成。

从玉村征地涉及的村组来看，主要集中在中卫片区，即玉村 1～4 组，其被征用土地面积占总被征地面积的 60% 以上。其中，1 组 188.40 亩，2 组 129.15 亩，3 组 211.50 亩，4 组 148.80 亩，5 组 90.75 亩，6 组 35.70 亩，7 组 62.10 亩，8 组 114.60 亩，9 组 24.90 亩，社区居委会 123.30 亩（见表 5 – 2）。

1985～2015 年，在玉村征地最多的单位是玉溪市土地开发公司，征地 211.20 亩；其次是玉溪一中、实验中学、中卫小学等，征地 143.85 亩；再次是房地产开发征地，主要是州城房屋开发公司，其从玉村征地 126.15 亩；最后是玉溪市国土资源局、城建局、工商局、公安局、电信局等部门,征地113.55亩。另外,医院、交通道路建设,城区防洪工程综合整治玉溪大河二期工程,红塔集团烟叶仓库建设以及北片区公交客运中转站建设等也征用了部分土地。这使玉村土地资源更加稀缺,人地矛盾更加突出。

表5-2 1985~2015年玉村各村组征地累计情况一览

单位:亩,万元

村组	征地面积	征地收入
1组	188.40	1666.34
2组	129.15	1373.38
3组	211.50	1783.48
4组	148.80	1198.13
5组	90.75	1154.42
6组	35.70	420.26
7组	62.10	772.75
8组	114.60	1492.93
9组	24.90	162.45
社区居委会	123.30	868.18
合计	1129.20	10892.32

资料来源:根据刘豪兴、黄朝茂主编《中卫社区志》(云南民族出版社,2006)和玉村历年档案资料(2004~2014年)整理而成。

1985~1987年,玉溪市电信局、公安局、玉溪汽车运输公司、腾飞汽车修理厂、玉溪市第三建筑公司相继在玉村4组征地建设职工住宅区、厂部等,这一时期玉村被征地31.50亩,征地收入28.96万元,其中村组提留8.69万元,用于住户安置及生活补助20.27万元。

1992~1997年,玉溪地区粮食局和工商局、玉溪化工厂生活区、州城房屋开发公司、昆玉公路工程建设、玉溪市乡镇企业局、玉溪电影公司、玉溪市土地开发公司等相继在4组征地100.20亩。玉村获得征地收入869.40万元,其中村组提留260.82万元,用于安置及生活补助608.58万元。其中最大一起征地发生在1997年,玉溪市土地开发公司从4组征地43.80亩;其次是州城房屋开发公司在此期间前后两次从4组征地16.95亩用于房地产开发。

进入21世纪以来，4组于2001年被某公司征地17.10亩，4组为此获得征地收入299.77万元，其中村组提留89.93万元，用于安置及生活补助209.84万元。此后，由于4组基本已无地可征，征地工作基本上告一段落。

二　征地后矛盾凸显

（一）割裂的土地情结

谈及征地的隐忧，年近八旬的YTB老人谈到玉村3组最后一年种田是1998年。

> 1999年全组150多亩的干田被开发公司征用，当时很多村民都想不通，觉得那是祖辈留下来的土地，是命根子，一旦卖了，以后怎么办？居委会和区里的领导一再做工作，讲政策，讲征用后的各种实惠，那时每个月叫去开会……这样来来回回扯了半年多，但这个弯始终转不过来……

直到现在村里的一些老人都还是难过、担心。老一辈的村民常说："有点土地，玉村老年人也有点事情做，种点菜，像徐百户那边一样，自己吃一点，早上挑到市场上卖卖，不说要挣多少钱，对于老年人来说，也是一种打发时间的方式，也让老人们觉得自己还有点用。"卖了最后一块地之后，村民就彻彻底底失去土地了，从"有农"转向了"无农"。征地后几家欢乐几家愁，尤其是对于依恋土地的人来说。YTB说："有地的话，种点菜自己吃也可以，吃不完卖也可以，有个战争什么的，也不会饿死。像徐百户那样，一天一两百块的卖菜钱是有的，细水长流。留有土地，以后土地升值，相比个人去打工要强多了。有土地，每天在土地上消磨一下，又悠闲又有得吃。没有土地，有劳动也没有使处。最重要的是担心下一代，读书嘛，读得出来找个工作倒是好，读不出来回家有个地种种总是好的。"在YTB眼里，榜菜地比打工强。在他看来，一亩菜地一年可挣2万～3万元，打工要挣2万～3万元还是很不容易的，而且现在还要看岁数，45 岁以上的外出打工不易。

（二）征地中的利益矛盾

征地过程是土地利益矛盾不断凸显的过程，各利益主体围绕土地展开激烈的博弈。征地过程中牵扯的主体之一是村民，带有乡土性。[①]"乡"意味着村民间是熟悉的，他们彼此间存在很深的感情，而且互动共振；"土"则代表的是村民的生产方式和生活方式，更多表现在村民生活方式的传统性，和村民生产方式对土地"情结"的特性，这也决定了村民对固有生活方式的坚守。征地过程中再现各实践主体的角色互动关系，可找寻到征地纠纷以致冲突的根本原因。征地矛盾是一个多元交错、多维度的实践场域所导致的。身处熟人社会里，在关系维度中，个人关系网的大小某种程度上决定了自己在村庄中的"势力"大小，"势力"的大小又决定了自己在村庄事务中能否"自我保护"和"占据优势"。基层干部在村庄中长期生活，在日常生活中都发展了自己的关系圈子，属于村庄中的政治精英。他们在面对上级与村组的话语错乱和逻辑碰撞时，不可避免地参与了进来，身处矛盾和纠纷的漩涡，面临生存逻辑的要价与政府层面法规理性形成的断裂，面临"两难抉择"。在人地矛盾很突出的玉村，征地经历了"阵痛"，在"生于斯，长于斯"的熟人社会中，基层干部在落实政策时会碰到很多"苦恼"事。曾任玉村 8 组代组长的 FH 谈起，8 组自 20 世纪 80 年代中期以来至今，先后经历了四次大的征地潮，在牵扯的几件事中已身不由己。

> 玉村 8 组第一次被征地要从 1997 年说起，那时玉溪市××土地开发公司征了 48 亩土地，主要用于彩虹小区房产开发；第二次征地是 2004 年，菜地、坟地、荒滩共拍卖 26.40 亩；第三次征地源于 2008 年，区政府建设廉租房征用土地 10.86 亩；第四次征地发生于 2013 年，北片区公交客运中转站建设征地 30.55 亩。其余都是零星征地，例如，2011 年彩虹路扩建征地也牵扯到 8 组。但在 8 组的第四次征地过程中，无论是从社区干部反映的情况，还是从中卫片区、

---

① 费孝通：《乡土中国》，人民出版社，2008，第 47 页。

徐百户片区的调研来看，该次征地矛盾都十分突出。

事件过程是这样的，2011年5月23日我刚出任居务监督委员会主任，被"委以重任"，在分工中承担了三件事情：彩虹批发市场有限公司解散、彩虹路扩建、北片区公交车中转站征地和拆迁。本来，居务监督委员会的差事，就是对上级评议、接受基层和群众的评议，在工作开展中容易得罪人。时值彩虹批发市场有限公司解散，作为居务监督委员会主任，负责召集、记录、协调、监督等事宜。时隔一年有余，上级及领导觉得除了立足本岗位外，还应该有点其他事做，有所担当。刚好遇到玉村8组彩虹路扩建、北片区公交车中转站征地工作矛盾大，组长一职"暂缺"。因自己嫁到8组，是8组的人好开展工作，2012年8月临时被街道办、社区领导推上去了，"火线上阵"当上了8组代组长，开始了不愿意回忆和触及的那段"苦恼"岁月。当时由于缺乏工作经验，作为村民和社区之间的"夹心饼干"，日子不好过。在任代组长期间，我主要负责征地工作，是一项不好处理的工作。

在未当代组长之前，人们都好来往；自当上代组长以来，因为承担过多的工作，尤其是拆迁工作被"委以重任"，开展难做的拆迁工作，本村就地安置。征地拆迁要与8组的村民打交道，耕地征占还要与村组集体谈判，拆迁户、耕地被征占的家庭"要价"与实际政府补偿的缺口比较大，矛盾也十分突出。不知是工作经验"不足"，还是个性直率，在任8组代组长过程中，经历了征地拆迁一事后，我才知人情冷暖，从征地矛盾突出的"风口浪尖"时期挺过来，才醒悟到作为基层干部"牺牲"过大，个中滋味唯有自己独品，基层干部的"苦恼"谁能解？卷入冲突"漩涡"，唯有自救，方能独善其身。"幼稚"和"成熟"只在一念间、一事间，凤凰涅槃后方获重生。

三　征地后的"旧村改造"

玉溪1983年撤县建市，城市建设规模不断扩大，征地后无地农民增多。玉村在这个背景下走上了"旧村改造"之路。玉村的旧村改造最早始于1986年、1987年，由于缺乏政策性指导文件，即使有，指导性也不强，当时部分改造的住房，由于要节约土地，混居现象突出，即玉村1组、4组混合居住现象突出，有65户，位置在居委会大门对面，房屋结构以土木、砖木结构为主，因此，最初的旧村改造水平总体不高。1993～2003年，正式实施了旧村改造，玉村由城郊农村逐步融入城市，转型发展为现在的城市社区。

（一）"旧村改造"艰难推进

在访谈中，FR回忆起过去在玉村3组开展"旧村改造"的情形，觉得那段人生经历定格在了那个玉村城乡面貌发生翻天覆地变化的瞬间，也折射出那时基层干部开展工作的艰难困苦。她星星点点的回忆又把我们拉回到了那段旧村改造的历史。

> 从那个时代走过来的人依稀都有体会，3组本队房子少、地少人多，尤其是到了小伙子们讨媳妇时住房尤为紧张。玉村中卫片区随着城市建设，1991～1993年征地工作逐渐展开，那时州城镇政府下文，征地补偿款给居民户只准分配48%，剩余52%沉淀在集体，组员多少有些积蓄，批地建新房每年只给二三户人家，加之建房成本高，满足不了社队居民户住房改善的需求。结合城市建设、征地补偿，队上为了顺利推进旧村改造，通过支部讨论，队上层层打报告，要求征地款分配给居民户的比例提高，达到人均补偿1万元，用于旧村改造。得到上级批复后，只要纳入旧村改造的，都可以实施。1993年，玉村拉开了旧房改造的序幕，3组先期16户开始第一批集中统规统建。地基面积户均80平方米（户均占地1.2分），一般是2层楼高，要求每户门前空出4米、门后空出2米宽的过道。工程由机建队来实施。由于是统规统建，层高技术标准仅2.7米高，框架结构易出现墙体开裂、漏水等情况，群众意见大，矛盾多，反映到上级后，上级不再要求统建，但地基需统建。1994～1995年，除地基需要统建外，3组第二批30多户开始自建，层高3米，一般3层半。1996～1997年，3组第三批51户除地基需要统建外，住房都是自建，为防止超高、超地基面

积，每户需要向集体缴纳押金 1 万元，等建成验收不超标且合格后，再将押金退给建房户。1998～1999 年，3 组旧村改造进入扫尾阶段，40 多户中有部分是家里女儿多，没有建房的，一直吵到最后一批，其中有六七户属于"钉子户"，也被纳入最后一批建房。

　　玉村 1 组、2 组、4 组在 3 组第一批建房后，听取 3 组意见、实施方案，纷纷推进旧村改造工作。由于旧村改造过程中，入户做工作艰难，面临多重矛盾。一是根据州城镇下发的旧村改造文件精神，当时家中有几个儿子的就可以建几套住房；有几个女儿、没有儿子的家庭，只准建 1 套房，因为女儿长大后会嫁出去；既有女儿又有儿子的家庭，只准给儿子批建房指标。这一政策，在 3 组会上宣布后，就像"炸开了锅"。群众想不通，认为这是男女性别歧视，待遇不公平。队上基层干部工作很难做，一方面，面对群众要"一碗水端平"，公平、公正对待；另一方面，要执行好上级的红头文件，哪怕上级文件有瑕疵。于是，天天有人跟基层干部吵架，甚至威胁到基层干部及家人的安全，影响干部家庭正常生活。二是建房成本高，考虑到征地补偿款集体分配比例高，不利于旧村改造，为此，社队集体向上级打报告，得到批复后才稳步推进。三是住房户改造位置即建房位置选址矛盾多。由于商住一体化，既有住处，又可以出租有收益，多数居民喜欢临街位置，便于房屋出租和今后开旅社。为解决该矛盾，社区居委会及 3 组通过"抓阄"方式，请公证处亲自监督，公平决定每户建房位置。"抓阄"现场，部分居民户为选取好的位置，上演"全武行"，在利益面前冲突是有的。其间，遇到令人很头疼的一件事情，1999 年村里有一个未嫁出去的大姑娘，因兄弟几个是男的，有指标，都可以建房，他们家只有她没有建，于是就闹到镇政府，镇领导要求她所在的 3 组集体出面给予解决。组上为此开了一次党员代表会议，党员代表根据镇上的文件精神，认为其建房要求不符合镇上红头文件，如果"开了口子"，那么那些女儿多的家庭也会要求一视同仁。基层干部既要执行上级文件，又要公平对待每一户，还要应对上级领导施加压力，只能忍辱负重，既要服务于市政规划建设大局，又要改善商住一体化的环境，工作开展难度很大。

（二）产生的社会影响

1996 年 8 月玉村开始启动新一轮旧村改造工作，到 1998 年 8 月，大面积的旧村改造基本宣告结束。这一时期的房屋以砖混结构为主，每户地基面积按 80 平方米计，地基由玉溪市三建公司、玉村机建队建设，按照文件精神，每户 3.5 层，在 2002 年以前以 3.5 层居多，到后来住户有钱后开始无序加层，到现在普遍加到 5～7 层，最高的加到 10 层；实际建房标准与上级文件规定不符，而上级文件与玉村村民的实际建房需求不符。原住户地基面积大的有二三百平方米，与旧村改造统一的 80 平方米/户的建房地基标准相比，地基面积偏小；尤其遇到家庭子女多，或者既有儿女又招女婿的住户，要按照文件精神贯彻执行，其中的难度和矛盾可想而知。由于子女多，尤其是儿子多的户数在建房分户时暴增，4 组在旧村改造中多建设了 100 套左右的房屋，而女儿多的家庭认为建房指标有失公平，矛盾冲突增多，村干部工作压力增大。针对在"公家"工作的人，单位分配有住房，仅仅是因为住房面积偏小而又要到村组建房的情况，经村组住房代表、党员代表等商议，按 500 元/平方米的地皮价格卖给他们；另外，针对原先住在临街的住户，住房位置通过公证"抓阄"来决定，以解决住房改造很多人要求住在临街的矛盾。

担任多年村组干部的 FY 老人谈起旧村改造的积极作用时认为，旧村改造使大部分人的积极性被调动起来了，有文化的、有劳动力的、有技能的、有经营头脑的，都出去找工作了，有的做生意，有的外出或者在周边打工，有的倒卖蔬菜，有的做剪纸，有的承揽工程，总之，在农村向城市社区转型过程中，要素配置效应达到了极致。旧村改造分户现象突出，对传统的家庭观念造成了冲击，也对社区建设和发展产生了影响。例如，在 2016 年"两委换届"召开选民会、村组户主会等会议时，由于分户增多，会务开支比往年多出 7000 多元。当然，旧村改造和土地分红，也催生了一部分"靠城吃城"和依赖性强的人。一部分精明的人开始租房、开旅社；少部分有劳动力的人不思进取，产生依赖思想，在家晒太阳、打麻将，对集体分红期望过高和依赖过重。在很多村民眼中，村组集体的分红"只能上，不能下"，"只能做加法，不能做减法"，这对社区良性发展产生一些影响。

四　预留地呈现的土地资本扩散效应

（一）预留地：集体经济的"蓄水池"

随着征地面积的不断增加，昔日玉村赖以生存的耕地不断减少，村民从土地中获得的收入也相应减少，如何谋生成为失地农民不得不考虑的问题。这期间有不少村民失去了他们祖祖辈辈经营的土地，当时有很多村民不无担忧地说："我们这些人只会耪田种地，没有了土地，你叫我们怎么活？"玉村人地矛盾突出，村民对征地存在顾虑，恰恰表明他们对土地占有的强烈渴望，恰恰表明他们对土地不足的忧虑。[①] 发展村集体经济成为小组为失地农民寻求出路的重要选择。为了让村民的经济来源有保障，玉村通过开发集体预留用地的办法来壮大集体经济。预留地给玉村社区发展留下了空间，为集体经济培育了新增长点，为公共服务能力提升和社区稳定发展提供了"稳压器"，预留地已成为玉村集体经济日益发展和壮大的"蓄水池"。玉村原主任 FS 回忆起玉村的发展时无限感慨：

> 20 世纪 80 年代中后期，由于城市建设和乡镇企业发展的需要，对玉村的征地开始了，对被占用的土地每亩补偿 1 万元。当时，征地过程中有个不成文的规定，集体可以有预留地，即每征 1 亩耕地，村小组可以提 10%～15% 的耕地作为集体预留用地，用于发展集体经济，但要提出具体发展项目后，才可用预留地进行开发建设。玉村的彩虹批发市场就是在使用集体预留地开发建设中应运而生的，玉溪铸管厂、汽车修理厂、酱菜厂等项目也陆续上马，集体办企业的用地也主要来自集体预留地。那时候，土地（政策）很宽松。汽车修理厂、酱菜厂址等留下来的集体所有的土地，成为现在集体经济发展的主要"源泉"。随着市场的发展，预留地也渐渐成为集体资源、资产和资金（集体"三资"）的源头。随着土地法规越来越健全，尤其是 1990～2000 年，全市开展了两次土地大清理工作，一

---

① 李金铮：《"研究清楚才动手"：20 世纪三四十年代费孝通的农村经济思想》，《近代史研究》2014 年第 4 期。

些集体在办理了相关手续和缴纳税费后，集体预留地便成为集体合法所有的土地。玉村中卫片区正是抓住了这个机遇，集体预留地使用基本上取得了合法手续，在由城郊农村融入城市发展过程中挖到了城市化建设的"第一桶金"。

如何真正发挥集体预留用地的功能，成为征地时村组干部最头痛的问题。集体预留用地由村民小组通过设计不同名目的项目和办理合法相关手续后，玉村开始开发利用集体预留地。在一年之内如果村民小组所提取的集体预留用地没有相关项目的进入，那么该土地将被收归国家所有。有小组干部回忆，为了壮大集体经济，他们想方设法地设计不同类型的项目，如建设停车场、开印刷厂，以将集体预留用地留在本小组内。如玉村1组就利用集体预留地建设了卫兴综合楼、安顺大停车场。这期间村干部花了大量的精力准备项目的可行性报告，并多次往返于国土资源部门。最后村集体以每亩 2000～3000 元的价格，成功将集体预留用地归为村集体所有。1组通过筹资建成卫兴综合楼后，将大楼出租出去以收取租金。这期间卫兴综合楼租给过家具公司、餐饮公司、娱乐公司等，20世纪 90 年代初期，每年的租金有 60 万元。玉村就是通过这样的形式盘活了集体资产，在发展集体经济的同时，让村民获得了更多的土地红利。

随着 2013 年玉溪市委、市政府联合下文，即《中共玉溪市委办公室玉溪市人民政府办公室关于切实加强预留安置用地和集体建设用地管理的通知》（玉办发〔2013〕62 号）出台后，玉溪取消了全市征收土地时预留安置用地的做法，规定今后征地将采用货币补偿安置办法，原则上基本取消了征地预留地。而目前的徐百户片区内所有农田不再保留"集体所有"性质，都划归为国有土地，这与政府推进的城市建设规划密切相关。徐百户片区如果要留（预留地）的话，需缴纳每亩 60 万元的优质耕地补偿费，但仅凭徐百户片区集体积累是拿不出这笔费用的。玉村6组的书记在访谈中提出："不要仅盯着农田，要跳出农业看农村发展，现在的徐百户有着后发优势。"这展示出玉村干部的素质和超前的发展眼光。

（二）集体分红：村组天壤之别

大包干时期，每组多少有点分红，但差别不大。自从随着城市化建设推进开始征地后，玉办发〔2013〕62号文出台前，村组拥有的集体预留地，在后来不断的市场开发、产业发展和集体经济壮大过程中，发挥了重要的促进作用。我们多次重访玉村发现，征地最集中的是中卫片区，村组集体积累并取得合法手续的预留地，为村组集体经济发展壮大起到了积极作用，居民户在村组集体分红中尝到了甜头。中卫片区在各类市场建设和发展中，人流、物流、信息流、资金流汇聚，生产要素集聚，辐射带动了玉村及周边房屋、铺面租赁业，以及酒店、餐饮住宿等服务业的发展，进一步夯实了玉村集体经济。由于市场、铺面、房租等收入差距大，中卫片区与徐百户片区人均分红的差距可谓有"天壤之别"。从玉村2017年各组人均分红可以看出这一差距：1组5700元、2组为10000元、3组为6260元、4组为10300元、5组为400元、6组为300元、7组为800元、8组为600元、9组为700元。

在村组集体经营收入水平有无预留地的村组之间是大不一样的。仅从2006~2017年村组集体经营收入统计数据来看，中卫片区（玉村1~4组）的村组集体经营收入占比一直高居75%~93%，而徐百户片区（玉村5~9组）的村组集体经营收入占比则一直在7%~25%徘徊（见图5-1、表5-3）。可见，预留地在村组集体经济打造、培育和发展壮大上的成效十分显著。

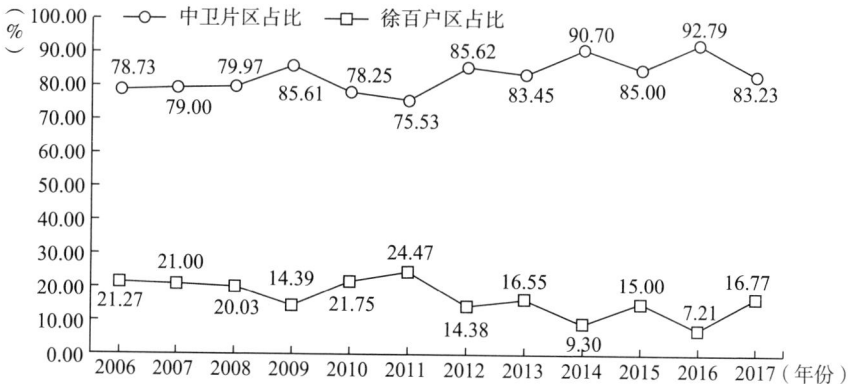

图5-1 2006~2017年玉村两大片区村组集体经营收入占比变化情况

资料来源：根据《玉村农村经济收益分配统计报表》（2006~2017年）整理而成。

表 5 - 3　2006～2017 年玉村 1～9 组组村组集体经营收入变化情况

单位：万元，%

村组	2006 年		2007 年		2008 年		2009 年		2010 年		2011 年		2012 年		2013 年		2014 年		2015 年		2017 年	
	收入	占比	收入	占比	收入	占比	收入	占比	收入	占比	收入	占比	收入	占比	收入	占比	收入	占比	收入	占比	收入	占比
1 组	105	26.58	159	21.55	130	21.00	120	21.86	181	17.42	209	16.50	179	10.96	193	10.01	252	13.10	363	15.16	352	20.29
2 组	54	13.67	141	19.11	64	10.34	103	18.76	198	19.06	243	19.18	474	29.01	523	27.13	528	27.44	587	24.52	413	23.80
3 组	64	16.20	128	17.34	96	15.51	74	13.48	180	17.32	212	16.73	270	16.52	329	17.06	365	18.97	444	18.55	201	11.59
4 组	88	22.28	155	21.00	205	33.12	173	31.51	254	24.45	293	23.12	476	29.13	564	29.25	600	31.19	641	26.77	478	27.55
5 组	4	1.01	24	3.25	22	3.55	13	2.37	40	3.85	68	5.37	53	3.24	81	4.20	41	2.13	86	3.59	46	2.65
6 组	3	0.76	32	4.34	30	4.85	10	1.82	38	3.66	59	4.66	28	1.71	69	3.58	21	1.09	67	2.80	49	2.82
7 组	12	3.04	44	5.96	34	5.49	28	5.10	61	5.87	80	6.31	64	3.92	72	3.74	51	2.65	91	3.80	25	1.44
8 组	65	16.46	40	5.42	19	3.07	15	2.73	56	5.39	53	4.18	53	3.24	53	2.75	49	2.55	60	2.51	121	6.97
9 组	0	0.00	15	2.03	19	3.07	13	2.37	31	2.98	50	3.95	37	2.27	44	2.28	17	0.88	55	2.30	50	2.88
合计	395	100.00	738	100.00	619	100.00	549	100.00	1039	100.00	1267	100.00	1634	100.00	1928	100.00	1924	100.00	2394	100.00	1735	100.00

资料来源：根据《玉村农村经济收益分配统计报表》（2006～2017 年）整理而成。

（三）土地资本的扩散效应

征地后预留地的分配产生的累积效应比土地劳动力产生的效益有过之而无不及，商业资本的膨胀大于土地劳动力产生的效益。当土地与资本结合产生的原始资本积累完成后，资本的扩散效应，即土地资本的再投资产生的收益越发凸显。当村集体所有的土地被征收，尤其是在地方开发过程中出现土地级差收益巨大的时候，掌握土地征收分配、土地补偿收益配置权的少数群体开始在土地资本化中获益。另外，随着玉村租赁业、商业的兴起，一些私营业主开始投资土地，以地生财。当然，也有一部分群体在土地资本化过程中由于仅获得较少的地租，不得不依靠在市场中出卖劳动力获得收入。再者，那些在土地资本化过程中没有获得收益的群体，仅靠种田维持生活，他们的收入相对较低。

1. 土地资本效应中的"暴发户"

FYK，53 岁，从来没种过地，家里的地都是他母亲在种。1982 年下半年他和父亲一起贩卖蔬菜。一开始在人民路上卖，当时一天可以赚 2～3 元，做得好的时候赚 5～6 元。1985 年以后就在窑头市场卖菜，他父亲负责运输菜，他负责卖菜。当时他父亲是从昆明呈贡等地搭油罐车去市场收菜，蔬菜的品种有 50～60 种，客源主要有附近单位的食堂、饭店，也零卖，附近单位的食堂占 50%，饭店占 20%，零卖占 30%，做得好的时候请 2～3 个工人，工钱参照企业的标准支付。1992 年下半年做得好的时候，他们开始进行多种经营，包括土杂产品（各种作料）、冷冻食品、酒水等。他们主要到昆明的菊花村市场进土杂产品，在昆明火车站附近批发酒水，作料主要是买原料回来自己加工。一年毛收入刨除了吃的、用的，剩下的收入比企业职工要高。1997 年做成企业，名为"玉坤土杂店"，并扩大了店面和经营规模，2018 年店面已经扩大到 7 间，在七星街的窑头市场。土地被征用后，FYK 的房子没有出租，主要用于放置货物，后来担心没人看家，就出租了一间给缝纫店，已经出租了三年。FYK 家的经济收入主要来自经营土杂店和年底的小组分红，日子过得很不错，有两个女儿，老大现在已经毕业在深圳打工，老二读大二，准备出国留学。尽管在整个访谈中，FYK 本人都没有透露他的收入是多少，但从他的消费可以看出，他的收入是很可观的。

2. 土地资本效应中的"弱势群体"

玉村徐百户片区 5 个小组都是仍有土地的农户，但人均耕地面积仅有 0.17 亩，家庭收入中既有务农收入也有打工收入。然而由于徐百户片区没有享受到预留地政策，村组只有一些荒滩地和细碎的空地出租，因此集体经济的收入较少。从 2006～2017 年村组集体经济收入统计数据来看，玉村 5～9 组的村组集体经营收入占比仅为 9%～21%。从 2017 年集体分红可以看出收入较低：5 组人均 400 元，6 组人均 300 元，7 组人均 800 元，8 组人均 600 元，9 组人均 700 元。另外，玉村征地涉及的村组主要集中在 1～4 组，1～4 组的耕地占总耕地面积的 60% 以上。从 2000 年开始，5～9 组的耕地也在不断减少，到目前仅剩 359.45 亩，人均耕地面积 0.17 亩。因此，5～9 组村民的家庭收入以打工收入为主、以务农收入为辅，家庭年收入在 5 万元左右。玉村约有 35% 的家庭收入在这一水平。例如 YDG，家里种着 2 亩蔬菜。调查当季种的是青菜，以往种过小白菜、大葱、茴香、青笋、萝卜、韭菜等。每天早上 7 点就要将菜运到批发市场，因此 YDG 和老伴凌晨 5 点就要起床到地里收菜。如果菜量较少，YDG 就会骑着农用摩托车到窑头农贸市场零售蔬菜，但这样的日子不多，因为相比批发销售，零售费时费力。一年下来除去成本，种菜的收入在 1.5 万元左右。还有干水泥工的 ZMW，由于家里耕地少，人口多，仅靠几亩薄田的收入难以维持生活，ZMW 选择打工。有浇筑任务时每天能拿到 200 元，休息的时候一分钱工资都没有。为了能多挣钱，他会在没有浇筑任务的时候在工地上干一些零工，每月平均下来有 5000～6000 元的收入。

五　征地中的村民和家庭

征地过程中，失地农民身份发生了转变，"农转非"进程加快。征地前的 1982 年，玉村非农业人口占总人口的 0.75%。随着城市建设征地、旧村改造、农转非等工作的开展，玉村非农业人口占总人口的比例逐年上升。玉村非农业人口占总人口的比例从 1982 年的 0.75%，上升到 2009 年的 79.0%，说明玉村人口城市化进程加快。同时，玉村人的身份也在转变。尤其是截至 1997 年，中卫片区的耕地全部被征用。1990～

2000 年，玉村非农业人口占总人口的比例由 1990 年的 1.3% 急剧上升到 2000 年的 52.0%，数据变化折射出玉村正处在社会加快转型过程中。2003～2009 年是玉村人由农业户口转向非农业户口的高峰时期，这一时期转型出现高峰的原因主要是玉村旧村改造已全部完成，徐百户片区耕地也渐渐被征用。整体上看，截至 2009 年，玉村非农业人口占比已达 79.0%（见表 5－4）。玉村居民绝大部分已由农民转为市民，户籍也随之由农村户籍转变为城镇户籍。

表 5－4　1954～2009 年玉村非农业人口占总人口的比例

单位:%

	1954 年	1964 年	1982 年	1990 年	2000 年	2003 年	2009 年
占比	0	0.08	0.75	1.30	52.0	53.0	79.0

资料来源：根据玉村档案室 1954～2009 年非农业人口统计数据整理而成。

2013 年以来，上级硬性下达任务指标，徐百户片区要全部实现农转城，享受"两床被子、十件衣服"[①] 政策。实施下来，玉村 17 人没有实现农转城，其中，徐百户片区有 16 人（见表 5－5）。原因有三：一是计生政策，转后不能享受二孩政策，当时未转的人担心转了后享受不到该政策；二是户口制约，担心结婚后，嫁入农村的户口迁不到农村，农村的嫁进来后户口落不到城市；三是思想观念落后。玉村 1 组有 1 户（户口上仅有 1 人）至今仍未实现农转非、农转城，是纯农业人口，问其原因，基本上与上述三方面一致。从云南省 2012 年、2013 年的农转城工作的实践结果可以看出，层层分解指标、硬性摊派任务存在不妥之处，从 2014 年起，政府对农转城工作不再下达硬性指标任务。

---

① 云南省第九次党代会提出，在城镇化进程中，要采取"两床被子、十件衣服"的政策。"两床被子"即在一段时间内给予进城落户农民"城乡兼有"的特殊身份待遇，既能享受农村惠民政策，又能平等共享城市的公共服务。"十件衣服"即继续保留转户进城农民的农村土地承包经营权、宅基地及农房的使用权、林地承包权和林木所有权、原户籍地计划生育政策、参与原农村集体经济组织资产分红权等五项权益；确保农村转户进城居民充分享受城镇保障政策，进入城镇住房、养老、医疗、就业、教育等五大保障体系。

表 5 - 5   玉村 2012 年农转城情况统计

单位：人

村组	已农转城人数	未农转城人数
1 组	4	1
5 组	427	
6 组	467	14
7 组	480	1
8 组	395	1
9 组	175	
合 计	1948	17

资料来源：根据《玉村 2012 年农转城总结报告》整理而成。

调查中，玉村党支部时任副书记 XHL 谈到，在农转非、农转城过程中，玉村市民化的步伐加快。

1991 年为修建昆玉公路征地时，涉及玉村 3~6 组，每组十多个（农转非）指标，每户给 1 个人的指标，学历高且已毕业的优先转，那一批有 70~80 人实现了农转非，享受政府一些政策（如城市肉食补贴、机关企事业单位招工等）。由于享受城市肉食补贴、机关企事业单位招工等待遇，小组（分红）待遇不能享受。但当时招工仅两三批，未传达到村组，很多指标也未能完全落实。到 1998 年第二轮承包耕地时，5 组和 6 组第一批"农转非"享受到了小组（分田地、分红）待遇。但由于是"农转非"，计生政策以及农村独生子女升学加分政策未享受到。随着 20 世纪 90 年代的旧村改造和城市建设征地，中卫片区基本完成了农转非工作。

六 户口留迁之争

在城市化进程加速中，社会转型调适需要一个过程。征地与工商业发展交织，城市社区的各种利益博弈和冲突逐步显现，土地的"保"与"卖"之争，众口难调；婚嫁人口流迁中户口"存留"与"迁出"透视出利益的驱动，也折射出利益矛盾和权益保障。

玉村社区与土地之间的利益关系既复杂又相互依赖，玉村居民与土地利益的关系还牵扯户口问题，不可回避地还有一个特殊群体，那就是迁出玉村但户口仍保留在本村的人群，他们以已婚的妇女为主。2014年，居委会及各组专门针对这一人口现象，对全村进行了一次摸底。调查结果显示，人口流出但仍在本村保留户口的有164人，其中已婚未迁的妇女有102人，占62.2%（见表5-6）。

表5-6 2014年玉村居民户口迁出但仍在本村保留户口的情况统计

单位：人

村组	合计	已婚未迁	有儿招婿	离婚人员	再婚人员	超生人员	其他
1组	22	15		1		1	5
2组	35	20	1	1	1		12
3组	29	15	1	4		3	6
4组	25	18		1			6
5组	12	9					3
6组	12	9		2			1
7组	13	8		2		1	2
8组	11	5		3			3
9组	5	3					2
合计	164	102	2	14	1	5	40

资料来源：根据调查资料整理而成。

该群体在村内处于舆论的"风口浪尖"上，访谈中不同层级、不同性别的人仍存不满，他们这样陈述：

2002年本村实行股份制，在征地及出租等收入中，村组集体提留20%，分配给有本村户口的居民80%，入股股份"生不增，死不减"，该制度执行了3年。到2005年废除了股份制，当年去世的给一年（的收入）。同时规定，本村妇女嫁到外村的，户口要迁出，嫁出去的分红只占一人一份中的30%。这种政策在整个红塔区都不一样。然而，具体实施下来，部分妇女采取了权宜之计，例如部分人结婚不去小组登记、不办理相关的户口迁出手续，仍将户口保留在本村，不愿迁出；有的离婚的再婚，分红矛盾产生了；有的不嫁出，通过招赘迁入本村落户；等等，这些做法引起了村组居民的不满。几经争吵和纠纷，2010 年集体经济《中卫社区集体经济利益分配办法》出台，规定迁出本村即便户口保留在本村，仍不能参与本村的分红，然而具体执行中，熟人熟面的，仍旧难以实施，有些村组睁一只眼闭一只眼。

过去经济效益不好的时候，各村组都不很计较。当经济效益好的时候，各组间、各户间利益纠纷矛盾很多。"大包干"以前，嫁出去的需要打户口证明才能外迁。自征地以来，尤其是 2000 年前后，玉村及各组把集体资产作为股份，确定享受的对象，分红主要依据户口有没有在玉村。这样一来就出现了嫁出去的不迁户口的现象，也就是说，外嫁的都不愿意把户口迁出去，尤其是开始出现嫁出去的争土地、争分红以及要待遇、要建房的现象，矛盾增多。有些嫁出去的妇女提出"不要待遇，只要户口"的权宜之计，户口留下来不愿意迁出，成为村组"代管户"。由于 2000 年前后，留下来的"代管户"因分红闹得凶，引起社区村组内多数人的不满，之前可享受的 30% 分红待遇，后因"村规民约"——《中卫社区集体经济利益分配办法》而被取消。该"村规民约"对嫁出去的、再婚随迁的，以及再婚随迁子女、大中专毕业后工作的等不享受利益分配的特殊人员进行了界定。其实，所谓的"村规民约"在部分村干部和村民眼中都是存在问题的，如以权宜之计留下来的"代管户"人员拿出宪法，认为该村规民约与宪法"男女平等"的规定是冲突的，是歧视妇女、漠视妇女地位和权益。这些观点出现后，基层干部在处理村组成员与提出异议者之间的利益纠纷时"两边"为难。

因此，从社会性别的视角，研究玉村社会变迁中女性地位，可管中窥豹，透视妇女角色和地位。在利益博弈方面，不仅在不同性别间，而且在社区妇女中的既得利益者与权益损失者之间的对话中都触摸不到平等对话的气息。① 妇女以不同视角、不同立场，给我们诠释了性别地位。

---

① 李斌：《村庄历史与社会性别——试评〈中国妇女与农村发展：云南禄村六十年的变迁〉》，《中国农业大学学报》（社会科学版）2014 年第 1 期。

对当时背景下的妇女权益和地位，作为身不在其中的我们不应求全责备。

2017 年 6 月 27 日，玉村户代表会议表决通过了《红塔区玉带路街道玉村社区居民公约》及《红塔区玉带路街道玉村社区新增（减）集体经济组织成员资格认定办法》。资格认定对 4 组的影响是最明显的，通过和 4 组书记 FY 交流我们得知：2016 年，4 组参与分红不到 500 人，每人分到 9230 元；2017 年，由于二孩政策等影响，参加分红的人增加到 513 人，但彩虹家居广场、明仁医院的租金递增，因此在人数增加的情况下，集体经济总收入增加到了 629 万元，人均分到 10300 元，位居玉村第一。但是，2017 年 6 月《红塔区玉带路街道玉村社区新增（减）集体经济组织成员资格认定办法》出台后，新增 63 人，还不包括 2018 年新增的结婚、生子、离婚再婚，嫁了不迁户，小孩跟母亲落户等情况。因此，2018 年分红时，参与分红的人更多。另外，政府指出玉村的集体分红未纳税，如果加上纳税，2018 年的总收入可能会减少，这样一来，可能会引起组内更多人的不满。FY 是这样形容的：“堆尖的一碗饭，扒平了，就不满一碗，都会来闹。”因此，FY 觉得 2018 年的分红是一件令人头疼的事，在 4 组这样“钻空子”的人太多，他认为这与政府的政策有很大关系，这次资格认定是在红塔区先做试点。

同时，对比 7 组和 3 组村民对集体成员资格认定的看法。7 组属于徐百户片区，集体成员资格认定对于他们来说没有掀起多大波澜，甚至有些农户对这个事都没有认知，在居委会任职的 7 组村民 YSC 认为，他们组没有出现过多的为保留集体成员资格认定而出现的女方结婚不迁户口等情况。而 3 组的村民 FR 和 WT 则认为这是一件好事，体现男女平等，更加体现公正。出现这样不同的声音，笔者认为主要原因是 4 组的分红最多，而有 50% 的人是依靠分红生活的，因此更多人会关注是否有更多的人参与分一杯羹；7 组 2017 年的分红人均仅 800 元，大多数年轻人忙于打工挣钱，老年人忙于种地卖菜，没有时间和精力来纠缠这些事；3 组的人分到 6000 多元的分红，处于中间水平，比较稳定。因此，经济利益是影响村民对集体成员资格认定持不同看法的主要因素，从根源上说，似乎还与征地对村组集体经济影响的程度相关。

第六章　驶入快车道的商业

随着征地工作的推进和城市建设步伐的加快，玉村已由过去的一个农村社区逐步转型发展成如今的城市社区。在城市化进程中，土地资本和商业资本融合助推，玉村商业开发加速，商业资本和商业经营主体呈多元化，商业开发中市场"溢出效应"渐显，已逐步迈入商业发展时代。业主道出了各自的"商业经"，人口流迁状况是透视商业景气与否的"晴雨表"。市场土地的"保"与"卖"之争，众口难调，折射出互惠信任情况，各种利益博弈和冲突逐步显现。

一　商业开发驶入快车道

张之毅笔下的玉村以农业为主，由于玉村地处商业发达的玉溪县境内，农业上的贫困和商业上的富裕，成为十分鲜明的时代写照。在近代玉村商业活动中，洋纱业算作主角；其次是鸦片贩卖占据商业往来的一席之地；再者，金融业中的财会、存款、放债也是玉村商业活动之一。近代的玉村商业活动具有典型的落后性、投机性和冒险性，在历史潮流中沉浮、兴衰，但又对当时的农村经济产生影响。[①]

（一）商业逐渐兴起

据玉村原主任回忆，20 世纪 50 年代，玉村的商业活动沿袭逢单日的相对简单交易，由于当时的物资奇缺，城关供销社在玉村建立购销店，负责收购废旧铜铁和农副产品，同时销售生活和生产资料。到了 20 世纪 60 年代至 70 年代中期，除购销店的一般商业活动外，玉村的其他商业活动主要是销售蔬菜，集体经济收入主要来源于蔬菜产业，蔬菜主要销往州城镇（现玉带路街道办事处）蔬菜市场。20 世纪 70 年代末 80 年代初，随着农

---

① 费孝通、张之毅：《云南三村》，社会科学文献出版社，2006，第 484～512 页。

业经营体制改革的不断深入，尤其是家庭联产承包责任制的实行，及农村生产力解放和剩余劳动力的产生，为乡镇企业的发展提供了广阔的空间。城市经济体制改革深入，也为乡镇企业发展提供了更宽松的政治经济环境。20世纪80年代中后期到90年代中期，城市化步伐加快，征地过程中积攒下来的集体预留用地如何开发利用，考验着玉村及村组集体的智慧。随着改革开放步伐加快，"无工不富""无商不活"理念已渐渐渗入基层干部的骨髓。通过"摸着石头过河"，玉村先后建起了玉溪市铸管厂、玉溪市普惠票据印刷厂、太阳能设备厂、玉溪市彩钢制品工程公司、玉溪市汇聚工贸有限公司、玉溪市呈升建筑装饰工程有限责任公司等一批工业、建筑业、房地产、商贸和物流运输企业。从20世纪80年代中后期到90年代中期，玉村社办企业、乡镇企业异军突起，打破了历史上长期形成的"农村搞农业，城市搞工业"的经济结构。在20世纪90年代后期的深化改制中，玉村社办企业、乡镇企业华丽转身为民营企业。

社办企业、乡镇企业和民营经济兴起的同时，玉村商业开发逐步发展。1979年、1986年先后建成中卫旅社、中卫蔬菜公司，随着20世纪90年代以来的农副产品批发市场、外来劳动力市场、水果市场、彩虹商业广场、家私广场、旧货市场、明仁医院、富然大酒店、浙商大酒店、淘宝街、太极加油站、彩虹小区等的建设，玉村经营土杂、百货、餐饮、酒店、修理、服务等一批个体工商户进驻和发展，政府、金融等机构入驻，玉村城边经济快速发展起来。随着旧村改造的完成和市场的带动，玉村开旅社、宾馆，进行铺面出租和摆摊经营，催生出街边经济、路边经济，街边经济、路边经济又助推城市周边经济发展。玉村地处城乡接合的中心地带，交通便利，易于集散，许多商户选择在这里安家落户，集中的工商业需要仓储、运输、物流、市场、服务等同步发展，这使玉村人气聚集，物资流动加速，产销两旺，客观上带动了当地商品经济的繁荣，也带动了周边农村发展。正如费孝通所言，城市是一个不可或缺的经济中心，玉村中卫片区与徐百户片区"城市中的农村"及周边农村"乡脚"相连，周遭的农村滋养着玉村城区又受之反哺，二者的关系好比细胞质与细胞核。①

---

① 费孝通：《小城镇四记》，新华出版社，1985，第12页。

（二）土地资本与商业资本融合助力

玉村具有独特的城郊区位优势，在城市经济发展道路上，其土地越来越稀缺。作为商业活动最重要的资本，土地资本汇聚了商业发展的多元素，已成为玉村财富催生的"聚宝盆"。

商业资金与土地资本的融合，推动着商业市场发展。彩虹批发市场始建于 1991 年。1999 年，玉村投资 1780 万元改扩建后，彩虹批发市场主要由百货副食品、粮油、商品零售、蔬菜批发 4 个专业市场组成，占地 42 亩，发展到 2016 年，彩虹批发市场为社区和村组集体带来的年租金收入多达 900 万元。2003 年招商引资 2000 万元建设的彩虹商业广场，占地 17 亩，年租金收入 46 万元。同年，招商引资 1350 万元建设的彩虹家私广场，占地面积 46 亩，年租金收入 40 万元。累计投资 400 万元的水果批发市场，占地 23 亩，年租金收入 60 万元。占地 8.20 亩的明仁医院，租期 20 年，年租金收入 18 万元，现面临到期和续租问题。彩虹商业广场内，饭馆和停车场生意都还不错，夜市商品琳琅满目，淘宝街人头攒动。除此之外，玉村还有其他市场，在此就不一一赘述。

在商业资本、土地资本和土地收益预期多重作用下，玉村集体经济收益不菲。玉村社区在商业广场、房屋、市场、停车场、办公楼、闲置土地、荒滩地等出租方面，2017 年有 25 笔合同交易，协议涉及年租金 337.50 万元。这 25 笔交易中，与公司和单位或机构签订的协议有 6 笔，另有 19 笔交易是与个体工商户签订的。

（三）工商业主导社区产业

随着城市建设不断"圈地"，工商经济不断侵蚀，农村耕地面积不断减少，农业生产活动的空间被挤压，农业在地处城郊接合部的玉村的基础地位被撼动，城市工商业逐渐取代农业成为玉村社区经济活动的"主角"。为厘清玉村产业结构变迁，我们系统梳理了 1991～2017 年玉村经济总收入中来自农业、工商业及其他收入的结构变迁情况。不难发现，玉村已经实现了从以蔬菜产业、养殖业作为主导产业，到以工商业为主的产业转型。以蔬菜、畜禽养殖为主的农业收入占经济总收入的比例由

1991 年的 60.1% 急剧下滑到 1995 年的 9.9%，短短 4 年间，农业在玉村集体经济收入中的地位遭遇"断崖"式下降。到 1999 年，农业在玉村经济总收入中的比重已降到 0.8%，到 2017 年农业在玉村经济总收入中的比重微乎其微，在 0.3% 左右。与此同时，以工业、建筑业为代表的第二产业在玉村收入中的占比由 1991 年 26.3% 增长到 2017 年的 54.9%，以商贸、餐饮、物流运输为代表的第三产业在玉村总收入中的占比则由 1991 年的 7.2% 增长到 2017 年的 33.0%，2007 年曾一度突破 50%，达到 54.9%（见表 6-1、图 6-1）。可见，玉村目前经济形态以工商业为主，昔日张之毅笔下的玉村农业仅能从徐百户片区找到点影子，但也今非昔比。

表 6-1　1991~2015 年玉村经济总收入来自三次产业及其他产业收入结构

单位：万元,%

年份	经济总收入	第一产业		第二产业		第三产业		其他	
		收入	占比	收入	占比	收入	占比	收入	占比
1991	550.23	331	60.1	144.92	26.3	39.64	7.2	34.67	6.3
1995	5888	580	9.9	3562	60.5	741	12.6	1005	17.1
1999	16276	132	0.8	9576	58.8	2036	12.5	4532	27.8
2003	33235	335	1.0	14680	44.2	7349	22.1	10871	32.7
2007	70439	386	0.5	17318	24.6	38652	54.9	14083	20.0
2010	88594	337	0.4	49924	56.4	30169	34.1	8164	9.2
2012	107372	460	0.4	40813	38.0	46189	43.0	19910	18.5
2015	149647	803	0.5	81948	54.8	49328	33.0	17568	11.7
2017	180664	568	0.3	99156	54.9	59676	33.0	21264	11.8

注：其他产业收入主要包括租金分红收入、转移性政策收入等，这些无法纳入三次产业收入中。

资料来源：根据《玉村农村经济收益分配统计报表》（1991~2017 年）整理而成。

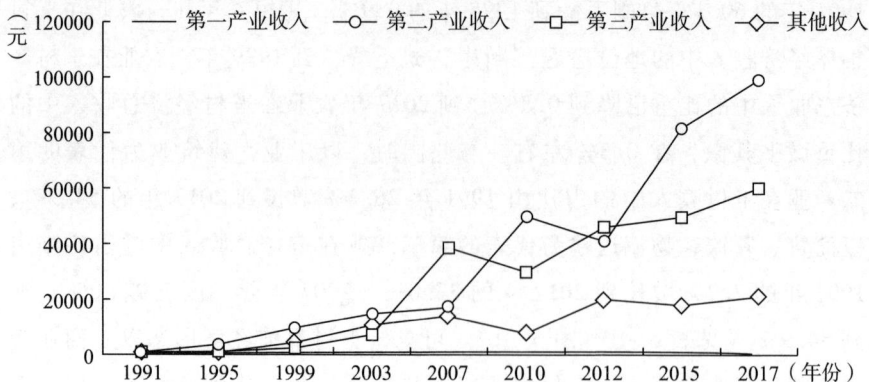

图 6 - 1　1991 ~ 2017 年玉村经济总收入来自三次产业及其他产业收入增长情况

资料来源：根据《玉村农村经济收益分配统计报表》（1991 ~ 2017 年）整理而成。

二　商业市场"溢出效应"显著

（一）市场的"溢出效应"

玉村发展到今天，彩虹批发市场等一批实体市场的发展辐射带动了玉村经济社会发展，促进了玉村人流、物流、信息流等要素集聚，是玉村产业链延伸的"倍增器"。一方面，市场激活玉村房屋、铺面等租赁业发展，对玉村租赁业的产生和发展起到了重要的助推作用。经营业主来玉村做生意，要租铺面，商品交易量大，又带动了玉村及周边仓储业的租赁和发展。大量的人流带动了房屋出租和餐饮娱乐、购物（淘宝街等）的发展，从而带动了整个服务业的发展。另一方面，彩虹批发市场对玉村过去、现在和未来的发展贡献，不仅仅体现在经济利益和经济效益上，更体现在对社会发展的贡献上，是稳定玉村社会发展的"稳压器"，解决了 1000 多人的就业问题，促进了劳动力转移就业。目前，周边铺面缺乏市场带动，纷纷压价，以低价出租，而玉村社区的市场铺面价格稳定、相对容易租出去，生命力较旺盛，无疑彩虹批发市场发挥了一个"稳定器"的作用。而且，随着财富增长、土地指标更加紧缺，市场所在的地皮增值空间和潜力无限。因此，依附于市场建设的玉村社区土地，承载着商业生产、就业吸纳、社会稳定、社会保障等多种功能。

（二）以商带工、"乡脚"相连

随着地处城市的玉村中卫片区的村组集体征地结束，各村组紧锣密鼓地筹划集体经济发展，集体预留地作用开始显现并发力，有了资金积累的村组工商业在时机成熟时如雨后春笋般遍地生长，现代商业活动逐渐频繁。市场建设、房地产开发"以商带工"，拉动了玉村建筑业及其他产业发展。玉村各类市场建设和发展，带动周围农村地区商品、农资集散和流通，一方面受徐百户片区"城市中的农村"及周边农村的滋养，另一方面又反哺着"城市中的农村"及周边农村。正是区域内外的企业、商人汇聚于玉村，才编织成了一个区域性商业网络，把千家万户的商品生产同千变万化的市场需求联结了起来。玉村作为城市经济辐射、扩散的基地，是城乡一体的纽带，既处于城市之尾，联结着城市雄厚的资金、先进的技术和即时的信息，又处于农村之首，联结着农村丰富的劳动力、土地及其他资源。玉村与周边农村有着千丝万缕的联系，是城乡联系的必经环节，是商品交换的一个重要区域。玉村商业往来起着"龙头"引领作用或者说发挥着"前哨阵地"作用，既促进城乡商品流通，又作为"乡脚"带动着农村区域经济发展，以城带村、以村促城，推动着城乡连为一体。

从调研的村组看，征地后村民的主要生计活动是商贸服务业。目前，玉村商业活动主要围绕村组集体土地及依附于土地的铺面、市场、房屋、公房、综合服务楼以及山地、鱼塘等资产的出租，进而与不同的公司业主、个体户等有商业往来。由于各组的区位、资源禀赋差异，各组商业租金收入差距很大。通过对2017年玉村各组租赁合同、协议登记表的整理，我们不难发现，玉村中卫片区与徐百户片区的商业化程度迥然不同，以城带乡逐步显现。2017年，中卫片区签订的商业合同、协议交易笔数达46笔，租金收入高达1513.37万元，其中，与个体户签订合同达37笔，与红塔物业、宏桥蔬菜批发、玉溪矿业、玉安达快递、汇荣彩板制品、一心堂、中义商贸、明仁医院、富然房地产等公司签订商业合同达9笔。另外，由于彩虹批发市场有限公司于2012年解散，中卫片区四个小组各自经营管理着彩虹蔬菜批发市场、百货副食品市场、粮油市场、商品零售市场。市场铺面和临街铺面出租也为玉村中卫片区带来不菲的租赁收入。而处于徐百户片区的五个小组，商业活动、商业经济却不如中卫片区那么频繁、那么繁荣。从5~9组签订的商业合同、协议来看，虽然交易笔数达12笔，但2017年租金收入仅为43.59万元，仅相当于中卫片区同期水平的2.9%（见表6-2）。可见，徐百户片区的商业活动收益远不及中卫片区，虽然以城带乡成效初显，但城乡差距明显。

表6-2　2017年玉村各村组租赁交易及租金情况

村组	1组	2组	3组	4组	5组	6组	7组	8组	9组
合同交易（笔）	10	22	9	5	2	3	1	1	5
租金合计（万元）	95.95	602.69	587.75	226.98	8.93	7.93	8.62	4.62	13.49
个体（户）	8	20	8	1	1	2	1	0	3
公司业主（家）	2	2	1	4	1	1	1	1	2

资料来源：根据《玉带路街道办事处玉村1~9组租赁合同、协议登记表》整理而成。

玉村1组的生计活动受益于商贸。在工商经济发展的同时，辐射带动下游居民户参与商贸活动而从中受益。据玉村1组书记、组长、副组长等人反映，现有的187户中有42户开旅社，卖蔬菜的有4~5户，还有部分开小卖部（卖日常用品）。出租房屋的居民户占70%。其中，20多户把房屋全出租了，自己买了商品房居住。另30%不出租房屋，原因在于其房屋不临街；2户做防盗门窗生意的大户，不缺钱；另外，有的嫌出租出去太乱且太吵，影响生活作息。出租房屋收入最高的时候是2010~2014年，那时外来打工人员多、生意好做。

玉村2组、3组、6组的生计活动如下。76岁的玉村原大队书记提到玉村3组时认为，该组90%以上的家庭收入来源于出租房屋；4~5户在开旅社；部分自营、部分出租铺面；60%~70%的劳动力主要在玉溪市内尤其是红塔区内打工。访谈中玉村2组副组长ZXY回顾起她于1987年嫁来2组时的情况，农户以种蔬菜居多，随着征地、市场建设和旧村改造，本组生产活动发生重大转变，由种植业转为做生意、经商、出租铺面和房屋、开旅店等商业活动，本组95%的居民户出租房屋，有3户出租铺面；做大小生意的有20多户（含开小卖部）；另外，有3户当建筑公司、彩钢瓦厂、酒店的老板。访谈时玉村6组书记谈及，6组2017年开旅社的一家也没有，房屋出租占比仅为10%左右，远比不上拥有高房屋出租率的1～4组，也比不过同在徐百户片区的5组、7组、8组和9组，因为彩虹路扩建后，5组、7组和8组的房屋和铺面好租。

谈及玉村的商业活动，原在玉村任职企业办主任的YSC更是了然于胸，他介绍了自己所在的玉村7组的商业活动情况。

7组1997年被政府征地，由房地产公司开发成彩虹小区，涉及3、4、7、8、9等五个小组的地，征地面积有几百亩。其中7组有59亩土地被征，征地款为435万元，人均征地补偿5900元。而后，由于区廉租房建设等，在2005年、2008年对7组有零星征地。掐指算来，1997～2008年，7组共被征地3次，涉及面积62.1亩。另外，与中卫片区各村组较高的房屋出租率相比，7组的这一数据仅为20%左右，而且房租价格也仅相当于中卫片区各村组的50%左右。以3层半的房屋为例，中卫片区各村组平均可以租到3万元，而7组平均仅能租到1.5万～1.6万元。而且7组的商铺价仅为中卫片区各村组平均价的60%左右。7组农事活动主要是在家的老年人，以种蔬菜为主，应该算是精耕细作；来中卫片区1～4组倒菜（搞流通）的有二三户，60%的菜农是自产自销。20～40岁的青壮年以外出务工为主，来中卫片区四个小组打工的不多，主要是参与市场管理，如做保洁员、保安，从事家政服务（从旅社、旅馆、酒店揽活，如洗被单、被套等）。被华兴物业（私企）聘的保洁员，以女性为主。在外打工的主要是在红塔区周边，以建筑工为主，部分经营服装。租赁玉村7组土地的有1家公司业主，是某纸品公司玉溪分厂；其余的主要是个体户租赁7组的综合服务楼、公房、浴室、预制板厂、土地、鱼塘等。2017年这些合同交易为玉村7组带来的租金收入为35.67万元。

三　人口流迁状况是经济景气与否的"晴雨表"

（一）人口流迁状况透视出包容和发展的窗口

张之毅笔下的玉村，赤贫之家无田无地，谋生机会太少，毁于匪患洗劫和大火后，贫苦人家零零散散迁出玉村的达 37 户，殷实之家的富户则多迁至县城，有 20 户；除举家迁走外，余下村户中或因征兵，或因到外地求学，或因当学徒、童工等离村，有 70 余人。人口流迁为人地矛盾本已十分突出的玉村带来了发展的喘息机会。①

费孝通在城镇建设思想中关于人口的理论，认为城镇是劳动力的蓄水池，人口问题研究是城镇研究的突破口。② 城镇能吸引大量农村剩余劳动力，既可缓解"民工潮"对城市造成的冲击和压力，也可避免农民适应城市的阵痛，是农村人口城市化的缓冲地带。③ 城镇是调节城乡人口的"蓄水池"，同时从心理层面上说也是农民转化为市民的"中转站"。④ 城市的"近距扩延""超距辐射"⑤，可带动农民工进城务工。从农村流入城市的农民，他们只身进城，挣钱养活乡下的亲人，这样"藕不断，丝还连"的乡土关系是乡镇企业得以促发和催化的条件⑥，靠近城市的农村比较容易发展工业。⑦

20 世纪 80 年代中后期至 90 年代中期，玉村城市工商经济逐步繁荣，为适应城市建设、旧村改造、工商经济发展等大量的用工需求，周边及省外务工人员流入玉村，自发形成外来劳动力市场。1996 年底，玉村居委会投资 74 万元建玉溪外来劳动力市场，2002 年成立了劳动力市场管理办公室。往年，在玉村居委会门前及附近自发形成的外来务工市场，春节一过，每天聚集的务工人员多则有五六百人，少则有三四百人。2017年与之前形成了强烈反差，稀稀拉拉仅有二三十人，显然与昔日的繁荣景象有巨大反差。"候鸟"似的外来务工人员数量已成了判断经济景气不景气的"晴雨表"。新当选的总支书记 FZJ 一语中的、一针见血地谈道："相比往年，2017 年来玉村的外来务工人员大为减少，与当下经济下行的现象有很大关联。"玉村 3 组组长在谈及自己经营的租赁行当时，

① 费孝通、张之毅：《云南三村》，社会科学文献出版社，2006，第 457~474 页。
② 马新满：《费孝通小城镇建设思想研究》，《湖南科技学院学报》2005 年第 8 期。
③ 许珍芳、许福海：《费孝通小城镇建设思想及对社会主义新农村建设的启示》，《南京人口管理干部学院学报》2007 年第 4 期。
④ 陈霞：《费孝通的小城镇建设思想研究》，硕士学位论文，陕西师范大学，2009。
⑤ 费孝通：《小城镇四记》，新华出版社，1985，第 119~121 页。
⑥ 费孝通：《小城镇四记》，新华出版社，1985，第 60 页。
⑦ 费孝通：《费孝通论小城镇建设》，群言出版社，2000，第 285 页。

也谈道："自 2015 年以来，来居委会附近的自发性劳务市场揽工活、务工的临时工大大减少了。往年这个时候，一大早就有很多民工聚集在这里，雇工的老板一喊，外来务工人员就跟着去打工了。"外来做生意、打工的流动人口减少，对房屋、铺面出租影响较大。

外来经商务工人员的减少，最直接感受到"寒冬"的当数那些出租者。实体经济、实体产业面临困境，当然会波及下游的住房、铺面、仓库等的租赁，有点唇亡齿寒，正如力学中波峰—波谷—波尾之效应。经济景气与否，会波及人流、物流和产业链各环节。还好，玉村市场主营日常百货、粮油、蔬菜等人们日常生活离不开的商品，依旧门庭若市，铺面、房屋出租率居高不下。只是务工市场冷清了许多，不如前几年那么辉煌。

玉村作为城乡连接处，为农民进城、农民转变为市民提供了一个"中转站"。费孝通认为，中国农民生活在差序格局上封闭的、缺少变动的熟人社会，社会行为与城市社会相比存在巨大差异，直接把农民变市民，农民在心理和行为上都无法马上接受。玉村作为城乡接合部，乡土文明和城市文明在这里交汇、碰撞、融合，成为二者的缓冲区；在这里，进城农民在生活方式、思想观念、心理认同、文化技能等方面可以避免适应城市生活的阵痛[1]，通过缓冲、中和，逐渐改变自己的生产观念和经营方式。

玉村城市工商经济的发展吸引农民进城务工，加快着农民转为市民的步伐。城郊经济使大量农村剩余劳动力有了出路，大量亦城亦乡人员的出现反映了农民向市民转化的过程。玉村亦城亦乡队伍的形成，以及"离土离乡"人口流迁现象的出现，不仅改变了玉村的社会结构，而且改变了玉村人口的分布，并最终汇聚成了玉村发展的人口"蓄水池"，加快了"城市中的农村"与周边农村"空巢化"的步伐。

（二）人口流迁状况成为经济景气与否的"晴雨表"

时移世易，在城市化加速推进和社会加速转型的今天，玉村车水马

---

① 许珍芳、许福海：《费孝通小城镇建设思想及对社会主义新农村建设的启示》，《南京人口管理干部学院学报》2007 年第 4 期。

龙，但人口流迁却是另一番景象。城市经济繁荣伴随大量经商务工的人员迁入，汇聚成了玉村发展的人口"蓄水池"。外来经商务工人员得以驻留并融入玉村，见证了玉村开放、包容发展的昨天和今天。务工人员流迁状况也成为经济景气与否的"晴雨表"。但与大多数地区不一样，玉村还有一个特殊群体引起了我们的关注。我们在玉村周边的自发劳动力市场里，从一群闲着没事凑在一起打"双扣"扑克的打工者中随机找到一位管姓村民进行了解。

此人来自贵州威宁，40多岁，全家3口人于2003年就来玉村了，小孩在玉村小学上学，他自己主要从事建筑、拆迁、搬运等工种。新星社区房东把一栋房子的3到5楼租给几户人家，这位管姓打工者一家租了一间12平方米的房屋，房屋租金2003年约70元/月，加上水电费差不多100元/月，到了2011年，又逐年涨到了200元/月，2016年房屋租金已达350元/月，入户电表分到每间租户，水费按人头均摊。从一家人的支出来看，现在除了房租，小孩上学每年在学校的午餐费、学习用品等费用要花6000多元；一家人在玉溪生活、交通、小病小痛等日常开销需花2万多元。

从管姓打工者13年的打工生涯来看，2012年、2013年打工机会最多，工作最好找。2003年初到玉村时，他每天打工收入大约在20元，到了2007年打工收入涨到50元/天，2009年后期，打工收入每天达到100元，2016年为120元/天，难一点的活计可以收入150元/天。这位管姓打工者独自一人在外打工，妻子要做饭、陪娃娃上学、辅导学习，他一年要打工210~220天，一年毛收入为25000~26000元，否则无法贴补家里的开销。

随着玉村市场建设和发展，自发形成的劳动力市场已有约20年，见证了南来北往的打工人群和城市建设。过去的十几年，玉村车水马龙、人群熙熙攘攘，早上多的时候聚集了四五百来自各地的打工者，等待老板们前来。他们争相揽活，以维持生计。但现在只有几十人，冷清清地等待老板上来招工、揽活。

打工者间时有矛盾发生。本来近两年生意不好做，僧多粥少，打工者间的竞争多了，矛盾随之就多了。前一段时间，打工者甲与一老板谈打工工价时，甲最低要价100元/天，打工人群一哄而上，都围过来，其中打工者乙为了争得这个打工机会，压价至 80 元/天，生意还未谈成，结果两个打工者就先打起来了。

打工最担心的事还是老板欠薪。工资拖欠情况时有发生，打工者维护自己的权益比较困难。管姓打工者记忆最深刻的一次，是 2008 年在玉溪一家果木林场打工，由一家建筑公司承包，后来转包给一个外省老板来经营，结果私人老板卷款走人，打工者最担心的事发生了，欠薪维权之路艰辛曲折，个中酸甜苦辣，只有经历的人才知道，到后来，终于拿到了建筑公司拖欠的工资。

四 业主各自念好"商业经"

（一）玉村商业巨头：富然公司

谈及公司"富然"的来历，公司负责人淡然一说："那是妻子考虑的名字。"富然公司成立于 2005 年 10 月，经营范围以商业地产开发建设为主。自成立以来，成功开发建设了多个项目，富然公司主要经营领域为商业地产，主要包括彩虹商业广场和彩虹新城，另一大块就是酒店、写字楼经营，酒店主要有富然大酒店、浙商大酒店、华都酒店、瑞兴元酒店。公司持有并经营玉溪市第一高楼——富然中心写字楼，以及富然大酒店、玉溪市水果批发市场、玉溪淘宝街等物业，市值约 5 亿元，累计上缴国家税费近亿元，为地方经济做出了重要贡献。

企业肩负社会责任。作为玉溪商界后起之秀，富然公司始终遵循创造精品、造福社会的开发理念，稳健运营，循序渐进，在发展过程中以社会责任为己任，实现企业价值和社会价值的和谐统一。富然公司自成立至今，解决了相关产业 2000 多人的就业问题，同时全额出资 2000 多万元修建了中卫路延长线，改善了市容市貌和人居环境，拓展了城市发展空间，利用民营资本为市政建设做出了贡献。自成立以来，富然公司多次被评为"守合同重信用"星级单位，多次被授予"重点企业"、"地方财政突出贡献企业"和"玉溪市民营企业重点保护单位"等称号。

成立初期，该公司主要是对原乡镇企业破产后的土地进行收购，如对玉溪第三印刷厂、玉溪第三建筑公司、金属包装厂、玉村供销社、食品公司等，通过市场公开"招拍挂"程序，收购到这些破产企业的土地，用于市场商业开发，在商场发展中挖到了公司的"第一桶金"。另外，承租到玉村3组和4组以及居委会的土地，租期20多年，每5年租金递增10%给社队，公司采取"共赢"模式，除了每年支付土地租金，合同期满后，地上建筑物归社队和居委会。

（二）彩虹家私广场经营之路

经营彩虹家私广场的企业是一家四川双流的家族式企业，该企业客户主要来自成都、贵州，该企业在曲靖、景洪、弥勒、蒙自发展的规模已比较大，甚至在新疆也有业务。

谈起公司源起时，公司经理无限感慨地回忆起父辈们在昆明、曲靖、玉溪等地打拼家具行业的情形。2004年彩虹家私广场未建设之前，他的舅舅，即现公司的老总LWA、LWY就在昆明小板桥、曲靖等地做家具，后来转行，开始卖家具，在昆明置办了8间铺面，规模小，也制约了家族式产业发展。为扩大规模，开始在地州上到处找地，经玉溪招商局联系，市规划局熟人介绍，在玉带路街道办找到了两块项目建设用地：一块在冯井社区，项目土地仅10多亩，规模不够大；另一块地在玉村，约有40亩。经过家族合伙人商量筹划，决定在玉村发展，比起冯井社区那块地，玉村土地规模更大。一方面，因地处昆玉高速旁，这里具有区位优势，家私广场的市场辐射力强，可以带动周边蒙自、景洪一带的发展，为以后在红河、版纳州发展业务奠定了基础；另一方面，选址在玉村建家私广场，他们认为地租便宜，村干部好相处，更重要的是同业竞争不大，家私广场市场空间大，在州市层面，同业竞争大，自己的发展空间受挤压会更加明显。

2004~2009年，是彩虹家私广场初期创业阶段。2004年经招商引资过来后，项目落地折腾了一段时间，主要是项目规划、设计图纸、材料等，项目落地过程中，手续多，农业用地为建设用地，要跑到省上办理，要与农业、国土等部门打交道，土地占用费每亩缴纳4万~5万元；规划局要设计院出图纸；另外，项目落地要过消防、环保等部门"关"，需部门协调解决。建设过程中，资金周转困难，固定资产投资2000万~3000万元，2005年10月投产。由于是新商场，客户认知度不高，市场销路一直打不开，到 2009 年，商场还处于亏损状态。尤其是，彩虹家私广场发展的头两年，是最困难的时期，土地租金、保安保洁与水电工等人员工资、消防设施投入以及欠机建队（LWX 呈升公司）工程款项本息差不多 200 多万元，LWA、LWY 等把昆明的 8 间铺面以每间铺面 40 万元的价格卖掉，纵然当时的铺面升值期望高，现如今该铺面每间已值400 万 ~ 500 万元，但他们卖掉是为了"救急"，在他们看来，当时情形有种"拆东墙补西墙"之感。

2010 ~ 2014 年，彩虹家私广场驶入快速发展的快车道。度过苦熬岁月，为扩大彩虹家私广场的影响，他们加大了广告宣传和营销投入力度，通过车身广告、出租车顶灯广告、户外广告等营销手段，2010 年彩虹家私广场出现经营好转态势。加之，2011 年，玉溪及周边房地产市场发展起来，城乡居民住房需求增多，2012 ~ 2014 年商场迎来了三年黄金发展时期，商场入驻商户有 50 多家，吸纳就业 170 ~ 180 人，带动了周边居民房屋出租、仓储物流和交通运输发展。在三年"黄金时期"，商场也付出了一点代价，交了"学费"。由于 2012 年以来，商场发展步入快车道，商铺需求量大，彩虹家私在手续未办的情况下，私自建盖了一些铺面，时值市委红头文件下发，对临时性建筑、违章违规建筑进行整顿，便根据上级指示和文件精神，自行拆除违规建筑铺面，损失了 300 万 ~ 400 万元。

2015 ~ 2016 年，进入"抱团发展"下行期。公司经理分析当下家具业发展态势，认为这与当前经济周期"大气候"、房地产市场调控趋紧政策、家具业市场同业竞争等息息相关。2017 年以来经济增长步入下行趋势，加之房地产市场宏观调控政策趋紧，双重压力下，处于商贸服务业中的家具行业也进入"寒冬"期。加之，云南省家具行业的龙头老大——得胜家具 2015 年进军玉溪，依靠品牌和实力迅速发展。商户与商场命运是密不可分的，一方面，商场每 3 年支付给玉村 3 组和 4 组的土地租金要递增约 10%；另一方面，商场也要与商户抱团发展，商铺租金已从最好时期的 18 元/平方米，降至 2017 年的每平方米 12 ~ 13 元，降幅超过 30%。

同时，彩虹家私广场内部竞争加剧。商场有职工 180 名左右，当地就业人数在 90% 以上，男职工以保安、送货员为主；女职工除保洁人员外，以各商铺商户的导购为主，每个商铺一般雇 1 ~ 2 个导购，工资以

"底薪＋计件提成"计，平均每人月工资约 3000 元。起初，商户基本上是"清一色"的来自四川的私人老板，发展到现在，部分导购摸清市场后"跳槽"，把人脉、客户、商机带走，加之是当地人，占人和、地利，自己干更加卖力，成长为彩虹家私广场内的"新户"。现在，彩虹家私广场基本上是四川老商户与当地"新户"各占"半壁江山"，经营业绩上可谓"平分秋色"。"老户"感叹"新户"是"教会了徒弟，饿死了师傅"。不过，豁达的公司经理却说："商场除了带动周边房屋出租、仓储物流和交通运输发展外，还带动了就业创业"，也许这正是所谓的经济学原理上的外部性或者是"溢出效应"。

（三）家门口的生意经

乡村社会是一个熟人社会，本地商人在"家门口"经商似乎比外地人容易得多，不过家家有本难念的经。本地商人的创业行为受自有的财富水平、从商经历影响，还与个人从商经验、内在气质、胆识和社会网络资源等不无关联。基于血缘、地缘、亲缘关系的社会网络资源，是一种特殊的社会资本，成员之间交往频繁，有效解决从商经商的信息不对称问题，有助于创业融资、提高创业成功的概率。

1. 家门口做起的生意

玉村人在本地从事工商活动的具体情况无统计资料可查证，不过，在访谈中我们认识了自 2013 年以来担任玉村 3 组组长的 FML，可以来听听他的"商业经"：

> 人生经历跌宕起伏：家有 1 栋 5 层楼高、400 平方米左右的住房，2012 年以来，这套房全部出租出去，自己在外面租一套小的房屋住。个人在职场、商场打拼的 27 年里，个中滋味如打翻五味瓶。1989 年初中才读两年还没有毕业的自己，就开始自谋生计。人生中迎来的第一个职业很艰辛，在玉溪的一家建筑工地上挑沙灰；1991 ~ 1995 年，在建筑工地上搞点管理，其间于 1993 年学会了开车；1996 ~ 1998 年，开车跑蔬菜运输，主要在云南，外省也有，云南最远到过景洪，甚至到过越南，在云南收过老姜（蔬菜）；1999 ~ 2000 年，从事运输，拉货；2001 ~ 2003 年，在玉溪本地跑出租车；2003 ~

2013 年（当组长前），从事房屋租赁行当 10 年，同时开旅社（那时候房屋好租）；2013 年以来，继续从事房屋出租和转租工作。一生难忘的创业经历且对自己影响最大的一件事是 2011～2013 年，以 112 万元买了一台挖掘机雇人开，经营土石方，由于难以揽活和竞争压力大，加之对这一陌生的行当缺乏经验，第三方欠工程款长期无法收回，结果赔了 30 万元。用自己经营的旅社收入来倒贴挖机行当的亏损，这一次交的"学费"（教训）深刻。

近两年从事租赁行业有苦有乐。2014 年 7 月，通过社会招标途径，从村民 BYX 手中承租的玉村 1 组在太极路上的老综合办公用房（现为七天连锁酒店）。租期 10 年，前 5 年，年租金 113 万元；后 5 年，年租金涨到 124 万元。自己承租过来后又转租给 5 户业主分别经营七天连锁酒店、摩托车销售点（2 家）、足疗馆、汽车修理厂。从经营状况看，能收回本金，略有节余，只是在租金收取上有点头疼。支付给玉村 1 组的租金，主要是自有资金，即自有房屋出租，每年 11 万元。从农信社贷了一笔 3 年期、年息 7.8%、额度为 15 万元的款，一年一还含本息。2015 年 7 月，通过公开招标的途径，又从玉村 1 组承租了在玉兴路新盖的"一事一议"新综合办公用房 1100 平方米，24 间，租期为 10 年，第一个 5 年以 95 万元/年的价格承租，第二个 5 年以上涨 15% 的价格承租，承租给本地人搞餐饮、夜市，也因承租者为本地人，FML 有信心收回租金，因为他认为本地人讲信用。承租的"一事一议"综合办公楼，主要采取合伙经营的模式。从选择租赁业的可行性来看，他本人认为一是 2003～2013 年一直干房屋租赁的行当，熟悉这一行，且有一定积累；二是通过近年来仔细观察走访，已经做足前期工作；三是与熟悉的朋友一起来搞这个行业；相互间都信任；四是本地人重信用，收回转租租金有信心，可用于支付承租的租金。

对经营的风险，他也有些担心。因为周边商铺不好出租，纷纷压价，以低价出租，对本地铺面出租有冲击和影响，这些与经济不景气有关，与政策有关；2016 年同业竞争压力大，待出租的房屋、铺面较多，仅玉村 2 组就有 30 间铺面租不出去。现在经济下行，各行各业都不好做。卖摩托车的生意也不好做，对转租户生意也有影响，尤其是卖杂牌摩托车的店铺更是不好做。但因为开汽车的多了，开汽车修理厂的店铺门前车位有限，车都停不下了，汽车修理厂的生意还挺好。如果下一步（今后）这个批发业再不好做，租赁业将整体下滑，影响做生意人的房屋、铺面出租和租金收入。自己已做好最坏打算，如果在转租方面遇到租不出去的情况甚至租金不理想的情况，就自己经营或者合伙经营，哪怕回收慢、只要风险小的行业就搞，底线是不贴本，比存银行划算就行，这也符合经济中的"理性人"行为选择。

2. 淘宝街摆摊多年的马姓大妈

已 50 岁的马大妈，原在玉溪市江川区务农，家里的承包地种植烤烟、蔬菜、水稻。2011 年只身一人来玉村淘宝街租了 4 平方米的地摊做油炸洋芋的小本生意。每天上午 9 点左右用推车把洋芋、作料、灶具、桶等拉到炸洋芋的地摊上，开始把洋芋削皮、清洗、切片，放入一个 80 厘米高的塑料大桶中，用清水漂洗，所有工序差不多要忙到 11 点半左右。中午零星有顾客到来，不会很忙。差不多要到下午 6 点以后，一直到晚间是一天中最忙的，白天大约能卖出一天的 20%，晚上能卖出一天的 80%，晚上差不多 10 点收摊回租住的地方。

谈起摆油炸洋芋的地摊生意，马大妈说地摊租金从 5 年前的 300 元/月，已上涨到 2017 年的 2400 元/月，租金上涨较快。而现在的生意大不如以前，感觉很无奈，2013 年、2014 年马大妈每天可以卖出切片的洋芋 9 桶（塑料大桶，每桶估计十多公斤），到了 2016 年才卖得出五六桶洋芋，生意量下降了 30% 左右。主要原因是淘宝街人流量减少了很多，现在很多年轻人在家、在单位都可以从网上买到东西，来逛淘宝街实体店的人就少了；另外，附近房屋出租率明显下降，这也是导致人流量减少的一大原因。加之，油炸洋芋的原料、作料的成本不断攀升。洋芋以前每公斤 2 元多，现在涨到每公斤 4~5 元，2017 年六七月份曾上涨到每公斤五六元。油炸洋芋所需调料草果、大蒜、菜油成本上升，尤其是草果从 32 元/公斤涨到 130 元/公斤，不法商贩囤积，甚至把草果价格炒高到 160 元/公斤，大蒜从每公斤七八元涨到了 20 元。马大妈说："现在生意不好做了，原料、作料成本上升，而因为担心顾客流失，油炸洋芋又不能随时涨价，真是苦恼。"

（四）"拖家带口"外地人的商业经

外地商人到玉村经商，给人的感觉像是"独行侠"，不过在调研中不乏"拖家带口"的外来商人在玉村已"安营扎寨"。有的打拼10多年，经商相对稳定，客源、货源都相对比较稳定，家里人也跟着来帮忙经营，他们商业打拼过程中经历了熟人社会的重构。这从来自湖南邵东经营日杂货的LBH的"商业经"中可见一斑。

　　2002年LBH随亲戚来云南后并经介绍到玉村开杂货店，主营喷雾器，批零兼营，有营业执照。玉村那时是老房子多，治安还可以，铺面人流量不大，周边农村人口不多。而其老家是一个人口农业大县，有110万的人口，人流量大，但玉溪这边气候好，环境好。经营中，批发占60%，零售占40%，货源主要来自昆明和浙江，产品主要销给当地人，徐百户片区的村民居多，周边农户也是主要客户。初来时，铺面不大，仅13平方米，现在的铺面有16~17平方米，租的是1组集体的铺面，合同每三年一签。这期间，租金上涨得快，从初来时的4500元/年，2005年时上涨到7500元/年，2016年的租金更是涨到41500元/年。2015年销售收入110多万元，年利润在10%~15%。因为经营所需，LBH的小店不仅要租铺面，还要租仓库，生意不好做，积压货物，流动资金少，货物比较压资金，已从玉村农信社贷款30万元，年息9厘多，用于进货的货款支付等。目前，父母、妻子和小儿子都在玉村，大女儿在老家读高三，2016年高考。一家人生活的开销为每年2万多元，铺面及仓库租金7万多元，教育方面，小儿子读中卫小学，免费，但大女儿的开销一年也要3万元；进货车辆等交通开支2万元/年，其他是医疗健康开支0.5万元/年，收支两抵，一年下来也没有什么赚头。尽管LBH的小店属于免征所得税、增值税、营业税的范围，但他还是感觉经营压力大，部分来自租金高。LBH本人认为，如果在铺面租金上降降，降到目前的2/3左右是最理想的，因为经济下行，周边的铺面都在压价出租，甚至空出来的铺面也多了，房东也应该适当降低租金。

租金降低后也能有更多的资金用于经营周转。

"拖家带口"外地商人到玉村经商，在带动玉村商业发展、带动创业就业的同时，也面临"商场如战场"的残酷竞争及商场打拼中的苦衷。来看看彩虹家私广场一位商铺经营业主 TB 的经历：

　　TB 是重庆人，1995 年就来玉溪发展，起初在玉溪周家花园（玉江路与东风路交会点）做沙发生意，后来转到玉溪红塔区玉兴路街道荷花池社区做沙发。2010 年入驻玉村，在彩虹家私广场租了一商铺做民用家具营销生意，货源主要来自成都、广州、昆明以及江西省等地；主要经营产品是客厅系列和套房系列的家私。现在作为彩虹家私广场商铺面积最大的一户，占地 1300～1400 平方米，雇工 5人，工资 3000 元/（人·月），雇工主要是本地人。生意在 2012～2014 年时还可以，2017 年以来竞争压力大，生意勉强做得下去。与2012 年、2013 年、2014 年相比，生意有点走下坡路了，销售量下降了 50% 左右。铺面租金在 2012～2014 年为 18 元/平方米，2016 年铺面租金每平方米下降了五六元。

　　TB 告诉我们，现在商铺发展的困惑在于以下几点。一是同行业过度竞争。2010 年以来发展的 2 名导购，于 2015 年辞职，在彩虹家私广场当起了老板，因为她们是本地人，占着地利、人和，拥有自己的社会资源（社会资本）优势，以前一些客源、人源都随之被带走。比起"老户"（老的商户），这些"新户"更具有竞争力。加之一些大的旗舰企业，如得胜家具企业进军玉溪，玉溪的家具业面临新的"洗牌"，同业市场竞争压力比较大。二是原材料成本上升过快。环保板材、钢材价格上涨较快，2016 年初弹簧价格是 3300 元/吨，到当年底已突破 4600 元/吨，仅短短 20 几天就上涨了 410 元/吨；家具用的中密度板每片 6 元，涨到了 12 元/片；尤其是作为沙发的主要材料之一，海绵 2017 年涨价更多，年初仅 1 万元/吨，到当年底已涨到了每吨四五万元，一车皮的海绵就涨了 40 万元。而2017 年的沙发行业，因弹簧、海绵等原材料成本上涨，每套沙发成本涨了 400～500 元。另外，因近年来治理超高、超重，运输成本较过去拉高。TB 给我们算了一笔账，一套沙发按 2500 元成本计算，工价约 500 元/套，布料 500～600 元/套，海绵、弹簧、钢材、木板等约 1500 元/套。综合而言，因客户环保需求上升，环保成本、材料成本、运输成本、人工成本等综合抬升，转嫁到做家具行业实体生产商，他们进一步抬升价格，家具营销行业难以置之度外，利润空间明显受到挤压。

此外，外地商人在当地的生活、子女就学也遇到问题。由于 LBH 本人及部分商户是举家迁入玉村彩虹家私广场发展，在子女入学、就医、居住证办理过程中"苦不堪言"。从子女就学来看，由于是外地户口，在玉溪只能上小学，初中就得回重庆读。再从就医来看，小病小痛就在当地医院、药铺买点药，凑合一下就行了，一旦遇上大病，由于医保报销的属地化管理，就得回重庆去住院看病。再看看，办居住证的环节手续过多，要身份证复印件、租房合同、上班单位证明、房产证复印件等，而房东因提防租房户拿这些证明的动机和用途，不太愿意提供，于是居住证就半年都办理不下来。这样一来，商户审车、随迁子女入学都深受影响。

五　市场"保"与"卖"博弈冲突

我们采用"解剖麻雀"[①] 的社会学研究方法，仅以玉村彩虹批发市场土地"保"与"卖"之争为例，从事件过程、记忆碎片和关键信息人的话语、评议，透视城市化进程中的各种利益博弈和冲突，折射社会的转型。

（一）市场建设"起底"

进入"围城"中的玉村，近 30 年的发展轨迹显示，市场兴则玉村兴，市场已与玉村唇齿相依。见证彩虹批发市场筹建、改扩建以及彩虹批发市场有限公司组建与解散的居委会原主任，以及有将近 26 年市场管

---

① 费孝通、张之毅：《云南三村》，社会科学文献出版社，2006，第 5 页。

理工龄的彩虹批发市场管理负责人 QJY 谈及市场发展今昔，皆感慨颇深。因彩虹路而得名的彩虹批发市场于 1991 年 6 月破土动工，由玉村基建队承建，由居委会、3 组、4 组共同投资 91 万元建设，占地 16.35 亩，其中 3 组的土地占了 1/4，4 组占了 3/4，1991 年 11 月彩虹批发市场建成，比较简陋，是石棉瓦简易棚。

随着彩虹批发市场的发展，经营环境逐渐适应不了经济发展的需要，1998 年 12 月起，玉村决定投资改扩建。由居委会牵头、中卫片区四个小组与徐百户片区的 5~8 组联合先后投资 1367 万元，并于 2001 年完成彩虹批发市场改造和扩建工作。改扩建后的彩虹批发市场主要由小商品批发市场、蔬菜市场和大米市场等组成，共占地 41.9 亩，其中 1 组 0.7 亩，2 组 18.1 亩，3 组 9.2 亩，4 组 13.9 亩。彩虹批发市场现有 304 间铺面，有两层，主要在小商品批发市场内；蔬菜批发市场只算车位，顶棚式，有 300 个车位。

其中，占地 21 亩的蔬菜批发市场形成于 1992 年，发展快的时期是 1996 年以后。蔬菜货源主要来自通海、江川、新平、元江、思茅、景洪等地区。主要的蔬菜品种是大众化蔬菜，如白菜、青菜、洋花、蒜苗、洋芋、慈姑、蒜薹、豆制品、莲藕等。经营业主主要为来自通海、江川、马龙等的"外地人"，本地散户也有。随着 1992 年该市场建成及 1999 年的改扩建，1995 年后入驻的商贩主要来自通海、江川等地。市场产品首先是满足红塔区的需要，然后销往昆阳等地区。

小商品批发市场形成于 1994 年，发展较快的时期是 1996 年以后，2017 年市场的铺面有 300 多间。从访谈人记忆碎片中，他们认为湖南人经营小百货很在行，玉村小商品批发市场最早是 1992 年从湖南迁来了 1 户，逐年带动发展，尤其是 1994 年批发市场建成、1999 年改扩建后，大概有 60 多户湖南商户入驻。

占地 2.53 亩的大米市场，形成于 1991 年，归玉村的 1~3 组所有，经营者以红塔区内的业主为主，有商贩 18 户，大米主要从昆明凉亭进货，而市场上的大米主要销往红塔区及周边地区。

（二）经营管理涉及利益体

彩虹批发市场建立之初，没有规范的市场管理机构，到 1992 年初才

由红塔区工商局牵头，成立了玉村市场管理办公室，市场管理人员有 10
人，发展到 2017 年，管理人员已有 40 人。市场改扩建后，为加强市场
经营和管理，2004 年 4 月，由居委会牵头，成立了玉溪市彩虹批发市场
有限责任公司，法人代表 FS，QJY 出任经理。根据与 QJY 的交流，我们
勾勒出与彩虹批发市场相关的主要利益群体关系图（见图 6 - 2）。该批
发市场经营管理方要在红塔区农业局、工商局、环卫部门以及玉带路街
道办事处等上级管理部门业务指导下，并在居委会及各村组监督下正常
经营管理，同时，还要与入驻商户、业主等保持沟通和提供管理服务。
另外，经营业主和商户还不得不与各组及居委会发生联系。

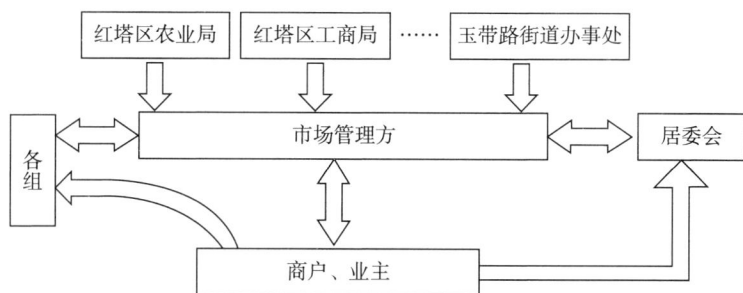

图 6 - 2　彩虹批发市场相关群体示意

　　彩虹市场经营业绩可谓"芝麻开花节节高"。从市场交易额看，1992
年市场建设初期，交易额在 100 万元左右，1999 年市场改扩建后交易额
突破 1000 万元，到 2010 年交易额已增长到 2 亿元左右，至 2017 年已达
3 亿元。与市场交易额的节节攀升相关，市场为玉村带来了可观的铺面
租金收入，1992 年彩虹批发市场出租铺面收入仅 7 万元，到 2001 年达
400 万元，到 2010 年已达 600 万元，至 2016 年已有 900 多万元。彩虹批
发市场铺面租金收入在各组中的分配以贡献较大的居委会和中卫片区四
个小组为主，其余各组获得的收入却寥寥无几。截至 2016 年，分配格局
是玉村 1 组从中获得 14 万 ~16 万元，2 组 330 万元，3 组 200 万元，4
组 394 万元。折算到每亩市场收益上，4 组市场铺面租金收入相当于每
亩土地收益 30 万元。

（三）"保"与"卖"之争折射互惠信任

　　谈到彩虹批发市场发展的辉煌业绩之后，QJY 对彩虹批发市场有限

责任公司从筹建、发展壮大到解散百感交集，对未来市场发展些许有点迷茫。彩虹批发市场有限责任公司的解体主要是因地争吵，具体原因似有难言之隐，不好根究。

市场土地面临"保"与"卖"之争，折射出互惠信任。市场主体不断呈现多样化，主体的利益也不断呈现多元化，各主体间利益很难达成一致，利益竞争越来越多，行动分歧越来越大，土地纠纷不断升级为冲突。彩虹批发市场有限公司成立后的 2011 年下半年，玉村 4 组部分人提出卖掉彩虹批发市场，以 750 万元/亩卖出，这确实在当时可以变现为货币。他们在彩虹市场占地近 14 亩，按当时 4 组人数，人均 20 万元、户均 100 万元左右，确实利益诱惑不小。按当时土地分红水平及增长预期，这一数额也要 10～20 年才能收回，有人主张强行退回其他各组及居委会的投资股份，在市场的"进"和"退"之间、"保"与"卖"之间纷争不断。市场管理方、居委会算了一笔账，"按 4 组 2015 年从该市场获得的每亩高达 30 多万元的高收益，市场的增值空间还会进一步扩大，未来不到 20 年就可以赚到 750 万元（租金），但如果一旦一次性卖了，就是吃了儿孙饭，且会助长不良社会风气。因为不会理财持家的大有人在（一次性把土地卖了，看似赚了一大笔钱，但如果毫无计划地乱花，很快就会用光）"。市场管理方认为，除了富然酒店、浙商酒店、淘宝街，还有彩虹家私广场、明仁医院、部分彩虹市场，租期到了，即使自己收回经营，将来也会带来 1000 万元的收益，人均分红将翻一番，这些就是财富，是今后永续利用的"宝库"。如果现在按 750 万元/亩转让出去，将产生巨大"隐性流失"，市场一旦倒手，土地利用发生变化，或不复存在，将对所在社区租赁业产生毁灭性打击。居委会及玉村各组多数人坚持不能转让市场土地。目前，这一闹剧草草收场，是否还会出现，仍待观察。

毕竟事过境迁，物是人非。根据玉村人碎片化的记忆和相关群体的论说，我们进一步查阅档案史料，似乎揭开了"谜团"。彩虹批发市场有限公司解体的清算报告轻描淡写地提到了缘由，是 2011 年 4 组欲出让该组出租给富然公司使用的土地和出租给彩虹批发市场使用的土地，需从彩虹批发市场上剥离出土地，牵一发而动全身，牵扯到其他小组和居委会出资入股，为避免因地界纠纷引发群体性上访事件，彩虹市场批发市场有限公司走到了解体边缘，该公司作为"熟人社会"的共同体在利益交错中处于"从内部毁灭"①的边缘。经居委会"两委"牵头（含彩虹市场董事长、监事长在内），多次召开股东会，各组也召开不同层次的会议，经市场全体股东会表决，提出了解散方案。该方案中明确：各组出租给彩虹批发市场使用的土地退赔给各组，投资在各级土地上的固定资产归各组所有。因之前参与分红所得，只退赔股东80％的入股资金，对既入股又出租土地的小组只退赔土地，不退入股资金。主要退赔的是参与入股的居委会和徐百户片区的5~8组，主要由中卫片区的四个小组分别承担。2012年7月，完成彩虹批发市场有限公司注销手续，9月完成彩虹批发市场有限公司清算工作。

　　在市场改革的推进和城市化步伐加快的"双轮"驱动下，玉村快速步入陌生人社会。在这个过程中，玉村正在经历"半熟人社会"的阶段。②玉村彩虹批发市场有限公司走过八年时光终因难以维系而分崩离析，从中折射出各方的利益博弈和冲突较量，深层次因素是农村社会结构发生了显著变化。③这其中不必要过多指责挑起者，在他们立足城市之后，在市场的冲击下，在利益诱使下，急于跳出熟人的交往圈子，这关乎"经济人"的理性选择。由于传统伦理在社会加快转型过程中渐渐衰落，难以维系农村的社会关系，结果呈现为城市化中缺少道德感的"无主体熟人社会"④，个人、公司、社区组织成了看得见或看不见的"陌生人"。过去沿袭"熟人社会"的行为逻辑，经济活动依靠熟人圈子的延伸，以实现情感交流、经济往来合作、价值归属等需求。如今，社会加快转型的背后，玉村人大量外出经商务工，回乡、过年、过"米线节"等短暂的相聚，已失去了合作互动的共振，沟通障碍已是明摆着的，达成集体共识的"窗口期"变得更短⑤，求助于熟人关系来规避风险，最多只能算个权宜之计，已带来很大的不确定性。"依赖熟悉关系的交易

---

① 桑巴特：《德意志社会主义》，杨树人译，华东师范大学出版社，2010，第200页。
② 贺雪峰：《论半熟人社会——理解村委会选举的一个视角》，《政治学研究》2000年第3期。
③ 刘天亮：《走出"半熟人社会"需可靠路标——新春城乡文化对话之三》，《人民日报》2016年2月18日，第5版。
④ 吴重庆：《从熟人社会到"无主体熟人社会"》，《读书》2011年第1期。
⑤ 刘天亮：《走出"半熟人社会"需可靠路标——新春城乡文化对话之三》，《人民日报》2016年2月18日，第5版。

秩序"面临困境，需探索一条优化市场交易秩序的本土化道路，明确权、责、利，在互惠、诚信、信任和制度强约束力下开展市场活动。不以制度约束，在面对"熟人社会"共同体与村组的利益话语错乱和逻辑碰撞时，"风险社会"失信成本代价高昂。

第七章　城市中的农村

"城市中的农村"作为一个特殊的经济地理单元，处于城乡过渡的特殊地理位置，在经济、政治、文化等方面与城区关系密不可分，它既不同于单纯的城市区域，又不同于纯粹的农村区域；既有城市风貌，又具有乡村特点，是一种"非城非村"的场域。就玉村而言，"城市中的农村"其实是一个相对的概念，对于玉村以外的其他地区来说，玉村是一个典型的"城中村"，而对于玉村内部而言，"农村"指的是仍然保留着农田耕种的徐百户片区。本书所指的正是后者。徐百户是一个既区别于都市社区，又区别于农村社区的"非城非乡""亦城亦乡"的社会存在。

一　"村"与"非村"之间

（一）地域的特殊性

谈到地域的特殊性，首先分析一下整个玉村所处的村庄类型。玉村所处的地理位置属于城市行政区域——玉溪市红塔区。按照地理位置、产业结构和收入来源，红塔区范围内的农村大体可以分为两类。第一类是位于城市主城区，虽然仍保留和实行农村集体所有制，但由于城市的发展已基本完全征用了农民原先的生存基础——土地，农民已不耕种土地，从生活来源与工作渠道上都已经与第一产业脱离关系，主要从事第二、第三产业。这类城中村主要分布在城市中心区，城中村改造较早，已基本完成，现已看不到村落形态，已成为居民小区或其他商业公用建筑，可以称其为成熟城中村或城市社区。第二类是位于次中心城区或城乡接合部。从地理位置上看，它们处于一个城市的郊区或边缘地带，这里的村庄发展还有待于城市化向城郊的进一步推进，这类地区的产业结构较单一，农民还有农用地，村落周围较少有高楼大厦，村民极少数还从事农业生产，大多数正转向第二、第三产业，村民在宅基地上建起私有房屋——住宅楼，楼层不等，有一定的租房收入，因此可称为城郊村，尚不具备城中村的特点。对于玉村来说，中卫片区属于第一类，徐百户片区属于第二类。

以著名的玉溪大河为界，玉村被划分为两大片区，玉溪大河以东为中卫片区，当地人习惯上称"中卫"；玉溪大河以西为徐百户片区，当地人俗称"徐百户"。玉村的中卫与徐百户之间由彩虹路贯穿始终，两个片区中间以普惠大桥为标志，桥的两端各有一棵有着上百年树龄的大榕树，村里人称"常青树"，在村民心中是长寿、吉祥的象征。徐百户距离中卫仅有1.3公里的直线距离，但这一公里却远远拉开了同属一个社区居委会的两个不同片区之间的差距。城市化发展到了中卫就几乎停下了脚步，徐百户并没有像中卫一样顺利进入城市社区。从地域上看，徐百户就属于城市外围，游离于城市之外，是一种城市与农村互相结合的经济地理区域单元。既不同于单纯的城市区域，又不同于纯粹的农村区域，兼有城区风貌和乡村特点的一种经济地理空间。徐百户片区的5组、6组、7组位于彩虹路右侧曲线向东北方向延伸，村村相接、相距不远。8组大河边村和9组张村在彩虹路左侧，田地相连，直到玉溪城西南方向的铁路边。这五个居民小组的房屋和田地呈弧形沿玉溪大河分布，放大看有种将城市市区半包围的感觉。但比起中卫，徐百户却是远离城市发展核心区域，保留并经营着大部分农田，带有浓厚的地缘和血缘关系的村落共同体。

（二）资源的有限性

徐百户这样一个在行政区划上属于城市社区，而在生产生活方式上依然属于农村社区的"城郊村"是过去20年里玉溪城市自然扩张的结果。它虽然受到城市化的影响，但并未在真正意义上被划入城市规划区内，长期以来一直处在城乡接合部而进行着缓慢的村落变迁。这种"村"与"非村"的双重性突出表现在徐百户有限的土地资源条件上。土地是农业中最重要的生产要素，是农民最基本和最重要的生产资料和经营载体。随着城市化的发展，土地日趋成为小城镇、大城市周边村民家庭经济收入的主要来源及其获取财富、迅速致富的重要途径。然而，在徐百户，"土地"的重要性不在于其是否具有可分割性、可占有性及其市场交易价格和价值，而在于它的极度稀缺性，以及严重影响到其村民的生存和发展的事实。截至 2017 年底，徐百户五个居民小组 2165 人共有耕地 359.45 亩，其中，徐百户 5 组 70.91 亩，占总面积的 19.73%，人均拥有 0.16 亩；6 组 92.19 亩，占总面积的 25.65%，人均拥有 0.21 亩；7 组 93.03 亩，占总面积的 25.88%，人均拥有 0.19 亩；大河边村（8 组）67.45 亩，占总面积的 18.76%，人均拥有 0.13 亩；张村（9 组）35.87 亩，占总面积的 9.98%，人均拥有 0.21 亩。总体来看，整个徐百户人均耕地占比最高的小组也没有达到 30%。

"每一个国家的历史某种意义上就是土地存在和占有的历史。"[1] 回顾徐百户土地资源的变化情况可以发现，其呈现一个渐进式减少的态势。1982 年家庭联产承包责任制时，徐百户与玉溪县的其他村庄一样是按照当时在册人口分配承包地的。1988 年第一轮承包土地时全村人均耕地面积为 0.67 亩，到第二轮承包土地时（1998 年），总耕地面积为 820 亩，劳动力 1708 人，人均约 0.48 亩，这个时候的人均耕地面积减少主要是受到"旧村改造"、昆玉高速公路修建等征占用地的影响。到了 2000 年底，徐百户的耕地面积为 637 亩，劳动力 1760 人，人均耕地 0.36 亩。2006 年，徐百户的耕地就只有 563 亩，劳动力 1834 人，人均耕地 0.31 亩。这个数字仅相当于第一轮承包土地时人均耕地面积的一半还不到。20 世纪 90 年代末期开始，徐百户耕地面积大幅度减少的主要原因是城市建设规模的扩大，与中卫片区一样，徐百户的土地逐渐被征用（见表 7－1）。1992～2013 年，因城市化建设需要，徐百户被征用土地达 19.27 公顷，约合 289.05 亩。被征地面积已经超过了玉村九个小组 4253 人的住宅用地（16.05 公顷），加上 1998 年徐百户的旧村改造工程占用了部分农田（未详细统计），徐百户的人均耕地面积从第一轮承包地时的 0.67 亩减少至 2017 年的 0.17 亩。玉村历史上就存在的土地紧张问题在今天不仅没有改变，反而日益严重（见表 7－2）。

---

[1]　蒲坚：《解放土地：新一轮土地信托化改革》，中信出版社，2014，第 5 页。

表7-1 玉村徐百户片区历年征地情况统计

单位：公顷

年份	项目名称	被征地小组	面积
1992	昆玉铁路工程	9组	0.32
1997	昆玉高速公路工程	5组	0.67
1997	昆玉高速公路工程	6组	0.64
1997	玉溪市土地开发公司	7组	3.93
1997	玉溪市土地开发公司	8组	3.20
2000	玉溪一中改扩建	5组	0.38
2003	西河路工程	9组	6.00
2011	廉租房	7组、8组	0.67
2012	北交公司	8组	2.33
2013	彩虹路扩建	7组、8组	1.13

资料来源：根据《中卫社区志》和社区居委会档案资料（2004～2014年）整理而成。

表7-2 徐百户片区五个居民小组人口及耕地面积变化择年统计

年份	户数（户）	人口（人）	耕地面积（亩）	人均耕地面积（亩）
1988	408	1571	1048.00	0.67
1998	448	1708	820.00	0.48
2008	598	2035	410.00	0.20
2016	718	2150	374.00	0.17
2017	496	2165	359.45	0.17

资料来源：根据《中卫社区志》和社区居委会档案资料（2004～2017年）整理而成。

（三）经济的滞后性

相对于玉村中卫片区而言，徐百户片区的经济发展严重滞后，拿玉村原主任FS常说的一句话来表达就是："徐百户五个居民小组一年的收入加起来，还赶不上2组的零头。从经济贡献来讲，徐百户几乎是可以忽略不计的。"为什么会产生如此大的差距，原因是显而易见的。首先，徐百户由于自然和历史的因素，丰富的人力资源、匮乏的耕地资源、市场的缺位、资金的稀缺使劳动力、土地、资本、技术等生产要素始终难以有效组合，实现资源要素的合理配置，从而制约生产力的进步和发展。其次，在比较效益和市场收益较低的水稻种植退出农业主产业之后，蔬菜种植因仅限于家庭种植，未成规模发展，整个农业发展很难产生高效益和剩余价值，依靠农业也就不能达到积累资本和积攒财富的目的。再者，徐百户村民的组织化程度仍然较低，主要组织形式还是在村组的基础上，以家庭经营为主，村级合作组织及企业几乎处于空白，村组既是行政组织的形式，又是经济项目活动的基础形式。第一产业缺乏规模效益，第二、第三产业没有得到充分开发。村中富余的劳动力只能以"打工"形式在中卫片区及红塔区其他地方等徐百户以外的地区发挥价值。

同时，与玉村中卫片区相比，徐百户片区在集体资产的运作形式上有着明显的差距。徐百户没有中卫那样利用集体预留地建设后采取租赁方式转让使用的大型批发交易市场、商业中心、写字楼、酒店和仓储等实业，徐百户集体资产的盘活仅限于小而散的土地租赁，价格低、周期短、不成规模，因此，徐百户的集体经济实力相对较弱。例如 5 组、7 组和 9 组，用征地款集体提留 10% 的资金来盘活集体土地资源，将集体土地平整，有的盖起了厂房，吸引了部分外地和本地的商人前来投资，但总体规模较小。2017 年玉村中卫片区的租金收入高达 1513.37 万元，而徐百户片区的租金收入仅为 43.59 万元，仅相当于中卫片区同期水平的 2.9%。可见，徐百户片区商业活动收益远不及中卫片区，虽然以城带乡成效初显，但城乡差距却十分明显。而且从 2005 年、2010 年、2014 年和 2017 年四个不同年份玉村九个居民小组的村组集体收入可以看出两个片区之间的差距。2017 年，九个小组的村组集体经济收入最高的（7 组）为 28497 万元，最低的（9 组）为 9693 万元，9 组仅为 7 组的 34.01%；2014 年，九个小组的村组集体经济收入最高的（3 组）为 19262 万元，最低的（9 组）为 6440 万元，仅为 3 组的 33.4%；2010 年，村组集体经济总收入最高的是 4 组，为 14262 万元，9 组仅为其的 25.05%；2005 年最高的是 3 组，为 7040 万元，9 组仅为其的 26.22%（见表 7-3）。

表7-3　玉村1~9组村组组集体经济总收入择年统计

单位：万元

年份	1组	2组	3组	4组	5组	6组	7组	8组	9组
2017年	19943	21664	23348	20604	21055	20424	28497	15521	9693
2014年	14865	16575	19262	16521	15486	15373	15311	12372	6440
2010年	11897	11376	11644	14262	9542	8535	9341	8432	3572
2005年	6420	6632	7040	7036	4925	5245	4628	3267	1846

　　资料来源：根据《玉村农村经济收益分配统计报表》（2005年、2010年、2014年和2017年）整理而成。

（四）身份的双重性

　　2012年，徐百户片区全体村民在政府的要求下办理了"农转城"，户口本上多了一个名为"农业人口转变为城镇居民"的大红章，从此便开始享受农民市民化的待遇，实现了"农村人"到"城里人"的身份转变。而他们真的是所谓的"城里人"吗？从户籍的角度来看，他们已经不再是农业人口，而是和城里人一样的居民，实现了身份的转变。但在户口本的职业一栏里，中卫片区的是"城镇居民"，而徐百户片区的是"粮农"。"粮农"的字面意思是指从事作物种植、田间管理、作物收获等工作内容的群体，因而从根本上说还是传统意义上的农民。所谓传统意义上的农民实际是指居住在农村，以土地为根本，以农业生产为主的农村人口。于是，农转城后的徐百户人，有着市民和农民的双重身份。虽然户籍性质从农业人口转为了城镇居民，但他们依然居住在农村，以土地为根本，从事着农业生产活动。同时，由于"人多地少"的矛盾突出，农业生产已经无法满足他们的物质生活需求，于是有很大部分的青壮年劳力转向城市寻求生存和发展机会。但出于很多制度性和历史性的原因，"农转城"的身份依然无法给予他们与城里人同等的就业机会、劳动报酬和社会保障，他们在城市人眼里依然是"农村人"。徐百户的村民时常会说："我们是被转了户口的农村人，农转城，那只是一个名头而已，我们还是靠种地、靠打工吃饭。"于是，他们具有"半工半农""亦农非农"的双重身份，他们的户籍、职业、收入和生活空间中"农"的特征发生了一定程度的分离。根据"离农"的程度，可以称徐百户的村民为"兼业农民",而且是以非农业为主的兼业农民。有限的人均耕地资源和以户为单位的家庭小规模经营方式不可能让徐百户人只从事农业劳动,他们更多的是以非农为主。于是,在空间上,徐百户兼业农民奔波于城乡之间,可称他们为"城乡两栖人口"。

二　亦农非农:"依农"与"离农"并存的生计

徐百户历史上是一个传统的农村社会,农业一直是该村的基础性产业,农田种植是徐百户农民谋生的主业,个体家庭的农业经营则是经济生产的最基本单元,而商业、建筑业、运输业等副业早在清末民初就有了很大发展,历史上的徐百户表现出了鲜明的以农为主、以副业为辅的发展特征。然而,徐百户由于极为有限的耕地资源,再加上人口的自然增长,直到新中国成立初期,农业生产除了勉强能满足自给,没有太大的发展空间。村民们长期保持着"日出而作,日落而息"的生活方式,并始终徘徊在市场网络边缘。在《玉村农业和商业》中,张之毅阐述了玉村农业若不靠长期租入一些田地,则连全村食米都不能解决,原因是玉村农田过少,且土地肥力还次于禄村。同时,玉村不仅总体上土地不足,而且村内各种农户的土地分配大不相同,土地主要集中在甲种农户手中。当然,同中国的其他村落一样,玉村土地分配不均的问题,在新中国成立后的土地改革中得到了根本性的改变。之后两轮的土地承包政策的实施促进和保障了人均田地的平均分配。但"土地资源较少"的根本性问题不仅没有得到解决,反而越来越严重。改革开放后,徐百户迅速卷入城市化的漩涡,与快速工业化、城市化和现代化发展相关的人口流动、产业结构调整、农地流转、农地转非农用地问题交织在一起,土地资源极少与土地功能承载超负荷的问题严重影响了土地的利用效率,从而作用于整个村落的生计活动。

(一)"依农":以农为主的生计活动

1. 从"耕田耪地"到"耪地"

在《玉村农业和商业》中,张之毅开篇就谈到玉村的农业分为耕田和种菜两种,耕田的地为农田,种菜的地为菜地。这是两种有着严格区分的土地。而在 70 多年后的玉村，人们已经不那么严格地区分耕田与糁地，而是统称为"糁地"。这是因为现在的徐百户，已经走上了"非粮化"的道路，地里不再种水稻，田间地头不分大小春，家家户户一年四季都种上了蔬菜，成为玉村的"菜篮子"。

过去种稻谷的水田也改种了蔬菜，过去种蔬菜的旱地也依然种蔬菜，因此"农田与菜地"已经没有清晰的界限，而被村民统称为"地"或者"菜地"。这一产业结构的转型来自几个方面的原因。一是经济效益有了提高。过去耕田种稻谷满足的是玉村人的口粮需要，是自给性生产，而种菜有着较高的经济效益，是一种商品性生产。20 世纪 40～50 年代，1亩水田（一年一收）只有 287 元的收入（全指总收入），而 1 亩菜地可收入 1800 元左右，抵得上六七亩的农田，于是菜地是农田在经济收益上最好也是最有力的补充。这种差距在农业经济飞速发展的 21 世纪依然没有改变。6 组村民 LYL 说："现在村子里不种水稻的原因主要是水稻与蔬菜的经济效益差距越来越大，水稻一年只能种一季，只够自己吃，没有多余的可以卖，经济上不划算，而且又费工夫，种粮不如买粮省事省钱。"7 组村民 YSY 也跟我们详细地算了一笔账：

　　　就拿 2011 年，也是 7 组最后种植稻谷的那一年来说，就成本而言，计算如下：犁田 100 元/亩、抓地（平整土地）40 元/亩、撒小秧 60 元/亩、拔秧栽秧 150 元/亩（拔秧栽秧都是要请工的）、糁草100 元/亩（2 个工）；施底肥时需要 2 包碳铵加 1 包普钙，共计 60元/亩；第一次追肥需要尿素混合钾肥（每亩 8～10 公斤），共计 30元/亩，第二次同第一次追肥需尿素混合钾肥（每亩 8～10 公斤），共计 30 元/亩；打药时需除草剂 10 元/亩、稻飞色加稻瘟病防治药15 元/（次·亩），打 2 次，共 30 元。关键是水稻打包时要"吓（驱赶）雀"，这是最费工夫的，从天亮后到天黑前都要有人看守，不然还不够麻雀吃的。收割时租用打谷机，费用为 150 元/亩；晒谷子这一道工序就要依据天气而定，天晴时按一个人一天晒 1000公斤计算，晒干需要 3 天，如果遇上下雨天，前后就要花一个星期。最后一道工序是碾谷子，成本为每 100 公斤 3～4 元。而每亩稻谷要除去 30% 的谷壳，只有 70% 的大米。一亩稻谷除了满足自己食用外根本没有剩余的可以出售，而且从投入成本来说，是非常不划算的。

二是客观条件的变化，包括干旱缺水、村庄建设和城市化建设导致的具备种植条件的水田面积减少。农业问题并不全部来自农业本身，农业生产的特点决定了大部分农业问题来自外部因素。在居委会工作且常年耕种田地的 7 组村民 YSC 告诉我们：

> 过去是一直种水稻的，一是要给国家交公粮，也为了自己的口粮，不得不种；二是过去那几年水源充足，国家也一直有种粮补贴，家家都种水稻。但随着 20 世纪 90 年代旧村改造、土地征占，水田面积大量减少，地块更加小而散，不利于耕种；也因为连年干旱，水源缺乏，历史上一直提供玉村农业用水的飞井海水库也因干旱而改为保供城市生活用水的水源。另外，这些年受生态环境改善影响，谷雀太多，如果单是很少的几家人种水稻，吓（驱赶）雀都吓不过来。若是不去守，分分钟稻谷就被吃光了。以前是大家一起种，可以每家出一个劳动力轮流看守，现在单几家人种，要是每天都派人去守，那一整天就干不了其他事情了。

徐百户人自 2006 年国家取消农业税之后，逐渐开始减少水稻种植，加上后来征地、干旱、劳动力转移等因素的进一步影响，过去在村民心目中有着清晰界限的"农田与菜地"逐渐融合在了一起，最近三四年已经全部成为只种蔬菜的"地"了，种地的农民更确切地说应为"菜农"。徐百户目前基本上每家都有菜地，一亩菜地一年到头1.2 万~1.5 万元的收益是稳稳当当的，管理得比较好的，一亩地的纯收益可以达到1.8万元。

2. 菜地的经营

（1）一年四季交替种植

一年中种菜这项农事活动玉村人是怎样安排的呢？首先要来谈一谈蔬菜的种类，徐百户目前常年种植的蔬菜有小白菜、小青菜、三叶瓜、南京豆、芋头、青笋、莴笋、洋花菜、萝卜、茴香、洋葱、茄子、辣椒、姜等近 20 个不同品种。一年四季，种下这个又收获那个，一茬一茬相互交叉，从无轮歇。因此，种菜也是一件极辛苦的活儿，没有农忙和农闲之分。谈了种类，再来看看各种蔬菜在田地里的种植安排和生长周期（见表 7-4）。小白菜和小青菜这两种菜一年四季都可以种，一年可种三到四茬。受气温影响，夏天 40~50 天可以收获，冬天要 70 天左右；三叶瓜一年种一茬，大约在 1 月初播种，60 天可收获；茴香一年种两茬，夏天一般 60 天收获，冬天 70 天收获；茄子和辣椒一年种一茬，一般是 2 月撒籽种，4 月中下旬到 5 月初移栽，9 月收获；南京豆一年种一茬，一般在 3~4 月播种，7~8 月收获；姜在 3~4 月排下姜种，9 月收获，如果要留姜种的话，要养到 11 月出"土黄"①，出土黄之后的姜种不容易坏，放到第二年还可以种。葱种起来最麻烦，12 月至次年 1 月撒籽种，籽种需要用稻草盖上培育，大约 30 天，长到 10~15 厘米高时移栽，移栽长到 40~50 厘米高（100 天左右）时又要分开排种，6~7 月可以收获。之后紧接着栽第二茬，一年可以种两茬。芋头是 4 月排芋头种，8~9 月可以收获芋头花，到 11 月不开花时可以挖芋头，一年一茬；青蒜苗一年可以种三茬，夏天 80 天可以收获，冬天要 90 天。莴笋一年种两茬，一般 9~10 月种红叶莴笋，4 月种花叶莴笋，生长周期都在 90 天左右。洋花菜一年种一茬，一般是过年前 4 个月，大概中秋节后种下，生长周期为 120 天。萝卜一年 1~2 茬，离过年 100~110 天种，约中秋节后和洋花菜前后种下，生长周期为 100 天左右。洋花菜和萝卜都是玉村人春节的必备菜，因此它们的种植时间要以当年春节的时间为准来往前计算，以保证在过年那段时间能收获。

　　以上列举了十多个玉村人较常种且产量较多的蔬菜品种，从栽种的频率和生长周期可以看出，玉村人的菜地里，一年四季都没有空着的时候，一边收获另一边种下，一边种下另一边又开始收获。

---

① 在云南一带，经常有老百姓在生活中提到"土黄天"或"土黄"，这是云南人民总结的深秋的天气现象。"土黄"有"干土黄"和"滥土黄"之说。这段时间云南省处于雨季与旱季的转换期。一般云南平均雨季结束日期是 10 月 21 日，也是进入霜降节令的前几天，以后就转入旱季。在雨季和旱季的交替时期，天气往往是多变的。

表 7 - 4　徐百户各种蔬菜的种植安排和生长周期

单位：天，茬/年

品种	种植时间	生长周期	种植频率
小白菜	一年四季	40～70	3～4
小青菜	一年四季	40～70	3～4
三叶瓜	1月初	60	1
南京豆	清明节前	120	1
芋头	清明节前	210～220	1
青蒜苗	一年四季	80～90	3
红叶莴笋	中秋节前后	90	1
花叶莴笋	清明节前	90	1
洋花菜	中秋节后	120	1
茄子	过年前后育籽种，4月中下旬到5月初移栽	150	1
萝卜	中秋节后	100	1～2
茴香	1月初	60～70	2
葱	12月至次年1月撒籽种，2～3月移栽，5月排种	160～170	2
辣椒	过年前后育籽种，4月中下旬移栽	150	1
姜	清明节前	150	1

资料来源：根据对徐百户部分村民的访谈资料整理而成。

（2）夏贵冬贱的菜价

虽然种菜是一年四季的日常活计，没有"农忙和农闲"之分，但卖菜这项活动却有淡季和旺季之分，当地有句俗话叫"冬烂菜、冬烂菜"，意思就是冬天的菜又好又多又便宜。蔬菜价格受季节、产量的影响较大（见表 7 - 5）。小白菜和小青菜最贵是秋天，为 3 元/公斤，最便宜是 11～12 月，因为冬季有大白菜和大青菜冲击，只能卖到为 1.0～1.2 元/公斤。芫荽最贵是 11 月至次年 1 月，为 20 元/公斤，因为冬天韭菜不易成活，日常早点（尤其是早餐业）的作料就只能选择芫荽，所以价格就高一些；最便宜是 9～10 月，为 2～4 元/公斤。韭菜最贵是下雪天，可以卖到 50 元/公斤，因为冬天韭菜成活率低，下雪时节更甚；最便宜是 6 月大量上市时，为 2 元/公斤。辣椒最贵是 7～8 月，为 4～5 元/公斤；最便宜是 9 月大量上市时，为 3 元/公斤。萝卜最贵是 1～2 月，为 2 元/公斤，因为那个时候家家都会买萝卜，所谓"冬吃萝卜夏吃姜"，冬天

吃萝卜对身体好；最便宜是 3 月（大量上市时），为 1 元/公斤。青蒜最
贵是 1 月，为 6 元/公斤，最便宜是 9 月（大量上市时），为 3 元/公斤。
莴笋最贵是过年时成熟的红叶莴笋，为 5 元/公斤；最便宜是 9 月成熟的
花叶莴笋，为 2.5 元/公斤。洋花菜一年只卖四个月，从农历十月到二
月，价格 1～8 元/公斤不等，过年时最贵，为 8 元/公斤。

表 7 - 5　徐百户各种蔬菜的最高售价和最低售价

品种	最高价（元/公斤）	最低价（元/公斤）	影响因素
小白菜、小青菜	3.0	1.0～1.2	品种竞争
芫荽	20.0	2.0～4.0	季节
韭菜	50.0	2.0	季节
辣椒	5.0	3.0	产量
萝卜	2.0	1.0	季节、节日
青蒜	6.0	3.0	产量
莴笋	5.0	2.5	品种、节日
洋花菜	8.0	1.0	节日

资料来源：根据对徐百户部分村民的访谈资料整理而成。

（3）高低不一的成本投入

谈了蔬菜种植的种类、生长周期和售价，我们再来看一看蔬菜种植
的成本，下文将以种植成本最高和最低的两种蔬菜为例来分析。首先是
洋花菜。洋花菜是所有蔬菜中种植成本最高的，也是生产周期最长的。
通常在农历七月中旬时撒籽育苗，育苗期 40 天。育苗前要把地挖抛、抓
平，每亩需人工 4～5 个。土地平整之后是撒底肥，肥料为复合肥，为每
亩 20～30 公斤（5 元/公斤），1～2 个工可以完成。撒完底肥后撒籽，浇
水（3～4 天一次），一亩地需 120 挑水，2 个工可以完成。20 天后浇粪水
一次。接下来是移栽，移栽时 1 亩地需要 2～3 个工。移栽后就是追肥。
第一次追肥为移栽后的第 10 天，肥料为尿素、复合肥、碳铵，一共 20
公斤（5 元/公斤）。撒施后浇水 70 挑/亩，2 个工可以完成，天晴时 3 天
浇一次，阴天时 7 天一次。第二次追肥为移栽的 20 天左右，这个时候已
经长出叶子，追肥量与第一次差不多。第三次追肥为移栽后 1 个月左右，
肥料为尿素加复合肥一共 30 公斤（5 元/公斤），兑水浇，需 2.5 个工。

第四次追肥为 60 天左右，尿素加复合肥一共 40 公斤（5 元/公斤），兑水浇，需 3 个工。第五次追肥为 75～80 天，尿素加复合肥一共 40 公斤（5 元/公斤），兑水浇，需 3 个工。因此，种一茬洋花菜需要施五次肥，此外，还需打药 2～3 次，洋花菜主要是蛆多，用打蛆的药，兑水喷施，成本 50～60 元/次，从移栽到收获，至少打药 2 次，根据虫多少的情况来定，劳力投入 1～2 个工。总的算下来，一亩地一茬洋花菜需要肥料 170～180 公斤，计 850～900 元；需投入劳动力 21.5～24.5 个，按 2017 年当地劳动力价格 70 元/天计算，合 1505～1715 元。亩产 2000～2500 公斤，按均价 5 元/公斤计算，毛收入 10000～12500 元/亩，除去成本，最高收益接近 1 万元/亩。

其次是萝卜。萝卜被徐百户的村民称为"最好榜的菜"，意思就是成本投入少且容易管理的菜。整个栽种过程基本不需要打药。栽种时首先把地挖抛、抓平，一亩需人工 4～5 个。播种后每隔 4～5 日浇一次水，每亩每次需人工 2 个。第一次施肥为栽种 20 天左右，复合肥 10 公斤/亩，兑水浇，一亩地需人工 1～1.2 个；第二次施肥为 40～50 天，复合肥 22 公斤/亩，兑水浇，一亩地需人工 1～1.5 个。两次施肥后，除了浇水就不用管了。如果担心会有钻心虫，在种下去 10 天左右打一次杀钻心虫的药，钻心虫杀虫剂的成本大约在 50 元/亩，这一成本也较低。

（4）蔬菜种植第一人

种菜这种精细农业有着较可观的经济收益，但既然是精细，在管理上投入的劳力和精力自然较多。更何况玉村的菜地都是交替种植，一年四季没有轮歇，田里至少需要一个劳动力每天照看。再加上每天夜里三点就要拉菜去卖，如此的辛苦不是任何人都愿意付出的。但徐百户人始终相信，蔬菜这种精细化农业，只要愿意钻研，舍得付出，收获也是喜人的。再来看看被村民称作"徐百户蔬菜种植第一人"的 LJM 的种菜经历。

LJM 是徐百户出了名的种植好手，用他的话说就是"除了种菜其他啥也不会"。家里种了 3 亩地，其中 2.5 亩是租的，1000 元/（亩·年），租了十多年了。LJM 年轻时候因为个头大、力气大，劳动能力强，16 岁就当了蔬菜队的队长，负责菜地的管理工作。当时徐百户的菜地分成三个小组，LJM 是 3 组的小组长。1 组负责 2 月、5 月、8 月、11 月；2 组负责 3 月、6 月、9 月、12 月；3 组负责 1 月、4 月、7 月、10 月。三个组轮流，负责田间管理。每个组 20 个组员，都是男劳动力，主要负责整地、种菜、施肥、浇水、拔菜、装菜等重体力活计，其他女村民负责拔草。在蔬菜队的那些年，LJM 积累了丰富的种植经验。包产到户后，LJM 也勤于钻研蔬菜种植，他告诉我们，要想收益高，就要种反季节的蔬菜，这样才有竞争力。他常年坚持以农家肥作为底肥，以前是自己家的猪粪和鸡粪，家里不养家禽之后，就到养鸡场买鸡粪，20 元/包，一包 20 公斤，一亩地一次需要 15 包鸡粪，种完一茬菜就要施一次底肥。LJM 觉得，种菜和吃饭一样，要搭配才会营养均衡，用复合肥也要用农家肥。且化肥不能用多，过多菜叶上会有白色的斑点，有斑点就没有了卖相。此外，浇水的量要根据季节调节，干季（5～8 月）天天都要浇，冬季差不多一个星期浇一次。打药一般是消毒杀菌，一茬菜打药 3～4 次。以一亩为单位，一茬菜大约需要农药 250 元，化肥 400 元，农家肥 300 元。

近几年，LJM 家种植的主要品种是葱、芹菜和大蒜，一年之内芹菜可以种 2 茬，葱 2 茬，小白菜和小青菜 4～5 茬，收益在 3 万元/亩。小青菜和小白菜主要是作为芹菜和大葱等品种的交替种植作物。LJM 根据多年的种植经验认为，葱和芹菜最认地，也就是对土地要求比较高，耪过一茬之后再接着耪，产量就会减半，好像是有病毒，所以必须换种一茬小青菜或是小白菜，之后才能接着再种葱和芹菜。芹菜的亩产为 3.5～4.0 吨，小白菜和小青菜约为 2.5 吨。种菜和卖菜的辛苦不是一般农田经营所能相比的，它的精细化和复杂化不仅在于种，还在于售。LJM 夫妻俩的日常生活是这样过的：夜里 12 点至凌晨 1 点，用电动车拉菜到批发市场批菜，一般要拉 2～3 趟，约 500 公斤/天，好卖的时候到凌晨 3 点左右就可以回家，不好卖的时候就要到天亮。因为 LJM 种的菜卖相较好、捆得整齐，常年有昆阳的固定批发商找着来买，所以在销售上不是问题。每天卖完菜回到家后，不太忙的时候能睡两三个小时，忙的时候基本上就是打个盹儿。因为到了早上 7 点又要送孙子上学，然后到菜地里拔草、施肥、打药等。中午11点，收工回家，老伴开始做饭，他去接孙子放学。吃完午饭，基本上不休息就又要到地里拔菜，整理，捆绑，拉回家。下午四点半，又到了接孙子放学的时间，老伴儿则回家做饭。吃完晚饭，基本上就要开始准备整理夜里拉到批发市场的菜。整理完后，差不多10点，就可以上床休息两个小时，12点又要起来去批菜。不管晴天还是雨天，如此往复。LJM说这辈子最喜欢的事情就是种菜卖，一亩一年可轻轻松松赚3万元，3亩田一年十来万收入是有的。除去家里的各种开支，也能有6万~7万存款。村里人都十分敬佩LJM夫妻俩的吃苦耐劳，一说到种菜能人，无不对其跷起大拇指。

3. 9组的藕地

除了蔬菜，徐百户还有一片60余亩的藕地，集中在9组（张村），已经有20多年的种植历史了。为何9组的村民会保持种藕的传统呢？有这么几个原因：一是9组人少，地块集中，水利供应方便，组里有一口大井，每天只需要10元左右的电费就可以供全组使用；二是种藕不费人工，可以节约出部分劳动力外出打工，不像种菜那样需要天天有人专门管理；三是收益不比种蔬菜少，一亩藕地一年也有1.2万~1.3万元的纯收入。

每年3月，村民要从市场上买回直径为5厘米的大莲藕作为藕种，2017年的市价约为6元/公斤。一亩地算下来需要600公斤，而种1亩藕地需要三四个壮劳力才能完成。种藕之前要雇拖拉机打田，约150元/亩。打完田就是施底肥，肥料一般是用鸡粪。由于旧村改造后没有养殖空间，鸡粪都是靠购买，一亩地需要20包（具体重量不清楚），18元/包；撒了底肥放水后就可以种了。4月，莲藕长到直径为10厘米左右时，开始第一次追肥，每亩5~6公斤尿素，一个人一天可以施10亩。10天以后第二次追肥，约每亩10公斤尿素，整个生长周期约施肥6~7次，基本上是10天一次。随着藕叶长大，肥料也要增多。7月是追肥量最大的时候，每亩50~60公斤，肥料为复合肥，40公斤/袋，每袋270元。7月以后就不再施肥了。

莲藕不需要经常打药，虫害也少，基本上就是去除叶子上的蛆。打药的时间安排在 4 月、6 月、7 月各一次，5 月两次，共 5 次（第一次在 4 月，0.5 桶/亩，成本在 30 元/桶；第二、三次在 5 月，2 桶/亩；第四次和第五次都是 5 桶/亩）。因为藕叶长大，需要的量就随之加大，而人工成本也随之增加，从 1 个人一天打药 3～4 亩，到最后一次一天只能打 2 亩。

8 月是莲藕收获的季节，1 亩地要 1 个月才能挖完。亩产 2～3 吨。莲藕不像蔬菜那样成熟就必须马上收，它可以慢慢收，一边收一边卖，从 8 月到次年 3 月都是收获和售卖的季节，2017 年的卖价在每斤 5～6 元。

从种藕的成本来看，1 亩地大约需要 500 元的化肥、100 元的农药。但种藕不像种菜那样费事，可以一边打工一边种藕。

4. 花卉的兴起

随着城市生活水平的提高，人们休闲的途径多了起来，养花种草就是其中一种。徐百户地处城郊，优越的地理位置，外加精耕细作型的耕地资源，成为花卉种植的好地方。时任玉村党支部副书记的 5 组村民 XHL 就是玉村花卉种植的第一人。XHL 的花卉种植业开始于 2014 年，那是一个偶然的机会，XHL 认识了多肉，并开始了自己的多肉培植。2012 年，XHL 的高中英语老师找到她，请她帮自己的一位来自湖北的朋友在玉村找一块适合种花卉的地。正因为帮人找地，XHL 才认识了多肉。她帮湖北种花人在 6 组找了一块 6 亩的地，租期 6 年，租金头三年为 2500 元/年，后三年为 3000 元/年。在这期间，XHL 看到湖北老板种植花卉的过程，觉得很有意思，既可以赚钱又可以陶冶生活。加上湖北朋友也一直引导，并教她一些养多肉的技术，还承诺帮她找销路。于是，2014 年，XHL 在湖北种花人的带领下，把自己家的 0.9 亩水田，外加租赁的 1.2 亩，一共 2.1 亩田用来培植多肉。1.2 亩地的租期为 6 年，前三年租金为 2000 元/亩、后三年为 2500 元/亩。大棚是自己搭建，成本为 1.5 万/亩。连同水电、苗木，投资了十来万元。苗和土都是由湖北种花人批发给她的，同时，还教授她培育技术，此外，她也经常在网上搜一些网站，学习培育技术，购买花苗。2017 年，XHL 的花卉园一共有 30 多个不同品种，4 万多株。花卉销路也很好，湖北种花人帮忙销售一大部分，其余还有城里的人前来购买。多肉是一个受市场影响较大的行业，对市场情形把握不好就容易滞销。所以 XHL 经常到斗南的花卉市场去观察，看看现下流行什么品种，然后适时进行调整。比如，2016 年，粉芒、长生天、黄鹂这些品种都不好卖，天使之泪又是最好销的。XHL 认为，多肉是比较容易管理的植物，不用施肥，浇水也是定期的。冬天一般半个月才浇一次，夏天一个星期。在浇水的时间上也有技巧，冬天要在天晴时候的中午浇，夏天要在早上或是傍晚浇。她平时都是下班时间和周末集中管理花卉，2 亩花卉园能轻松应付过来。种多肉三年，她的净收入约为 7.5 万元。在她眼里，赚钱已经不是她种花的主要目的，陶冶性情和丰富生活才是种花人的追求。

5. 田边地角的养鸡养鸭

之所以将养鸡与养鸭归为与农田有关的活动，是因为如今的玉村，鸡和鸭都是养在田边地角的。在调查中，我们几乎没有在村庄里看到有人养鸡、养鸭，仅仅在菜地边上的蓄水池里能零星看到几只鸭子游泳。而询问主人后得知其养鸭的原因更多是出于兴趣——"养着玩的"。

玉村 7 组历史上被称为"养鸭专业户"，张之毅在《玉村农业和商业》中有专门的章节描述过养鸭，在大集体时代和改革开放初期，玉村的"鸭"也是声名远扬的，腌制板鸭远销广州、香港等地。而养猪、养鸡更是玉村的传统产业，在家庭经济生活中占有重要地位。如今，养殖业在玉村已经基本消失，走遍整个村庄，都很难看到有一只鸡或一只鸭，偶尔看到的，也只是刚从市场买回的关在笼子里给家里的孕产妇或生病之人而准备的。猪、牛、马、羊这一类的大牲畜，在玉村，已经根本没有了踪迹。原因有这么几个：一是 1998 年旧村改造后，家家盖起了楼房，没有饲养的空间；二是玉溪大河河堤加固工程的实施，两边河堤都被加高，鸭、牛这些家畜要赶到河里放养就十分不方便；三是自 20 世纪 90 年代玉溪市开展"创卫"工作之后，玉溪大河成为"创卫"的重点，出于养殖业会影响水质的考虑，大河两边一律不准养殖，全面整改。那个时候还有几家人在三官庙那边搭着石棉瓦棚子养的，"创卫"工作开展之后全部拆除了。后来零星有几家人在养，但也都只敢养在楼顶或菜地边，不敢随便放出来。

6. 寥寥可数的租田租地

张之毅在《玉村农业和商业》中提到，玉村 556 亩农田中租出

89.20 亩，占所有农田的 16.04%，109 亩菜地中租出 17.50 亩，占所有菜地的 16.06%。租出菜地和租出农田占比几乎相等。但无论农田还是菜地出租所占比例都较低，玉村的田地主要是自营，很少出租。在出租的田地中很大部分都是地处偏远，不便于管理的那部分。今天的徐百户同 70 多年前的情况相似，即便耕地资源极少，但大多数村民仍然愿意自己耕种，不愿出租。从 2017 年玉村的"农村土地承包经营及管理情况统计汇总表"可以看出，徐百户片区五个居民小组拥有的 360.45 亩承包耕地中，以出租方式流转出去的仅为 93 亩，分别是 5 组的 23 亩、6 组的 57 亩和 7 组的 13 亩。共签订耕地流转合同 86 份，其中书面合同 63 份，口头协议 23 份，签订流转合同的流转面积为 72 亩，签订口头协议的流转面积为 21 亩。以上统计的耕地流转均是农户间的自发行为，95% 是在小组内或是组与组之间的村民中进行的，只有大约 5% 是外村人来承包的。

对于徐百户的人来说，只要家里有足够劳动力来管理田地，就都不愿意将其租出去。首先从经济收益上来算就极不划算，村中一位余姓老人说："村里最好的地块，八里沟、州大河附近这些，地块平整，水利条件好，（租金）最多也就是一年 2000 元/亩。按照目前的人均不到 2 分地，一家人最多也就 1.0～1.5 亩，即便全部租出去，也就 2000～3000 元的收入。但如果是自己糁菜，一亩菜地一年小 2 万元的收入是绝对有的。"因此，将田地流转出去，那是不得已的选择。这种不得已主要还是由于缺乏劳动力，尤其是缺乏中老年劳动力。为何要强调是"中老年"，而不是青壮年，我们将在接下来的内容中给出解释。

既然田地流转的价格低廉，而种菜的收益又明显较高，那村中人为何不从外村人或是本村不种地的人手中大量租地呢？这似乎又要从一开始谈到的"徐百户人均仅仅不到 2 分地"的耕地资源占有实际情况来解释。人多地少，僧多粥少，那么有限的资源，谁都想牢牢握住。更何况，人均耕地资源少就意味着一家人的田地总量少，且分布不均，想租入大片田地来搞规模化种植，就需要和周围相连的几家甚至十几家的人来共同协商完成，那样的话，成本高、难度大。本村人不行，外村人就更加困难。这主要是由蔬菜种植对土壤要求的特殊性决定的，种植蔬菜的土壤最好是含一定沙土的肥沃地块，这是地处玉溪大河两岸的徐百户人的独特优势。

（二）"离农"：非农化的生计活动

农民的就业行为及其变化是一个相当复杂的经济现象，它是微观和宏观两个层面上许多不同的经济因素、社会因素乃至地理因素等交互作用的结果。按照新古典农户经济学理论，农户是一个以追求家庭整体效用最大化为目标，由"生产者"、"非农劳动者"和"消费者"组成的特殊的经济组织，其农业生产、非农业生产和消费需求之间存在互为影响的联动关系，以至于农民的农业劳动和非农劳动具有不可分性。[①] 在玉村徐百户的经济社会转型中，村民进城打工、农业剩余劳动力转移、农村产业结构的转型，亦是社会变迁的必然结果，于是，农民还是出现了兼业化。

目前，徐百户的农户按照家庭收入的性质分为四种类型：一是占全村30.2%的纯农业户，指的是家庭收入中以农业收入为主且没有非农收入的家庭户，这一类基本上是老年群体；二是占全村27.4%的农业兼业户，即家庭收入中既有农业收入，又有非农收入，且以农业收入为主的家庭户，即农业兼业户；三是占全村35.0%的非农兼业户，即家庭收入既有农业收入，又有非农收入，且以非农收入为主的家庭户，即非农兼业户；四是占全村7.4%的非农户，也就是家庭收入以第二、第三产业收入为主且没有农业收入的家庭户。如今的玉村，非农收入是他们的主要生计来源。

1. "离土不离乡"的外出打工

在徐百户村民的眼里，外出打工不仅可以增长见识，还使他们具有更多的资本改善生活、补贴家用、修缮房屋、参与村庄竞争甚至永远地离开村庄。这样看来，村民的流动无疑是一个理性行动，它改变了农民祖祖辈辈"面朝黄土背朝天""日出而作，日落而息"的生产生活状态，务农再也不是农民依靠的唯一生存方式，家庭经营出现了多样化，农民完全可以靠务工维持自己的生存。徐百户片区718户家庭，共有劳动力1424人，其中农业劳动力404人，占28.4%；非农产业劳动力1020人，

---

① 陆文聪、吴连翠：《兼业农民的非农就业行为及其性别差异》，《中国农村经济》2011年第6期。

占71.6%。非农劳动力远远超过农业劳动力，而非农劳动力中90%都是40岁及以下的青壮年。由于有靠近中心城市的优越条件，打工的机会随处可寻，所以，徐百户人一直以来都是采用"白天上班，晚上回家"的离土不离乡的务工方式。全村70%~80%的人靠打零工生活，男的一般是在中卫和红塔区的其他地方做些建筑活计，女的主要是在酒店、服装店和药店等当营业员。例如，9组的组长ZHW在出租车公司开车，一个月3000元左右的收入，他媳妇在协助指挥交通，一个月1800元左右工资，菜地收入平均在1400元/月，全家人一个月的收入约为6200元，而打工收入占了77.4%。副组长LCL在玉村附近的星光公寓当领班，一个月有2500元的收入。6组LGZ老人的大儿子给建筑公司老板开大车拉石灰粉，每月收入4000元左右，大儿媳妇在药店当售货员，每个月收入2000元；二儿子是基建工，在建筑工地帮人装钢筋，每月收入在3500~4500元，二儿媳妇在工地帮人做饭，一个月有2000元左右的收入。5组组长XXD说："按照从业类型划分，5组有200多人是靠打零工为生的，女的一般做清洁工、服务员、保姆等，平均月工资在1700~1800元；男的一般从事建筑业，当钢筋工、水泥工，约3500元/月。还有100多人从事小生意，尤其以倒卖蔬菜为主，还有的做水果生意、开出租车、开拉土车等；从事蔬菜种植的还有100多人，基本上都是50岁以上的中老年人。"

2. 为数不多的房屋租赁

与中卫片区相比，徐百户的房租收入可谓微乎其微，但也是徐百户村民的收入来源之一。地理位置不同，房屋租赁的价格差异明显。位于彩虹路主干道两旁的7组和8组的租赁收入高于其他三个组。其中8组在彩虹路边的21家住户，平均每家都有占地100平方米的五层小洋楼，一楼的商铺全部出租，有理发店、副食品店、药店、彩票销售店和汽车修理店等。租金因地理位置而异，越靠近市区方向，价格越高，40平方米一间的铺面租金为每年8000~9000元；越靠近马桥镇方向，租金越低，为每年6000~7500元；若是整栋出租，每年3万~4万元；7组的铺面出租户有6家，面积约为20平方米/间，价格约5000元/年。而9组因为地理位置很偏，占地100平方米的4层楼租金也就2万元/年。而在中卫片区，一个40平方米的铺面租金最低也要1.5万元/年。除了这部分商铺出租外，其余的基本上是住房出租。从住房来看，徐百户五个组差别不大，大小约15平方米的单间月租金为150元，而在中卫，10平方米左右的单间月租金为280元。

3. 多种多样的个体经营

正因为徐百户人没有中卫人那样可以靠租房和组集体分红过上好日子的条件，他们不得不为了生存想尽一切办法。除了缺乏打工技能和强劳动力只能在田间管理菜园的老人，其他人无不努力在农业之外谋求发展。更有一些有经商头脑和特殊技能的徐百户人，努力自主创业谋发展。于是，除了大部分打工族外，徐百户出现了一批从事各种各样小生意的经营户。

（1）菜贩子

徐百户的村民几乎家家种菜，是玉溪出了名的商品性菜园。"倒菜卖"自然是一个很好的赚钱机会，一来可以轻而易举地获得数量和质量都可观的各种蔬菜以满足货源，二来可以借助"玉村蔬菜"的这张名片卖个好价钱。在徐百户的个体经营中，有很大部分是贩卖蔬菜的，据徐百户人YSC介绍，有60%的徐百户人有过贩卖蔬菜的经历。当然，"倒菜卖"并不是一个轻松的活计，除了起早贪黑，风吹雨打太阳晒，还要靠经验和交情找到一批稳定的买家。我们在玉村见到的比较有名气的"菜贩子"要数8组的组长ZJP了，此人从事蔬菜批发生意24年。调查中他和我们谈了他的"生意经"。

　　　　ZJP家里有六口人，父母、媳妇、明仁医院当护士的大女儿，和正在上初二的小儿子。1985～1989年，他在建水、化念、昆明当兵共4年，当兵的时候就在炊事班负责买菜，退伍后在元江做了3年的基建活。当时觉得既然自己有买菜经验，老家又有那么好的蔬菜资源和市场需求，就打起了回家做蔬菜生意的念头。又恰逢村里正寻求一位做党务工作的书记，而ZJP的当兵经历和党员身份成为村里最看好的人选。于是ZJP就借此机会回到老家，开始做起蔬菜生意。一开始的时候是在彩虹批发市场租了一个摊位，那时候一个月也就30元的租金，买了一辆蓝剑130货车，专门到蒙自、建水收菜，平均1～2天就要去一次，一次拉1～2车，一般是自己拉一车，也会从那边再约着一车一起拉过来。菜的品种主要有大葱、洋葱、莲藕，除了蔬菜，有石榴的季节也会拉石榴过来卖。除了拉外面的菜之外，还有本地的也就是徐百户的蔬菜。本地的蔬菜和外地的蔬菜各占一半的量。当时的利润在200元/天。这样大约做了10年，积累了60万元的存款，还盖了一幢5层半的楼房，价值65万元。ZJP觉得蔬菜生意在玉村还是很好做的，最关键的就是距离市场近，交通条件好。但是就是太辛苦，批菜的日子里，头天吃完下午饭就得开着车独自去外地拉菜，拉了菜当即就要连夜赶回来，因为要赶第二天凌晨开早市。妻子一人要忙会计活，还请了一个负责称称的小工（支付工资700元/月）。出于批发生意太过劳累，加之也有一定积蓄，就想到换到零售市场，寻求更好更得心应手的机会。由于先前做蔬菜批发时候认识的一些在饭馆负责买菜的人，他发现如果直接与单位食堂或者餐馆建立长期稳定的蔬菜生意往来，可能会是更省事、更赚钱的方式，于是便在2005年从彩虹批发市场换到了窑头综合农贸市场，在那里租了一间70平方米的门面，这是一个以零售为主的市场。ZJP每天早上五点半起床到彩虹市场把当天需要的蔬菜批发到窑头的零售铺面，每天的蔬菜量冬季和夏季有差别，因为冬天火锅店生意较好，对蔬菜的需求增加，一般一天的菜量大约为1吨。夏季仅为600公斤。送菜的范围仅限于红塔区，主要是送给红塔区地税局和一些学校，还有18家大大小小的餐馆。每天要送两趟菜，早上一般是7~11点，下午是2~4点。家里买了一辆电动三轮车，还加一辆两轮电摩托，他和妻子两人交换着送。铺面里请了一个小工，帮着称菜和临时送菜，一个月支付给他1800元的工资。ZJP说蔬菜生意的利润空间是个技巧，因为做了二十多年的蔬菜生意，很多都是老客熟客，要长期合作就不能赚得太多，只要销量保证，利润自然就不会少。现在，他家的菜生意平均利润空间在每公斤0.2~0.5元，而一天下来，利润不会低于700元。

（2）路边烤鸭摊

在徐百户村口有一个经营了15年之久的路边烤鸭摊——小胡子烤鸭，是村里一个叫YWB的村民经营的，因为YWB本人爱留八字胡，村里人都叫他小胡子，由此而取名小胡子烤鸭。小胡子烤鸭是一个街边摊位，在村口的大榕树旁，位置十分显眼。YWB 的小胡子烤鸭与徐百户历史上的"养鸭业"发展不无关系。YWB 的父亲是村里有名的养鸭能手，大集体时代就是副业小组的组长，负责养鸭、制作板鸭等工作。YWB 小的时候也跟着父亲一起学习一些养鸭的技术。1998 年旧村改造，徐百户的老房子被拆除，YWB 夫妻俩就在 6 组租了一块大约 80 平方米的集体用地，用石棉瓦搭建了棚子，养了一年鸭子，那时候的鸭子是一个月一发，一次大约 600 多只。有窑头市场的两家烤鸭店来跟他订购活鸭，一只大约 8 元。2002 年，州大河改造，河边禁止养殖，他们就从养鸭业转向了烤鸭店。YWB 夫妻二人的烤鸭技术是从窑头菜市场的烤鸭店学来的，并从城里以 2000 元的价格买回了一套二手的烤炉和小拖车，从此开始了烤鸭生意。YWB 的妻子告诉我们："从市场买回新鲜杀好的鸭子，洗净之后用蜂蜜、油、盐等作料进行腌制，约 12 个小时，第二天就可以进烤箱。烤鸭搭配的酱包和葱，以及装烤鸭的盒子都从市场的烤鸭店批发，成本在 1.1 元/套，一个月的炭火费 40 元，成本算是比较低的。最初的时候一只烤鸭卖 8～9 元，利润在 4 元左右，现在是 22 元/只，利润在 7 元左右。"因为经营的时间长，小胡子烤鸭也远近闻名，有时候连城里的人也会过来买。平均下来一天的销量为 30 多只。夏天天气热的时候买的人会更多一些。到了冬天，生意相对就要淡一些，若遇上村里有红白喜事宴请，一天就会有四五十只甚至七八十只的销量。

（3）小卖店经营

徐百户小卖店是全村第一家也是经营时间最久的一家小商店，位于老年活动室旁，大约 8 平方米大小。2004 年，6 组的 LQL 老人从玉村居委会将房子租过来，一开就是 12 年。2017 年，LQL 老人 76 岁了，家里有 6 个女儿，老四留在家，招了一个山东的姑爷，其余 5 个全部外嫁。丈夫在 2013 年因肺癌去世，因缺乏劳力，家里的 1 亩田以 2500 元/年租给了湖北人种花。LQL 经营小卖店也是由于一个偶然的机会，之前她一直在家帮忙带小孙子，孙子上小学后，她觉得没事可做，恰好遇到居委会招租，考虑到自家姑爷长期在批发市场打零工可以顺带进货的便利，加上村里当时还没有小卖店，于是 LQL 就以 1500 元/年的租金租下了这间铺面。一开始的时候就卖一些小零食，如一两毛钱一包的麻辣条、彩虹糖，后来增加了香烟、糕点、水果糖，茶叶、酒之类的副食品，还有毛巾、手电筒、牙膏、香皂这些日用品。因为 LQL 为人平和，她的店又是村里唯一的一家小卖店，生意还是挺好的。头几年一天 100~150 元的毛收入是有的，除去成本，净收入也可以有 40~50 元。经营了 8 年以后，因为丈夫病重，LQL 就让女儿来帮忙打理。后来，由于交通条件越来越好，附近的超市也开了起来，LQL 家的生意就淡了许多，有时一天就能卖出去 20 多元钱的东西。因为生意不好，女儿单靠看店不能维持生计，自 2016 年开始就出去外面打工。自从女儿出去打工后，LQL 又重新回到商店。她说："今年的生意实在太难做，以前每隔两天都要进一次货，现在个把星期、十来天才进一次。房租也涨到了一年 3000 元，而按照现在一天才卖一二十块钱的东西，我对小卖店未来的经营也很担心。"

（4）自行车维修摊点

在徐百户的村口，有一个自行车维修点，承接着来往于彩虹路的自行车、三轮车和电动车的维修。摊点的主人是徐百户 5 组一个叫 LXL 的村民。LXL 被称为徐百户的老技师，因为掌握一手娴熟的修理技术，经营自行车维修站已经 20 余年。生意一直挺好，村里村外都知晓他。63 岁的 LXL，家里两个女儿都嫁到了外村，只剩他和老伴在家。家里的 1.2 亩地也租出去了，妻子就搂着一点自留地，种点蔬菜自家吃。LXL 以前是一个建筑工，30 多岁的时候在一次建房过程中从脚手架上摔下来不幸伤到了脊椎，留下了后遗症。于是，就想着在家找一门既不太辛苦，又能维持生计的营生。他看到村里人骑自行车、三轮车的，轮胎破了都要抬到中卫那边修补，想着自己要是学会了，就可以在徐百户摆个摊位，生意应该会好。于是他开始买一些关于车辆维修的技术手册来看，然后在徐百户入口的路边摆了一个摊位，帮人修理自行车。维修的工具和材料从城里的五金店批发，最开始的时候补一个轮胎就是 1~2 角，现在是 3 元/次。随着业务越来越熟，他开始修理三轮车、马车、电动车，从简单的补轮胎到复杂的换电动车电瓶、刹车等，平均每天有 100 多元的收入，最好的时候一天能挣 300 元，因为这是一项靠技术吃饭的活，成本投入低，LXL 又是一把修车的老手，如今他干的是得心应手，村里人也很认可。相比之前谈到的小卖店，他很自信，因为修理这项活计不会因市场经济低迷而受影响，不用太担心今天过了明天是不是有活干。

（5）运输能手

除了经营小卖店、小摊点之外，徐百户还有一些靠跑运输拉货为生的人。村中跑运输车的第一人，当数 5 组村民 ZY。ZY 年轻时是玉溪市机械厂的临时工，在厂里负责开车床，干了不到三年，嫌工资低无法养家就选择了辞职。20 世纪 90 年代初，开大车跑运输又是最吃香的行当，他就决定学习驾驶运输车。当时国家对大车执照管理很严，必须是名下有大型货车，才可考驾照。于是 ZY 找了名下有辆大货车的建水亲戚，以他的名字挂了车户，拿了驾照。1991 年，ZY 成为村里第一个拥有大车驾照的人。学成之后，他于 1992 年借钱买了一辆中型卡车，到建水、玉溪等拉焦糖。1996 年，换了一辆东风自卸车，在红塔区拉建筑渣土。当时载重 5 吨的车辆，一般都是超重拉到 10 多吨，一年的净收入在 5 万元。2012 年，又换了一辆 12 万元的立方自卸车，开了 4 年，因毛病太多，老是维修，不到 2 万元就处理了。2010 年，又花了 30 来万元买了一辆四撬的解放牌渣土车，业务也相对拓宽。因 ZY 从事运输业的时间已经有 20 多年，熟悉业务，城里包工程的老板都喜欢找他。现如今 ZY 干的是得心应手，收入也很可观。秋冬季节（旺季）一天的净收入在 700～800 元，春夏季节（淡季），一天的收入也能保证在 400～500 元。

4. 私营企业

被称为徐百户首富的 5 组组长 XXD，是私营企业家，2017 年时已 64 岁。他在 5 组已经当了 20 多年的组长，在村中威望很高。居委会工作人员和村民对他的评价都不错。他也是村里的精英，现为玉溪小有名气的物业公司总经理。XXD 自 1984 年包产到户后就外出打工，一开始是到玉溪烟厂当搬运工，负责拉烟包、拉辅料，那个时候的工资在 62 元/月；1985 年他承包了烟厂辅料厂的清洁工作，辅料厂的清洁工作基本上占了整个烟厂总清洁区域的 1/4。在烟厂打工的经历让他找到了"环卫工作"的市场前景，于是他在 1987 年成立了玉溪市环境清洁服务公司，地址就在玉村 5 组，当时有从业人员 40 人，年营业收入 30 万元，主要从事家政、环境卫生等服务。20 世纪 90 年代初，从业人员增至 200 余人，营业收入 140 万元；2000 年，增加了绿化、垃圾处理等服务项目，有管理人员 5 人，员工 276 人。其中有绿化、美化专业技术人员 20 人，拥有垃圾车 1 辆，洗涤车 1 辆、打蜡车 1 台，打草机 7 台，喷药机 4 台。2000 年更名为玉溪华兴物业有限公司，将业务扩展到了整个红塔区的绿化美化、环卫工作等。目前有工人 600 人，年营业收入达到 200 万元。XXD 的企业不仅大大改善了他的家庭经济条件，还为徐百户人提供了上百个就业岗位，徐百户有很多妇女都在他的公司从事清洁工作，每月工资在 1800～2000 元。

2017 年，XXD 用原始资本积累进行再投资，将 6 组组集体的一块约 6 亩的空地以 13600 元/（亩·年）的价格和一块 1.1 亩的空地以 2.5 万元/年租过来，以 200 元/平方米的建筑成本在两块空地上建了彩板瓦房，然后再以 9 元/（平方米·月）的价格转租给几个企业老板做仓储，从中获得收益。村民都说他这是"钱生钱，有钱人才有条件赚更多的钱"。

5. 村组集体分红

对于一个乡村社会来说，集体经济的作用是非常重要的，它不仅是农村经济发展的一个重要支撑点，也是促进家庭经济发展的一个重要动力。尽管徐百户集体经济发展滞后，但集体收入的分配也是村民的收入来源之一。徐百户的集体经济发展主要依靠集体土地及依附于土地的房屋、公房，以及荒滩地等资产的出租，进而与不同的公司业主、个体户等进行商业往来而获得租赁收入。徐百户片区 2016 年集体资产出租收入为 112.96 万元。其中，5 组的集体收入主要是三块土地的租金，其中两块做仓储，一块是太阳能仓库，一块是地砖仓库，已经出租 10 年，从一开始的 800 元/亩的租金递增到 2016 年的 1000 元/亩；还有一块是高速公路两边的荒滩地，自 2012 年租给市政府做城市绿化，一共租了 15 亩，每亩 3000 元，一共租 10 年，截至 2017 年合计租赁收入有 45.14 万元。7 组主要是彩虹路教练场租用 18 亩，龙标纸厂玉溪分厂租用 2 亩；洗车场租用 1 亩；村民徐光文租用堆基建材料场地 6.48 亩、停车场 10.5 亩、村民 YGJ 租用 5.8 亩，合计租赁收入为 35.67 万元。8 组集体收入主要是红塔物业的土地租赁，从最初的 3500 元/亩递增到 2014 年的 6000 元/亩，2017 年租赁收入 23.64 万元。9 组目前集体收入主要靠荒滩地的出租，租给一户湖南人 3.2 亩，3500 元/亩，到 2017 年已经出租了 5 年；另一块是租给来自昆明的家具老板做家具加工点，共计 4 亩，2011 年前开始租的，租金为 1000 元/亩。2016 年 9 组集体资产租赁收入为 13.49 万元。这些集体经济收入的 10% 提留在集体，90% 年终分给农户。2017

年徐百户片区集体收入人均分红为：5 组 400 元，6 组 300 元，7 组 800 元，8 组 600 元，9 组 700 元。

三 亦城亦乡：对城市的守望与迷离

费孝通曾说："在两千多年的封建社会里，中国一直是一个自给自足的小农社会，是一个生于斯、长于斯的乡土社会，常态的生活是终老故乡。"① 毫无疑问，这是传统乡村社会的写照——农民是乡村社会的主体。而在现代社会里，乡村社会的主体还是农民吗？这个问题的答案可以是肯定的，在目前的农村，还有相当高比例的农民；也可以是否定的，因为大量的青壮年已经挣脱农村，努力进入城市，过着城市人的生活，从某种意义上说，当前的农村是虚化了的农村。对于玉村徐百户片区而言，特殊的位置让它在"城"与"乡"之间摇摆、徘徊：一是对村落文化的坚守和迷离，二是对城市生活的向往和焦虑。

（一）村落社会关系网的坚守与维系

首先，农村的城市化过程表现出强烈的"路径依赖"。就像李培林所描述的"羊城村"，珠三角的快速城市化使"羊城村"早已不复存在，村民也都拿到了城市户口，成为市民，也不再从事任何属于农业的职业，但是他们仍保留着"村籍"，依靠村社的分红和出租房屋的租金生活。对于徐百户而言，他们虽然早在 2012 年就实现了户籍上的"农转城"，成为城镇居民，但他们依然保留着农业耕作，依靠村组享受着分红。公共活动的重要场所——"客堂"依然在村组内部发挥着较大作用。客堂内供奉有村内所有姓氏家族的家堂，一切公务议事、红白宴请均要在这个神圣的空间内进行。村落社会关系网络相对于城市人来说要紧密得多。

其次，地处城市边缘的徐百户，虽然生活水平和生活方式比起过去已经非常"城市化"了，但原有的社会关系网络并没有发生断裂。徐百户这一"村落社区"与中卫片区不同，它没有大量的外来人口，不是一个由陌生人构成的生活共同体（如租客、外来生意人、商业区和物业小

---

① 费孝通：《乡土中国》，北京大学出版社，1998，第 24 页。

区等），也不是一个仅仅由于业缘关系构成的熟人社区，而是一个由血缘和地缘关系结成的互识社会。同时，徐百户也不是真正意义上的"空心村"，个人与家庭、家庭与村组之间的关系相对紧密且稳定。一方面，徐百户靠近城镇，村民的职业转换以"就地非农化"为主，无须付出太高的流动成本。徐百户的青壮年劳动力打工大多在玉溪市区内，以红塔区为主，且是早出晚归的"半离村"模式。年轻人打工就在家门口，早上出门，傍晚回家，既能上班，又能照顾家庭。另一方面，因为务工人群不是完全离乡，村里不缺乏"人气"。白天经常可以看到家门口三三两两的中年人、老年人在一起下棋、打牌、拉家常等；傍晚时也有一些年轻人带孩子出来玩耍。逢哪家办个红白事，组长一号召，乡邻都会过来帮忙，白天外出务工的年轻人，也会在下班时来凑个人气。

（二）城乡文化生活的互动与共生

从时间维度来看，徐百户和中卫处于城市化进程的同一条发展链条上，存在先后继替的发展次序；从空间维度来看，徐百户和中卫呈现的是一种在地理空间上的圈层化分布，形成的是城市－乡村社区连续体。在整个玉村走向城市化的过程中，徐百户村落文化遭遇了都市文化的冲击，发生了深刻而多元的变迁，形成了城乡文化生活互动共生的独特形态。

首先，公共性休闲成为大众休闲的一种新选择。随着徐百户土地征用带来的耕地面积减少，越来越多的村民脱离农业到城里谋生，也就意味着村民们开始有了一定的类似于都市居民的休闲时间。人们以不同的方式转向非农领域，大多数人开始成为像都市人那样有明确的工作时间和休息时间的"上班族"。加之，随着土地被征用而发生的村集体资产形成转换，以及都市化给近郊村民带来的谋生机遇增多，徐百户的少部分家庭拥有了相当数量的财富。如此，徐百户村民逐渐形成了所谓的"有钱有闲"之人，开始追求那些被定义为时髦的都市休闲生活。最突出的表现是公共性休闲生活日益增多。徐百户每个小组都新建了公共活动场所——客堂，客堂前有一个小广场。每当夜幕降临之时，只要天气条件合适，村落广场就会聚集一群人，开展各种各样的公共活动。其中，最壮观的就是以30～50岁妇女为主的人群随着自带录音机播放的音乐而跳广场舞。年轻的父母、年迈的长辈带着小孩嬉戏，或散步聊天，还有不少人在遛小狗、小猫。有些年轻人则会穿着运动服围着村内的小道慢跑。显然，这些公共休闲生活并非农村生活的传统，但确实已经成为徐百户村民的一种新的休闲方式。总之，群体性、公共性的休闲生活和休闲文化正逐渐地渗透进徐百户的村落生活文化，改变着村落休闲文化的内涵。

其次，现代性休闲消费文化逐渐渗透。由于徐百户地处城镇周边的地理区位、交通的便捷，以及都市娱乐文化的吸引，到 KTV 唱歌、玩网络桌游、喝咖啡、吃西餐、逛夜店、进茶楼酒吧消费、看电影、去商场购物等都市流行的休闲消费方式在徐百户的年轻人中较为流行。在手机、互联网等新兴媒体无城乡差别覆盖的背景下，徐百户的年青一代较其长辈和年龄较大些的同辈更多也更容易接受现代都市文明，自然而然地向往和采取现代城镇休闲消费方式，甚至不惜与家长反目。一些较"现代"的村干部也开始赶时髦。9 组小组长常年在红塔区以运营出租车为生，接触一些城里的乘客，穿戴也模仿城里人。相反，年龄较大些的村民由于面临养老和抚养教育孩子的压力，加之深受传统消费观念的影响，对于那些高支出、无回报的现代都市文化消费的认同度和接受度都较低，甚至有抵触情绪，而以传统的看电视、打牌、下棋、免费观看各种表演等休闲方式为主，间或有些人会参与跳广场舞之类的健身活动。由此勾画出一幅年龄分层和群体差异明显、活动形式多样、城乡二元混合的村落文化消费景象。

（三）农业逐渐步入衰落

种菜是玉村人身份的象征。"蔬菜种植"算得上是玉村一张具有代表性的"名片"。张之毅曾在《玉村农业和商业》中描述道："由于种植商品性蔬菜是一种比较专门的细活，不仅远处山边的夷人和普庙人不会干，就在玉溪坝子中（盆地上）的其他的村落（蔬菜专业村除外）的农民也不会干。"然而，种菜毕竟是一项较为辛苦的活计，不是每个玉村人都愿意去从事的。在徐百户调查期间，每到地里，看到的都是上了年纪的中老年人在劳动，最年轻的也都是五十一二岁，年纪最大的甚至已经有 80 岁，头发胡子全白了。当然，类似于玉村这样以老年人为主的农村在中国已经不是新鲜事物。由于农村大量年轻劳动力涌向城市和非农产业，中老年人就成为农业的主体。玉村菜地经营人员老龄化的原因可以从不同年龄群体的角度去分析。从老年人的角度来看，主要有三个原因。一是出于内心的热爱，并将种菜当作终身职业。种菜是他们从小到大做的最多也是最擅长的事情。再加上可观的经济收益，他们愿意将整天的时间花费在菜地里。二是除了种菜，他们没有其他技能。7 组的 YSY 老人说："现在都是 50 岁以上的人在耪地，有一大部分还是 70 岁以上的老人，因为除了耪地，我们没有其他技能，又不识字，年纪大了，出去打工也没有人会雇你。"三是为了生活，不得不种。7 组有位徐姓老人，1937 年生，老伴过世。我们在遇到这位老人时他正在地边浇菜，菜地边儿上有一个深 2 米、直径大约 1 米的发酵池，里面是老人挑过来的厕所粪。在村子里像他这么大年纪的老人都愿意去挑粪水，因为这样种出来的菜口感好，也可以省下一笔化肥钱。该徐姓老人年轻时在易门铜矿厂工作时由于粉尘污染患上了肺气肿病，这些年还经常犯病。当问到老人为何带病坚持种地时，他说："除了种地，我们这个年纪也做不动其他活计了。这几年生病吃药每月花费 200~300 元，家里上门的女婿平时也不给生活费，我不得不自己种点菜卖，以贴补药费开支。"

既然种菜的主力都是中老年人，那么村里的年轻人对此是怎么看的呢？首先，不能完全用农业比较效益低来解释。传统观点认为，由于农业生产比较效益偏低，农民纷纷流向城市，最终导致农业劳动力短缺。而在玉村，尽管徐百户大部分家庭还经营菜地，但毕竟人均耕地资源有限，不可能一个家庭全部的劳动力都投入在田地上。主要收入还要靠他们在田地以外的空间去获得。其次，大部分年轻人确实觉得种菜太苦太累。2017 年 39 岁的 9 组组长 ZHW 说："每天顶着大太阳在地里忙，半夜还要起来去卖菜，1 亩地一年下来最多也就是 2 万块钱收入。而我们每个月打工挣的比这个多，而且没有那么辛苦。还可以到处跑跑，接触接触社会。老年人嘛，他们也干不了其他活，他们从小都是以种地为生，是多年的习惯了。"6 组村民 LYL 也说："年轻人即使不出去干活也不会去种地，他们嫌脏、嫌累，我们老人把菜种好了，让他们到地里拿回来吃都不愿意，更别说去耪地了。"徐百户的蔬菜种植能手 LJM 也表现出了极大的担忧和无奈，他说："现在的年轻人不愿意种地，将来他们老了也不可能再回到地里，因为种菜本来就是个精细活，不是随随便便就会的，要靠长年积累。我的两个儿子这么多年来，从来没有完整的一天在菜地里帮忙过，有时候地里忙，（只是）让儿子跟着去拔拔菜，更不用说让他去施肥浇水，他都不愿意。还悠闲得泡杯茶、提个凳子跟着你，到了地边上把凳子一放，一屁股坐下去就不起来，不仅不帮忙，还像监工一样指手画脚。这样的年轻人，还不如一个老妈妈（中老年妇女），一个老妈妈来菜地帮忙，一天都能挣60块钱的。"

照这样看，等现在这部分种菜的老年人渐渐失去了劳动力，玉村的农业会走向终结吗？村落之所以为村落，是因为在那里生存的人拥有耕地，且在耕地上从事着农业活动。而现在的徐百户，面临着耕地减少与务农主力减少的双重困境，青壮年劳动力长期甚至是永久地脱离菜地。蔬菜种植一旦消失，徐百户就是一个"无农的村庄"。再加上徐百户位于城市边缘的特殊地理位置，受城市化进程的影响，离进入城市社区也只有"一步之遥"。而目前出现的土地非农化、产业非农化、职业非农化，最终是否会助推整个徐百户社会结构的"非农化"？我们还将继续关注。

第八章　玉村人的市民化

尽管到玉村之前就听说过其城市化进程发展迅速，但真正踏上玉村之路还是被其浓厚的城市及商业气息所震惊。高楼林立，车水马龙，蔬菜批发市场、粮油批发市场、百货副食批发市场越发增添了玉村的商业气息。显然，相比费孝通先生笔下的禄村和易村，玉村的城镇化及农民市民化进程都明显较快。玉村中卫片区因城市化发展的需要已经完全失去了土地，农业户口几乎全都转成城市户口；而徐百户片区的农民仍然有土地，还过着传统的农村生活。因此，从这个角度来说，玉村的农民市民化具有一定的特殊性。

"城市"这个概念本身包含了两方面的含义。"城"为行政地域的概念，即人口的集聚地；"市"为商业的概念，即商品交换的场所。而最早的"城市"，就是因商品交换集聚人群后形成的。从这个角度来看，玉村就比较符合城市的这两个条件。首先从地理位置来说，玉村地处玉溪市中心城区——州城西北部，东起珊瑚路，南邻玉带路转汇溪路，西接春河镇马桥村委会，北至龙马路、玉溪大河并与李棋镇金家边委会相邻。① 玉村优越的地理位置和便利的交通条件为它从农村到城市提供了有利条件。另外，商业发达是玉村最为明显的特征。在1940年张之毅先生调查的时候，玉村的商业气息就比较浓厚。虽然玉村的土地资源并不富足，但玉村人比较善于经营，他们想办法从商业来弥补农业的不足。于是很早他们就开始从事一些副业，例如织布、养鸭、运输、经营菜地。这些都促使他们的思想更为开放，与外界的联系也比较多，从而为以后的发展与竞争积累了许多优势。20世纪90年代以后，城市化发展速度加快，全国各地都在扩大城市的发展规模，许多城乡交界处被率先纳入发展行列。随着城市扩建和二、三次产业的发展，玉村被划入城市的范围，土地被逐年征用。从统计资料来看，从1983年到2003年，政府征

---

① 刘豪兴、黄朝茂主编《中卫社区志》，云南民族出版社，2006，第25页。

用玉村1～9组的土地805亩，其中玉村中卫片区被征地538亩，占被征土地总面积的67%。直到1997年，玉村中卫片区的耕地全部被征用。土地被征用后，玉村的商业越发地凸显出来。自1990年起，玉村先后建成了百货、蔬菜、副食、粮油、劳务等市场，形成了以彩虹批发市场为龙头，集商贸、工业、建材、交通运输、五金、通信器材、餐饮服务、汽车修理于一体的综合性集贸市场，成为红塔区乃至玉溪市较大的物资交易中心。随之而来的旧城改造，以及在土地价格越来越高的同时，玉村人通过本土资源经营起旅馆。综合市场的建立和旧村改造的实施，是玉村实现从农村到城市最为关键的一步，综合市场的建立为玉村聚集了人气，旧村改造使玉村的居住环境得到了彻底改善。玉村的自身优势很好地满足了人口集聚地与商品交换场所这两个条件，因此，从这个意义上说，玉村从农村转为城市是必然的。

一 农民身份的终结

（一）从"村委会"到"居委会"

20世纪90年代以来，随着城镇化进程的不断加快，在基层政府的主导和推动下，城市周边或镇所在地的一些村委会在"农转非"的同时相继进行"村改居"。玉村就是在这样一个背景下在行政设置上逐渐由农村转为城市的。1983年9月，玉溪撤县建市以后，随着城市建设规模的扩大，玉村被纳入玉溪市城市总体规划的范围，大量的土地逐步被征用。最早的征地开始于1985年，玉溪市电信局征了玉村4小组的0.18公顷耕地。到1993年，耕地面积由1983年的180.53公顷减少到89.60公顷。1997年后，玉村中卫片区的耕地全部被征用。当时的征地费用不高，除了在经济上给村民做出安置及生活补偿外，还通过提取征地总面积的15%作为村民小组集体事业发展的预留用地。正是通过征地中村组集体提留和发展集体预留用地，玉村中卫片区开始从传统的农业社区向城市社区转变。另外，大面积的征地也造成人地矛盾异常突出。为了适应玉溪市区的扩展和内部人口压力激增的情况，村里调整产业结构，推动产业的多元化，向非农化方向发展。

　　玉村在 1951 年开始建立玉村农协委员会，其后经历乡政府、农业社、大队、人民公社、革命委员会、大队管理委员会等。1984 年，撤销玉村大队管理委员会，建立乡人民政府。1988 年，撤销乡，建立州城镇玉村办事处，下辖 9 个生产合作社。1999 年撤销州城镇玉村办事处，建立玉带路街道办事处玉村居民委员会，下辖 9 个居民小组。2003 年玉村居民委员会改称玉村社区居民委员会，下辖 15 个社区居民小组。"村改居"社区居民委员会是农转城过渡性的一环，它既与村民委员会和纯城市社区居民委员会有联系，又有自身的特点和职能。一方面，"村改居"社区居委会迈入城市组织建制，开始被纳入城市组织管理体系。另一方面，"村改居"社区居委会还带有"亦城亦村"组织的过渡特色，甚至保留着许多脱胎而来的村委会组织的印记。由于历史的原因，玉村形成了一套独特的行政管理体制。近年来，虽然城市政府已经介入玉村的管理，1999 年，将"村委会"的牌子换成了"居委会"的牌子，但从管理体制的角度来看，玉村仍然延续着部分农村管理体制，形成实际上的"城乡混治"的管理体制。这种行政管理体制的交错，不仅削弱了社区行政管理权利的效力，也影响到社区居民的生活，如医疗保险、子女上学、就业等。玉村虽然转为居委会，名义上归属街道办事处管理，但实际上当地只对中卫片区进行街道管理，对徐百户片区的居民目前仍按农民对待。玉村由农村转为社区，也就是"撤村建居"，由村小组转为居委会，将农民转为城市居民。

（二）从农民到市民

　　玉村的情况比较复杂。徐百户片区的农民是从事非农职业的农民，也是从事农业生产的农民，他们的土地被部分征用，难以在传统的农业框架中生存，也难以在城市的框架中生活，是"夹缝"中生存的群体。中卫片区的土地已经被完全征用，农民在身份上已经从狭义上，即户籍和职业上转变为市民。

　　在土地被征用之前，玉村的农民仍然以农业为主。1940 年，玉村人主要是耕田和种菜，也发展一些如织布和养鸭的副业。1955 年以后，玉村人仍然以农业为主，虽然不再织布了，但还从事养殖、烧砖瓦、磨面、碾米等副业。由于玉溪城镇规模的连年扩张、道路交通网建设和旧村改造等的需要，1983年玉村耕地开始被政府征用，原有耕地180.53公顷，至1993年底，10年内平均每年减少9.25公顷，2003年底仅余40公顷，主要用于种植粮食和蔬菜。1991年因昆玉公路建设征地时，涉及玉村3~6组，每组10多个（农转非）指标，每户给1个人的指标，学历高的、毕业的优先转，那一批共有70~80人农转非，享受到政府一些政策（比如城市肉食补贴、机关企事业单位招工等）。由于享受到城市肉食补贴、机关企事业单位招工等待遇，小组（分红）待遇不能享受。但当时招工仅两三批，未传达到村组。等到了1998年第二轮承包耕地时，5组和6组第一批"农转非"享受到了小组（分红）待遇。但由于是农转非，计生政策以及农村独生子女升学加分政策未享受到。随着20世纪90年代的旧村改造和城市建设征地，中卫片区基本上完成了农转非工作。2012年以来，上级下达任务，徐百户片区要全部农转城，享受"两床被子、十件衣服"，实施下来，有17人没有选择农转城。不愿意"农转城"的农户有几点担忧。一是计生政策，不能享受二孩政策（现在倒是放开了，当时未转的担心享受不到）。二是户口制约，担心结婚后，嫁入农村的户口迁不到农村；农村的嫁进来户口落不到城市。三是思想观念落后。徐百户片区的农户尽管拥有了居民户口，但他们在户口本上的职业还是粮农，他们依然拥有耕地。随着中卫片区土地功能由原来的农业转化为工商业用地及居民自用地，村民也由原来单一种地的农民变成了从事多种职业的居民。如服务业的旅店老板、理发店老板、餐馆老板，在大型批发市场从事小商品批发、粮油批发及蔬菜水果批发的个体户，或是在社区居委会工作的人员等。就其身份而言，玉村农民的身份普遍存在着不明确性和不稳定性。

二　城村人的对视

玉村农民的身份认同可以直观地从自我称谓和相互称谓上体现出来。徐百户人都称自己是"我们老农民"，以区别于不从事农业生产的城里人（中卫人）。也有的称自己为"咱们农村人"，以区别于没有土地的城里人、吃徐百户人种的菜的人（中卫人）。前者流露出无奈、感慨的语气，后者则表现出积极的、自豪的感觉。称谓作为一种符号系统，同时代表了一系列的社会特征，成为村民自我社会角色认知的标识，相互的社会角色期待的依据，成为可预期的社会交往的规则，由此形成稳定的社会关系和社会结构。"我们"与"他们"的明确区分，清晰地反映了玉村中卫片区和徐百户片区完全不同的社会结构特征。

（一）"农村人"："落后"、保守、小农意识强

玉村中卫片区和徐百户片区不仅仅是在地域、身份、资源禀赋以及经济发展上有较大差距，在观念、意识上的差别也很大。他们相互之间的不认同是否会成为一道非物质层面无法逾越的鸿沟？在中卫人看来，徐百户是"落后的""保守的""小农意识强的"。例如在访谈中问到中卫人对徐百户人的看法时，中卫人是这样描述的：

> 徐百户组村干部保守，思想不解放，观念上不顾大局，例如，公交中转站选址，由于（他们）抵制，土地被征用却没有开发利用，错失发展机会。（村民李）

> 城市发展未到他们那里，小农意识强，一征地就吵，一征地就乱。（村民王）

> 徐百户人思想观念落后，缺乏发展商业的眼光，不愿意发展，主要是未尝到城市发展的"甜头"；思想不统一，干部观念跟不上，仍是从农业到农业，未跳出农业来看他们（徐百户）的发展，认为蔬菜价格这几年高，即使征地价格是"我们"（中卫）当年的3倍，达到15万元/亩了，他们仍不愿意被征地，根源在这儿。（村民冯）

> 徐百户的人都是只会耢地，不会想要如何发展，多少次，一说开发那边，他们就闹，好像是中卫人没有吃的要去吃他们的一样。他们徐百户说实在的，对社区贡献很少，他们很多集体开支都是这边给他们的。修路、绿化这些福利事业，基本上都是居委会拨钱，但他们始终还是很自私，觉得这边是太有钱了，可以一直给予他们。就拿（20世纪）90年代初办中卫沙场的事情来说，沙场是集体办

的，各小组挖沙卖得的钱应该是要给社区提留，当时9组就不提给社区，全部自己分，卖沙的钱都是要在大河边上坐着分，拿到手了才愿意回家，一分钟都等不得。（村民冯）

徐百户那边6组尤其难发展，一个是被夹在中间，没有发展空间，一个是组干部不管事。我们都说6组是"马尾巴穿豆腐，穿嘛穿得起来，提嘛提不起来"，小农意识太强。2014年前居委会准备把彩虹批发市场整体搬迁，需要300亩土地，其中涉及5组、6组、7组、9组的土地都会被占着。但是6组的人不同意，说他们土地面积本来就少，要是再被占用，就没有多少了。支委会开了几次，跟群众讲解，但是（意见）始终统一不了，最后只有取消。

（二）"城里人"："命好""不劳而获"，但大度

徐百户之所以不能和中卫一样也成为"闲着也能有收入（房租、分红）"的城里人，和国家政策、城市化进程的阶段性特征等密切相关，但主观认知和感受往往是无法做到完全考虑客观因素的。因此，徐百户人会将其归咎于"命理"，他们大多数认为中卫人的"命好"，而徐百户人就是"劳碌命"，一辈子都必须辛辛苦苦地种田、打工。以下是徐百户部分村民对"城里人"（中卫人）的看法。

徐百户和中卫是没有办法相提并论的，毕竟在城市发展中，中卫在地理位置和资源上就占了优势，他们离中心城市更近。作为徐百户人也不应该说他们的不好，人生本来就是"生在哪里就享哪里的福"，徐百户没有商铺出租，没有市场，但是土地还在啊。只要愿意付出辛苦还是一样能过上好日子的。（村民杨）

徐百户是城乡接合部，中卫是城市。中卫那边地势好、资源好，光土地出租一年就能分得几千上万元，他们可以"不劳而获"，一样不做都有吃的。而徐百户就只有守着土地过日子，一年分几百块钱。但最后守土地又有什么用，守得住不是关键，而是要拿得着钱

才是关键。（村民张）

中卫人"命好"，"不劳动"也可以有钱花。但徐百户和中卫也是一家人，中卫人还是很大度的，他们从来不和社区要钱，而徐百户几乎年年都要，因为经济发展不起来，没有收入，不得不要钱，但中卫那边也从来不说什么，这一点还是比较大度的。（村民余）

三　从农民到市民的角色转变

在户籍上由农民转变为市民后，玉村中卫片区的村民由原先的守业者变为创业者，他们的乡土性也渐渐褪去，相对徐百户片区的村民而言，他们已经失去了对土地的情结，较为顺利地实现了由农民到市民的角色转变。

（一）观念：从保守到开放

如今玉村中卫片区的村民大多已经改变了传统的人生态度、价值观，思想观念比较开放，拥有积极的心态和进取的精神。这些在 FZH 的孙媳妇 FR 身上可见一斑。与普通老太太相比，身着花衬衫、烫卷发、戴金手链、弹中阮的 FR 自有她的潇洒与时尚。自 2001 年从居委会退休之后，FR 的生活就少不了中阮和二胡等乐器。除此之外，她和老伴每年都要出游两次。自 2018 年游完港澳后，她基本走遍了祖国的名山大川。FR 的消费结构在玉村是极为典型的，玉村人最大的消费是建房，自实施旧村改造，玉村的新建住房率高达 98%，在入户调查中，新建住房楼层最高者为六层，最低者为三层，建房支出最低者为 10 万元，最高者为 60 万元。除建房外，玉村还有一大消费是购车，据玉村原主任 FS 估计，2013 年该村户均汽车保有量高达 70%，仅 FZH 一家就拥有轿车 22 辆。①

---

① 《玉溪日报》：《玉村的转身》，《玉溪日报》2013 年 8 月 1 日。

（二）生活质量：从温饱到小康

从居住形态和居住场所来看，在土地征用之前，玉村的农民一般是散居在以血缘、地缘关系组合起来的自然村落中。1983 年 9 月，玉溪撤县建市（县级）后，随着城市建设规模的扩大，玉村被纳入玉溪市城市总体规划，划为居民住宅社区，大量土地逐步被征用，无地农民增多。按照上级政府有关旧村改造的政策，从 1993 年开始，玉村开始走旧村改造的路子，进行了大规模的房屋拆迁与重建。截至 2003 年，玉村社区内的住房已经完全是现代化形式的住宅。玉村中卫片区新建民房 614 套，其中二层建筑 93 套，三层以上建筑 506 套。每家都住起了楼房，人均住房面积已经达到了 77.75 平方米，水、电、卫生间等齐全。1997 年，经云南省土地管理局、玉溪市人民政府批准建成了彩虹社区。彩虹社区总建筑面积达 20 万平方千米，规划建房 267 栋，为峨山监狱、元江监狱、塔甸煤矿、红塔区疾病预防控制中心 4 个单位和 260 户私营业户主提供近 1000 套办公、商业、住宅用地。彩虹社区设有中心花园，环境幽美，交通便利，水、电、路、通信等基础设施配套齐全。

（三）生活方式：从农作到休闲

伴随着居住环境的大幅度改善及玉村地理位置优越性的凸显，玉村人的生活方式有了明显的改变。以前，玉村人的生活主要围绕农田展开，家庭主要劳动力每天过着"面朝黄土背朝天"的日子，非主要劳动力则在家负责做饭、料理家务、养殖等。玉村人还保持着传统的"日出而作，日落而息"的生活方式。然而，随着土地被征用，每个家庭的生活方式都有所改变。种田的人已经越来越少了，少数种菜的人也是供自家吃。如今许多老人平日里负责照看孙儿，接送他们上下学，闲暇时间就在家聊天，或是约上几个老人去散散步、健健身。社区周围还有健身设施，从玉村步行 15 分钟就能到玉溪市区，他们经常散步到聂耳音乐广场。年轻人则在外面打工，或者在市场经营着摊位。从夜市的淘宝街上卖的衣服款式及各类餐饮娱乐就可以看出，玉村居民的穿着打扮及休闲方式是非常时尚的。2005 年，玉村私家车拥有量为 106 辆，摩托车为 381 辆。2013 年，玉村户均汽车保有量高达 70%。可见，玉村人的出行方式越来越方便及多样化。2012 年，玉村拥有彩电的家庭为 1389 户，拥有率为 100%；拥有电话数 1248 户，拥有率为 90%；拥有计算机数为 764 户，拥有率为 55%。

2005 年，居委会投资 26 万多元，对玉村文化茶室进行了全面改扩建和装修，新增使用面积 295 平方米，内设标准文化室、禁毒展览室、乒乓球桌、台球室、健身房、文艺演出舞台等，是集学习、娱乐、休闲于一体的专业文体活动中心。社区居委会投资 8 万元更新设备，购置图书及器材；投资 22452 元，为中卫片区配备了 34 寸彩电、VCD 及音响设备，监督各小组投资、修缮，为居民就近活动提供方便。在 1 组、4 组安装体育健身器材 12 件，大大方便了居民的体育文化生活。玉村社区文化室和各小组文化室有相应的图书室和活动室，都有相应的活动设施，定期、不定期地开展多种多样的活动，丰富了不同群体的文化生活。居委会还投资 25 万元为老年人成立老年协会、老年学校，建盖活动场所，添置医疗器械、健身器械、棋牌等设施。该居委会妇女学校还组织人员，结合本地实际自编自演文艺节目，定期到老年协会演出，为老人们带去了欢歌笑语，丰富了老人的精神生活。

除此之外，玉村人富裕起来后首先想到的是对青年一代的培养。2001 年，居委会投入资金 13 万元，为中卫小学修缮教室、增设现代化多媒体教室。2002 年，居委会又投资 15 万元，对中卫小学配置电教室、计算机等电教设备，大力改善办学条件，为学生创造良好的学习环境。玉村人的衣食住行已经完全脱离了农村，越来越融入城市生活。完善的社区设施、安逸舒适的环境，还有丰富的娱乐文化生活，都是现代城市社区生活的标志。

（四）收入方式：从种田到租房

在张之毅的研究中，玉村农民收入的一个显著特点就是商品性生产占绝大比重。单是商品菜地收入一项，就占到全村收入的 39.69%，加上养鸭、织布就增至 44.35%，再加上手艺、商贩、杂工的收入就达到 59.51%。[①] 可见，当时玉村农民收入结构中，家庭经营收入占较大比重。

---

① 费孝通、张之毅：《云南三村》，社会科学文献出版社，2006，第 446 页。

但是随着工业化和城镇化的发展，玉溪城镇规模的连年扩张、道路交通网建设和旧村改造等的需要，玉村土地逐渐被征用。土地是农民的根基、生存的依靠、社会的保障。虽然人多地少，农民不可能全靠土地为生，需有副业和手工业相辅。但农民一旦丧失土地，也就失去了生计和心安的基础；失去了不足但有望的土地保障，出现彷徨无措的心态在所难免。因此，解决无地农民问题的关键是帮助提供就业机会，增加他们的收入。于是，玉村的领导者顺应民意，从本地实际出发，在鼓励农民自谋职业、创业的同时，大力推动玉溪城市发展规划，筹措1700多万元，建成玉溪市彩虹批发市场和百货、粮油、食品、蔬菜、建材、劳务等多个专业市场，并引进外资建了裕康市场，形成了玉溪市工业和农副产品集散中心之一。这个中心吸引了来自云南省内外的许多客商和资金，不仅为本地和外来务工人员提供了广泛的就业机会，而且构建了一个房屋租赁市场，为集体和居民开辟了一条重要的致富门路。

玉村的综合市场建立产生的集体收益和民房租赁收益成为社区居民的主要经济来源。2017年，玉村中卫片区集体经济收益分配最高的是4组，人均高达10300元，其次是2组，为10000元，3组为6260元，最低的1组也有5700元。以《玉村农业和商业》中所提及的"五户人家"中的FZH为例，FZH一家在"玉村"居住者最多，为53人。2017年51岁的FHM是FZH的曾孙，2012年他家的收入接近20万元，其中包括7万元的房租、10万元的蔬菜收入，还有1.4万元的集体分红。

可见，玉村农民的收入结构已经由种植业、养殖业等家庭经营收入转变为打工等工资性收入、出租房屋等财产性收入及做生意、跑运输等家庭经营收入。

（五）社会保障：从土地保障到养老、医疗保障

玉村由于失地程度不一，参加被征地农民养老保险的政府、集体、个人三级筹资水平不一，参保率也大相径庭。在调查中，据社区居委会干部、村组组长及村文书、部分村民反映，2009年玉村参加被征地农民养老保险费缴纳时，按政府、集体、个人三级筹资一次性办理被征地农民养老保险。土地完全被征收的玉村中卫片区失地农民参加养老保险的办法是个人自愿参加，集体可根据自身情况给予补助，个人和集体缴费

之和不低于 6000 元，政府补贴 4000 元；而土地被征收导致村组人均耕地不足 0.3 亩的徐百户片区居民，个人自愿参加，集体可根据自身情况给予补助，个人和集体缴费之和不低于 7000 元，政府补贴 3000 元。实际实施情况是，养老保险缴纳标准为人均 10000 元，其中玉村 1 组、4 组由集体承担人均 5500 元，个人自筹 500 元，其余则由政府财政补助（人均 4000 元）；2 组、3 组按集体、个人各出资 3000 元，政府人均补助 4000 元来缴纳。而玉村徐百户片区则由政府统一补助人均 3000 元，集体和个人人均缴纳 7000 元，但由于村组集体收入积累水平不一，5 组集体补助人均 2000 元、个人自筹 5000 元，6 组集体补助仅为 200 元、个人自筹 6800 元，其余 7 组、8 组、9 组集体补助拿不出来，个人自筹高达 7000 元。这样，从缴纳养老保险费情况来看，徐百户片区，尤其是 6～9 组参加被征地农民养老保险的比例远低于中卫片区（见表 8－1）。

表 8－1　2009 年玉村失地人员养老保险集体和个人缴纳情况

组别	人数（人）	耕地面积（亩）	人均耕地面积（亩）	各年龄层次人数（人）				养老保险缴纳标准（万元/人）			参保缴纳情况
				55 岁及以上	40～54 岁	30～39 岁	30 岁以下	集体承担	个人承担	政府补助	万元
1 组	444	0	0	102	75	117	150	0.55	0.05	0.4	426
2 组	489	0	0	88	118	105	178	0.30	0.30	0.4	377
3 组	564	0	0	120	129	95	220	0.30	0.30	0.4	261
4 组	507	0	0	115	95	114	183	0.55	0.05	0.4	461
5 组	464	82	0.18	93	84	95	192	0.20	0.50	0.3	190
6 组	498	106	0.21	96	117	81	204	0.02	0.68	0.3	85
7 组	493	95	0.19	98	107	86	202	0	0.70	0.3	63
8 组	402	89	0.22	87	68	85	162	0	0.70	0.3	116
9 组	168	38	0.23	24	27	38	79	0	0.70	0.3	13
合计	4029	410	0.10	823	820	816	1570	—	—	3.1	1992

资料来源：根据《玉村社区补征地人员养老保险实施情况》（2009 年 7 月 23 日）整理而成。

玉村作为村落共同体，对九个小组 0～59 岁的每人每年补助 200 元，60～84 岁的每人每年补助 800 元（含国家补助 600 元），对 85～89 岁的每人每年补助 3200 元，对 90～94 岁的则每人每年补 5000 元，对 95 岁及以上的每人每年补助 1 万元。而各组根据村组集体积累情况，从集体提取的土地出租收益 15% ~ 20% 中，也相应对老人养老有所补助。例如，1 组无论男女，凡 55 岁以上的，每人每月补 150 元；2 组和 3 组按每人每月 100 元、4 组按每人每月 180 元的标准对 60 岁以上老人进行补助。

农转城前的农村居民最低生活保障、城镇居民最低生活保障，是以户口来判断的，农业户口享受农低保，城镇户口享受城低保。两种待遇不一样，农低保最高每月 75 元，主要是特困户享受该政策；一般的农低保每月补助为 45 元。城低保，按保障标准、抵收入差距计（低于当地居民最低工生活保障水平，抵扣收入后补差额部分），一般最高每月有 400元，而一般的城低保水平是每月 300 元，少则每月 100 元。每年都在调整，应保尽保，动态管理。在申请低保的程序上，首先，由低保户本人提出申请，申报家庭财产，填写家庭诚信申明和授权委托书；其次，经社区居委会联合街道办入户调查，对符合的人员，召开"三委"（党委会、村委会、监委会）会议，2/3 的人数通过评议后，在村务公开栏公示；最后，公示无异议后，再上报审批和发放。动态申报，随时办理。农转城后，与农转非一样享受城镇居民最低生活保障。

新农合与城镇居民医保问题是玉村两大片区居民极为关心的。农转城前，农村人口享受新农合，城镇人口享受城镇居民医保。农转城后，两者可选择一种，但不能同时享受。新农合自筹少，报销比例在社区卫生所、街道卫生院为 80% 左右，在区人民医院为 60% ~ 70%，到市级医院为 50% ~ 60%；另外，新农合对慢性病要求的门槛低，而城镇医保则标准和门槛要高一些。

四　市民化的影响

城市化的关键并不是趋同城市的高楼化，而是人的市民化。目前，玉村的城市化方式显然已经满足"城市的高楼化"，玉村人的身份也由农民变为了居民，但玉村人的观念意识、城市社会的适应性及相应的社会保障等是否也满足了人的市民化这一标准还是一个值得思考的问题。

土地是农民的保障，土地被征用后，原玉村和其他部分居民小组的居民已失去世代赖以生存的土地。土地是农民的根基和生存的依靠。农民失去土地后，就失去了生计和心安的基础。尽管玉村的领导者在提供就业方面做出了一些努力，但是对于大多数只会种田的村民来说，要进行再就业是很难的。如果是年轻一点的"80后""90后"还可以打点短工，实现再就业。但大多数"60后""70后"是比较尴尬的，他们接受新事物和学习新东西的速度慢，要进行再就业就很困难。尽管玉村大多数人依靠着集体分红及出租房屋可以过着比较富裕的日子，但从精神层面来说，一方面，他们不工作内心是非常空虚的，会感到迷茫和无所适从；另一方面，缺乏安全感，担心房子租不出去或是批发市场效益不好影响集体分红。

按照马克思主义的观点，当物质生活得到满足之后，精神生活的需要就会上升到主要地位，即所谓"衣食足而后知荣辱"。满足精神生活的正当需要，有不可忽视的作用，它往往能够推动人们对社会和集体做出更大的贡献。玉村人相对来说物质需要已经得到一定满足，但他们的精神需要并没有得到满足。正如马斯洛的"需求层次理论"中提出的社会需要、尊重需要和自我实现的需要是非常重要的。在拥有土地的时候，玉村人的身份是农民，他们可以通过种好地，获得好的收成，从事农业劳动获得成就感，满足自我实现的需要。但在失去土地之后，玉村人的身份不再是农民，他们的收入也许比种田要来得更快、更轻松，但精神需要是更深层次的一种需要，具有重要意义。因此，玉村人的心理适应、对"农转城"的文化认同及生活习惯的转变是远远滞后于"农转城"这种外在的、制度性的转变的。

过去的玉村是个典型的中国农村，和其他大多数农村一样，在人际关系上是简单的、互帮互助的、有很多交流的"熟人社会"。人们按亲疏、内外、生熟程度，区别性对待与之交往的不同对象，这种人与人之间的私人关系，构成一张看不见的关系网。"熟人社会"很好地反映了中国农村社会的运行状况。但是玉村城市化的发展和几大市场的建立，吸引了许多外来的投资商及外来务工人员。目前，玉村流动人口已经多于本地人，这就使玉村人在安全意识上加强了防范，在人际关系上也比较淡薄，转变成现在复杂的、村民之间热情及熟悉程度降低的"半熟人社会"。而对于农村转型带来的这种变化，大多数年纪稍大的玉村人是不容易适应的。从这个层面上说，"农转城"从目前看来并没有让玉村人很好地适应及转换自身的角色而融入新的社会模式中。

玉村人尽管已经不再是传统意义上的农民，但同广大农民一样，他们对土地的热爱是不变的。农业以土地为最基本的依托，没有土地就没有生存的可能。在玉村从农业转变为商业和服务业的今天，玉村人仍然对土地有着割舍不断的情怀和依恋。从现实来看，失去土地的玉村人，虽然已经脱离了种庄稼、种蔬菜过日子的历史，但他们深深知道现在的住房是安身之所，商铺是家人生活的来源，每年得到的分红都来自土地。也许，土地使用形态的转变——过去是自己在上面耕种从而获得果实，现在是通过集体或别的形式间接得到报偿；过去是自己直接经营、精心操作从而获得相应的收益，现在是一旦拥有便不愁吃穿。这样两种截然不同的获取生活资料的基本方式，以及他们的后代缺少在土地上进行农业生产的经历，使他们对土地的认识和热情与过去相比，有了一些微妙的变化。

总的来说，市民化本应是一种自发的转变，一旦变成政策性的指标或任务，使农民被动转变为市民，就会带来一系列负面影响。城乡一体化本不是要让所有农村都变为城市，把所有农民都转变为居民，而是要让农民在农村也享有市民在城市享有的权利和保障，共同享有改革开放带来的红利。当然，玉村并不是完全意义上的被动的农民市民化。费孝通有一个著名的"三级跳"论断：经济社会正在经历着由乡土经济（农业时代）到现代经济（工业时代）再到信息时代的跳跃发展。[①] 这段历史，包含着两个大的跳跃，就是从农业社会跳跃到工业社会，再从工业社会跳跃到信息社会。对玉村来说，在第二时期还没有完成的情况下，又开始融入第三个时期，城市化进程相对较快，是因为玉村具有转变为城市的基础及优势：其倚靠城镇，位于交通要冲，商业较为发达，村民随着城市的推进而逐渐成为市民。对于这类有先天优势的村子，农民市民化的过程都会带来一些负面影响。可见，其他没有优势的村庄将会在农民市民化的进程中面临更多问题。

---

① 费孝通：《学术伴着"三级跳"》，载《国际人类学与民族学联合会（IUAES）2000 年中期会议论文集》，2000。

第九章　社会阶层的多元化

不同的社会发展阶段有不同的社会阶层结构，阶层反映的是社会结构的现实状况及特征，反映了人们在社会生产与生活中存在的地位差别。对社会阶层结构的认知和准确把握，不仅能够更好地认识和理解社会结构，而且可以发现社区经济和社会发展的脉络。

目前玉村社会结构最显著的特点就是，土地资本化所带来的社区阶层结构的两极分化。

一　一桥之隔"两重天"

普惠桥这座修建于清朝末年的石拱桥，起名时本意是为了方便人民群众往来，让周围群众普遍获得实惠。如今看来，这座桥将玉村天然地分成了截然不同的两种类型的社区，即中卫片区（玉村 1~4 组）和徐百户片区（玉村 5~9 组）。城镇化、土地征收所带来的土地资本化，让原本作为一种生产资料的土地成为资本投机的载体。土地资本化重新塑造了玉村的贫富差距。在同一个社区中，人们走上了截然不同的发展路径。

（一）中卫：以"种房"为主的城市社区

从 20 世纪 80 年代开始，玉溪市的城市建设不断加速，随之而来的交通设施也在不断改善，村民们往返市区更加方便快捷，进一步拉近了玉村同玉溪市主城区的距离。与此同时，由于玉溪市区，特别是旧城区，人口密度过大，许多单位不得不向交通方便的城郊地区迁移。玉村的中卫片区，由于区位优势成了一些企事业单位迁移的目的地。统计资料显示，1985 年~1992 年，玉溪市电信局、玉溪市公安局、玉溪市烟草公司、中国工商银行玉溪支行等 18 家单位主要向中卫片区征地。[①]

---

① 刘豪兴、黄朝茂主编《中卫社区志》，云南民族出版社，2006，第 31 页。

此后，随着玉溪市城市建设规模的不断扩大，中卫片区的"圈地运动"不断加速。1992～1997年，中卫片区所有耕地被全部征用完。对于中卫人来说，大面积的征地给他们造成的最大、最深远的影响是城市扩张带来的土地价格飙升，以及农村土地资本化，当然也包括"宅基地的资本化"。也就是说，本来作为村社福利分配的宅基地是居住场所，农民并不考虑其出售价值，但是在征地与开发的带动下，宅基地也形成了商住用地背后的一个隐形市场，于是农民宅基地也具有了商业用地的价格。中卫人从那时候起就纷纷推倒宅基地上的普通农舍，翻盖成楼房出租。中卫人一个个从自给自足的小农，转眼间变成了"富有工商谋略"的"个体企业家"，只不过他们没有厂房、没有机器、没有雇工，他们经营的就是他们在自己的土地上盖起的出租屋。

据统计，中卫片区有2/3的居民从事房屋出租生意。通常情况下每户人家会将底楼到三楼租给租客，4～5层留给自家人居住。一栋房子通常有12～16间房子可以出租，每月每间房的出租价格以400元来计算，一年通常有10个月可以租出去，那么租赁这一项的年收入可以在4.8万～6.4万元。租房的收入可以占村民总收入的一半，甚至是2/3。村里人戏称从祖祖辈辈"种地"，到现在改行"种楼"了。

FYK就是玉村以"种房"为主的普通村民之一。他讲述了他的"种房"经历：

> 我家的房子是在1998年旧村改造以后建起来的。刚开始没有钱建房，只盖了3层。后来看见有些人家把房子租出去给在附近做工的人，生意还很好，所以我们就从亲戚朋友那里借些钱，加盖了两层。1～3楼就出租出去。新盖的4楼、5楼就自己住，1楼只有两间房，2楼和3楼共有8间房。1楼因为光线暗现在没有租出去，前几年是租给人家堆放货物，每个月的租金在1000元左右。2楼、3楼的价格是每间每月400元。一年下来，租房的收入在5万元左右。

征地除了给中卫人带来租房经济外，还给他们提供了一笔初始资本。通常政府征收土地之后还有部分返还地，俗称"集体预留用地"。这部分返还地的性质已经从农业用地转变为城市建设用地，主要用于第二、第三产业的发展。玉村的中卫片区就利用征地过程中的集体预留用地盖起了酒楼、宾馆、市场，有些村民小组甚至将土地直接出租给外地商人，由承租方进行建设。除此之外，他们还利用集体预留用地兴建市场，而后出租铺面获得收益。比如，玉溪市彩虹综合批发市场是属于 4 组的，蔬菜批发市场是属于第 2 组的。这些为小组集体带来了丰厚的集体资金，也让每个村民获得了实惠。近年来，中卫片区的每个小组年底都可以获得分红。由于各小组经济独立核算，分红因各小组集体收入数额各异，故此，各组村民的年终所得不等。就连刚出生的小孩都有分红的资格，因此，村里人戏称这些刚出生的孩子为"含着金钥匙出世的子弟"。资料显示，2017 年中卫片区各小组的利益分配是 1 组人均分配 5700 元，2 组 10000 元，3 组 6260 元，4 组 10300 元。

中卫人普遍认为进入新千年的前十年是中卫片区改变最大的时期。2001 年至 2010 年的十年间，农业渐趋萎缩，建筑业、商饮、服务业获得了快速发展。这种转变使中卫片区与徐百户片区的差距不断拉大，这在农村收入结构和收入水平中也得到了证实。20 世纪 80 年代末到 90 年代初，中卫片区与徐百户片区的农村经济总收入差距较小，从 1994 年开始两个片区的农村经济总收入开始逐渐拉大，这恰好是中卫片区"圈地"规模快速发展的时期。尤其是 2000 年后，这种差距更加明显，此后两个片区的农村经济总收入的差距始终保持在 30% ~ 40%，2017 年中卫片区农村经济总收入平均值比徐百户片区高出 11 个百分点（见图 9 - 1）。从

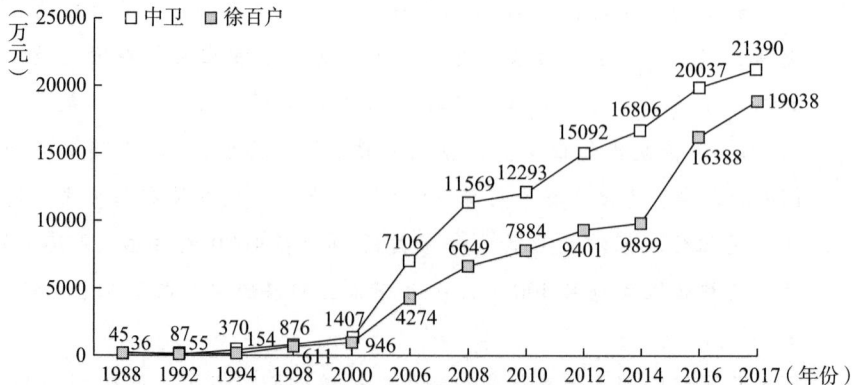

图 9 - 1 玉村中卫片区与徐百户片区农村经济总收入差距

资料来源：根据《玉村农村经济统计表》（1988 ~ 2017 年）整理而成。

农民的人均收入来看也是如此，1992 年及以前，徐百户片区的农民人均所得是高于中卫片区的。1994 年后，中卫片区的农民人均所得开始高于徐百户片区（见表 9 - 1）。

表 9 - 1　玉村中卫片区与徐百户片区经济发展水平择年统计

年份	片区	总收入（万元）	片区平均总收入（万元）	农业占比（%）	第二产业占比（%）	第三产业占比（%）	农民人均收入（元）
2017	中卫	85559	21389.75	0	53.5	46.5	17215
	徐百户	95190	19038.00	0.6	56.1	43.2	14922
2016	中卫	80246	20061.50	0	54.3	45.8	15522
	徐百户	81939	16387.80	0.7	56.9	42.3	13594
2014	中卫	67223	16805.75	0	51.8	48.2	14134
	徐百户	65342	13068.40	0.6	54.7	44.7	11712
2012	中卫	60369	15092.25	0	44.1	55.8	10716
	徐百户	47003	9400.60	0.6	31.5	67.9	8310
2010	中卫	49172	12293.00	0.1	56.2	43.7	8514
	徐百户	39422	7884.40	0.8	56.5	42.7	6007
2008	中卫	46274	11568.50	0.2	17.6	82.2	7903
	徐百户	33244	6648.80	0.9	19.4	79.7	8504
2006	中卫	28422	7105.50	0.4	0	99.6	6631
	徐百户	21372	4274.40	1.8	3.8	94.1	4482
2000	中卫	5628	1407.00	1.7	14.6	83.7	2817
	徐百户	4732	946.40	2.1	19.8	78.1	2781
1998	中卫	3503	875.75	0.2	10.3	89.5	2817
	徐百户	3055	611.00	4.8	16.6	78.6	2960
1994	中卫	1478	369.50	8.7	20.9	70.4	1744
	徐百户	769	153.80	33.9	7.2	58.9	1616
1992	中卫	348	87.00	49.2	10.1	40.7	1616
	徐百户	276	55.20	61.7	4.5	33.8	2098
1988	中卫	178	44.54	78.4	5.1	16.5	826
	徐百户	179	35.85	69.8	3.2	27.0	864

资料来源：根据《玉村农村经济统计表》（1988～2017 年）整理而成。

玉村的两个片区除了在经济收入方面差距较大外，在社会福利方面中卫人也享受着相对更好的待遇。以农村养老保险为例，根据 2008 年 7 月发布的《玉溪市被征地农民养老保险暂行办法》的规定，以 2008 年 8 月 8 日为准，此前土地被完全征收并参加养老保险的，由县区人民政府一次性补贴 4000 元/人，个人缴纳不低于 6000 元。土地大部分被征收并参加养老保险的（人均耕地面积小于或等于 0.3 亩），由县区人民政府一次性补贴 3000 元/人，个人缴纳不低于 7000 元。中卫片区的居民符合土地被完全征收的一类，因此区县人民政府补贴 4000 元/人，在个人缴纳的方面，由于村小组集体经济实力强，所以个人缴纳的部分由村集体支付 3000～4000 元，个人只需承担少部分金额。除此之外，根据各小组集体经济收益情况的不同，中卫片区的每个小组 55 岁以上的老年人每月都可以获得 200～300 元的老年人补贴。村里的老年人说："尽管钱不多，但是这表明了集体对我们老年人的关心，尽管我们老了，但是只要村里需要，我们还是会尽量配合小组的工作的。"

对于中卫片区而言，他们没有了固守的田园，失去了祖祖辈辈的生存之本，但在多样化的谋生方式中亲历了进工厂的忙碌、经商的辛苦，以及足不出户即可获得租金、分红的悠然。

（二）徐百户：以农耕、打工为主的农村社区

在玉村调查的日子里，我们曾多次问过徐百户片区的村民："你们与中卫最大的不同在哪里？"村民给出的答案中出现频率最高的是："他们已经是城市人了而我们还是农村人，还是农民。因为我们有田，还要耪田种地。"调查发现，尽管 1～9 组的村民在 2012 年全部转为非农业户口，但是他们的户籍身份还是有差别的。2009 年，中卫片区的居民全部转为非农业户口，属于"农转非"。徐百户片区的居民到 2012 年才成为"农转城"，享受农民市民化待遇，即兼有市民和农民两种身份，也就是，继续保留农村土地承包经营权、宅基地及住房使用权、林地承包权和林木所有权、原户籍地计划生育政策、参与原农村集体经济组织资产分红权五项权益，同时，享受城镇住房、养老、医疗、就业、教育五大保障。尽管如此，徐百户片区的村民还是认为尽管实现了"农转城"，但实际上他们还是要过着"日出而作，日落而息"的农民的生活，还是要耪田种地。因此徐百户片区的人常说："转不转户口就现实情况来看都

一样，要是让我们像中卫人一样守着房子就有收入就好了，现在即便是'农转城'了还是要种田、打工。""户口上是'农转城'了，但是干的事情还是农民的事情，农村不像农村，城市不像城市。"

的确，在中卫片区的耕地大规模被征用，他们忙着"种房子"的时期，徐百户片区受天然的地理位置影响，如今还有不少村民过着"日出而作，日落而息"的生活。只是，他们也挡不住城市化加速的步伐，从2000年开始，徐百户片区的耕地也在不断减少，到2017年徐百户片区只有耕地360.45亩，人均耕地面积0.17亩。因此，大多数人还是从农业之外寻找出路，只不过每家每户都还或多或少地种些蔬菜，可将其视为部分家庭收入，补贴家用。YZQ就是徐百户片区众多榜田种地的一员。他种着2亩蔬菜。春季种的主要是青菜，以往还种过芫荽、大葱、茴香、青笋、萝卜、韭菜等。每天早晨太阳还没上山他就和老伴儿到田里干活了，挑水、浇水、施肥、除草、打药，这些工作做完后已经接近中午了。回家吃过午饭后约上村里的几个老友在村口的棋牌室下象棋，到下午3点左右，就到附近的中卫小学接孙子放学回家。傍晚，他还会到地里转转，看看菜的长势如何。遇到收菜、卖菜的日子，就更忙了，一般而言菜主要拿到本村的蔬菜批发市场销售。他说："我和老伴凌晨5点就要起床到地里收菜，早上7点前就要将菜运到批发市场上去卖。去得早，趁着菜新鲜能卖个好价钱。"

如果菜量较少，YZQ就会骑着自己的农用摩托车到窑头农贸市场零售蔬菜，这样的日子不多，主要还是因为相比起批发销售，零售费时费力，一个早上的时光就全耗在市场里了，地里的活没有人做。一年下来除去成本，YZQ他家在种菜上可以挣1.5万元左右。尽管这样的收入已经不错了，但是，相较于中卫片区的人来说，他还是觉得这种挣钱方式太辛苦。YZQ说："人家中卫的人，只要守着房子每个月都能挣个万把块钱，还有集体分红，我们这边（徐百户片区），天天累死累活，还比不上人家。"的确，对于那些一辈子靠体力劳动获得财富的人来说，他们一生的所得或许不及人家几平方米的土地值钱，这对体力劳动者来说无疑是一种非常痛切的感受。原来村里人认为种好田、能干是一种美德，但是在土地资本化的过程中，这些都已经变了。

正是基于这样的原因，徐百户片区大多数年轻人都选择了打工。与一般的农村外出务工人员不同，他们大多不愿意离开本土，都在玉溪市红塔区范围内打工。文化程度较高的男性会从事汽车销售工作，如果业绩好的话，一个月下来，差不多有 3000～5000 元的工资。女性主要从事化妆品、服装销售工作，月薪在 2000～3000 元。一些有手艺、懂技术的男性还从事建筑工作，这也是家庭收入的主要来源。调查中，我们恰好遇到了回家办事的 ZMW，他给我们描述了他的工作。

> 我干的是水泥工。水泥工差不多是建筑工地上最辛苦的工种，要等钢筋工、木工干完了之后才能浇筑，只要混凝土商砼车一来，之后的工作就不能再停下来，因为我们这个工作和别人不一样，中间一旦停下来，水泥就凝固了。所以不管是刮风下雨天，还是大热天，只要一开工，我们就得待在楼面上，哪怕是吃饭上厕所，也不能让工作停下来。

多数时候，ZMW 从早晨开始一直要干到夜里的两三点，有时几乎没有吃饭的时间。要是上早班，早晨 5 时开始准备，到工地安装浇筑的管道，从墙到梁到平板依次浇筑，一直工作到晚上 7 时许。一天下来从脸上到身上、脚上全都是泥点，整个人就像是在水泥里打过滚一样，洗衣服的时候基本上都是泥浆，得洗好几遍才能洗干净。但即便是这样，工资并不高，有浇筑任务的时候每天能拿到 220 元，休息的时候就没有工资。为了能多挣钱，他会在没有浇筑任务的时候在工地上打一些零工。每月平均下来可以有 5000～6000 元的工资。ZMW 说："家里耕地少，人口又多，仅靠几亩薄田的收入难以维持（生活）。从事其他工作文化程度低，没有人要，只好靠出卖劳力了。尽管很辛苦，但是总比没钱挣好。还要供娃娃上学呢。"像 ZMW 一样既要种地也要打工的人在徐百户片区不在少数，他们大多在 40～50 岁，文化程度偏低，且家中上有老下有小，作为家庭的顶梁柱，他们不得不依靠出卖劳动力，支撑起整个家庭。不同于来自偏远地区的农民工，他们不愿意离家太远，只愿意在玉溪市周边工作，一方面是离家近，便于照顾家庭，另一方面是便于利用已建立的"工友圈"寻求更多就业机会。另外，还有一个重要的原因是，尽管他们的家庭不是很富裕，但是相比居住在山区的人家，他们比上不足比下有余，所以不必选择背井离乡的工作。

相对于徐百户片区而言，中卫片区黄金发展的 20 年（1998～2017 年），是他们贫富差距不断拉大的 20 年，也是玉村社会阶层分化的 20 年。除了家庭收入上的差距，村集体经济收入的差距也在不断扩大（见图 9-2）。通过比较 2000 年以后中卫片区与徐百户片区小组集体经济收入的平均值可以看出，2000 年中卫片区集体经济收入是徐百户片区集体经济收入的 21.27 倍，2006 年、2008 年、2010 年中卫片区集体经济收入比徐百户片区均高出近 80%，2012 年、2014 年中卫片区集体经济收入分别是徐百户片区集体经济收入的 7 倍和 12 倍。2017 年中卫片区的集体经济收入是徐百户片区集体经济收入的 6 倍。

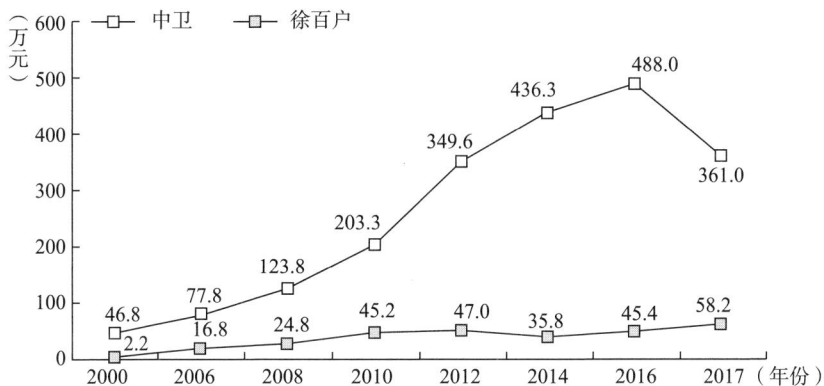

图 9-2　中卫片区、徐百户片区村集体经济收入比较

村民小组集体经济收入的差距较大造成村民年底分红的差距也较大。如 2017 年村民小组集体经济收入分配最高的 4 组人均 10300 元，最低的 6 组人均只有 300 元，差距是 34 倍。用徐百户片区村民的话说："我们徐百户年底分配就是意思意思，让我们心理平衡一下而已。"在社会福利方面，失地农民养老保险由个人筹措的部分，徐百户片区的村小组集体拿不出钱来，因此完全由村民个人承担，有积蓄的老年人几乎都缴纳了个人筹措的部分，年轻人大多不愿意自己出钱来买这份保障。这也是徐百户片区认为与中卫片区差距最大的地方。

不同的发展路径，除了让村民的收入来源有所不同，在收入水平、社会福利的享有上也有巨大的差距，这也导致了村落在价值观、文化理念、社会身份地位方面的差异。徐百户片区由于受地理位置、资源条件等方面的限制，在 20 世纪 90 年代末期未被纳入玉溪市城市建设的中心区域，徐百户片区的人成为亦农亦工亦商的"都市里的农村人"。大量的村民外出打工，或在外面办工厂、经商。因为分散在不同的地方，相互间的联系日益减少，村民间变得疏离。比如建客堂、修建公共活动区域、征地等相关事宜的讨论，村民都难以达成共识，导致一些好的发展机会就此溜走。久而久之，维系村民间和睦团结的纽带变窄、变细。加之缺乏强有力的经济后盾，在村集体事务中，领导者与组织者的地位在慢慢降低，村庄的凝聚力减弱。

中卫片区则不同，在玉溪市的城市发展中，他们凭借优越的地理位置和相关政策抓住了发展的机遇。村落的经济和村民收入都显著提高。在发展村集体经济的过程中，村民与外界的联系变得日益频繁，村民的视野变得更加开阔。加上村集体经济发展的需要，村内的公共事务增多，许多公共事务要村民共同商议决定，有些特殊的事务还需要文化精英和经济精英的参与。这在一定程度上加强了村民间的凝聚力与组织力。有了经济收入做后盾，有了村民的团结，中卫片区在整个村委会中有了底气。但是不得不承认，中卫片区经济的快速发展毕竟是一系列偶然机缘导致的，村民自身的创造力和自身的努力当然在其中起到了作用，但是更大程度上是政府和外部力量以及当时特定的社会历史环境造成的。

二　村民小组间的社会分层

从玉村的整体社会结构来看，经济发展路径的差异划分了"城市"与"农村"这个二元结构的社会。进一步分析可以发现，在这种二元结构的基础上，玉村各小组之间也存在着不小的差距，由此也形成了另一种社会阶层。

从 2006～2017 年玉村各村民集体小组间经济总收入的差距就可以看出。在玉村的九个村民小组中，3 组的经济收入一直处于较高并非最高的水平（见表 9-2）。最主要的收入来源是建筑业，占总收入的 50.96%，其次是商饮业，占 21.29%，服务业和其他行业分别是 11.92% 和 13.28%，工业和交通运输业的比重为 2.5% 左右，没有农业的收入。经济收入水平最差的是 9 组，与最好的 3 组的差距在 3 倍左右。

表 9 - 2　玉村各村民小组 2006～2017 年部分年份经济总收入统计

单位：万元

小组	2017 年	2016 年	2014 年	2012 年	2010 年	2008 年	2006 年
1 组	19943	18122	14865	13101	11897	10231	6412
2 组	21664	19826	16575	13820	11367	10771	6600
3 组	23348	22526	19262	17015	11644	10836	7285
4 组	20604	19772	16521	16433	14264	14436	8125
5 组	21055	19225	15846	10374	9542	7796	5459
6 组	20424	18594	15373	9672	8535	7553	5620
7 组	28497	18667	15311	12005	9341	7831	4510
8 组	15521	15694	12372	8826	8432	7219	4881
9 组	9693	9759	6440	6126	3572	2845	902

资料来源：根据《中卫社区农村经济统计表》（2006～2017 年）整理而成。

为了更清楚地了解各小组间的差距，我们让各小组的代表对玉村的各方面进行了打分，最高分为 10 分，最低分为 0 分。综合各项条件的分值来看，4 组的发展状况最好，其次是 2 组，而条件较差的是 9 组和 8 组（见表 9 - 3）。

表 9 - 3　玉村各小组发展条件得分情况

单位：分

内容	1 组	2 组	3 组	4 组	5 组	6 组	7 组	8 组	9 组
地理位置	8.50	9.10	8.30	9.75	6.75	6.13	6.50	5.75	5.00
交通条件	9.00	9.00	9.13	9.25	8.88	8.88	9.00	8.50	8.00
资源条件	9.00	9.00	9.13	9.25	8.88	8.88	9.00	8.50	8.00
基础设施	9.00	9.25	9.00	9.50	7.75	7.63	7.88	7.75	7.25
生活水平	8.57	9.29	8.29	9.57	5.43	5.00	5.43	5.14	4.86
产业发展	9.38	9.63	9.13	9.75	5.05	5.13	5.50	5.38	4.75
平均得分	8.91	9.21	8.83	9.51	7.20	6.94	7.22	6.84	6.31

按照各小组发展水平的不同，可将 2 组、4 组划分为甲等小组，1组、3 组划分为乙等小组，5 组、7 组划分为丙等小组，6 组、8 组、9 组是丁等小组。

甲等小组无论是地理位置、资源条件，还是产业发展和生活水平在整个玉村都是较为突出的。2017 年这两个小组经济总收入分别是：2 组 21664 万元，4 组 20604 万元。以 4 组为例，该小组位于玉村的南面，东接珊瑚路，南连彩虹小区，西至玉溪大河。小组的位置与中心城区紧挨着，出门 5 分钟便是主要交通要道，步行只需 20 分钟就可以到达市中心商务区。得天独厚的地理位置为其发展商业提供了便利的条件。1986 年底，4 组就率先筹资在集体预留用地内建设简易市场。简易市场占地面积约 6000 平方米。投资 3 万余元，建石棉瓦房 10 间，承租给 3 户农户经营木材、矿石、停车场等。1997 年，4 组通过招商引资的方式获得 400 万元的投资，将原来简易的铺面拆除，对市场进行重新建设，1999 年市场更名为"玉溪市新彩虹综合批发市场"。该市场主要经营百货、副食、土杂等。有个体承租经营户 163 户，从业人员 268 人。仅该市场每年的租金收入就在百万元以上。除此之外，还有其他土地租金和市场摊位租金收入，约合 500 万元。

乙等小组在交通条件、资源条件、基础设施方面与甲等小组相差不多，最主要的差距在于地理位置，地理位置的差异导致了产业发展的差异，从而影响了村民的生活水平。以 1 组为例，受地理位置的影响该小组在批发市场中所占土地面积较少，自然从批发市场中获得摊位租金的收入就少。另外，1 组由于集体预留用地碎片化突出且地理位置稍偏而地租价格较低，每年的土地租赁收入在 300 万元左右。村民还认为 3 组尽管在地理位置、产业发展上与 2 组和 4 组不相上下，但是由于其人口较多，所以综合收益不如 2 组和 4 组。因为从传统的乡村社会来看，人既是重要的劳动力，也是财富的创造者，"人多力量大"。然而，就目前来看，人多不一定创造的财富就多，尤其是随着耕地资源的丧失，商业经济的兴起，人口规模大反而影响了小组经济的发展。村民的年终分红就是最好的证明。从村集体经济的总收益来看，3 组的集体经济收益不比 2 组、4 组低，但是每年分红的金额却不及 2 组、4 组，原因在于 3 组人口多，因而拉低了平均收入水平。2017 年，3 组集体收益分配为人均 6260 元，几乎只是 2 组和 4 组的一半，所以整体而言，3 组的生活水平就不如甲等小组了。

丙等小组发展滞后的原因主要是地理位置不占优势，离主干道远，房屋的商业价值不高。如 5 组 2017 年集体预留用地的租金收益为 46 万元左右，差不多是4组的1/10。不过相比6组和9组，7组和5组还有土地租金收入，6组地理位置夹在5组和7组之间，集体用地的租金收入仅为20多万元。村民评价："6组夹在5组和7组之间，两头受限，发展不起来，除了榜地，只能外出打工谋生。"9组由于人员少，劳动力缺乏，加上地理位置偏僻，所以发展更难。

为了更加清楚地反映各村民小组的差距，本研究通过计算不同年代玉村各小组经济收入的标准差①来反映收入差距的大小。

20世纪80末，各小组之间的收入差距并不大，这一时期的收入标准差是12.87元，其中，农业收入占总收入的70%左右，其次，是建筑业和交通运输业均占8%左右，商饮业和服务业所占的比重极低，仅在4%左右。到了20世纪90年代末期，收入差距开始拉大，标准差扩大到307.27元。收入的主要来源是租赁收入，占总收入的42.62%；工业收入占总收入的39.2%；餐饮业、服务业收入占总收入的比重有所提升，分别占14.1%和13.57%；建筑业收入和交通运输业收入所占比重分别是8.2%和14.03%；农业收入下降到2.48%，主要是由1~4组耕地完全丧失导致的。这充分反映出受政策和经济，如乡镇企业发展和城市建设的影响，玉村的收入结构发生了变化，玉村收入水平在提升的同时，各小组的收入差距也开始拉大。到了2008年，收入差距持续扩大，这一时期的收入标准差为3226.74元，收入的主要来源也发生了变化。建筑业收入成为主要收入来源，占总收入的37.47%；餐饮业和服务业所占比重分别是27.28%和16.31%；租赁行业所带来的收入占14.7%；工业所占比重大幅下降，为0.91%。1998年后，随着乡镇企业的改制，工业比重下降。2000年房地产行业的兴起带动了建筑业繁荣发展，由此也带来了餐饮业和服务业的发展，进而影响了各小组的收入。2组和4组在优越的地理位置影响下，房地产业蓬勃发展。到2017年，各小组之间的收入标准差为5172.9元（见图9-3）。

从玉村各小组收入差距的变化可以看出，村民小组间差距的形成是改革开放取得成效和资本原始积累基本完成的结果，也是农村经济社会

---

① 标准差，表示的是样本数据的离散程度。标准差就是样本平均数方差的开平方，标准差通常是相对于样本数据的平均值而定的，表示样本某个数据观察值相距平均值有多远。标准差越小，表明数据越聚集；标准差越大，表明数据越离散。

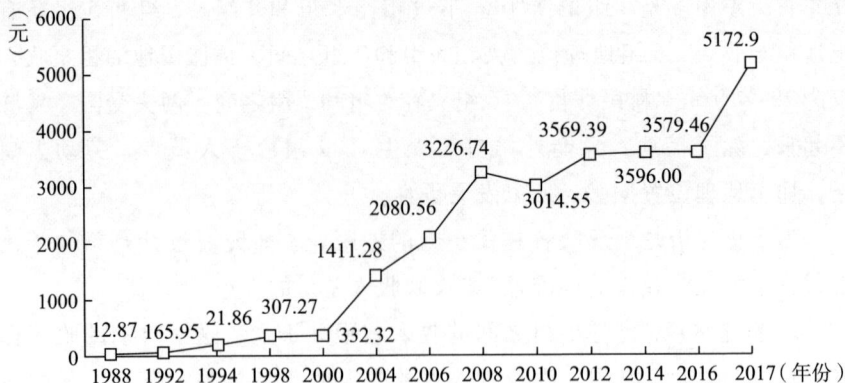

图 9-3　玉村各小组农村经济总收入标准差

演进的综合反映。玉村人在改革开放后，出于寻找门路和提高生活水平的动机，开始择业和扩大生产，社会分化和阶层形成是不自觉的。从某种意义上讲，农村内部的阶层分化代表农村发展的一种趋势。农村居民通过市场寻求各自不同的发展机会，并在这种分化过程中实现效率和发展水平的提高。然而值得关注的是，土地资本化使之前的梯度非农化和阶层结构的变迁过程迅速被两极化代替，在阶层差距不断扩大的过程中，产生了阶层"脱嵌"的结果。而随着玉村城市化进程的加快，如果这种差距持续扩大，则会引发村落中高低收入群体间的矛盾，从而影响玉村的可持续发展。

三　村民间身份、职业和财富的差别

由前所述的内容可以看出，从 20 世纪 80 年代中期开始，依靠工业化、市场化的快速发展及与此相伴随的城市化进程，玉村的资源配置方式和分配体系发生了巨大的变化。由此，玉村这个小社会呈现"城乡二元"结构的局面和小组间的分化。伴随着玉村整体社会结构的变迁，玉村人口的流动性加快，人们的职业选择呈现多元化，贫富差距凸显，村庄内部各个利益群体的利益关系和社会地位都发生了巨大变化。

通过调查，我们依据玉村人的内在特性，从不同角度把被分析的对象划分为若干阶层系列。调查发现，玉村人口的分化主要是通过其身份、职业和财富等的转换而发生的。

（一）身份："有村籍"和"无村籍"

首先是身份上"有村籍"和"无村籍"产生的分层。随着玉村各类批发市场的建设和商业服务业的发展，2000 年前后，玉村吸引了大量的外来人口。据村干部介绍，2005 年前后玉村的外来人口是玉村本地人口的 4 倍，近年来由于整体经济下滑，外来人口有所减少，但即便如此玉村的外来人口也是本地人口的近 2 倍。这些"无村籍"的外来人口主要在中卫片区活动，因为这里的商业氛围更浓，他们更容易获得经营和就业的机会。由此"无村籍"的外来户与玉村本地户构成了玉村鲜明的社会结构。

1. "有村籍"的玉村人

村籍是指村庄成员资格，是村庄资源的享有者。"有村籍"就是指户籍地在玉村的居民。就玉村而言，玉村"有村籍"的居民分为两种类型，即城市户口的中卫片区居民和"农转城"的徐百户片区居民，但无论是哪种类型的户籍，在玉村人看来"村籍"要比"户籍"重要得多。村籍更是一种经济福利，是一种稀缺性资源。"有村籍"的玉村人的收入来源主要有三块：分红收入、房屋出租收入和经营劳动收入。分红收入和房屋出租收入一般都远远高于经营劳动收入，所以"有村籍"者的经济地位，不仅高于外来"无村籍"的打工者，也远非普通的市民中的工薪阶层可以相比的。

以农村宅基地房屋的建设为例。1994 年前后，玉溪市和州城镇的土地管理部门对玉村宅基地进行全面调查后，在"旧村改造为主、开辟新区为辅，节约用地，不占或少占耕地"的原则下进行了旧村改造。即由集体拆除原有的旧房后，每户可获得 80 平方米的宅基地，新建砖混结构的一楼一底的新房，所建新房由集体统一设计、统一规划、统一外观。对于改造新建房屋的用地指标，玉村有明确的规定。规定要求已满 18 岁的户口在玉村的夫妇可申请一套建房指标，夫妇育有子女且子女年满 18 岁户口在玉村的可申请建房指标，子女中凡是男性者均可申请建房指标，子女中如果是女性，无论女性的数量多少都只可申请一个建房指标。全户人口不在本村，但本村有祖房的，按规定折价收归集体，如若本人确实要求批地建房的，需拆除原有老宅，所建新房面积超出原有部分需按超出面积补足费用，但不得享受集体建房的福利。根据该规定，有村籍的村民才有批地建房的资格，嫁出去的女子、户口因工作迁出的人员，都无建房资格。

正因如此，"有村籍"的人与外来的租客和一般市民在经济地位上有极大的差别。不少玉村人完全靠分红和房屋出租收入过着悠闲的日子。他们自视为村里的上层，一些富裕的"村民"已经另购住宅，搬到环境幽雅的地方居住。

2. "无村籍"的外来人口

在"无村籍"的外来人口中，又因为"有资本"和"无资本"而产生了分层。"有资本"的是在玉村从事各种商业、餐饮业和服务业的小业主，即我们通常所说的"个体户"；"无资本"的是完全靠打工生活的工薪阶层。对于有资本的外来人口而言，他们大多在玉村的不同市场租有铺面经营小百货、销售服装、销售蔬菜。这其中有部分人居住在玉村，有部分人只是在玉村做生意而已。这些在玉村"有资本"的外来人口，约占玉村外来人口总数的60%。比如调查中的大伞，他就是居住在玉村并在玉村经商的外来人口。大伞本姓陈，浙江绍兴人。到玉村已经有20多年了，刚到玉村时只是在街边摆摊的卖伞摊贩，如今他在玉村承租了两间铺面，主要经营各类伞，除去日常的开销和铺面的租金，大伞的年收入近50万元。大伞不仅在玉村经营伞，也在玉村租了房子居住，这一住就是20年。起初他是单独租房，后来生意越做越大，妻子也从老家来帮忙，一同过起了在玉村租房的日子。如今他们的儿子当兵转业成家后，也和他们一起在玉村生活。大伞承租的房子是玉村2组的公房，由于他是老租客，所以房价便宜。他以每月150元/间的价格一口气租了7间。除了供自家人居住的4间房外，另外3间用来堆放货物。大伞说："在玉村的20年来，随着玉村商业的发展，自家的生意也越做越好，挣了钱而且在老家还盖了新房子，即便如此，等再过几年干不动了还是要回家养老。终于不用再过租房的日子了，那始终是别人的房子，别人的家。"在他看来，玉村人不够勤快、胆子小，缺乏创新和创业精神，小富即安的思想严重。无论是在生活习惯、消费习惯方面，还是在对于财富的看法方面，他都与本土玉村人不同，既不愿过多地融入玉村，也难以融入玉村。

还有 40%"无资本"的外来人口在玉村打工。这部分人是完全靠打工生活的工薪阶层。他们一般是加工制造业雇工、建筑装修业雇工、餐饮商铺等服务业雇工、运输装卸工、散工等。比如，小童就是在玉村打工的外地人。2017 年，小童 30 岁，玉溪市新平人，在外打工已经 10 年了，先后从事过建筑业、餐饮业等。2016 年小童在玉村的一家 KTV 工作，长期的打工经历让小童积累了不少经验，他已经是这家 KTV 服务部的主管。KTV 的营业时间是每天晚上的 7 点至凌晨 2 点。小童则每天下午 6 点来到 KTV 工作。上班后小童要召集所有服务部员工开会，做开业前的准备，如对每个包房内的卫生、音响设备等方面进行检查。晚上 7 点 KTV 正式营业，小童主要负责服务员的调配和监督服务员的工作。凌晨 2 点小童检查完 KTV 的设备和卫生后就结束了一天的工作。白天没有工作的时候，小童除了在家休息就是邀约朋友到外面玩。一个月下来小童可以挣 6000～7000 元。小童之所以选择在 KTV 工作，主要还是因为这份工作虽然要在夜间工作但是工资高。小童说："从 20 岁就出来打工了，早就已经适应了打工的生活，如果让我回到老家种地的话，我也待不住。"因为外出打工多年，与老家的人所处的朋友圈不同了，大家的思想观念不一样，因而难以沟通交流。"说不到一起。"还有就是生活习惯不同，"老家没有电影院、KTV、酒吧，甚至没有像样的购物中心，很难适应家乡的生活了"。小童所在的 KTV 的老板是地道的玉村人，他说："老板人很好，对待员工不苛刻，管理也很人性化，我和老板相处很好。"至于与其他玉村人的相处，在小童看来："出来打工，只要工作做得认真，为人处世好，无论哪里的人都一样。"

在调查中，我们还发现近几年来在玉村流动的"打工族"中有一个特点，即在玉村的外来打工者大多数都来自玉溪市周边的山区农村，这些地区以务农为主，收入偏低，因此，一些年轻人选择在附近的城市打工。一方面距离老家近，家里的老人要是有个病痛方便回去照顾，除了空间距离较近外，在玉溪市打工心理距离也较近，无论是语言、饮食，还是朋友圈等，都与以往的经历相类似，能够更好地融入。

3. "有村籍"者与"无村籍"者的关系

其实像大伞、小童一样在玉村经商、打工，在玉村租房居住的外来人不在少数。但我们调查了解到，这些外来人口和玉村人日常的接触并不多，他们交往更多表现在租客与房东之间的互动上。

> 我原先是在红塔区附近的一个小区租的房子，后来听说这边房子便宜而且就在这附近上班就搬过来了，我租的这个房子大约有15平方米，每个月的租金在300元左右，平常和房东一般不搭界的，每个月付了房租就可以。（租客小王）

> 如今要在玉村租个称心如意的房子并不容易。房东除了要了解是否有固定的收入外，还有一些附加条件，比如，不准在出租房内做饭，因为房子没有安装除油烟的设备，怕做饭搞得到处都是油烟，污染环境。还有些房东规定，不让非租房者长期在出租房内留宿，偶尔带个朋友来留宿一两天是可以的，但是不能时间长，登记在案的是几个人就是几个人。（租客小刘）

> 我们是从浙江来的，刚来的时候也不适应这里的生活，就连人家讲话都听不懂，规矩又多。像我们家，早饭嘛喜欢吃点清粥，下点小菜，早饭就要炒个菜，自然有点油烟味，邻居和房东就受不了了，跟我们提了多次。后来我们就做了改变，早饭我们也不炒菜了，要吃的话就头天晚上做好第二天早上热热，大家住在一起互相迁就，习惯了就好。（租客袁大姐）

对于玉村本地人而言，外来人口的大量迁入也让他们经历了矛盾、妥协、融合和到如今相互依存的关系。

房东 FR 就表示：

> 刚开始我们对外地人是有意见的。比方说他们晚上回来声音太吵，影响邻居休息，或者到处乱扔垃圾什么的，一般我们都会直接和他们说，多数情况下大家还是会听的。

> 我们和外地人也接触的，对他们不能歧视，但又要防范。马马虎虎过得去就行了，不要和他们斤斤计较。

　　面对来自全国各地不同地区的人，在保证收入的前提下，如何安全地经营好出租屋，玉村人下了不少功夫。比如在选择租客上有自己的要求，一般情况下都要求有稳定的工作，即有稳定的收入，这样可以保障房东每月都能够收到租金。此外，倾向于 1~2 人来租房，比如晚上过了 11 点就不允许带朋友回来喝酒、打牌、聚会等，以免影响邻居休息。一些房东在管理租客上很有一套，FR 为了便于管理租客，就与每位租客签订了租房协议，其内容包括租客的姓名、联系电话、身份证号码、原住址、出租房屋的编号、出租的日期、租金等信息。另外，出租房的走道上随处可以看到节约用水、节约用电的提示。在浴室门口还可以看到"非租房人员，偷洗澡一次罚款 30 元"的提示。通过进一步询问才得知，由于 FR 自家的水表与租客的水表没有分离，一些租客会带着朋友到他们家洗澡，经常如此，FR 家的水费就不知不觉地往上涨，因此才会有以上的提示。

　　从玉村人与外来人的关系可以看出，已不能够将本地人与外来人之间的关系，仅仅放在二元结构的框架中加以描述，他们之间呈现一种更加复杂而多元的关系模式，表现为：一方面，彼此间在一定程度上仍保持有隔膜、反感的情绪；另一方面，彼此在经济和社会互动的过程中又越来越多地形成了一种相互依赖、利益共享、风险共担、共存共荣的关系。

（二）职业：阶层分化

　　社会阶层结构的实质是由社会成员构成的社会团体或社会群体所占据不同社会资源和社会机会的社会位置。因此，社会阶层结构是一种客观的社会位置，在现代社会中，无论是基于资源占有多少还是基于特定社会关系所界定的社会位置，在绝大多数情况下，都可以将"职业"作为其社会表现形式。[①]

　　鉴于此，本研究基于社会成员之间的社会关系及社会权力的差别，将社会成员所拥有的权力和所占有的资源结合起来，形成了一个以权力

---

　　① 李路路：《中国城镇社会的阶层分化与阶层关系》，《中国人民大学学报》2005 年第 2 期，第 99 页。

和资源为基础、以职业为表现的社会阶层结构。

1. 社区管理阶层

社区的管理阶层包括村民委员会成员、村党支部成员及村民小组主要负责人。他们是农村政治、经济和社会的主要组织者，是集体资产的所有权主体代表和党的各项方针政策在农村的具体执行者。

在玉村的调查中，我们发现，这部分群体大约占村民总人数的10%，尽管人数不多，但是所管理的事非常繁杂。尤其是对于集体经济较为发达的社区而言，社区的管理阶层所要负责的事情就更加多。俗话说："上面一根针，下面千条线"就是对乡村干部的写照，从招商引资、市场管理，社会治安、社会保障、房屋建设、集体资产的管理与分配等都由他们负责。他们对社区中的各项事务有建议权和决策权，能够影响社区其他成员的资源分配额度，因而在社区中具有较高的社会地位。

比如，玉村居民委员会原主任 FS。他在社区中就有很高的威望。早年在玉溪机械厂工作，曾经担任车间主任、副厂长；1992 年在中卫街道办事处任副主任，1995～2003 年在玉村任主任、党总支委员；2003 年起，任玉村居委会主任、党总支副书记。自任职以来，他就带领居委会的干部和群众，大力发展社区经济。如 1997 年随着玉溪市城市建设规模的不断扩大，玉村充分发挥区位优势，投资 1700 万元，改造、扩建和发展了几个专业的综合批发市场，使玉村的商业得到了快速发展。此外，还推行了农村集体经济组织形式股份合作制，让全村的经济、社会得到迅速发展，人民的生活水平有了相当的提高。

还有玉村 2 组的书记 ZJS，在村组中也是一位让村民尊重、敬佩的好干部。从部队转业回家后一直担任社区的干部，先后担任过玉村 4 队的副队长、队长，乡治保主任，中卫街道办事处副主任等职务。2016 年已经 70 岁的王书记仍然被村民们所信任，担任 2 组的书记。村民认为 ZJS 工作踏实认真，作为领导处事公平公正，处处为村集体的利益着想。在他的领导下，该小组的集体经济得到发展壮大，小组的年底分红在社区中连年位于前列。

此外，还有 4 组组长 FY、1 组原小组干部 YTB，社区干部 YSC、FR、XXD 等人。他们在社区中既代表政府，行使行政职能，又代表农民利益，对农村经济和社区的发展起着关键性的作用。

2. 私营企业主阶层

私营企业主阶层是指由雇工 8 人以上、占有企业的生产资料的私营企业的所有者所组成的群体。[1] 私营企业主是雇主，占有雇工的剩余劳动，拥有对企业人财物的支配权、生产经营的决策权和企业内的分配权。

改革开放初期，玉村乡镇企业异军突起，由此掀起了农村工业化浪潮。然而，受历史、自然、人文等因素的综合作用，乡镇企业在自主发展中日益呈现发展水平和发展模式上的非均衡性和多样性。农村改革后，原来集体性质的乡镇企业逐渐倒闭或转制，家庭工业和个体、私营性质的商业活动陆续兴起。私营企业主一出现就以其较高的收入而引人注目。

调查显示，在玉村经营企业的人员大约占总人口的 5%，而且建筑、建材业的企业发展规模较大。其代表人物 LWX 就是玉村成功的企业家。LWX，男，1964 年生人，是玉溪市 CS 建筑装饰工程有限公司总经理。该公司前身为玉村基建大队，属于集体企业。1998 年改制为股份制企业，LWX 与其他人共同出资购买了基建大队的股份，成为企业的法人代表。在 LWX 的带领下，公司发展成为玉溪市 50 强，企业是具有房屋建筑工程总承包二级资质和市政公用工程总承包三级资质施工的企业，是集工业与民用建筑、安装、装饰、市政工程、道路、大型土石方工程的建设，预制构件与建材加工、商贸、房地产开发于一体的玉溪市综合性建筑施工骨干企业。其个人也成为玉村的经济精英，在此基础上还发展成为玉村的政治精英。

私营企业主作为企业经营管理者，大多具有较强的经营和管理能力。而且他们在经营和管理活动中，获取了许多信息，建立了广泛的社会关系，积累了丰富的社会资本。强有力的经济基础和丰富的社会资源，又使这些村庄内的经济精英开始向社会精英流动，财富、权力、声望三者结合，形塑了私营企业主的"强人"形象。

3. 个体劳动者阶层

个体劳动者阶层是指由拥有某种专门技艺或经营能力，使用自有生产资料和家庭劳动力，从事某项专业劳动或自主经营小型工业、运输业、

---

[1] 陆学艺、张厚义、张其仔：《转型时期农民的阶层分化——对大寨、刘庄、华西等 13 个村庄的实证研究》，《中国社会科学》1992 年第 4 期，第 141 页。

建筑业、商业、餐饮业、服务业等行业的农民所组成的社会群体。玉村个体劳动者的经营活动方式各有差别，有的摆摊设点；有的是有固定场所形成门面，有一定的经营范围，在当地工商行政管理部门登记、注册，有营业执照；有的请一个帮手，三五个学徒；有的走村串户，肩挑手拉，小本经营，没有固定的经营场所和经营时间，散居村中。

在玉村该阶层最具有代表性的职业莫过于房屋出租者。这部分群体约占玉村总人口的35%，他们通过租赁房屋获得较高的收益，过着悠闲的生活，即便是"村民"自己建的铺面，一般也都租给别人经营，他们自己并不屑于从事这种劳累的"微利"生意。

除此之外，还有约占玉村总人口15%的人自主经营小型的旅店、百货商店、小吃店或进行蔬菜贩卖。比如，玉村徐百户的ZJP就常年从事蔬菜贩卖的生意。ZJP起初在彩虹蔬菜批发市场做蔬菜批发的生意，2005年从彩虹批发市场换到了窑头综合农贸市场做蔬菜零售生意。他在市场上租了一个70平方米的门面，每天早上五点半起床到彩虹市场把当天需要的蔬菜批到窑头市场进行零售。因为从事蔬菜生意时间久，再加上蔬菜品质好、价格公道，所以积累了很多熟客。这样一来，每月零售蔬菜的净收入在1.5万~2万元。

个体劳动者大多是在玉村城市化发展过程中，耕地被征而向非农产业转移的群体。由于缺乏雄厚的资金、技术和人才，他们大多无法自行开办企业，但是这一群体与其他的劳动者相比，有经商的头脑，而且个人具备一定的专业技术，所以可以进行小本经营。这一群体，拥有相对稳定的收入，生活处于小康水平，并且见多识广。这一群体规模较大，往往是推动农村社会转型的主要力量。

4. 兼业劳动者阶层

兼业劳动者阶层是由社区中从事一定的非农产业的劳动，也经营一定面积的耕地的劳动者所构成的社会阶层。玉村的兼业劳动者与非农产业劳动者相比，文化水平相对较低，无论是外出打工或是在社区内经商，受文化知识的制约，其收入水平都相对较低。因此，这部分群体在社区中还保留着少部分的耕地，从事一定的农业劳动。但他们的生产积性却很低，尤其是年轻人。这主要是因为：一方面，农产品不仅价格偏低，而且有难卖的风险，生产资料也经常涨价；另一方面，中青年劳动者认为糇田种地很辛苦，文化程度稍高者，年纪较轻的他们一有务工经商的机就会选择经商。此外，研究还发现，在兼业劳动者阶层中，受过初中文化教育者居多，且年龄在 40～50 岁。一般来讲，这一群体生活阅历丰富，且是家庭的顶梁柱，易于采纳兼业这一种新的就业形式，以改善自己的生活环境、体现自身的价值。从他们的职业选择上可以看出，玉村人的兼业行为往往是"离土不离乡"的，他们通常选择在市内的百货公司、车行、大型的酒店工作。之所以没有完全放弃农业劳作，并不是因为农业能够给他们带来多大的收益，而是因为他们从非农业中获得的收入不足以维持家庭的生活，或是其非农产业的劳动收入不稳定，放弃农业经营风险较高。他们通过兼业，可取得生活的"双重保障"。

近年来，在第二、第三产业的发展过程中，玉村兼业劳动者的数量在进一步减少。与此同时，兼业劳动者经营的耕地面积也在减少，他们往往只经营离家较近、条件较好的耕地。这部分群体大约占玉村总人口的 35%。

（三）财富："天渊之别"

自古以来，在农村社区中个人的社会地位往往与财富的拥有量有密切的关系，但在实际的调查中我们难以获得个人财富的拥有量，而家庭作为社会的基本单位，其经济资源的拥有量往往可以代表其在社区中的社会地位。在《玉村农业和商业》中，张之毅就根据家庭财富拥有量将农户分为了甲、乙、丙、丁四种阶层。富足殷实的家庭是大家羡慕的对象。新中国成立后的土改和农村社会主义改造，不仅使农村各个家庭的经济资源基本一致，而且在 1978 年后，随着改革开放步伐的加快，国家开始鼓励一部分人先富起来，极大地激发了农民的致富热情，农村中的各种致富能手脱颖而出。在玉村也有部分人在这一时期开始发家，他们一开始从事小型的基建业、运输业或是办小型的企业，如蔬菜公司、林果公司等。其中，基建业在玉村发展得较好。他们起初只是组织小型的包工队承接工程，后期随着业务的承接量不断增加，从包工队发展为公司，成立公司后业务开始不断扩展，进而从事装饰、建材、房地产等相关的产业。

20 世纪 90 年代末期，随着玉溪城市建设规模的不断扩大，玉村的租赁业、商业兴起，玉村的整个经济得到了发展，相当数量的家庭从中获得了收益，年收入超过 10 万元的家庭不在少数，尤其是在中卫片区人们的收入水平已经远远超过了城市一般家庭的年收入。而与此形成鲜明对比的是，个别贫困家庭的年总收入大致在 2 万元左右。收入差距的拉大使家庭产生了明显的分化。从家庭的年总收入上看，玉村的家庭可以划分为五个类别。

1. 富豪家庭

这类家庭年总收入是其他家庭望尘莫及的，他们的年总收入是几百万元甚至上千万元。这样的家庭主要是在外办企业的家庭，比如玉溪市 CS 建筑装饰工程有限公司的 LWX，有资料显示，2003 年营业收入就达 2739 万元，实现利税 433 万元。这类家庭尽管户口落在村中并有房产，但并不常住在玉村，有个别家庭甚至将子女送到国外留学，或是家属移民到国外。在玉村有二三户属于此类。普通村民表示："如果他们的收入是 100 元的话，那么我们的收入只能是负数，你看人家的企业有过亿元的资产，我们这些平民百姓几辈子都挣不到这些钱。"所以在村民眼中，他们与富豪家庭的差距在十倍、百倍以上。

2. 富裕家庭

富裕家庭是指家庭的总收入在百万元左右，人均年总收入在 10 万元左右，主要经营小规模的企业，或在社区内开旅社、做小本生意较为成功的家庭。在村中有 15% 的家庭属于此类。比如，玉村 5 组的 XXD，在 2000 年成立了物业公司。公司业务主要是提供道路卫生清扫保洁、绿化养护等产品和服务。调查中了解到，XXD 早在 20 世纪 80 年代就开始从事保洁工作了，当时主要是承包烟厂辅料车间的清洁工作。随着公司收益的增加，业务范围也在不断扩大，2013 年正式成立公司，主要承包了玉溪市红塔区的街道卫生和绿化养护。该公司一年净收入大概在 200 万元。

除此之外，还有一些从事水果、蔬菜售卖等的生意人。如前文所提到的土杂店老板 FYK。从 20 世纪 80 年代就开始从事蔬菜销售生意，90 年代开始转向经营土杂、冷冻食品和酒水。2016 年前后他在窑头农贸市场租了 7 间铺面，经营土杂，还请了 4 个工人。年收入在百万元。

3. 小康家庭

家庭年收入在 10 万 ~ 20 万元，人均年收入在 5 万元左右，主要是在社区中从事房屋租赁或做小本生意或是在外务工收入较为可观的家庭，这类家庭在社区中所占的比例较高，约为 40%。这些家庭一方面将自家的部分住房出租给外来人口，另一方面在周围的酒店、卖场、车行打工或是经营小本生意，如出售小百货、做蔬菜的贩卖生意等。

以玉村较为普遍的租赁业为例，这一群体家庭年收入在 10 万 ~ 20 万元。如 2 组的 LFX 一家。在旧村改造时家中有两个儿子获得了盖两套房子的资格。1995 年和 1997 年分别盖了一栋。1995 年建的房子有 4 层，共有 14 间，出租 10 间每间每月 300 元。1997 年建的房子有 6 层，底层是临街的铺面，差不多有 60 平方米，价格是每年 4 万元的租金；楼上 3 层每层租金 7000 元/年，其余的留给自家人居住。LFX 家一年的租赁收入约为 10 万元。此外，还有组集体分红，以 2017 年为例，人均为 1 万元，保守估计有 4 万元，还有工资收入 3 万元，LFX 家不算子女的工资收入，一年的收入约为 17 万元。

以经营小型旅店为例，玉村的 1 ~ 4 组约有 1/4 的家庭在经营小型的旅店。这些旅店的规模不大，是在村民居住的房屋基础上进行改造的，可容纳的客人在 12 人左右。旅店通常设置床铺、电视、独立的卫生间等基本设施。为了节约成本，旅店基本不请工，都是由夫妻共同管理经营，例如房间的清扫，床上用品的更换、清洗都是由老板亲自处理的，这样可以大大降低成本。2010 ~ 2013 年是玉村旅店生意最好的时候，每个房间的住宿标准约为 60 元/天。低廉的价格吸引了到玉村批发市场进货的生意人，或是在周围夜市消费的人群等。据经营者介绍，扣除成本，每年的净收入在 11 万元左右。这些经营旅店的家庭除了旅店的营业收入外，还有每年小组集体的分红以及打零工的收入，一年下来的收入在 20 万元左右。

4. 温饱家庭

主要是受地理位置的影响从事房屋租赁行业不成功的家庭。玉村约有 35% 的家庭属于此类，主要是徐百户片区的家庭。他们的收入主要依靠在外务工，比如从事建筑业、装饰业、运输业、餐饮业、服务业，务工的收入大约占家庭总收入的 80%。其次是种蔬菜销售的收入，一部分农户会将蔬菜直接倒卖给蔬菜批发商，还有部分农户会零售蔬菜。由于菜地面积少，所以从蔬菜中获得的收益并不可观，大约在 1 万元。加之村集体经济不景气，农户每年年底只能获得人均几百元的小组集体分红。

一年下来家庭收入在 5 万元左右。

5. 贫困家庭

年收入在 1 万 ~ 2 万元，这部分家庭在玉村中占比较低，约为 10%。这些家庭的特点是缺乏劳动力，家庭的收入要么依靠农业收入，要么依靠务工收入。比如徐百户片区的一些家庭，由于缺乏年轻且有初中及以上学历的壮劳力，因此只能从菜地中获得收入，还有一些家庭是因为家中有长期卧病在床或是残疾的成员，家庭收入本来就微薄，还要支付高昂的医疗费用，所以整个家庭在玉村处于贫困中。

四 土地对玉村阶层结构分化的影响

土地作为生产资料对农民分化的意义是不言而喻的。早在 20 世纪张之毅在《玉村农业和商业》一书中就依据土地的占有量划分了玉村阶层（见表 9-4）。他按照当时经济好坏的情况把全村分成了 4 种农户：凡是出租田地专靠收租维持生活的是甲种村户；凡是自己经营自家田地能够维持生活的，就归入乙种村户；凡是自己经营自家田地不够维持生活的为乙种村户；完全无一点田地的为丁种村户。[①] 甲种农户主要依靠经营自家田地维持生活，而丁种农户主要依靠租进田地来维持农业的生产。

表 9-4 1942 年玉村自有农田分配基本情况

	户数（户）	农田数量（亩）	占比（%）	菜地数量（亩）	占比（%）	平均每户农田（亩）	平均每户菜地（亩）
甲种农户	6	215.23	38.99	22.42	20.57	35.872	3.737
乙种农户	31	226.42	40.95	42.47	38.97	7.304	1.370
丙种农户	75	114.30	20.63	44.10	40.46	1.524	0.588
丁种农户	44	0	—	—	—	—	—
合计/平均	156	555.95	100	108.99	100	3.564	0.699

资料来源：费孝通、张之毅《云南三村》，社会科学文献出版社，2006，第 363 页。

新中国成立后一直到人民公社化前，依据土地占有的情况同样把农

---

① 费孝通、张之毅：《云南三村》，社会科学文献出版社，2006，第 363 页。

村阶层划分为地主、富农、中农、贫农及雇农。当时依据《中央人民政府政务院关于农村划分阶级成分的决定》，玉村划分出的地主占总户数的3%，富农占总户数的10%，中农占总户数的20%，贫雇农占总户数的67%。合作化运动之后，农村土地制度从私有制过渡到集体所有制，土地成为村社均分的生产要素和福利保障。改革开放后，对农村阶层的划分加入农民的职业分化、农民的流动以及农民的非农化等维度，土地收入和职业流动就成为农民阶层划分的两个主要维度。对于玉村而言，土地是推动阶层分化的主要因素。

乡村阶层结构是一个因市场能力差异而自发形成的过程，村民之间的分层主要来源于职业收入差异。村庄内部的个人可以通过自己的能力或者劳动技术训练在市场中获得成功的机会，实现村庄内部的阶层上升。但是这一进程却在土地资本化过程中被中断。

纵观玉村改革开放后阶层结构变迁可以发现，无论是中卫片区和徐百户片区的差距，还是各小组间的差距，都是从20世纪90年代末期开始拉大的，而这一时期也是玉村大规模被征地的时期。调查发现，1990年至2000年这11年间被征地627.9亩，2000～2010年被征地437.55亩，其中有60%的征地来自中卫片区，征地费用收入在1亿元左右。农地一旦转为工业、商住用地，土地就转化为货币资产，就产生了依靠地租收入的阶层。这一阶层仅仅凭借土地所有而获得巨额财富，从而呈现了玉村不同片区，即中卫片区与徐百户片区的阶层分化格局。徐百户片区，由于第三产业发展滞后，集体经济被削弱，而个体、雇工、兼业阶层得到了壮大；中卫片区第三产业和建筑业得到迅速发展，集体经济的实力增强导致集体化加强，从而使私营企业主、社区管理人员、个体户规模扩大。

此后，不同小组间的继续分化，村庄内部村民间的阶层分化也进一步显现。土地增值所带来的财富增长效应让一些人逐渐意识到，在土地开发过程中谁拥有土地谁就可以获得财富。因此，在玉村有一些人开始购置土地，做起了以地生财的生意，以土地资本化和投资土地作为财富，他们逐渐成为富豪阶层。而与此同时，有一部分群体在土地资本化过程中并没有获得收益空间，甚至在某些情况下自身处境更加艰难，如徐百户片区一些没有劳动能力也没什么保障的农户。村里原来有几户种蔬菜的农业户，因为土地被征用而家庭经济地位开始下降，由于他们的主要收入来自田地，征地补偿款只能解决他们一时的困境。正如孙立平所言，在土地资本化过程中，没有获得收益分配价值的群众，就有可能被甩出村庄结构之外，而不能进入村庄。[①]

由此可以想见，土地资本化过程中，土地成为货币财富，其导致的财富之间的差距远远超出了职业收入的差距。农村的阶层结构就不再是一个循序流动、正常循环的良性结构，而是打破村庄内循环的"断裂"型结构，阶层差距扩大形成阶层"脱嵌"，村庄阶层固化与区隔化应运而生。

[①] 转引自朱静辉《土地资本化与农村阶层再分化——一个沿海村庄的阶层结构变迁分析》，《南京农业大学学报》（社会科学版）2016 年第 3 期，第 88 页。

第十章　社区转型中的家庭

玉村的家庭生计方式变迁、家庭日常生活变迁、家庭规模、婚姻观和生育观、家庭功能的变化等，都能反映出整个玉村社会的发展和进步。家庭是农村社会的基本单位，它担负着农村社会的生产经营功能、生活消费功能、生育功能和赡养功能。① 改革开放以来，是中国重大的社会转型时期。在这一过程中，家庭联产承包责任制的实行和市场经济的发展、城市化与人口流动加快、计划生育及社会保障等政策的实施等使玉村家庭的功能也发生了相应的变化。

一　家庭生计方式的变迁

生计方式与日常生活二者是相互联系、密不可分的。生计方式是日常生活的基础，日常生活则是生计方式的具体表征，这里的生计方式主要是指社区集体的生计方式。

20 世纪 40 年代至今，整个玉村的社区收入来源发生了一系列的转变，由传统上的种植业、养殖业收入转变为工资性收入（打工）、财产性收入（出租房屋）及副业收入（做生意、跑运输等）。20 世纪 40 年代，玉村收入的一个显著特点就是商品性生产收入占较高比重。单单商品性蔬菜收入一项就占到全村收入的 39.69%，加上养鸭、织布就增至 44.35%，再加上手艺、商贩、杂工的收入，就达到 59.51%。② 目前，玉村的生计方式主要有三种类型。第一种类型是以农业生产为主。尽管玉村村民已经是非农业户口，但是由于没有其他生活来源，能够耕种的土地多多少少都还有，因此玉村部分村民仍然以农业生产为主。第二种类型是农业与非农结合。土地少，但还有一点门路的农户，以农业与非

---

① 刘豪兴：《农村社会学》，中国人民大学出版社，2005，第258页。
② 费孝通、张之毅：《云南三村》，社会科学文献出版社，2006，第446页。

农业生计为主，既有农业生产收入，也有其他经营性收入或打工收入。第三种类型是以非农生计为主，这种模式具体又分四种情况：一是利用被占有的耕地建立起批发市场，从而赚取租金，获得集体分红；二是针对不同的居民，有些人开旅馆，出租房屋，有些人经营小本生意；三是个人外出或在本地打工；四是财产性收入，总体来说，居民的主要收入来源是租金。

（一）以农业为主的生计方式

据《玉村农业和商业》记载，玉村人主要的农业，就是耕田和种菜。销售渠道和土壤质量都是决定菜类种植的主要因素，其中尤以销售渠道的影响最大。玉村蔬菜之所以能够成为商品，主要是因为有好的销售渠道。全村生产的蔬菜除小部分（约 1/6）自给外，其余大部分（约 5/6，按 1940 年时价值约 18 万元）均往外销。① 目前，这种类型主要存在于玉村的徐百户五个小组。正如费孝通先生在《乡土中国》中提到的，"乡下人离不了泥土，因为在乡下住，种田是最基本的谋生办法"。因此对于仍有土地的徐百户村民来说，土地始终是他们生产生活的基石。2017 年，整个中卫社区还有 330 户纯农户，主要的生计方式有三种。一是种菜地，主要种植芥蓝、葱、蒜苗等，在收获蔬菜后，除日常需要外，他们会拉到小市场上卖，以满足生活其他开支。二是经营果园。例如 7 组的 YSQ 是村里为数不多的种植大户之一，已经种植 9 年，他和媳妇两人就经营葡萄园。葡萄园位于八里沟旁边，占地 15 亩，除了自家 1 亩多的土地之外，其余全部是租赁的，租赁的都是本组内的土地，租了 10 多家的地，每家 0.3 ~ 1.6 亩。一开始那几年只种草莓，最近 5 年套种了葡萄。在起初寻求创业点的时候，一些卖农药、化肥的朋友就跟他推荐说当时时兴种草莓，草莓市场价格高，当地的气候也适合，而技术方面他们可以请专门的技术人员来讲授，于是 YSQ 就决定先从草莓培育开始。因为草莓种植需要平整四方的土地，自家的土地又只有 1 亩多，就向周围的村民租用，2008 年以前租金为 300 元/亩，到 2009 年涨到 900 元/亩，2013 ~ 2017 年一直是 1500 元/亩。葡萄套种是 2013 年前开始的，当

---

① 费孝通、张之毅：《云南三村》，社会科学文献出版社，2006，第 315 页。

时因为看到葡萄是玉溪的主打产业，加之田间套种可以增加产值，他就在草莓地周边套种了黑提。目前，草莓年产量为每亩 2～3 吨，葡萄的年产量为每亩 2 吨。葡萄的市场价在 7 元/公斤至 12 元/公斤之间浮动，一般刚刚上市和快要落潮的时候会达到顶峰，大量上市时就只能卖到 7 元/公斤。草莓是 2014 年最高，达到 60 元/公斤，2015 年和 2016 年价格较低，只能买到 25～30 元/公斤。这些都不需要自己拉出去卖，都由来自昆明、海南、上海的收购户上门收购。三是在传统耕种的基础上，农户散养一些猪、鸭、鸡等牲畜，这些成为除了种植以外的重要收入来源。

（二）农业与非农业结合的生计方式

部分家庭仅靠农业并不能满足生活消费需要，2017 年，徐百户片区农业兼业户有 200 户左右，以 8 组为例，曾任玉村居务监督委员会的 8 组村民 FH 介绍，8 组生计方式有五种：一是种植蔬菜，估计占本组劳动力的 30% 左右，以中老年劳动力为主；二是外出务工的人员，主要是在红塔区内打工，占本组劳动力的 30% 左右，以青壮年为主；三是出租房屋的农户，70% 的人想出租，但实际租出去的仅占 40%；四是开铺面做生意的农户，主要是临街、路边铺面，有 21 户左右；五是出去做生意的，主要在红塔区内，以从事屠宰（4 户）、倒蔬菜（4 户）、开铺面者居多（20～30 户）。

（三）非农收入

非农收入主要集中在玉村中卫片区的四个小组。以 1 组为例，在大集体时代靠种植蔬菜为主（种植业），征地后的生计方式主要是服务业。在现有的 187 户中，有 42 户开旅社。买卖蔬菜的农户有 4～5 户。出租房屋的农户有 70%，大概 187 户出租房屋，其中 20 多户的房屋都出租了，自己买商品房住。另有 30% 的农户不出租房屋的原因在于：房屋不临街；2 户（做防盗门窗生意）不缺钱；有的嫌出租出去太乱、太吵，会影响生活作息；部分农户开小卖部（卖日常用品）、小吃店。集体分红的收入来源主要依托商业往来及业主，以 1 组为例主要有以下几个方面。

一是旧货市场，占地 14.3 亩，租给私人老板 WJF，2004 年开始建设，2005 年开业，租期为 2005～2025 年，共 20 年，第一个十年即 2005～2015 年底，35 万元/年；第二个十年，即 2016 年 1 月至 2025 年 12 月，43 万元/年。二是太极加油站，占地 6.81 亩，地皮出租给本地的私人老板，租期 30 年（2003 年 9 月 20 日至 2033 年 9 月 20 日），第一个十年，租金 18 万元/年；第二个十年，租金 24 万元/年；第三个十年，租金 29 万元/年。三是七天连锁酒店，占地 6.28 亩，1994 年小组自建，1995 年营运：1995 年出租给一个业主，租金 58 万元/年，因经营不善于 1998 年倒闭，部分租金未收回；1999 年至 2014 年 7 月底，由组集体收回运营；2014 年 8 月 1 日至 2024 年 7 月底，租给七天连锁酒店，租期 10 年，第一个五年租金为 113 万元/年；第二个五年租金为 124 万元/年。四是通过"一事一议"等程序公开招标出租。玉村 1 组综合业务用房，占地 2.18 亩，2014 年 10 月区财政补助 50 万元，小组自筹 300 万元（原小组公益金提取积累收益）建设起来的。建筑面积 2064 平方米，含楼道、走廊等公摊面积，其中小组自用房（含党员活动室、小组活动室等）800 平方米，除去公摊面积外，另 1100 平方米租给 3 组组长 FML（他转租给其他小业主），第一个五年 95 万元/年，第二个五年上涨 15%，这些都是通过村组"一事一议""四议两公开""三重一大"等程序公开招标出租的。五是少部分位于居委会对面的七星街的临街铺面，有 8 间出租，另有占地 2.53 亩大米市场由三个组所有（其中 1 组有 0.58 亩）。六是 1 组单独还有 13 个铺面占地 450 多平方米，通过社会公开招标途径租给 3 组 ZSJ，2015 年 8 月 1 日至 2020 年 7 月 31 日，五年期，前三年按 26 万元/年收取租金，后两年增长 10%，每年按 28.6 万元/年收取租金。

其他类型的收入以 CFB 介绍的 3 组为例。3 组一共有 239 户、629 人。全组 90% 以上家庭靠出租房屋为生；4～5 户在开旅社，开小卖部，部分自营、部分出租铺面。租客基本上是外来人员，有务工的、做生意的，2016 年人口流动大幅下降，原因是红塔区建设进度下滑了，没有什么活计可做，流动人口，尤其是打工人口仅是以往最好年份的 1/4，流动人口的变化对房屋出租户影响最大，其次对铺面出租也会产生影响。而这些影响也有可能进一步波及年底的集体分红。

（四）财产性收入

财产性收入也称资产性收入，是指通过资本、技术和管理等要素参与社会生产和生活活动所产生的收入。在玉村，财产性主要是不动产——房屋出租所获得的收入。目前，玉村中卫片区的四个小组有 2/3 的居民的住房都在出租。通常情况下每家会将 1～3 楼租给租客，4～5 层留给自家人居住。条件好的房屋每层楼会有一个公共浴室和卫生间，条件稍差的只会在三楼提供一个卫生间。房间内会配备简单家具，如床、衣柜、电视柜等，还配有简单的电器设备如电视机、电风扇等。一般选择在玉村租房的人，主要看中了玉村距离市区近、交通便利而且房租相对便宜，而他们对居住的环境似乎不是很在意。有租客表示："我们每天早出晚归，累得要死，谁还在乎住的好不好，只要有个睡觉的地方就可以了。"还有租户补充："玉村的房租不算贵，而且和我们一起做生意的人都住在这里，大家相互有个照应，很好。"从调查情况来看，玉村租房的租金从 20 世纪 90 年代末期的每月 80～90 元一间到现在的每月 300 元一间，虽然涨了近 3 倍，但是相较于其他地方动辄近千元的租金而言，的确是便宜了不少。

（五）政策性收入

一是低保收入。农转城前的农村低保和城镇低保，主要是以户口来判断，农业户口人口享受农村低保，城镇户口人口享受城镇低保。两种不同类型的低保收入保障了玉村中卫片区和徐百户片区不同户口性质的低收入人群的基本生活。

二是社保收入。社保收入主要是指养老保险。养老保险实行应保尽保，1 万元/人买断"失地农民养老保险"，4000 元/人由国家出（财政），3000 元/人集体出（村组积累），3000 元/人自筹。如果嫁出去仍保留户口的代管户口人员，集体部分由自己出，即个人自筹 6000 元/人。但是，相比其他村组，有的本组的集体出资较少。位于徐百户片区的玉村 8 组因集体资产和收益比较低，不能与 1～4 组比，由于是农转城居民，政府财政拿出 3000 元/人予以补助（中卫片区四个组是农转非，没有耕地，政府出资 4000 元/人），自筹比例较高，因此，本组大部分人没有参加。例如玉村 1 组，一次性办理失地农民保险，三级筹资（政府、村集体和个人）总共每人 1 万元，其中实际上由财政（政府）出资 4000 元/人，集体（村组）出资补助 5500 元/人，个人 500 元/人。

老年人养老补助。居委会对 60～89 岁的老人，每人每年给予 600 元的养老补助；90～94 岁每人每年给予 5000 元；95 岁及以上每人每年给予 1 万元的补助。玉村 1 组，无论男女，凡 55 岁以上的，每人每月 150 元；3 组是每人每月 100 元；4 组是每人每月 180 元。

二　家庭生活的变迁

（一）家庭生活模式与结构的特点

在玉村，核心家庭已经成为主流，但是具有经济实力的以农为主的老年人，在心理上还是需要扩大家庭的存在，于是就出现了两种典型的家庭生活模式，一是独立户口，共居一室，分户而不分餐；二是在分户和分餐基础上的周末家庭聚会。

1. 独立户口，共居一室，分户而不分餐

在从过去传统农业社会到现代都市社会的转型中，家庭格局发生了一系列的变化。农业社会时期家庭结构主要是扩大家庭。扩大家庭是指一家人在年长的男性家长领导下，与所有其未婚的子女，已婚的儿子及其媳妇、子女等生活在一起，这样有利于农业生产生活和家庭财富的积累。现代都市社会家庭结构主要是核心家庭，即结婚后就从扩大家庭中分家出来，父母及未婚子女生活在一起，这较符合都市社会的生活节奏。玉村在农业社会转变为都市社会的过程中，其家庭规模和结构出现了一种特殊的现象，即独立户口，共居一室，分户而不分餐。这既有利于人们较好地适应都市生活，又能满足人们对传统农业社会的心理延续。YTB 老人讲述道：

> 我们家六口人吃饭，我、妻子、大儿子、儿媳妇，还有女儿和外孙女。六口人其实已经分开为独立户口，分成了三户，我和妻子一户，大儿子家一户，女儿家一户。但是大家还是在一起吃饭。周

末的时候，在安宁读书的小孙子和在昆明工作的女婿都会回来。女儿在商业银行上班，地点就在我们小组客堂背后，外孙女在八中上学，母女俩中午饭不回来吃，只有晚饭回来（吃），女儿每个月会交给我们400元的伙食费。

FR 的家庭同样是三个独立的户口，但也是在一起共居共餐。她描述道：

> 家里一共7口人：丈夫，大儿子（离异）和两个孙女，大孙女招了个姑爷，生了一个儿子，小女儿是技术工人。但大孙女成家后就单过了，现在基本上是我们老两口和大儿子及小孙女4口人在一起吃饭。一般情况，大部分家庭，孩子领了结婚证就基本上分家，经济独立，生活也独立。我们家大儿子也是独立户口，但因为他离婚后一个人，加上小孙女还没有结婚，所以还是和我们生活在一起。其他几个孩子家就是在周末家庭聚会时才回来。家庭聚会主要由我们两个老人组织操办，因为老大、老二、老三的经济条件也比较好，经常给我们钱。而我们呢，主要是通过操办周末伙食，返还给他们。

2. 周末家庭聚会日

4组组长 FY 进一步验证了上述分户而不分餐的做法，也介绍了周末家庭聚会日的情况：

> 生产队—合作社—村民小组—居委会小组，过去以家庭为单位是需要按照户头投工投劳，所以大家不愿意分家。后来村改居以后各个家庭都喜欢分户，因为户头有务工补助。从1997年集体盖房以后的30多年里，基本上是只要结婚就分家，独立户口本，这样户主可以自己做主，集体分红等可以自己处理，对老人和孩子都是有好处的，大家都比较认同这样的做法。玉村1组一共有140户，住房有139栋。既分了户，又拢在一起吃的家庭在中卫片区大概有60%。我两个儿子都盖了7层的楼房，一般是自己住顶楼的两层，其余的租出去。虽然分户出去了，但每个星期天都是固定的家庭聚会日，

所有的子女都回来，我们操办一桌饭菜，大家一起吃一顿。作为老人，我们也没有什么爱好，钱还是够花的，家庭聚会日就图个一家人热热闹闹、和和睦睦。

在调查期间，FY 的大儿子 FZJ（时任玉村书记）多少对家里已经嫁出去的人与否都要参加家庭聚会有点异议，他认为大姐已经嫁出去了，就不一定每个周末都回来吃饭。但是他的父亲 FY 却认为这是维系家庭的最好方式，周末聚会，一家人可以在一起交流想法，而且对于教育子女也具有非常重要的意义。在调查时 FY 还跟我们明确表态说："周末我们家有家庭聚会，调查就不要在这一天来找我啦。"因此，玉村家庭结构的变化最典型的表现就是扩大家庭基本上已经消失，这与经济社会的变迁有密切联系，非农社会并不需要家庭分工，扩大家庭的基础已经不存在。同时，社区有分红是主要的因素。

（二）家庭日常生活的变迁

玉村的家庭日常生活（包括衣、食、住、行、用）都发生了巨变，主要表现在以下几个方面。一是从天天耕作吃不饱到不种田却吃得好。二是从一衣多季到一季多衣。"新三年，旧三年，缝缝补补又三年"是玉村人以前的生活记忆，而现在中卫片区的淘宝街各种款式的衣服都有，让人挑不过来。三是从砖瓦房到楼房。四是从赶集到旅游。

2018 年，66 岁的 PMC 是玉溪华宁县人，1969～1976 年在玉溪东风水库当兵，1976 年 10 月退伍以后，由朋友的妈妈介绍，就来玉村上门了。他介绍了玉村家庭生活的变迁：

> 我的老家在山区，生活比玉村更加艰苦。我上门的时候，玉村全都是老土房，土木结构，街道狭窄，到处都是污水横流，卫生状况比较差。
>
> 结婚的时候非常简单，请了十多桌客人。一般情况下，来上门的人家庭条件都不会太好。我的妻子是她家里的老二，她下面还有 4 个妹妹。妹妹们都在读书，生活非常艰苦。结婚后的第二年老岳父就死了，我成为家里的主要劳动力，外出做木工。因为在部队里

有木工基础，参加村集体的木工班，在外帮人家做木工，建房、做门窗、打家具等，一个月能挣 80 多元。

1983 年，农忙两季早晚干农活，白天参加基建队。在刨木头的时候，左手大拇指就被刨掉了。1983～1992 年，也在外面打工，帮人做家具。1992～1995 年自己开办了一个家具厂，但因竞争较激烈，中途还被人骗了钱，最后就倒闭了。2006 年建盖现在的房子，当时盖了 4 层，2009 年又加盖了 2 层。2012 年家具店有了名声，开始走上正轨，有了订货，有来料加工，或者直接订产品。

现在玉村人的生活水平比起过去已经翻了不止十倍，卫生条件也好了，生活水平提高了，交通工具都是摩托车，摩托车是家家有，甚至一部分人家已经有了轿车。完全可以顿顿有肉吃，油盐柴米是百分之百的保证。当然，经济来源各家具体情况不清楚，但是收入差距还是比较大的。

（三）婚姻变迁

家庭结构中，婚姻是家庭建立的重要基础，婚姻状况和过程能够反映社会发展和家庭的变迁史，在这里截取几个对不同时期婚姻状况的深描，进而呈现玉村的婚姻变迁。

1. 20 世纪 60 年代的婚姻

78 岁的 YTB 老人讲述他的结婚情况：

我于 1961 年 8 月结婚，那时候伙食团解散了，就在家里请了五六桌人，花费了 300～400 元。老婆也是村子里的人，我们是从小一起长大的，自由恋爱，那个时候还不兴订婚。1957 年出去宣威、易门，在云南建筑公司炼铜厂工作，1961 年回来就结婚。妻子那个时候在三环铜厂工作。我们从 1955 年就开始交往了，当时搞青年突击队的时候，我们经常在一起劳动，大家都是贫下中农，在劳动中就建立了感情。但是，当时要求 18 岁以上才能结婚。所以在外出工作的时候，一两个月通信一次，也就是讲讲工作情况、思想动态、聊聊家庭、说说老人，经济方面倒是也没有什么往来。尽管是自由恋爱，但还是请了一个人作为媒人。

FR 是这样讲述的：

开始到（我）谈婚论嫁的年龄，母亲年轻守寡，要求我要留在村里。当时大家的思想还是比较保守，找对象会害羞。丈夫是经人介绍认识的，其实人是 1965 年就认识了，介绍以后才开始谈恋爱。记得他当年买好了戏票，是一场孟丽娟（谐音）的戏，他也不好意思自己送来，就请人送过来给我。当时送票的人也没有讲清楚，我看了看，觉得不好意思，也就把票随手丢了，没有去看戏。后来他才对我表白，于是两人就开始恋爱。丈夫家里有兄弟 4 个，家庭条件也不好，一家人就住 60 平方米的上下楼。当时订婚的礼钱给了 36 元，直到现在我表弟还常常开玩笑说，36 元就把表姐卖了。我们于 1967 年 2 月 14 日（大年初六）结婚，当时亲朋好友们随礼就是送《毛主席语录》。结婚的时候，婆婆给了 12 元钱的红包，我花 8 元买了一块布，做了两件衣服。我舅舅给了 5 块床板，其中一块给了婆婆，她的床上只有 3 块床板，其余的地方是用土基垫起来的，我们自己使用 4 块床板。搭床板的凳子是向邻居借的。到 1971 年地震的时候，邻居家来要凳子说："你大婶还我们凳子了。"我还莫名其妙。

FY 老人回忆当年结婚的情况：

我于 1965 年回到玉村，1969 年结婚，妻子是长井人，也是地富子女，成分比较高。当时那个年代，一说地富子女，大家都不愿嫁娶。结婚的时候才有两桌人，女方家来了 4 人，男方朋友有四五人，亲戚也没几个。然后到外面用 4 角钱弄了两个菜和一盘回锅肉，还有一点红糖，一共花费了 30 多元。结婚时的梳妆台其实就是一张两头的桌子，用装过化肥的塑料袋铺一下，借了一把椅子，买了一面镜子。

2. 20 世纪 70 年代末 80 年代初开着拖拉机谈恋爱

过去的合作社、人民公社时代，结婚的时候，距离较远的村庄之间使用马车，后来就用拖拉机，于是20世纪70年代末80年代初，就出现了开着拖拉机谈恋爱、用拖拉机迎接新娘的情况。从步行到马车，再到拖拉机当然是一种进步，这个时候结婚的WCF是这样讲述的：

> 我当兵回家那年恰好遇到大队上购买了一辆拖拉机，于是就让我去玉溪县农机培训站培训了50多天，回来以后在队里开拖拉机。我一般就是拉拉粮食、拉拉粪草等，没有拉东西的时候就在晒场帮帮忙。这个时期是马车牛车向拖拉机转变的时期，拖拉机还是比较稀奇的，而且可以开着到处去。这个时期讨媳妇开始使用拖拉机，一般是一天8元。
>
> 1980年，经堂姐介绍认识了瓦窑的一个女同志，就开始恋爱，当时人的思想已经开始开放了一些，介绍以后还是谈了一段时间的恋爱。我那时开拖拉机也比较方便，一般会开到聂耳公园附近，然后两个人在公园里转转，还会逛逛街、看看电影。当然，一般还是保持一定的距离。谈了半年就想结婚，于是考虑到订婚，当时订婚给了女方家180元的礼钱，这个数目在当时也算是中上等了。娶亲也是用的拖拉机队，因为我自己开拖拉机，所以认识了许多开拖拉机的朋友。接亲的时候我用了8辆拖拉机去接新媳妇，在那样的年代，这算是很稀奇的事了。结婚当天宴请了30多桌客人，杀了一头自家养的猪，价值170~180元，买菜花费了500~600元，这些基本上都是我自己挣来的钱。那个时候家里母亲多病，父亲又不管事，只能靠自己。前来祝贺的客人一般是送一个铁盆、水壶，关系好或比较亲的亲戚就送个热水瓶，至亲会送一个大铁盆，于是，结完婚后我家就有了一堆铁盆。
>
> 1983年生产队下放的时候，集体的拖拉机出售了。于是我用自己平时攒下的，还借了一些（钱），花2100元购买了一辆二手拖拉机，帮人拉各种东西。到1989年，我家第一次盖房，盖房的材料大部分是我自己用拖拉机拉的。

3. 20世纪90年代以后"大奔"、礼钱、讲排场的现代婚礼

现在结婚的人开始用"大奔"（奔驰车），需要几万元不等的礼钱，当然也有钱、车，甚至房子等价值不等的嫁妆，结婚的时候开始讲究各种排场，各家各户还有比较。YTB 讲述道：

> 1996 年儿子结婚，儿媳妇是冯井人，两人通过介绍认识、了解，然后就结婚。订婚花了 3600 元，结婚的时候，送了半头猪的肉，还有糕点等东西，迎亲用了六七辆轿车，请了 30 多桌客人，花费了万把块钱。以前结婚时距离远的是用拖拉机和马车，六七十年代用马车，由生产队派出马车去接，一般每天要给四五块，后来开始有拖拉机，用拖拉机要出八九块，从 20 世纪 90 年代开始就用小轿车。
>
> 现在结婚要花的钱就更多了。有次过年前，ZTL 家儿子结婚，媳妇是通海人。一共请了 3 天，请客 90 多桌，花费了 4 万多块钱。接亲的时候去了 8 辆轿车，车子基本上都是自己、亲戚和朋友的轿车。现在凑 8 辆轿车比较容易，我们玉村现在 2/3 的人家都有轿车，有 2 辆轿车的人家也有四五家。从八九十年代陆续开始买车，我们家没有轿车，但是也正在计划着要买。他家给女方家彩礼是 2.6 万元，姑娘家也加了 3 万元给姑娘做压箱底（嫁妆）。
>
> 现在结婚一般需要七八万元，甚至 10 万元，一般还是要 80~90 桌客人。房子有了还得装修房子，还要购买家具、金银首饰。

WCF 进一步讲述道：

> 2005 年，我大儿子结婚的时候，当时有一个战友是经商的，我跟他借一辆车去接儿媳妇，他把自己的奔驰和副总的奔驰都借给了我家，所以去了（通海县）2 辆奔驰车、4 辆帕萨特，比较有排场。

三　家庭功能的变迁

在社会变迁的影响下，玉村家庭的生产经营、生活消费、生育观念和赡养功能都发生了相应的变化。在传统的农业社会，由于社会封闭，自给自足的家庭小生产占主体地位，且发展平稳，维持着农村家庭的稳定。而在最近 30 多年的社会转型时期，家庭联产承包责任制实行，市场经济发展和城镇化进程加快，农村治理方式转变，等等，为适应社会的这些剧烈变化，农村家庭的功能也发生了相应的变化，主要表现在：农村家庭的生产经营功能将更多地从农业转移到其他方面，生活消费的功能已经从仅仅满足基本生活需要转变为满足基本生活需要及娱乐、休闲、学习等多方面的需要，农村家庭的生育功能及赡养功能均呈现弱化的趋势。

（一）生产经营功能

费孝通曾在他的经典之作《江村经济》中提到：1930 年的苏南农村，已经出现了农户农业生产不足维持生计，而非农生计来源——蚕丝生产成为主要的收入来源的情况。因此，在经济社会转型过程中出现的农民进城打工、农业剩余劳动力转移、农村人口大规模向城市输出这些现象既是政策制度导向的结果，也是社会转型和变迁的必然结果。在玉村中卫片区，大部分农村劳动力从事非农产业，因此非农产业是农民主要的生计来源。尤其是对于徐百户片区的村民来说，外出打工不仅使他们增长了见识，还使他们可以赚取更多的钱来补贴家用、盖房子，以提高生活水平。外出打工改变了农民祖祖辈辈"面朝黄土背朝天""日出而作，日落而息"的传统生产生活状态。因此农民依靠的生活方式再也不仅仅是务农，家庭经营出现了多样化的形式。以 2017 年为例，玉村九个小组共有劳动力 2920 人，从事家庭经营的 860 人，从事第一产业的仅390 人。外出务工劳动力 1160 人。[①] 可见，农业劳动力仅占 13%，非农产业劳动力占比高达 87%。玉村家庭的农业生产功能在弱化。

（二）生活消费

原来农村家庭生活消费所包含的内容都是关于衣、食、住、行等方面的最基本的需要，但现在这个功能也在发生巨大变化。农村家庭的生活消费需要随着经济条件的改善日益呈现多元化。生活消费的功能已经从仅仅满足基本生活需要转变为满足基本生活需要及娱乐、休闲、学习等多方面的需要。玉村家庭生活消费功能在强化。比较明显的一点体现

---

① 《中卫社区 2017 年农村经济报表》。

在玉村家庭中的人情支出随着经济社会的变化而发生了变迁。在集体化时代，尤其是合作社以前，同辈结婚的时候，互相送的是《毛主席语录》。随着经济收入的增加，在改革开放前后，出现了以实物为礼物的现象，比如在结婚的时候，大家就送大小不一、价值不同的铁盆、水壶、热水瓶、被单等实物。实物上还写着祝福的词语。而发展到今天，送礼基本上都是以现金为主。礼尚往来的金额差距也在拉大。我们随机选择了三种不同的家庭消费情况来分析玉村家庭消费功能的变迁。

1. 中上经济收入水平的家庭的收入及消费情况

3 组组长 FML 家 2015 年的家庭收入有：自有房屋租金收入 11 万元；承租、转租的租赁收入 20 万元；集体分红收入 2.1 万元；旧村改造前，家庭经营收入主要靠做点生意，年均 4 万元左右。FML 1997 年结婚时，也就 1.6 万元左右的订婚礼金，现在要五六万元。如果婚礼搞好一点，还要十多万元，要买车、旅游、买嫁妆等。2015 年 FML 的家庭支出有：送礼 3000 元左右；子女教育支出 1 万元；看病支出 5000 元；日常生活中烟酒糖茶、米油等日常用品消费 3.6 万元；请客支出 1 万多元；借款利息支出 1.5 万元；其他如车辆的交通燃油等支出为 2 万元；另外，在外面租房住（因为自己的租出去了）的房租 1.5 万元。

3 组会计 FR 一家的消费除了衣食住行外，还包括学习、拍照、外出旅游。她平时每周都参加老年大学的学习，之前是在玉溪市老年大学，现在是在红塔区老年大学。学费为每科每年 80 元，一个学期共有 18 节课。主要学习上网、智能手机使用，还学习月琴、中医、太极拳、二胡等，FR 最近在学习葫芦丝。玉溪市老年大学人数比较多，每年都有 8000多人。由于 FR 是 1967 年 2 月 14 日（大年初六）结婚，2 月 14 日是现代年轻人常过的情人节。FR 的女儿经常说爸爸妈妈结婚很会选日子，并主动带爸爸妈妈拍了一套婚纱照，照片摆放在客厅的中央及四周，这种补拍婚纱照的做法以前是城里人流行的。现在条件好了，FR 的小儿子在玉溪山水家园购买了一套住房，还买了一个 140 平方米的铺面，铺面每年出租的租金为 8 万元。现在每年小组组织老年人去全国各地旅游，她去过台湾、厦门、广州、海南、桂林、北京、上海、杭州、青岛、大连及内蒙古等许多地方。玉村基本上每年都会组织一批人出去游玩，2017年有 30 多人。

2. 普通农户家庭的收入及消费情况

YTB 的家庭经济收入主要有：租房 80 平方米，6 层楼，除了自己居住的两层，其余的四层均出租，过去一般房租收入是 4 万~5 万元一年；儿媳妇打工每个月 2000 多元；儿子打零工或者用摩托车拉人每个月收入2000 多元；儿子从 2017 年开始在二楼三楼开麻将室，每桌每次 40 元，晚上也有人来玩，一个月的收入一般在 2000 元左右；集体分红 2017 年每人 5700 元，一共 28500 元钱。YTB 家的家庭支出包括以下几个方面。生活花费，油盐酱醋茶等的费用不太多。孙子读书，每年需要 1 万~2万元。另外，两个老人生病住院花费比较多，2017 年 YTB 就住院了两次，报账顶多就是 50%，肺部感染，住院了十多天，花费了 1.2 万元；妻子 2017 年住院了 40 多天，花费了 1.4 万元；平时还要吃药，基本上每人每个月要 400~500 元。YTB 一共有五个子女，儿子是老四，其余的均为女儿，都已经出嫁。大女儿在妇幼保健院工作，小女儿在商业银行工作，她们也常常给老人生活费。

（三）生育观念

生儿育女是人类社会延续的条件和保证。生育是农村家庭的基本职能之一。[①] 20 世纪 70 年代初，为使人口增长和经济社会发展、资源利用、环境保护相协调，我国开始大力推行计划生育政策。1978 年，我国首次将计划生育的内容纳入《宪法》，规定："国家提倡和推行计划生育。" 1982 年计划生育政策被确定为我国的基本国策并公布实行。国家计划生育的推行和经济社会的转型，使中卫社区农民传统的生育观念也发生了改变。

1981 年开始，玉村大队把计划生育工作列入议事日程并开展宣传工作。1982 年、1983 年，计划生育小分队深入育龄妇女家中，宣传计划生育、发放避孕药具等。1981~1983 年，玉村大队有 68 人进行了综合节育。1989 年 8 月 26 日，玉村办事处计划生育协会成立，有常务理事、理事 17 人，组织学习政策、文件，开展孕期保健、新婚知识、生殖疾病防治讲座，建立产后访视制度，编演文艺节目进行宣传等。1993 年 9 月 20

---

① 刘豪兴：《农村社会学》，中国人民大学出版社，2005，第 259 页。

日，玉村结合实际制定了《玉村办事处计划生育管理补充规定》，经村民代表大会通过执行。1994 年与州城镇政府签订 19 项指标管理责任书，并公布评比、奖励、考评办法。建立一卡、二账、三单、四册、五版面和生育证、流动人口计生管理等制度。2003 年，玉村有新生婴儿 47 人，人口出生率为 12‰，计划生育率为 100%，综合节育率为 89.6%，"三为主"巩固率达 100%。

截至 2003 年，共发准生证 645 本，其中，生一孩 497 本，生二孩 148 本。持证生育率达 100%。1992 年 10 月，玉村办事处根据玉溪市人民政府有关独生子女和双女结扎户保险条例的规定，对符合条件的 74 户家庭育龄夫妇双女户、独生子女户办理了养老保险，每人保险金为 800元，共计 8.92 万元。2002 年 9 月，玉村居委会对领取独生子女证、自愿放弃生育二胎的 66 户农业人口夫妇进行奖励，发放一次性奖金每人 500~1000 元，共计 5.04 万元。[1] 我们在调查中也发现，大多数玉村人的生育观念发生了改变，有的认为生一子一女最好，有的就只想生一个。可见，社会的发展及计划生育政策的推行等，使玉村人接受了"少生、优生"的观念。并且，农村传统的"重男轻女"的观念也有所改变。社会学家雷洁琼在 20 世纪 90 年代初主持的一项对中国农村婚姻家庭的研究表明，农村家庭的生育功能变迁程度与农村社会工业化导致的社会变迁程度之间存在着大致对应的关系，即工业化程度与生育意愿成反比，也就是工业化程度越高，生育意愿越弱。从这个方面来看，玉村高度发达的商业也是其村民生育意愿转变的一个主要原因。

（四）赡养

赡养是我国农村家庭的一项重要功能。我国农村家庭赡养功能的一个特点是家庭赡养老人的功能主要由男嗣来承担，因为在农村家庭中只有儿子能继承父母的财产，因此儿子就必须承担起赡养父母的责任。这也是农村存在重男轻女现象的主要原因。但由于越来越多的青壮年农民夫妻进城务工，农村家庭的赡养功能受到了巨大挑战。农民在观念上已经不再把赡养老人作为必须在家庭内部完成的功能。农村家庭的赡养功

---

[1]　刘豪兴、黄朝茂主编《中卫社区志》，云南民族出版社，2006，第 202~203 页。

能也无法像原来一样在家庭内部完成。

　　玉村家庭的赡养随着经济的发展及社会的转型发生了变迁。中卫片区的大部分老人能获得经济方面的赡养但是缺乏精神方面的赡养。因为中卫片区的老人每年有上万元的年底分红收入，有一定的其他补贴，以及有一系列的医疗和教育等保障。如果收入较高的子女再给予一些日常的补贴，那么老年人生活得就比较滋润，也可以有一定的积蓄。老人也可以拿出经费组织每周的家庭聚会，上老年大学，外出旅游，可以悠闲地享受晚年的幸福生活。但由于子女大多外出打工或是经营生意，或是结婚后就搬出去住，中卫片区的许多老人也就成为留守老人。相比之下，徐百户片区的老人在经济和精神上都缺乏赡养。由于经济条件相比中卫片区差，一些老年人还不得不辛苦经营菜地。有的老人甚至连吃饭都得轮流到子女家里。

　　玉村家庭传统的赡养义务甚至是通过居委会的相关制度来监督的。自从农转城后，居委会制定了子女赡养父母的相关制度。规定对那些丧失劳动能力、没有固定收入的老人，其子女必须尽赡养义务，给予每位老人一年不少于400元的生活费，还应承担老人生病就医时和平常衣着的一切开支。已经有新房的居民户，老人有权利迁入新房居住。老人有权利选择愿意跟哪个子女生活，子女和其他家庭成员不得反对，且要保证老人的居住条件、生活水平与子女相同。逢节日及老人的生日，其子女必须携带礼物（或金钱）探视老人，不准打骂老人。违者由居民小组或居委会批评教育，并限期改正，限期不改正的，按相关法律法规处罚，并将本人所分配的福利待遇，由集体直接转给老人享受。

　　1998年玉村旧村改造后兴起了一种养老方式：老人轮流在子女家住，一家住一年。以6组的LKY老人为例，老人出生于1941年，有2个儿子1个女儿，大儿子和二儿子都在6组，小女儿嫁到5组，目前是在大小儿子家轮流住，一家住一年。旧村改造前，都是一大家子人住在一个院子里，旧村改造时每家按规定是几个儿子几套房，只有姑娘的家庭，不管多少个都只能有一套房。LKY老人的两个儿子就盖了两套房。旧村改造的政策还规定，每个儿子盖新房都必须留出两间房子给老人，因此也就从那时候起有了"老人在儿子家轮流住，一家住一年"的情况。

第十一章　社会治理

　　费孝通、张之毅先生在《云南三村》中并没有描述关于社会治理的问题。当时，玉村以社区内部的治理为主，是一种传统的乡绅治理模式。社区自行处理内部的各种事务，相对比较单一。玉村传统的社会治理主要围绕着社会治安、村落治理和家族管理。随后玉村与全国同步进入集体化时代，社会治理基本上以国家一统化治理为主线，通过生产队的管理实现社区内部的治理。从家庭联产承包责任制开始，玉村逐步从农村相对封闭的社区向城郊开放的社区转型，社会治理的主体逐步多元化，社会治理的内容日益增加。尤其是玉村从过去的村委会转变为社区居委会，社会转型的加速为社会治理带来了更多挑战，政府的政务与外来人口的服务与管理问题增多。同时，随着城镇化进程的推进，社会改革逐步进入深水区，各种社会矛盾日益凸显。农民的市民化面临社会调适、观念和意识的变化以及资源使用和生计方式的变化，社会冲突、社会分层和贫富差距等社会问题更加凸显，社会治理的压力增大。探讨玉村的社会治理，首先要梳理各个不同的治理主体，社会治理面临多元化和复杂化，需要构建多元化的治理主体。其次，在转型社会中，从农村到城市、从当地人到外地人，社会治安成为社会治理的重要任务，这是社会治理的根本和基础。最后，从传统农业社会转变为城市社区，玉村的社会治理不可避免地受到传统非正式制度的影响。也就是说，传统的非正式制度在社会转型中依然起到软约束的作用，但是已经难以完全实现良性的社会治理。政府适时介入已经不可避免，这样就出现了以政府为主导的网格化管理，实施网格化管理在一定程度上保障了玉村社会的安宁。

一　社会治理的多元主体

　　社会是由各个社会阶层和社会群体构成的，不同阶层和群体的经济利益、社会地位和政治诉求是不一致的。因此，社会治理必须非常重视治理主体的多元化，各主体共同参与社会治理，共同分享发展成果。[①]
社会治理的合法权利来源有多样性，主要包括社会组织、企事业单位、
社区组织等，因此也构成了社会治理主体的多元化，每个主体都参与社
会治理的实践过程。治理主体的多元化要求实现社会治理的"多主体治
理"。玉村社会治理的多元主体主要包括以下几个。第一，上级党委和政
府，党委领导、政府负责社会治理整体工作。在玉村主要是红塔区和玉
带路街道办事处两个层级的党委和政府。第二，中卫社区居委会，作为
自治组织，发挥着上传下达的作用，上传民情，反映社区的需求和建议；
下达政府的政策措施，维系社会稳定和发展。第三，玉村社区内部的一
些非正式组织，例如老年协会等也是参与社会治理的重要主体之一。第
四，在玉村，有一些部门、组织机构、企事业单位和单位的住宅区的物
业等的管理也构成了社会治理的组成部分。第五，大量外来人口在玉村
经商或打工，这一群体占比高，管理难度大，这些外来流动人员在社会
治理格局中应该占有重要一格。

（一）多元主体的社会治理格局

　　1949 年新中国成立以后，政治的变革重组了中国社会的治理结构。
国家行政机构、企事业单位、农业生产队及群众组织等，通过"单位"
将社会成员纳入其中。乡村主要有人民公社、生产大队和行政村，这些
社会治理组织不仅管理生产，而且对成员全面负责，承担社会管理的事
务。随后，农村成立村委会进行自治管理，城市则以居委会为自治单位
进行管理。

　　首先，上级党委、政府在社区范围内，通过行政权力维持社会秩序，
协调多元治理主体的关系，提高公共事务的治理水平。通过政策、制度
的宣传和下达，从思想教育方面引导居民的民主意识，确保居民遵守国
家法律法规。居委会从相对封闭的传统社区逐步向开放型社区转变，居
民价值观念多元复杂，社区凝聚力减弱，上级党委、政府须发挥价值引
导的作用。基层社区是社会问题和社会矛盾的聚集区，流动人口管理、
失业人口再就业、社会救助、人口老龄化、儿童教育等问题越来越凸显，

---

① 唐钧：《社会治理的四个特征》，《北京日报》2015 年 3 月 2 日。

各级党委、政府在处理各种利益协调中发挥重要的作用。

其次，社区居民委员会管辖对象以城市、城镇非农业户口居民为主。玉村居民委员会有主任、副主任、委员若干名，负责共青团、妇联、民兵、社会治安综合治理、农业科技、计划生育、企业办、精神文明、土地管理办公室和农经站以及民政等相关工作。[①] 2003 年 4 月，玉村村民委员会改称玉村居民委员会，下辖 15 个社区居民小组，设有组长、副组长。社区居委会成为玉村社会治理最重要的主体。一方面，居民委员会贯彻执行上级政府的方针、政策和措施，实施惠民项目，协助维护社会治安。另一方面，居民委员会管理居民的公共事务和公益事业，调解居民纠纷，反映居民的意见、要求和建议等。居民委员会能够调动广大居民参与社区建设的积极性，有效地提高居民参与政治生活的能力。

再次，玉村的老年协会和关心下一代工作委员会在社会治理中也占有重要的地位。2003 年，玉村老年协会分为中卫和徐百户两个片区，会员发展到 454 人。老年协会举办"建康与长寿"、"医疗保健"、"法律法规"和"公民道德"等讲座，开展地掷球、门球比赛等丰富多彩的适合老年人参加的活动。2003 年成立的玉村居委会关心下一代工作委员会，共有会员 116 人，帮教小组 45 人。开展农业科技培训 3 期。老年协会和关心下一代工作委员会充分发挥自身作用，开展义务宣传活动，积极宣传国家的方针、政策，以及关系群众切身利益的防火防盗、交通安全和卫生知识。他们开展的娱乐活动，不仅丰富了老年人的生活，也丰富了社区业余生活，还营造了社区邻里之间互相关心、互相帮助的氛围。老年协会的成员还能够调解群众矛盾，凭借他们德高望重和丰富的经验，用自己的工作方式帮助解决邻里纠纷、化解各种矛盾、维护社区稳定。此外，他们还在青年中开展树典型活动，以点带面，以先进带落后，从而涌现出了一批有志青年。他们开饭店、水吧，搞屠宰、运输等，通过勤劳致富，为社区青年树立了榜样，带动了一大批青年创业致富。[②]

最后，玉村社区中的单位、部门和外来人口，不仅是社区稳定和发展的重要组成部分，在社会治理中也发挥着积极作用。一方面，通过网

① 刘豪兴、黄朝茂主编《中卫社区志》，云南民族出版社，2006，第 127 页。
② 刘豪兴、黄朝茂主编《中卫社区志》，云南民族出版社，2006，第 149 页。

格化管理和外来人口登记、房屋出租户登记和外来人口联系点，将流动人口有机地纳入社会治理的固定网格中，促进了社会治理精细化和公共服务均等化。另一方面，这些单位、部门和商会等也发挥自身优势，吸纳社区剩余劳动力，提供社区发展的便利条件，参与或赞助社区各项活动，积极参与玉村的社会治理。例如玉溪富然房地产开发有限公司积极参与社区建设和治理。自 2005 年 10 月公司成立至今，带动解决了相关产业 2000 多人就业。同时，该公司全额出资 2000 多万元修建了中卫路延长线，改善了市容市貌和人居环境，拓展了城市发展空间，为市政建设做出了贡献。该公司在开发和运营过程中，积极承担社会责任，参与社区公共产品供给和社区活动，实现企业价值和社会价值的统一。

（二）双向度的社区干部

社会治理的第一要务是理顺社会治理主体之间的关系。各个治理主体之间关系的理顺历来都是社会治理的难点和重点。一方面，社区是社会构成的细胞，社会治理也是国家治理的基本组成部分。另一方面，要破除过去政府的全面干预模式，政府治理回归到统筹协调的服务位置上来，为村集体及居民的自治发展创造了良好的体制环境。社会治理实现善治就是多元治理主体通过协商合作的方式对社区社会事务和社会生活进行规范和管理。在理顺社区权力关系的过程中，社区干部扮演了双向度的角色。一是"向上度"的角色，需要执行上级政府下达的政策和措施，完成相应的工作任务。同时，社区干部要向街道总结和汇报目标任务完成情况和个人工作执行情况。街道要对社区干部履职和廉政情况进行综合考核评分，从而提高社区干部的约束力和自制力，促进社会治理的效率和创新。二是"向下度"的角色，要解决社区内部的各种矛盾，满足社区群众的要求。随着改革开放和市场经济的不断推进，社区新情况、新问题不断涌现。社区的问题和矛盾纠纷呈现多样化、复杂化趋势。资源权属、环境生态、土地承包、工程建设、征地补偿、征地农民安置问题、企业改制等矛盾纠纷日益突出。在这些"向下度"的社会治理过程中，社区干部不仅要"人教人，还要事教人"。因此，社区干部在社会治理中既要掌握法律法规知识和相关政策内容，也要用情感打动人和用案例讲解。

（三）社会治理的多元化与复杂化

传统上玉村作为一个熟人社会，社区人口通过宗族和姻亲有机组合起来，社区人口相对单一，关系相对简单。宗族社会治理主要以宗族、乡绅和村规民约为主。

社区治理主要处理的是社区内部的事务。在玉村首先就是要处理中卫片区与徐百户片区之间的关系。例如在土地的问题上。一方面，徐百户的人也希望出租土地，出售预留地，增加年底分红，增加出租房屋的收入。另一方面，等到机会来临，外面的公司来开发的时候，他们又不愿意放弃土地。玉村曾打算把蔬菜批发市场搬迁到徐百户片区，但后来也没有实施。之后运输公司来，想把预留地变更为商业用地，大部分居民也不同意。后来运输公司在完成征地工作后，也无法开工建设，其他的公司或企业即使愿意来承租土地，但是知道关于运输公司征地的过程，也都不愿再来承租土地了。

其次，从玉村社区内部来看，在过去经济效益不好的时期，玉村的居民小组相互都不计较；但是现在处于经济效益好的时期，各小组间、各户之间因利益纠纷也存在矛盾。尤其是中卫片区的几个小组和徐百户片区的几个小组之间的发展差距较大，分红数额差距也较大，导致在一定程度上社会治理中出现了不平衡的因素。

最后，从玉村社区外部来看，改革开放以后，原来的行政型社会管控方式逐步弱化。最为典型的标志就是户籍制度面临困境。大量的外来人口进入城市，城市中的工人在经历了下岗等企业改革之后也进入就业市场。这意味着计划经济时代，基层政府对本辖区户籍人口的管理措施逐步失效。外来人口已经超过户籍人口，当地政府需对外来人口进行有效管理。外来人口导致社会治理复杂化不仅仅是因为他们与本地居民的语言、生活习惯存在差异，更为重要的是外来人员有了更多需求，包括孩子教育、公共服务的惠及和自身发展等。外来人口的管理在2005年以后，归属派出所，居住证由派出所办理。玉村联防队主要是积极配合公安部门进行管理。

（四）不同群体的不同需求加大了社会治理的压力

经济转型、社会转轨、改革进入深水区、各种矛盾凸显，不同的群体有不同利益诉求，社会治理压力剧增。在玉村村改居的时候，土地被征用，集体经济一共有 300 多万元，当时是 48% 分给农户。但有的村民居住在一个小房子里。所以，当时就提出要实施旧村改造，要建房，改善居住条件。FR 讲述道：

> 征地前，大家一样都是农民，都在种地。当时，从 1991 年开始陆续征地，当时每亩才 5 万元，在 1993 年开始增多。对于征地来说，大部分农民还是抵触的，但是事实上，这种城市化的进程也是无法阻挡的。召开会议，党员代表、村民代表向村民讲道理，宣传政策等。当时有的人还指着我的鼻子骂："你卖你的，我就是不卖。"但是实际上，土地所有权又不是你的，只是承包给你。所以我回答说："土地是集体所有的。"从各个主体各个方面做工作，包括老年人、党员、青年团员等。徐百户的几个小组，所讲的内容都是一样的，但就是讲不通。派我们辖区到 5 组、6 组做工作，但是没有任何效果。

政府、干部和社区居民之间的思路不一样，各自的需求不一，出现了一系列不协调的情况。例如原玉村党支部书记 LWX 说道：

> 很多时候搞不清楚群众的想法，以前种地，现在没有地种了，融入城市之后如何发展，老百姓没有思路。现在更多人是小农意识，观念远远跟不上形势，我们作为社区干部提出的一些思路，老百姓不接受也就实施不了。老百姓对政府的政策不了解，观念保守、陈旧。徐百户片区经济发展水平低，与中卫片区差距大，两边发展不平衡。那边的农民守着一亩三分地，发展经济的意识不强。像 4 组的土地征出去之后，就做得比较好。

从社区内部的不同群体来看，外嫁女的利益诉求也开始显现。在

"大包干"以前，嫁出去的需要户口外迁。自征地以来，尤其是2000年前后，玉村把集体资产作为股份制，集体成员有分红的资格。居民中就出现了嫁出去的人不迁移户口，也就是说，外嫁的都不愿意把户口迁出去。嫁出去的妇女开始出现争土地、争分红以及要待遇、要建房的现象，利益矛盾大。有些嫁出去的妇女采用权宜之计，提出"不要待遇，只要户口"，成为村组"代管户"。这些社区内部的矛盾让基层干部在处理村组之间和居民之间的利益纠纷时，处于"两边"为难的局面。

在利益诉求不一致的情况下，社会群体对社会治理提出了差异化的需求，各群体参与社会治理的积极性、发挥的作用和参与方式也不尽相同。因此，社会治理压力也不断增大。过分地注重社会治理的主流人群，忽略其他人群的需求和参与，难以形成共建共享的社会治理格局。社会治理要促进社会公平正义，只有解决了不同利益群体最关心、最直接、最现实的利益问题，才能从根本上进行有效的社会治理。社会治理的核心是社会参与。治理手段从单一手段向多种手段综合运用转变。动员不同群体有序参与社会治理，实现社会治理的创新。

二　社会治安的复杂化

在传统的农村社区中，由于社会关系比较单一，社会问题基本属于"内部矛盾"，因此，社会治安并没有作为社会治理中的重要一环。但是随着社区管辖范围的扩大，影响社会治安的因素增多，社会治安已经成为社会治理的重要组成部分。在1991年，全国人大常委会颁布的《全国人民代表大会常务委员会关于加强社会治安综合治理的决定》就明确阐明：社会治安问题是社会各种矛盾的综合反映，必须动员和组织全社会的力量，运用政治的、法律的、行政的、经济的、文化的、教育的等多种手段进行综合治理，从根本上预防和减少违法犯罪，维护社会秩序，保障社会稳定，并作为全社会的共同任务，长期坚持下去。

（一）社会治安治理历程

民国时期，匪患频繁，社会治安混乱。1922年3月28日，临安（今建水县）匪首陈寿明率匪徒千余人，到玉溪攻打州城。县知事占应祥调集乡勇武装坚守，匪徒攻城不克，就到中卫屯、徐百户屯等地抢劫，奸淫妇女，吆牛驾马，烧毁冯氏宗祠和民房数十间，有 2 人被匪徒杀害，所有村户财物被洗劫一空。由于安全得不到保障，1922～1940 年，中卫屯先后迁走 45 户（其中，贫困户 33 户，富户 12 户），未迁走的就自动发起组织保安团以维护治安。

1952 年，建立玉村乡治安保卫委员会（以下简称治保会），设主任 1 名；各村建立治保小组，设组长（乡治保委员）1 名。负责对群众进行"三防"（防特、防盗、防火）等宣传教育，向公安政法机关检举揭发反革命分子，维护全乡社会治安工作。

1956 年后，乡（管理区、大队、公社）仍设治保会，各生产队设治保小组。在组织群众做好"三防"治安工作的同时，对"四类分子"（地主、富农、反革命、坏分子）进行管教。

1988 年，建立玉村办事处联防队，有队员 6 人，主要执行夜间巡逻任务。同年，玉村社区居委会有 34 名干部参加玉溪市干部普法及法律常识教育培训，经考试合格，全部取得"普法及法律常识合格证书"。

1991 年起，成立玉村办事处社会治安综合治理办公室，在全体居民中广泛开展普法教育，不断增强群众的法制意识；实行社会治安目标管理责任制，层层签订《社会治安综合治理目标责任书》《消防安全责任书》，将治安责任制与干部、村民年终利益分配直接挂钩。各生产合作社结合实际，积极采取切实可行措施，形成群防群治网络，使社会治安工作落到了实处。

1992 年，举办普法骨干培训班 1 期，培训 60 人次；群众参加普法教育 2290 人次，其中青年 409 人次，普及率、面授率均为 91.80%。自 1993 年开始，联防队实行 24 小时值班制，人员增至 7 人。1994 年，清查流动暂住人口 397 人次，督促办理暂住证 284 人次；帮教有劣迹人员 23 人，协助公安机关抓获劳教人员 1 人。

1995 年，第 5 生产合作社投资 6580 元，建立治安室，全社 18～60 岁的男社员夜间轮流值勤巡逻，每班 4 人；白天则由老人在村里流动监护。1995～1996 年，抓获盗窃蔬菜、钢材等人员 14 人，缴获作案工具自行车 1 辆，为群众挽回经济损失 1520 元。

玉村办事处治保会 1995 年被玉溪市公安局评为"群防群治先进集

体"；1996 年、1997 年，连续两年被玉溪市公安局评为"治安防范先进单位"。1997 年，玉村办事处联防队、第五生产合作社分别被中共州城镇委员会、州城镇人民政府评为"先进联防队""社会治安综合治理先进单位"。

2000 年以来，玉村认真贯彻全国禁毒工作会议精神，成立玉村居委会毒品整治违法犯罪重点工作领导小组，积极开展创建"无毒社区"工作。居委会与各居民小组签订《毒品违法犯罪问题重点整治责任书》，居民小组与居民签订《"无毒社区"户主责任书》。由治保、老年协会、关心下一代工作委员会、共青团、妇联、学校、各居民小组、党支部等单位的工作人员及部分老党员共 64 人组成帮教小组，对社区吸毒人员和解除劳改、劳教人员进行摸底排查及帮教。召开各种毒品违法犯罪重点整治专题会议 25 场，参会人员 6790 余人次，张贴宣传标语 943 条，刊出黑板报 12 期，制作禁毒宣传展板 50 块。2003 年，全社区有在册吸毒人员 23 人，其中戒断 1 人，巩固 5 人，帮教 17 人。

2001～2003 年，执行巡逻堵卡 1.74 万人次，盘查嫌疑人 3804 人次，查处治安案件 109 起；协助公安机关查处治安案件 5 起；抓获犯罪嫌疑人 241 人次，立案处理 7 人次；查验流动人口 1.04 万人次；调解治安纠纷 83 件。加大防火安全宣传教育，制定《玉村居民防火安全公约》；督促彩虹百货批发市场配备消防栓，每间铺面配备 1 个灭火器，每天安排 2 名联防队员对其防火安全进行巡查，发现火灾隐患及时排除。2003 年，设立玉村居委会治保与调解委员会；各居民小组设治保委员 1 名。玉村居委会联防队员增至 9 人，驻社区绝大部分单位都聘请 2 名及以上保安人员，负责单位内部的治安工作。

2002 年、2003 年，玉村居委会先后被红塔区人民政府评为"安全生产先进单位"；被红塔区乡镇企业局、红塔区小型企业管理局评为"安全生产消防安全先进单位"；被中共红塔区委、红塔区人民政府评为"2001～2003 年爱路护路模范村""2002～2003 年社会治安综合治理、维护稳定、群防群治先进集体"；被中共玉带路街道工委、玉带路街道办事处评为"创无毒社区先进单位"。玉村居委会治保会被玉带路街道办事处综治委、派出所评为"联防工作先进集体"。①

---

① 刘豪兴、黄朝茂主编《中卫社区志》，云南民族出版社，2006，第 151～152 页。

YTB 回忆说：

20 世纪 60 年代以后，社会治安比较好，顶多有个别的小偷小摸，偷点菜，摸个包包等。相反，人们的生活水平提高了，社会治安却变得非常不好。有的人没有工作，但是要吃要喝，就只有骗、偷、抢等，村里经常有一些 20 多岁的年轻人，好吃懒做，打架斗殴。因此，现在的社会治安也不好管理，这其中有很多原因：一方面，法律不严，政策宽松，群架、小偷随处有；另一方面，现在一些好逸恶劳、好吃懒做的人多了起来，干一些如抢耳环、划包包、偷手机等的坏事。这其中既有本地人，也有外地人，总体上外地人要多一些。过去本地人有农业活计可以做，现在征地后没有什么事情可做了，外来人口又是形形色色的，吃吃喝喝，难免就有打架的情况发生。过去，法治非常严格，处置严厉，不敢动手，现在基本上都不怕。还有现在大家都比较冷漠，有些治安人员在不穿制服的时候，看见违法乱纪的人也不管，只要不偷着自己，穿着制服有时也是随便管管。那就更不用说普通人了，大家都是有多一事不如少一事的心理。

LYH 进一步谈论到社会治安问题：

小偷小摸还是有，主要是偷电动车，尤其是电动车的电瓶。外来人员比较多，是本地人的 2～3 倍，人员比较杂，事情就比较复杂。中卫片区四个小组一共有 2000 多人，外来人口有 4000～6000 人。过去烧烤街还在玉村 1 组的时候，事情更多，更加复杂，现在烧烤街搬走了，社会治安环境还变好了一些。在春节前后，开会传达"五防"（防盗、防骗、防抢劫、防意外事故、防火）工作，然后在小组成立护村队，在春节前后一个月，一般是春节前 10 多天，春节后 10 多天，每个小组抽调一人参加护村队，晚上进行巡逻。小组每个月会有 1～2 起社会治安事件，中卫片区四个组会有 5～6 起。

同时，玉村老年协会在社会治安中也能发挥一定的作用。一方面，

理承包责任制，采用层层承包，责任到人，下级对上级负责，实行量化考核，百分制计分，与各干部的年终考核挂钩，具体的承包内容和打分标准如下：

1. 领导重视，办事机构健全，人员落实。（10分）

2. 建立治保组织，规章制度健全（包括乡规民约）并层层落实到各家各户，村社要害部门和重要仓库有专人看管，单位有门卫，农村有联防队。（15分）

3. 定期和不定期地进行安全大检查，每年不得少于四次，发现隐患和不安全因素给予及时解决和整改。（5分）

4. 本社的刑事案件、治安案件、经济犯罪、火灾和其他安全事故得到控制，每个季度的发案起数按管辖人口统计不超过2‰，案件或事故发生后，自查或协助查处在90%以上。（10分）

5. 及时疏导、调解各种社会矛盾和民事纠纷，防止矛盾激化，未酿或突发事件和恶性事件，民事纠纷调解率达100%，成功率为90%以上。（10分）

6. 根据"二五"普法规划，积极开展全民普法工作，完成当年普法任务，普法人数与普法面为95%以上。树立知法、懂法、守法，依法办事良好社会风气，敢于同违法犯罪做斗争。（10分）

7. 做好本社区或本单位的违法人员帮教工作，帮教率达100%，本社区违法人员明显减少或没有；"两劳帮教"人员无重新违法犯罪达80%；安置率达80%。（10分）

8. 有文化娱乐场所，开展好各项文明，健康的娱乐活动。"六害"等社会丑恶现象得到控制，一旦发现，及时查处。（10分）

9. 对本社区或本单位的重点人口，各种违法犯罪嫌疑人员的活动情况能够做到有底有数。（10分）

10. 认真开展青少年的教育工作，落实"五长"〔家长、村长（主任）、厂长、社长、校长〕教育制度，本社区或本单位青少年违法犯罪率比往年明显下降。（10分）

考核评比和奖惩办法，社会治安综合治理工作执行情况，每季度进行一次检查；每半年进行一次抽查；年终进行一次总考评。由居委会具体组织考评，兑现奖惩，并作为评选先进村社或单位的重要依据。社会治理属于人们通常所说的"块块管理"，也就是对某一地域范围内的公共事务和公共行为实施综合治理。其中社会治安是重要的一格。在实施社会治安综合整治过程中，明确社区党委、居委会的组织协调责任，落实好社区综治办、社区民警的督查指导职能，还要充分发挥网格员、志愿者、社会公益团体等参与社会治理的积极性，明确每个岗位、每个人员的责权利，形成各尽其责、共建共享的治安防范整体合力。

三　非正式制度的约束与失效

在国家 - 社会的二元结构中，历史上我国有"皇权不下县"的制度，在乡村实行的是乡绅治理，传统的非正式制度历来是乡村治理的基础。即使是在现行的政府管理体系中，一方面，政府治理也难以做到面面俱到；另一方面，社会治理中非正式制度的治理和约束依然起着重要的作用，但是作用也在减弱。整体上看，玉村从传统村落变成城市中的社区，非正式制度的作用在削弱，但是约束作用还存在，成为国家治理体制的有效补充。

（一）熟人社会的软约束

随着城市化的不断扩展及玉溪的发展，人口的流动性越来越频繁，与此同时，玉村利用集体土地兴办五大市场：建材、小百货商品、蔬菜、大米、旧货市场。市场的开发使玉村的外来人口近几年不断增多。而外来人口的进入使玉村的居民关系也发生了深刻变化，由原来的人口单一、简单化的结构转变为现在多样化、复杂化的结构，由原来的完全熟人社会，变为现在的半熟人社会。

传统上，熟人社会的村落社区架构固有的生计方式、共同信仰、村内秩序、人生礼仪、风俗习惯等，在日常生活的细枝末节中精妙地调节着村内的人际关系，缓解着村内族际与家庭冲突，维系着村落的秩序，实现着村落的整合。在熟人社会中一个彼此之间都觉得有人情或者欠了人情的村落里，人与人之间比较容易达成共识。

FR 在担任主任的时候，在社会治理中，以熟人社会为基础，采用非正式制度，采用柔情的方式进行社会治理，FR 讲述道：

> 过去有一段时间，社会治安比较乱，整个玉村有 30 多人吸毒，后来死的死，剩余的人已经不多。现在有 8 人是登记在册的帮教对象，其中 6 人已经改正，还有 1 人一直没有改好，但是现在此人也不在玉村了，具体在哪里也不知道。改好的 6 人中，有 1 人过去主要是偷盗，他的情况比较特殊，其父亲死得早，母亲精神失常，还有一个妹妹。他 22 岁的时候，由于偷电缆，被关在监狱中几年。后来我们小组经过商量，鉴于他本人父母都已去世，组干部就代表亲人到监狱看望他。到监狱后，他见到我们感动得哭了起来，监狱的管理人员也说，像这样由组集体来看望犯人的情况还很少。他出狱回来以后，就帮助别人打家具，过上了安稳的生活。
>
> 另一个叫 ZL，母亲是彝族，家里还有一个哥哥，自从吸毒上瘾，他妈妈天天哭，一两年以后，被拉去戒毒所戒毒。我也是组织几个人去看望他，他见到我就下跪了，说再也不敢了，我骂了他一顿，做通了思想工作。戒毒回来，改正好了，后来给别人打工，还娶了一个贵州媳妇，两口子蒸包子卖，生了一个儿子。有一天他接到一个电话就出去了，整夜未归，被公安局查到带走，尿检的时候检测出阳性，说明又跑出去吸毒了。后来被放回来，媳妇也跑了，工作也难找，小孩已经读初中了。但我们关工委还是不放弃，继续做他的思想工作。现在，他又找了一个墨江的媳妇，找了一份帮人送煤气的工作。
>
> 还有一个年轻人，初中未毕业，整天无所事事，就到小学校门口抢小学生的钱。知道这件事件以后，我天天去学校门口监视。有一天，我们就看见他又抢钱了，就对其多次进行批评和思想教育。后来，遇到征兵，我们就把他送到部队了。退伍回来后就完全变好了，再也没有听到有什么问题。

当然，这种熟人社会的软约束在经济发展和社会转型中受到了前所未有的冲击，在传统上维系社区治理的熟人关系，在经济发展过程中作用日渐减弱。例如 FS 就讲述时说：

> 2013 年，北片区公交客运中转站建设征地 30.55 亩。在公交公司征用玉村 8 组土地时，因为征地补偿款协调一事起了争议，8 组组长是我的亲家。他当时都要跟我翻脸了。他认为，社区居委会做了很多，但是没有真正为群众着想，征地补偿落实乏力。还因此上访，粘贴、写大字报，事实上，是因为征地补偿政策的变动引起的利益分配问题。大家过后想想，到底谁损失了？损失了什么？玉村多年发展的经验教训说明，一定要用事实说话，"人教人是教不会的，通过事情教人才能刻骨铭心"。要正确表达各种意见，不能搞小动作，越是熟人社会，处理各方关系，协调各方利益，就要越谨慎。

（二）村规民约与时俱进

村规民约源自群众生产生活的方方面面，用于管理约束群众的行为规范，来之于民、用之于民。1949 年以前，玉村就有村规民约。在集体化时代，以前的村规民约在以集体治理为主的过程中逐渐失效。随后1982 年，玉村大队制定了《玉村大队村规民约》。主要内容有：坚定不移地贯彻中共十一届三中全会制定的改革开放政策，巩固生产承包合同，维护社会治安，树立社会主义新风尚、新道德，保护环境，移风易俗等13 条，经大队农民代表大会讨论通过，自 1982 年 7 月 27 日起执行。

随着时代的发展，1994 年 6 月，玉村对上述村规民约做了进一步修改完善和补充，改名为《玉村居委会村规民约》。其主要内容是：重视青少年政治思想教育，制定土地、计划生育、外来人员、房屋租赁、用电、用水等各方面的管理办法。经村民代表大会讨论通过，于 1994 年 7月 1 日起执行。

2003 年 4 月，玉村居委会根据管理范围、权利、义务，又进行了调整充实，修定为《玉村居民公约》。重点突出文明社区建设，加强法律法规教育及管理，争当"五好家庭""十星文明户"，共建"文明村"、"文明小区"、"文明庭院"和"文明楼"，提倡"夫妇互敬"、"家庭和睦"、"邻里团结"、"养老赡老"和"奖励独生子女"等文明公约内容。①

在非正式制度宣传过程中，相关方往往采用公众对社区典型建设中的纪念碑等载体，在碑文中渲染一种人与自然、人与人之间的和谐关系，从而在思想上进行一种约束，以彩虹路改扩建工程古树保护纪念碑为例，其中写道：

> 人杰地灵，中卫五乡。普惠桥畔，有黄葛榕东西各一。东榕参天挺拔，覆荫亩余，俊朗伟岸。西榕斑斓盘结，诡谲奇骨，潜龙隐凤。史载吴乡先民植于乾隆间，历近三百岁沧桑而长青。先民依树而市，黄发垂髫，怡然自乐。含哺而熙，鼓腹而游。乡俗有诞婴撷叶沐之而祛风邪者，视为神树。
>
> 辛逢盛世，国泰民安。二榕备案，律定国家二级保护古树。任辰年仲夏，适逢政府主持改扩建彩虹路桥洞至新西河路段，古树当道，预案移植，恐伤其气。政府明断，存树道央。市区两府不惜合投三十万元，嵌石围塘，以固其本。辛甚至哉！百年古树辛所存焉。行于途，途坦心畅；思其惠，惠及子孙；轮其功，功在千秋。
>
> 吾乡好义诸君，踊跃捐款，得立此碑，铭刻志之。颂曰：生态立市，功照八方。宜居之乡，龙飞凤翔。怀柔万民，仁风孔彰。德齐三皇，功德无量。玉村1~9组村民计403人，公元二零一三年六月四日敬立。

村规民约的制定实施以及对社区内重要公物的保护，有助于增强社区群众的主人翁意识和社会责任感，有助于提高集体的归属感和认同感。从而提高社区居民参与村级事务的积极性和主动性。

(三) 信仰空间的衰落与重建

民间信仰内含传统政治文化的色彩，一定程度上规约着民众传统的思维方式、行为习惯、价值观念、精神追求以及政治文化取向。民间信仰能够凝聚人心，协调人与人之间的关系，在一定程度上还能够促进公

---

① 刘豪兴、黄朝茂主编《中卫社区志》，云南民族出版社，2006，第193~194页。

益事业发展，在社区治理中具有重要作用。

1. 三官庙的破败与重建

徐百户 6 组 LJF 介绍三官庙说，它位于 5 组与 6 组之间，"三官"指的是"天官、地官、水官"，也就是管天、管地和管水的官。三官庙始建于 1949 年以前，具体时间没有记载。每年农历六月十九日为徐百户三官庙会，村民们自捐功德，在庙内烧香祈福。1950 年庙内菩萨被毁，庙房被用作公房。到了 1990 年，村民们捐资，重新修缮三官庙，重塑庙宇。每年有庙会两次，农历二月十九日和六月十九日是庙会日，初一、十五还吃斋饭，由 5 组和 6 组的几位妇女负责，每逢初一和十五都会在三官庙做斋饭，按 5 元/人的费用收取，本村人和邻村人都会来，斋饭的菜品有豆腐、洋芋、青菜、白菜、番茄等，前来吃素的人会带上香纸，吃饭前先烧纸祈福。每天的人流量在 20～30 人。除了初一和十五以及赶庙会的时候，平时三官庙都是关着门的，香火并不是很旺。

2. 冯氏祠堂仅存标识作用

冯氏宗祠始建于清代康熙年间，道光中叶扩建。1922 年农历三月初一，临安（今建水）匪首陈寿明率匪数千人攻打州城，县知事卢应祥调兵坚守，匪徒攻城不克，撤退时到中卫屯抢掠，烧毁冯氏宗祠，将历代祖先牌位、宗谱和各种物件全部烧尽。卢应祥单身持枪追击匪徒，不幸在村外三角秧田处被匪徒杀害，年仅 32 岁。1929 年经冯永亮、冯子玉倡导，族人赞同，共同集资，宗祠得以重建。宗谱靠各支系重新收集编纂而成，但不完全。1949 年末，牌位被毁，宗谱遗失。

1929 年重建后的宗祠，仍坐北向南，前临壕沟，有池塘，绿树成荫，冬暖夏凉。宗祠前后两层，一楼一底土木结构。明三（间）暗五（间），两间耳房。蜈蚣脊风火墙，屋梁瓦檐，柱石浮雕龙凤、麒麟、白鹤图案。石雕花台内植松柏、缅桂。侧门四道，小天井四个。大门用青石砌成，门头呈凸形，正中一石浮雕图案，立一石匾，阴刻"冯氏宗祠"四字。石匾两边立葫芦宝顶。圆形立体石门柱空雕雌雄二龙，门头石浮雕双凤朝阳。门基石座石坎，木门双开。上写对联。上联：大树宗封将军府第；下联：阳春烟景学士文章；横批：陇西世第。在保甲制的社会治理体制下，以冯氏宗祠为核心的宗族还维修道路，绿化村庄，做了一些公益事业。由于经济社会的快速发展，现在当地宗族观念已经不是很强。冯氏祠堂也仅仅剩下一个大门。"皮之不存，毛将焉附。"宗祠尚且如此，更别提宗祠的祖训等，这些传统家规族规的失效由此可见一窥。

传统上在信仰和社会治理的格局中，妇女一般属于从属地位，在社会治理中作用不明显。但是随着经济社会的发展，妇女的地位有所提高，在经济社会发展进程中，妇女的勤俭持家精神在经济积累中发挥了积极的作用，因此，妇女的地位与男子基本一样。在社区居委会中，副组长兼文书的是清一色的妇女。男女分工主要是与能力强弱有关，有事大家共同商量。在玉村，家庭中，小事妇女管得多一些，大事还是必须由男人来承担。

（四）非正式制度的失效

由于生计方式的转变，以农为主的内源发展转变为以商为主的向外发展。传统上农业的相互帮工已经完全消失，大量外来人口打工市场的出现，使村民与村民之间不再需要相互支持，而是直接向劳动力市场寻找劳力。同时，社会关系也发生了转变，从熟人社会转变为半熟人社会。随着大量外来人口的流入，大家相互之间的关系在人口增长中逐渐被稀释。人口变动主要表现在外来人口的增加，从当时的 2000 多人增加到 2017 常住居民 4300 多人。随着外来人口的增加，玉村推出均等化服务，为外来人口提供便利服务，例如为外来工子女提供公平良好的教育环境，目前中卫小学 80% 的学生是外来工子女。

从纯农业人口向城市居民转变。从 1986 年开始玉村农民转为"非农业人口"。起初的"农转非"是十分稀罕的事情，家里边出了干部，在工厂里当了工人的才可以转为非农业户口。但是 20 世纪 90 年代中期后，政府开始大规模征地，大量的农村居民转为"非农业户口"，到 1997 年玉村 1～4 组的所有居民全部转为非农业户口。此后，从 2010 年开始，玉村 5～9 组居民的土地也被大量占用，2017 年整个玉村的耕地仅有 400 亩，均为 5～9 组居民的土地，作为留有耕地的农户，5～9 组居民的户口被转为城镇户口，即"农转城"。"农转城"与"农转非"的区别在于，"农转城"的居民主要是留有少量耕地的居民，在社会保障方面，仅可以享受城市医保，但是低保、养老保险等方面还是与农村居民相同。

四 网格化治理中的安宁

近年来，玉村社会治理以网格化为主，社区治理以消防、安全为主，实行组长负责制。玉村开展巩固平安社区建设工作，全面开展"网格化"服务管理工作及其子系统"6995"语音公众服务。按照"网格化"社会服务管理工作的整体部署，全面开展街道、社区、小组"网格化"服务管理综合信息平台应用工作。组织开展"平安社区、平安小组、平安学校、平安家庭"等创建活动，创建工作取得明显成效。

（一）社区管理的网格化

对流动人口实行扫码登记，但是在城中村等类似地区还是有难度的。登记难度太大，主要是流动人口流动性比较强。一般情况下，商人比较稳定，投资了就要求稳定经商。打工者流动性比较强，工作不好干了，随时可以辞职不干。从租房的数量来分析在玉村的流动人口数量，约为4300人，人数比过去少了很多。

居委会的管理框架是党总支—社区居委会—社区居务监督委员会，下设专干。监督委员会于2011年开始设置。这三者的关系是在党总支的领导下，形成具有凝聚力和战斗力的领导班子，能够正确对待问题，发表自己的意见。在发展方面，要做好发展定位、发展方式和解决分歧，完全正确与否要看实践，实践是检验真理的唯一标准。总体上，各小组的党支部和小组领导能够领导小组推动经济社会发展。2016年玉村居委会社会治安防范整体联动指挥室工作框架如图11-1所示。

玉村社会治安防范整体联动指挥室工作职责如下。

1. 负责安排、部署"治安防范整体联动工程"活动。
2. 每月召集一次各小组负责人会议，听取本月工作情况汇报，研究部署下月工作。
3. 在经费投入上给予有力保障。
4. 督促各居民小组、社区成员单位的"治安防范整体联动工程"工作。

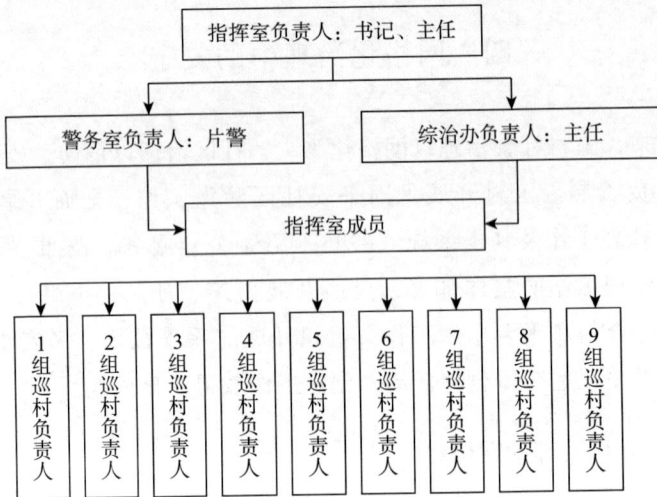

图 11 - 1　2016 年玉村居委会社会治安防范整体联动指挥室工作框架

5. 每周检查一次各小组治安防范工作的开展情况，每月对各小组工作情况进行一次评比，半年进行一次考核，年终兑现奖惩及评比先进。

同时，制定了玉村居委会社会治安防范工作制度，强化网格化的社会治理。

1. 建立健全村综合治安领导小组和办公室及治保会、调委会，抓好机构、人员、报酬、办公室、台账的落实。

2. 层层签订社会治安目标管理责任书，严格考核、奖惩。

3. 按照"属地管理"和"谁主管谁负责"的原则，坚持每半月排查调处矛盾纠纷并及时上报情况，将矛盾纠纷化解在基层，做到小事不出村，矛盾不上交。

4. 积极开展"安全村""无毒村"等"八无"创建活动和"巡逻村"等多种形式的群防群治活动，落实好防火、防盗等防范措施，使综治措施进村、入户、到人。

5. 认真做好违法青年、刑释解教人员、吸毒人员等重点人员的安置帮教工作，落实帮教组织和措施，做到底数清、情况明、不漏管、不失控。

6. 加强对流动人口、枪支弹药、易燃易爆等危险物品和特种行业、公共复杂场所的管理，堵塞漏洞，消除隐患。

7. 积极开展普法教育，修改完善村规民约，增强群众自我教育和自我管理的意识，预防和减少治安问题。

玉村社会治安防范整体联动指挥室在玉村建立了消防安全网格化管理组织，把消防与治安等一系列社会管理统一成为一张网格。

在社区居委会和各个小组均有村务公开专栏。一般包括"三公开"，即党务公开、政务公开和财务公开。具体财政在区级公开，账目在街道进行公开。一般社区居委会和小组是自己做账、自己公开。此外，在专栏中还有招工信息、计划生育栏目、利益分配公开、居委会和小组待遇情况公开、征兵公告等。重大决策、重大项目、重大事项、重大资金、重大人事任免等村务均公开。从财务来看，10 万元以上的支出要报红塔区区级审批，5 万元以上要招标，有的甚至 3 万元就要招标。招标就要求邀标、质量保证和价格公开。此外，还有资产处理也要报批，例如集体公共客堂的出租等。

玉村居委会把创"平安社区"建设和社区综治维稳工作作为 2017 年工作的重点，以构建和谐社区为根本目标，以加快经济发展和社区进步为主线，以强化基础工作为重点，加大创建工作力度，维护辖区社区稳定，营造安全稳定、祥和、和谐的社会环境和氛围。按照"谁主管、谁负责"的原则，对影响社会稳定的矛盾和信访热点、难点问题进行排查。在重要节点，加强对重点可疑人员的监控，实行 24 小时专人负责监管。

完善创建工作中以综治办公室、社区警务室、社区治安防范整体联动指挥室和居民小组为主的防范体系，开展十铺十户联保工作，形成街面店铺联防网络。1～9 组现有联户联保 109 个小组，在日常工作中，注重加强居民的自我管理和自我教育，把矛盾从源头上解决，及时调处各种矛盾纠纷，做到小事不出组，大事不出村。做好"五防"（防火、防盗、防毒、防洪、防自然灾害）工作的预防和应急处理，实行责任到实体，层层负责，有效遏制了安全事故的发生。

抓好创建"无毒社区"和巡防巡查工作。以"有毒治毒创无毒，无毒防毒保净土"为目标，加强对在册吸毒人员的管理与帮教，2015 年在册吸毒人员 37 人，其中死亡 10 人，迁出 2 人。以"治安更加良好"抓巡防巡查，分析辖区治安重点，确定巡逻防范路线 8 条，堵卡点 14 个，流动人口登记工作 3 次。成立禁毒、禁种铲毒、社区矫正等十个工作领导小组。

建立大河支渠河道（段）长责任划分制度。涉及玉村境内河流的河段治理。加强河渠综合管理，改善和美化城乡河渠水环境，发挥河渠的水利及生态效益，促进人水和谐环境建设。为使河渠在经济社会发展、农业灌溉、防洪等方面发挥更大效益，达到水清、岸洁、畅通的目的，按玉溪市人民政府、红塔区人民政府的工作部署对下述河道实行河（段）长负责制，明确工作目标：

1. 按规定的时间和要求对河道干支渠进行年度整修、清淤清障，保持河道干支渠水流畅通无阻。

2. 河渠上、河渠边无乱占、乱搭乱建、乱挖、乱垦、乱种、乱填、乱弃各类垃圾废物。

3. 河渠及岸边整洁、无垃圾杂物散放堆积。

4. 河渠清洁、无杂草、无漂浮垃圾。

5. 河渠及河岸边无新建旅游、度假、娱乐、餐饮、畜禽养殖项目。

（二）构建多元化的社会治理格局

在自上而下的社会治理格局中，各级政府以居委会为中心，紧紧围绕经济社会发展大局，提高社会管理水平，逐步减少不和谐因素，确保人民群众安居乐业、社会和谐稳定。首先切实加强民主法制建设。开展"六五"普法工作，切实增强群众的法制意识，提高社会法治化管理水平。切实增强"四群"意识，重视做好新时期群众工作。严格落实信访工作责任制，坚持领导干部大接访、大下访长效机制，在重要节点，深入开展矛盾纠纷大排查，信访案件大化解及安保维稳活动，引导群众依法表达合理诉求。2017 年，解决合理诉求信访案件 10 件，其中，家庭矛盾诉求 1 件，扰民诉求 1 件，利益诉求 8 件，均依法依规进行了处置，做到了"三到位一处置"。切实加强人民调解工作，健全"三位一体"

大调解机制，努力从源头上化解社会矛盾，调解矛盾纠纷 2 件，调解率达 100%。其次，认真开展平安社区建设工作。开展玉溪市创建"长安杯"工作以及宣传好《红塔区提升固定电话公众安全感满意度调查的实施方案》，进一步提高大家的知晓率和认同感，为创建平安社区贡献一份力量。最后，抓好创建"无毒社区"、反邪教巡防巡查及创建无传销城市工作。在社区内以发放禁毒宣传单、入户宣传等活动的形式增强居民禁毒意识。以"治安更加良好"抓巡防巡查，分析辖区治安重点，加强对周边、农贸市场、出租房等场所的治安防范工作，积极搜集预警性动态信息，及时研判，进一步降低发案率。

在社会治理中，积极发挥社区精英的作用，协调社会内部的矛盾。社区精英包括经济精英、政治精英和权威精英，他们影响力比较大。往往是社会治理的中坚力量。当然社会治理的重要主体是玉村居委会干部。他们当中大部分年纪大，担任居委会工作的时间长，对社区的整体情况相对熟悉。

其次是运用公共空间，凝聚社区人心。玉村重要的公共活动空间就是客堂。客堂是村里的公关活动场所，过去是土木结构、瓦顶的 40 平方米左右的一层平房，叫作公房。2012 年通过"一事一议"，重新修建为现在的客堂，客堂是砖混结构，两层，附带厨房和储物间。楼上楼下可以容纳 120~130 桌的宴席。在二楼的正前方，设有家堂，上面列有全组所有的姓氏，意味着供奉全组人的祖先的意思。每逢村里人办红白喜事，当事人家里都要亲自把蜡烛点上，烧纸钱，磕头跪拜，祈求祖先的庇佑。在客堂办红白喜事，要给集体缴纳管理费，管理费按每桌 3 元收取（含水电、碗筷使用费用）。

（三）提高社区服务水平促治理

社会治理归根到底是对人的管理和服务。以社会服务为核心的治理思路和框架，将社会服务与网格化治理有机结合起来，能够实现社会治理的良性循环。例如开展新增（减）集体经济组织成员资格认定工作，解决了一直困扰玉村内部治理的关键问题之一。成立关于修订完善居民公约工作的领导小组，开展社区居民公约、资格认定办法修订完善工作。加大宣传，广泛动员群众。群策群力，圆满完成《玉村社区新增（减）

集体经济组织成员资格认定办法》的修订工作。依法依规，实施集体经济组织成员资格认定工作，切实实现男女平等，发展成果共享。认真落实各项惠民政策，确保居民及时享受到优惠，感受到党和政府的温暖。一是认真做好城镇居民最低生活保障制度的落实，做到应保尽保，为低保对象、各类优抚对象、"两参人员"、"五保人员"申请医疗救助。2017年底，享受城市居民最低生活保障金的有159户，涉及175人，每人每月享受307元至405元不等的保障金，合计发放总额59893元。二是认真做好重点优抚对象申请困难生活补助工作，社区重点优抚对象困难生活补助人员有7人。三是2017年底，居委会自筹资金慰问60周岁及以上老年人、老党员共762人，发放金额498000元；返补1～9组享受待遇居民4123人，发放金额814300元；配合上级部门慰问"五保户"、困难老干部、低保及各类人员64人，慰问金额15700元。四是做好残疾人各项工作，在助残日和春节配合街道慰问困难残疾人和残疾儿童27人，慰问金额7000元，发放残疾人机动车燃油补贴2人，办理残疾证4人。五是做好冬春救济粮和冬寒衣被的发放工作。发放救济粮1980公斤，冬寒衣被39件（套），涉及"五保户"、低保户以及特殊困难户37户。六是做好老农保的退保工作，退保人员共330人。对60周岁及以上领取养老金的老年人和领取退休金的老年人进行生存认证，认证人数共766人。七是认真做好每年一次的城镇居民医疗保险工作。根据政策变动要求，切实做好除"五保户"外，其余人员每人缴费180元的政策宣传和贯彻执行。

结　语

从费孝通先生等前辈在云南内地农村调查开始时的 1938 年 11 月 15 日算起，到现在已有 80 多年，在这 80 多年的时间里，从世界到中国、从城市到农村、从集体到个体，都发生了前所未有的变化。中国农村经历了国家政策和自我发展两个向度的变迁，尤其是在当下，在全球化、城市化、商业化和网络化等浪潮的叠加下，中国的农村社会正在经历着剧烈的发展和嬗变，农村与城市、本土与异域、传统与现代、生产与消费、国家与社会、集体与个人等社会科学长期依赖的分类边界日渐模糊，类型学的视野与方法面临许多新的挑战。如何扎根田野调查，对当前中国农村社会繁复多变的内在逻辑进行深度的描述，实现认识论和研究方法的创新，成为中国农村研究亟待解决的问题。

在全球化与现代化背景下，以城市化为推手将中国农村推向一个经济社会结构全面转型的时期，从农业社会、乡村社会、封闭半封闭社会向工业社会、城镇社会和开放社会转型。这些典型社区巨大的社会转型已经摆到了研究者的面前，不得不去面对、不得不去思考和深入研究。回顾费孝通先生、张之毅先生的《云南三村》，玉村从 20 世纪三四十年代至今的大半个世纪里，经历了与中国发展同步的历史发展进程。同时，玉村还以其地理位置、发展路径、发展类型的特殊性，在历史长河中按照自己的轨迹前进，经济社会发生的一系列变化和变迁具有一定的特点，在一定程度上代表了中国城郊农村发展的特殊类型。

张之毅先生的玉村调查是在 1940 年和 1941 年进行的。他调查时期的玉村与中国大多数乡村一样，是一个以农业经营为主的农村社区。玉村靠近县城，在发展上正处于传统经济开始被现代经济侵入的初期阶段。玉村相比江村、禄村和易村，既有其共性，如地少人多，又有其非常独特的一面，它的农业、手工业和商业都发达，又由于其靠近商业中心，农业产品——蔬菜也就是商品。与其他乡村不同的是，玉村并不是以种田而是以经营菜地为主、耕种田地为辅，更加有特色的是其依托靠近城郊的优势，小商品零售成为生计的重要补充，还地处滇缅大通道，交通便利，部分大户人家进行马帮运输经商。由于地处商业要道，传统商业的发达使玉村出现了巨贾大商。商业资本的存在，在一定程度上促进了玉村土地的集中和流转，表现为村子里有很多佃农，同时出现了居住在附近市镇的离地地主。随着外部工商业力量介入的增加，村庄的地权集中趋势也在加剧。张之毅先生对农业劳作、地权、劳动力、资金流动等方面进行了分析，以经济为脉络，分析了传统经济被现代经济侵入时的社会经济结构变迁规律，揭示了农民的饥饿根源，展示了发展乡村工商业对农民生活的重大影响。

从抗日战争时期的互助组，再到20世纪80年代农村人民公社体制的集体化时代，玉村大致与全国同步，先后经历了土地改革、互助合作、高级农业生产合作社、人民公社化以及农村经济体制改革。党的十一届三中全会以后，农村经济体制改革实行家庭联产承包责任制，极大地调动了玉村农民的积极性，生产发展，农民生活水平普遍提高，集体经济有相对稳定的增长。随着玉溪撤县建市、撤市设区和城市化进程加快，玉村也步入了经济社会快速发展的轨道，发生了翻天覆地的变化。随着城市化进程的推进，原来的农田耕种景象大部分已经消失，建起平整而宽阔的道路、大片的居民楼房、大型的商业批发市场。大部分土地都用于商业、工业、交通、教育以及其他服务行业的建设。这些地都改变了农业用地的性质。随着玉村从以农业为主、商业为辅，逐步转变为以商业为主、农业为辅的生计方式，玉村的主体——村民也发生了一系列的转变。

玉村在城市化快速推进的过程中，成为被纳入城市建设用地的村庄，加速了玉村的征地进程。随着商业的发展，玉村受到市场的冲击，土地和劳动力逐渐从村庄共同体中分离出来，各自纳入商业发展体系，村民的生计方式亦发生了重大的变革。当然不同于一般意义上的城市居民，来自同一村庄的还有一系列的核心纽带，例如亲属关系和社区共同体，这样在一定程度上还是保留着村落共同体的一些特征。村庄共同体不仅能够满足非市场经济性质的互助与交换，还能发挥情感归属和社会认知方面的功能。玉村的生计方式发生了根本性的转变，土地增值，外来人口急增，出租房屋和商品成为一个利益丰厚的产业，以集体土地为依托发展商业用地，集体年底分红成为玉村人的重要收入来源。市场经济的孕育与蓬勃发展，促使产业结构发生根本变化。过去玉村强势农业已降为弱势产业，弱势的工商服务业已成长为强势产业。过去单一的集体经济已让位给多元的个体私营经济。玉村的商业发展成为主导产业，但是农村还有重要的影响作用，玉村的城市化仍掩不住社区本身的乡土性，农村的血缘、地缘和宗族观念依然很强。此外，徐百户片区的菜地在家庭经营活动中具有举足轻重的地位。

玉村经过"村改居"，由村居委会迈入城市组织建制，成为居委会开始被纳入城市组织管理体系。玉村原有的 9 个农业生产合作社（小组）也变成了 9 个居民小组。村民也从农民转为市民。这种由于产业结构的变化而引起的变化，又促进了社会结构的调整和转变。个人、家庭、社区组织也发生着重要的变化。从个体来说，城乡一体化进程的加速，使农民身份发生了变化。城市发展征用土地，越来越多的农民变成了无地农民，从事非农职业，以土地为生的农村居民正在向城市居民转变。从家庭来说，家庭的规模、结构、类型，以及家庭生活的变迁已经在所难免。社区的经济基础，家庭的收入、消费和积累、生活的观念也与玉村的变迁相吻合。玉村人在文化教育观念和生活方式方面发生了变化。"日出而作，日落而息"的田园生活方式正在消失，紧张、繁忙、快节奏、契约化的城市生活方式已由不适应到很习惯。当然，随着经济全球化和现代化的推进，玉村人的经济活动更加具有开放性，他们生产的无公害蔬菜、优质水果甚至已进入国际市场。

伴随着城市化进程，传统意义上的城市社区和农村社区之间，出现了第三类社区——城郊农村或边缘社区。早在 20 世纪 90 年代中期就有学者在研究城市化过程中的农村变迁问题时提出过"都市里的村庄"、"都市里的乡村"和"城市里的乡村"等概念。在"城市中的农村"这个场域出现了邓大才先生提出的三种"城镇化"，即"身体城镇化"、"身份城镇化"和"生活城镇化"。① 随着城市的扩张、政府征地的推进，原是农民身份的玉村人被迫进入城镇、社区，获得了城市居民的资格或半资格。有的人也实现了完全的城市生活，达到了"生活城镇化"的标准。

---

① 邓大才：《新型农村城镇化的发展类型与发展趋势》，《中州学刊》2013 年第 2 期。

　　显然，商业社会已为玉村人所接受，但是玉村人尤其是中老年人对农业的依恋，对土地的热爱依旧不变。一方面，从本质上说，玉村人现在的生计方式，建筑住房——解决了安身之所，住房兼有商铺——解决了生计来源，集体分化增加了现金收入，这一切来自土地，尽管土地的使用性质已经发生了巨变，从过去种植农作物，到现在"种植房子"。另一方面，玉村原来的农村熟人社会结构依然明显，他们的心理适应、文化认同和生活习惯等，还没有与商业社会完全匹配，这些文化远远滞后于外在的、制度性的转变。当然，在社会转型时期，玉村居民不断改变家庭的生计策略，主动适应商业社会带来的变迁与冲击，尤其是个体在市场经济竞争和政府管理体系双重压力下，有的人通过积极参与市场经济，继承传统，进行小商品买卖；有的人依托房屋和商铺出租，保障了生计安全；有的人参与辖区内的管理工作成为社区的治理精英；还有很大一部分年轻人常年在城区打工，有了相对稳定的收入。

　　此外，玉村的社会类型也发生了一系列的变化，从熟人社会到半熟人社会，甚至随着大量外来流动人口的涌入，从半熟人社会到陌生人社会都已经出现。社会治理的格局已经从传统农村的治理，例如精英治理等变成了城市社区的网格化治理。玉村在商业化时代，社区共同体的作用逐渐模糊，人们的集体公共活动越来越少，日常互动逐步聚焦于家庭或亲属，相互帮助日益减少，成员之间熟悉程度降低。当然，尽管社区共同体的作用已经模糊甚至消失，但是共同体的边界依然存在，经济上的集体分红仍然是重要的经济收益，社区、村组的情感纽带依然起着重要的作用。在以商业为主的发展进程中，资本、劳动力、资源和商品等的流动日益频繁，传统农业社会生计方式的边界已经被打破。但是，基于以土地收入为基础的生计方式、亲属或熟人社会的网络、社区传统文化的因子和社区共同体的认同体系，确保了社区形成特殊的共同体，并得以延续和发展。此外，在商业化、城市化的进程中，玉村作为一个共同体与更大的社会之间形成联合的趋势。玉村社区共同体在现代社会保持活力，不仅谋求社区内部发展，更为重要的是还恰当地突破地理边界，通过谋求社区外联系以及社区外力量对社区的介入而发展社区。① 市场

---

① 　Gene. F. Summers，"Rural Community Development，" *Annual Review of Sociology* 12，1986.

和国家力量同时介入农村后，村落共同体面临的推拉力量空前复杂，从而面临着联结社会的多重可能性。

在理解中国社会时，对中国乡村做全面深刻的个案研究是非常关键的。个案研究也是近年来研究农村经常使用的方法，研究者进入农村往往会选择以个案的形式来进行研究，以便实现研究的可操作性和可控性。对玉村的"追踪调查"，不仅是对一个具体的社会单位历史的纵向展现，也是对社会的一种理论和一套方法的连续性实验，还提升了人们对一个社区进行深入认识的尝试。从农村到城乡接合部，再到城市社区，玉村不仅突破了旧体制的薄弱环节，而且成为城乡关系中和的重要介质，最后成为城市中具有凝聚力的特殊区域。中国未来的农村将有大量这样的社区出现，对玉村进行的研究和再研究，对同类型的农村社区的发展和转型具有重要的参考价值。

费孝通先生指出："我们可以逐步地扩大实地观察的范围，按着已有类型去寻找条件不同的具体社区，进行比较分析，逐步识别出中国农村的各种类型。也就由一点到多点，由多点到更大的面，由局部接近全体。类型本身也可以由粗到细，有纲有目，分出层次。这样积以时日，即使我们不可能一下认识清楚千千万万的中国农村，但是可以逐步增加我们对不同类型的农村的知识，步步综合，接近认识中国农村的基本面貌。这种研究方法看来有点迂阔，但比较实地。做一点，多一点，深一点。我不敢说这是科学研究社会的最好的办法，只能说是我在半个世纪里通过实践找出来的一个可行的办法。"① 按照类型分类进行个案调查研究，多个个案由点到面，由局部到整体，实现了从个案实践到理论的升华。同时，以理论为指导，在农村发展理论的指导下，进行个案实践的调查研究，进一步佐证相关理论，反思理论。

在全球化和现代化的背景下，社会发展的多元化，社会问题的复杂化，决定了学术要真正有价值、有思想，就必须走一条跨学科的路径，不能局限于单一的学科、单向度的领域。费孝通先生倡导的"魁阁学风"能够阐释这个关系："采取理论和实际密切结合的原则。每个研究人员都有自己的专题，到选定的社区里去进行实地调查，然后在'席明

---

①　费孝通、张之毅：《云南三村》，社会科学文献出版社，2006，序第 7 页。

纳'里进行集体讨论，个人负责编写论文。这种做研究工作的办法确能发挥个人的创造性和得到集体讨论的启发。效果是显然的。"① 学习"魁阁学风"，向前辈致敬，跟踪调查云南玉村，并且将这一个案研究放置于中国农村巨变的背景下，紧扣《玉村农业和商业》，根据玉村发展现状，得出基本结论。现在的玉村发展基本上是"商业和农业"，以商业为主、农业为辅。在相关研究主题中提出问题，找到调查研究的切入点，进行深入调查研究。以此为基点，推及整个中国农村发展的类型学调查与研究，并且佐证农村发展的相关理论，或者反思某种理论，甚至提出新的理论。中国农村发展的变革为重新思考社会发展理论提供了广阔的天地。农村发展类型的多样性和发展的复杂性，也为探寻科学—实证化提供了研究路径，对复杂事物做简单化、条理化和普遍化的理解，并做出"科学的"和"客观的"分析。此外，运用布络维的"拓展个案法"有助于深化个案研究，即将观察拓展为参与，拓展时间和空间上的观察，从而发现社会情景与社会过程中的利益的联系，进而拓展到发现社会机构的权力作用，以及拓展理论。这样，一方面"将反思性科学带到民族志中，目的是从'特殊'中抽取出'一般'、从'微观'移动到'宏观'，并将'现在'和'过去'建立连接以预测'未来'——所有这一切都依赖于事先存在的理"，另一方面也将"重点突出反思性研究的社会性嵌入"。②

《玉村农业和商业》是中国民族学、社会学历史上"魁阁时代"的经典作品，从这里不仅能够了解中国研究农村发展的历史，也是民族学、社会学中国化的产物。跟踪调查研究《玉村农业和商业》的产品《玉村商业和农业》，则是农村发展变化的产物，也为调查研究中国农村发展开辟了新的路径。费孝通先生通过村庄的微型社会学研究，"搜集中国各地农村的类型或模式，而达到接近对中国农村社会文化的全面认识"。③ 这为我们提供了研究中国农村发展的基本思路。

当前中国农村发展类型的多元化、复杂化与巨变等，单一形式的调查研究已经难以满足农村发展的现实需求，所以呼吁研究者要从点、线、

---

① 费孝通、张之毅：《云南三村》，社会科学文献出版社，2006，序第4页。
② 麦克·布络维：《公共社会学》，沈原等译，社会科学文献出版社，2007，第77~135页。
③ 费孝通：《江村经济——中国农民的生活》，商务印书馆，1997，第314、319页。

面不同层次来调查研究农村发展。当然，单个社区的调查研究需要扩展到"线"（类型）和"面"（全部）上来，这样的调查研究才具有普遍性和全局性。而在此基础上的理论概括在一定的范围内能够确保基本结论的正确性。当然，单个"点"上的调查研究不能验证假设的事实，那么也可以通过多个个案来验证某种假设。村落作为"研究单位"成为调查研究农村发展寻找和检验真理的学术取向。

费孝通先生从农村社区的产业发展脉络来进行类型研究，从农业到手工业，再到商业，禄村是农业的代表，易村是手工业的代表，玉村是商业的代表。产业发展的顺序和进化，最终都会落脚到商业。随着中国社会的变迁，中国的城市和农村不再是简单的二元结构的对立，从城市到农村、从农村到城市形成了相互影响和制约的互嵌格局。城乡二元结构正在消融，在某种意义上，从经济、社会、文化、生计、日常生活等，不能再简单地进行划分，"城不城、农不农"已经成为普遍现象。中国农村的调查研究在某种意义上，要到城市来。作为云南本土的学者，可以依托地理位置优势进行调查，玉村距离昆明较近，而且交通便利。我们的调查也和张之毅先生一样，从再调查到整理资料，从初稿到再调查，从再调查到内容修改完善，不断地反复，深入复查。中国农村调查研究的类型出现了农村、城中村、城市的发展类型。紧扣问题、步步深入，步步提高。

同时，也呼吁进行深入的个案调查研究，折射整个农村发展的横截面。当然，还需要根据不同的主题进行不同村落的比较调查与研究。《云南三村》为我们奠定了深入的个案调查研究的基础，我们也将以前辈这样的治学态度为榜样，从跟踪调查研究"云南三村"开始，逐步展开，深入调查研究农村发展的类型与态势。在转型时期，中国农村发展的复杂性和多元性更加凸显，总结与继承费孝通先生倡导的"魁阁研究范式"，采用"席明纳"进行头脑风暴，聚焦中国农村发展的关键命题，吸引关注农村发展的有识之士，开创中国农村发展研究的新局面。

参考文献

阿格妮丝·赫勒:《日常生活》，衣俊卿译，重庆出版社，1990。

蔡昉、王德文、都阳:《中国农村改革与变迁：30年历程和经验分析》，上海人民出版社，2008。

曹凤云:《现代化遮不住的乡土性——读费孝通〈乡土中国〉有感》，《改革与开放》2005年第20期。

车裕斌:《村落经济转型中的文化冲突和社会分化——楠溪江上游毛氏宗族村落个案分析》，中国社会科学出版社，2010。

陈霞:《费孝通的小城镇建设思想研究》，硕士学位论文，陕西师范大学，2009。

戴维·阿古什:《费孝通传》，董天民译，时事出版社，1985。

德里克·弗里曼:《玛格丽特·米德与萨摩亚：一个人类学神话的形成与破灭》，夏循祥、徐豪译，商务印书馆，2008。

邓大才:《新型农村城镇化的发展类型与发展趋势》，《中州学刊》2013年第2期。

杜赞奇:《文化、权力与国家——1900~1942年的华北农村》，王福明译，江苏人民出版社，2003。

费孝通:《从沿海到边区的考察》，上海人民出版社，1990。

费孝通:《费孝通论小城镇建设》，群言出版社，2000。

费孝通:《费孝通文集》（第12卷），群言出版社，1999。

费孝通:《费孝通文集》（第4卷），群言出版社，1999。

费孝通:《费孝通文集》（第5卷），群言出版社，1999。

费孝通:《江村经济——中国农民的生活》，江苏人民出版社，1986。

费孝通:《江村农民生活及其变迁》，敦煌文艺出版社，1997。

费孝通:《社会调查自白》，知识出版社，1985。

费孝通:《乡土中国》，人民出版社，2008。

费孝通:《小城镇四记》，新华出版社，1985。

费孝通、张之毅：《云南三村》，社会科学文献出版社，2006。

费孝通：《重访云南三村》，《中国社会科学》1991 年第 1 期。

风笑大：《追踪研究：方法论意义及其实施》，《华中师范大学学报》（人文社会科学版）2006 年第 6 期。

郭亮：《地根政治：江镇地权纠纷研究（1998~2010）》，社会科学文献出版社，2013。

贺雪峰：《论半熟人社会——理解村委会选举的一个视角》，《政治学研究》2000 年第 3 期。

黄宗智：《长江三角洲小农家庭与乡村发展》，中华书局，1992。

李斌：《村庄历史与社会性别——试评〈中国妇女与农村发展：云南禄村六十年的变迁〉》，《中国农业大学学报》（社会科学版）2014 年第 1 期。

李长健、伍文辉：《第三种力量：和谐社会的动力建构》，《行政与法》2006 年第 6 期。

李金铮：《"研究清楚才动手"：20 世纪三四十年代费孝通的农村经济思想》，《近代史研究》2014 年第 4 期。

李路路：《中国城镇社会的阶层分化与阶层关系》，《中国人民大学学报》2005 年第 2 期，第 99 页。

李培林：《村落的终结——羊城村的故事》，商务印书馆，2004。

李培林：《巨变：村落的终结——都市里的村庄研究》，《中国社会科学》2002 年第 1 期。

李培林、渠敬东、杨雅琳：《中国社会学经典导读》（上册），社会科学文献出版社，2009。

刘豪兴、黄朝茂主编《中卫社区志》，云南民族出版社，2006。

刘豪兴：《农村社会学》，中国人民大学出版社，2005。

刘豪兴：《社会学人类学研究的新开拓——费孝通的江村追踪研究》，《中共福建省委党校学报》1999 年第 3 期。

刘能：《费孝通与村庄生计研究：八十年的回顾》，《西北师大学报》（社会科学版）2015 年第 2 期。

刘天亮：《走出"半熟人社会"需可靠路标——新春城乡文化对话之三》，《人民日报》2016 年 2 月 18 日，第 5 版。

刘娴静、邝凤霞：《中国城市社区治理：现状与路径》，《广东省社会主义学院学报》2004 年第 10 期。

陆文聪、吴连翠：《兼业农民的非农就业行为及其性别差异》，《中国农村经济》2011 年第 6 期。

陆学艺、张厚义、张其仔：《转型时期农民的阶层分化——对大寨、刘庄、华西等 13 个村庄的实证研究》，《中国社会科学》1992 年第 4 期。

陆学艺：《中国社会阶级阶层结构变迁 60 年》，《中国人口》2010 年第 7 期。

马尔萨斯：《人口论》，郭大力译，北京大学出版社，2008。

马歇尔·萨林斯：《"土著"如何思考：以库克船长为例》，张宏明译，上海人民出版社，2003。

马新满：《费孝通小城镇建设思想研究》，《湖南科技学院学报》2005 年第 8 期。

麦克·布络维：《公共社会学》，沈原等译，社会科学文献出版社，2007。

潘春梅：《元阳县箐口村哈尼族日常生活实践中的妇女角色》，《中南民族大学学报》（人文社会科学版）2008 年第 2 期。

蒲坚：《解放土地：新一轮土地信托化改革》，中信出版社，2014。

钱成润等：《费孝通禄村农田五十年》，云南人民出版社，1995。

塞缪尔·亨廷顿：《变化社会中的政治秩序》，王冠华等译，生活·读书·新知三联书店，1989。

桑巴特：《德意志社会主义》，杨树人译，华东师范大学出版社，2010。

史国衡：《昆厂劳工》，商务印书馆，1946。

斯莫茨：《治理在国际关系中的正确运用》，肖孝毛译，《国际社会科学杂志》1999 年第 1 期。

孙庆忠：《都市化与农民的终结——广州南景村经济变迁研究》，《中国农业大学学报》（社会科学版）2003 年第 2 期。

唐钧：《社会治理的四个特征》，《北京日报》2015 年 3 月 2 日。

王铭铭：《继承与反思——记云南三个人类学田野工作地点的"再研究"》，《社会学研究》2005 年第 2 期。

王铭铭：《小地方与大社会——中国社会的社区观察》，《社会学研究》1997 年第 1 期。

王铭铭：《走在乡土上：历史人类学札记》，中国人民大学出版社，2006。

王文革：《政府管制失灵成因及其法律规制》，《行政与法》2005 年第 7 期。

未也、罗韬、曾华：《论建国五十年来党的农村土地政策》，《四川行政学院学报》1999 年第 3 期。

魏娜：《我国城市社区治理模式：发展演变与制度创新》，《中国人民大学学报》2003 年第 1 期。

文军：《农民市民化：从农民到市民的角色转型》，《华东师范大学学报》（哲学社会科学版）2004 年第 5 期。

吴文藻：《现代社区实地研究的意义和功用》，载《吴文藻人类学社会学研究文集》，民族出版社，1990。

吴重庆：《从熟人社会到"无主体熟人社会"》，《读书》2011 年第 1 期。

西里尔·E. 布莱克：《比较现代化》，杨豫、陈祖洲译，上海译文出版社，1996。

许珍芳、许福海：《费孝通小城镇建设思想及对社会主义新农村建设的启示》，《南京人口管理干部学院学报》2007 年第 4 期。

杨贵华：《城市化进程中的"村改居"社区居委会建设》，《社会科学》2012 年第 11 期。

杨贵华：《论我国城市化进程中的"村改居"路径》，《湖南社会科学》2011 年第 5 期。

衣俊卿：《现代化与日常生活批判》，人民出版社，2005。

玉溪市地方志编纂委员会：《玉溪市志》，中华书局，1993。

袁方：《社会研究方法教程》，北京大学出版社，2004。

詹姆斯·C. 斯科特：《农民的道义经济学：东南亚的反叛与生存》，程立显、刘建等译，译林出版社，2001。

张宏斌、贾生华：《土地非农化调控机制分析》，《经济研究》2001 年第 12 期。

张宏明：《土地象征——禄村再研究》，社会科学文献出版社，2006。

张健：《集权体制下乡村治理结构的功能与绩效》，《理论观察》2011 年第 1 期。

张康之、张乾友：《公共生活的发生》，高等教育出版社，2010。

张晓山、李周：《中国农村改革 30 年研究》，经济管理出版社，2008。

周大鸣：《凤凰村的追踪研究》，《广西民族学院学报》（哲学社会科学版）2004 年第 1 期。

周大鸣、高崇：《城乡结合部社区的研究——广州南景村 50 年的变迁》，《社会学研究》2001 年第 4 期。

周泓：《〈银翅〉：人类学方法论新探》，《广西民族学院学报》（哲学社会科学版）2000 年第 1 期。

后 记

历时近五年，《玉村商业和农业》即将面世。在这五年中，由云南省社会科学院农村发展研究所"云南三村"研究中心所组成的课题组，数次前往云南省玉溪市红塔区中卫社区——玉村进行实地调查。对玉村这个特定社区的研究，不仅探究了80多年前老一辈社会学家们的调查意图和思考，也试图发现80多年来玉村的各种变化，并试图探寻和揭示改革开放后中国农村土地制度、乡村工业、城乡关系的变动与发展，综合地反映了城市化的巨大推力是如何将中国内地一个城镇边缘社区推进到一个现代化的城市中的，实现了一种可称之为经济社会结构全面转型的历史变迁。本书所呈现给读者的，正是从20世纪三四十年代以农业为重心转变到今天以商业为重心的一个特别的社会变迁样本。

在参与该项目的过程中，课题组成员不仅对社会学中国化道路的艰辛和漫长有较深理解，而且对费孝通等老一辈社会学者们"志在富民"的学术研究品格有更多的感悟。

五年中，在课题组组长李立纲的统筹安排下，课题组对书稿进行了数次修改完善。其中，本书的绪论由张体伟、张源洁共同执笔完成，第一章由张源洁执笔完成，第二章由罗明军执笔完成，第三章、第四章由张云熙执笔完成，第五章由张体伟、谢晓洁共同执笔完成，第六章由张体伟执笔完成，第七章由张源洁执笔完成，第八章由谢晓洁执笔完成，第九章由张云熙执笔完成，第十章由罗明军、谢晓洁共同执笔完成，第十一章由罗明军执笔完成，结语由张源洁、罗明军共同执笔完成。此外，张源洁还负责了全书的统稿工作。

在本书的调查和撰写过程中，我们得到了玉溪市红塔区中卫社区的大力支持和帮助。社区干部和居民都十分友好热情且不厌其烦地配合我们反复多次的调研，接受我们访谈，从而保证了整个实地调查工作的顺利完成。在此要特别感谢的是：冯志坚、林树荣、徐海兰、余少昌、冯硕、冯颖、冯蕾、薛伟、赵金顺、杨天保、杨汝昌、王崇福、徐兴德、冯蓉、郑天亮、余志清、冯发应、李万学、冯福林、冯玉坤、冯荣兴、张家平、余少有、李金明、李琼兰、普明才（排名不分先后）等。此外，玉溪市红塔区中卫社区居委会还为本书的撰写提供了翔实的档案资料和统计资料，红塔区档案馆也为本书的撰写提供了部分档案资料。在此，课题组对他们为本书撰写所做出的贡献表示衷心的感谢。最后要特别感谢参与课题研究和书稿写作的全体同仁，是大家的共同努力才使得本书顺利完成，得以与读者见面。尤其感谢张云熙在《"云南三村"再调查》写作过程中作为课题组助理做了大量的沟通协调工作。

现在所看到的书稿，其基本的资料和情况所反映的是该项目调查结束时的样子，留下了特定的时间痕迹。有一定的遗憾，但也作为特定历史的产物而具有意义。也许，在未来的某个时候，这本书会成为进一步思考和撰写玉村新历史的连接点。

"云南三村"再调查之"玉村商业和农业"课题组

2020 年 7 月 30 日于云南昆明

图书在版编目（CIP）数据

"云南三村"再调查. 玉村商业和农业 / 张源洁等
著. -- 北京:社会科学文献出版社,2021.12
ISBN 978 - 7 - 5201 - 8893 - 7

Ⅰ.①云… Ⅱ.①张… Ⅲ.①农村调查 - 调查报告 -
云南 Ⅳ.①D668

中国版本图书馆 CIP 数据核字（2021）第 166374 号

"云南三村"再调查
玉村商业和农业

著　　者／张源洁　张云熙　谢晓洁 等

出 版 人／王利民
责任编辑／胡庆英
责任印制／王京美

出　　版／社会科学文献出版社·群学出版分社 (010) 59366453
　　　　　地址:北京市北三环中路甲 29 号院华龙大厦　邮编:100029
　　　　　网址:www. ssap. com. cn
发　　行／市场营销中心 (010) 59367081　59367083
印　　装／三河市龙林印务有限公司

规　　格／开　　本:787mm×1092mm　1/16
　　　　　本册印张:18.75　本册字数:294 千字
版　　次／2021 年 12 月第 1 版　2021 年 12 月第 1 次印刷
书　　号／ISBN 978 - 7 - 5201 - 8893 - 7
定　　价／298.00 元（全三册）